Zu diesem Buch

Der vorliegende Band zur Kommunikationssoziologie ist in zwei Teile gegliedert: einen Leitfaden und ein Arbeitsbuch.

Der *Leitfaden* erfüllt die Aufgabe, den theoretischen Rahmen, die Grundbegriffe und die zentralen Probleme einer materialistischen Soziologie der gesellschaftlichen Kommunikation darzustellen. Er geht ein auf

- die Naturgeschichte der Kommunikation,
- das Verhältnis von Kommunikation und Gesellschaft,
- die Bereiche der Kommunikationssoziologie.

Das *Arbeitsbuch* dient der kritischen Überprüfung und Vertiefung der im Leitfaden entwickelten Konzeption. Zusätzlich wird in ihm eingegangen auf

- die Verfassung der Massenkommunikation in der Bundesrepublik,
- die gesellschaftliche Kontrolle der Massenkommunikation.

Das Arbeitsbuch enthält u. a. Texte von
Baran · Bernal · Bisky · Bücher · Dröge · Eichhorn · Engels · Habermas · Haug · Holzer · Klix · Kluge · Knilli · Kramer · Lenin · Leontjew · Maletzke · Marx · Mottek · Negt · Oppolzer · Rubinstein · Schuppan · Silbermann · Steinbuch · Sweezy · Tugarinow · Wickler

Hinweise auf die Autoren finden sich auf S. 374

Wulf D. Hund, Bärbel Kirchhoff-Hund

Soziologie der Kommunikation

Arbeitsbuch zu Struktur und Funktion der Medien

Grundbegriffe und exemplarische Analysen

rororo

Rowohlt

Redaktion Wolfgang Müller
Umschlagentwurf Jürgen Wulff

Originalausgabe
Veröffentlicht im Rowohlt Taschenbuch Verlag GmbH,
Reinbek bei Hamburg, Juni 1980

Satz Times (Linotron 404)
Gesamtherstellung Clausen & Bosse, Leck
Printed in Germany
1080-ISBN 3 499 16927 4

Inhaltsverzeichnis

I. Vorwort

1. Zum Gegenstand der Kommunikationssoziologie

Soziologie ist die Lehre von der Gesellschaft. Sie untersucht die jeweils geschichtlich besonders ausgeprägten Verhältnisse zwischen den Menschen. Diese sind ihr immer als komplexe Totalität, d. h. als ebenso vielschichtige wie umfassende Ganzheit gegeben. Die Menschen verhalten sich allseitig zueinander und zu ihrer Umwelt. Dabei haben sie im Lauf der Geschichte eine große Zahl materieller wie ideeller Institutionen hervorgebracht. Um sie zutreffend begreifen zu können, hat die Soziologie immer wieder neue Unterdisziplinen entwickelt.

Von diesen sogenannten Bindestrich-Soziologien behandelt z. B. in eigenen Stichworten Wilhelm Bernsdorfs «Wörterbuch der Soziologie» (für das Taschenbuch bearbeitete Ausgabe Frankfurt 1972) keineswegs erschöpfend: Betriebssoziologie, Bevölkerungssoziologie, Familiensoziologie, Industriesoziologie, Kultursoziologie, Ländliche Soziologie, Literatursoziologie, Medizinische Soziologie, Politische Soziologie, Rechtssoziologie, Wirtschaftssoziologie, Wissenssoziologie u. a. Die Probleme gesellschaftlicher Kommunikation werden dabei unter Stichworten wie Fernsehen, Film, Kommunikation, Massenkommunikation, Öffentliche Meinung, Presse, Rundfunk u. a. abgehandelt.

Kommunikationssoziologie kommt als eigenes Stichwort nicht vor. Das hat seinen guten Grund in der Behandlung der Probleme gesellschaftlicher Kommunikation durch die bürgerliche Soziologie. Sie geht aus von einem allgemeinen Modell der Kommunikation, das etwa in dem von Elisabeth Noelle-Neumann und Winfried Schulz herausgegebenen Band «Publizistik» des Fischer Lexikons (Frankfurt 1971, S. 89) wie folgt beschrieben wird: «Zum Kommunikationsprozeß gehören ... wenigstens drei Elemente: ein *Sender*, eine *Nachricht* und ein *Empfänger*.» Diese drei Elemente werden dann jeweils zum Gegenstand einer eigenen Disziplin – der Sender zu demjenigen der Kommunikatorforschung, die Nachricht zu einem der Inhaltsanalyse und der Empfänger zu demjenigen der Rezipientenforschung. Konsequent diskutieren daher z. B. Alphons Silbermann und Udo Michael Krüger in ihrer «Soziologie der Massenkommunikation» (Stuttgart, Berlin, Köln und Mainz 1973) die «Tradition der empirischen Massenkommunikationsforschung» in den drei Abschnitten Kommunikator-, Inhalts- und Rezipientenforschung.

Daß dies einer soziologischen Analyse nicht genügt, ist in der Bundesrepublik spätestens mit der Springer-Kampagne des Jahres 1968 deutlich geworden (vgl. die beiden Arbeiten von Hans Dieter Müller: Der Springer-Konzern, München 1968 sowie Bernd Jansen und Arno Klönne (Hg.): Imperium Springer, Köln 1968). Die in diesem Zusammenhang gewonnenen Einsichten hat Werner Hofmann prägnant in drei Thesen zusammengefaßt (Werner Hofmann: Springer als Symptom, in: Imperium Springer, a. a. O., S. 22):

«1. Die Presse ist ein Gewerbe. Sie geht auf Gewinn. Sie verbreitet Nachricht, Meinung, Unterhaltung als Ware und unterliegt damit den Gesetzen der Warenproduktion.

2. Die Presse folgt den allgemeinen Tendenzen der Gewerbe: zunehmende Anlageintensität des Betriebes, wachsendes Gewicht der fixen Kosten und damit Zwang zur Massenproduktion; Tendenz zur Zusammenfassung der umschlagenden Einzelkapitalien, zur Rationalisierung des Kapitalaufwandes und Verkürzung der Kapitalumschlagszeit, und daher zu Produktion, Vertrieb und Einkauf im großen (‹Konzentration›); Betätigung von Macht auf den Märkten: von Macht über die Verteiler, über die Lieferanten, über die Käufer.

3. Der Gewerbe-Charakter der Presse bestimmt die Natur ihrer Ware. Das physische Erzeugnis des Pressebetriebes, das Druckwerk selbst, ist nur das materielle Substrat, der Träger eines Inhaltes, der Mitteilung als eines Gebrauchswertes von geistiger Art, der verkauft wird. Und wie bei allen Waren der Nutzwert der Sache *Funktion* hat innerhalb der *Verwertung von Kapital*, so auch bei geistiger Ware. Im Kriterium des *Erfolgs* verrät sich die Defloration des Gebrauchswerts durch das Interesse: Der gesellschaftliche Sinn der Presse, die Vermittlung von Material der Meinungsbildung, ist eingeordnet einem der Sache ganz fremden, je der Sache widersprechenden privatwirtschaftlichen Zweck: der Erwirtschaftung von Gewinn.»

Der gesellschaftliche Charakter von Kommunikation wird hier an den beiden Elementen Sender und Nachricht deutlich hervorgehoben. Der besondere gesellschaftliche Charakter des Senders ist es, Produktionsbetrieb zu sein, der nach den Gesetzen der Kapitalverwertung wirtschaftet. Der besondere gesellschaftliche Charakter der Nachricht ist es, Ware zu sein, die nach den Gesetzen der Warenproduktion hergestellt wird.

Kommunikationssoziologie befaßt sich also in erster Linie nicht mit den Elementen und Beziehungen im Kommunikationsprozeß, wie sie diesen grundsätzlich, also unabhängig von der je spezifischen gesellschaftlichen Situation bestimmen. Sie untersucht vielmehr gerade schwerpunktmäßig, was diese Elemente und Beziehungen als besonders gesellschaftlich prägt.

2. Kommunikationssoziologie und historisch-dialektischer Materialismus

Als spezielle Soziologie hat Kommunikationssoziologie einen spezifischen Gegenstand. Sie bezieht sich damit auf ein Teilsystem von Gesellschaft als komplexer Totalität. Zur Erkenntnis gesellschaftlicher Kommunikation ist daher immer zweierlei erforderlich. *Einmal* ist davon auszugehen, daß gegebene Gesellschaften ein je vielschichtig strukturiertes Ganzes darstellen. Von hierher herrschen in ihnen je charakteristische elementare Beziehungen und Gesetze. Diese gelten für die ganze Gesellschaft, d. h., sie gelten auch für die unterschiedlichen gesellschaftlichen Teilsysteme. Letztere lassen sich also nicht hinreichend begreifen, wenn ihre Untersuchung nicht auch eine der elementaren gesellschaftlichen Beziehungen und Gesetze ist, wie sie Gegenstand der allgemeinen Soziologie sind. *Weiter* muß festgehalten werden, daß in den diversen gesellschaftlichen Teilsystemen nicht nur die allgemeinen Grundzüge eines Gesellschaftssystems charakteristisch ausgestaltet sind, sondern auch besondere Eigengesetzmäßigkeiten existieren, die zum Gegenstand spezieller Soziologien werden.

Spezielle Soziologie findet sich von hier aus hinsichtlich ihrer Grundaussagen auf allgemeine Soziologie verwiesen oder, wie es in einer populären Einführung in die Soziologie von Horst Reimann, Bernard Giesen, Dieter Goetze und Michael Schmid «Basale Soziologie: Theoretische Modelle» (München 1975, S. 27) heißt: «Das Verhältnis von allgemeiner Soziologie zu speziellen Soziologien ist also durch Anwendung ihrer allgemeinen Sätze, theoretischen Modelle, Methoden, Instrumente auf spezielle Bereiche (Industrie, Medizin, Erziehung, Schule etc.) gekennzeichnet.» An allgemeinen Modellen führen die Autoren dabei als wesentlichste auf: Verhaltenstheorie, Handlungstheorie, funktionalistische Systemtheorie, Konflikttheorie, materialistische Gesellschaftstheorie. Diese Aufzählung konvergiert in etwa mit dem Katalog sozialwissenschaftlicher Theorieansätze, wie er auf dem Kasseler Soziologentag 1974 mit Verhaltenstheorie, Kommunikationstheorie, Systemtheorie und historischem Materialismus bestückt worden ist.

Ohne daß auf die Stimmigkeit beider Auffassungen hier eingegangen werden soll, kann doch festgehalten werden, daß die allgemeinsoziologische Fundierung jeder speziellen Soziologie von so grundsätzlicher Bedeutung ist, daß sie, deren Untersuchungen wesentlich bestimmend, in deren Ausführungen benannt werden muß.

Bei den soziologischen Analysen gesellschaftlicher Kommunikation stehen sich dabei im wesentlichen die interaktionsanalytische Herangehensweise der verschiedenen Spielarten der Handlungstheorien und die arbeitsanalytische Herangehensweise des historisch-dialektischen Materialismus gegenüber. Letzterer ist als allgemeine Soziologie Grundlage der im folgenden ausgeführten kommunikationssoziologischen Systematik. Dabei wird von einer Auffassung ausgegangen, wie sie z. B. Erich Hahn in der Einleitung seiner Studie «Historischer Materialismus und marxistische Soziologie» (Berlin 1968, S. 5f.) formuliert hat:

«Erstens enthält der historische Materialismus als dialektische und materialistische philosophische Theorie der Gesellschaft die grundsätzliche Lösung jener *erkenntnistheoretischen* Probleme, die in der soziologischen Forschung auftreten und aus bestimmten Besonderheiten dieser Forschung bzw. der sozialen Wirklichkeit erwachsen. Dies gilt vor allem für die materialistische Bestimmung der Subjekt-Objekt-Relation ...

Zweitens stellt der historische Materialismus die grundlegende Lösung der allgemeinen *theoretischen* Fragen dar, um deren Erforschung sich letztlich jede soziologische Forschung gruppiert, mit denen sie freilich durch eine Vielzahl von speziellen theoretischen Vermittlungen verbunden ist. Der historische Materialismus bietet den grundlegenden theoretischen Rahmen, er liefert das grundlegende Begriffsinstrumentarium und die Kategorien, die eine wissenschaftliche Analyse einzelner Probleme auch auf empirische Weise, in empirischen Untersuchungen ermöglicht ...

Es versteht sich, daß diese beiden Beziehungen zugleich wesentlicher Bestandteil der *methodologischen* Funktion des historischen Materialismus gegenüber der soziologischen Forschung sind. Darüber hinaus kommt dem historischen Materialismus jedoch noch in einem anderen Sinne eine wichtige methodologische Bedeutung zu. Er erweist sich als entscheidende Voraussetzung für die Anwendung bestimmter logischer Verfahren im Prozeß der soziologischen Forschung ...»

3. Zum Aufbau der Arbeit

Die vorliegende Arbeit ist in zwei Teile gegliedert: einen Leitfaden und ein Arbeitsbuch. Beide sind systematisch gleich aufgebaut. Sie können und sollen daher parallel gelesen bzw. durchgearbeitet werden.

Dem *Leitfaden* kommt dabei die Aufgabe zu, in knapper Form die zentralen Probleme einer materialistischen Soziologie der Kommunikation darzustellen. Auseinandersetzungen mit anderen Richtungen in der Kommunikationswissenschaft finden dabei nur statt, insoweit sie von grundsätzlicher Bedeutung sind. Eine eingehende Diskussion der diversen kommunikationstheoretischen Positionen jedoch unterbleibt. Sie ist an anderer Stelle umfassend geführt worden (vgl. Wulf D. Hund: Ware

Nachricht und Informationsfetisch. Zur Theorie der gesellschaftlichen Kommunikation, Darmstadt und Neuwied 1976).

Das *Arbeitsbuch* dient der kritischen Überprüfung und Vertiefung der im Leitfaden entwickelten Konzeption. Es enthält relevante Materialien und Hinweise zu den einzelnen Gliederungspunkten. Dabei ist bei der Darstellung davon ausgegangen worden, daß die Beschäftigung mit den Fragen gesellschaftlicher Kommunikation auf sehr unterschiedenem Wissensstand stattfinden wird. Nicht als Belehrung, sondern vielmehr als Orientierungshilfen sind daher sowohl die jeweils mit einem Stern versehenen Fremdworterklärungen in Klammern * () als auch die zusätzlichen Erläuterungen relevanter Namen, philosophischer Richtungen usw. zu verstehen.

II. Analytische Gliederung

III. Soziologie der Kommunikation (Leitfaden)

1. Grundlagen einer materialistischen Analyse gesellschaftlicher Kommunikation

Der historisch-dialektische Materialismus ist sowohl philosophische wie allgemeinsoziologische Theorie. Er hat die grundlegenden Strukturen und Entwicklungsgesetze der Natur, der Gesellschaft und des Denkens zum Gegenstand. Dabei bilden Materialismus, Dialektik und Geschichtsauffassung eine untrennbare Einheit. Der Materialismus gibt die Antwort auf die Grundfrage der Philosophie; die Dialektik benennt die elementaren Bewegungsgesetzmäßigkeiten der objektiven Realität; die materialistische Geschichtsauffassung untersucht die Gesellschaftsentwicklung als naturgeschichtlichen Prozeß.

Dabei haben Materialismus und Dialektik als Richtungen philosophischen Denkens eine alte Tradition. Ihre Anwendung auf die Analyse der menschlichen Gesellschaft ist dagegen relativ jungen Datums. Sie ist durch die Arbeiten von Karl Marx (1818–1883) und Friedrich Engels (1820–1895) begründet worden. In den von ihnen aufgewiesenen fundamentalen gesellschaftlichen Beziehungen und Gesetzen ist der allgemeinsoziologische Rahmen jeder materialistischen Untersuchung gesellschaftlicher Teilsysteme, Detailfragen usw. gegeben.

Er soll im folgenden in seinen für die Analyse der Probleme gesellschaftlicher Kommunikation wichtigsten Elementen abgesteckt werden. Dabei wird in drei Schritten vorgegangen. Den Anfang macht eine Skizze der Dialektik als jenem Bewegungsgesetz, dem nicht nur unser Denken folgt und nach dem die Entwicklung der Gesellschaft verläuft, sondern welche auch den Prozessen in der Natur zugrunde liegt. Hierauf folgt die Untersuchung der Frage, welche spezifischen Bedingungen konstitutiv für die menschliche Gesellschaft sind. Abschließend wird danach auf die zentralen Bereiche und Gesetzmäßigkeiten des gesellschaftlichen Lebens eingegangen.

1.1 Dialektik als Bewegungsgesetz

Der idealistische Philosoph Friedrich Albert Lange (1828–1875) beginnt seine «Geschichte des Materialismus» mit dem bekannten Satz: «Der Materialismus ist so alt als die Philosophie, aber nicht älter.» Damit soll zweierlei besagt werden: der Materialismus habe an der Wiege des wissenschaftlichen Denkens gestanden; und: der Materialismus sei von Anfang an wissenschaftlich gewesen. Und in der Tat ist der Materialismus entstanden als Reaktion auf mystische Erklärungen der Welt aus übersinnlichen, übernatürlichen Prinzipien.

Von diesen Ursprüngen der Philosophie her datiert die Auseinandersetzung um zwei grundlegende Fragen – die nach dem Primat von Materie oder Idee und jene nach dem Vorrang von Ruhe oder Bewegung.

1.1.1 Die Grundfrage der Philosophie: Idealismus oder Materialismus

Durch einen Fremden aus Elea, der dem Theaitetos Rede und Antwort steht, hat schon Platon (427 v.u.Z.–347 v.u.Z.) ausgiebig über die Grundfrage der Philosophie verhandeln lassen. Materialismus und Idealismus, so heißt es, liefern sich eine gigantische Schlacht.

Zwar haben immer wieder Philosophen versucht, sich dieser Auseinandersetzung zu entziehen. Gelungen ist es ihnen allerdings nie. Ein gutes Beispiel dafür liefert Immanuel Kant (1724–1804). Ohne die Existenz von Gegenständen der objektiven Realität zu bestreiten, geht er doch davon aus, daß diese vom Menschen nicht begriffen werden könnten. Er nennt sie «Dinge an sich», die keiner Erkenntnis zugänglich seien. Wenn sich aber, so schlußfolgert er, unsere Erkenntnis nicht nach den Gegenständen richten kann, so müssen sich eben die Gegenstände nach unserer Erkenntnis richten. Wie allen dualistischen Denkern, d. h. jenen, die Materie und Idee als zunächst durchaus gleichwertige und nicht aufeinander zurückführbare Seinsbereiche gelten lassen wollen, bleibt so auch Kant letztlich nur die Möglichkeit, das Erkenntnisproblem durch die apriorische Kraft der reinen Vernunft, also idealistisch zu lösen.

Dagegen gehen die monistischen Theorien von der einheitlichen Grundbeschaffenheit der Realität aus. Sie wird von ihnen entweder mit Materie oder mit Idee, Geist, Bewußtsein o. ä. bezeichnet. Entsprechend unterscheiden sich die beiden großen philosophischen Richtungen des Materialismus und des Idealismus.

Im Rahmen dieser philosophischen Grundrichtung gibt es natürlich eine Reihe unterschiedlicher Ausprägungen. So muß man objektiven und subjektiven Idealismus unterscheiden. Die Vertreter des objektiven Idealismus gehen wie z. B. Georg Wilhelm Friedrich Hegel (1770–1831) davon aus, daß das ursprüngliche Sein in eine(r)(m) vorausgesetzten Idee, Geist, Bewußtsein bestehe und der Bereich des Materiellen nur als sekundärer Ausdruck solch ideeller Instanz verstanden werden dürfe. Ihre populärsten Formulierungen hat diese Auffassung in den verschiedensten religiösen Varianten des Schöpfungsmythos erhalten: die materielle Welt wird als Ausdruck göttlichen Schaffens gezeichnet. Dagegen sind die subjektiven Idealisten wie etwa David Hume (1711–1776) der Ansicht, daß das einzig Wirkliche das menschliche Bewußtsein sei, was letztlich bis zum Leugnen einer vom Bewußtsein unabhängigen objektiven Realität führt. In dem von George Berkeley (1684–1753) geprägten Satz «Esse est percipi» (Sein ist Wahrgenommenwerden) hat es seinen eindringlichsten Ausdruck gefunden. Wie im Idealismus gibt es auch im Materialismus charakteristische Richtungen. Der antike Materialismus ist gekennzeichnet durch die Suche nach einem letzten Urelement alles Seienden. Sie hat im Atomismus von Demokrit (460 v.u.Z.–371 v.u.Z.) ihre größte Höhe erreicht. Der mechanische Materialismus betrachtet die Materie als Grundlage des Seins, ohne aber in der Lage zu sein, den Zusammenhang von Materie und Bewußtsein befriedigend erklären zu können. Im Titel des bekanntesten Werkes von Julien Offray de Lamettrie (1708–1751) kommt dies sinnfällig zum Ausdruck: «L'homme machine» – der Mensch, eine Maschine. Die Überwindung der mechanischen Auffassung vom Bewußtsein als bloßem Reflex der Materie gelingt erst dem historisch-dialektischen Materialismus in den Arbeiten von Karl Marx und Friedrich Engels.

Bei allen inneren Differenzierungen gibt es aber doch zentrale Momente, in denen sich Idealismus und Materialismus grundlegend unterscheiden (vgl. Abbildung 1).

Der Materialismus weist auf die vom Bewußtsein unabhängige Existenz der objektiven Realität hin, die vom Idealismus entweder nur als

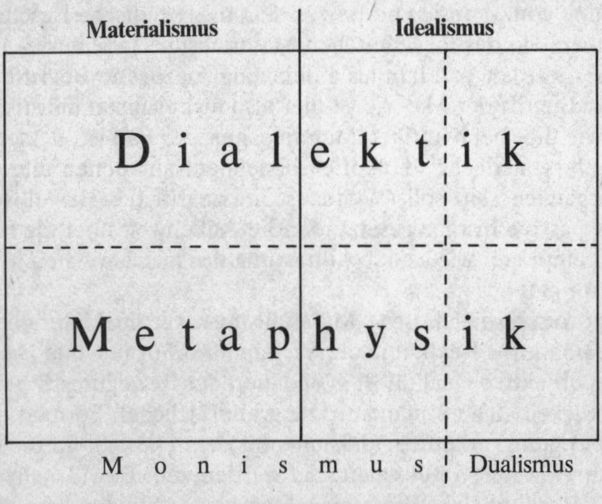

Abbildung 1: *Grundlagen des philosophischen Denkens*
(Bei aller Vielfalt läßt sich doch die große Zahl philosophischer Systeme entsprechend der Grundfrage der Philosophie nach materialistischen und idealistischen scheiden.)

Ausdruck geistigen Wollens, als Schöpfung verstanden oder gar ganz in Abrede gestellt wird.

Der Materialismus weiß um die Erkennbarkeit der objektiven Realität, d. h. um die Möglichkeit der Übereinstimmung von Empfindungen, Gedanken usw. mit dieser Realität, wo der Idealismus Erkenntnis bestenfalls durch Einverleibung des Bewußtseins in einen objektiven Geist gewährleistet sieht oder sie gar lediglich als reinen Ausdruck des Denkens begreift, der mit keiner objektiven Wirklichkeit außer ihm korrespondiere.

Hierin wird deutlich, daß es sich bei der Beantwortung der Grundfrage der Philosophie keinesfalls um Schreibtischgefechte beamteter Berufsdenker handelt. Von ihr hängt vielmehr letztlich ganz wesentlich ab, ob man sich bei der Behandlung der Probleme der menschlichen Gesellschaft auf ein transzendentales Jenseits zurückzieht, von dem her alle realen Ereignisse vorbestimmt wären und in das alle realen Konflikte sich auflösten, oder ob man die Lösung dieser Probleme praktisch angeht durch die Aufdeckung der ihnen zugrunde liegenden Gesetzmäßigkeiten. Letzteres ist die Auffassung allen Materialismus.

Auch der historisch-dialektische Materialismus geht bei der Beantwortung der Grundfrage der Philosophie vom Primat der Materie aus. Sie existiert nicht nur voraussetzungslos und unabhängig gegenüber dem Bewußtsein, sondern das Bewußtsein ist weiter als Produkt der Materie zu begreifen.

Dabei überwindet der historisch-dialektische Materialismus in seiner Auffassung von Materie und Bewußtsein die spezifische Beschränktheit des antiken wie des mechanischen Materialismus. «Materie» und «Bewußtsein» werden von ihm als aufeinander bezogene Begriffe verstanden. Der Begriff der Materie ist hier also nicht substantialistisch aufzufassen, wie dies beim antiken Materialismus der Fall ist, dessen Vertreter je unterschiedliche «Urstoffe» benennen, aus denen alles Seiende hervorgegangen sein soll. Weiter ist im Begriff des Bewußtseins dies nicht als passive Instanz gesetzt, der die Außenwelt über die Sinne sich lediglich einpräge, wie es der Auffassung des mechanischen Materialismus entspricht.

Der historisch-dialektische Materialismus faßt im Materiebegriff die gesamte objektive Realität in der Vielfalt ihrer Formen und Erscheinungen. Die objektive Realität ist in andauernder Bewegung. Sie verändert und entwickelt sich permanent. Die grundsätzlichen Formen, in denen diese Bewegung verläuft, sind Raum und Zeit. Dies gilt für die Bereiche der Natur wie der Gesellschaft. Sie werden vom Bewußtsein widergespiegelt. Resultat der Widerspiegelung sind Abbilder der objektiven Realität. Im Bewußtseinsbegriff des historisch-dialektischen Materialismus ist somit zunächst festgehalten, daß das Bewußtsein als Funktion des menschlichen Gehirns höchstes Entwicklungsprodukt der Materie ist. Weiter besagt er, daß das Bewußtsein als komplexe psychische Tätigkeit die objektive Realität widerspiegelt. Erkenntnis kommt also durch aktives Verhalten der Individuen zu ihrer Umwelt zustande. Resultat des Erkenntnisprozesses sind Abbilder der objektiven Realität. Das heißt schließlich, daß das erkenntnistätige Subjekt sinnliche und rationale Abbilder der objektiven Realität produziert. Abbilder sind daher nicht mechanische Kopien der Außenwelt im menschlichen Kopf. In ihnen sind subjektive wie objektive Elemente enthalten. Die Möglichkeit falschen Bewußtseins ist hierin eingeschlossen.

1.1.2 Das allgemeine Bewegungsgesetz in Natur, Gesellschaft und Denken: die Dialektik

Der Zusammenhang von Materie und Bewußtsein wird geprägt durch die Bewegung als Daseinsweise der objektiven Realität. Materie ist nicht ohne Bewegung, Bewegung nicht ohne Materie.

Die bekannteste Kritik an der Bewegung als oberstem Daseinsprinzip des Seins stammt von dem eleatischen Philosophen Zenon (etwa 490 v.u.Z.–430 v.u.Z.) und ist in seine Aporie von Achilles und der Schildkröte gekleidet. Trügen beide einen Wettlauf aus, so heißt es, und hätte die Schildkröte dabei eine auch nur geringe Vorgabe, so könne sie von Achilles niemals eingeholt werden. Denn immer, wenn dieser gerade den Punkt erreichte, an dem jene zuvor noch war, habe sie ihn eben wieder verlassen. Ihr Vorsprung könne so zwar immer kleiner werden, nicht aber verschwinden. Bewegung wäre daher nur ein Trugschluß der Sinne und das Grundprinzip des Seins die Ruhe.

Die Gegenposition zu dieser metaphysischen Auffassung ist nicht weniger alt als sie selbst. Bereits Heraklit (etwa 540 v.u.Z.–480 v.u.Z.) vertrat die Theorie vom ständigen Fluß der Dinge. Entscheidende Schläge wurden der metaphysischen Auffassung allerdings erst in den letzten Jahrhunderten versetzt. Für den allgemeinen Bereich der Natur ist hier Immanuel Kants «Allgemeine Naturgeschichte und Theorie des Himmels» (1755) zu nennen, in der dargelegt wird, daß das System der Sonnen und Planeten nicht Resultat eines göttlichen Schöpfungsaktes, sondern Ergebnis gesetzmäßiger Entwicklung aus einem Urnebel sei. Dieser Entwicklungsgedanke wird hundert Jahre später in Charles Darwins (1809–1882) «Entstehung der Arten» (1859) erfolgreich auf den Bereich der organischen Natur übertragen. Zur selben Zeit wird vom materialistischen Standpunkt aus durch Karl Marx und Friedrich Engels die Gültigkeit des Entwicklungsgedankens in ihrer Arbeit «Die deutsche Ideologie» (1845/46) auch für die menschliche Gesellschaft formuliert.

Das Hauptproblem des Entwicklungsgedankens liegt nun in der Frage, warum sich überhaupt etwas bewegt. Diese Frage ist der Vorstellung geschuldet, es müßten Entwicklungsprozesse einen Ausgangspunkt und/oder einen Endpunkt haben. Sie hat ihre idealistische Lösung bereits im πρῶτον κινοῦν(proton kinun, erstes Bewegendes) des Aristoteles (384 v.u.Z.–322 v.u.Z.) gefunden. Die Bewegung, so lehrt er, hat eines Anstoßes durch einen selbst unbewegten ersten Beweger bedurft. Durch diese göttliche Instanz sei weiter gewährleistet, daß Bewegung zweckmäßig, auf ein bestimmtes Ziel gerichtet, verlaufe. Diese Auffassung heißt daher auch Teleologie, Lehre von der Zielgerichtetheit aller Bewegung.

Der historisch-dialektische Materialismus geht hinsichtlich der teleologischen Lösungsversuche des Bewegungsproblems durch den Idealismus davon aus, daß schon dessen Fragestellung falsch ist. Gerade weil Materie nicht als irgendwie geartete Ursubstanz, sondern als vielfältige objektive Realität begriffen wird, bedarf sie auch keines Anstoßes, um sich in Bewegung zu setzen. Bewegung ist vielmehr ihre Daseinsweise. Materie ist die sich selbst bewegende objektive Realität. D. h., die Ursache der Bewegung ist in der Materie selbst vorhanden. Sie liegt in deren widersprüchlicher Verfassung.

Der Widerspruch ist die Quelle aller Bewegung. Georg Wilhelm Friedrich Hegel hat, wenn auch in idealistischer Verkehrung, in seiner «Wissenschaft der Logik» (1812/16) diese Erkenntnis in den lakonischen Satz gefaßt: «Nur insofern etwas in sich selbst einen Widerspruch hat, bewegt es sich.» Dialektik ist nichts anderes als dieses Bewegungsgesetz, nach dem die Entwicklung von Natur, Gesellschaft und Denken verläuft. Dabei bezeichnet der historisch-dialektische Materialismus dieses Bewegungsgesetz, soweit es im Bereich der objektiven Realität wirkt, mit objektiver Dialektik, und mit subjektiver Dialektik, soweit es im Bereich des Bewußtseins wirkt.

1.1.3 Die Grundgesetze der Dialektik

Fragt man nun, nach welchen Prinzipien die dialektische Bewegung verläuft, so sind drei fundamentale Gesetze zu nennen: das Gesetz des Umschlagens von Quantität in Qualität und von Qualität in Quantität, das Gesetz von Einheit und Kampf bzw. von der Durchdringung der Gegensätze und das Gesetz der Negation der Negation. Diese Gesetzmäßigkeiten bilden eine Einheit, eben die Dialektik. Wenn sie im folgenden aus analytischen Gründen getrennt angesprochen werden, ist dem daher vorausgesetzt, daß sie tatsächlich nicht unabhängig voneinander wirken.

Im Gesetz des Umschlagens von Quantität in Qualität und von Qualität in Quantität wird der Zusammenhang von kontinuierlicher Entwicklung und der Entstehung des Neuen festgehalten. Die über einen gewissen Spielraum hinausgehende Veränderung der Quantität führt zu neuer Qualität. Neue Qualität hat die Veränderung von Quantität zur Folge. Dies machen zahlreiche Vorgänge in Natur, Gesellschaft und Denken deutlich.

In der Natur zeigt z. B. die Änderung des Aggregatzustandes von Wasser diesen Zusammenhang. Wird dem Wasser eine gewisse Menge von Energie entzogen, so friert es und wird zu Eis. Diese neue Qualität hat ihrerseits aber wieder quantitative Folgen. So hat etwa Eis eine größere räumliche Ausdehnung als Wasser.

Im Bereich der Gesellschaft findet das Gesetz des Umschlagens von Quantität in Qualität seinen spektakulärsten Ausdruck in den sozialen Revolutionen. So zeigt z. B. die bürgerliche französische Revolution von 1789 das Umschlagen quantitativer Veränderungen verschiedenster Art wie die fortschreitende Verarmung und Unterdrückung der Bauern, der zunehmende Verfall der Staatsfinanzen, das Anwachsen des «dritten Standes» usw. in eine neue Qualität der Gesellschaftsverfassung.

Für das menschliche Denken weist schließlich das gesamte System der Wissenschaften auf, wie die quantitative Zunahme von Erfahrungen und Erkenntnissen zu neuen Qualitäten der Theoriebildung führt. Nicht zuletzt ist z. B. die Entwicklung des historisch-dialektischen Materialismus selbst Beispiel für diese Gesetzmäßigkeit.

Das Gesetz von Einheit und Kampf bzw. der Durchdringung der Gegensätze formuliert das grundlegende Bewegungsprinzip in Natur, Gesellschaft und Denken. Es faßt Bewegung auf Grund der inneren Widersprüchlichkeit dieser Bereiche als Selbstbewegung.

In der Sphäre der Natur demonstriert z. B. der Aufbau des Atoms mit seinem positiv geladenen Kern und seiner negativ geladenen Hülle anschaulich die gleichzeitige Einheit und den Kampf von Gegensätzen.

Für die Gesellschaft liegt ein elementares Beispiel dieses Bewegungsgesetzes in deren klassenmäßiger Verfassung. Die Hauptklassen der bürgerlichen Gesellschaft z. B., Proletariat und Bourgeoisie, bilden einerseits eine Einheit, insofern unter gegebenen Bedingungen das Kapital sich nicht verwerten kann, wenn es nicht durch lebendige Arbeit in Bewegung versetzt wird und die lebendige Arbeit sich nicht erhalten kann, wenn sie sich nicht mit in Kapitalform gebundenen Produktionsmitteln verbinden kann. Andrerseits herrscht zwischen diesen Klassen aber auch ein unüberbrückbarer Gegensatz, weil das Kapital an der Aneignung unbezahlter Mehrarbeit und die Arbeiterklasse an der Aufhebung solcher Ausbeutung interessiert sind.

Auch auf dem Gebiet des menschlichen Denkens liegt nicht nur in der Einheit von Wissen und Noch-nicht-Wissen und dem permanenten Kampf um neue Erkenntnis die Quelle wissenschaftlicher Tätigkeit. Einheit und Kampf der Gegensätze zeigt sich auch innerhalb der einzelwissenschaftlichen Disziplinen in der Auseinandersetzung unterschiedener wissenschaftlicher Richtungen, dem wissenschaftlichen Meinungsstreit, der für die Entwicklung der menschlichen Einsicht in die Verhältnisse und Gesetze der objektiven Realität wie des eigenen Denkens unerläßlich ist.

Das Gesetz der Negation der Negation hat die immanente Folgerichtigkeit aller Entwicklung zum Inhalt. Mit ihm wird besagt, daß Bewegung weder teleologisch noch chaotisch verläuft, sondern nach den ihr innewohnenden Gesetzmäßigkeiten einen Prozeß der Höherentwicklung darstellt. D. h., daß das Alte durch das Neue nicht einfach ersetzt wird. Vielmehr enthält das Alte immer auch bewahrenswerte Elemente, die, nach einer Formulierung Hegels, im Neuen aufgehoben werden. «*Aufheben*», heißt es in dessen «Logik», «hat in der Sprache den gedoppelten Sinn, daß es soviel als aufbewahren, *erhalten* bedeutet und zugleich soviel als aufhören lassen, *ein Ende machen*.»

In der Natur ist das Gesetz der Negation der Negation die Grundlage aller Evolution. Im Zusammenhang von Organismen und anorganischer Natur z. B. werden erstere weder durch innere (Mutationen usw.) noch äußere (Klimawechsel usw.) Veränderungen einfach negiert. Vielmehr erfolgt, als Negation der Negation, eine Differenzierung und Weiterentwicklung der Arten.

In der Gesellschaft wird die Wirkung dieses Gesetzes etwa im Prozeß des Wirtschaftens deutlich. Er beginnt mit einem Zirkulationsprozeß von Rohstoffen. Die Produktion ist die Negation dieses ersten Prozesses. In ihr werden die Rohstoffe für menschliche Bedürfnisse umgeformt. Damit ist der Gesamtprozeß aber noch nicht am Ende. Vielmehr folgt, als Negation der Negation, erneut ein Zirkulationsprozeß, der jetzt aber auf anderer Ebene stattfindet und in dem Endprodukte für den menschlichen Konsum zirkulieren.

Im Denken zeigt sich die Negation der Negation als den normalen Gang der Gewinnung von Erkenntnissen bestimmend. Ausgegangen wird von den der Erfahrung gegebenen Sinnesdaten der konkreten objektiven Realität. In einem ersten Erkenntnisschritt wird dieses Sinnlich-Konkrete durch Abstraktion zergliedert und zerlegt. Bei dieser Analyse, die Abstraktionen aus der Negation des Sinnlich-Konkreten gewinnt, darf indessen nicht stehengeblieben werden. Vielmehr muß als Negation der Negation nun die Synthese folgen, in der vom Abstrakten wieder zum Konkreten zurückgekehrt wird. Dies ist aber nun nicht mehr Sinnlich-Konkretes, sondern konkrete Abstraktion, d. h. nach seinen innersten Gesetzmäßigkeiten begriffenes und nicht mehr bloß angeschautes Konkretes.

1.2 Vergesellschaftung durch Arbeit

Die Dialektik als allgemeines Bewegungsgesetz der objektiven Realität vollzieht sich in verschiedenen Bewegungsformen. Dies liegt letztlich an der komplexen Verfassung der objektiven Realität selbst. Es muß daher gefragt werden, wie sich die Dialektik im gesellschaftlichen Bereich realisiert. Da auch dieser wieder in sich komplex strukturiert ist, hat die Antwort auf solche Frage mehrere Ebenen zu berücksichtigen. Sie muß ebensosehr darauf eingehen, welche Bewegungsform für Gesellschaft generell konstitutiv ist wie auch darauf, wie sich diese Bewegung in den verschiedenen gesellschaftlichen Bereichen vermittelt. Hinsichtlich der grundsätzlichen Frage nach dem Konstitutionsprozeß von Gesellschaft geht der historisch-dialektische Materialismus davon aus, daß er in der Arbeit begründet sei.

1.2.1 Die Arbeit als Stoffwechselprozeß zwischen Mensch und Natur

Die grundlegende Bedeutung der Arbeit für das gesellschaftliche Leben der Menschen vergegenwärtigt am besten das Gedankenexperiment einer allgemeinen Arbeitseinstellung. Die Mitglieder einer Gesellschaft, in der nicht gearbeitet würde, müßten innerhalb kürzester Zeit verhungern. Karl Marx hat deswegen Arbeit als die ewige Naturnotwendigkeit des menschlichen Lebens bezeichnet.

Ebenso wie der Satz, wonach keine Gesellschaft ohne Arbeit zu existieren vermag, gilt aber auch jener, daß Arbeit sich nur als gesellschaftliche vollziehen kann. D.h. zunächst, daß Arbeit die Grundlage allen gesellschaftlichen Lebens ist. Ganz unabhängig davon, wie die gesellschaftlichen Verhältnisse auch im einzelnen ausgeprägt sein mögen, ob es sich um antike Verhältnisse der Sklavenarbeit, mittelalterliche Verhältnisse der Fronarbeit oder neuzeitliche Verhältnisse der Lohnarbeit handelt, ist es doch jeweils der Arbeitsprozeß, der gesellschaftliches Leben allererst ermöglicht. Weiter gilt aber auch, daß der Arbeitsprozeß in den verschiedenen Gesellschaften jeweils spezifisch ausgeformt ist und

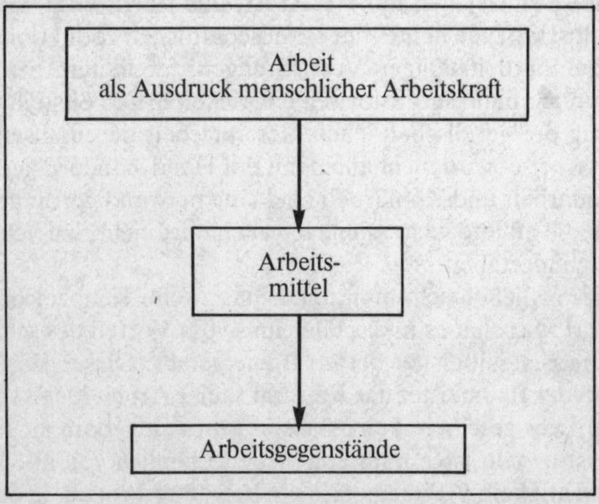

Abbildung 2: *Die stoffliche Seite des Arbeitsprozesses*
(Alle Arbeit beinhaltet die Einwirkung der menschlichen Arbeitskraft durch Arbeitsmittel auf die Arbeitsgegenstände.)

sich etwa die Formen der Sklaven-, Fron- und Lohnarbeit in zentralen Punkten voneinander unterscheiden.

Untersucht man nun zunächst die Arbeit, soweit sie Grundlage aller Gesellschaft ist, muß von den jeweils gesellschaftsspezifischen Unterschieden im Arbeitsprozeß abstrahiert werden. Arbeit wird vorerst nur betrachtet als ein Prozeß, in dem die Menschen sich mit der Natur auseinandersetzen und sich diese für ihre eigenen Bedürfnisse aneignen. In dieser Allgemeinheit ist der Arbeitsprozeß dadurch gekennzeichnet, daß die Menschen, ebenso Naturwesen wie gesellschaftliche Individuen, der ihnen äußeren Natur gegenübertreten und auf sie einwirken, um sie für die eigenen Zwecke umzuformen. Jede Arbeit ist somit durch die in dieser Beziehung enthaltenen drei Elemente gekennzeichnet: zunächst durch die arbeitenden Menschen bzw. deren Tätigkeit, weiter durch die Arbeitsmittel, mit deren Hilfe sich die Menschen die Natur aneignen, und schließlich durch die Arbeitsgegenstände, die im Verlauf des Arbeitsprozesses umgeformt werden (vgl. Abbildung 2).

Unter die Arbeitsgegenstände fallen zunächst alle in der Natur vorgefundenen Gegenstände, die der Mensch für seinen Gebrauch bearbeitet. Ferner können Produkte eines Arbeitsprozesses (wie etwa des Bergbaus) selbst zu Arbeitsgegenständen anderer Arbeitsprozesse (wie etwa der Eisenverarbeitung) werden.

Die Arbeitsmittel sind all jene Dinge, die der Mensch zur Bearbeitung der Natur verwendet.

Schließlich ist noch zu fragen nach dem Charakter der Arbeit selbst, die sich über die Arbeitsmittel auf die Arbeitsgegenstände richtet.

Das erste Kennzeichen der Arbeit ist, daß sie allseitig und komplex erfolgt. Selbst wo, wie heute, der gesellschaftliche Produktionsprozeß in eine Vielzahl arbeitsteiliger Verrichtungen zergliedert ist, zeigt sich doch auch noch in dieser historisch entwickelten Arbeitsteilung bei der Betrachtung der gesellschaftlichen Gesamtarbeit deren allseitiger Charakter. Gearbeitet wird nicht allein mit der Hand, sondern auch mit dem Kopf. Handarbeit und Kopfarbeit sind eine notwendige Einheit. Die eine ist ohne die andere nicht möglich – auch dort nicht, wo beide arbeitsteilig auseinanderfallen.

Von hier aus leitet sich unmittelbar das zweite Kennzeichen der Arbeit ab. Karl Marx hat es in das Gleichnis vom Vorteil des schlechtesten Baumeisters gegenüber der besten Biene gefaßt. Dieser Vorteil beruht darauf, daß der Baumeister das Resultat seiner Arbeit ideell vorwegnehmen kann. Dies geschieht keinesfalls in Form eingeborener Ideen o. ä. Vielmehr ist es selbst Resultat von Arbeit, nämlich von intellektueller, planender Tätigkeit. Arbeit ist also ein bewußter Prozeß, in dessen Verlauf der Mensch mit Hilfe eines Planes einen bestimmten Zweck verfolgt.

Hieraus ergibt sich das dritte Kennzeichen der Arbeit. Sie ist ganz offenbar nicht bloße Naturaneignung in dem Sinne, daß der Mensch sich aus der von ihm vorgefundenen Natur erhält. Er muß diese Natur vielmehr nach seinen Bedürfnissen verändern. Die Natur muß in eine für den Menschen brauchbare Form gebracht werden. Arbeit ist daher ein aktives, formgebendes Verhalten des Menschen zur Natur.

Das vierte Kennzeichen der Arbeit hängt hiermit direkt zusammen. Denn Naturveränderung durch Arbeit ist kein einseitiger Vorgang. Der Mensch verändert in der Arbeit nicht allein die ihn umgebende, sondern auch seine eigene Natur. Dabei werden nicht nur seine Fähigkeiten und Fertigkeiten entwickelt. Es entstehen auch neue Bedürfnisse, die ihrerseits auf eine weitere Vervollkommnung des Arbeitsprozesses hinwirken usf.

Daß diese Entwicklung nicht isoliert erfolgt, macht schließlich das fünfte Kennzeichen der Arbeit aus. Der Mensch arbeitet nicht allein. Arbeit ist vielmehr das tätige Zusammenwirken gesellschaftlicher Individuen. So gehört neben Kopf und Hand letztlich auch der Mund zu jenen menschlichen Organen, über die sich Arbeit vermittelt. Denn das Zusammenwirken der Menschen im Arbeitsprozeß bedarf der Verständigung. Kommunikation ist daher ein fundamentaler Bestandteil des Arbeitsprozesses.

1.2.2 Der Doppelcharakter der Arbeit: stoffliche Charakteristika und ökonomische Formbestimmtheit

Der gesellschaftliche Charakter der Arbeit äußert sich freilich nicht wesentlich darin, daß die Menschen sich bei der Naturaneignung verständigen. Solche Verständigung ist vielmehr Voraussetzung dafür, daß überhaupt zusammengearbeitet werden kann. Die Zusammenarbeit ist wesentlich dadurch charakterisiert, daß die Menschen in ihr bestimmte materielle Verhältnisse miteinander eingehen. Zu diesen Verhältnissen gehört etwa die Verteilung der verschiedenen für den Erhalt einer Gesellschaft notwendigen Tätigkeiten auf die einzelnen gesellschaftlichen Individuen. Zu ihnen rechnet weiter der gesamte Komplex von Arbeitsteilung und Kooperation. Auch die Verteilungsverhältnisse müssen zu ihnen gezählt werden, also die Art und Weise, wie die Produkte der gesellschaftlichen Arbeit unter die gesellschaftlichen Individuen verteilt werden. All diese Elemente sind schließlich ganz wesentlich durch ein weiteres geprägt, die Eigentumsverhältnisse, d. h. den Besitz oder Nichtbesitz an den und die Art des Zugangs zu den Produktionsmitteln.

Daß dieser gesellschaftliche Charakter der Arbeit gerade nicht notwendig anhafte, war und ist eine der Lieblingsvorstellungen der bürgerlichen Nationalökonomie. Der englische Schriftsteller Daniel Defoe (etwa 1660–1731) hat ihr in seiner Erzählung vom Robinson zu literarischem Weltruhm verholfen, seine Landsleute Adam Smith (1723–1790) und David Ricardo (1772–1823) haben ihre klassischen ökonomischen

Systeme auf ihr aufgebaut. Die Robinsonade ist die Legende von der ursprünglichen Naturaneignung des einzelnen. Arbeit gilt als Tätigkeit isolierter Individuen. Der geheime Zweck solch ideologischer Konstruktion wird sofort deutlich, wenn man die isoliert gedachte Tätigkeit des einzelnen nach dem Charakter ihrer Resultate befragt. Dann zeigt sich, daß sie sozusagen ein «Naturrecht» auf Privateigentum begründet. Denn wenn jeder für sich allein arbeitet, so muß ihm zwangsläufig auch das Eigentum an den Produkten seiner Arbeit zuerkannt werden. Robinson ist deshalb nichts weiter als der ideologische Adam der bürgerlichen Gesellschaft. Gegenüber dem überholten feudalen Privateigentum, das nurmehr ein schmarotzerhaftes Dasein führt, kann er moralisch ins Feld führen, daß er sich angeblich durch eigene Arbeit erhält. Die Ansprüche der neuen proletarischen Klasse auf gesellschaftliches Gemeineigentum kann er moralisch zurückweisen durch seinen angeblichen Anspruch auf die Früchte seiner Anstrengung.

Tatsächlich sind jedoch die Robinsonaden illusionäre Vorstellungen vom Arbeitsprozeß. In ihnen wird verschwiegen, daß Arbeit einerseits selbst das Resultat eines langen und komplizierten gattungsgeschichtlichen Entwicklungsprozesses ist, in dessen Verlauf sich der Mensch aus der Tierwelt herausgelöst und allererst die physiologischen und psychologischen Voraussetzungen der Arbeit entwickelt hat; und daß andererseits im Vollzug des Arbeitsprozesses auch da, wo die gesellschaftlichen Individuen nicht unmittelbar gemeinschaftlich tätig sind, in der Art und der Verwendung der Arbeitsmittel und Arbeitsmethoden und in der Zwecksetzung des Arbeitsprozesses immer schon gesellschaftliche Elemente enthalten sind.

Das hat zur Folge, daß Arbeit immer als doppelt bestimmte analysiert werden muß. Weil sich in ihr die Menschen zunächst auf die Natur beziehen, um sich den Naturstoff für ihre Bedürfnisse anzueignen, hat Arbeit von hierher eine stoffliche Seite. Die an ihr ausgeprägten Eigenheiten heißen die stofflichen Charakteristika der Arbeit. Weil sich nun weiter in der Arbeit die Menschen auch zueinander verhalten und dabei materielle gesellschaftliche Verhältnisse miteinander eingehen, hat Arbeit von hierher eine jeweils unterschiedlich ausgeformte ökonomische Seite. Die an ihr ausgeprägten Eigenheiten machen die ökonomische Formbestimmung der Arbeit aus (vgl. Abbildung 3).

Das Verhältnis von stofflichen Charakteristika und ökonomischer Formbestimmung sei an einem einfachen Beispiel kurz erläutert. Beim Holzfällen etwa ist klar, daß der zu bearbeitende Naturstoff eine Reihe von Anforderungen an die Arbeitsmittel stellt. Ein Baum läßt sich eben nicht mit einer Nadel fällen, sondern nur mit einer Axt. Auch wenn der Fortschritt in der Entwicklung der Arbeitsmittel berücksichtigt wird, bleibt diese Differenz bestehen; nur werden dann eben Kleider mit Nähmaschinen genäht und Bäume mit Motorsägen gefällt. In jedem Fall un-

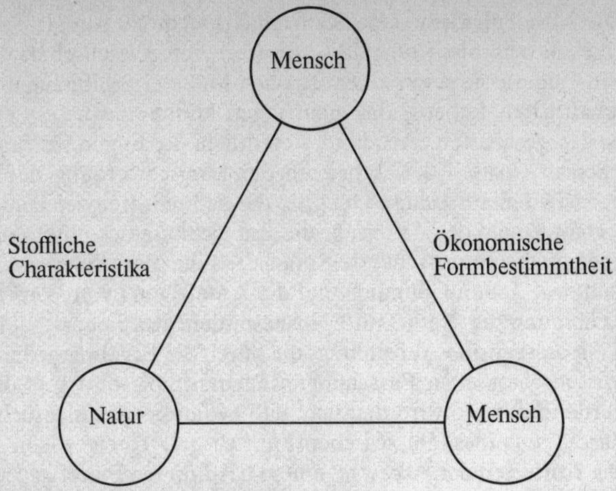

Abbildung 3: *Der Doppelcharakter der Arbeit*
(Arbeit ist einerseits Auseinandersetzung der Menschen mit der Natur und andrerseits Verhältnis der Menschen untereinander. In dieser doppelten Bestimmtheit muß sie daher stets analysiert werden.)

terscheiden sich aber die Arbeiten des Nähens und des Holzfällens grundlegend hinsichtlich ihrer stofflichen Charakteristika. Ihre ökonomische Formbestimmung kann dagegen die gleiche sein. So könnten etwa in der antiken Sklavenhaltergesellschaft beide Tätigkeiten von Sklaven ausgeführt worden sein. Beide hätten sich hinsichtlich ihrer gesellschaftlichen Verhältnisse in den gleichen Beziehungen befunden. Ein gravierender Unterschied hingegen ist festzustellen, wenn etwa das Holzfällen durch einen Sklaven und durch einen Lohnarbeiter verglichen wird. Hier befindet sich der eine Arbeiter im gesellschaftlichen Verhältnis der Sklaverei, ist mit seiner ganzen Person, ebenso wie die Bedingungen seiner Arbeit, also die Arbeitsgegenstände und die Arbeitsmittel, Eigentum des Sklavenhalters und hat keinerlei wirtschaftliche und politische Rechte und Freiheiten, während der andere Arbeiter sich im Verhältnis von Lohnarbeit und Kapital befindet, die Bedingungen seiner Arbeit als Besitz des Kapitalisten erfährt, selbst zwar persönlich frei ist, jedoch, weil er über keine Produktionsbedingungen neben seiner Arbeitsfähigkeit verfügt, sich gezwungen sieht, seine Arbeitskraft gegen Lohn an den kapitalistischen Produktionsmittelbesitzer zu verkaufen. Die ökonomische Formbestimmung beider Tätigkeiten ist von daher grundlegend verschieden.

Die damit erläuterten zwei Seiten des Arbeitsprozesses bezeichnet der historisch-dialektische Materialismus als Doppelcharakter der Arbeit. D. h., daß alle Arbeit dadurch geprägt ist, sowohl stofflich charakterisiert als auch ökonomisch formbestimmt zu sein.

1.2.3 Die Arbeit als Grundlage des Gesellschaftsprozesses

Über die Arbeit als Konstitutionsprozeß von Gesellschaft schreibt Friedrich Engels, sie sei in einem solchen Maße Grundbedingung allen gesellschaftlichen Lebens, daß man sagen könne, sie habe den Menschen selbst geschaffen. Als dafür wesentliche Bedingungen führt er in seiner Schrift «Anteil der Arbeit an der Menschwerdung des Affen» (1876) an: 1. den aufrechten Gang; 2. die dadurch frei werdende Hand als ein Hauptorgan der Arbeit; 3. die Entwicklung der physiologischen Voraussetzungen für artikulierte Sprache; 4. die Vergrößerung des Gehirnvolumens; 5. den Gebrauch und die Anfertigung von Werkzeugen; 6. die Zähmung der Naturkräfte, insbesondere des Feuers. Betrachtet man allein diese grobe Aufzählung, die durch die Ergebnisse der seitherigen wissenschaftlichen Forschungen noch komplettiert und differenziert werden kann, so wird deutlich, daß evolutionsgeschichtlich weder eine klare Trennungslinie zwischen Mensch und Tier gezogen werden noch das Auftreten der Arbeit an einem bestimmten Punkt gezeigt werden kann. Die Bedingungen der Arbeit haben sich vielmehr in einem komplexen Entwicklungsprozeß, der mit dem Begriff des Tier-Mensch-Übergangsfeldes bezeichnet wird, selbst erst entfalten müssen.

Dabei hat die Entwicklung der Primaten (Herrentiere) bereits vor mehr als 60 Millionen Jahren im Mesozoikum (Erdmittelalter) begonnen. Die Herausbildung der Hominoiden (Menschenähnlichen) unter den Primaten fällt ins Oligozän, einer Epoche des Känozoikums (Erdneuzeit), die über 25 Millionen Jahre zurückliegt. Vor 15 bis 25 Millionen Jahren schließlich hat die getrennte Entwicklung der Pongiden (Menschenaffen) und der Hominiden (Menschenartigen) begonnen. Letztere sind im Pliozän, also vor ungefähr 10 Millionen Jahren ins Tier-Mensch-Übergangsfeld eingetreten. Aus der differenzierten Entwicklung der Homininen (Vollmenschen) im Pleistozän von etwa vor 2 Millionen bis vor 50000 Jahren ging schließlich als einzig rezente Spezies der Homo sapiens (Jetztmensch) hervor (vgl. Abbildung 4).

In diesem Entwicklungsprozeß kommt der Herausbildung der *Hand* zentrale Bedeutung zu. Sie umfaßt zwei wesentliche Stufen (vgl. Abbildung 5a und 5b). Deren erste, morphologische, also die äußere Form als fünfgliedrige Extremität mit opponierbarem Daumen betreffende, ist keinesfalls eine allein für den Menschen typische Phase. Allerdings gilt dies für die zweite Entwicklungsstufe. Sie bezieht sich auf die Ausprägung der Handfunktionen in den motorischen Feldern der Großhirnrinde. Derselbe zweistufige Entwicklungsprozeß gilt auch für die *Sprachorgane* wie Lippen, Kiefer, Zunge und Kehlkopf. Die Bedeutung der Entwicklung des menschlichen *Gehirns* wird von hierher deutlich. Für sie ist sowohl die Volumenzunahme der Hirnschädelkapazität von durchschnittlich etwa 500 ccm bei den frühesten Hominiden auf durchschnittlich etwa 1500 ccm beim Neandertaler kennzeichnend wie weiter die Differenzierung des Gehirns selbst.

Abbildung 4: *Entwicklungsgeschichte und vermutliche stammesgeschichtliche Verwandtschaft des Menschen*
(Mit der Differenzierung der Hominoiden [Menschenähnlichen] in Pongiden [Menschenaffen] und Hominiden [Menschenartigen] beginnt im Übergang vom Alttertiär zum Jungtertiär vor rund 25 Millionen Jahren die Naturgeschichte der Menschheit.)

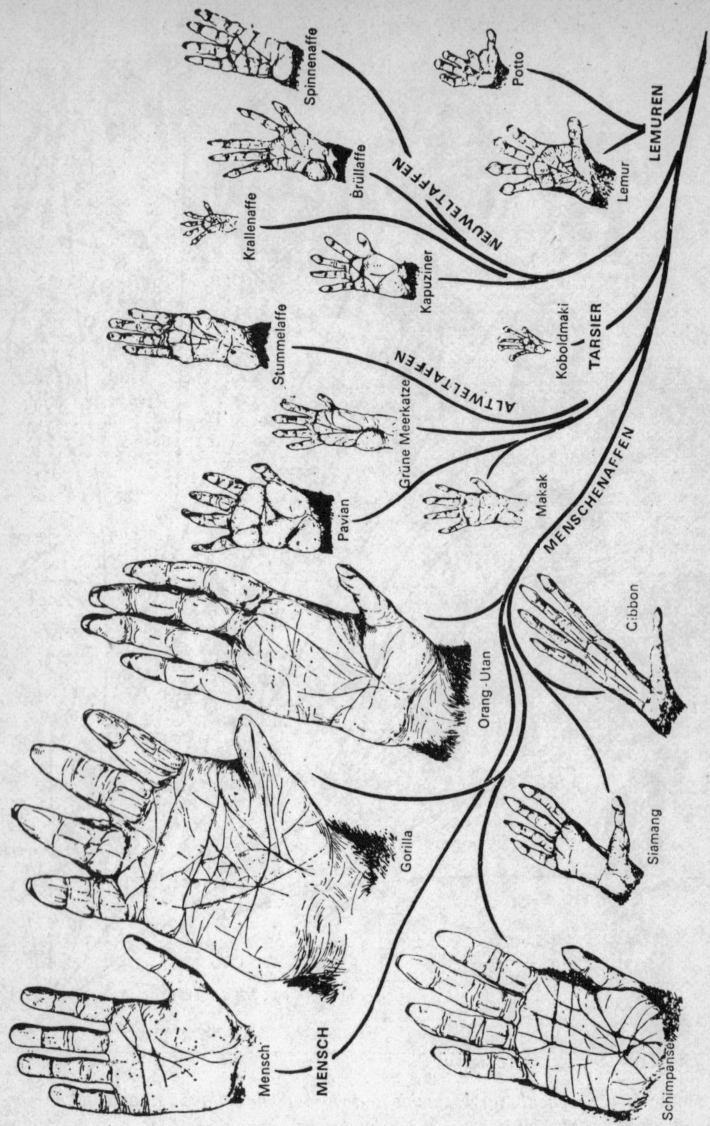

Abbildung 5a: *Die morphologische Entwicklung der Hand*
(Von ihrer äußeren Form her zeigt sich die Ausbildung der Greifhand bei den verschiedenen Unterordnungen der Primaten.)

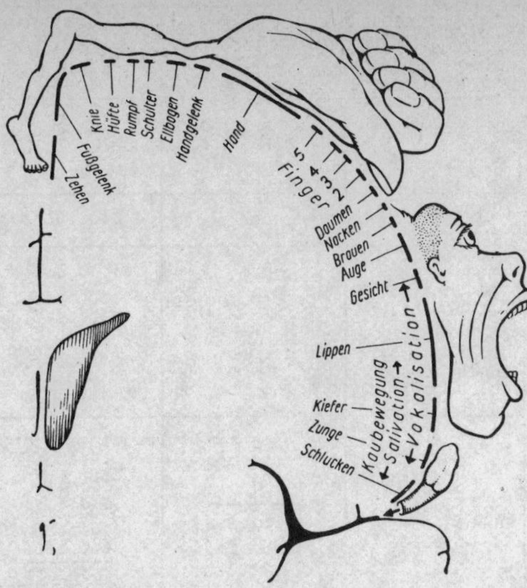

Abbildung 5b: *Die Repräsentation der Hand in den motorischen Projektionszentren der Großhirnrinde*
(Die Zusammenschau von äußerer Form und zentralnervöser Repräsentation der Hand macht deren Bedeutung als Organ und Produkt der Arbeit deutlich.)

Mit dieser nur beispielhaft und ansatzweise skizzierten Entwicklung vollzieht sich der Schritt von der Naturgeschichte in die Gesellschaftsgeschichte. An dieser Nahtstelle ist der Arbeitsbegriff in seiner oben entwickelten Ausprägung angesiedelt. «Arbeit» ist daher ein soziologischer Begriff. In der Arbeit als Stoffwechsel zwischen Mensch und Natur ist die spezifische Differenz menschlicher Umweltaneignung zum Reproduktionsprozeß der Tiere immer schon enthalten.

Dabei bleibt die Entwicklung mit der naturgeschichtlichen Herausbildung der Bedingungen der Arbeit nicht stehen. In dem nun beginnenden sozialgeschichtlichen Prozeß verändert sich die Arbeit selbst, entwickeln sich, insbesondere in der Periode der Urgesellschaft, ebenso komplexe Beziehungen der Menschen zur Natur (Werkzeuggebrauch und Werkzeugherstellung) wie der Menschen untereinander (ursprüngliche Arbeitsteilungen von Viehzucht, Bodenbau und Handwerk) (vgl. Abbildung 6).

Periode	Produktionsweise	Form der gesellschaftl. Organisation	Wirtschaftsform	Werkzeuge		Produktionsverhältnisse	Absolute Chronologie
Frühperiode der Urgesellschaft	Periode der elementaren gesellschaftlichen Produktion bei gesellschaftlichem Eigentum an den natürlichen Lebensunterhaltsquellen und kollektiver Nutzung dieser Lebensunterhaltsquellen.	Vorgentile Periode	a) Affenmensch – Jagd-Sammelwirtschaft	Anwendung von Werkzeugen	Zur Aneignung der Natur	keine Unterschiede feststellbar	Altpaläolithikum (Unterstufe der Wildheit) 600 000 – 100 000
			b) Altmensch	Herstellung von Werkzeugen			
Mittlere Periode der Urgesellschaft	Periode der direkten gesellschaftlichen Produktion bei gesellschaftlichem Eigentum an den natürlichen Lebensunterhaltsquellen, der kollektiven und individuellen Nutzung dieser Lebensunterhaltsquellen und dem persönlichen Eigentum an Gegenständen des persönlichen Gebrauchs	Frühzeit bis Blütezeit der Gentilgesellschaft	Jagd-Sammelwirtschaft	Werkzeugherstellung zum Zwecke der Werkzeugherstellung			Jungpaläolithikum (mittlere Stufe der Wildheit) 100 000 – 10 000
			Fischerei (Flüsse, Seen, Küstengebiete); kombinierte Fischerei-Jagd-Sammelwirtschaft; Erntewirtschaft; Jagd (in der Steppe)	Herstellung von Werkzeugen für spezialisierte Formen der Nahrungsgewinnung		Ausbildung von Unterschieden auf natürlicher Grundlage	Mesolithikum (Oberstufe der Wildheit) 10 000 – 5000
Späte Periode der Urgesellschaft	Periode der indirekten gesellschaftlichen Produktion bei individueller und gesellschaftlicher Aneignung der Produkte, dem gesellschaftlichen Eigentum an den wichtigsten Produktionsmitteln und individuellem Eigentum an verschiedenen Produktionsinstrumenten.		Meerestierjäger (in nördlichen Eisgebieten); kombinierte Fischerei-Jagd-Bodenbau-Wirtschaft; (evt. Viehzucht); Jagd mit Schneeschuhen (nördliche Taigagebiete); komb. Bodenbau (ohne Pflug) und Viehzucht; bei einigen Völkern Gartenbau mit Bewässerung	Herstellung von Werkzeugen für spezialisierte Formen der Produktion	Zur Aneignung der Natur	Herausbildung von Unterschieden in der Sphäre der Distribution	Neolithikum (Unterstufe und Mittelstufe der Barbarei) 5000 – 2000 (für Europa)

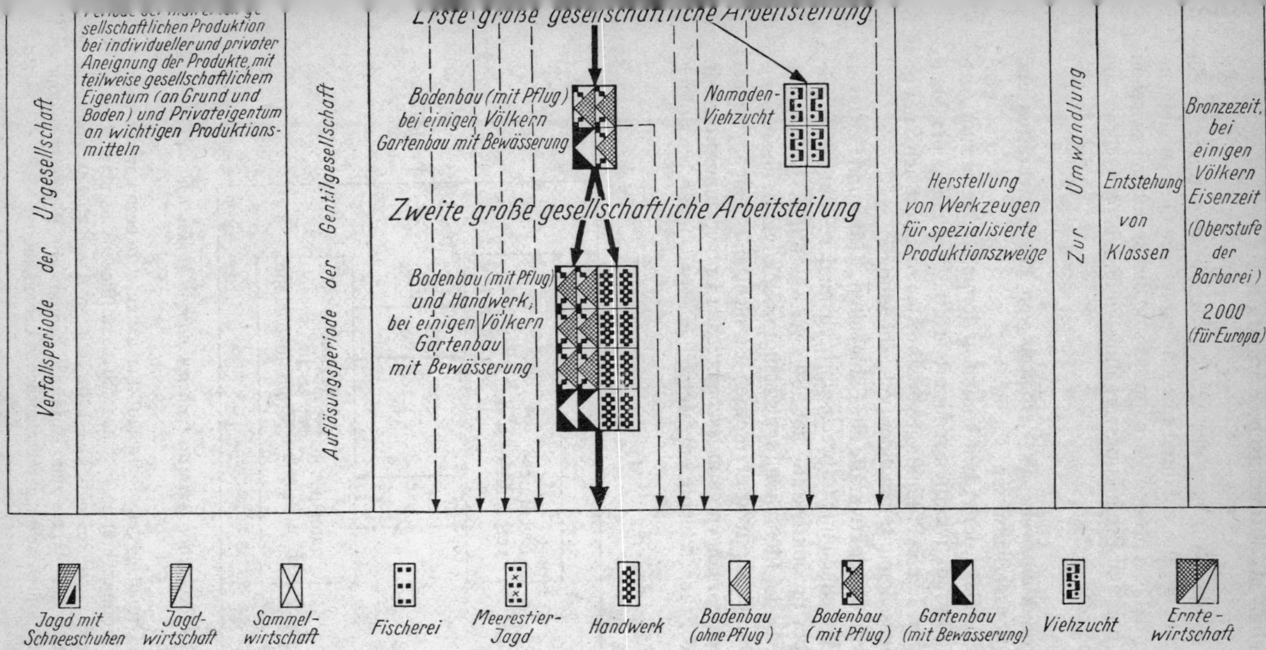

Abbildung 6: *Die gesellschaftliche Entwicklung der Arbeit in der Periode der Urgesellschaft*
(Mit dem Übergang von der Naturgeschichte zur Sozialgeschichte der Menschheit entwickelt sich die Arbeit in der doppelten Hinsicht von Naturauseinandersetzung und gesellschaftlichem Verhältnis.)

1.3 Gesellschaft als ökonomische Formation

Die sich nun auf der Grundlage des Arbeitsprozesses entfaltende Gesellschaftsentwicklung gehorcht ihren eigenen besonderen Gesetzmäßigkeiten. Zwei der dafür zentralen Verhältnisse sind die Beziehung zwischen Produktivkräften und Produktionsverhältnissen und das Verhältnis von Basis und Überbau.

1.3.1 Die Produktionsweise als Verhältnis von Produktivkräften und Produktionsverhältnissen

Der Doppelcharakter der Arbeit kommt in doppelter Weise zum Ausdruck. In den Produktivkräften realisiert sich das Verhältnis der Menschen zur Natur. In den Produktionsverhältnissen realisiert sich das Verhältnis der Menschen untereinander (vgl. Abbildung 7).

Dabei sind die Produktivkräfte alle Fähigkeiten, Kräfte und Fertigkeiten, die die Menschheit im Stoffwechselprozeß mit der Natur entwickelt. Das System der Produktivkräfte hat also zwei wesentliche Komponenten. Die erste ist der Mensch selbst als Hauptproduktivkraft des Arbeitsprozesses. Die Produktivkraft Mensch ist nicht nur gekennzeichnet durch die in einem langen naturgeschichtlichen Entwicklungsprozeß in der Vor- und Frühgeschichte der Menschheit erworbenen physiologi-

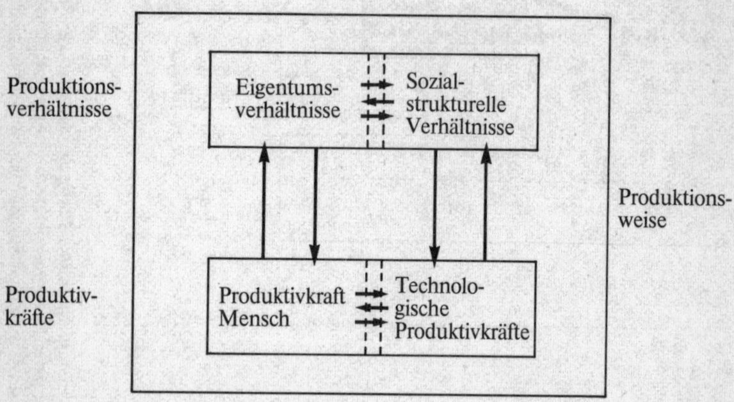

Abbildung 7: *Die Produktionsweise als Einheit von Produktivkräften und Produktionsverhältnissen*
(Die materielle Grundlage des gesellschaftlichen Lebens wird bestimmt durch das Verhältnis von Produktivkräften, in denen sich die stofflichen Charakteristika der Arbeit realisieren, und Produktionsverhältnissen, in denen die ökonomische Formbestimmtheit der Arbeit zum Ausdruck kommt. Ihr Wechselverhältnis macht die Produktionsweise des gesellschaftlichen Lebens aus.)

schen und psychologischen Fähigkeiten. Sie wird weiter dadurch ausgezeichnet, daß sie in der Lage ist, die im Prozeß der Naturaneignung gemachten Erfahrungen und Erkenntnisse nicht nur theoretisch zu verallgemeinern und gemäß den ihnen zugrunde liegenden Gesetzmäßigkeiten anzuwenden, sondern darüber hinaus diese Erfahrungen und Erkenntnisse auch zu tradieren, in Formeln und Sätzen weiterzugeben, so daß jede neue Generation auf dem Wissensstand der vorhergegangenen aufbauen und ihn weiterentwickeln kann. Letztlich gehört zur Produktivkraft Mensch auch die Fähigkeit, ein materielles System von Produktionsinstrumenten zu entwickeln, anzuwenden und immer weiter zu vervollkommnen, das ihren Stoffwechsel mit der Natur erleichtert und effektiviert. Diese technischen Produktivkräfte sind die zweite Komponente des Produktivkraftsystems.

Die Produktionsverhältnisse sind die sozial-ökonomischen Verhältnisse der Menschen. Es sind materielle, d. h. vom subjektiven Wünschen und Wollen der einzelnen unabhängige gesellschaftliche Verhältnisse, die die Menschen miteinander eingehen müssen, damit überhaupt produziert werden könne. Auch sie haben zwei Komponenten. Die bestimmende sind die Eigentumsverhältnisse, also die für eine gegebene Gesellschaft charakteristischen Beziehungen der Menschen zu den Mitteln der gesellschaftlichen Reproduktion. Über die Eigentumsverhältnisse vermittelt bilden die sozialstrukturellen Verhältnisse die zweite Komponente der Produktionsverhältnisse. Unter ihnen kommt den Klassenverhältnissen besonderes Gewicht zu. Dieser Zusammenhang von Eigentumsverhältnissen und Klassenverhältnissen ist keineswegs erst vom historisch-dialektischen Materialismus entdeckt worden. Schon Jean-Jaques Rousseau (1712–1778) hat 1755 auf die Preisfrage der Akademie zu Dijon, was der Ursprung der Ungleichheit unter den Menschen sei, geantwortet: «Der erste, der ein Stück Land eingezäunt hatte und dreist sagte: das ist mein, und so einfältige Leute fand, die das glaubten, wurde zum wahren Gründer der bürgerlichen Gesellschaft.»

Das Verhältnis von Produktivkräften und Produktionsverhältnissen macht die Produktionsweise des gesellschaftlichen Lebens aus. Der dynamische Faktor sind dabei die Produktivkräfte. Ihr Entwicklungsgrad, d. h. der jeweilige Stand der Naturbeherrschung durch die Menschen, bedingt deren Möglichkeiten zur Ausprägung gesellschaftlicher Verhältnisse. «Die Handmühle ergibt eine Gesellschaft mit Feudalherren, die Dampfmühle eine Gesellschaft mit industriellen Kapitalisten» – heißt es dazu in Karl Marx' Schrift «Das Elend der Philosophie» (1847). Allerdings können sich die Produktivkräfte nur im Rahmen der Produktionsverhältnisse entfalten. Diese prägen den Charakter einer jeweiligen Gesellschaft und können entsprechend ihrer Verfassung die Entwicklung der Produktivkräfte fördern oder hemmen.

1.3.2 Die Dialektik von Basis und Überbau

Die Produktionsweise des materiellen Lebens, geprägt durch die jeweiligen Produktionsverhältnisse, bestimmt also den Charakter einer gegebenen Gesellschaft. Von ihr sind alle anderen gesellschaftlichen Verhältnisse abhängig. Sie heißt deswegen auch Basis der Gesellschaft, während die von ihr abhängigen Bereiche mit dem Begriff Überbau bezeichnet werden (vgl. Abbildung 8).

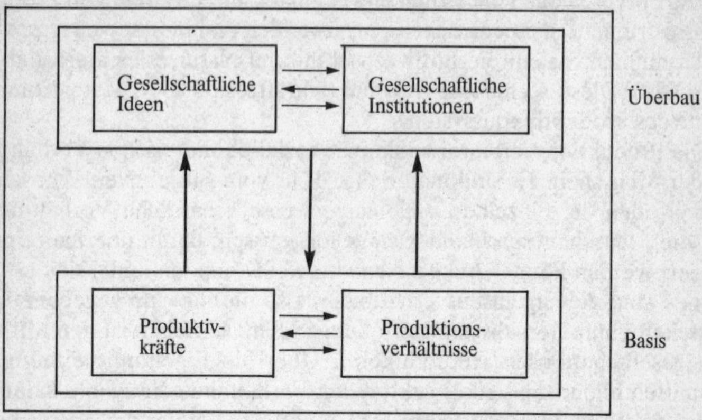

Abbildung 8: *Das Verhältnis von Basis und Überbau der Gesellschaft* (Gegenüber den gesellschaftlichen Ideen und den ihnen entsprechenden Institutionen – wie Staat, Kirchen, Erziehungseinrichtungen, politische Parteien usw. – kommt der Produktionsweise als der materiellen gesellschaftlichen Basis bestimmendes Gewicht zu.)

Diese Auffassung des historisch-dialektischen Materialismus ist in der Soziologie keineswegs unbestritten. Eine prägnante Gegenposition vertritt z. B. Max Weber (1864–1920), der davon ausgeht, daß es der «Geist des Kapitalismus» gewesen sei, der diesen erst ermöglicht, vorbereitet und entwickelt habe. Aus dem Beispiel der entwickelten kapitalistischen Ideen Benjamin Franklins (1706–1790) in den damals kapitalistisch unentwickelten nordamerikanischen Kolonien versucht er in seiner Arbeit «Die protestantische Ethik und der Geist des Kapitalismus» (1905) abzuleiten, es sei der kapitalistische Geist vor der Entwicklung des Kapitalismus dagewesen, weshalb der von ihm so genannte Geschichtsmaterialismus unrecht haben müsse.

Nun ist allerdings der Geschichtsmaterialismus so naiv nicht, wie ihm hier unterstellt wird. Im Begriffspaar von Basis und Überbau werden weder einseitige noch mechanische Beziehungen von materiellem und ideellem gesellschaftlichen Sein behauptet. Beide Begriffe sind vielmehr eine Anweisung zur Analyse von materiellen und ideellen gesellschaftlichen Verhältnissen. Sie dienen weder der hermetischen Abschottung dieser Verhältnisse gegeneinander noch sind sie als Raster gedacht, in das alle Erscheinungen eines Sozialsystems bedingungslos sich zu fügen hätten.

Vielmehr versteht der historisch-dialektische Materialismus unter der Basis der Gesellschaft die dialektische Einheit von Produktivkräften und Produktionsverhältnissen und geht davon aus, daß diese materiellen Verhältnisse den gesellschaftlichen Überbau, also insbesondere die politischen und juristischen Verhältnisse sowie das gesellschaftliche Bewußtsein bestimmen. D. h. nichts anderes, als daß hier der Materialismus auf die Gesellschaftsanalyse angewendet wird. Und in der Tat würde es wohl schwerfallen, auf dem Gebiet der Naturwissenschaften aus der Tatsache, daß die Menschen Jahrhunderte lang gedacht haben, es müsse die Sonne sich um die Erde drehen, den Schluß zu ziehen, die Sonne habe sich letztlich auch nach diesem astronomischen Geist zu richten. Auf gesellschaftswissenschaftlichem Gebiet aber existiert wenig Scheu vor derlei Kabinettstückchen.

Hiergegen wendet sich die Theorie von Basis und Überbau. Sie besagt erstens, daß das gesellschaftliche Sein das Bewußtsein bestimmt. Damit ist vor allem festgehalten, daß sich die Entwicklung von Produktivkräften und Produktionsverhältnissen nach eigenen Gesetzmäßigkeiten vollzieht und nicht nach den Einbildungen des menschlichen Kopfes. Eingeschlossen ist hierin allerdings zweitens, daß die Ideen der Menschen auf ihre materiellen Verhältnisse zurückwirken. Das Verhältnis von Basis und Überbau ist also durchaus wechselseitig. Die primäre Wirkung geht allerdings von der Basis aus. Für deren Entwicklung ist es jedoch nicht unwichtig, ob die Menschen die hier wirkenden Gesetze erkannt haben oder nicht, ob sie diese Gesetze bewußt anwenden können oder ihrem blinden Wirken ausgesetzt sind etc. In nämlicher Weise gilt drittens, daß die Institutionen des Überbaus, wie Staat, Interessenorganisationen, Bildungseinrichtungen usw. von der jeweiligen gesellschaftlichen Basis grundsätzlich geprägt sind, auf diese Basis aber auch ihrerseits zurückwirken.

1.3.3 Der Materialismus in der Soziologie und die Kategorie der ökonomischen Gesellschaftsformation

Basis und Überbau einer gegebenen Gesellschaft bilden eine untrennbare Einheit. Es ist im wesentlichen ihr dialektischer Zusammenhang, der im Begriff der ökonomischen Gesellschaftsformation festgehalten wird.

Zwar wird Gesellschaft in erster Linie durch ihre jeweils besonderen Produktionsverhältnisse charakterisiert. In den widersprüchlichen Begriffspaaren Sklave – Sklavenhalter, Leibeigener – Feudalherr, Proletarier – Bourgeois zeigt sich die jeweilige historische Besonderheit der

Verhältnisse der Menschen untereinander, d. h. die Ausprägung ihrer spezifischen gesellschaftlichen Beziehungen in der Sklavenhaltergesellschaft, der feudalistischen Gesellschaft oder im Kapitalismus (vgl. Abbildung 9).

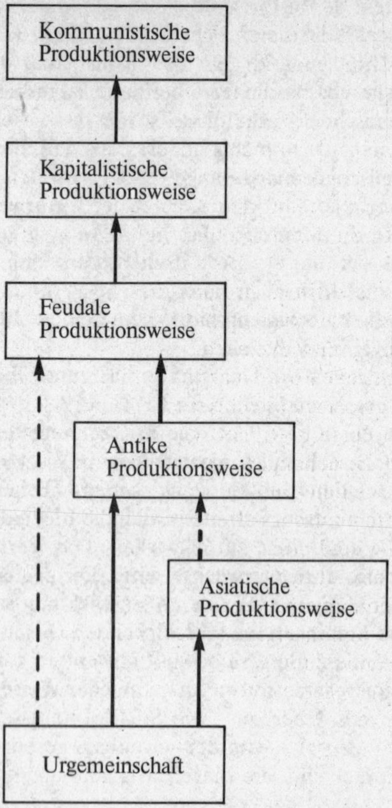

Abbildung 9: *Entwicklung der ökonomischen Gesellschaftsformationen* (Gesellschaftsentwicklung verläuft als gesetzmäßig fortschreitender Prozeß in aufsteigender Bewegung und ist so Ausdruck der Höherentwicklung der Menschheit.)

Dabei sind diese Beziehungen aber durchaus komplex. Nicht nur ist etwa der Sklave persönlicher Besitz des Sklavenhalters. Auf diesem Eigentumsverhältnis erheben sich besondere politische Verhältnisse, so wie z. B. in der klassischen griechischen Demokratie, wo Sklaven zum politischen Geschehen nicht aktiv zugelassen waren. Mit diesem Verhältnis ist ferner eine charakteristische Ideologie verbunden, was sich z. B. bei Aristoteles in der Behandlung des Sklaven als organon (Werkzeug) zeigt. Weiter erheben sich auf diesem Verhältnis je spezifische rechtliche, religiöse, künstlerische usw. Verhältnisse der Menschen. Sie alle zusammen machen den jeweiligen Zustand einer gegebenen Gesellschaft aus.

Im Begriff der ökonomischen Gesellschaftsformation ist beides enthalten. Erstens signalisiert er, daß es ungenau wäre, von der Gesellschaft ganz allgemein zu sprechen. Vielmehr ist es notwendig, nach der im Geschichtsprozeß je besonderen Form einer Gesellschaft zu fragen. Zweitens ist jede Gesellschaft als vielschichtiger Komplex von Verhältnissen zwischen Menschen zu begreifen. Diese Verhältnisse bilden jedoch kein unbestimmbares Chaos wechselseitiger Beziehungen. Unter ihnen kommt vielmehr den ökonomischen Verhältnissen ein besonderes Gewicht zu.

Der historisch-dialektische Materialismus hält somit im Begriff der ökonomischen Gesellschaftsformation zunächst fest, daß Gesellschaft ein sich gesetzmäßig entwickelndes System ist, das im Verlauf der Geschichte unterschiedene Formen annimmt. Weiter ist mit diesem Begriff besagt, daß die verschiedenen Gesellschaften durch ihre je besonderen Produktionsverhältnisse bestimmt werden, d. h. durch die materiellen gesellschaftlichen Beziehungen, die die Menschen im Arbeitsprozeß miteinander eingehen müssen. Hierin ist enthalten, daß diese Beziehungen von den Menschen nicht beliebig gestaltet werden können, sondern vielmehr abhängig sind vom jeweiligen Stand der Naturbeherrschung durch die Menschen, d. h. von der Entwicklung der Produktivkräfte. Letztlich heißt ökonomische Gesellschaftsformation, daß die Institutionen des Überbaus und das menschliche Bewußtsein kein vom materiellen gesellschaftlichen Sein unabhängiges Eigenleben führen, sondern in ihrer Ausprägung abhängig sind von der Basisverfassung einer gegebenen Gesellschaft.

2. Naturgeschichte der Kommunikation

Anknüpfend an die allgemeinen Grundlagen einer materialistischen Analyse gesellschaftlicher Verhältnisse, soll im folgenden der Prozeß gesellschaftlicher Kommunikation in drei bzw. fünf Etappen untersucht werden.

Die erste Etappe (vgl. Abschnitt 2 und Abschnitt 3) soll im wesentlichen eine begriffsgeschichtliche Annäherung an die Fragen gesellschaftlicher Kommunikation bringen. In ihr werden elementare stoffliche wie formbestimmte Bestandteile des Kommunikationsprozesses im Hinblick auf ihre immanenten Entwicklungsgesetze befragt. Auf der Grundlage des dabei gewonnenen Materials soll

die zweite Etappe (vgl. Abschnitt 4) der Ableitung eines Modells gesellschaftlicher Kommunikation dienen, welches zeigt, wie diese im Rahmen der kapitalistischen Gesellschaftsformation verfaßt ist. In diesem Zusammenhang wird auch auf die beiden hauptsächlichen theoretischen Konzeptionen im Rahmen der traditionellen Kommunikationsforschung eingegangen;

die dritte Etappe (vgl. Abschnitt 5) beinhaltet dann die Auseinandersetzung mit den Grundelementen einer Theorie der gesellschaftlichen Kommunikation. Ausgehend von dem zuvor entworfenen materialistischen Kommunikationsmodell soll hier einmal ein Überblick über das herkömmliche Theoriegebäude der Kommunikationsforschung gegeben und weiter ein Ausblick auf die Herangehensweise materialistischer Kommunikationsforschung an die Probleme gesellschaftlicher Kommunikation geliefert werden.

(Im «Arbeitsbuch zur Kommunikationssoziologie» (Teil IV) gründet darüber hinaus auf dieser theoretischen Grundlage

die vierte Etappe (vgl. Abschnitt 6) mit einem Überblick über die Verfassung der gesellschaftlichen Kommunikation in der Bundesrepublik Deutschland. Dabei geht es in erster Linie nicht um das Aufzeigen der empirischen Oberfläche dieses Bereiches sozialen Lebens, sondern vielmehr um die Verdeutlichung der ihn beherrschenden grundsätzlichen Prinzipien;

die fünfte Etappe (vgl. Abschnitt 6.3) dient schließlich den sich aus der kritischen Diskussion des Prozesses gesellschaftlicher Kommunikation ergebenden Perspektiven nach seiner Veränderung.)

Insgesamt gehen all diese Überlegungen von den Prinzipien des historisch-dialektischen Materialismus aus. Es sei daher hier einleitend festgehalten, was sich aus ihnen an Arbeitshypothesen für die folgende Diskussion ergibt:

1. Kommunikation ist kein eigenständiger Bestandteil des gesellschaftlichen Lebens. Sie rechnet zur allseitigen Umweltaneignung der Menschen.
2. Diese Umweltaneignung vollzieht sich im Arbeitsprozeß. Er bedeutet komplexen Zugriff auf Natur. Zu den Organen der Arbeit rechnen neben Kopf und Hand auch der Mund.
3. Dem Arbeitsprozeß zugehörig, teilt Kommunikation dessen doppelte Verfassung. Sie ist ebenso stofflich charakterisiert wie ökonomisch formbestimmt.
4. Als stoffliche Charakteristika von Kommunikation sind jene Elemente und Beziehungen zu verstehen, die aller Kommunikation gemeinsam sind.

5. Als ökonomische Formbestimmtheit von Kommunikation ist deren besondere Verfassung in einer je spezifischen, d. h. in diesem Fall der kapitalistischen Gesellschaftsformation herauszuarbeiten. Die hierzu gewonnenen Ergebnisse gelten also nicht für jeden beliebigen Kommunikationsprozeß, sondern allein für gesellschaftliche Kommunikation im Kapitalismus.

2.1 Grundlagen der Kommunikation

Im folgenden soll nach den stofflichen Elementen von gesellschaftlicher Kommunikation gefragt werden. Dabei ist die Kommunikationswissenschaft oftmals in ein problematisches Abgrenzungsdilemma geraten. Es ist einmal grob dahingehend gelöst worden, daß der Begriff der Kommunikation als für eine nur dem Menschen zugehörige Fähigkeit reserviert worden ist. Diese «humanistische» Richtung in der Kommunikationswissenschaft versteigt sich sogar, wie z. B. Harry Pross in seiner «Publizistik» (1970) zu der Aussage: «Der Mensch entsteht durch Kommunikation.» Die entgegengesetzte, nicht minder radikale Lösung faßt Kommunikation rein formal als Austausch von Information zwischen einem Sender und einem Empfänger. Kommunikation ist dann ein für den gesamten Bereich der organischen wie anorganischen Natur charakteristischer Vorgang. So wird nicht nur, wie z. B. von Gunther S. Stent in seinem Aufsatz «Kommunikation zwischen Zellen» (1972, dtsch. 1973), geschrieben: «Es gehört mit zu den Grundeigenschaften lebender Zellen, daß sie untereinander Informationen austauschen können.» Weiter heißt es zudem auch, wie z. B. bei A. D. Ursul in seiner Studie «Information» (1968, dtsch. 1970): «Die Objekte der unbelebten Natur können im Prozeß ihrer Wechselwirkung mit anderen Objekten Information empfangen, speichern und weitergeben.»

Die weiteren Überlegungen haben sich im Spannungsfeld beider Konzeptionen zu bewegen.

2.1.1 Kommunikation und Information

Dabei läßt sich bei der Betrachtung ebenso ihres umgangssprachlichen Verständnisses wie ihrer Verwendung in unterschiedlichen gesellschaftlichen Bereichen und Wissenschaften zunächst eine sehr allgemeine Vorstellung von «Kommunikation» feststellen. Von «Kommunikation» ist nicht nur die Rede in der Informationstheorie, wo die Verbindung von Sender und Empfänger so bezeichnet wird. «Kommunikation» wird auch in der Physik verwandt, um den Zusammenhang leitend verbundener Gefäße mit jeweils gleich hohem Flüssigkeitsstand zu benennen. In der Theologie dient «Kommunikation» als Begriff der Beziehung der Gläubigen zu ihrem Gott. Die Politische Ökonomie bedient sich «Kommunikation» zur Bezeichnung des Transportwesens usw. (vgl. Abbildung 10).

Seien es nun die Sender-Empfänger-Kommunikation, die kommunizierenden Röhren, die kommunizierende Gemeinde oder die Kommunikationsindustrie – immer wird Kommunikation dadurch charakterisiert, daß zwei unterscheidbare Elemente (a und b) und eine Verbindung (R) zwischen diesen Elementen existieren. Die nur formale Gemeinsamkeit solch allgemeinen Verständnisses von Kommunikation wird allerdings sofort deutlich, wenn man sich vergegenwärtigt, daß z. B. bei aRb für die Transportindustrie die beiden Elemente (a-Produktion, b-Konsumtion) von unterschiedlicher Qualität sind oder z. B. bei aRb für die Theologie sowohl die Effektivität der Verbindung als auch die Existenz eines der Elemente lediglich angenommen wird.

Ein so umfassender Begriff der Kommunikation ist offensichtlich weitgehend inhaltsleer. Mit ihm kann gerade nicht die differentia specifica (der charakteristische Unterschied) kommunikativer gegenüber an-

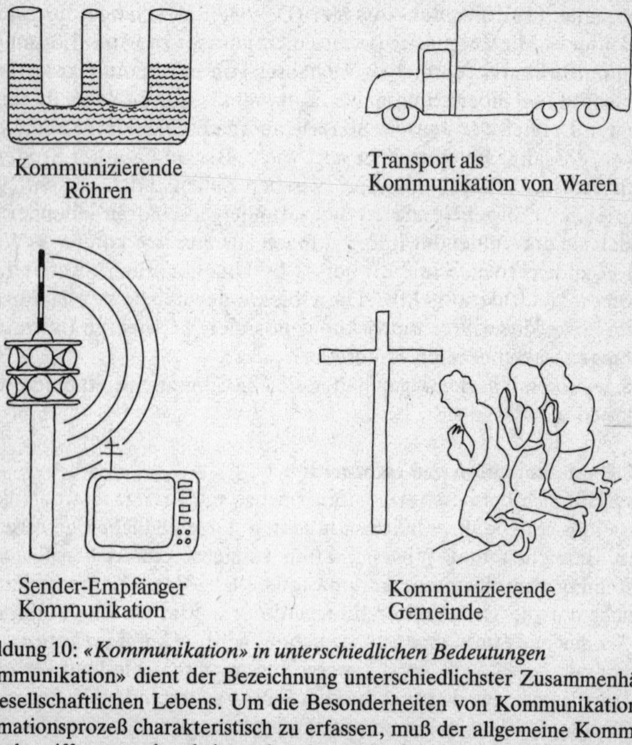

Abbildung 10: *«Kommunikation» in unterschiedlichen Bedeutungen*
(«Kommunikation» dient der Bezeichnung unterschiedlichster Zusammenhänge des gesellschaftlichen Lebens. Um die Besonderheiten von Kommunikation als Informationsprozeß charakteristisch zu erfassen, muß der allgemeine Kommunikationsbegriff entsprechend eingeschränkt werden.)

deren Prozessen bezeichnet werden. So gilt, abgesehen von den oben aufgezählten Beispielen, aRb etwa auch für einen Boxkampf oder für ein Liebespaar. Der jeweilige Austausch von Fausthieben, Zärtlichkeiten, Waren, Informationen usw. unterscheidet sich ersichtlich ganz erheblich. Die Qualität der Beziehung (R) zwischen den Elementen (a und b) kann daher einem differenzierenden Begriff der Kommunikation nicht gleichgültig sein. Von Kommunikation soll deswegen weiter nur gesprochen werden, wenn zwischen den Elementen des Kommunikationsprozesses eine informative Beziehung vorliegt.

Somit erhebt sich die Frage: Was ist Information?

Beim Versuch der Beantwortung dieser Frage spannt sich sofort der Bogen zwischen den beiden bereits skizzierten Auffassungen. Nähere Betrachtung des Problems zeigt indessen, daß sich die verschiedenen Ausprägungen des Informationsbegriffs auf durchaus unterschiedene Gegenstände beziehen. Im wesentlichen lassen sich dabei statistische Information, Varietät und Information unterscheiden.

Statistische Information ist nichts weiter als eine Maßgröße für die Ungewißheit des Eintretens von Ereignissen. «Information» im statistischen Sinn ist ein Begriff der Nachrichtentechnik. Er wird insbesondere zur Kapazitätsberechnung von Nachrichtensystemen verwandt. «Information» hat hier überhaupt nichts mit Inhalten irgendeiner Art zu tun, sondern ist ein rein technischer Begriff. Mit ihm haben wir uns hier daher nicht weiter zu befassen.

Anders verhält es sich schon mit der Varietät (Vielfalt). Sie ist nämlich die Ursache für die Auffassung, daß Information bereits in der anorganischen Natur vorhanden sei. Hinter ihr steht zunächst allein die Tatsache, daß in der objektiven Realität Vielfalt herrscht. Vielfalt oder Varietät ist eine Eigenschaft der objektiven Realität, d. h. diese ist in sich komplex strukturiert, und ihre einzelnen Elemente sind durch zahlreiche spezifische Eigenschaften charakterisiert. So wird z. B. vom Regen beim Aufschlag Geräusch erzeugt, von einem verbrennenden Holzstoß geht ein Lichtschein aus, bestimmte Atomkerne strahlen laufend ihre Energie an die Umwelt ab usw. Man sagt, der Regen prasselt, das Feuer leuchtet, die Kerne sind radioaktiv. Das Prasseln des Regens können wir hören, das Leuchten des Feuers sehen; zur Feststellung natürlicher Radioaktivität müssen wir bereits Instrumente einsetzen. Sind aber nun Regen, Feuer oder Atomkern Informationsquellen, Sender, die Informationen abgeben, die wir mit unseren Sinnesorganen oder mit besonderen Instrumenten empfangen? Eine solch weite Fassung des Informationsbegriffs würde bereits die abstrakteste Auffassung von Kommunikation (aRb) in Frage stellen. Denn der Regen prasselt auch, ohne daß er gehört wird, das Feuer brennt hell, ohne gesehen zu werden, die Atomkerne strahlen ihre Energie ab, auch wenn niemand dies mißt. Wir haben es jeweils mit Eigenschaften von Elementen der objektiven Realität zu tun, nicht aber mit Beziehungen zwischen zwei Elementen. Es soll daher hier weiterhin von Varietät und noch nicht von Information gesprochen werden.

Mit Information haben wir es offensichtlich erst im Bereich der organischen Natur zu tun. Auch hier spielt Varietät eine entscheidende Rolle. Sie ist aber wie gesagt nicht selbst schon Information, sondern nur deren Voraussetzung. Information entsteht erst durch Auswahl aus der Varietät.

Nehmen wir als Beispiel das in unserem Bildungssystem übliche Notensystem mit der Skala von eins bis sechs. Würde nun eine beliebige Arbeit mit diesem System selbst benotet, also gleichzeitig mit den Noten eins, zwei, drei, vier, fünf und sechs, so ergäbe sich daraus keinerlei Information über diese Arbeit, sondern lediglich der Eindruck einer möglichen Notenvielfalt. Gäbe es andererseits diese Vielfalt nicht, sondern nur die Note eins, so könnte über die Arbeit überhaupt keine (notenmäßige) Information gegeben werden, weil ja eins die Note für jede Arbeit wäre und sich daher in dieser Beziehung keine Arbeit von der anderen unterscheiden würde. Wird aber nun aus der vorhandenen Notenvielfalt eine Note ausgewählt und die Arbeit z. B. mit eins bewertet, so entsteht dadurch eine Information über diese Arbeit.

2.1.2 Voraussetzungen der Kommunikation

Die Charakterisierung von Information als Auswahl aus der Varietät ist notwendig aber noch nicht hinreichend für das Verständnis von Kommunikation. Bleiben wir bei obigem Beispiel, so wäre eine Information zwar erzeugt, indem eine bestimmte aus sechs möglichen Noten ausgewählt worden ist. Zunächst hat der Informationshersteller (Notengeber) seine Information (Note) lediglich im Kopf. Damit ist aber nur der erste Schritt des Kommunikationsprozesses vollzogen (vgl. Abbildung 11a):

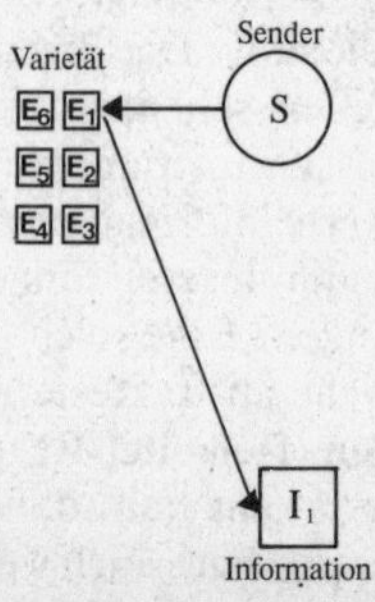

Der Informationshersteller (im folgenden Sender [S] genannt) hat aus der Varietät (in unserem Fall eines Notensystems von sechs Elementen E_1–E_6) durch Auswahl eine Information (I_1) erzeugt. Diese Information muß jetzt dem Verfasser der benoteten Arbeit (im folgenden Empfänger [E] genannt) mitgeteilt werden. Dazu muß die Information sinnlich repräsentiert werden (vgl. Abbildung 11b):

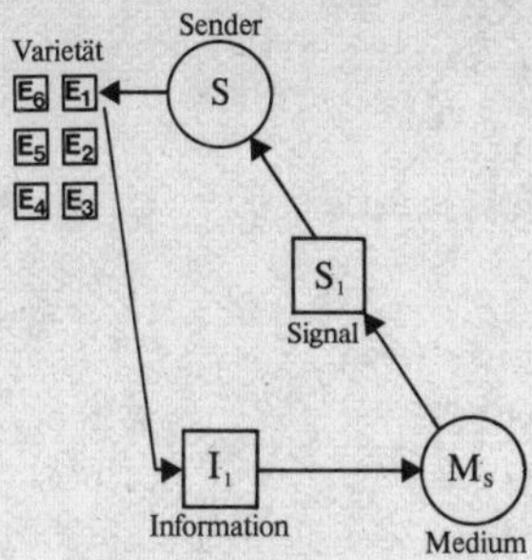

Die sinnliche Repräsentation seiner Information leistet der Sender dadurch, daß er sie mit Hilfe eines Mediums (M_2) (wie zum Beispiel der menschlichen Sprache) verschlüsselt. Er schreibt also unter die zu benotende Arbeit: «eins». Die Information (I_1) wird zum Signal (S_1). Das Signal ist die sinnlich repräsentierte, mit Hilfe eines Mediums verschlüsselte Information.

Auch jetzt ist der Kommunikationsprozeß keinesfalls abgeschlossen, sondern vielmehr erst ein zweiter Schritt getan. Als dritter Schritt hat dem die Übermittlung des Signals zu folgen (vgl. Abbildung 11c):

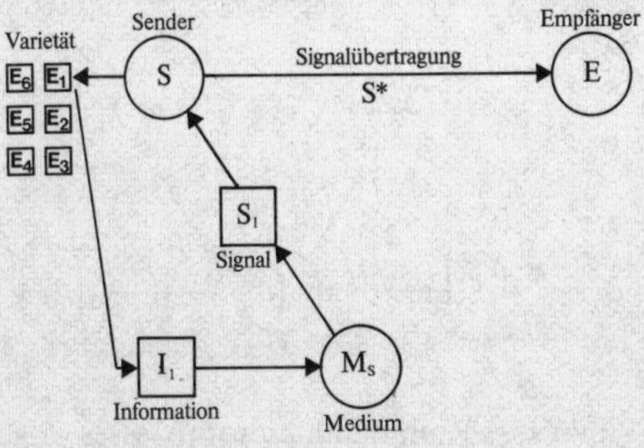

Der Sender kann dem Empfänger seine Signale auf verschiedenste Weise übermitteln (mündlich, telefonisch, brieflich etc.). Dabei handelt es sich im wesentlichen um ein technisches Problem, bei dem ein bestimmter Kanal (S*) benutzt wird.

Dem Empfänger muß dieser Kanal zugänglich sein. Wird etwa ein Signal mündlich übermittelt, so muß er hören können, wird es schriftlich übermittelt, so muß er sehen und lesen können etc. Nur dann ist gewährleistet, daß der Signalübermittlung in einem vierten Schritt die Signalaufnahme folgt (vgl. Abbildung 11d):

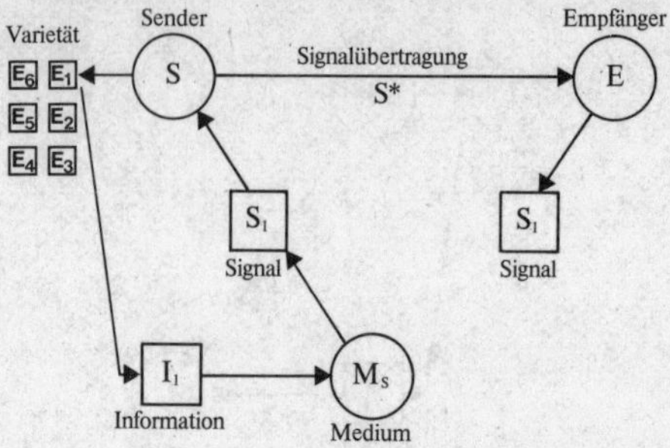

Das empfangene Signal muß im folgenden fünften Schritt vom Empfänger entschlüsselt werden. Es genügt nicht, daß er z. B. nur den Laut-eindruck «eins» wahrnimmt. Er muß diesen vielmehr als sinnlich repräsentierte Information erfassen. Das kann ersichtlich nur gelingen, wenn er ihn auf ein Medium zurückführen kann, das mindestens bezüglich des fraglichen Signals mit dem des Senders übereinstimmt (also die Worte eins bis sechs enthält) (vgl. Abbildung 11e):

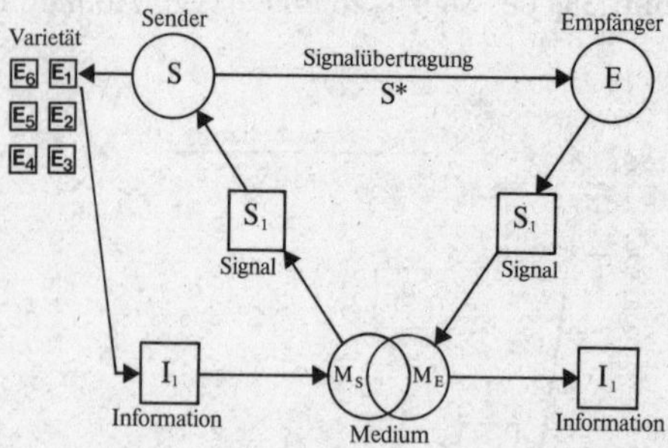

An diesem Punkt des Kommunikationsprozesses angekommen, hat der Empfänger das Signal entschlüsselt und verfügt über die Information, daß seine Arbeit mit «eins» bewertet worden ist. Es bedarf jetzt allerdings noch eines letzten sechsten Schrittes, damit der Kommunikationsprozeß als abgeschlossen gelten kann. Der Empfänger muß die Information der ihr entsprechenden Varietät zuordnen können (d. h., er muß sie «verstehen». Wäre er z. B. mit einem anderen Notensystem vertraut als der Sender, so könnte er keine adäquate Zuordnung vornehmen und eine «Verständigung» käme nicht zustande) (vgl. Abbildung 11f):

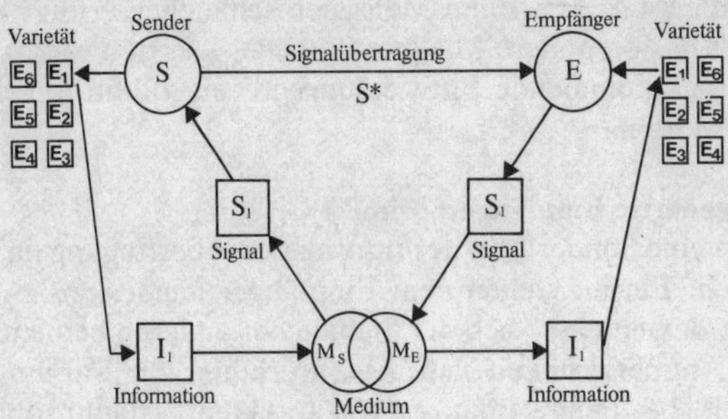

Der skizzierte Verlauf von Informationsauswahl, Verschlüsselung der Information zu Signalen, Signalübertragung, Entschlüsselung der Signale und Zuordnung der Information vermittelt ein Grundmodell der Kommunikation als informativer Beziehung zwischen den Elementen Sender und Empfänger.

2.2 Formen der Kommunikation

Die aufgeworfene Frage nach den stofflichen Charakteristika gesellschaftlicher Kommunikation kann auf der Grundlage der bislang entwickelten Vorstellung vom Kommunikationsprozeß ersichtlich noch nicht beantwortet werden. In dieser Vorstellung wird nämlich noch nicht zwischen Kommunikation im allgemeinen und dem spezifischen Fall gesellschaftlicher Kommunikation differenziert. Würde hier die Begriffsbildung abgebrochen, so ließe sich dies vergleichen mit der Bezeichnung des Konstitutionsprozesses von Gesellschaft als Stoffwechsel im allgemeinen. Auch damit wäre die Besonderheit des Stoffwechselprozesses zwischen Mensch und Natur nicht näher bezeichnet. Stoffwechsel ist nämlich charakteristisch für den gesamten Bereich der organischen Natur. Der Stoffwechselprozeß zwischen Mensch und Natur hat dagegen spezifische Eigenschaften, die in der Kategorie der Arbeit begrifflich gefaßt werden.

Kommunikation im bislang behandelten Sinn ist somit zunächst Kennzeichen der gesamten organischen Natur. Bei den Pflanzen spielen sich entsprechende Prozesse z. B. bei den generationswechselnden Moosen und Farnen in der geschlechtlichen Generation ab, wo die weiblichen Organe chemische Lockstoffe (Rohrzucker, Apfelsäure) produzieren, die bei Regen vom Wasser übertragen werden und die Chemotaxis der Schwärmer steuern. Bei den Tieren existieren Kommunikationssysteme unterschiedlichster Art. Beim Menschen schließlich erfolgt Kommunikation über das besondere Medium Sprache. Der in dieser Aufzählung zum Ausdruck kommende Entwicklungsprozeß soll im folgenden kurz betrachtet werden.

2.2.1 Der genarrte Empfänger: Mimikry

Mimikry ist eine Sonderform der Informationsübertragung im Pflanzen-Tier-Bereich. Bei ihr stehen dem Empfänger mindestens zwei Sender gegenüber, dessen einer sich der Signale des anderen bedient zur Erregung von Aufmerksamkeit, zur Abschreckung, zur Tarnung usw. So werden z. B. bestimmte Pflanzen von Insekten bestäubt, ohne Nektar zu haben. Die männlichen Insekten reagieren auf die Blüten, weil diese dieselben Erkennungssignale besitzen wie die entsprechenden Insektenweibchen. Wie in diesem Fall Aufmerksamkeit, so soll in anderen Fällen Abschreckung bewirkt werden. Dies geschieht z. B. durch Anpassung der Kennzeichen harmloser Tiere an diejenigen gefährlicher (etwa Wespen) oder durch abschreckende Kennzeichen wie augenähnliche o. a. (etwa beim Pfauenauge). Wird hier die Abwehr natürlicher Feinde durch Abschreckung angestrebt, so in anderen Fällen durch Tarnung. Dies geschieht entweder durch die generelle Anpassung an die Umwelt, wie z. B. bei der Stabheuschrecke, oder durch die Möglichkeit aktueller Umweltanpassung, wie z. B. beim Chamäleon.

Allgemein ist für Mimikry offensichtlich charakteristisch, daß der Kommunikationsprozeß nicht vollständig verläuft, sondern an einer entscheidenden Stelle unterbrochen wird. Und zwar kann in diesem Fall der letzte Schritt, die Informationszuordnung, nicht genau erfolgen.

Dies ist allerdings im vorhumanen Bereich von Kommunikation keineswegs der Normalfall. Vielmehr existieren im Bereich tierischer Kommunikation eine große Anzahl vollständiger Systeme der Informationsübertragung.

2.2.2 Biokommunikation: «Sprache» der Tiere?

Bei der Kommunikation der Tiere spielen die unterschiedlichsten Sinne eine Rolle. Informationen können verschlüsselt und übertragen werden in olfaktorischen Signalen, akustischen Signalen, optischen Signalen usw. Auf diese Vielfalt soll hier allerdings nicht weiter eingegangen werden. Dafür wird eines der kompliziertesten tierischen Kommunikations-

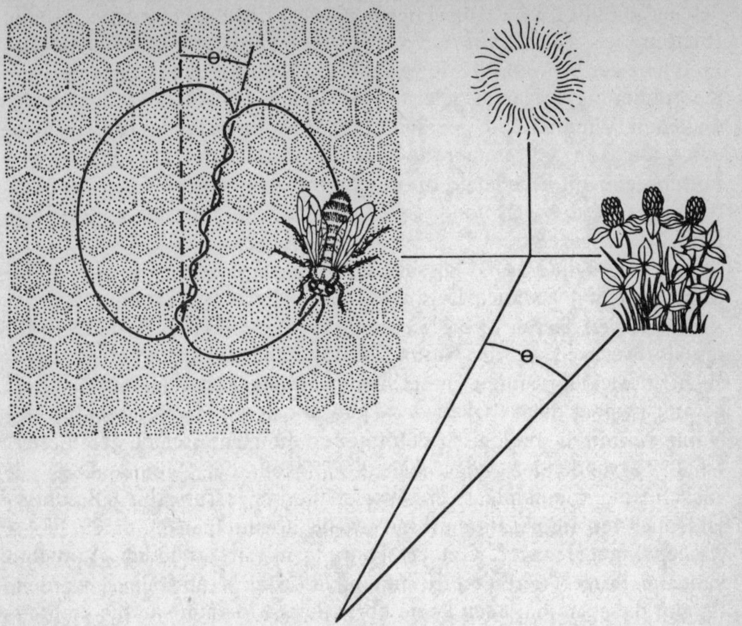

Abbildung 12: *Das Kommunikationssystem der Bienen*
(Am Beispiel der Informationsübermittlung bei den Bienen werden Möglichkeiten und Grenzen tierischer Kommunikation deutlich.)

systeme näher betrachtet, nämlich das Kommunikationssystem der Bienen (vgl. Abbildung 12).

Die Informationsvermittlung bei den Bienen dreht sich ausschließlich um die Nahrungssuche. Doch schon diese einfache Funktion erfordert mehrere Informationen. So muß zunächst die Aufmerksamkeit des Bienenstockes erregt werden. Das zu erreichen ist die erste und allgemeinste Aufgabe des Tanzes der Bienen. Seine Heftigkeit gibt bereits zusätzliche Informationen. Denn von der Motorik der Tanzbewegung wird auf die Reichhaltigkeit der annoncierten Futterquelle geschlossen. Eine weitere Informationsquelle stellt die Form des Tanzes dar. Die zwei Hauptformen, «Rundtanz» und «Schwänzeltanz», unterscheiden sich durch die Bewegung des Hinterleibes beim Schwänzeltanz. Der Rundtanz gibt die unspezifizierte Information, daß sich die anzuzeigende Futterquelle in einem Radius von maximal einhundert Metern befindet. Für Futterquellen, die in einer größeren Entfernung liegen, liefert der Schwänzeltanz genauere Angaben. Durch ihn werden Informationen zu Richtung und Entfernung der Futterquelle vermittelt. Als Bezugspunkte dienen dabei der Bienenstock und die Sonne. Der Winkel zwischen Sonnenstand, Futterplatz und Bienenstock wird genau angegeben durch die Richtung des Tanzes auf den Waben. Die Entfernung wird durch die Frequenz der Schwänzelläufe vermittelt. Dabei werden noch zusätzliche Koordinierungsaufgaben geleistet. So finden etwa die Windgeschwindigkeiten, Windrichtung, Veränderung des Sonnenstandes Berücksichtigung. Der Tanz gibt immer die wirkliche Entfernung und Richtung der Futterquelle an. Eine letzte Information ist dann noch die Art der Nahrung. Sie wird durch von den entsprechenden Pflanzen mitgeführte Duftstoffe angezeigt.

Vor dem Hintergrund dieses Beispiels betrachtet, zeigen sich sowohl Kapazität als auch Leistungsgrenzen tierischer Kommunikation. Auch bei den Tieren ist das Kommunikationsverhalten Bestandteil ihres Stoffwechsels mit der Natur. Zwar werden dabei auf unterschiedlichen Entwicklungsstufen unterschiedliche Fähigkeiten ausgeprägt. Insgesamt ist aber die Tätigkeit der Tiere, die deren Stoffwechsel mit der Natur vermittelt, biologisch determiniert (im Unterschied zur Gesellschaft begründenden menschlichen Tätigkeit, der Arbeit). Dies gilt auch für die kommunikativen Aspekte tierischer Tätigkeit. Die unterschiedlichsten Informationen sind jeweils unmittelbar mit einem biologischen Sinn (Hunger, Gefahr, Paarung usw.) verbunden. Von ihm kann im Prozeß tierischer Kommunikation nicht abstrahiert werden. Es gibt daher in ihm auch keine begrifflichen Medien wie die menschliche Sprache, in der die objektive Realität symbolisch repräsentiert wird.

Das skizzierte Beispiel der Kommunikation bei den Bienen macht diesen Mangel deutlich. Trotz komplexer Angaben über Richtung, Entfernung und Ergiebigkeit der Futterquelle kann die Art des Futters bzw. der Futterpflanze nicht im System des Tanzes übermittelt werden. Statt Informationen über die Pflanze produzieren zu können (sie «benennen» zu können), muß die Biene direkt Materialien (Nektar, Pollen) dieser Pflanze mit sich führen.

2.2.3 Die Bedeutung der Arbeit: Humankommunikation

Die damit bereits angesprochene Differenz zwischen tierischer und menschlicher Kommunikation liegt in der jeweiligen Einbettung kommunikativer Prozesse in eine prinzipiell andere Art der Umweltaneignung begründet. Deren Besonderheiten sind im Begriff der Arbeit festgehalten. Er besagt, daß die Menschen gesellschaftlich über Arbeitsmittel auf die Natur einwirken und sie nach ihrer Zwecksetzung und gemäß ihren Bedürfnissen umformen und sich aneignen.

In diesem Prozeß kommt dem Gebrauch von Werkzeugen eine große Bedeutung zu. Auch er hat sich, wie die Bedingungen der Arbeit selbst, in einer langen naturgeschichtlichen Entwicklung entfaltet.

An seinem Beginn steht die Spezialisierung bestimmter Körperteile, die von verschiedenen Tieren (wie etwa der Schnabel bei Vögeln oder die Vorderextremitäten bei Affen) instrumentell eingesetzt werden. Bei diesen Vorformen des Werkzeuggebrauchs handelt es sich allerdings um instinktive Verhaltensweisen im Rahmen tierischer Tätigkeit.

Ein weiterer Schritt in der Entwicklung ist die Verwendung von Gegenständen der äußeren Natur (wie etwa Steinen oder Stöcken) im Stoffwechselprozeß mit der Natur. Obwohl hier bereits die Entwicklung aus dem Tierreich heraus beginnt, gehört doch diese Form instrumenteller Einwirkung auf die Umwelt keineswegs ausschließlich dem Menschen an. Insbesondere bei Menschenaffen ist der Gebrauch unterschiedlichster Gegenstände relativ häufig. Für ihn ist allerdings charakteristisch, daß er einmal völlig biologisch determiniert ist, d. h. er wird ausgelöst durch und ist gerichtet auf Objekte eines unmittelbaren biologischen Bedürfnisses, und daß er weiter zufällig erfolgt, also keine systematische Verwendung von Naturgegenständen stattfindet. Dies gilt selbst da noch, wo Beobachtungen gezeigt haben, daß in Einzelfällen die benutzten Naturgegenstände manipulativ behandelt (z. B. durch Abbrechen für den Gebrauch verbessert) werden und daß die Verwendung von Naturgegenständen erlernt wird.

Was unterscheidet nun den Werkzeuggebrauch der Menschen von den instrumentellen Verhaltensweisen der Tiere? Es kann offenbar nur die Tatsache sein, daß Werkzeuge bewußt geschaffene und eingesetzte Instrumente sind. Im Unterschied zum Tier, das mit instrumenteller Betätigung immer einen unmittelbar biologischen Sinn verbindet, heißt Werkzeuggebrauch bewußte Verwendung von Arbeitsmitteln.

Das bedeutet zunächst, daß die Herstellung und der Gebrauch von Werkzeugen nicht unmittelbar situationsspezifisch verkoppelt sind. Kennzeichnend für den Werkzeuggebrauch ist also nicht, daß beim Tätigkeitsvollzug spontan zu einem Hilfsmittel gegriffen wird, sondern vielmehr, daß Arbeitsmittel für ihren zukünftigen Gebrauch vorausschauend geschaffen werden.

Damit hängt weiter eng zusammen, daß Werkzeuge nicht Element einer einmaligen aktuellen Tätigkeit sind. Hingegen sind sie Bestandteil einer verallgemeinerten Arbeitsoperation, d. h. sie können und sollen für den Arbeitsprozeß, für den sie hergestellt worden sind, immer wieder eingesetzt werden. Werkzeuge werden daher im Unterschied zu tierischen Instrumenten aufbewahrt.

Hierin ist letztlich der gesellschaftliche Charakter der Werkzeugherstellung und des Werkzeuggebrauchs enthalten. Eben weil die Verwendung von Werkzeugen nicht zufällig und biologisch initiiert erfolgt, ist sie kein individueller Akt. Im Werkzeug selbst ist vielmehr die gemeinsame Erfahrung der gesellschaftlichen Individuen enthalten. Damit ist es für den einzelnen nicht nur Anweisung für komplexe Operationen, sondern zugleich Gegenstand verbessernder Anstrengung. Werkzeuge sind nicht nur als Mittel Bestandteil des Arbeitsprozesses, sondern werden auch zu seinem Gegenstand und im Verlauf der Entfaltung technischer Produktivkräfte laufend weiterentwickelt.

Die Verwendung von Werkzeugen im Arbeitsprozeß zeigt damit, daß dieser ein bewußter Stoffwechsel des Menschen mit der Natur ist. Denken als bewußte Widerspiegelung der Realität ist Bestandteil des Arbeitsprozesses. Damit ist auch sogleich eine Besonderheit der Humankommunikation benannt. Die Informationen in den Kommunikationsprozessen der Menschen werden auf dem Wege des Denkens erzeugt.

Nun ist aber Informationserzeugung nur der erste Schritt im Kommunikationsprozeß. Damit die Informationen übertragen werden können, bedürfen sie der Verschlüsselung. In ihr stoßen wir auf die zweite Besonderheit der Humankommunikation. Auch sie ist in der spezifischen Verfassung menschlicher Umweltaneignung, des Arbeitsprozesses, angelegt.

Im Werkzeuggebrauch selbst ist der gesellschaftliche Charakter des Arbeitsprozesses bereits enthalten. Neben dieser technologischen Seite hat er aber auch noch die Seite unmittelbaren Zusammenwirkens der gesellschaftlichen Individuen. Damit dieses Zusammenwirken planvoll vor sich gehen kann, bedarf es einer über spontane Informationsvermittlung hinausreichenden Verständigung. In diesem Sinne heißt es in der «Deutschen Ideologie» von Karl Marx und Friedrich Engels: «Der ‹Geist› hat von vornherein den Fluch an sich, mit der Materie ‹behaftet› zu sein, die hier in der Form von bewegten Luftschichten, Tönen, kurz der Sprache auftritt. Die Sprache ist so alt wie das Bewußtsein – die Sprache *ist* das praktische, auch für andre Menschen existierende, also auch für mich selbst erst existierende wirkliche Bewußtsein, und die Sprache entsteht, wie das Bewußtsein, erst aus dem Bedürfnis, der Notdurft des Verkehrs mit andren Menschen.»

Zu den stofflichen Charakteristika der Humankommunikation gehört damit ebenso die Informationsherstellung durch bewußte Widerspiegelung der objektiven Realität (Denken) wie die Verschlüsselung der Information zu Signalen in dem besonderen Medium Sprache. Hierin unterscheidet sich gesellschaftliche Kommunikation bereits stofflich von allen vorhumanen Formen des Informationsaustausches.

2.3 Gesellschaftliche Kommunikation

Die stofflichen Besonderheiten gesellschaftlicher Kommunikation sind Denken und Sprechen. Ihr Verhältnis soll zunächst genauer untersucht werden. Dem hat eine detaillierte Betrachtung des Mediums Sprache zu folgen.

2.3.1 Denken und Sprechen

Über das Denken als bewußte Tätigkeit der gesellschaftlichen Individuen existieren eine große Zahl differierender Auffassungen. Abgesehen von der unterschiedlichen Beantwortung der Grundfrage der Philosophie spielt dabei vor allem die Bestimmung des Zusammenhangs von konkreten, sinnlichen Elementen (Erfahrung) und abstrakten, rationalen Elementen (Denken) des Erkenntnisprozesses eine Rolle. Die Geschichte der Philosophie zeigt, daß beide häufig getrennt und einander unvermittelt konfrontiert werden. Von hierher leiten sich die beiden großen Strömungen des Sensualismus und des Rationalismus ab.

Der Sensualismus betont die Rolle der sinnlichen Erfahrung im Erkenntnisprozeß. So schreibt z. B. der Begründer des modernen Sensualismus, John Locke (1632–1704) in seiner Abhandlung «Über den menschlichen Verstand» (1690) zu der Frage, woher dem menschlichen Geist die Ideen kämen: «Ich antworte darauf mit einem einzigen Worte: aus der Erfahrung. Auf sie gründet sich unsere gesamte Erkenntnis.» Nicht erklärt werden kann allerdings im weiteren der Übergang von der sinnlichen zur rationalen Erkenntnis. Vielmehr wird postuliert: «In dem ganzen Bereich, den der Geist durchschweift, ... kommt er auch nicht um Haaresbreite über jene Ideen hinaus, die ihm die Sinne ... zur Betrachtung dargeboten haben.»

Der Rationalismus setzt an dieser Stelle mit der Hervorhebung der Bedeutung des Denkens im Erkenntnisprozeß seine Kritik an. In seiner «Abhandlung über die Methode» (1637) mokiert sich z. B. der Begründer des modernen Rationalismus, René Descartes (1596–1650), über die Schwierigkeiten mancher Leute, ideelle Sachverhalte (wie etwa Gott oder die Seele) zu erkennen und schlußfolgert: das «liegt darin, daß sie ihren Geist nie über die sinnlichen Dinge erhoben ... haben ... daß sogar die Schulphilosophen den Grundsatz haben, es könne nicht im Verstande sein, das nicht zuerst in den Sinnen gewesen, wo doch ganz sicher die Ideen Gottes oder der Seele nie waren». Auf diese Untugend der Sensualisten antwortet er mit dem Experiment, sich zu denken, «daß alle Dinge, die jemals in meinen Geist gekommen, nicht wahrer seien als die Trugbilder meiner Träume. Alsbald aber machte ich die Wahrnehmung, daß, während ich so denken wollte, alles sei falsch, doch notwendig ich, der ich dachte, irgend etwas sein müsse ... Also erkannte ich daraus, daß ich eine Substanz sei, deren ganzes Wesen und Natur bloß im Denken bestehe ... (und nicht) von einem materiellen Dinge abhänge.»

Sensualismus wie Rationalismus verabsolutieren je einen wichtigen Aspekt des Erkenntnisprozesses. Tatsächlich aber bilden Erfahrung und Denken eine untrennbare Einheit. In der Erfahrung wird die objektive Realität unmittelbar sinnlich zugänglich. Im Denken werden durch Abstraktion und Verallgemeinerung die grundlegenden Gesetzmäßigkeiten der objektiven Realität theoretisch faßbar.

Dieser komplexe Prozeß der Erkenntnis wird vom historisch-dialektischen Materialismus als bewußte Widerspiegelung bezeichnet. Im Prozeß der bewußten Widerspiegelung produzieren die gesellschaftlichen Individuen Abbilder der objektiven Realität. Abbild zu sein ist ein wesentliches stoffliches Charakteristikum aller von den Menschen erzeugten Information.

Die ideellen Abbilder der objektiven Realität sind Resultat menschlicher Erkenntnistätigkeit. Als Bestandteil des Stoffwechselprozesses der Menschen mit der Natur teilt Widerspiegelung dessen doppelte Bestimmung. Stofflich geprägt ist sie ebenso durch die materielle Verfassung ihrer Gegenstände in Natur und Gesellschaft wie durch die materielle Verfassung der Erkenntnistätigkeit als Funktion des menschlichen Gehirns. Formbestimmt ist sie durch die jeweiligen Verhältnisse der Menschen untereinander. Widerspiegelung hat also gesellschaftlichen Charakter. Sie ist ein sozialer Prozeß. Die in diesem Prozeß erzeugten Abbilder der objektiven Realität sollen deswegen als soziale Informationen bezeichnet werden.

Soziale Informationen sind ideelle Abbilder der objektiven Realität; Abbilder sind Resultat von Widerspiegelungsprozessen: hiermit ist eine Seite des menschlichen Erkenntnisprozesses erfaßt. Seine andere Seite liegt darin, daß Erkenntnis nicht unabhängig und außerhalb von Kommunikation zustande kommen kann: um wirklich zu sein, müssen die Abbilder praktisch werden; das geschieht in der Sprache.

Die Sprache ist ein System von Zeichen und Verknüpfungsregeln für Zeichen. Diese Zeichen sind aber weder immer schon vorhanden noch den Menschen eingeboren. Sie sind vielmehr von den Menschen selbst erzeugte Gegenstände der objektiven Realität. Dies zeichnet sie vor anderen Signalen aus.

Im Prozeß der gesellschaftlichen Kommunikation werden also die von den gesellschaftlichen Individuen erzeugten sozialen Informationen (Abbilder) materiell in Zeichen repräsentiert. Charakterisiert das Abbild die besondere Verfassung gesellschaftlicher Kommunikation hinsichtlich der Informationserzeugung, so das Zeichen deren besondere Verfassung hinsichtlich der Informationsverschlüsselung.

Eine genauere Betrachtung der sprachlichen Zeichen zeigt, daß sie durch vier wesentliche Beziehungen bestimmt werden. Ein Zeichen ist zunächst ein von den Menschen produzierter und verwendeter Gegenstand. Die Semiotik oder Zeichentheorie nennt dies die pragmatische (der menschlichen Praxis dienende) Funktion des Zeichens. Weiter steht das Zeichen in Beziehung zu anderen Zeichen. Dies ist seine syntaktische (einen geordneten Zusammenhang bildende) Funktion. Als nächstes Verhältnis ist jenes des Zeichens zu einem Objekt zu nennen. Hierin liegt seine sigmatische (bezeichnende) Funktion. Letztlich steht das Zeichen aber nicht nur zu einem bestimmten Objekt in Beziehung, sondern auch zu dessen ideellem Abbild. Dies ist seine semantische (bedeutende) Funktion.

Die sprachlichen Zeichen werden durch Pragmatik, Syntaktik, Sigmatik und Semantik charakterisiert. Insbesondere das doppelte Verhältnis von Bezeichnung und Bedeutung, die sigmatische Beziehung der Zeichen zu den Gegenständen der objektiven Realität und die semantische Beziehung der Zeichen zu den Abbildern der Gegenstände der objektiven Realität, machen den Unterschied zwischen dem menschlichen Signalsystem Sprache mit seinen besonderen Signalen, den Zeichen, und den vorhumanen Signalsystemen, etwa der tierischen Kommunikation, deutlich. Während die Informationsverschlüsselung im vorhumanen Bereich instinktiv oder bedingt reflexiv erfolgt, beinhaltet Humankommunikation grundsätzlich einen doppelten Widerspiegelungsvorgang. Widergespiegelt werden müssen sowohl die Gegenstände der objektiven Realität wie die Zeichen, die als Elemente der von den gesellschaftlichen Individuen produzierten Sprache ihrerseits Bestandteil der objektiven Realität sind.

Zurückblickend läßt sich die stoffliche Seite gesellschaftlicher Kommunikation nunmehr in Spezifizierung der Vorstellung von Kommunikation im allgemeinen (vgl. Abschnitt 2.1.2) wie folgt beschreiben: Im Prozeß der Widerspiegelung der objektiven Realität werden ideelle Abbilder (A) erzeugt. Sie sind (soziale) Informationen (I) über diese Realität. Die Informationen werden mit Hilfe des besonderen Mediums Sprache in Zeichen (Z) verschlüsselt. Die zeichenmäßig verschlüsselte Information heißt Nachricht (N). Sie wird übertragen (N*), empfangen, entschlüsselt und zugeordnet (vgl. Abbildung 13):

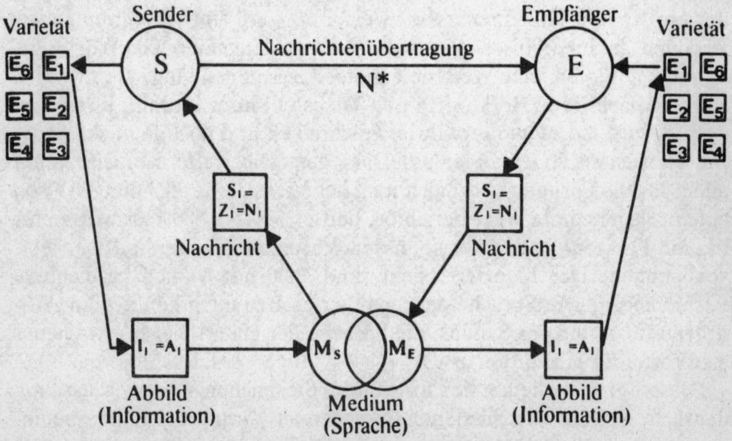

2.3.2 Das Medium Sprache

Die Probleme sprachlicher Kommunikation sind Gegenstand mehrerer sprachwissenschaftlicher Teildisziplinen. So beschäftigt sich z. B. die Phonologie mit sprachlichen Bedeutungen auf der Lautbildungsebene, während die Morphologie dies bezüglich der Wortformen unternimmt. Die Grammatik umfaßt die Regeln zur Konstruktion sprachlicher Texte. Die Soziolinguistik bezieht sich auf den Zusammenhang von Sprache, Sprachverhalten und Sozialstruktur. Usw. Die dabei entwickelten Fragestellungen sollen hier nicht weiter verfolgt werden. Einzugehen ist aber auf den Prozeß der sprachlichen Tätigkeit, insbesondere auf das Verhältnis von Sprache und Sprechen.

Jede Sprache ist ein System von Wörtern (Lexikon) und Verknüpfungsregeln (Grammatik). Sie ist dies als Resultat sprachlicher Tätigkeit jeweils vieler Generationen. Dabei spielt die jeweilige Verfassung der Grundlage sozialen Lebens, des Arbeitsprozesses als Stoffwechsel zwischen Mensch und Natur, eine bedeutende Rolle. Denn die Wörter der Sprache sind nicht einfach die Verdopplung der Gegenstände der objektiven Realität. Sie sind vielmehr die über sprachliche Tätigkeit vermittelten Produkte der Auseinandersetzung der gesellschaftlichen Individuen mit der objektiven Realität im Arbeitsprozeß. Dies wird besonders bei einer Betrachtung von Sprachen deutlich, die unter unterschiedlichsten Bedingungen produziert worden sind, und für die etwa Erhard Albrecht in seiner Studie «Sprache und Erkenntnis» (Berlin 1967) vermerkt: «Die Sprache der Lappen z. B. kennt etwa zwanzig verschiedene Wörter für besondere Arten von Eis, elf für kalt, einundzwanzig Wörter für Schnee in allen Formen, sechsundzwanzig Verba, um das Gefrieren und Auftauen zu bezeichnen. Weiter gibt es bei den Lappen verschiedene Wörter für die einzelnen Rentierarten. Es gibt besondere Ausdrücke, um ein Rentier von einem, von zwei, drei, vier, fünf ... Jahren zu bezeichnen. In der arabischen Sprache soll es ... ungefähr 6000 Wörter geben, die auf irgendeine Weise mit ‹Kamel› zusammenhängen. Es werden Kamele nach ihrer Herkunft, ihren Diensten, ihrer Anzahl, ihrem Bewegungszustand, dem Grad ihrer Trächtigkeit und noch in vielen anderen Hinsichten voneinander unterschieden. Die Kaffernsprache kennt allein für die Färbung und Zeichnung des Viehs 26 Bezeichnungen. Von einem Negerstamm wird berichtet, daß er 500 bis 800 Farbwörter für braune Farbtöne habe, wie sie in der Wüstenumgebung, in der er lebt, vorkommen. Der Maori ... sieht rund 3000 mit Namen bezeichnete Farbnuancen. Die Sprache der ägyptischen Beduinen kennt zehn Ausdrücke für Arten des Sandes, die Sprache der Hausa-Neger etwa neunzig Wörter für Hirsearten usw.»

Diese Beispiele ließen sich fortführen. Sie machen aber auch so schon deutlich, daß die verschiedenen Sprachen auf Grund der Lebensbedingungen der Völker durchaus erhebliche Differenzen aufweisen.

Bringt so die sprachliche Tätigkeit langfristig die Sprache als relativ festes und beständiges System hervor, so muß unter Sprechen die aktuelle sprachliche Tätigkeit verstanden werden, die sich der vorhandenen Sprache als ihres Mittels bedient. Das Sprechen ist, wie die Produktion von Sprache, zunächst gesellschaftlicher Akt. Beim Sprechen realisieren die gesellschaftlichen Individuen die Sprache, wie sie sie als Produkt sprachlicher Tätigkeit der ihnen vorausgegangenen Generationen vorfinden. Der notwendig doppelte Widerspiegelungsprozeß gesellschaftlicher Kommunikation wird hieran deutlich.

2.3.3 Sprache und Gesellschaft

Gesellschaftliche Kommunikation beinhaltet ebenso bewußtseinsmäßige wie sprachliche Tätigkeit. Beide erfolgen jeweils im Rahmen einer bestimmten Gesellschaftsformation. Wie alle Bereiche des gesellschaftlichen Lebens ist daher auch der der Kommunikation wesentlich geprägt durch die eine gegebene Gesellschaftsformation grundlegend charakterisierende Verfassung der Produktionsverhältnisse. Die sprachliche Tätigkeit ist entsprechend durch die Positionen der gesellschaftlichen Individuen innerhalb des gesellschaftlichen Systems vermittelt, wobei insbesondere solche sozialen Institutionen wie Familie und Schule eine bedeutende Rolle spielen (vgl. Abbildung 14).

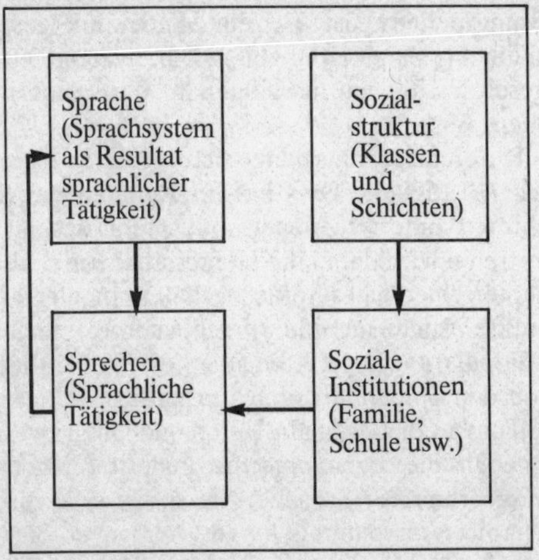

Abbildung 14: *Die soziale Prägung sprachlicher Tätigkeit*
(Die sprachliche Tätigkeit [Sprechen] der gesellschaftlichen Individuen, die sich der Sprache als Resultat der sprachlichen Tätigkeit vergangener Generationen bedient, wird in den antagonistischen Gesellschaftsformationen über den Klassencharakter der Sozialstruktur und die durch ihn geprägten sozialen Institutionen vermittelt.)

Die von den gesellschaftlichen Individuen eingenommenen Positionen sind abhängig von deren Klassenlage. Hinsichtlich der exakten begrifflichen Fassung der Gesellschaftsklassen durch den historisch-dialektischen Materialismus wird gegenwärtig eine umfangreiche Diskussion geführt. Sie kann aufbauen auf einer empirischen Annäherung an den Klassenbegriff, wie sie Wladimir Iljitsch Lenin (1870–1924) formuliert hat: «Als Klassen bezeichnet man große Menschengruppen, die sich voneinander unterscheiden nach ihrem Platz in einem bestimmten System der gesellschaftlichen Produktion, nach ... ihrem Verhältnis zu den Produktionsmitteln, nach ihrer Rolle in der gesellschaftlichen Organisation der Arbeit und folglich nach der Art der Erlangung und der Größe des Anteils am gesellschaftlichen Reichtum, über den sie verfügen. Klassen sind Gruppen von Menschen, von denen die eine sich die Arbeit der anderen aneignen kann infolge der Verschiedenheit ihres Platzes in einem bestimmten System der gesellschaftlichen Wirtschaft.»

Wesentlich für die Klassenzugehörigkeit ist also vor allem dreierlei: 1. das Verhältnis der gesellschaftlichen Individuen zu den Produktionsmitteln, d. h. der Besitz oder Nichtbesitz an bzw. die Verfügung oder Nichtverfügung über die Mittel der Produktion; 2. der Platz der gesellschaftlichen Individuen im System der Produktion bzw. der Wirtschaft und ihre Rolle in der gesellschaftlichen Organisation der Arbeit, d. h. ihre Stellung als Lohnarbeiter, als abhängig und ausführend Arbeitende oder als Weisungsbefugte usw.; 3. ihr Anteil am gesellschaftlichen Reichtum und die Art seiner Erlangung, d. h. letztendlich die durch die Stellung der gesellschaftlichen Individuen im Wirtschaftssystem geprägte gesamte Lebensweise.

Die soziale Differenzierung schlägt sich nieder in einer Differenzierung sprachlicher Tätigkeit. Dies hat im Rahmen der Sprachwissenschaft zu mehreren unterschiedenen Interpretationsmustern geführt. Kaum noch vertreten wird dabei die Hereditätstheorie, also die Auffassung, es läge unterschiedliches Sprachverhalten in angeborenen Unterschieden bewußtseinsmäßiger und sprachlicher Kompetenz der Menschen. Große Popularität genießt dagegen die Defizittheorie mit ihrer Vorstellung von den Sprachbarrieren. Ihr zufolge soll es entsprechend der gesellschaftlichen Gliederung in Unten und Oben zwei verschiedene Sprachweisen geben, die sogenannte restringierte (eingeengte) und die elaborierte (ausgearbeitete) Sprache. Sie sollen sich vor allem unterscheiden durch die Verwendung kurzer, einfacher Sätze gegenüber komplexen Satzkonstruktionen, durch den seltenen Gebrauch unpersönlicher Pronomen gegenüber ihrer häufigen Verwendung u. ä. Dabei wird in der Regel jedoch die Gruppe der restringierten Sprecher an der der elaborierten Sprecher gemessen, anstatt der vermutete Zusammenhang von Sprache, Sprechen und Sozialstruktur genauer untersucht. So kommt als Ergebnis letztlich nur die Vorstellung eines Defizits der Sprecher aus der Unterschicht gegenüber jenen aus den Mittel- und Oberschichten zustande. Die Unterschiede im Bereich sprachlicher Tätigkeit werden also nicht soziologisch erklärt, sondern eher psychologisch vernebelt. Nicht seine soziale Position, sondern sein (wenn auch milieugeprägtes) persönliches Vermögen oder Unvermögen zu sprachlicher Aktion soll dem einzelnen seine Zugehörigkeit zum elaborierten oder restringierten Sprechen zuweisen. Hiergegen wendet sich die Differenztheorie mit ihrer Auffassung, daß es sich bei den Unterschieden im Bereich sprachlicher Tätigkeit um Differenzen handle, in denen die Zugehörigkeit der gesellschaftlichen Individuen zu den verschiedenen sozialen Klassen zum Ausdruck komme. Hinter dieser Einsicht stehen Beobachtungen, wie sie bereits Friedrich Engels in seiner Untersuchung über «Die Lage der arbeitenden Klasse in England» (1845) notiert hat: «Wir werden uns nach alledem nicht mehr darüber wundern, daß die arbeitende Klasse allmählich ein ganz andres Volk geworden ist als die englische Bourgeoisie. Die Bourgeoisie hat mit allen anderen Nationen der Erde mehr Verwandtes als mit den Arbeitern, die dicht neben ihr wohnen. Die Arbeiter sprechen andre Dialekte, haben andre Ideen und Vorstellungen, andre Sitten und Sittenprinzipien, andre Religion und Politik als die Bourgeoisie.» So ist die Sprache nicht nur Resultat des allgemeinen Stoffwechsels der Menschen mit der Natur, sondern auch die konkrete sprachliche Tätigkeit innerhalb einer besonderen Gesellschaftsformation ist durch deren jeweilige ökonomische Verfassung geprägt. Diese Bestimmung gehört allerdings hinsichtlich ihrer spezifischen Ausprägung in den unterschiedenen Gesellschaftsformationen nicht mehr in den Bereich der stofflichen Charakteristika gesellschaftlicher Kommunikation. Sie ist vielmehr bereits zu deren ökonomischer Formbestimmtheit zu rechnen.

3. Sozialgeschichte der Kommunikation

Ausgehend von der Allseitigkeit menschlicher Umweltaneignung im Arbeitsprozeß ist dieser bislang als Einheit physischer, geistiger und sprachlicher Tätigkeit betrachtet worden. Nur durch das Zusammenwirken von Hand, Kopf und Mund kann die planvolle gesellschaftliche Auseinandersetzung der Menschen mit der Natur stattfinden.

Diese stoffliche Seite des Arbeitsprozesses ist jedoch immer konkret vermittelt mit seiner jeweiligen ökonomischen Formbestimmung. Der Prozeß der Gesellschaftsentwicklung zeigt dabei eine Trennung von Handarbeit und Kopfarbeit sowie die Loslösung ihrer kommunikativen Kompetenzen von der unmittelbaren Produktionstätigkeit. Diese Entwicklung hat ihren Niederschlag in zahlreichen kommunikationstheoretischen Überlegungen gefunden – und zwar 1. hinsichtlich der zeitlichen Differenzierung von Arbeit und Kommunikation im Zuge der sich trennenden Entwicklung von Arbeit und Freizeit; 2. bezüglich der Herausbildung besonderer technischer Kommunikationsapparate, der Massenkommunikationsmittel, die eine kommunikative Verbindung zwischen den gesellschaftlichen Individuen auch da gewährleisten sollen, wo diese gar nicht mehr unmittelbar miteinander in Beziehung treten; 3. im Hinblick auf die Entstehung einer besonderen Sphäre gesellschaftlicher Kommunikation, der Öffentlichkeit, die abseits des Arbeitsprozesses zum Ort wechselseitiger Verständigung der gesellschaftlichen Individuen geworden sei.

All diese Überlegungen können sich zunächst oberflächlich mit gutem Grund auf den realen Schein der Verhältnisse in unserer Gesellschaft berufen. Montagehalle und Großraumbüro führen zwar eine große Anzahl von Menschen während der Arbeit an einem Ort zusammen. Gleichzeitig nehmen sie ihnen aber die Möglichkeit der Kommunikation. Diese hingegen scheint dafür im Bereich der Freizeit ausführlich möglich zu sein. Die dort angebotenen Kommunikationsgelegenheiten vor allem der großen Palette der Massenmedien eröffnen eine Vielzahl von Perspektiven, welche zudem durch technische Innovationen laufend erweitert werden.

Was sich hinter diesen Eindrücken an wesentlichen sozialen Tendenzen und Gesetzmäßigkeiten verbirgt, soll im folgenden genauer betrachtet werden.

3.1 Arbeit und Freizeit

Die Trennung von Arbeit und Freizeit ist ein Produkt der kapitalistischen Gesellschaftsformation.

Zwar verfügt jede Gesellschaft und verfügen deren verschiedene Gesellschaftsklassen über einen spezifischen Zeitplan, d. h. einen charakteristischen Ablauf der zur gesellschaftlichen Reproduktion notwendigen Tätigkeiten in ihrem Wechsel mit den zur Regeneration der Arbeitsfähigkeit notwendigen Ruhephasen. Dabei verteilen sich aber in den vorkapitalistischen Gesellschaftsformationen nicht Arbeitszeit und Freizeit auf den Tagesablauf der einzelnen gesellschaftlichen Individuen. Vielmehr verteilen sich Arbeit und Nichtarbeit (Muße) auf die gesellschaftlichen Hauptklassen. Die abhängigen und arbeitenden Gesellschaftsklassen befinden sich in einer ökonomischen und sozialen Lage (wie Sklaverei oder Leibeigenschaft), aus der sich kein Anspruch auf Freizeit ableiten läßt.

Dies ändert sich mit dem Aufkommen des Verhältnisses von Lohnarbeit und Kapital. Der Lohnarbeiter ist nicht mit seiner ganzen Person

Besitz des Kapitalisten. Er verkauft diesem vielmehr lediglich seine Arbeitskraft. Die Zeit, in der der Kapitalist über die Arbeitskraft des Lohnarbeiters verfügen und sie anwenden kann, wird vertraglich festgelegt. Damit entsteht zum erstenmal in der Geschichte für das einzelne arbeitende gesellschaftliche Individuum eine Differenz von Arbeit (bzw. Arbeitszeit) und Freizeit.

Keinesfalls kann indessen hieraus gefolgert werden, es bestünden von nun an zwei getrennte Lebensbereiche, die voneinander nicht weiter berührt würden. Vielmehr hängen sowohl qualitativ als auch quantitativ Arbeit und Freizeit unmittelbar zusammen. Qualitativ wird dieses Verhältnis von der Entfremdung der Arbeit geprägt, quantitativ wird es bestimmt durch die Länge des Arbeitstages.

3.1.1 Entfremdung der Arbeit: die Verkehrung menschlicher Selbstverwirklichung im Produktionsprozeß

In der Arbeit realisiert der Mensch seinen Stoffwechselprozeß mit der Natur. Dabei formt er nicht nur die äußere Natur um. Er verändert auch sich selbst. Damit ist auch besagt, daß er nicht nur vorhandene Bedürfnisse befriedigt, sondern auch neue entwickelt. Diesen Prozeß der Selbstverwirklichung hat der Archäologe Vance Gordon Childe (1892–1958) in einem Buch beschrieben, dem er den Titel gab: «Man makes himself» (1936) – der Mensch schafft sich selbst.

Grundsätzlich vollzieht sich die stoffliche Seite dieser Entwicklung in besonderer ökonomischer Form. Auch dies gehört in den Bereich menschlicher Selbstverwirklichung, daß sie nicht individuelle Anstrengung, sondern Beschäftigung der Gattung ist, der einzelne sich gerade nur als gesellschaftlicher Mensch verwirklichen kann.

Der Werdegang der ökonomischen Gesellschaftsformationen zeigt nun bezüglich dieses Zusammenhangs der Menschen im Arbeitsprozeß mit dem Aufkommen der Warenproduktion einen prinzipiellen Bruch, der sich dann im Bereich kapitalistischer Warenproduktion spezifisch ausprägt und voll durchsetzt. Er wird vom historisch-dialektischen Materialismus mit dem Begriff Entfremdung bezeichnet.

Entfremdung ist prinzipiell mit der Warenproduktion verbunden, d. h. mit jenen bestimmten gesellschaftlichen Bedingungen, unter denen die Produkte der menschlichen Arbeit Warencharakter annehmen. Als Voraussetzung für Warenproduktion haben zu gelten 1. eine gesellschaftliche Teilung der Arbeit, d. h. die Gesellschaftsmitglieder müssen mit unterschiedlichen Tätigkeiten befaßt sein; 2. das Vorhandensein unabhängiger Privatarbeiten, d. h., die Arbeitsteilung darf nicht in gesamtgesellschaftlichem Maßstab geplant und organisiert sein, sondern die einzelnen Arbeiten müssen auf voneinander unabhängige Produzenten verteilt sein; 3. die Produktion für den Austausch, d. h. für den Konsum anderer und nicht für den eigenen

Bedarf; 4. die Verschiedenheit der Gebrauchswerte (vgl. Abbildung 15).

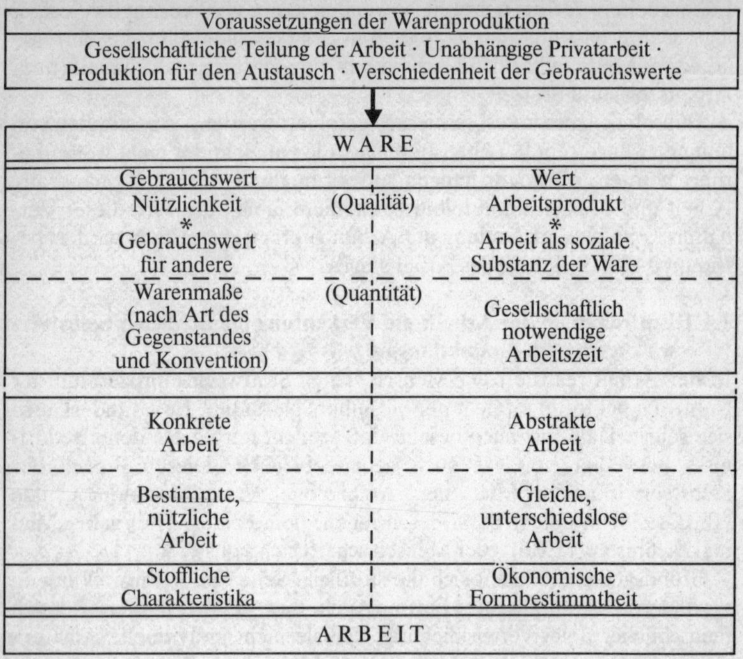

Abbildung 15: *Der Doppelcharakter der Ware und der warenproduzierenden Arbeit*
(Warenproduzierende Arbeit hat den spezifischen Doppelcharakter, konkret und abstrakt zu sein. Als stofflich charakterisierte konkrete Arbeit schafft sie Gebrauchswert, als ökonomisch formbestimmte abstrakte Arbeit schafft sie Wert)

Gebrauchswert hat eine Ware dabei auf Grund ihrer Nützlichkeit. So weit der Gebrauchswert allerdings solcher von Ware sein soll, muß er gesellschaftlichen Charakter haben. Der Warenproduzent muß Gebrauchswerte produzieren, die die Bedürfnisse anderer Individuen befriedigen.

Die zweite Seite der Ware ist ihr Wert. Der Wert einer Ware besteht in geronnener abstrakt menschlicher Arbeit, also Arbeit, soweit sie bloße Kraftäußerung ist, ganz unabhängig von ihrer konkreten Befähigung. Sie ist die soziale Substanz der Waren und macht den qualitativen Aspekt des Wertes aus. Sein quantitativer Aspekt wird bestimmt durch die Verausgabung abstrakt menschlicher Arbeit in der für eine gegebene Gesellschaft durchschnittlich notwendigen Arbeitszeit.

Wert und Gebrauchswert sind beide Bestimmungsmerkmale der Ware. Diese besitzt dementsprechend Doppelcharakter. Der Doppelcharakter der Ware ist nichts weiter als Ausdruck des Doppelcharakters der Arbeit. Die zwei Seiten des Arbeitsprozesses, stoffliche Charakteristika und ökonomische Formbestimmtheit, sind daher für warenproduzierende Arbeit zu spezifizieren. Die stoffliche Seite warenproduzierender Arbeit besteht in der Verausgabung konkret nützlicher Arbeit zur Herstellung von Gebrauchswerten. Die ökonomisch formbestimmte Seite warenproduzierender Arbeit besteht in der Verausgabung abstrakter Arbeit zur Bildung von Wert.

Entfremdung ist mit der Warenproduktion direkt verbunden: Karl Marx hat sie aus dem Fetischcharakter der Ware abgeleitet. Dieser entspringt aus der Warenform selbst. Durch den doppelten Tatbestand, daß die Arbeitsprodukte von unabhängigen Privatproduzenten hergestellt werden und daß sie Warenform annehmen, erfahren die Menschen den gesellschaftlichen Charakter ihrer Beziehungen nicht länger unmittelbar, sondern vermittelt über die Waren. Der Markt wird zum Ort scheinbarer Vergesellschaftung. Auf ihm treten die Privatproduzenten über ihre Waren miteinander in Verbindung. Ihr gesellschaftliches Verhältnis wird dem realen Schein eines Verhältnisses von Sachen unterworfen.

Dies hat Auswirkungen auf den Charakter der Arbeit selbst. Entfremdung macht sich an ihr in dreifachem Sinne geltend. Erstens prägt sie die Einstellung des Arbeiters zu seiner eigenen Tätigkeit. Diese dient anscheinend einem der Befriedigung der eigenen Bedürfnisse äußeren Zweck. Während zwar auch in der warenproduzierenden Gesellschaft jedes Bedürfnis nur über Arbeit befriedigt werden kann, entsteht doch beim einzelnen Warenproduzent der Eindruck, er arbeite, um sich erst nach der Arbeit, vermittelt über den Warenaustausch, seine Bedürfnisse befriedigen zu können. Daher liegt zweitens Entfremdung ebenfalls im Verhältnis des Arbeiters zu seinem Produkt. Er produziert es nicht für sich, sondern für fremde Bedürfnisse. Ebenso ist auch sein Bedürfnis nicht auf das Resultat seiner eigenen Arbeit gerichtet, sondern auf die Produkte fremder Arbeit. Dies hat drittens eine entfremdende Wirkung auf das Verhältnis der Warenproduzenten untereinander. Sie erkennen im anderen nicht den Garant gemeinsamer Aneignung der Natur. Vielmehr erscheint jeder dem anderen als egoistisch auf seinen Vorteil bedachter Konkurrent.

Dieser prinzipielle Charakter der Entfremdung im warenproduzierenden Arbeitsprozeß erhält seine volle Ausprägung in der kapitalistischen Warenproduktion. Der Lohnarbeiter arbeitet nicht, um einen bestimmten Gegenstand zu produzieren, sondern er produziert beliebige Gegenstände, um Geld zu verdienen. In den Produkten seiner Arbeit scheinen sich nicht seine eigenen Fähigkeiten zu vergegenständlichen. Als ihm nicht gehörendes Warenkapital treten sie ihm vielmehr mit fremder Gegenständlichkeit gegenüber. Mit seinem Mitarbeiter vereinen ihn schließlich nicht freie Übereinkunft und gemeinsamer Wille. Beide unterliegen vielmehr der dirigierenden Kraft des Kapitals.

3.1.2 Freizeit im Kapitalismus: die Kehrseite des Warencharakters der Arbeitskraft

Durch den entfremdeten Charakter der Arbeit wird das Verhältnis von Arbeit und Freizeit qualitativ geprägt. Ehe hierauf näher eingegangen wird, soll zuvor der quantitative Aspekt dieses Verhältnisses beleuchtet werden. Von ihm heißt es in diversen Freizeittheorien, es nehme die Freizeit auf Kosten der Arbeitszeit laufend zu, welche Entwicklung dem wachsenden technischen Fortschritt zuzuschreiben sei. Tatsächlich wird diese Frage jedoch in erster Linie nicht von der Entwicklung der Produktivkräfte beantwortet, sondern vom Charakter der Produktionsverhältnisse.

Unter den Bedingungen der Lohnarbeit bekommt die Arbeitskraft Warencharakter. Der Arbeiter verkauft seine Arbeitskraft als Ware. Dadurch kommt es zum Widerspruch von Lohnarbeit und Kapital. Er findet seine doppelte Ausprägung einmal in der Wertbestimmung der Ware Arbeitskraft und zum andern im Kampf um die Länge des Arbeitstages.

Was zunächst die Wertbestimmung der Ware Arbeitskraft anbelangt, so erfolgt sie grundsätzlich wie diejenige jeder anderen Ware auch durch die zu ihrer Produktion notwendige durchschnittliche gesellschaftliche Arbeitszeit. Bei ihr handelt es sich offenbar um die Zeit, derer es bedarf, um die Lebensmittel zu produzieren, die zum Erhalt der Existenz des Arbeiters unabdingbar notwendig sind. Darüber hinaus enthält jedoch die Wertbestimmung der Ware Arbeitskraft auch noch ein historisches Element. Es wird ebenso durch den erreichten Kulturstand einer Gesellschaft wie durch die organisierte Kampfkraft der Arbeiter bestimmt. Hierin liegt die ökonomische Wurzel gewerkschaftlicher Organisation.

Was weiter den Kampf um die Länge des Arbeitstages anbelangt, so stehen sich hier gleichberechtigte aber unvereinbare Ansprüche gegenüber. Der Kapitalist als Käufer der Ware Arbeitskraft hat ein Interesse daran, diese solange wie möglich zu nutzen. Der Arbeiter als Verkäufer der Ware Arbeitskraft hat ein Interesse daran, deren Nutzung durch den Kapitalisten möglichst zu begrenzen, um so einen vorzeitigen Verschleiß seines einzigen «Besitzes» zu verhindern. Diese gegensätzlichen Interessen stehen einander unversöhnlich gegenüber. Hierin liegt die ökonomische Wurzel der sozialen Kämpfe.

Der Kampf um angemessene Reproduktionsbedingungen und eine angemessene Reproduktionszeit ist also eine Auseinandersetzung zwischen den beiden großen Gesellschaftsklassen der Lohnarbeiter und der Kapitalisten. Ihr jeweiliger Stand bestimmt das Verhältnis von Arbeit und Freizeit.

Zeigt sich so bereits quantitativ die «totale Freizeitgesellschaft» als ideologische Seifenblase, so wird dieser Eindruck durch einen Blick auf die qualitative Verfassung der Freizeit bestärkt. Sie erweist sich als vom entfremdeten Charakter der Arbeit geprägt.

Allererst führt die Entfremdung der Arbeit zu einer Verkehrung des menschlichen Selbstverwirklichungsprozesses im Bewußtsein der gesellschaftlichen Individuen. Nicht länger die Arbeit wird von ihnen als freie Betätigung ihrer Wesenskräfte empfunden. Hingegen erscheint sie als Entäußerung und Zwang. Für die Entfaltung der eigenen Individualität bleibt vermeintlich nur noch der Bereich der Freizeit.

Dieser Bereich aber ist so frei gar nicht, wie er genannt wird. Er ist im wesentlichen Reproduktionszeit für die Ware Arbeitskraft. Hier muß die täglich verbrauchte Energie erneuert werden. Essen und Schlafen nehmen so den größten Teil der Zeit in Anspruch, die nicht gearbeitet wird. Aber auch der verbleibende Rest unterliegt keiner beliebigen Verwendung. Von ihm wird wieder der größte Teil für Reproduktionstätigkeiten wie Einkaufen, Kochen, Reparaturarbeiten, Autowaschen, Rasenmähen usw. benötigt.

Bestenfalls der nunmehr übrige Teil der Freizeit läßt sich relativ beliebig disponieren. Um ihn kann es sich also nur handeln, wenn eine Reihe von Kommunikationswissenschaftlern und Freizeittheoretikern aus der Differenzierung von Arbeit und Freizeit das Hohelied der Freizeitkommunikation herauslesen. Letztere erscheint aber sogleich als vom Bereich der Arbeit ursächlich geprägt. Die gesellschaftlichen Individuen, die Arbeit als entfremdeten Prozeß vollziehen, in dem von ihnen nur weitgehend eingeschränkte Qualifikation erwartet wird, in dem ihnen Selbstbestimmung und Eigeninitiative verweigert werden und der sich durch monotone Wiederholung eines relativ geringen Repertoires von Tätigkeiten sowie durch Mangel an Übersicht und fehlende Einsicht in den Gesamtzusammenhang der Produktion auszeichnet – diese gesellschaftlichen Individuen übertragen das ihnen während der Arbeit aufgezwungene Verhalten in den Bereich der Freizeit. Hinsichtlich ihres Kommunikationsverhaltens macht dies die extreme Fixierung an die Massenmedien deutlich, deren Angebot weitgehend unkritisch und passiv rezipiert wird.

3.1.3 Kommunikation und Freizeit: die Illusion der Massenkultur

Diesem Zusammenhang von Arbeit und Freizeit wird von zahlreichen Kommunikations- und Freizeittheoretikern das Konzept der sogenannten «Massenkultur» entgegengehalten. Es geht im wesentlichen von fünf Faktoren aus: 1. von der Trennung von Arbeit und Freizeit, wobei Arbeit als ein Bereich notwendiger Anpassung und Unterordnung, Freizeit dagegen als Sphäre der Selbstbestimmung und Selbstverwirklichung vorgestellt werden; 2. von der substantiellen Eigenständigkeit der Freizeit als eines von Arbeit grundsätzlich verschiedenen und daher auch von ihr nicht bestimmten Bereichs; 3. von der Entwicklung technischer Medien für die Herstellung eines gesamtgesellschaftlichen Freizeitzusammenhangs unter den gesellschaftlichen Individuen; 4. von der gemeinsamen Teilhabe der Gesellschaftsmitglieder an den Gütern der (geistigen) Kultur durch deren massenhafte Verbreitung in den Massenkommunikationsmitteln; 5. von der dadurch bewirkten Nivellierung (so die pessimistische Variante der Massenkulturtheorie) bzw. Demokratisierung (so die optimistische Variante der Massenkulturtheorie) der Kultur.

Der ideologische Charakter dieser Konzeption wird in all ihren Elementen deutlich. Zunächst ist an ihr zu kritisieren, daß sie Kultur als passiven Rezeptionsvorgang massenmedialen Kulturkonsums begreift anstatt als aktiven schöpferischen Prozeß menschlicher Selbstverwirklichung. Weiter muß gegen sie vorgebracht werden, daß sie Kultur idealistisch als Bereich geistiger Werte und Resultat künstlerischer Tätigkeit versteht und damit ebenso die kulturschöpferische Aktivität der werktätigen Bevölkerung wie den Klassencharakter der Kultur unterschlägt. Außerdem ist gegen sie einzuwenden, daß die Massenmedien keinesfalls als Instrumente der gesellschaftlichen Individuen zur allseitigen Vermittlung ihres geistigen Verkehrs fungieren, sondern in der Hand privater Besitzer oder des Staates als Herrschaftsinstrumente eingesetzt werden. Schließlich ist an ihr zu entkräften, daß Arbeit und Freizeit eben nicht getrennte und voneinander unabhängige Bereiche des gesellschaftlichen Lebens ausmachen, wobei die Freizeit der Selbstverwirklichung jener diene, die ihre Arbeit nur als fremdbestimmt erfahren können.

Aus dem skizzierten Zusammenhang von Arbeit und Freizeit ergibt sich vielmehr, daß die Entfremdung der Arbeit sich in die Freizeit hinein und also auch auf freizeitliches Kommunikationsverhalten auswirkt. Charakteristisch hierfür sind die Ansprüche der gesellschaftlichen Individuen an die Massenmedien. Sie werden gerade nicht eigenständig entwickelt, sondern leiten sich aus den während der Arbeit erlittenen Einschränkungen ab. Horst Holzer hat dies in seiner «Kommunikationssoziologie» (1973) als das Verlangen des Publikums nach Wissensvermittlung, Sozialtherapie und Legitimationshilfe bezeichnet und abgeleitet:

«Das Verlangen nach *Wissensvermittlung* resultiert aus der Notwendigkeit, über die Weiterentwicklung der Produktivkräfte, die fortschreitende arbeitsteilige Differenzierung der Gesellschaftsprozesse und die entstehenden Möglichkeiten des gesellschaftlichen Lebens entsprechend orientiert, das heißt: entscheidungskompetent und handlungsrelevant informiert zu sein. Das Verlangen nach *Sozialtherapie* resultiert aus der Notwendigkeit, für die Defizite, Zwänge und Anforderungen, die die eigene soziale Lage kennzeichnen, Entlastungs- und Kompensationsmöglichkeiten zu haben. Das Verlangen nach *Legitimationshilfe* resultiert aus der Notwendigkeit, die eigene Situation deuten und bewerten sowie die einem begegnenden Zustände, Ereignisse und Verhaltensweisen rechtfertigen oder gerechtfertigt kritisieren zu können.»

Im hiermit umschriebenen Zusammenhang von Arbeit, Freizeit und Massenkommunikation prägt die herrschaftliche Verfassung des Arbeitsprozesses alle Bereiche. Wo Freizeit als Reproduktionszeit der Ware Arbeitskraft fungiert, ist die in ihren Bereich verlagerte Kommunikation nur formal vom Arbeitsprozeß getrennt. Inhaltlich aber wird sie von dessen entfremdetem Charakter bestimmt.

3.2 Entwicklung der Kommunikationsmittel

Zeigt schon eine nähere Betrachtung des Verhältnisses von Arbeit und Freizeit, daß in letzterer kein neuer, unabhängiger Bereich gesellschaftlicher Kommunikation entstanden ist, so wird die weitere Beschäftigung mit den Mitteln gesellschaftlicher Kommunikation, die vom Medium Sprache bis zu den modernen Massenmedien reichen, zu fragen haben, ob und inwieweit nun deren Entwicklung entweder unabhängig von der Produktion des gesellschaftlichen Lebens verlaufen oder vielmehr mit dieser Produktion untrennbar verschmolzen ist. Auch hier steht also wieder der Zusammenhang von Arbeit und Kommunikation zur Debatte.

3.2.1 Die Phase relativer Stagnation: Sprache und Schrift

Die Einbettung der Kommunikationsmittel in den Gesamtzusammenhang menschlicher Umweltaneignung zeigt die Entstehung der Sprache. Sie ist das erste und grundlegende von den Menschen entwickelte Medium der Kommunikation. Ihr Ursprung ist die Notwendigkeit zeichenmäßiger Repräsentation der Gegenstände und Probleme des sozialen Stoffwechsels. Der kommunikative Charakter von Arbeit und der Arbeitscharakter von Kommunikation werden hierin deutlich.

Mit der Schaffung des sprachlichen Systems kann sich kommunikative Tätigkeit aus ihrer unmittelbaren Verknüpfung mit dem Verlauf der Arbeitsprozesse lösen bzw. zerfällt der Arbeitsprozeß in verschiedene Phasen. Der unmittelbaren praktischen Naturaneignung geht die planende und organisierende bewußtseinsmäßige und kommunikative Tätigkeit voraus.

Alle diese Tätigkeiten bilden jedoch ursprünglich eine integrale Einheit. Erst mit der Herausbildung von Privateigentum und Herrschaft verändert sich das Verhältnis von Arbeit und Kommunikation. Grundlage hierfür ist die Erwirtschaftung eines gesellschaftlichen Mehrprodukts. Solange der allgemeine Mangel den vollen und undifferenzierten Einsatz aller Gesellschaftsmitglieder zur Reproduktion ihres Lebens erzwingt, fehlt dafür jede Voraussetzung. Erst mit der Ansammlung von

Erfahrung, der Verbesserung der Produktivkräfte, der Veränderung natürlicher Umweltbedingungen (wie z. B. des Klimas) u. a. m. wird es den gesellschaftlichen Individuen möglich, mehr zu produzieren, als sie unmittelbar benötigen. Dieses Mehrprodukt hat stofflich durch Freistellung und Spezialisierung einzelner Gesellschaftsmitglieder die Entwicklung der sozialen Arbeitsteilung ermöglicht. Ebenso war es aber auch formbestimmend für die Entwicklung sozialer Herrschaft. Sie gründet auf dem aus nach urwüchsiger Funktionsdifferenzierung angeeigneten Mehrprodukt entstehenden Privateigentum.

Unter den Bedingungen herrschaftlicher Arbeitsteilung entwickelt sich das Verhältnis von Arbeit und Kommunikation in zwei Richtungen. Einmal dient Kommunikation der Unterstützung von Arbeit (wie etwa rhythmischer Gesang oder Trommelschlag). Weiter dient Kommunikation der Organisation von Herrschaft. Es kommt zur Verselbständigung kommunikativer Tätigkeiten (vor allem in den Bereichen von Religion, Kunst und Wissenschaft, Verwaltung).

Dies ist die Geburtsstunde der Schrift. Mit ihren unterschiedlichen Entwicklungsstadien von der Wortschrift bis zum Alphabet erhält Kommunikation eine neue Dimension. Information kann konserviert und transportiert werden. Das Interesse an solcher Konservierbarkeit und an solchem Transport hat E. A. Speiser in seinem Aufsatz «The Beginnings of Civilization in Mesopotamia» (1939) lapidar benannt: «Die Schrift war keine vorsätzliche Erfindung, sondern ein zufälliges Nebenprodukt eines stark entwickelten Sinnes für Privateigentum.»

Herrschaftliche Kontrolle konnte so auf wirtschaftlichem Gebiet im Bereich von Rechnungsführung, Verwaltung und Organisation ebenso stattfinden wie auf wissenschaftlichem und künstlerischem Gebiet mit der schriftlichen Fixierung von Erkenntnissen und religiösen Ritualen.

Mit der Schrift konnten die kommunikativen Funktionen der vorkapitalistischen Klassengesellschaften weitgehend bewältigt werden. In den Sklavenhaltergesellschaften und Feudalgesellschaften sind daher auch keine weiteren Medien (etwa technischer Art) für den Bereich massenhafter gesellschaftlicher Kommunikation entwickelt worden. Dies machen insbesondere die staatlichen Mitteilungen der Römer (Acta diurna) und der Chinesen (King-Pao) deutlich, wobei letztere bereits im 8. Jahrhundert u. Z. im Flachtafeldruck und im 14. Jahrhundert mit Metallettern hergestellt wurden. Damit waren also Techniken bekannt, die bereits eine relativ hohe Vervielfältigung zugelassen hätten. Sie führten in der asiatischen Produktionsweise der chinesischen Gesellschaft aber dennoch nicht zur Ausbreitung eines Zeitungswesens o. ä., weil hiernach kein gesellschaftlicher Bedarf bestand.

3.2.2 Handel und Information: die brieflichen Zeitungen

Einen Anstoß zur weiteren Entwicklung gibt erst der sich herausbildende Handelskapitalismus. Ihm verdanken sich ebenso die brieflichen Zeitungen wie die beginnende Verbreitung von Flugschriften usw.

Der Handelskapitalismus entsteht auf der Grundlage der einfachen Warenproduktion. Deren Form des Warenaustausches (Zirkulationsform) läßt sich als W – G – W charakterisieren: die von einem Produzenten hergestellte Ware (W) wird gegen Geld (G) und dieses wieder gegen andere Ware (W) eingetauscht. Die Zirkulation beginnt also mit einer Ware und endet mit einer anderen. Die Triebfeder des Zirkulationsaktes liegt in der Unterschiedlichkeit der Gebrauchswerte der getauschten Waren. Das Geld hat in diesem Prozeß im wesentlichen eine Mittlerfunktion. Der Prozeß selbst ist ausgerichtet auf den Erwerb von Gebrauchswerten.

Ist der Austausch von Gebrauchswerten auch Sinn und Zweck der Zirkulation W – G – W, so treten in ihr doch zwei Erscheinungen auf, die ihre Kontinuität unterbrechen können: Kauf und Verkauf. Der Tauschakt kann in die beiden Teile W – G und G – W auseinanderfallen. Hierin liegt die ökonomische Wurzel des Handels. Dadurch tritt an die Stelle des Zirkulationsprozesses W – G – W nun die Form G – W – G. Der Handelskapitalist kauft für Geld Ware, um diese wieder gegen Geld zu verkaufen.

Ziel dieses Prozesses ist offensichtlich nicht länger der Gebrauchswert der Waren. Er ist allein auf die Vermehrung des eingesetzten Geldes gerichtet, wobei der Kauf und Verkauf von Waren nur diesen Zweck vermitteln soll. Vollständig muß die Zirkulationsform des Handelskapitals also G – W – G' lauten, wobei G' einen größeren Betrag ausmacht als G. Fragt man nun nach der Quelle des erzielten Überschusses, so liegt sie auf der hier betrachteten frühen Stufe des Handelskapitalismus in Preisschwankungen und Preisdifferenzen auf unterschiedlichen Märkten und in der Errichtung von Handelsmonopolen. Hierfür hat Josef Kulischer in seiner Aufsatzfolge «Zur Entwicklungsgeschichte des Kapitalzinses» (1899/1900 und 1903) anschauliche Beispiele geliefert. So weist er etwa darauf hin, daß die holländisch-ostindische Kompanie im 17. Jahrhundert beim Handel mit Pfeffer, der zu etwa 2 Stüber pro Pfund gekauft und in Holland zu 17 Stüber verkauft wurde, über 500 Prozent Gewinn machte. Im Handel mit den nordamerikanischen Indianern soll die englische Hudsonbay-Gesellschaft zu Beginn des 18. Jahrhunderts sogar 2000 Prozent Gewinn erzielt haben. Auch der im Mittelalter im Vergleich zum norddeutschen hanseatischen Handel gewaltig anwachsende Reichtum der großen Handelshäuser wie der Fugger, Welser, Hochstätter, Tucher usw. habe nämlichen Ursprung. Während die hanseatischen Kaufleute im wesentlichen mit Ländern gleicher Natur- und Kulturzustände (d. h. auf Märkten mit geringen Preisdifferenzen) Handel getrieben haben, kontrollierten die süddeutschen Handelskapitalisten den Fernhandel mit Oberitalien und dem Orient (also mit Märkten erheblicher Preisdifferenz).

Da der Handelsprofit so zu großen Teilen den Preisdifferenzen auf unterschiedlichen Märkten entspringt, wird es für die Handelskapitalisten von entscheidender Wichtigkeit, über Stand und Entwicklung der Preise auf den verschiedensten Märkten unterrichtet zu sein. Aus dieser Angewiesenheit des Handelskapitalismus auf Marktinformationen hat sich die spezifische Tätigkeit der Avisenschreiber entwickelt. Ihre brieflichen Zeitungen waren nichtöffentliche Informationen für die großen Handelshäuser.

Im Zuge solcher Nachrichtenvermittlung über die Verkäuflichkeit von Waren wird beiläufig die Verkäuflichkeit von Nachrichten entdeckt. Im Zusammenspiel mit dem sich auf der Grundlage der Gutenbergschen Entwicklung beweglicher Metallettern entfaltenden Buchdruckergewerbe liefern die Avisenschreiber als Nebenprodukt ihrer Handelsinformationen bald auch allerlei Mitteilungen über exotische Tiere, Katastrophen in fremden Ländern usw., die dann als Flugschriften verbreitet werden. Einer massenhaften Nachrichtenproduktion und Nachrichtenverbreitung stehen jedoch zahlreiche Hindernisse entgegen. Deren wichtigstes ist sicherlich das herrschende Interesse an nichtöffentlichen Nachrichten. Es führt dazu, daß sich nach den Handelskapitalisten bald auch die Politiker und Wissenschaftler der brieflichen Zeitungen bedienen. Weiter verhindern umfangreiche Zensurmaßnahmen von Staat und Kirche zum Schutz ihres Ideologiemonopols die Ausbreitung massenhafter und öffentlicher Kommunikation. Dem steht schließlich auch das geringe Bildungsniveau des größten Teiles der Bevölkerung entgegen.

3.2.3 Industrie und Transport: Eisenbahn und Telegraf

Die Weiterentwicklung der Kommunikationsmittel bedarf neuer ökonomischer Anstöße. Sie gehen von der Herausbildung des industriellen Kapitalismus aus. Er unterscheidet sich vom Handelskapitalismus wesentlich dadurch, daß er produzierender Kapitalismus ist. Zwar ähnelt seine Zirkulationsform oberflächlich der des Handelskapitalismus. Tatsächlich geht unter der Oberfläche G – W – G' jedoch ein qualitativ ganz anderer Prozeß vor sich. Das Handelskapital hat ein und dieselbe Ware (W) günstig eingekauft (G) und teurer verkauft (G'). Die Ware selbst hat sich bei dieser Transaktion nicht verändert. Das Industriekapital hingegen fungiert nach der Formel $G - W\begin{smallmatrix}-Ak\\-Pm\end{smallmatrix} \ldots P \ldots W' - G'$ (vgl. Abbildung 16). Es kauft zunächst Waren einmal in Form von Rohmaterial und Produktionsmitteln (Pm) und weiter in Form der Ware Arbeitskraft (Ak). Rohmaterial und Produktionsmittel werden dann von ihm im Produktionsprozeß (... P ...) mit der Arbeitskraft kombiniert. Es erfolgt also Produktion, in der neue Ware (W') entsteht. Wertmäßig

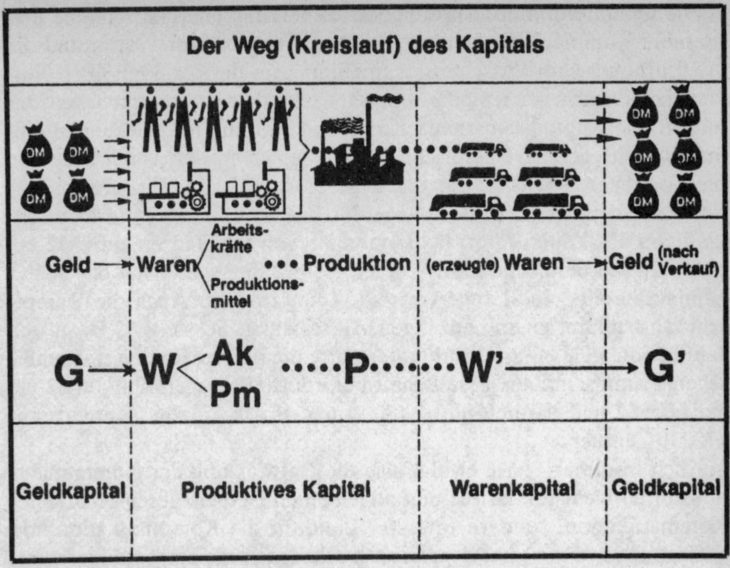

Abbildung 16: *Der Kapitalkreislauf*
(Industrielles Kapital ist wesentlich produktives Kapital. In der Produktion wird der Mehrwert erzeugt. Im Warenkapital ist er in geronnener Form enthalten. Damit weitere Akkumulation möglich ist, bedarf es daher der Verwandlung des Warenkapitals in Geldkapital.)

ist in dieser neuen Ware einmal der Wert der in den Produktionsprozeß eingegangenen Rohmaterialien und Produktionsmittel enthalten wie auch der von der Arbeitskraft geschaffene Neuwert, der, weil die Arbeitskraft in der Lage ist, mehr Wert zu produzieren, als es zu ihrer eigenen Reproduktion bedarf, den für diese Arbeitskraft ursprünglich veräußerten Geldbetrag um einen Mehrwert übertrifft. In W' ist also der in der Produktion von der Arbeitskraft geschaffene Mehrwert, wodurch der neue Warenwert (W') den der ursprünglich gekauften Waren (W) übertrifft, bereits enthalten. Im letzten Akt der Zirkulation muß er realisiert werden, d. h., die produzierten Waren (W') müssen gegen Geld (G') veräußert werden.

Der Profit des industriellen Kapitals wird also nicht im Bereich von Kauf und Verkauf, sondern in der Produktion geschaffen. Kapitalistische Produktion ist in erster Linie Mehrwertproduktion. Der in den industriell produzierten Waren bereits enthaltene Mehrwert bedarf allerdings der Realisation, der Verwandlung in Geld, um neu investiert werden zu können. Der industrielle Kapitalismus ist daher auf massenhaften Absatz seiner Waren angewiesen.

Die Organisation des Massenabsatzes verlangt allererst schnelle und rentable Kommunikationsmittel für den Transport der Waren und die Übermittlung von Wirtschaftsnachrichten. Aus der ökonomischen Notwendigkeit nach massenhaftem Absatz seiner Produkte entwickelt der industrielle Kapitalismus neue Kommunikationsmittel. Sie dienen einmal, wie Eisenbahn, Dampfschiffe usw., dem Transport von Waren. Sie dienen weiter, wie der Telegraf, dem Transport von Wirtschaftsnachrichten. So wächst z. B. die Länge der Eisenbahnschienen in Deutschland von 462 km im Jahre 1840 innerhalb von fünf Jahren auf 2152 km und bis 1850 bereits auf 5875 km an. Zehn Jahre später hat das Schienennetz bereits eine Länge von 11157 km erreicht. Auch die Dampfschiffahrt nimmt einen gewaltigen Aufschwung. So steigt z. B. in den Jahren von 1830 bis zur Jahrhundertmitte die bei der Rheinisch-Preußischen Dampfschiffahrtsgesellschaft beförderte Personenzahl von 52580 auf 601982 und die beförderte Gütermenge von 171836 Zentnern auf 472740 Zentner.

Auch in dieser Phase erfolgt also die Entwicklung der Kommunikationsmittel nicht primär für den allgemeinen Bereich gesellschaftlicher Kommunikation, sondern in erster Linie für die Kommunikation von Waren. Zwar nimmt mit dem wirtschaftlichen Aufstieg des Bürgertums auch dessen ideologische Tätigkeit zu. Ein kontinuierliches Ansteigen der Zeitungsproduktion bringt dies zum Ausdruck. Zur industriellen Fertigung der Ware Nachricht kommt es aber erst im letzten Viertel des 19. Jahrhunderts mit der Entwicklung der Koenig-Bauerschen Rotationsmaschine, die beim Druck einer achtseitigen Zeitung die Herstellung von rund 12000 Exemplaren in der Stunde ermöglicht.

3.2.4 Monopol und Werbung: die modernen Massenkommunikationsmittel

Der Beginn industrieller Nachrichtenproduktion fällt bereits in ein neues Stadium der kapitalistischen Entwicklung. Es ist in erster Linie gekennzeichnet durch den Übergang des Kapitalismus freier Konkurrenz zum Monopolkapitalismus. Der Kapitalismus tritt damit in sein imperialistisches Stadium. Wird dies ökonomisch durch das Entstehen großer Monopole gekennzeichnet, so ist es sozialpolitisch bestimmt durch die Entwicklung der Arbeiterklasse, wie sie für Europa etwa die Gründung der Sozialdemokratischen Arbeiterpartei (1869) in Deutschland, die Erhebung des Proletariats in der Pariser Kommune (1871) in Frankreich und die Erzwingung einer Anerkennung der Gewerkschaften durch den Trade Union Act (1871) in England deutlich macht. Bildet das kapitalistische Monopol die ökonomische, so die sich organisierende Arbeiterklasse die politische Wurzel der modernen Massenkommunikationsmittel.

Ökonomisch ist der Imperialismus u. a. charakterisiert durch den

Übergang von der Konkurrenz zur Monopolkonkurrenz. Diese läßt sich vor allem dadurch bestimmen, daß sie nicht mehr allein über die Warenpreise vermittelt ist. Sie unterscheidet die Waren nicht mehr nur durch ihre Preise, sondern in erster Linie durch den eigens geschaffenen Eindruck der Andersartigkeit. Hierin liegt die Ursache des Aufkommens von Markenzeichen und Werbung. Nicht dadurch, billiger als die ihr Konkurrenz machende zu sein, zeichnet die Ware sich nunmehr aus, sondern vielmehr durch ihren besonderen Charakter, Schönheit zu verleihen, Freiheit und Abenteuer zu vermitteln, Liebe erlangen zu helfen, ein glückliches Familienleben zu sichern usw. Von den realen Gebrauchswerten der Waren lösen die Gebrauchswertversprechen sich ab (vgl. Abbildung 17). Das Waschmittel will nicht nur reinigen, sondern vor allem durch die ihm innewohnenden geheimnisvollen Kräfte den

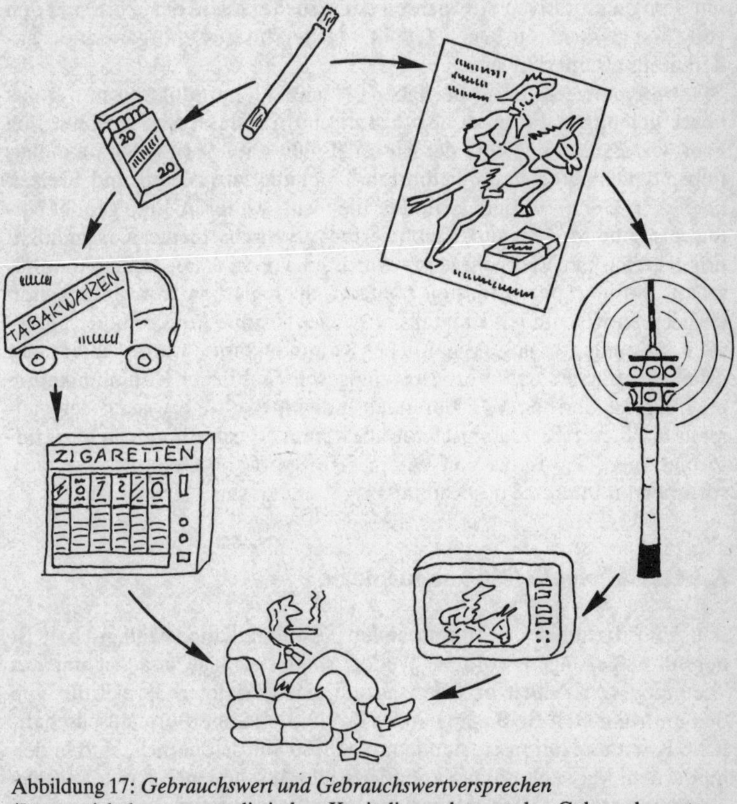

Abbildung 17: *Gebrauchswert und Gebrauchswertversprechen*
(Im entwickelten monopolistischen Kapitalismus kommt den Gebrauchswertversprechen zentrale Bedeutung zu.)

Träger der Wäsche der patenten Waschfrau zärtlich zugetan sein lassen. Solche und ähnliche Gebrauchswertversprechen werden in den Werbeagenturen produziert. Sie eilen den Waren voraus, um zu deren Kauf zu verleiten. Den dafür notwendigen Transport der Gebrauchswertversprechen in die Häuser und Köpfe der Konsumenten besorgen die modernen Massenmedien. Von hierher erklärt sich auch ihre besondere Verfassung, aus je einem redaktionellen und einem werbenden Teil zu bestehen.

Die ökonomische Wurzel der modernen Massenkommunikationsmittel liegt in der Angewiesenheit des monopolistischen Kapitalismus auf Werbung. Wird so der Kampf um die gesellschaftlichen Individuen als Konsumenten in Anzeigenteilen und Werbeprogrammen geführt, so dienen die redaktionellen Teile dem ideologischen Kampf um das Bewußtsein der gesellschaftlichen Individuen. Er erweist sich insbesondere mit dem quantitativen Anwachsen der Arbeiterklasse einesteils und den von ihr entwickelten neuen Qualitäten der Interessenorganisation anderenteils als unerläßlich.

Die kapitalverwertend betriebene Nachrichtenproduktion in der uns heute geläufigen Form ist also historisches Produkt. Sie verdankt sich aber weder einer bewußt oder gar im Hinblick auf bessere Kommunikationsmöglichkeiten herbeigeführten Trennung von Arbeit und Freizeit noch dem Genie rühriger Erfinder, die nichts weiter im Sinn gehabt hätten, als neue Medien zur Effektivierung gesellschaftlicher Kommunikation zu schaffen. Vielmehr ist sie Ausdruck von in erster Linie ökonomischen und hierüber vermittelt politisch-ideologischen Notwendigkeiten des sich entwickelnden Kapitalismus. Die Anstöße für das moderne System massenhafter gesellschaftlicher Kommunikation waren daher nicht primär stofflicher Art (Verbesserung gesellschaftlicher Kommunikation im Interesse der kommunizierenden Individuen); sie erweisen sich vielmehr als allererst ökonomisch formbestimmt (Vermittlung von Marktinformationen, Transport von Waren, Transport von Gebrauchswertversprechen im Interesse des Kapitals).

3.3 Ökonomie, Politik und Ideologie

Auf zwei Irrtümer der traditionellen Kommunikationswissenschaft ist bereits eingegangen worden. Weder, so hat sich gezeigt, ist mit der Trennung von Arbeit und Freizeit ein eigenständiger Bereich für von den entfremdeten Bedingungen der Produktion unberührte gesellschaftliche Kommunikation entstanden. Noch, so wurde deutlich, sind in den modernen Massenkommunikationsmitteln Instrumente zur allseitigen kommunikativen Verbindung der gesellschaftlichen Individuen erwachsen.

Ein dritter Anspruch der traditionellen Kommunikationswissenschaft besteht auf die Entdeckung einer eigenen Sphäre gesellschaftlicher Kommunikation, der Öffentlichkeit. Ob sie tatsächlich einen vom Bereich der Produktion getrennten Ort des Gedankenaustausches und der Problemerörterung ausmacht, bleibt noch zu prüfen.

3.3.1 Entfaltung der Öffentlichkeit

Die Diskussion um den Begriff der Öffentlichkeit hat durch Jürgen Habermas' Studie «Strukturwandel der Öffentlichkeit» (1962) entscheidende Anregung erfahren. Nach seiner Darstellung habe sich die moderne Öffentlichkeit als ein Bereich entwickelt, in welchem das erstarkende Bürgertum zur rationalen Diskussion seiner Interessen zusammengetroffen sei. Bürgerliche Öffentlichkeit richtet sich vor allem gegen die Repräsentation feudaler Macht. Daß sie deren Herrschaftscharakter dabei oftmals unterliegt, verdeutlicht etwa der Spott eines Christian Friedrich Daniel Schubart (1739–1791) auf jenen Typ des Zeitungsschreibers, der «mit kindischer Bewunderung den Pomp der Großen anstaunt ... Wie er in pedantischer Ehrfurcht ... nach dem Schlafrockzipfel eines ausgetrockneten Hofmarschalls schnappt, und ihn demütig küßt! Wie er mit dem Hütlein unterm Arm krumm und sehr gebückt im Vorsaal steht, und dem nießenden Fürsten und Höfling sein Salus entgegenkeucht. Wie jedes Hoffest für ihn wichtiger ist, als das Fest der Andacht, von einem frommen Volke dem Herrn geweiht.»

Ist hier bürgerliche Öffentlichkeit noch ganz in feudalem Schlepptau, wird doch schon ihr gegen die Feudalherrschaft gerichteter Charakter deutlich. Er ist der Grund etwa für jene von Friedrich Wilhelm I. von Preußen (1688–1740) veranlaßte Mitteilung an das Ober-Appelationsgericht, in der es heißt: «Seine königliche Majestät seind darüber sehr ungnädig, wenn Sie kaum etliche Stunden aus der Stadt reisen, oder das Geringste, was Sie nur hier vornehmen, gleich in den Zeitungen hier und anderswo gedruckt werde, welchem Unternehmen Seine Königl. Majestät durchaus nicht nachsehen wollen, sondern haben dieser Tage ein scharfes Decretum deshalb unterschrieben.»

Die damit bezeichnete Ambivalenz bürgerlicher Öffentlichkeit wird von Habermas nicht deutlich gemacht. Dabei hätte ihm deren Widersprüchlichkeit bereits in dem von ihm selbst angestellten Vergleich von antiker, feudaler und bürgerlicher Öffentlichkeit auffallen müssen. Von der antiken Öffentlichkeit der griechischen Polis heißt es bei Habermas, sie sei jener Bereich des Gesprächs und der Beratung der Bürger, die der Entscheidungsfindung über ihre gemeinsamen Belange gedient habe. Allein ist dies bereits eine verklärende Darstellung, wenn nicht mit bedacht wird, daß z. B. in Athen zur Zeit des Perikles (etwa 500 v.u.Z.–429 v.u.Z.) auf rund 105000 bis 120000 Einwohner ungefähr 35000 Bürger gekommen sein sollen. Der Rest waren Fremde, Frauen und Sklaven, die keine Bürgerrechte besaßen. Und auch zwischen diesen 35000 (freien, erwachsenen und männlichen) Bürgern herrschte in erster Linie nicht so sehr rationale und öffentliche Diskussion. Vielmehr waren sie in den Gegensatz von Besitzenden (etwa 15000) und Besitzlosen (etwa 20000) gespalten, zwischen denen sich heftige soziale und politische Auseinandersetzungen abspielten.

Bereits in ihrer frühesten Ausprägung also zeigte Öffentlichkeit Herrschaftscharakter und war geprägt durch die Widersprüche der Klassengesellschaft. In ihrer feudalen Form kommt dies noch deutlicher zum Ausdruck. Habermas spricht in diesem Zusammenhang von repräsentativer Öffentlichkeit. Sie sei dadurch charakterisiert, daß es gar keinen eigenen vom privaten Leben getrennten öffentlichen Bereich gegeben habe. Vielmehr seien im Leben der herrschenden feudalen Klassen Elemente der Repräsentation (persönlicher Art wie Abzeichen, Waffen, Kleidung usw. und institutioneller Art wie Lebens- und Wohnstil, Feste usw.) enthalten gewesen, die der öffentlichen Demonstration ihrer Macht gedient habe.

Solch Klassencharakter aber soll nun nach Habermas' Auffassung der bürgerlichen Öffentlichkeit ganz mangeln. Habe sie sich doch gerade als gegen feudalen Machtanspruch gerichtete Sphäre im Privatbereich des Bürgertums herausgebildet. In diesem Privatbereich wird dabei wohl unterschieden zwischen der eigentlichen Privatsphäre von Familie und Produktion einerseits und der öffentlichen Sphäre andererseits. So entsteht der Anschein, als sei hiermit ein besonderer Ort gesellschaftlicher Kommunikation entstanden, der den «zum Publikum versammelten Privatleuten» die rationale Diskussion ihrer Belange ermöglicht habe.

Einen unfreiwilligen Hinweis auf den Klassencharakter auch dieser bürgerlichen Variante von Öffentlichkeit liefert Habermas allerdings mit seiner Benennung der Bedingungen der Teilhabe an Öffentlichkeit. Sie nämlich sei vermittelt über Privateigentum und Bildung.

Laufen die verschiedenen Unternehmen der Freizeittheoretiker auf den Versuch hinaus, aus der formationsspezifischen Trennung von Arbeit(szeit) und Freizeit eine stoffliche Unterschiedenheit beider Bereiche abzuleiten und die Sphäre der Freizeit als eine ungestörte Kommunikation zu verschönen und sind sich zahlreiche Entwürfe einer technikphilosophischen Erklärung der Medienentwicklung darin einig, es handle sich bei den Massenmedien vornehmlich um stoffliche Verbesserungen gesellschaftlicher Kommunikation, wo doch die formationsspezifischen Interessen des Kapitalismus bzw. seiner herrschenden Klasse sich geltend machen, so zielen die Verfechter der Öffentlichkeitskonzeption darauf ab, mit ihr sei ein insbesondere von der Produktionssphäre unabhängiger Bereich gesellschaftlicher Kommunikation entstanden, in dem die materielle Gewalt der gesellschaftlichen Verhältnisse sich auflöst, weil die Beziehungen der Menschen untereinander hier nicht grundlegend durch die

Produktionsverhältnisse bestimmt sein sollen, sondern sich vielmehr verwirklichten in allseitiger Teilnahme an öffentlicher Diskussion.

3.3.2 Bürgerliche und proletarische Öffentlichkeit

Dieser Illusion des eigenständigen Charakters von Öffentlichkeit unterliegen ihre Theoretiker auch da noch, wo sie deren Klassencharakter klar herausarbeiten. Deutlich wird dies in der Arbeit «Öffentlichkeit und Erfahrung» (1972) von Oskar Negt und Alexander Kluge.

Nach ihrer Auffassung habe bürgerliche Öffentlichkeit von Anfang an einen vielschichtigen Charakter. Sie sei erstens Konstitutionsöffentlichkeit, d. h. ein Kampfinstrument zur Durchsetzung bürgerlicher Interessen gewesen. Zweitens müsse sie als Verhinderungsöffentlichkeit oder «Diktatur der Bourgeoisie», d. h. ein Herrschaftsinstrument zur Absicherung bürgerlicher Errungenschaften betrachtet werden. Endlich könne sie drittens Scheinöffentlichkeit, d. h. ein Verschleierungsinstrument zur Legitimation der bürgerlichen Gesellschaft genannt werden.

Mit diesen Herrschaftsfunktionen sehen Negt und Kluge indessen nur einen, den traditionellen Aspekt bürgerlicher Öffentlichkeit bezeichnet: «Die traditionelle Öffentlichkeit, deren charakteristische Schwäche auf dem Ausgrenzungsmechanismus zwischen öffentlich und privat beruht, wird heute überlagert von *industrialisierten Produktionsöffentlichkeiten*, die die Tendenz haben, Privatbereiche, insbesondere den Produktionsprozeß und den Lebenszusammenhang, einzubeziehen.» Dieser zweite Aspekt bürgerlicher Öffentlichkeit, ihre Produktion im industriellen Maßstab, werde deutlich sowohl in der sinnlichen Präsenz der Öffentlichkeit in den Warenhäusern wie in der ideologischen Präsenz der Öffentlichkeit in den Massenmedien.

Unterzieht man diese Bestimmung der Öffentlichkeit einer genaueren Betrachtung, so zeigt sich zunächst an ihr selbst, sodann aber vor allem am Gegenprojekt der proletarischen Öffentlichkeit, eine einseitige Ausrichtung der Analyse. Diese läuft gleichsam darauf hinaus, den zwiespältigen Charakter bürgerlicher Öffentlichkeit zu unterschlagen, um deren negativem Bild das Korrektiv einer proletarischen Öffentlichkeit entgegenzuhalten, die sich aus gänzlich anderen Quellen speise.

Da die Bereiche der materiellen Produktion durch die industrielle kapitalistische Warenproduktion und der ideellen Produktion durch die mediale kapitalistische Warenproduktion okkupiert sind, meinen Negt und Kluge, nach einer von den Verwertungsinteressen des Kapitals bislang noch nicht besudelten Sphäre suchen zu müssen, wo proletarische Öffentlichkeit sich ansiedeln könne. Sie verfallen dabei auf die verblüffende Lösung, die Basis proletarischer Öffentlichkeit liege «in den verbotenen Zonen der Phantasie»: «Die lebendige Arbeit hat neben der ihr abgepreßten Mehrwertproduktion in der gesamten bisherigen Geschichte eigene Produktion betrieben – in der Phantasie.»

Mit dieser Variante einer phantastischen Öffentlichkeit bleibt der wirkliche Zusammenhang kapitalistischer Produktion, bürgerlicher Öffentlichkeit und proletarischen Interesses tatsächlich unberührt. Er liegt nämlich gerade darin, daß mit der Entfaltung der kapitalistischen Produktionsweise die menschliche Arbeit in immer stärkerem Maße vergesellschaftet und gleichzeitig unter die Verfügung und Bestimmung des Kapitals gezwungen wird. So arbeiten in der Großindustrie Hunderte und Tausende real zusammen. Nicht nur in den Dimensionen der Fabrikhallen wird dies deutlich. Mehr noch zeigt es sich am Resultat der gemeinsamen Anstrengungen der gesellschaftlichen Individuen. Ohne das Zusammenspiel ihrer unterschiedlichsten Fähigkeiten und Fertigkeiten käme kein brauchbares Endprodukt zustande. Im Gegensatz zur kleinen Warenproduktion der unabhängigen, einzelnen, handwerklichen Arbeiter, denen ihre Tätigkeit ungesellschaftlich und individuell zu sein und erst der Austausch ihrer Produkte Gesellschaftlichkeit zu vermitteln schien, macht sich der gesellschaftliche Charakter der Arbeit in der industriellen Produktion unmittelbar geltend. Gleichzeitig wird er aber auch sofort immer wieder unmittelbar dadurch verschleiert, daß sich dieser gesellschaftliche Charakter der Kraft von einzelnen, den kapitalistischen Eignern verdanke, die durch den Einsatz ihres Kapitals in der der Produktion vorausgehenden Zirkulation der Ware Arbeitskraft durch den massenhaften Ankauf von Lohnarbeit deren Zusammenhang allererst zu garantieren scheinen.

Aus eben diesem Kapitalfetisch nun leitet bürgerliche Öffentlichkeit ihre zwischen den Sphären der öffentlichen Gewalt, des Staates also, und der privaten Produktion eingekeilte Existenz ab. Ideologisch an ihr und ihren Klassencharakter verschleiernd sind also wohl Konstitutionsöffentlichkeit, Verhinderungsöffentlichkeit und Scheinöffentlichkeit. Dies liegt aber nicht an ihnen, vom bürgerlichen Interesse instrumentalisierte Öffentlichkeiten zu sein, sondern vielmehr daran, obwohl sie überhaupt keine Öffentlichkeiten sind, doch gegenteiligen Anschein zu erwecken. Dadurch aber, daß so der Kampf um die Öffentlichkeit in die Richtung des Staates gelenkt wird, wird er von der Richtung privatkapitalistischer Verfügung über gesellschaftliche Produktion abgelenkt. Gerade das ist die ideologische Funktion einer Konstitutionsöffentlichkeit, in der sich Erklärung der Menschenrechte und das Gesetz Le Chapelier (Streik- und Koalitionsverbot während der Französischen Revolution, erlassen 1791) die Waage halten, einer Verhinderungsöffentlichkeit, in der allgemeines Wahlrecht und Parteienverbot, Fünf-Prozent-Klausel, Wahlkreisarithmetik etc. in trautem Verein existieren, einer Scheinöffentlichkeit, in der den schlecht besuchten Plenarsitzungen des Parlaments die verborgene Geschäftigkeit seiner Ausschüsse gegenübersteht.

Habermas unterliegt dieser ideologischen Gewalt bürgerlicher Öffentlichkeit von Anfang an. Dies wird besonders kraß dort deutlich, wo er deren Strukturwandel diagnostiziert. Er sei nämlich in der Herausbildung der kapitalistischen Monopole begründet, die den Bestand der privatkapitalistischen Existenz gefährdeten. Hier wird nicht in dem grundsätzlich vergesellschafteten Charakter kapitalistischer Produktion der Widerspruch zu privater Aneignung und Verfügung gesehen. Er entstehe vielmehr erst mit der «Vergesellschaftung» des Kapitals.

Können Negt und Kluge diesen Irrtum noch vermeiden, so gehen doch auch sie in der Folge dem ideologischen Schein bürgerlicher Öffentlichkeit auf den Leim, indem sie gerade seiner in den staatlichen Bereich hineinweisenden Richtung folgen und hier den herrschaftlichen Charakter von Öffentlichkeit fixieren. Der aber wäre gerade umgekehrt darin zu suchen, daß die vergesellschaftet arbeitenden Individuen dies nicht bewußt und kommunikativ tun sollen, sondern mit solchen Ansprüchen in einen angeblich vom Produktionsbereich unterschiedenen Bereich der Öffentlichkeit verwiesen werden. Diese Direktive scheut selbst nicht den Widerspruch, daß für diejenigen Produktionsstätten, die massenhafte Öffentlichkeit zu produzieren vorgeben, der Tendenzschutzparagraph des Betriebsverfassungsgesetzes gilt.

Wer unter diesen Bedingungen die Parole «Phantasie gegen Kapitalherrschaft» ausgibt, stabilisiert insgeheim, was seine Äußerungen verurteilen wollen. Denn er übersieht nicht nur den Kampf der Arbeiterklasse gegen die herrschaftliche Eingrenzung von Öffentlichkeit in der kapitalistischen Gesellschaftsformation. Mit falschen Prämissen angetreten, ist er vielmehr gezwungen, diesen Kampf zu diskriminieren und in seinen Formen als selbst bürgerlich abzutun. Negt und Kluge unternehmen dies mit ihrer Metapher vom Arbeiterverein. Mit ihr ist einerseits gemeint, daß sich proletarische Öffentlichkeit eine eigene Organisation schaffe. Sie will aber andrerseits auch sagen, daß diese sich dabei der falschen, weil der bürgerlichen nachgeahmten Organisationsweise bediene. Dadurch aber werde die «Fähigkeit der Ware Arbeitskraft, zu ‹sprechen› und Bewußtsein zu entwickeln, das heißt: sich zum Subjekt zu entfalten», also eben die Basis proletarischer Öffentlichkeit verschüttet, so daß sich endlich die einzelnen Arbeiter nicht mehr zutrauten, eigene Erfahrungen zu machen, vielmehr alle ihrer Organisation zuschrieben, immer Recht zu haben.

Damit sind die Kritiker bürgerlicher Öffentlichkeit deren verdinglichtem Schein gänzlich erlegen. Anstatt bei ihrer Kritik auf den Arbeitsprozeß zurückzugehen, wenden sie sich, von dessen herrschaftlicher Verstümmelung abgestoßen, einem angeblich eigenständigen Bereich des Sprechens und der Bewußtseinsentwicklung zu. Auch ihr Projekt proletarischer Öffentlichkeit baut auf dieser Illusion auf, die sich von der Illusion bürgerlicher Öffentlichkeit nicht unterscheidet.

Dagegen hat die Arbeiterbewegung in den entwickelten kapitalistischen Staaten lange schon deutlich gemacht, in welche Richtung die Auseinandersetzung mit der bürgerlichen Öffentlichkeit geführt werden muß. Sie geht dabei aus von der realen Einheit von Ökonomie, Politik und Ideologie. Sie weiß, daß der Klassenkampf sich an drei Fronten abspielt, an der ökonomischen Front als Kampf um den Preis der Ware Arbeitskraft, bessere Arbeitsbedingungen und mehr Mitbestimmung, an der politischen Front als Kampf um die Demokratisierung aller gesellschaftlichen Lebensbereiche, gegen sexistische, rassistische etc. Vorurteile und Unterdrückung, gegen Militarismus, gegen Berufsverbote usw., an der ideologischen Front als Kampf um das Bewußtsein der Arbeiterklasse und ihrer Verbündeten.

Die Antwort der Arbeiterklasse auf diese Anforderungen ist die proletarische Organisation. Sie bedeutet gerade nicht Bändigung von Arbeiterinteressen in bürgerlicher Form. Durch Organisation wird die soziale Kraft der Arbeiterklasse vielmehr allererst entfesselt. Nur von hierher wird es auch möglich, den realen Schein eines isolierten Bereichs öffentlicher Diskussion zu durchbrechen. Nur so kann es auch gelingen, die Zerrbilder der Zirkulationssphäre zu durchschauen und in den durch bürgerliche Öffentlichkeit abgeschirmten Bereich kapitalistischer Produktion einzudringen. Damit zeigt sich aber auch die Vielschichtigkeit proletarischer Öffentlichkeit ebenso, wie ihre gänzlich phantasielose Verbindung mit dem Basisbereich der materiellen gesellschaftlichen Produktion und den Überbaubereichen von Politik und Ideologie. Dabei liegen sicherlich nicht alle Formen der Öffentlichkeit auf der gleichen Ebene. Zudem sind die verschiedenen Öffentlichkeitsbereiche unterschiedlich entwickelt. Trotzdem verdeutlichen die verschiedensten Ansatzpunkte proletarischer Öffentlichkeit deren «überkommunikativen» Charakter – die Öffentlichkeit der Betriebsräte und Vertrauensleutekörper, die Gewerkschaftsöffentlichkeit mit all ihren Aktionsformen bis hin zum Streik, die Öffentlichkeit der Arbeiterpartei mit ihren verschiedenen organisatorischen Ebenen, ihrem entlarvenden Eindringen in bürgerliche Öffentlichkeitsbereiche und ihrer Entwicklung alternativer Formen der Informationsvermittlung und Bewußtseinsbildung im Bereich der Worte, der Bilder, der Feste und der Lieder.

4. Kommunikation und Gesellschaftsformation

Vor dem Hintergrund der bisherigen Überlegungen über stoffliche Charakteristika und ökonomische Formbestimmtheit des Prozesses gesellschaftlicher Kommunikation soll nun ein Modell entwickelt werden, welches die Verfassung dieses Prozesses unter den Bedingungen kapitalistischer Warenproduktion deutlich macht. Dabei wird einerseits auf die skizzierten Daten zurückgegriffen, andrerseits aber auch eine Auseinandersetzung mit den zwei zentralen Varianten der traditionellen Modellierungsversuche gesellschaftlicher Kommunikation geführt.

Beide sind vor allem dadurch gekennzeichnet, zunächst den Zusammenhang von Arbeit und Kommunikation zu übersehen oder zu leugnen und anschließend den Doppelcharakter gesellschaftlicher Kommunikation aus ihren Überlegungen auszuklammern.

4.1 Eindimensionale Kommunikationsmodelle

Die eindimensionalen Modelle der traditionellen Kommunikationsforschung unterschlagen den Doppelcharakter des gesellschaftlichen Lebens, wie es durch den Arbeitsprozeß in seiner zweifachen Bestimmtheit vermittelt wird. Kommunikation wird von ihnen entweder als der von einem als technisch-instrumentell begriffenen Bereich der Naturaneignung geschiedene und Gesellschaftlichkeit stiftende Prozeß bewußter und sprachlicher wechselseitiger Beziehungen der Menschen begriffen. Er wird in der Regel mit dem Begriff der Interaktion bezeichnet. Oder aber sie begreifen Kommunikation nach dem Muster eines un- bzw. vorgesellschaftlich aufgefaßten Arbeitsprozesses, wobei wie bei jenem auch für sie isolierte Produktion und ein dann erst Gesellschaftlichkeit vermittelnder Austausch kennzeichnend seien.

Interaktionsmodelle und Produktionsmodelle sind die beiden Hauptvarianten der Modellierungsversuche der traditionellen Kommunikationswissenschaft. Auf sie lassen sich deren unterschiedliche Schattierungen grundsätzlich zurückführen. Die dabei im einzelnen auftretenden Differenzen sind für die jeweils prinzipielle Auffassung vom Prozeß der gesellschaftlichen Kommunikation unerheblich.

4.1.1 Interaktionsmodelle: die Defizite der Verständigung

Das zentrale Merkmal aller Interaktionsmodelle ist ihre kategoriale Trennung der Kommunikation von der Arbeit. Gegen deren Doppelcharakter vertreten sie die Zwieschlächtigkeit der Konstitution von Gesellschaft. Arbeit und Interaktion werden undialektisch nebeneinandergestellt.

Von der Arbeit wird dabei behauptet, sie sei Auseinandersetzung der Menschen mit der Natur. In diesem Prozeß stellten sich daher im wesentlichen technische Probleme. Sie beträfen hauptsächlich die Frage der Optimierung des Systems von Produktivkräften, mit denen der Mensch auf die Natur einwirke.

So sichere die Arbeit zwar die gewissermaßen natürliche Grundlage des gesellschaftlichen Lebens. Sie selber könne aber gesellschaftlichen Zusammenhang nicht grundsätzlich vermitteln. Dies liege hauptsächlich an ihr, zweckrationaler Zugriff auf Natur und dabei im wesentlichen an technische Regeln gebunden zu sein.

Interaktion hingegen setze an und orientiere sich an gesellschaftlichen Normen. Als ihr Medium habe die Sprache zu gelten. Sie sei deswegen kommunikativer Zusammenhang. Über Symbole vermittelt bezögen sich die Menschen aufeinander. In der Anpassung an die in Sprache verwahrten Normen und Werte finde Vergesellschaftung statt.

Der gesellschaftlichen Kommunikation wird so die Aufgabe zugeschrieben, soziales Leben zu gewährleisten. Soziologisch liegt dieser Auffassung ein interaktions- oder handlungsanalytisches Konzept zugrunde. Die Interaktionstheorie basiert auf einer idealistischen Vorstellung von Gesellschaft. Diese gilt ihr allererst nicht als materieller Lebenszusammenhang der gesellschaftlichen Individuen, sondern vielmehr als Verbund ideeller Normen und Werte. Ihnen habe sich das zunächst ungesellschaftlich gedachte Individuum zu adaptieren. Es tue dies durch die Übernahme von sozialen Rollen.

Entsprechend basiert das Gesellschaftsbild der Interaktionstheorie auf der Konstruktion des homo sociologicus. Er ist eben jener Mensch, der sich mit bestimmten Erwartungen und Vorstellungen auf einen anderen bezieht, welcher seinerseits gewisse Vorstellungen und Erwartungen ihm gegenüber hegt. Beide versuchen, diesen wechselseitigen

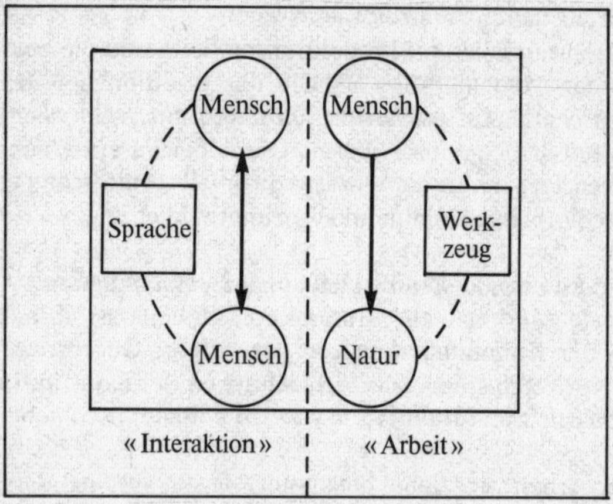

Abbildung 18: *Interaktionsmodell der Kommunikation*
(In den interaktionistischen Konzeptionen von Kommunikation wird Arbeit nicht als allseitiges Verhältnis der Menschen zur Natur und zueinander begriffen. Ihr Doppelcharakter wird undialektisch in Arbeit und Interaktion zerlegt. Arbeit heißt jetzt nur noch das über Werkzeuge instrumentell vermittelte Verhältnis der Menschen zur Natur. Interaktion sei das über Sprache kommunikativ gestaltete Verhältnis der Menschen zueinander.)

Anforderungen mehr oder minder nachzukommen bzw. die des anderen durch die eigenen so weit als möglich zu modifizieren. Beider Beziehung aufeinander realisiert sich dabei in Kommunikation, die hier allgemein als Einheit psychischer, bewußtseinsmäßiger und sprachlicher Vorgänge zu begreifen ist (vgl. Abbildung 18).

Die Interaktionstheorie sorgt sich so in erster Linie um das geistige Wohl der gesellschaftlichen Individuen. Der homo sociologicus darf sich ganz ohne schnöde materielle Bedürfnisse wie essen, trinken, wohnen, fortpflanzen und dergleichen auf einen als ideell konzipierten Prozeß der Vergesellschaftung konzentrieren.

Solche ideale Vorstellung hat natürlich Auswirkungen auf den Begriff der Kommunikation. Von den Banden des Arbeitsprozesses befreit, will sie nicht nur ein eigenständiger Bereich des gesellschaftlichen Lebens sein. Sie gibt sich vielmehr als dessen wichtigster aus. Gesellschaftlichkeit werde durch Kommunikation überhaupt erst hergestellt. Für Kommunikation hat dies zur Folge, daß sich ihre doppelte Prägung, stofflich charakterisiert und ökonomisch formbestimmt zu sein, vor dem Auge des Interaktionsanalytikers auflöst. Was freilich nicht bedeutet, es verbliebe nunmehr allein das stoffliche Moment der Informations- und Zeichenherstellung bzw. -verwendung. Auch die Interaktionsanalyse kann sich den offensichtlichen Differenzen, wie sie die Kommunikation sowohl unterschiedener Gesellschaften wie verschiedener sozialer Klassen auszeichnen, nicht verschließen.

Dadurch sieht sie sich allerdings keineswegs veranlaßt, auf der Suche nach der Ursache solcher Unterschiede den Doppelcharakter gesellschaftlicher Kommunikation zur Kenntnis zu nehmen, wie er durch deren Zugehörigkeit zur allseitigen Umweltaneignung der Menschen bedingt ist. Vielmehr sucht sie diesem Problem dadurch gerecht zu werden, daß sie die Auswirkungen ökonomischer Form in die stoffliche Dimension von Kommunikation integriert.

Dies kann ihr jedoch nur gelingen, indem sie soziale Differenz zu individuellem Unterschied verkehrt. So wird die ökonomische Formbestimmtheit gesellschaftlicher Kommunikation zur kommunikativen Kompetenz der einzelnen gesellschaftlichen Individuen. An die Stelle der materiellen Verhältnisse, welche die Menschen zur Produktion ihres Lebens eingehen müssen, treten ihre kommunikativen Fähigkeiten. Herrschaft verrutscht aus den Produktionsverhältnissen in die Kommunikationsverhältnisse. Sie legitimiert sich nicht länger durch den Besitz der oder die Verfügung über die Produktionsmittel. Vielmehr will sie sich durch die Chance gewahrt wissen, Öffentlichkeit zu beschränken, den Zugang zu ihr zu kontrollieren und so eine ungehinderte und rationale Diskussion der gesellschaftlichen Individuen zu verhindern. Die Forderung herrschaftsfreier Kommunikation tritt so an die Stelle der Forderung nach der Vergesellschaftung der Produktionsmittel.

Insgesamt erweist sich damit die Interaktionstheorie als legitimatorische Strategie zur Rechtfertigung der entfremdeten Lebensbedingungen der Menschen in der kapitalistischen Gesellschaftsformation. Anstatt den realen Schein des Auseinanderfallens von Arbeit und Kommunikation, wie er in der Trennung von Arbeit und Freizeit, der Entwicklung der modernen Massenkommunikationsmittel und der Entfaltung bürgerlicher Öffentlichkeit sichtbar wird, nach seinen formationsspezifischen Ursachen zu befragen, löst die Interaktionstheorie solch ökonomische Form in einen stofflichen Dualismus von Arbeit und Kommunikation auf. Daher hat sie es weiterhin gar nicht nötig, gesellschaftliche Differenzierung in Abrede zu stellen. Sie führt diese jedoch nicht auf ihren Ursprung zurück, sondern lastet sie vielmehr mangelnden kommunikativen Möglichkeiten der gesellschaftlichen Individuen an.

4.1.2 Produktionsmodelle: die Defizite des Marktes

Im Unterschied zu den interaktionsanalytischen Modellen der Kommunikation sorgen sich die produktionsanalytischen Modelle nicht um Herrschaft, Machtverteilung, reglementierte Öffentlichkeit und andere Formen sozialer Differenzierung und Kontrolle. Dies ist ihnen möglich, obwohl sie keine Trennung von Arbeit und Interaktion vornehmen. Sie betrachten Kommunikation vielmehr als einen der Arbeit durchaus vergleichbaren Vorgang, in welchem Produzenten und Konsumenten einander gegenüberstehen, Nachrichten hergestellt und ausgetauscht werden.

Allerdings beruht ihre Konzeption von Arbeit nicht auf deren Doppelcharakter. Das Hauptmerkmal aller Produktionsmodelle ist vielmehr ihr vorgesellschaftliches Verständnis von Arbeit. Sie bewegen sich diesbezüglich ganz in der Tradition der klassischen Nationalökonomie.

Wie dieser gilt auch der Produktionsstrategie im Rahmen der Kommunikationswissenschaft der Arbeitsprozeß als ein ausschließlich das einzelne Individuum betreffendes Verhältnis zur Natur. Ungleich der Interaktionsanalyse vertritt die Produktionsanalyse dabei allerdings nicht die Meinung, Arbeit sei allein technischer Bezug zur Natur. Als Arbeit oder arbeitsähnlicher Vorgang gilt ihr vielmehr jeder Prozeß, in dem der Mensch sich seine Umwelt aneignet.

Wesentlich am Arbeitsprozeß in der Sicht der klassischen Nationalökonomie ist Naturaneignung vor allem gesellschaftlichen Leben. Das Individuum beziehe sich auf die Natur und eigne diese für seinen Gebrauch an. Das Resultat seiner Arbeit habe entsprechend als sein Eigentum zu gelten. Mit ihm befriedige es seine Bedürfnisse. Gesellschaft wird auf dieser Stufe der Entwicklung noch gar nicht mitgedacht. Da sie so als für den Arbeitsprozeß nicht notwendig erscheint, kann sie diesem auch nicht entspringen. Sie bedarf vielmehr eines Anstoßes, der in der menschlichen Natur begründet liegen soll.

Nach dem Programm der klassischen Nationalökonomie liegt solcher Anstoß im menschlichen Egoismus und der menschlichen Neigung zum Tausch. Tauschtrieb und Verfolgung des eigenen Vorteils führten die ungesellschaftlichen und isolierten Individuen zur Einsicht in die Vorzüge der Arbeitsteilung. Zum Spezialisten ausgebildet, könne der vordem allseitig tätige Robinson nunmehr wesentlich rationeller produzieren. Mit den Produkten seiner Arbeit verfolge er dann auf dem Markt seinen Vorteil. Da dieser aber mit der Erlangung der Produkte anderer verbunden ist, führe der individuelle Egoismus der einzelnen zur Zufriedenheit aller. Instanz, diese zu vermitteln, sei der Markt. Auf ihm treffen die individuellen Produzenten zum Tausch zusammen. Nicht Produktion, sondern Austausch müsse entsprechend als der das gesellschaftliche Leben vermittelnde Prozeß gelten. Gesellschaftlicher Zusammenhang mache sich hinsichtlich der Arbeit also immer erst im nachhinein geltend. Zu arbeiten habe jeder für sich allein. Im Austausch seiner Produkte trete er dann erst mit seinesgleichen in Beziehung.

Nicht anders stellt sich die Produktionsstrategie in der Kommunikationswissenschaft den Prozeß gesellschaftlicher Kommunikation vor. Entsprechend basiert ihr Gesellschaftsbild auf der Konstruktion des homo oeconomicus. Er ist eben jener Mensch, der sich zunächst seine Umwelt isoliert und privat aneignet, sei's materiell, sei's ideell, in Taten, Gedanken oder Worten, um hernach mit den Produkten seiner Tätigkeit mit anderen in Austausch zu treten. Insofern können diese eindimensionalen Kommunikationsmodelle auch Marktmodelle der Kommunikation genannt werden (vgl. Abbildung 19).

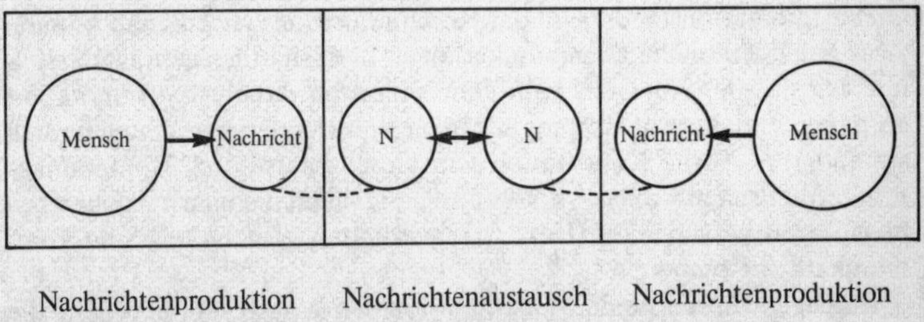

Abbildung 19: *Produktionsmodell der Kommunikation*
(In den produktionsorientierten Konzeptionen von Kommunikation wird diese oft eindimensional nach dem Muster der Robinsonade begriffen.)

In ihnen wird der Nachrichtenproduktion zwar nicht ihre Bedeutung abgesprochen. Der Nachrichtenproduzent gilt hier aber wie der Produzent aller anderen beliebigen Resultate menschlicher Tätigkeit zunächst als isoliert und egoistisch seine Zwecke verfolgendes Individuum. Kommunikation wird daher unter produktionsanalytischem Gesichtspunkt immer nur stofflich begriffen.

Die Produktionsmodelle betreiben so eine Entgesellschaftlichung gesellschaftlicher Kommunikation. Da die Herstellung von Nachrichten nach dem Muster der Robinsonade begriffen wird, steht der Nachrichtenproduzent zunächst in keinem zwingenden Zusammenhang mit anderen. Dieser stellt sich vielmehr erst post festum ein, wenn die Nachricht auf den kommunikativen Märkten zum Austausch gelangt. Wie dabei dieser Austausch sich aber auch immer gestalten mag, so kann er doch der Nachricht im nachhinein nichts mehr anhaben. Sie ist ja allein unter stofflichen Gesichtspunkten entstanden. Was ihr Austausch an ökonomischer Form je enthalten mag, braucht sie nicht zu kümmern. Die ökonomische Formbestimmung gesellschaftlicher Kommunikation wird daher in den Produktionsmodellen entweder unterschlagen oder als relativ beliebiges Beiwerk behandelt.

4.2 Modell massenhaft kommunizierter Nachrichten unter Bedingungen kapitalverwertend betriebener Warenproduktion

Die Produktionsmodelle in der Kommunikationswissenschaft betonen zwar den Charakter von Nachrichten als Produkte menschlicher Tätigkeit. Sie begreifen diese jedoch nur stofflich und eliminieren so die Analyse ökonomischer Form. Damit entgeht ihnen die herrschaftliche Verfassung des Prozesses gesellschaftlicher Kommunikation in den antagonistischen Klassengesellschaften.

Die Interaktionsmodelle in der Kommunikationswissenschaft können zwar gesellschaftliche Kommunikation als herrschaftlich geprägt darstellen. Da sie aber einerseits vom Dualismus von Arbeit und Interaktion ausgehen und diese als von jener gänzlich geschieden betrachten und da sie andererseits die Konstitution von Gesellschaft durch Kommunikation erfolgt sehen wollen, verkehren sich in ihnen die im materiellen Lebensprozeß verwurzelten Herrschaftsverhältnisse in Differenzen kommunikativer Kompetenz.

Entgegen diesen beiden eindimensionalen Konstruktionen geht die materialistische Theorie der gesellschaftlichen Kommunikation aus von Kommunikation als Bestandteil des allseitige Umweltaneignung beinhaltenden Arbeitsprozesses. Arbeit wird von ihr als doppelt geprägter Stoffwechselprozeß mit der Natur erfaßt. Sie zeigt an ihm ebenso die Seite seiner stofflichen Charakteristika wie seiner ökonomischen Formbestimmtheit.

Diese Konzeption gilt ersichtlich auch dann noch, wenn im Verlauf der Gesellschaftsentwicklung eine tendenzielle Trennung der elementaren Bestandteile von Arbeit erfolgt. Zu nennen sind hier ebenso die

Trennung von Handarbeit und Kopfarbeit wie die Loslösung kommunikativer Tätigkeit vom Bereich der unmittelbaren Produktion. Einerseits sind aber diese getrennt erscheinenden Bestandteile des Arbeitsprozesses im gesellschaftlichen Maßstab vermittelt. Und andererseits gehen an ihnen die grundlegenden Bestimmungen von Arbeit keineswegs verloren. Handle es sich nun um unmittelbar materielle, um geistige oder um sprachliche Tätigkeit, so zeigen sie alle auch im getrennten Zustand den Doppelcharakter ihres ursprünglichen Zusammenhangs im einheitlich verfaßten Arbeitsprozeß.

Der Prozeß gesellschaftlicher Kommunikation muß daher unter dem doppelten Gesichtspunkt seiner stofflichen Charakteristika wie seiner ökonomischen Formbestimmtheit untersucht werden.

Als stoffliche Charakteristika gesellschaftlicher Kommunikation haben die Produktion von sozialer Information und die Produktion von Zeichen zu gelten. Soziale Informationen sind bewußte Widerspiegelungen der objektiven Realität. Zeichen sind von den Menschen geschaffene sprachliche Signale. Unterscheidet sich gesellschaftliche Kommunikation so bereits stofflich von aller vorhumanen Kommunikation, so wird solche Differenz durch ihren Doppelcharakter erweitert. Kommunikative Prozesse im vorhumanen Bereich haben keinen Doppelcharakter. Die stofflichen Charakteristika gesellschaftlicher Kommunikation hingegen sind immer in ökonomische Form gefaßt.

Die ökonomische Formbestimmtheit des gesellschaftlichen Lebens prägt die kommunikativen Prozesse in den unterschiedenen Gesellschaftsformationen. Entsprechend ihrer Bestimmung durch die Produktionsweise des gesellschaftlichen Lebens zeigt sich Kommunikation als je spezifisch ausgeformt. Ihre Formbestimmtheit in der kapitalistischen Gesellschaftsformation wird einerseits bezeichnet durch die Trennung von Arbeit und Freizeit und die Lösung ihrer kommunikativen Potenzen von der Arbeit im Bereich der unmittelbaren Produktion. Sie ist weiter typisiert durch Warenproduktion und Kapitalverwertung.

Das hat zur Folge, daß in den entwickelten bürgerlichen Gesellschaften Nachrichten unter den Bedingungen der Kapitalverwertung als Waren produziert werden. Hierin eingeschlossen ist, daß Nachrichtenproduktion und Nachrichtenkonsumtion räumlich wie zeitlich auseinanderfallen (vgl. Abbildung 20).

Auf letzterer Erscheinung beruhen die Irrtümer der Interaktionsmodelle, auf ersterer diejenigen der Produktionsmodelle. Ein Modell industriell gefertigter und massenhaft kommunizierter Nachrichten unter den Bedingungen kapitalverwertend betriebener Warenproduktion hat es dagegen zu vermeiden, aus dem realen Schein der Trennung von Arbeit und Freizeit wie der Trennung materieller von ideeller und sprachlicher Produktion und des damit verbundenen Auftretens einer eigenständig sein wollenden Sphäre der Öffentlichkeit den falschen Schluß zu zie-

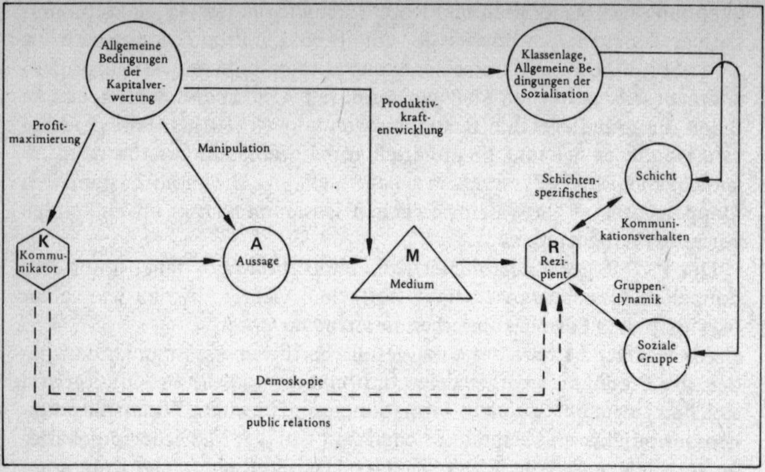

Abbildung 20: *Modell massenhaft kommunizierter Nachrichten unter Bedingungen kapitalverwertend betriebener Warenproduktion*
(Ein materialistisches Kommunikationsmodell muß neben der stofflichen Seite von Kommunikation auch deren ökonomische Formbestimmtheit verdeutlichen.)

hen, dies läge nicht an der besonderen ökonomischen Formbestimmung gesellschaftlicher Produktion in der kapitalistischen Gesellschaftsformation, sondern sei vielmehr einem allgemeinen und fundamentalen Dualismus von Arbeit und Interaktion bzw. Kommunikation geschuldet. Ebenso darf es nicht dem Irrtum erliegen, aus dem Prozeß der Arbeitsteilung und der der kapitalistischen Produktion vorhergehenden Zirkulation der Ware Arbeitskraft die falsche Annahme abzuleiten, es sei der Zirkulationsprozeß tatsächlich jene Sphäre des gesellschaftlichen Lebens, der dieses allererst vermittelt, wogegen Produktion als ungesellschaftliche und ursprüngliche Aneignung durch einzelne zu gelten habe.

Es hat vielmehr gerade die besondere ökonomische Form gesellschaftlicher Kommunikation im Kapitalismus zu erfassen. Das hat die erste Konsequenz, die stofflichen Elemente des Kommunikationsprozesses in ihrer ökonomischen Formbestimmtheit zu begreifen. D. h., der Kommunikator, der stofflich als Hersteller von Informationen und Zeichen charakterisiert ist, muß in seiner ökonomischen Form als Produzent von Nachrichtenware begriffen werden. Dies ist er nicht als einzelner kleiner Warenproduzent, sondern als kapitalistischer Industriebetrieb. D. h. weiter, die Nachricht, die stofflich als in sprachlichen Signalen verschlüsselte Information verstanden wird, ist hinsichtlich ihrer ökonomischen Form als kapitalistisch produzierte Ware deutlich zu machen. Ihre Produktion hat demnach allererst keinen kommunikativen Zweck, sondern den Zweck der Verwertung von Kapital. D. h. auch, daß zum Medium der Sprache nunmehr neue technische Medien hinzutreten, die eine massenhafte Produktion und Verbreitung von Nachrichtenware ermöglichen. Sie werden entwickelt und eingesetzt nach Maßgabe kapitalistischer Rationalität. D. h. schließlich, die Rezipienten, welche stofflich als Empfänger und Entschlüssler zeichenmäßig vermittelter Information zu gelten haben, müssen unter den formationsspezifischen Bedingungen ihrer durch die Klassenstruktur der kapitalistischen Gesellschaft geprägten Lebensweise erfaßt werden.

Insgesamt lassen sich so folgende Zusammenhänge herstellen: 1. Die ökonomische Form des gesellschaftlichen Lebens prägt auch die Elemente des Kommunikationsprozesses. In der bürgerlichen Gesellschaft wird sie bestimmt durch die allgemeinen Bedingungen der Kapitalverwertung. 2. Der Sender (Kommunikator) ist als Nachrichtenproduktionsbetrieb zu begreifen. Die allgemeinen Bedingungen der Kapitalverwertung setzen ihn unter den Zwang der Profitmaximierung. 3. Die Nachricht (Aussage) ist als Ware zu begreifen. Die allgemeinen Bedingungen der Kapitalverwertung schaffen dabei den Zwang zur Nachrichtenmanipulation. 4. Die technischen Kommunikationsmittel (Medien) sind als unter den und für die Bedingungen der Kapitalverwertung entwickelte und funktionierende kommunikative Produktivkräfte zu begreifen. 5. Die Empfänger (Rezipienten) sind in ihrer sozialökonomischen Situation zu begreifen. Sie vermittelt sich über die jeweilige Klassenlage der gesellschaftlichen Individuen.

5. Grundelemente einer Theorie der gesellschaftlichen Kommunikation

Die traditionelle Kommunikationswissenschaft hat die einzelnen Etappen ihrer Analysen nach der stofflichen Verfassung ihrer Gegenstände benannt. Als zuständig für den Sender oder Kommunikator gilt ihr daher die Kommunikatorforschung. Mit der Nachricht oder Aussage befaßt sich entsprechend die Aussagenanalyse bzw. Inhaltsforschung. Die technischen Kommunikationsmittel sind so Gegenstand der Medienforschung. Der Empfänger oder Rezipient schließlich wird dementsprechend durch die Rezipientenforschung untersucht.

Auf all diesen Gebieten sind zum Teil zahlreiche empirische Untersuchungen angestellt und theoretische Verallgemeinerungen versucht worden. Dabei wurden Ergebnisse erzielt, die sich ergänzen, die sich modifizieren, die sich aber auch in Frage stellen und einander widersprechen.

Dies hat seinen Grund zum überwiegenden Teil in den Varianten bei der Erhebung des empirischen Materials. Hinzu kommen Abweichungen und Differenzen im Bereich der jeweiligen epistemologischen und methodologischen Ausgangspositionen.

Das sich so ergebende Spektrum der Resultate traditioneller Kommunikationswissenschaft ist hier nicht Gegenstand der Diskussion. Vielmehr muß es darum gehen, die jeweils zentralen Positionen in den Bereichen von Kommunikator-, Inhalts-, Medien- und Rezipientenforschung an von ihnen gelieferten markanten Ergebnissen zu verdeutlichen.

An diesen Positionen soll dann das differierende Vorgehen materialistischer Kommunikationswissenschaft aufgezeigt werden. Als zentrales Kriterium der Differenz kann dabei auf Grund der bisherigen Überlegungen der soziologische Charakter der materialistischen Kommunikationswissenschaft gelten. Ausgehend vom Doppelcharakter des sozialen Lebens bezieht sich die materialistische Soziologie der gesellschaftlichen Kommunikation auf die je spezifisch verfaßten Bedingungen dieses Prozesses.

Für eine Analyse kommunikativer Prozesse in der kapitalistischen Gesellschaftsformation hat das die Konsequenz, daß sie sich bei der Untersuchung des Kommunikators der Methode der Politischen Ökonomie bedient. Da er als eine unter vielen kapitalistischen Produktionsstätten gilt, hat er als solche untersucht zu werden. Damit ist nicht ausgeschlossen, daß bei seiner Analyse bestimmte Eigenarten herausgearbeitet werden, die den Nachrichtenproduktionsbetrieb von anderen kapitalistischen Fabriken unterscheiden. Nämliches gilt für die Aussage. Sie wird als Ware produziert. Der Warencharakter der Nachricht macht diese zum Gegenstand der Warenkunde. Die (technischen) Medien der Kommunikation sind, als Produktivkräfte im Bereich der Massenkommunikation, von der Produktivkrafttheorie zu behandeln. Der Rezipient schließlich muß in seiner spezifisch sozialen Situation von der Gesellschaftlichen Psychologie untersucht werden.

5.1 Politische Ökonomie der gesellschaftlichen Kommunikation

Die Politische Ökonomie ist die Lehre von den wirtschaftlichen Beziehungen der Menschen. Ihr Gegenstand sind die Produktionsverhältnisse einer je besonderen Gesellschaftsformation.

Die Politische Ökonomie der gesellschaftlichen Kommunikation ist Bestandteil der Politischen Ökonomie jener Gesellschaftsformation, die hinsichtlich der für sie charakteristischen Ausprägung gesellschaftlicher Kommunikation untersucht werden soll. Sie untersucht den Prozeß gesellschaftlicher Kommunikation, insoweit er durch bestimmte Produktionsverhältnisse maßgeblich geprägt wird.

Damit ist zunächst besagt, daß die Politische Ökonomie der gesellschaftlichen Kommunikation keine Universalien des Kommunikationsprozesses ermittelt. Ihr geht es gerade nicht um stoffliche Elemente der Humankommunikation, die, wie Denken und Sprechen, für diese unter allen möglichen gesellschaftlichen Bedingungen gelten. Vielmehr kommt ihr die Aufgabe zu, Kommunikationsprozesse als spezifisch gesellschaftlich bestimmt zu untersuchen; d. h. im Falle der bürgerlichen Gesellschaft herauszuarbeiten, wie in ihr gesellschaftliche Kommunikation durch die Verhältnisse kapitalistischer Produktion charakterisiert ist.

Damit ist weiter besagt, daß die Politische Ökonomie der gesellschaftlichen Kommunikation sich nicht nur nicht einen isoliert und individuell gedachten Kommunikator zum Gegenstand nimmt. Davon abgesehen, daß es ihr darauf ankommen muß, den Kommunikator als Produktionsbetrieb von Nachrichten zu erfassen, hat sie es überhaupt nicht mit dem Kommunikator allein zu tun. Strenggenommen erweist sich die oben gemachte Aussage, materialistische Kommunikationswissenschaft bediene sich bei der Analyse des Kommunikators der Methode der Politischen Ökonomie, daher insofern als vereinfachend, als sich die Politische Ökonomie der gesellschaftlichen Kommunikation mit dem gesamten Prozeß der Herstellung und der Verteilung, des Austausches und des Verbrauchs von Nachrichten in seiner Bestimmung durch die Produktionsverhältnisse zu befassen hat. Natürlich wird dabei das Hauptaugenmerk auf den Kommunikator als Hersteller der Nachrichten zu richten sein. Von Bedeutung ist aber etwa auch die Untersuchung der Vertriebsformen von Nachrichten. So wird, um nur ein Beispiel zu nennen, die Filmkommunikation im Kapitalismus nicht nur durch die Kapitalverwertung in den großen Filmfabriken bestimmt, sondern auch durch die Verfassung des Filmverleihes und der Lichtspieltheater.

5.1.1 Die traditionelle Kommunikatorforschung

Daß unter den Bedingungen der Massenkommunikation der Kommunikator nicht länger als besondertes Individuum fungiert, kann auch die bürgerliche Kommunikationsforschung nicht bestreiten. Sie hat aus diesem Umstand jedoch nicht die Konsequenz gezogen, den Kommunikator als Produktionsbetrieb mit bestimmenden wirtschaftlichen Faktoren zu analysieren. Vielmehr geht sie davon aus, es befinde sich der Kommunikator in einem vielfältigen und komplexen Netz von Beziehungen und Einflüssen, die einander ergänzten, widerstritten, überlagerten etc. So formulieren z. B. Alphons Silbermann und Udo Michael Krüger in ihrer «Soziologie der Massenkommunikation» (1973): «Die Vielschichtigkeit des Kommunikators im Bereich der Massenkommunikation ist zu einer Tatsache geworden ... Naturgemäß richtet sich das Interesse des Empirikers auf die systematische Analyse der verschiedenartigen *Ein-*

flüsse, denen das Verhalten der Kommunikatoren bei der Produktion und der Distribution von Kommunikationsinhalten ausgesetzt ist. Welche Schwierigkeiten solchen Analysen entgegenstehen, zeigt sich schon daran, daß die auf den Kommunikator einwirkenden Einflüsse kaum voneinander zu trennen sind ... In der Realität ... werden immer multiple Beziehungen von Einflüssen wirksam sein.

Hierzu zählt z. B. das Bild, das der Kommunikator in seiner spezifischen Berufsrolle von sich selbst hat; ebenso die Faktoren: Intelligenz, verinnerlichte Persönlichkeitsmerkmale oder kognitiv-evaluative Prädispositionen. Ferner ist der Einfluß von Kollegen, mit denen ein Kommunikator im Redaktionsteam zusammenarbeitet, von Bedeutung ... Das Redaktionsteam selbst ist je nach dem Grad der Verflechtungen eines Mediums nur Bestandteil einer Institution, so daß sich auch der Führungsstil und die Zielsetzungen der Institution auf das Verhalten des Kommunikators auswirken. Diese wiederum sind jedoch abhängig von der Organisationsform des Mediums, sei es, daß es sich um privatwirtschaftliche Medien ... oder um öffentlich-rechtliche ... handelt. Von wesentlicher Bedeutung sind in diesem Zusammenhang selbstverständlich auch der Inhalt und das vom Kommunikator dafür jeweils erwartete Publikum. Überdies hat der Kommunikator ... Einflußfaktoren zu beachten, wie z. B. öffentliche Meinungen, Parteien, ethisch-moralische Wertvorstellungen der Kirchen, die Kritik konkurrierender Massenmedien, Möglichkeiten, bei Sanktionen den Beruf oder das Arbeitsverhältnis zu wechseln und sogar Status und Prestige ... unter Freunden und Familienangehörigen. Hinzu kommen schließlich noch materielle und instrumentelle Faktoren, die sich durch die Technologie des Mediums ... bestimmen.»

An diesen Ausführungen ist zweierlei von Bedeutung. Erstens machen sie deutlich, wie die traditionelle Kommunikatorforschung der Tatsache fabrikmäßiger Nachrichtenproduktion begegnet. Sie nimmt Zuflucht zu einer organisationssoziologischen Vorstellung von Komplexität. Dergestalt wird ein formalistisches Programm «multipler Beziehungen von Einflüssen» entwickelt, das sich durch einen hohen Grad sozialökonomischer und historischer Beliebigkeit auszeichnet. Denn komplex in solchem Sinn ist sicherlich eine privatwirtschaftlich betriebene Fernsehgesellschaft in den USA ebenso wie das französische Staatsfernsehen, das öffentlich-rechtliche Fernsehen in der BRD oder das sozialistische Fernsehen in der DDR.

Daß die traditionelle Kommunikatorforschung die Gemeinsamkeiten wie Differenzen dieser Organisationsformen nicht grundsätzlich zu erfassen vermag, wird zweitens deutlich in ihrer Bestimmung der verschiedenen Einflußfaktoren im komplexen Beziehungsgefüge der Massenkommunikation. Sie stellen sich dar als Netz unterschiedlichster Elemente, vom Selbstbild über Intelligenz, Stellung zu Kollegen, Vorstellung vom Publikum, Art der Organisation, Kontrolle der Öffentlichkeit etc. bis zum Status in Familie und Freundeskreis, die alle den Kommunikator in seiner Tätigkeit beeinflussen. Damit ist beides erreicht: sowohl das komplexe Organisationsgefüge des Senders im Massenkommunikationsprozeß ist zurückgeführt auf seine kleinste Einheit, den letztlich eben doch individuellen Kommunikator; als auch unleugbare relevante sozialökonomische Faktoren sind berücksichtigt, jedoch nicht als primär den Charakter des Kommunikators bestimmende, sondern als unter anderen wirkende.

Aus dieser Psychologisierung eines gesellschaftlichen Verhältnisses ist die für die Kommunikatorforschung bedeutendste Konstruktion bürgerlicher Kommunikationswissenschaft entsprungen: der gatekeeper bzw. Türhüter oder Schleusenwärter (vgl. Abbildung 21). Hinter dieser Figur steht die in der psychologisch-sozialpsychologischen Kleingruppenforschung entwickelte Vorstellung, es müsse das System der Massenkommunikation als sich verzweigendes Kanalsystem gedacht werden, in dem

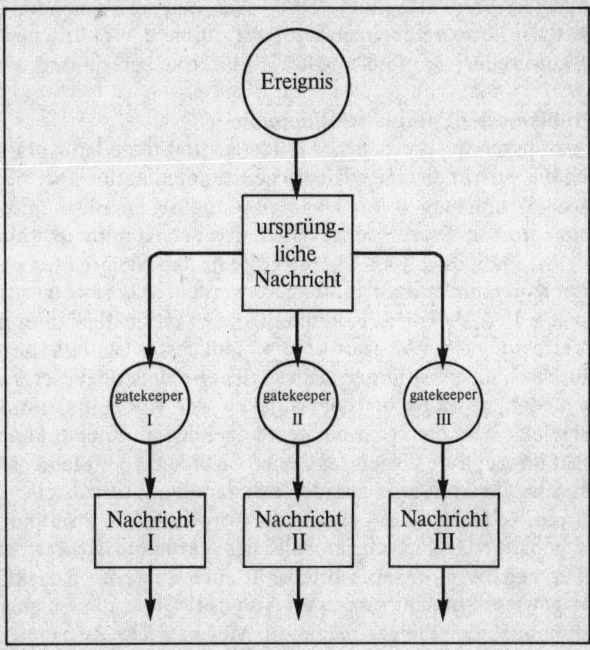

Abbildung 21: *Das gatekeeper-Konzept*
(Mit der Figur des gatekeepers macht die traditionelle Kommunikationsforschung den Versuch, die ökonomische Formbestimmtheit des Kommunikationsprozesses zu psychologisieren.)

Nachrichten aus dem Meer der Realität über einen Hauptkanal (z. B. Nachrichtenagentur) in eine Reihe von Nebenkanälen (z. B. Zeitungsredaktionen) gelangten, von wo aus sie schließlich den Rezipienten erreichten. An den jeweiligen Verzweigungen befänden sich nun die Positionen der Kommunikatoren, die, ähnlich einem Schleusenwärter, darüber entschieden, welche Informationen in den von ihnen kontrollierten Kanal gelangten oder nicht gelangten. Auf den Kommunikator als gatekeeper wirkten nun zwar eine Vielzahl unterschiedlicher Einflüsse. Sie würden von ihm aber letztlich zu einer subjektiven Entscheidung zusammengefaßt. Nur je im Einzelfall ließe sich dabei ausmachen, mit welchem spezifischen Gewicht die verschiedensten Faktoren den Kommunikator zu einer bestimmten Haltung veranlaßt hätten.

Der ideologische Ballast der Figur des gatekeepers ist klar. Er liegt einmal in ihr, gesellschaftliche Kommunikation nach dem Muster des Wasserkreislaufes zu naturalisieren – als wäre der Kommunikator lediglich dazu da, schon vorhandene Informationen passieren zu lassen und nicht vielmehr in erster Linie jener Betrieb, in dem Informationen überhaupt erst produziert werden. Er liegt weiter in ihr, den bestimmenden Einfluß ökonomischer Form unter einem Wust institutioneller, politischer, individueller, kultureller, moralischer usw. Faktoren zu verschütten.

5.1.2 Probleme der Politischen Ökonomie

Gegen den psychologisierenden Ansatz der traditionellen Kommunikatorforschung vertritt die materialistische Kommunikationstheorie die soziologische Auffassung von der sozialökonomischen Bestimmtheit des Kommunikators im Prozeß der gesellschaftlichen Kommunikation.

Damit wird keineswegs in Abrede gestellt, daß Nachrichten von individuellen Kommunikatoren produziert werden. Als selbstverständlich kann auch gelten, daß diese Kommunikatoren hinsichtlich ihrer persönlichen Verfassung einer Vielzahl unterschiedlichster Einflüsse ausgesetzt sind. Auszuschließen ist ferner nicht, daß verschiedene dieser Einflüsse in verschiedenem Maße bei der Tätigkeit der Kommunikatoren eine Rolle spielen. Alle damit zusammenhängenden Probleme können jedoch nicht der zentrale Gegenstand einer Soziologie der Massenkommunikation sein. Ihr kommt es gerade nicht darauf an, festzustellen, es habe z. B. ein Redakteur des Fernsehens morgendlichen Streit mit seiner Tochter gehabt, die ihm patriarchalisches Verhalten vorwarf, und sei von daher negativ motiviert worden, in einer späteren Redaktionssitzung für gewisse Streichungen in einem positiv über die Emanzipation der Frau handelnden Film zu plädieren. Mögen solche Zusammenhänge auch im Einzelfall feststellbar sein, so sind sie doch nicht Ausdruck von den Prozeß gesellschaftlicher Kommunikation grundsätzlich prägenden Gesetzen. Um deren Aufdeckung aber muß es bei dessen soziologischer Analyse gehen.

Eine Untersuchung des Kommunikators im Massenkommunikationsprozeß hat daher zunächst die ökonomische Form zu bestimmen, in der Nachrichten unter besonderen gesellschaftlichen Bedingungen hergestellt werden. Dabei zeigt sich das gesellschaftliche Verhältnis der am Produktionsprozeß der Nachricht Beteiligten als Verhältnis von Lohnarbeit und Kapital. In ihm werden Nachrichten kapitalverwertend als Waren produziert.

Die hieraus für die Produktion der Ware Nachricht ableitbaren Bedingungen können analytisch auf drei Ebenen erfaßt werden: 1. auf der Ebene des Einzelkapitals, d. h. all jener Kapitale, für die Nachrichtenproduktion unmittelbar Verwertungsprozeß ist oder die im Kommunikationsbereich eine Realisationssphäre finden; 2. auf der Ebene des gesellschaftlichen Gesamtkapitals, d. h. dem Zusammenhang der Medienkapitale mit anderen Verwertungssektoren; 3. auf der Ebene des ideellen Gesamtkapitals, d. h. des die Interessen der Einzelkapitale in ihrem ideellen Durchschnitt wahrnehmenden bürgerlichen Staates (vgl. Abbildung 22).

Auf der *Ebene des Einzelkapitals* zeigt sich zunächst der allgemeine Doppelcharakter kapitalistischer Produktion, Arbeitsprozeß und Verwertungsprozeß zu sein. In den Medienfabriken werden Nachrichten als Waren produziert. Sie haben neben Gebrauchswert auch Wert.

Ebenen des Kapitalverhältnisses	Funktionen der Massenkommunikation	
Einzelkapital	Verwertungsprozeß des Medienkapitals (Produktion der Ware Nachricht)	Realisierungsprozeß diverser Einzelkapitale
Gesellschaftliches Gesamtkapital	Nachrichtentransport als verlängerte Produktionsfunktion	Formverwandlung von Warenkapital als reine Zirkulationsfunktion
Ideelles Gesamtkapital	Gewährleistung der allgemeinen Bedingungen der Produktion	Ergänzung der Produktion, Reproduktion und Reparatur des Arbeitsvermögens

Abbildung 22: *Die Funktionen der Massenkommunikation auf den unterschiedlichen Ebenen des Kapitalverhältnisses*
(Eine Betrachtung der verschiedenen Ebenen des Kapitalverhältnisses macht die weitreichende Bedeutung von Kommunikation für den Verwertungsprozeß des Kapitals sichtbar und zeigt die Kapitalisierung kommunikativer Prozesse.)

Wie andere industrielle Kapitale wird auch das Medienkapital zum Zweck seiner Verwertung verausgabt. Ziel kapitalverwertend betriebener Nachrichtenproduktion ist also vorrangig nicht die gute, informative, zuverlässige, wahre etc. Nachricht, sondern die Verwertung des Medienkapitals. Der Medienkapitalist verausgabt sein Kapital beim Einkauf von Produktionsmitteln und Rohstoffen zur Nachrichtenherstellung (etwa: Schreibmaschinen, Kameras, Druckanlagen, «Rohnachrichten» [Agenturmeldungen], Papier etc.) und von Arbeitskraft der Medienarbeiter (etwa: Journalisten, Reporter, Setzer, Drucker etc.). Diese beiden Faktoren werden für den Produktionsprozeß der Ware Nachricht kombiniert.

Der Medienkapitalist ist an diesem Prozeß deswegen interessiert, weil an seinem Ende mehr Kapital herauskommt, als ihm zu Beginn eingespeist werden mußte. An der Ware Nachricht interessiert ihn in erster Linie nicht deren stoffliche Seite, sondern der Umstand, daß sie von ihrer formbestimmten Seite her in Warenform geronnenes verwertetes Kapital darstellt, das im Verkauf nurmehr realisiert werden muß. Der Medienkapitalist nimmt daher im Hinblick auf die Ware Nachricht einen Tauschwertstandpunkt ein.

Ganz anders verhält es sich beim Abnehmer von Massenkommunikationsprodukten. Den Konsumenten der Nachrichtenware interessiert diese vor allem stofflich, d. h., er fragt nach einem möglichst großen Informationsgehalt, Unterhaltungswert o. ä. der Nachricht. Nicht ihr Wert, sondern ihr Gebrauchswert steht im Mittelpunkt seines Interesses. Der Nachrichtenkonsument nimmt entsprechend im Hinblick auf die Ware Nachricht einen Gebrauchswertstandpunkt ein.

Der in der Nachrichtenware enthaltene Widerspruch von Wert und Gebrauchswert stellt sich für deren Produzenten und Konsumenten dar als Widerspruch zwischen Tauschwertstandpunkt und Gebrauchswertstandpunkt. Dieser Widerspruch wird immer wieder zugunsten des Tauschwertstandpunktes aufgelöst. Die Gebrauchswertigkeit der Nachrichtenware wird dem Verwertungsinteresse der Medienkapitale untergeordnet.

Diese Reglementierung des Gebrauchswertes der Nachrichtenware ist Ausdruck des herrschenden Produktionsverhältnisses, welches auch im Bereich der Nachrichtenproduktion durch den Prozeß der Kapitalverwertung und den Widerspruch von Lohnarbeit und Kapital charakterisiert ist. In der BRD zeigt sich dieses Verhältnis deutlich im Bereich der Zeitungs- und Illustriertenproduktion. Weiter ist so der Sektor der Buch- und Schallplattenproduktion gekennzeichnet. Komplizierter scheint das Verhältnis für den Bereich der Filmproduktion zu sein, wo private Mittel, Mittel aus der Kooperation mit den Rundfunkanstalten und staatliche Mittel ineinanderfließen. Aufgehoben schließlich erscheint dieses Verhältnis im Bereich des öffentlich-rechtlichen Hörfunks und Fernsehfunks – sollen doch die Rundfunkanstalten nicht der Kapitalverwertung verpflichtet, sondern nur an kostendeckendes Wirtschaften gebunden sein.

Eine genauere Betrachtung zeigt allerdings, daß der erste Blick täuscht. Das herrschende kapitalistische Produktionsverhältnis dringt eben auch in nichtkapitalistisch verfaßte Bereiche ein und bestimmt wesentlich deren Produktionsablauf.

In erster Linie wird dies schon dadurch bestimmt, daß auch dieser Bereich (wie z. B. der öffentlich-rechtlich verfaßte Rundfunksektor) grundlegend durch das Lohnarbeitsverhältnis geprägt wird. Tauscht sich hier auch nicht Lohnarbeit gegen Kapital, so gelten doch die elementaren Gesetze dieses Tausches. D. h., von seiten des Betriebes wird auf die Aneignung unbezahlter Mehrarbeit gezielt; die sachlichen Arbeitsbedingungen bestimmen die subjektiven Entfaltungsmöglichkeiten der Medienarbeiter; die Medienarbeiter unterliegen den Auswirkungen der Lohnarbeit im Hinblick auf Arbeitsteilung, Rationalisierung, Arbeitshetze, Arbeitsplatzunsicherheit usw.; schließlich lastet auf den Medienarbeitern ein ähnlicher Legalitätsdruck wie auf ihren Kollegen im kapitalistischen Bereich der Nachrichtenproduktion.

Zu diesen subjektiven treten objektive Bedingungen hinzu. So wird z. B. die nichtkapitalistische Verfassung der öffentlich-rechtlichen Rundfunkanstalten bereits dadurch aufgeweicht, daß ein wichtiger Bereich ihrer Produktion, nämlich die Werbung, aus der öffentlich-rechtlichen Verfassung ausgelagert ist. Ein weiterer Ansatzpunkt für das Eindringen kapitalistischer Rationalität in den Bereich der öffentlich-rechtlichen Anstalten sind die Fremdproduktionen, also all jene Sendungen, die entweder schon fertig (und als solche überwiegend kapitalistisch produziert) angekauft oder zur Produktion privaten Herstellern übertragen werden. Aber auch die Eigenproduktion der Anstalten wird von den Verwertungsbedingungen des Kapitals beeinflußt. Der Grund hierfür liegt in erster Linie darin, daß selbst nur kostendeckendes Produzieren die öffentlich-rechtlichen Nachrichtenhersteller zwingt, ihre Nachrichtenwaren so zu produzieren, daß sie weiterverwertet werden können. D. h., sie müssen auf dem internationalen Nachrichtenmarkt, der durch kapitalistische Standards geprägt ist, konkurrenzfähig sein. Schließlich darf nicht vergessen werden, daß der gesamte Bereich der technischen Kommunikationsmittel – auch was die öffentlich-rechtliche Hörfunk- und Fernsehfunkkommunikation anbelangt – kapitalverwertend verfaßt ist. Sowohl die medialen Arbeitsmittel wie Kameras, Tonapparaturen, Aufnahmewagen, Studioeinrichtungen etc. als auch die zur Konsumtion notwendigen Geräte wie Fernseh- und Rundfunkapparate, Plattenspieler etc. werden von den Elektrokonzernen produziert und unterliegen den monopolistischen Verwertungsbedingungen des großen Kapitals. Produziert es auch nicht selbst Nachrichtenwaren, so ist doch der Kommunikationsbereich die zentrale Sphäre seiner Realisation, die es daher machtvoll im Sinn seiner Interessen zu beeinflussen trachtet.

Auf der *Ebene des gesellschaftlichen Gesamtkapitals* zeigt sich eine besondere Eigentümlichkeit der Medienkapitale. Sie wird deutlich, wenn man den Verwertungsprozeß des industriellen Kapitals als Kreislaufprozeß betrachtet. Er läßt sich dann in der Formel $G - W^{-Ak}_{-Pm} \ldots P \ldots W' (W + w) - G'(G + g)$ darstellen (vgl. 3.23). Sie macht den Charakter der kapitalistischen Produktion als Mehrwertproduktion deutlich. Gleichzeitig zeigt sie aber auch, daß der in der Produktion (... P ...) durch die Kombination der vom Kapitalist mit dessen ursprünglichem Kapital (G) gekauften Waren (W) Arbeitskraft (Ak) und Produktionsmittel (Pm) erzeugte Mehrwert (w) zunächst in geronnener Form als Warenkapital vorliegt. Hat bis hierhin das Kapital in seinem Kreislaufprozeß verschiedene Formen angenommen, war also zunächst Geldkapital, dann produktives Kapital und endlich Warenkapital, so zeigt sich jetzt deutlich, daß mit der Verwertung des Kapitals im Produktionsprozeß dieser Kreislaufprozeß noch nicht abgeschlossen sein kann – liegt es doch gefesselt und geknebelt in Form des Warenkapitals in den Magazinen. Damit es erneut den Kreislaufprozeß des industriellen Kapitals antreten kann, bedarf es unbedingt der Formverwandlung. Das Kapital muß aus seiner Form als Warenkapital in seine Form als Geldkapital verwandelt werden.

Unter den Bedingungen monopolistischer Warenproduktion ist wichtigstes Mittel solcher Verwandlung die Werbung. In besonderen Agenturen produziert, bedarf sie des Transports zu den potentiellen Käufern jener Waren, für die geworben wird. Diese für die großen industriellen Kapitale lebenswichtige Funktion wird im monopolistischen Kapitalismus von den Medienkapitalen wahrgenommen.

Im Rahmen des gesellschaftlichen Gesamtkapitals kommt dem Medienkapital die spezifische Funktion zu, werbende Gebrauchswertversprechen für die Waren der industriellen Kapitale in die Haushalte der Warenkonsumenten zu transportieren.

Wie aller Warentransport, so ist auch der Transport von Werbung zwieschlächtig. Dies liegt am Doppelcharakter der Ware, Wert und Gebrauchswert zu sein.

Betrachten wir nur die Wertseite der Ware, so kann hier unter «Transport» offensichtlich nur Kauf und Verkauf verstanden werden. Der Warenkörper muß sich bei diesen Transaktionen überhaupt nicht bewegen. Anschaulich heißt es hierzu bei Karl Marx: «Ein Haus, welches A an B verkauft, zirkuliert als Ware, aber es geht nicht spazieren. Bewegliche Warenwerte, wie Baumwolle oder Rohseide, hocken auf demselben Warenlager, zur selben Zeit, wo sie Dutzende von Zirkulationsprozessen durchlaufen, gekauft und wieder verkauft werden von den Spekulanten. Was sich hier wirklich bewegt, ist der Eigentumstitel an der Sache, nicht die Sache selbst.» Alle hier anfallenden Tätigkeiten des Kaufens und Verkaufens dienen, auch wo sie von eigenständigen Warenhandlungskapitalen ausgeführt werden, lediglich der Formverwandlung des Kapitals aus Warenkapital in Geldkapital. Da sie selbst keinerlei Wert produzieren, sondern nur bereits vorhandene Werte bewegen, sind sie unproduktiv.

Anders verhält es sich, wenn wir die Gebrauchswertseite der Waren betrachten. Hier zeigt sich, daß Transport eine produktive Funktion sein kann, also gewissermaßen als eine in die Zirkulationssphäre verlängerte Produktionstätigkeit zu gelten hat. Dies gilt immer dann, wenn der Genuß des Gebrauchswertes seinen Transport zwingend verlangt, Kohle also von der Halde in den Keller, Kartoffeln vom Feld in die Vorratsräume, Milch von den Molkereien in die Kühlschränke bewegt werden müssen.

Diese Zwieschlächtigkeit des Transports findet sich im Bereich der Werbung und ihrer Verbreitung durch die Massenmedien wieder.

Betrachten wir diese Funktion zunächst allgemein als Informationstransport, so zeigt sich, daß es unter dem Gebrauchswertgesichtspunkt tatsächlich zusätzlich zum Warenkörper selbst produzierte Informationen gibt, die dessen Konsum verbessern bzw. überhaupt erst ermöglichen. Bei notwendigerweise zu verpackenden Waren wäre dies z. B. eine Aufschrift, die den Packungsinhalt genau spezifizierte. Sie diente in erster Linie der Konsumierbarkeit und nicht der Formverwandlung. Dies gilt auch für Informationen, welche bereits gänzlich von der Ware selbst abgelöst sind, wenn sie auch noch unmittelbar gemeinsam mit ihr auftreten. Gemeint sind Hinweise, die den Gebrauch der Ware, soweit er an bestimmte Vorschriften gebunden ist (z. B. Arzneimittel), erläutern. Auch diese Informationen sind gebrauchswertorientiert und für den Konsum der Ware unerläßlich. Nicht anders verhält es sich endlich mit Informationen, die sich völlig vom Warenkörper abgelöst haben, um ihm vorauszueilen und ihn anzukündigen. Auch sie haben in der ungeheuren Warensammlung entwickelter warenproduzierender Gesellschaften ersichtlich gebrauchswertorientierte Funktion. Bei neu entwickelten Produkten wird dies besonders augenfällig.

Sind alle diese stofflichen Elemente des Informationstransportes hinsichtlich kapitalistischer Warenproduktion auch im Bereich der Werbung wiederzufinden, so bleibt doch nicht verborgen, daß sie den formationsspezifischen Momenten, wie sie sich aus dem Verwertungsprozeß des Kapitals ergeben, nicht nur klar untergeordnet sind. Vielmehr werden sie von diesem auch verzerrt, verstümmelt und teilweise sogar in ihr Gegenteil verkehrt.

Dies beginnt bereits bei der bloß benennenden Information. Hier tritt die Gebrauchswertorientierung zugunsten verwertungsorientierter Firmennamen und Markenzeichen zurück. Der Reklameslogan «Kaffee buchstabiert man so: o und n und k und o» läßt noch deutlich werden, was in Bezeichnungen wie Föhn (Haartrockner) oder Tesafilm (Klebeband) bereits verwischt ist: den Versuch, eine Gebrauchswertkennzeichnung durch einen Markennamen zu ersetzen.

Im Bereich der von der Ware selbst und ihrer Verpackung losgelösten Information wird die Verdrängung und Unterordnung gebrauchswertorientierter durch verwertungsorientierte Aussagen vollends offenbar. Die Gebrauchsanweisung wird vom Gebrauchswertversprechen in die Flucht geschlagen. In erster Linie nicht über Eigenschaften und Gebrauch der Waren handelt die Werbung, sondern von Versprechen, die selbst heftigster Konsum nicht einlösen mag. Noch der tiefste Lungenzug fördert eher die Krebsanfälligkeit, als daß er den Bürosessel in einen wilden Mustang verwandelt; noch der verschwenderischste Gebrauch von Weichspülern führt eher zu Hautreizungen, als daß er feurige Ehemänner und ausgeglichene Kinder zeitigt ...

Zerfallen so auch die Aufgaben der Medienkapitale im Bereich des gesellschaftlichen Gesamtkapitals in Nachrichtentransport als verlängerte Produktionsfunktion und Formverwandlung von Waren als reine Zirkulationsfunktion, so bleibt doch erstere wesentlich letzterer untergeordnet. Das Medienkapital ist hier in erster Linie Zirkulationsagent des industriellen Kapitals.

Auf der *Ebene des ideellen Gesamtkapitals* schließlich liegen all jene Aufgaben der Medienkapitale und der öffentlich-rechtlich oder staatlich verfaßten Medien, die man im weitesten Sinn als Ideologiefunktion bezeichnen könnte.

Diese Ebene ist grundlegend gekennzeichnet durch das Auseinanderfallen von Staat und Gesellschaft in der kapitalistischen Gesellschaftsformation. Dabei teilt der bürgerliche Staat die allgemeinen Kennzeichen dieser Institution, die ihre Entwicklung der Entstehung der Klassengesellschaften verdankt. Friedrich Engels hat sie in seiner Arbeit «Der Ursprung der Familie, des Privateigentums und des Staats» (1884) mit befestigtem Staatsgebiet, Aufrichtung öffentlicher Gewalt und Einziehung von Steuern beschrieben.

Die Loslösung des Staates von der Gesellschaft ist darüber hinaus spezifisches Kennzeichen des politischen Überbaus einer kapitalistischen Basis. Weil nämlich diese vorrangig gekennzeichnet ist durch das Verhältnis der Konkurrenz, in dem die einzelnen Kapitale zueinander stehen, bedürfen sie eines von der Zerrissenheit ihrer egoistischen Einzelinteressen abgehobenen Instruments, das ihre gemeinsamen Interessen gegenüber der Arbeiterklasse zum Ausdruck bringt und zur Lösung fraktioneller Differenzen innerhalb der Kapitalistenklasse beiträgt. Es ist dies eben der bürgerliche Staat, der deswegen ideeller Gesamtkapitalist heißt, weil er die in den widerstreitenden Interessen der vielen Einzelkapitale enthaltenen Gemeinsamkeiten am Erhalt des kapitalistischen Systems in ihrem ideellen Durchschnitt zum Ausdruck bringt.

Hierzu gehört neben der Monopolisierung und dem Einsatz der öffentlichen Gewalt auch der große Bereich der sogenannten Infrastruktur. Er umfaßt jene allgemeinen Bedingungen der Produktion, auf die die Einzelkapitale zur reibungslosen Verwertung angewiesen sind, wie Verkehrswege, Energieversorgung, Ausbildung der Arbeitskräfte, Abfallbeseitigung usw. Auch die ideologische «Ver- und Entsorgung» gehört in diesen Bereich.

Seine Eigenart besteht darin, daß er je nach den Umständen durch staatliche Aktivität oder durch privates Kapital bearbeitet wird. Abhängig ist dies jeweils von den Verwertungsbedingungen des Kapitals (die z. B. einen privaten Paketdienst wohl in Ballungsgebieten, nicht aber etwa im Bayerischen Wald profitabel erscheinen lassen) als auch von der historischen Entfaltung des Systems und seiner jeweiligen Stabilität (die z. B. im Bereich der Ideologieproduktion besonders zum Tragen kommen).

Die Funktionen der Massenkommunikation auf der Ebene des ideellen Gesamtkapitals können daher sowohl was die Ideologieproduktion im allgemeinen als auch was die Beteiligung an Produktion (aktuelle Informationen, Bildungsprogramme etc.), Reproduktion (Entspannung, Unterhaltung) und Reparatur (Kanalisation von Aggressionen, Ängsten etc.) des Arbeitsvermögens der gesellschaftlichen Individuen anbelangt, staatlich oder öffentlich-rechtlich oder privatkapitalistisch erfüllt werden.

5.2 Warenkunde der Nachricht

Die Warenkunde ist die Lehre von der Gebrauchswertseite der Waren. Warenanalyse kann also nicht allein unter dem Aspekt des Wertes erfolgen – dies führt zu reinem Ökonomismus.

Die Warenkunde der Nachricht hat sich entsprechend mit der stofflich-inhaltlichen Seite der gesellschaftlich kommunizierten Information zu befassen, soweit diese im Prozeß massenhafter Kommunikation Warencharakter annimmt.

Damit ist zunächst besagt, daß die Warenkunde der Nachricht sich nicht mit sämtlichen Nachrichten und deren Gebrauchswertigkeit befaßt. So haben etwa im großen Bereich der zwischenmenschlichen Alltagskommunikation Informationen oftmals erheblichen Gebrauchswert, ohne doch Waren zu sein. Ähnliches gilt, wo massenkommunikative Prozesse in vergemeinschafteter Form organisiert, Nachrichten also wie bei Betriebszeitungen, Stadtteilzeitungen, Parteizeitungen etc. ohne Austausch übertragen werden.

All diese Probleme gehören zu wichtigen Fragekomplexen der Kommunikationswissenschaft, ohne doch Gegenstand der Warenkunde zu werden. Diese befaßt sich vielmehr mit den Nachrichten als Waren. Sie untersucht also all jene Nachrichtenprodukte, die Resultat privater Produktion sind und zum Zwecke des Austausches produziert werden.

Damit ist weiter besagt, daß sich der Warenkunde die Aufgabe stellt, einmal die Auswirkungen der Produktionsbedingungen der Ware Nachricht (und das heißt unter den Bedingungen kapitalistischer Produktion insbesondere die der Verwertungsbedingungen) auf deren Gebrauchswert zu untersuchen und außerdem den Gebrauchswert der Nachrichtenwaren bezüglich der formationsspezifischen Prägung der Bedürfnisse zu untersuchen (also zu fragen, warum unter bestimmten Bedingungen bestimmte Gebrauchswerte gebraucht werden).

5.2.1 Die traditionelle Inhaltsforschung

Die Probleme der Warenkunde werden von der bürgerlichen Kommunikationswissenschaft ignoriert. Die traditionelle Inhaltsforschung fragt gerade nicht, wie formationsspezifische Bedingungen der Nachrichtenherstellung sich auf den Gebrauchswert der Nachrichten auswirken. Vielmehr formuliert sie an Nachrichten ein ausschließlich stoffliches Interesse. Da sie dabei aber Stoff und Form nicht auseinanderhält, kommt es zu bezeichnenden Fehlleistungen.

Deutlich machen das Alphons Silbermann und Udo Michael Krüger, die in ihrer «Soziologie der Massenkommunikation» folgendermaßen argumentieren:

«Die empirische Analyse von Kommunikationsinhalten, die man in der deutschsprachigen Literatur als Inhaltsanalyse (content analysis) oder auch als Aussagenanalyse bezeichnet findet, ist nach der klassischen Definition von Berelson eine Methode zur ‹objektiven, systematischen und quantitativen Beschreibung des manifesten Inhalts von Kommunikation› … Die einfachste Form der Inhaltsanalyse beschreibt den Kommunikationsinhalt (z. B. Inhalt einer Zeitung oder eines Films) mit Hilfe eines inhaltsunabhängigen Klassifikationsschemas. Indem der Inhalt nach Kategorien wie ‹Politik›, ‹Wirtschaft›, ‹Kultur› oder ‹Sport› … klassifiziert und quantifiziert wird, gelangt der Forscher zu Vergleichsmöglichkeiten bezüglich des Inhalts verschiedener Medien. Bei einer verfeinerten Analyse von Kommunikationsinhalten wird mit Hilfe eines standardisierten verbalen Kategorienschemas die Quantität und/oder die Häufigkeit des Vorkommens bestimmter inhaltlicher Merkmale festgestellt, wobei die Zuordnung inhaltlicher Merkmale zu den vorgegebenen Kategorien durch operationale Anweisungen festgelegt wird …

Nun sagen aber Verfahren noch lange nichts aus über die soziologische Relevanz bei der Analyse von Kommunikationsinhalten, und um diese zu verstehen, bedarf es der Darstellung eines weiteren Aspektes der Inhaltsanalyse, nämlich der Unterscheidung zwischen semantischer, syntaktischer und pragmatischer Ebene ... Während nun Semantik und Syntaktik eher dem Kompetenzbereich der Linguistik und wohl auch der Semiologie zuzuweisen sind, interessiert sich der empirisch vorgehende Sozialwissenschaftler am meisten für die pragmatische Ebene. Im Vordergrund steht dabei die Frage, inwieweit sich aus der Beschaffenheit von Kommunikationsinhalten gesicherte Rückschlüsse auf soziale Systeme und ihre Subsysteme ableiten lassen.»

Diese Ausführungen zeigen, wie es um die stoffliche Unschuld der Inhaltsanalyse bestellt ist. Die Untersuchung von Nachrichten soll, theoretisch über die verschiedenen Ebenen sprachlicher Zeichen und methodisch über inhaltsunabhängige Klassifikationsschemata vermittelt, Aufschlüsse zulassen über die Nachrichtenproduzenten oder -konsumenten.

Bereits der Ansatzpunkt dieses Vorgehens krankt an der illusionären Vorstellung, es ließen sich die Inhalte der zu untersuchenden (sprachlichen) Nachrichten mit einem inhaltsunabhängigen, d. h. objektiven (sprachlichen) Instrumentarium erfassen und gliedern. Es genügt, einige von Autoren mit unterschiedenen Ausgangspositionen verfaßte Inhaltsanalysen bzw. einige Arbeiten, die in größerem zeitlichen Abstand verfaßt wurden, hinsichtlich ihres kategorialen Inventars zu vergleichen, um feststellen zu können, wie stark die diversen Schemata ebenso voneinander abweichen wie auch sich im Verlauf längerer Zeiteinheiten verändern. Dies nimmt auch wenig wunder, wenn man berücksichtigt, wie sich im Prozeß der Gesellschaftsentwicklung sowohl die realen Verhältnisse als auch die Vorstellungen vom sozialen Leben und schließlich deren sprachlicher Ausdruck entwickeln.

Damit ist bereits das nächste Defizit inhaltsanalytischer Versuche angesprochen. Sie gehen davon aus, ihren Gegenstand auf drei Ebenen erfassen zu müssen: der semantischen, der syntaktischen und der pragmatischen.

Der Vergleich mit der materialistischen Auffassung vom sprachlichen Zeichen zeigt, daß hier offenbar eine Dimension, die sigmatische, fehlt (vgl. 2.3.1)(vgl. Abbildung 23a und 23b). Dabei handelt es sich jedoch keineswegs um bloße Vergeßlichkeit. Vielmehr verbirgt sich hinter der dreidimensionalen Zeichentheorie eine aparte Auffassung des Verhältnisses von Denken, Sprache und Wirklichkeit. Wird nämlich nicht unterschieden zwischen bedeutender semantischer Funktion des Zeichens, die sich aus der Relation von Zeichen und gedanklichen Abbildern der objektiven Realität ergibt und der bezeichnenden sigmatischen Funktion des Zeichens, wie sie der Relation von Zeichen und Objekten der Realität selbst entspringt, so fallen diese beiden Ebenen nicht nur summativ zusammen. Vielmehr führt die nun eindimensional einge-

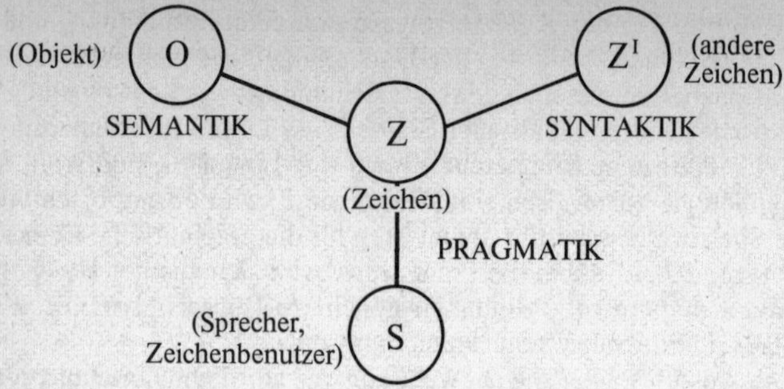

Abbildung 23a: *Die dreidimensionale Zeichentheorie*
(Die dreidimensionale Zeichentheorie leistet einer mechanistischen Interpretation des Verhältnisses von Sprache und Wirklichkeit Vorschub.)

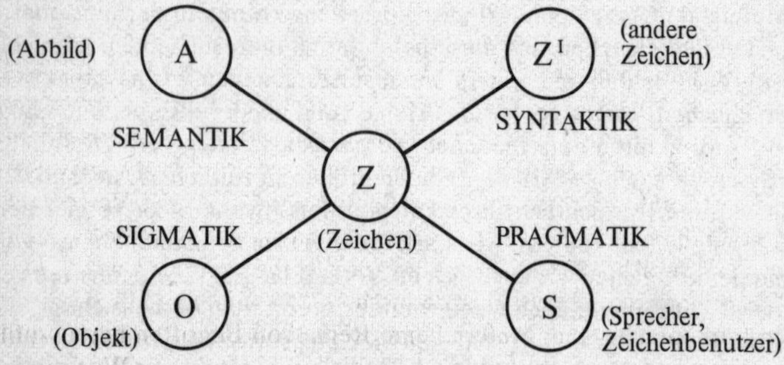

Abbildung 23b: *Die vierdimensionale Zeichentheorie*
(Mit der Unterscheidung von Semantik und Sigmatik kann bei der Interpretation von Texten die Differenz von Sprechen und Denken erfaßt werden.)

schrumpfte Semantik zu Fehlinterpretationen des Verhältnisses sprachlicher Zeichen und bezeichneter Objekte.

Die mangelnde Differenzierung zwischen Sigmatik und Semantik hat eine mechanische Sprachauffassung zur Folge. Dies führt entweder zu relativistischen oder zu universalistischen Analogiebildungen bezüglich der Strukturen von Nachrichten und den Gegenständen und Verhältnissen, von denen sie handeln. Diese Tendenzen zeigen sich vor allem bei einer Reihe vergleichender Sprachbetrachtungen im Rahmen ethnologisch-anthropologischer Forschungen und der Soziolinguistik. So schreibt z. B. Edward Sapir (1884–1939) in seinem Aufsatz «The Status of Linguistics as a Science» (1928; zit. n. Hager u. a.: Soziologie und Linguistik, 1973): «Menschliche Wesen leben nicht allein in der objektiven Welt noch allein in der Welt sozialer Tätigkeit im üblichen Sinne, sondern sind sehr stark in der Gewalt einer bestimmten Sprache, die für ihre Gesellschaft das Ausdrucksmittel geworden ist. Es ist durchaus eine Täuschung, wenn man sich vorstellt, daß man sich der Realität im wesentlichen ohne den Gebrauch der Sprache anpaßt und daß Sprache bloß ein beiläufiges Mittel ist, bestimmte Probleme der Kommunikation und Reflexion zu lösen. Tatsache ist, daß die ‹reale Welt› in großem Maße unbewußt auf den sprachlichen Gewohnheiten der Gruppe aufgebaut ist. ... Die Welten, in denen verschiedene Gesellschaften leben, sind verschiedene Welten.» Nicht relativistisch, sondern universalistisch argumentieren hingegen Matthias Hartig und Ursula Kurz in ihrer Untersuchung «Sprache als soziale Kontrolle» (1971): «Unsere Vorstellung von der Relation zwischen Sozialstruktur und Sprachstruktur geht davon aus, daß die Sozialstruktur und das Sprachverhalten einen analogen strukturellen Aufbau besitzen ... Dieser Ansatz könnte dahin ausgeweitet werden, daß man grundsätzlich das soziale Handeln als Sprachakt betrachtet.»

Der behauptete mechanische Bezug zwischen Sprache und Wirklichkeit führt bei inhaltsanalytischen Operationen zur Herstellung falscher Beziehungen zwischen den Gegenständen bzw. Verhältnissen der objektiven Realität und den sprachlichen Zeichen. Eines der besten Beispiele dafür liefert die u. a. im Rahmen der Propagandaforschung entwickelte Figur des Totalitarismus. Mit ihr wird inhaltsanalytisch der Versuch begründet, die reale Identität oder doch zumindest weitgehende Übereinstimmung der Herrschaftsstrukturen von Kommunismus und Faschismus nachzuweisen. Dies wird dadurch unternommen, daß man versucht, aus sprachlichem Material eine Reihe von Begriffen herauszufiltern, die oder deren Verwendung die Indizierung totalitärer Wortproduzenten zulassen sollen. Hierzu gehört vor allem der Umgang mit einer Reihe von Reizworten des bürgerlichen politischen Lebens wie z. B. dem Begriff des Parlamentarismus. Seine negative Verwendung in Texten faschistischer oder kommunistischer Verfasser läßt die traditionelle Inhaltsanalyse auf letztlich identische totalitäre Ursprünge schließen.

Tatsächlich werden die Argumentationen jedoch aus völlig verschiedenen Quellen gespeist. Die differenzierte Analyse des Parlamentarismus und der Parlamentarismuskritik machen das deutlich. Die faschistische Kritik am Parlamentarismus will die Liquidierung bürgerlicher Errungenschaften legitimieren, wie sie aus feudalen Machtstrukturen herausgebrochen werden mußten und auch der Arbeiterklasse begrenzten Spielraum ließen. Die kommunistische Kritik am Parlamentarismus hingegen setzt an eben solchen Grenzen an und zeigt den Klassencharakter des parlamentarischen Systems auf.

Die Identifizierung solch extrem entgegengesetzter Kritik in der Figur des Totalitarismus wird dadurch zuwege gebracht, daß die Differenz zwischen Sigmatik und Semantik in einen mechanischen Wort-Gegenstands-Bezug umgedeutet wird. Wo ganz unterschiedliche Abbildungen der objektiven Realität sich zu ihrem kommunikativen Ausdruck vergleichbarer sprachlicher Gebilde bedienen, liegen eben weder sigmatische noch semantische Gemeinsamkeiten vor.

5.2.2 Probleme der Warenkunde

Kann die traditionelle Inhaltsanalyse schon allein stofflich ihren Gegenständen nicht gerecht werden, so will sie von deren formationsspezifischer Prägung erst gar nichts wissen. Auch wo sie mit Begriffen wie Beeinflussung, Manipulation u. ä. operiert, bleibt sie im Bereich bloßer Ideologiekritik.

Die gängige Ideologieanalyse massenkommunikativer Bewußtseinsbeeinflussung geht aus vom Begriff der Manipulation. Das Verständnis von «Manipulation» differiert dabei ungeheuer. In der bürgerlichen Kultur- und Kommunikationskritik sind zahlreiche Schattierungen und Möglichkeiten der Verwendung des Manipulationsbegriffs zu finden. Die Palette reicht von der pauschalen Verdächtigung der Kulturindustrie als Produktionsstätte eines umfassenden Verblendungszusammenhangs (vgl. Horkheimer / Adorno) über die Charakterisierung von Manipulation als machtmißbräuchlichen Mechanismus zur unterschwelligen Bewußtseinsbeeinflussung und Ausschaltung kritischer Öffentlichkeit (vgl. Schmidtchen) bis hin zur neutralistischen Verwendung des Begriffs als Handanlegen im wörtlichen Sinne (vgl. Enzensberger).

Allen Definitionen ist dabei gemeinsam, standpunktlos zu sein. Der Manipulationsverdacht richtet sich gegen Vertreter und Institutionen unterschiedlichster politischer Richtung. Er wird nicht politisch-ökonomisch abgeleitet, sondern orientiert sich am bürgerlichen Ideal von «Objektivität». Von ihm ist bekannt, daß es sich nie vollkommen verwirklichen lasse – gehe doch immer subjektives Wollen und Werten in die Gestaltung von Nachrichten ein. Gegen den Vorwurf der Manipulation zeigt sich unter dieser Maxime keiner gefeit. Gerade dadurch aber wird «Manipulation» zum nurmehr moralisch-intentionalen Begriff, der jeglicher analytischen Schärfe entbehrt.

Dagegen hat materialistische Wissenschaft den Begriff der Manipulation objektiv zu fassen. Ein erster Schritt in diese Richtung ist dadurch getan worden, daß «Manipulation» unmittelbar mit den Interessen der Gesellschaftsklassen verbunden wurde. Gemäß dieser Ableitung bedeutet Manipulation, «das Bewußtsein der großen Masse des Volkes entgegen ihren objektiven Interessen den Klasseninteressen der Großbourgeoisie, der imperialistischen Ideologie soweit wie möglich anzupassen. Ohne daß sich die Menschen dessen bewußt werden, sollen sie in ihrem Weltbild, in ihren Denkgewohnheiten, ihren Gefühlsregungen und ästhetischen Urteilen, in ihrer gesamten Lebensweise den reaktionären Klasseninteressen der Imperialisten untergeordnet werden» («Manipulation – Die staatsmonopolistische Bewußtseinsindustrie», 1968). Hier wird «Manipulation» nicht mehr willkürlich verwendet, sondern gerichtet von den Klasseninteressen der Bourgeoisie auf das Bewußtsein des Proletariats. Trotzdem ist aber auch dieser Manipulationsbegriff intentional und nur in zweiter Instanz, nämlich über den Begriff des Interesses, ökonomisch vermittelt.

Zur exakten Fassung des Begriffs der Manipulation muß deswegen noch ein zweiter Schritt getan werden. Die medienwissenschaftlichen Untersuchungen, die ausgehen von der Analyse der Nachricht als Ware, weisen seine Richtung.

In der entwickelten bürgerlichen Gesellschaft findet die Produktion und Verteilung massenhaft kommunizierter Nachrichten unter den Bedingungen der Kapitalverwertung statt. Nachrichten haben daher, wie jede Ware, einen Doppelcharakter. Sie sind Einheit von Gebrauchswert und Tauschwert. Während zwar der Nachrichtenkonsum vom Gebrauchswert und dem Interesse an ihm regiert wird, ist die Nachrichtenproduktion orientiert am Tauschwert.

In eben diesem Zwiespalt liegt Manipulation begründet. Der Nachrichtenproduzent unterliegt den Bedingungen der Profitmaximierung, das Produkt denjenigen der Manipulation. Das genau heißt Manipulation: nicht abhängig zu sein vom guten oder bösen Willen des Kommunikators, sondern objektiven Zwang des gesellschaftlichen Systems der Produktion zu bedeuten. Der kapitalistische Nachrichtenproduzent manipuliert auf jeden Fall, ob bewußt oder nicht. Festgehalten werden muß darum, daß Manipulation kein Begriff intentionalen Charakters ist. «Manipulation» bezeichnet den Warencharakter der Nachricht unter den Bedingungen des Wirtschaftens in der kapitalistischen Gesellschaft.

Damit ist deutlich, daß «Manipulation» und «Bewußtseinsbeeinflussung» Begriffe unterschiedlicher Qualität sind. Manipulation heißt die systembedingte Verstümmelung von Nachrichten. Sie wird verursacht durch die Gesetze der Kapitalverwertung, die auf unterschiedlichen Ebenen wirken und entsprechend verschiedene Auswirkungen haben.

Auf der Ebene der Einzelkapitale findet zunächst die Verwertung der Kommunikationsindustrie, d. h. des Zeitungskapitals, des Filmkapitals usw. statt. Die hier wirkenden materiellen Gesetze haben Auswirkungen auf den Charakter der Nachrichtenware, die ganz unabhängig sind von der jeweiligen ideologischen Position der Kapitaleigner. So führt die wachsende Konzentration und Zentralisation des Kapitals zur Einschränkung der Meinungsvielfalt und Reduktion von Öffentlichkeit. Neben der äußeren Vielfalt von Nachrichten beeinträchtigen Konzentration und Zentralisation des Kapitals auch deren innere Vielschichtigkeit. Dies resultiert in erster Linie aus verstärkter kapitalistischer Rationalisierung des Produktionsprozesses. Deren unmittelbare Folge ist die zunehmende Standardisierung der Nachrichtenwaren. Die «Serie» in Illustrierten, Fernsehen usw. ist beredter Ausdruck dieses Vorgangs.

Neben der Verwertung des kommunikationsindustriellen Kapitals findet auf der Ebene der Einzelkapitale weiter auch ein Realisationsprozeß anderer Kapitale statt. D. h., daß unterschiedliche Kapitale der Maschinenindustrie (z. B. Druckmaschinen), der Elektroindustrie (z. B. Fernsehkameras), der Chemieindustrie (z. B. Filmmaterial) etc. auf dem Kommunikationssektor einen Absatzmarkt für ihre Waren finden. Für den Gesamtprozeß gesellschaftlicher Kommunikation bedeutet das, daß sowohl Produzenten wie Konsumenten von Nachrichten unter dem fortwährenden Druck von Pseudoinnovationen, von konkurrierenden Systemen, von künstlicher Veralterung ihrer Apparaturen u. a. m. stehen.

Auf der Ebene des gesellschaftlichen Gesamtkapitals kommt Manipulation vor allem in der besonderen Doppelstruktur der Ware Nachricht zum Ausdruck. Sie ergibt sich daraus, daß die Nachrichtenware einmal aus einzelkapitalistisch produzierter gesellschaftlicher Information besteht und weiter aus Anzeigenraum, den die Medienkapitale an andere werbungtreibende Kapitale veräußern. Dabei machen heute etwa bei Tageszeitungen die Einnahmen aus Anzeigenerlösen fast drei Viertel der Gesamteinnahmen aus. Die Nachrichtenproduzenten befinden sich also in einer erheblichen Abhängigkeit von den werbungtreibenden Kapitalen. Es kommt dadurch zur Unterordnung des Gebrauchswertanspruches der Nachrichtenkonsumenten unter die Interessen der inserierenden Industrie.

Auf der Ebene des ideellen Gesamtkapitals (Staat) werden schließlich ebenfalls Funktionen gesellschaftlicher Kommunikation wahrgenommen. Im Zusammenhang mit Manipulation ist hier vor allem der ideologische Klassenkampf zu nennen. Je nach den konkreten gesellschaftlichen Verhältnissen, insbesondere der Stärke der verschiedenen Gesellschaftsklassen, ist er unterschiedlich ausgeprägt. Entsprechend unterschiedlich tritt daher Manipulation hier auch in Erscheinung. Am deutlichsten wird sie immer dann, wenn das System der Kapitalverwertung sich in ernsten Schwierigkeiten befindet – als Zensur.

5.3 Produktivkrafttheorie der Kommunikationsmittel

Die Produktivkrafttheorie ist die Lehre von der Entwicklung, Struktur und Funktion des Systems gegenständlicher wie subjektiver Elemente, die den gesellschaftlichen Stoffwechsel mit der Natur ermöglichen und realisieren. Das Produktivkraftsystem einer gegebenen Gesellschaft setzt sich aus zwei Grundbestandteilen zusammen: der Hauptproduktivkraft Mensch und den Produktionsmitteln. Mit beiden und ihren wechselseitigen Verhältnissen hat Produktivkrafttheorie sich daher zu beschäftigen.

Die Produktivkrafttheorie der gesellschaftlichen Kommunikation muß sich entsprechend sowohl mit der Ausprägung und Organisation kommunikativer Fähigkeiten der gesellschaftlichen Individuen als auch mit der Ausprägung und Organisation der sachlichen Gegenstände und Mittel des Kommunikationsprozesses befassen.

Damit ist zunächst besagt, daß die Produktivkrafttheorie der gesellschaftlichen Kommunikation den Zusammenhang der Kommunikation realisierenden Faktoren untersuchen muß. D. h., es lassen sich weder die kommunikativen Kompetenzen der Menschen ohne die von ihnen geschaffenen sachlichen Kommunikationsmittel untersuchen, noch auch kann diesen in Absehung von der Ausprägung subjektiver Kommunikationsfähigkeit entsprochen werden.

Damit ist weiter gesagt, daß sich Produktivkrafttheorie mit solchem, zunächst stofflich erfaßtem Zusammenhang subjektiver wie objektiver Elemente im Prozeß gesellschaftlicher Kommunikation nicht zufriedengeben kann. Vielmehr muß sie ihn in seiner charakteristischen Prägung durch die formationsspezifische Verfassung einer gegebenen Gesellschaft begreifen.

5.3.1 Die traditionelle Medienforschung

Beiden Anforderungen genügt die traditionelle Medienforschung nicht.

Solcher Mangel liegt einerseits darin begründet, daß Überlegungen zum Produktivkraftsystem im Bereich gesellschaftlicher Kommunikation von der traditionellen Kommunikationsforschung ohnehin nur sehr spärlich angestellt worden sind. Der Überblick, den Alphons Silbermann und Udo Michael Krüger in ihrer «Soziologie der Massenkommunikation» über die «Tradition der empirischen Massenkommunikationsforschung» geben, enthält daher bezeichnenderweise auch nur die Abschnitte «Kommunikatorforschung», «Inhaltsforschung» und «Rezipientenforschung». Ein Abschnitt über Medienforschung fehlt.

Neben ihrem generellen Schattendasein krankt die traditionelle Medienforschung andrerseits daran, daß sie ihre Gegenstände ebenso zusammenhanglos wie ungesellschaftlich betrachtet.

Was nun den Vorwurf mangelnden Zusammenhangs anbelangt, so ist er erhärtet nicht nur durch die getrennte Untersuchung subjektiver Kommunikationsfähigkeit und objektiver Kommunikationsmittel. Mehr noch rechtfertigt ihn, daß insbesondere die Untersuchung subjektiver Kommunikationsfähigkeit von der traditionellen Kommunikationswissenschaft weitgehend der Psychologie und der Sprachwissenschaft überantwortet wurde.

Was den Vorwurf mangelnder Gesellschaftlichkeit anbelangt, so zeigt er sich ebenso bei der Beschäftigung mit den subjektiven wie mit den objektiven Elementen des Systems kommunikativer Produktivkräfte.

Auf der subjektiven Seite stehen dabei vor allem die milieubezogenen Theorien des Sprachverhaltens (vgl. 2.3.3). Sie registrieren zwar unterschiedene kommunikative Fähigkeiten der gesellschaftlichen Individuen. Auch machen sie im Unterschied zu biologistischen Ansätzen den Versuch, solche Unterschiede mit sozialen Verhältnissen in Verbindung zu setzen. Dabei entwickeln sie aber keine Vorstellungen des Zusammenhangs von Produktivkräften und Produktionsverhältnissen. Vielmehr entwerfen sie ein Muster sprachlicher Deprivation, d. h. sie interpretieren das Sprachverhalten bestimmter Teile der Bevölkerung als defizitär hinsichtlich herrschender Sprachgewohnheiten.

Auf der objektiven Seite stehen entsprechend technikphilosophische Überlegungen zu den Massenmedien. Die Medien werden entweder als gleichsam neutrale Instanz behandelt, die, von gesellschaftlichen Einflüssen weder berührt noch geformt, bloße Vermittlungsfunktion wahrnimmt und daher gegenüber Nachrichten, Kommunikatoren und Rezipienten allein technische «Sach»zwänge ausüben würde. Oder aber die Medien gelten, als Ausdruck erfinderischer Genialität und individuellen Schöpfertums, ihrerseits als soziale Prozesse verursachend und prägend.

5.3.2 Probleme der Produktivkrafttheorie

Das Verhältnis von Produktivkräften und Produktionsverhältnissen (vgl. allgemein 1.3.1) weist auf dem Gebiet gesellschaftlicher Kommunikation eine Reihe charakteristischer Ausprägungen auf. Sie betreffen sowohl die subjektive wie die objektive Seite des Systems kommunikativer Produktivkräfte.

Die kommunikativen Möglichkeiten der gesellschaftlichen Individuen sind durch den engen Zusammenhang von Denken und Sprechen geprägt. Für beide gibt es allgemeine biologische Grundlagen, die sich sowohl gattungsgeschichtlich ausgeprägt haben wie individualgeschichtlich immer wieder ausgeprägt werden müssen. Die Beschreibung der Entwicklung kommunikativer Fähigkeiten des Menschen muß sich dabei auf eine ganze Reihe unterschiedlicher Faktoren beziehen. Von Bedeutung sind ebenso Schädelbau, Ausbildung von Gesichts- und Halsmuskulatur, Ausbildung eines geschlossenen Gebisses, Kehlkopfstruktur u. a. m. wie auch Kapazität und funktionale Gliederung des Gehirns etc. Mangelnde Entwicklung, Verletzung oder Erkrankung der einen oder anderen dieser Komponenten kann zu pathologischer Sprachtätigkeit führen.

Die biologischen Determinanten des Denkens und Sprechens sind allerdings nur Hintergrund von Problemstellungen zur subjektiven Seite einer Produktivkrafttheorie der gesellschaftlichen Kommunikation. Auf ihm hat sie zu fragen, wie sich die kommunikativen Fähigkeiten der gesellschaftlichen Individuen hinsichtlich ihrer sozialen Stellung, d. h. in Abhängigkeit von den Produktionsverhältnissen entwickeln. Dafür sind mehrere Elemente auf verschiedenen Ebenen maßgeblich.

Von ganz allgemeiner Wichtigkeit ist zunächst die Herausbildung von Sprachgemeinschaften. Sie unterliegt unter gewissen Bedingungen herrschaftlichen Einflüssen. Hierzu ist sowohl die Existenz eigener Herrschaftssprachen zu rechnen (wie etwa des Lateins im europäischen Mittelalter oder der Sprachen der verschiedenen imperialistischen Staaten in kolonialisierten Gebieten) wie aber auch die Dominanz einer Hochsprache gegenüber regionalen Dialekten oder die Ausbildung spezieller Sprachen (wie etwa im Bereich der Wissenschaften). Weiter ist die Regelung des individuellen Zugangs zu den kommunikativen Möglichkeiten von Bedeutung. Hierzu müssen vor allem die gesellschaftlichen Institutionen Familie und Schule gerechnet werden. Die in ihrem Bereich erfolgende Vergesellschaftung zeigt, wie die Verfassung der Produktionsverhältnisse auf die Ausbildung kommunikativer Fähigkeiten der einzelnen gesellschaftlichen Individuen durchschlägt. Schließlich ist auch noch die strukturelle und funktionale Einordnung der kommunikationsfähigen einzelnen im gesellschaftlichen Reproduktionsprozeß zu beachten, also die Frage, inwieweit kommunikative Fähigkeiten entsprechend ihrer Entwicklung im gesellschaftlichen System von Arbeitsteilung und Kooperation eingesetzt werden.

Neben den subjektiven müssen die objektiven kommunikativen Produktivkräfte untersucht werden. Hier zeigt schon ein grober sozialgeschichtlicher Überblick über die Entwicklung der Kommunikationsmittel (vgl. 3.2), wie stark der Einfluß der Produktionsverhältnisse auf diesem Gebiet ist. Eine konkrete Analyse der Massenmedien in der kapitalistischen Gesellschaftsformation macht darüber hinaus deutlich, daß die für den Kapitalismus insgesamt typische herrschaftliche Trennung subjektiver und objektiver Produktivkräfte auch auf dem Gebiet der gesellschaftlichen Kommunikation stattfindet. Noch der qualifizierteste Journalist kann seine Fähigkeiten nur als Lohnarbeiter in einem Medienkonzern anwenden. Was weiter die Verfassung und Entwicklung der Massenmedien angeht, so wird sie geprägt durch die Verwertungsgesetze des Kapitals.

Die Produktionsverhältnisse der kapitalistischen Gesellschaftsformation begrenzen den Entfaltungsspielraum der kommunikativen Produktivkräfte. Dies gilt im Bereich der subjektiven Möglichkeiten; hier wirkt sich bereits der Klassencharakter der Erziehungsinstitutionen auf die Entwicklung kommunikativer Fähigkeiten aus; hier entzieht weiter kapitalistisch organisierte Arbeitsteilung der lebendigen Arbeit fortlaufend kommunikative Kompetenzen im Bereich der unmittelbaren Produktion. Dies gilt im Bereich der objektiven Kommunikationsmittel; hier verhindern kapitalistische Eigentumsverhältnisse und Verfügungsgewalt den Zugang zu den Bedingungen massenhafter Nachrichtenherstellung.

Hierin wird deutlich, daß der von der traditionellen Medienforschung immer wieder beklagte Einwegcharakter der Massenkommunikation tatsächlich eine ideologische Konstruktion ist. Sie geht davon aus, es verliefen massenkommunikative Prozesse lediglich in einer Richtung. Im Unterschied zur Kommunikation zwischen einzelnen Individuen, bei der jeder Beteiligte wechselweise Sender und Empfänger sein kann, wären im Massenkommunikationsprozeß diese Positionen festgelegt. Dies sei in erster Linie ein technisches Problem. Seine Ursachen finde es darin, daß Massenkommunikation einen umfangreichen Apparat (Druckanlagen, Sendeanlagen, etc.) verlange, der nicht für jeden einzelnen bereitgestellt werden könne. Eine gewisse Hilflosigkeit und Passivität der Rezipienten sei deswegen zwar einerseits beklagenswert. Andrerseits entspringe sie aber technischem Zwang. Entsprechend sei Abhilfe auch nur durch neue Technologie zu erwarten. Insbesondere der Kabelfunk soll den Rezipienten bescheren, was ihnen bislang unmöglich war: aktive Teilhabe am Prozeß massenhafter gesellschaftlicher Kommunikation.

Gegen diese technizistische Kommunikationsutopie bzw. -ideologie bedarf es keiner Projektion möglicher besserer Verhältnisse. Sowohl Vergangenheit wie Gegenwart zeigen vielmehr, wie Massenkommunikation tatsächlich gesellschaftlich organisiert werden kann. Solche Beispiele entspringen aber gerade nicht den Entwicklungslaboren der Medienkonzerne, sondern werden von den Versuchen der Arbeiterklasse gegeben, in den sozialen Kämpfen gleichzeitig Waffen und Alternativen gegen die und zu den Kommunikationsapparate(n) der Bourgeoisie zu entwickeln. Betriebszeitungen wie Arbeiterfotografie, Arbeiterradiobewegung wie die Bewegung der Arbeiterkorrespondenten usw. zeigen, daß Einwegkommunikation kein technisches Problem ist. Sie ist vielmehr Ausdruck der herrschaftlichen Verfassung kommunikativer Produktivkräfte.

5.4 Gesellschaftliche Psychologie der Rezipienten

Die Gesellschaftliche Psychologie ist die Lehre von den Überzeugungen und Gewohnheiten der gesellschaftlichen Individuen. Sie unterscheidet diese in ihrer grundlegenden Prägung durch die sozial-strukturelle Differenzierung der Gesellschaft.

Die Gesellschaftliche Psychologie der gesellschaftlichen Kommunikation beschäftigt sich entsprechend mit der Lebensweise der Individuen im Hinblick auf deren Umgang mit massenhaft kommunizierten Nachrichten.

Damit ist zunächst besagt, daß die Gesellschaftliche Psychologie der Rezipienten sich mit diesen nicht individualpsychologisch befaßt. Sie untersucht mithin nicht, welche charakteristischen Merkmale die gesellschaftlichen Individuen in ihrer Einzigartigkeit auszeichnen, vielmehr muß sie fragen, welche sozialen Bedingungen welche besonderen Individualitäten hervorbringen.

Damit ist weiter besagt, daß die Gesellschaftliche Psychologie der Rezipienten sich bei diesen Fragen sowohl auf die komplexe Analyse von Überzeugungen und Wertvorstellungen, wie aber auch von Gewohnheiten und Emotionen einlassen muß, wie sie weiter auch die vielschichtige Strukturierung des Bewußtseins zu beachten hat.

5.4.1 Die traditionelle Rezipientenforschung

Hinsichtlich der Aufgabenstellung der traditionellen Rezipientenforschung lassen sich nach Meinung von Alphons Silbermann und Udo Michael Krüger («Soziologie der Massenkommunikation») «im wesentlichen drei Forschungsbereiche voneinander abgrenzen: 1. Die Erforschung der sozio-demographischen Struktur des Publikums sowie der Attitüden und Verhaltensweisen des Rezipienten im Zusammenhang mit der Nutzung von Massenmedien und der Selektion von Kommunikationsinhalten. 2. Die Erforschung des Diffusionsprozesses von Kommunikationsinhalten. 3. Die Erforschung der Wirkungen von Massenkommunikation».

Diese Aufzählung macht bereits deutlich, auf welcher Folie die bürgerliche Kommunikationswissenschaft in der Regel den Rezipienten im Prozeß massenhaft kommunizierter Nachrichten behandelt. Er ist Ziel gerichteten Nachrichtenflusses. Dieser wirkt auf ihn ein und ruft Wirkungen hervor, welche einerseits von seinen schon vorhandenen Attitüden und Verhaltensweisen abhängig sind, diese aber auch beeinflussen.

Der vorgeblich soziologische Charakter solch analytischen Vorgehens zeigt sich schon hier als Versuch, soziale auf psychologische Tatbestände zurückzuführen. Gefragt wird nach in den einzelnen Individuen begründeten Attitüden und Verhaltensweisen und nicht nach den Beziehungen zwischen den gesellschaftlichen Individuen. Letztere machen aber gerade deren Gesellschaftlichkeit aus.

Am Beispiel des Klassenverhältnisses in der bürgerlichen Gesellschaft wird deutlich, daß das soziale Verhältnis der Individuen jenes von Lohnarbeit und Kapital ist. Seinen sozialen Beziehungen nach verhält sich der einzelne Arbeiter als gleicher zu anderen Arbeitern und befindet sich im Widerspruch zum Kapital bzw. zu den Kapitalisten. Dabei ist er aber nicht Arbeiter, weil an ihm bestimmte psychische Merkmale diagnostiziert werden könnten. Nicht seine Gefühle, Empfindungen, Gedanken etc. machen ihn zum Arbeiter, sondern Arbeiter ist er, weil er gezwungen ist, seine Arbeitskraft gegen Lohn zu verkaufen. Sein sozialer Status ist objektiv und nicht durch psychische Faktoren hervorgerufen. Diese werden vielmehr durch jenen wesentlich bestimmt. Sie sind also grundlegend klassenspezifisch charakterisiert.

Wie die traditionelle Rezipientenforschung den Klassencharakter gesellschaftlicher Kommunikation verdrängt, wird auch an einer ihrer zentralsten Figuren, dem sogenannten opinion leader oder Meinungsführer deutlich. Sie wurde zunächst im Konzept des «two-step flow of communication» angesiedelt. Dieser Zwei-Stufen-Weg der Kommunikation war ein Modell, nach dem massenhaft kommunizierte Nachrichten auf ihrem Weg vom Sender zum Empfänger nicht isoliert auf die große Masse der Rezipienten stoße, sondern diese vielmehr vermittelt über die Meinungsführer erreiche (vgl. Abbildung 24).

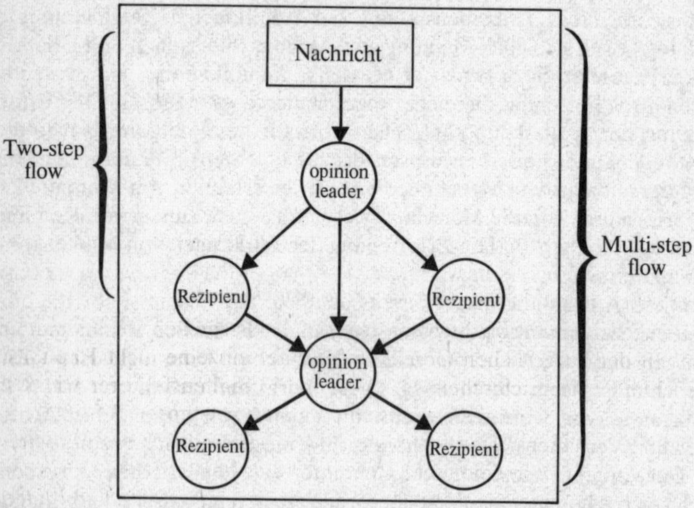

Abbildung 24: *Das opinion leader-Konzept*
(Mit der Figur des opinion leaders macht die traditionelle Kommunikationsforschung einen weiteren Versuch, die ökonomische Formbestimmtheit des Kommunikationsprozesses zu psychologisieren.)

Die ideologische Substanz dieser Konstruktion wurde nicht erweicht durch zahlreiche Untersuchungen, die das zweistufige Modell des Kommunikationsflusses zugunsten eines mehr- bzw. vielstufigen Modells verwarfen. Die starke Position der angenommenen opinion leaders wird so zwar aufgehoben. Die auf der Rezipientenseite am Prozeß massenhafter Kommunikation beteiligten gesellschaftlichen Individuen geraten in die weitgehend gemeinsame Position von opinion sharers. Wird so auch der Meinungsführer durch den Meinungsteil(hab)er ersetzt, bleibt beiden doch als ideologischer Rückhalt gemein, die jeweils typische soziale Prägung von Kommunikation – wie sie sich in der bürgerlichen Gesellschaft für den Kommunikator in den Gesetzen der Kapitalverwertung, für die Nachricht in den Ausflüssen kapitalistischer Warenproduktion, für die Massenmedien in ihrer Kapitalfunktion und für die Rezipienten in ihrer Klassenlage zeigt – zugunsten psychologischer, zwischenmenschlicher (was in diesem Kontext immer zu lesen ist wie allgemeinmenschlicher) Momente zu verwerfen.

Die damit bezweckte Beweisführung liegt auf der Hand. Der Klassencharakter massenhafter gesellschaftlicher Kommunikation, wie er in den frühen Theorien von der Macht und Beeinflussungskraft der Medien wenn auch technizistisch gewendet und verbrämt immer noch durchschien, soll im komplexen Netz kommunikativer Beziehungen untergehen.

5.4.2 Probleme der Gesellschaftlichen Psychologie

Die Gesellschaftliche Psychologie der Rezipienten untersucht deren Situation nicht als einzelne, sondern als besondere. Sie wird damit dem Umstand gerecht, daß Gesellschaft weder die Summe individueller Verhaltensweisen ist, noch aber auch als abstraktes Wertsystem begriffen werden kann, dem die Menschen milieuhaft sich anzupassen hätten. Ihre sozialen Verhältnisse resultieren vielmehr allererst aus den materiellen Beziehungen, die die Menschen zur Produktion ihres Lebens miteinander eingehen müssen.

Ihre soziale Individualität erwächst ihnen aus eben diesen Verhältnissen. In der bürgerlichen Gesellschaft ist der einzelne nicht Kapitalist, weil eine Reihe psychischer Merkmale und Verhaltensfaktoren wie Risikobereitschaft, Unternehmerinitiative, Leistungsethos, Profitinteresse usw. ihn persönlich dazu befähigten. Nämliches gilt für den Arbeiter. Kapitalist oder Lohnarbeiter zu sein sind vielmehr besondere soziale Bestimmungen der gesellschaftlichen Individuen, wie sie sich unmittelbar aus den Produktionsverhältnissen ergeben.

Zwischen dem Allgemeinen der Gesellschaft und dem Einzelnen der Individuen vermittelt das Besondere der Klassen. Der Gesellschaftlichen Psychologie muß es daher darauf ankommen, sozial typische, d. h. klassenspezifische Tatbestände und Zusammenhänge im Prozeß massenhafter Kommunikation herauszuarbeiten.

Dabei ist zunächst wichtig, daß sie dem in gesellschaftlicher Kommunikation zum Ausdruck kommenden engen Zusammenhang von Denken und Sprechen gerecht wird. Deutlich gemacht werden muß, wie die Komplexität des materiellen Lebens in differenzierten Bewußtseinselementen zum Ausdruck kommt (vgl. Abbildung 25).

Grundsätzlich lassen sich zwei verschiedene Bewußtseinsebenen unterscheiden: Massenbewußtsein und spezielles Bewußtsein. Massenbe-

Ebenen des Bewußtseins / Arten des Bewußtseins	Erkennendes Bewußtsein	Wertendes Bewußtsein
Spezielles Bewußtsein (theoretisches Bewußtsein)	Wissenschaftliches Bewußtsein Widerspiegelung der objektiven Realität in Form von Gesetzmäßigkeiten Erkenntnis, orientiert an der Wahrheit	Ideologisches Bewußtsein Widerspiegelung der objektiven Realität durch das Prisma von Interessen Wertung, orientiert am Klassenstandpunkt
Massenbewußtsein (Alltagsbewußtsein)	Empirisches Bewußtsein Widerspiegelung der objektiven Realität in ihrer praktischen Aneignung Erfahrung, orientiert am Erfolg	Gesellschaftliche Psychologie Widerspiegelung der objektiven Realität in ihrer Prägung durch das soziale Milieu Überzeugung, orientiert an der Lebensweise

Abbildung 25: *Arten und Ebenen des Bewußtseins*
(Eine differenzierte Betrachtung des Bewußtseins ermöglicht die Analyse der Bedeutung kommunikativer Prozesse für die Verfassung gesellschaftlichen Bewußtseins.)

wußtsein konstituiert sich durch den, in dem und für den unmittelbaren materiellen Lebensprozeß der gesellschaftlichen Individuen. Es kann daher auch als Alltagsbewußtsein bezeichnet werden, Die Differenz zwischen ihm und speziellem Bewußtsein verdankt sich der besonderen Organisation des Erkenntnisprozesses, in dem sinnliche und rationale Elemente vermittelt werden (vgl. 2.3.1). Diese Vermittlung erfolgt jedoch nicht automatisch, sondern bedarf erkenntnistätiger Anstrengung. Auf der Ebene des Massenbewußtseins orientiert diese sich weitgehend an der alltäglichen Erfahrung. Um systematische und gesetzmäßige Erkenntnis geht es dagegen auf der Ebene des speziellen Bewußtseins. Es kann daher auch als theoretisches Bewußtsein bezeichnet werden.

Mit der Unterscheidung von speziellem und Massenbewußtsein ist die Differenzierung des Bewußtseins allerdings noch nicht hinreichend erfaßt. Zusätzlich zu den Ebenen des Bewußtseins muß auch die Art und Weise berücksichtigt werden, auf die es sich die objektive Realität aneignet. Dabei lassen sich grundsätzlich zwei Arten des Bewußtseins unterscheiden: erkennendes Bewußtsein und wertendes Bewußtsein. Als erkennendes vermittelt Bewußtsein Einsichten über Gegenstände und in Verhältnisse der objektiven Realität, als wertendes Bewußtsein vermittelt es diese Einsichten mit der jeweils besonderen sozialen Position des erkennenden Subjekts.

Selbstverständlich ist, daß die mit der Differenzierung von Arten und Ebenen des Bewußtseins analytisch gewonnenen Elemente bei den gesellschaftlichen Individuen nie vereinzelt vorkommen – und zwar weder strukturell, also etwa eine isolierte Ebene oder Art des Bewußtseins, noch funktional, also etwa je nach Gegenstand und Situation in unterschiedlicher zeitlicher Abfolge. Tatsächlich sind in konkreten Bewußtwerdungsprozessen immer alle Bewußtseinsformen vorhanden. Analytisch lassen sie sich jedoch trennen, so daß je nach Art und Ebene vier Formen des Bewußtseins beschrieben werden können, das wissenschaftliche Bewußtsein, das empirische Bewußtsein, das ideologische Bewußtsein und die gesellschaftliche Psychologie. Während wissenschaftliches und empirisches Bewußtsein von ihrer Art her beide erkennendes Bewußtsein sind, allerdings auf den unterschiedlichen Ebenen der Alltagserkenntnis und der theoretischen Erkenntnis angesiedelt, sind ideologisches Bewußtsein und gesellschaftliche Psychologie beide wertendes Bewußtsein, wobei die Ideologie als theoretisches Bewußtsein systematische Bewertungen vornimmt, während die gesellschaftliche Psychologie als Alltagsbewußtsein Bewertungen vornehmlich in Form von Gewohnheiten, Überzeugungen usw. zum Ausdruck bringt.

Als wertendes Massenbewußtsein liefert die gesellschaftliche Psychologie den bewußtseinsmäßigen Hintergrund für den Lebensprozeß der Menschen. A. K. Uledow begründet diese Auffassung in seiner Untersuchung über «Die Struktur des gesellschaftlichen Bewußtseins» (1968; deutsch 1972). Er weist darauf hin, daß die gesellschaftliche Psychologie einerseits gegliedert werden kann in ihre mehr beständigen Elemente wie Traditionen, Bräuche, soziale Gewohnheiten etc., ihre eher beweglichen und veränderlichen Elemente wie soziale Empfindungen und Stimmungen und in ihre durch unmittelbaren sozialen Gruppenkontakt hervorgerufenen Elemente wie Moden etc. Daneben wird andererseits noch ein weiteres Moment angesprochen: «Zur gesellschaftlichen Psychologie gehören unserer Ansicht nach auch politische, rechtliche, sittliche und andere Ideen und Vorstellungen, allerdings nicht in der Form von Theorien und Systemen von Anschauungen, wie es in der Ideologie der Fall ist, sondern hauptsächlich in der Form von Überzeugungen, Glaubensrichtungen und sozialen Rudimenten bei der Wahrnehmung der Wirklichkeit und der Einstellung zu ihr. Während wir in der Ideologie Ideen und Anschauungen vor allem nach ihrem Inhalt unterscheiden, haben wir es in der gesellschaftlichen Psychologie mit Überzeugungen von Menschen (ganzen Gruppen und Klassen) zu tun, d. h. damit, wie weit die Ideen und Anschauungen, die im Prozeß der ideologischen Arbeit unter den Massen verbreitet wurden, deren Bewußtsein erfaßt haben und zu Verhaltensstimuli geworden sind. Dabei ist es unerläßlich, auch die inhaltliche Seite der Ideen und Anschauungen zu berücksichtigen. Aber die Hauptsache ist hier deren Aneignung, die Frage, ob sie zu tiefen Überzeugungen geworden sind oder nicht, wie sie im Handeln in Erscheinung treten, erlebt werden, sich in Gewohnheiten und Traditionen festigen usw. Den Grundinhalt der gesellschaftlichen Psychologie bilden die Überzeugungen der sozialen Gruppen, Klassen und anderen Gemeinschaften von Menschen.»

Beim Zustandekommen der sozialen Gruppen und Klassen kommt in der entwickelten bürgerlichen Gesellschaft dem Prozeß massenhafter Kommunikation zentrale Bedeutung zu. Sie läßt sich allerdings mit einem verkürzten Begriff der Wirkung nicht erfassen. Die Gesellschaftliche Psychologie muß vielmehr das gesetzmäßige Zusammenwirken unterschiedener Faktoren erfassen.

Hierzu gehört vor allem die Prägung des Bewußtseins als gesellschaftliche Psychologie durch die den Individuen aus ihren sozialen Verhältnissen und ihrem sozialen Lebensprozeß unmittelbar erwachsenden Anschauungen. Hierzu gehören weiter ebenso die Einflüsse des Bewußtseins einer Gesellschaftsklasse als Ideologie auf das Bewußtsein der anderen Klassen bzw. sozialen Gruppen als gesellschaftliche Psychologie.

Eben dieser Zusammenhang geht in der traditionellen Rezipientenforschung unter. Sei es nun das Meinungsführer- oder das Meinungsteil(hab)erkonzept – in beiden Fällen werden sowohl die soziale Bedeutung des Prozesses massenhaft kommunizierter Nachrichten als auch dessen besonderer Zusammenhang mit den übrigen Kommunikationsaktivitäten der gesellschaftlichen Individuen im besonderen und ihrem sozialen Lebensprozeß im allgemeinen nicht zutreffend erfaßt. Die Gesellschaftliche Psychologie dagegen macht deutlich, daß massenhafter Kommunikation weder die Funktion zukommt, den Gesellschaftsmitgliedern ein von ihren Erfahrungen ganz unabhängiges, einheitliches und falsches Bewußtsein zu oktroyieren, noch aber auch, daß massenhafte Kommunikation weitgehend einflußlos lediglich Verstärkerfunktionen ohnehin schon vorhandener Einstellungen wahrnimmt. Vielmehr ist mit ihr ein Vorgang gegeben, in dem Ideologie und gesellschaftliche Psychologie unterschiedlicher Gesellschaftsklassen aufeinandertreffen.

IV. Arbeitsbuch zur Kommunikationssoziologie

1. Grundlagen einer materialistischen Analyse gesellschaftlicher Kommunikation

Die beiden Problembereiche, denen sich jede Wissenschaft vordringlich zu stellen hat, sind Epistemologie und Methodologie.

Die Epistemologie oder Erkenntnistheorie beschäftigt sich mit der Möglichkeit und den grundlegenden Gesetzmäßigkeiten der Erkenntnis. Die Methodologie oder Methodenlehre beschäftigt sich mit den Verfahren zur Herstellung von Erkenntnissen.

Im folgenden sollen Materialien zu den zentralen epistemologischen und methodologischen Kategorien des historisch-dialektischen Materialismus ausgebreitet werden. Eingegangen wird dabei im Abschnitt 1.1 auf Probleme der Dialektik, im Abschnitt 1.2 auf die Bedeutung der Arbeit für die menschliche Gesellschaft und im Abschnitt 1.3 auf die grundlegenden Elemente und Beziehungen des sozialen Systems.

1.1 Dialektik als Bewegungsgesetz

1.1.1 Die Grundfrage der Philosophie: Idealismus oder Materialismus

Die Grundfrage der Philosophie ist nach Auffassung des historisch-dialektischen Materialismus die Frage nach dem Verhältnis von Materiellem und Ideellem. **F. Engels** hat sie in seiner Arbeit **‹Ludwig Feuerbach und der Ausgang der klassischen deutschen Philosophie›** (In: Marx/Engels Werke [MEW], Bd. 21, Berlin 1962, S. 274–275 [gekürzt]), folgendermaßen beantwortet:

«Die große Grundfrage aller, speziell neueren Philosophie ist die nach dem Verhältnis von Denken und Sein. Seit der sehr frühen Zeit, wo die Menschen, noch in gänzlicher Unwissenheit über ihren eigenen Körperbau und angeregt durch Traumerscheinungen, auf die Vorstellung kamen, ihr Denken und Empfinden sei nicht eine Tätigkeit des Körpers, sondern einer besonderen, in diesem Körper wohnenden und ihn beim Tode verlassenden Seele – seit dieser Zeit mußten sie über das Verhältnis dieser Seele zur äußern Welt sich Gedanken machen. ... Nicht das religiöse Trostbedürfnis, sondern die aus gleich allgemeiner Beschränktheit hervorwachsende Verlegenheit, was mit der einmal angenommenen Seele, nach dem Tod des Körpers, anzufangen, führte allgemein zu der langweiligen Einbildung von der persönlichen Unsterblichkeit. Auf ganz ähnlichem Weg entstanden, durch Personifikation der Naturmächte, die ersten Götter, die in der weitern Ausbildung der Religionen eine mehr und mehr außerweltliche Gestalt annahmen, bis endlich durch einen im Verlauf der geistigen Entwicklung sich naturgemäß einstellenden Abstraktions-, ich möchte fast sagen Destillationsprozeß aus den vielen, mehr oder minder beschränkten und sich gegenseitig beschränkenden Göttern die Vorstellung von dem einen ausschließlichen Gott der monotheistischen Religionen in den Köpfen der Menschen entstand.

Die Frage nach dem Verhältnis des Denkens zum Sein, des Geistes zur Natur, die höchste Frage der gesamten Philosophie hat also, nicht minder als alle Religion, ihre Wurzel in den bornierten *(beschränkten) und unwissenden Vorstellungen des Wildheitszustands. Aber in ihrer vollen Schärfe konnte sie erst gestellt werden, ihre ganze Bedeutung konnte sie erst erlangen, als die europäische Menschheit aus dem langen Winterschlaf des christlichen Mittelalters erwachte. Die Frage nach der Stellung des Denkens zum Sein, ... die Frage: Was ist das Ursprüngliche, der Geist oder die Natur? – diese Frage spitzte sich, der Kirche gegenüber, dahin zu: Hat Gott die Welt erschaffen, oder ist die Welt von Ewigkeit da?

Je nachdem diese Frage so oder so beantwortet wurde, spalteten sich die Philosophen in zwei große Lager. Diejenigen, die die Ursprünglichkeit des Geistes gegenüber der Natur behaupteten, also in letzter Instanz eine Weltschöpfung irgendeiner Art annahmen ..., bildeten das Lager des Idealismus. Die andern, die die Natur als das Ursprüngliche ansahen, gehören zu den verschiednen Schulen des Materialismus.»

(*Zusatz:* In der Vielfalt philosophisch-weltanschaulicher Systeme, so demonstriert F. Engels hier, sind demnach allein jene beiden Standpunkte vertreten. Diese Einsicht hat bereits **Platon** [427 v. u. Z. – 347 v. u. Z.] im ‹**Sophistes**› [in: Platon, Sämtliche Werke, Bd. 4, o. O., o. J., S. 218] formuliert:

«FREMDER: Die nun, welche sich so genau einlassen über das Seiende und Nichtseiende, haben wir ganz zwar noch gar nicht durchgenommen. Doch es sei schon genug. Aber die sich anders erklären, müssen wir nun auch in Betrachtung ziehen, um an allen zu sehen, daß es um nichts leichter ist, das Seiende als das Nichtseiende zu erklären, was es *ist*.
THEAITETOS: So laß uns denn auch an diese gehn.
FREMDER: Zwischen diesen scheint mir nun ein wahrer Riesenkrieg zu sein wegen ihrer Uneinigkeit untereinander über das Sein.
THEAITETOS: Wieso?
FREMDER: Die einen ziehen alles aus dem Himmel und dem Unsichtbaren auf die Erde herab, mit ihren Händen buchstäblich Felsen und Eichen umklammernd. Denn an alles dergleichen halten sie sich und behaupten, das allein *sei*, woran man sich stoßen und was man betasten könne, indem sie Körper und Sein für einerlei erklären; und wenn von den andern einer sagt, es *sei* auch etwas, was keinen Leib habe, achten sie darauf ganz und gar nicht und wollen nichts anderes hören.

THEAITETOS: Ja, arge Leute sind das, von denen du sprichst, denn ich bin auch schon auf mehrere solche getroffen.
FREMDER: Daher auch die gegen sie Streitenden sich gar vorsichtig von oben herab aus dem Unsichtbaren verteidigen und behaupten, gewisse denkbare und unkörperliche Ideen wären das wahre Sein, die Körper jener aber und was sie das Wahre nennen, stoßen sie ganz klein in ihren Reden und schreiben ihnen statt des Seins nur ein bewegliches Werden zu. Zwischen ihnen aber, o Theaitetos, ist hierüber ein unermeßliches Schlachtgetümmel immerwährend.»)

Daß die Grundfrage der Philosophie noch einen weiteren wesentlichen Aspekt beeinhaltet, macht **F. Engels** in seinen anschließenden Überlegungen in **‹Ludwig Feuerbach und der Ausgang der klassischen deutschen Philosophie›**, a. a. O., S. 275–277 (gekürzt), deutlich:

«Die Frage nach dem Verhältnis von Denken und Sein hat aber noch eine andre Seite: Wie verhalten sich unsere Gedanken über die uns umgebende Welt zu dieser Welt selbst? Ist unser Denken imstande, die wirkliche Welt zu erkennen, vermögen wir in unsern Vorstellungen und Begriffen von der wirklichen Welt ein richtiges Spiegelbild der Wirklichkeit zu erzeugen? Diese Frage heißt in der philosophischen Sprache die Frage nach der Identität von Denken und Sein und wird von der weitaus größten Zahl der Philosophen bejaht. ...

Daneben gibt es aber noch eine Reihe andrer Philosophen, die die Möglichkeit einer Erkenntnis der Welt oder doch einer erschöpfenden Erkenntnis bestreiten. Zu ihnen gehören unter den neueren Hume und Kant, und sie haben eine sehr bedeutende Rolle in der philosophischen Entwicklung gespielt. ... Die schlagendste Widerlegung dieser wie aller andern philosophischen Schrullen ist die Praxis, nämlich das Experiment und die Industrie. Wenn wir die Richtigkeit unsrer Auffassung eines Naturvorgangs beweisen können, indem wir ihn selbst machen, ihn aus seinen Bedingungen erzeugen, ihn obendrein unsern Zwecken dienstbar werden lassen, so ist es mit dem Kantschen unfaßbaren «Ding an sich» zu Ende. ...

Die Philosophen wurden aber in dieser langen Periode von Descartes *(1596–1650) bis Hegel *(1770–1831) und von Hobbes *(1588–1679) bis Feuerbach *(1804–1872) keineswegs, wie sie glaubten, allein durch die Kraft des reinen Gedankens vorangetrieben. Im Gegenteil. Was sie in Wahrheit vorantrieb, das war namentlich der gewaltige und immer schneller voranstürmende Fortschritt der Naturwissenschaft und der Industrie. Bei den Materialisten zeigte sich dies schon auf der Oberfläche, aber auch die idealistischen Systeme erfüllten sich mehr und mehr mit materialistischem Inhalt und suchten den Gegensatz von Geist und Materie pantheistisch zu versöhnen; so daß schließlich das Hegelsche System nur einen nach Methode und Inhalt idealistisch auf den Kopf gestellten Materialismus repräsentiert.»

(*Zusatz*: Daß die Wirklichkeit erkennbar sei, wird von einer Reihe philosophischer Anschauungen bestritten. Sie werden vom historisch-dialektischen Materialismus unter dem Begriff des Agnostizismus zusammengefaßt. Dem Agnostizismus entgegengesetzt sind jene philosophischen Anschauungen, die von der prinzipiellen Erkennbarkeit der Realität ausgehen.

In seinen obigen Ausführungen bezieht sich F. Engels auf den englischen Philosophen David Hume [1711–1776] und den deutschen Philosophen Immanuel Kant [1724–1804], die beide von den Empfindungen als dem empirischen Material der Erkenntnis ausgehen. Während D. Hume die Frage nach der Realität der Außenwelt für unlösbar hält, heißt es bei **I. Kant** in dessen ‹**Prolegomena zu einer jeden künftigen Metaphysik, die als Wissenschaft wird auftreten können**› [In: Ders., Werke, Bd. 5, Darmstadt 1968, S. 151–152]:

«Alles, was uns als Gegenstand gegeben werden soll, muß uns in der Anschauung gegeben werden. Alle unsere Anschauung geschieht aber nur vermittelst der Sinne; der Verstand schauet nichts an, sondern reflektiert nur. Da nun die Sinne nach dem jetzt Erwiesenen uns niemals und in keinem einzigen Stück die Dinge an sich selbst, sondern nur ihre Erscheinungen zu erkennen geben, diese aber bloße Vorstellungen der Sinnlichkeit sind, ‹so müssen auch alle Körper mit samt dem Raume, darin sie sich befinden, vor nichts als bloße Vorstellungen in uns gehalten werden, und existieren nirgend anders, als bloß in unsern Gedanken›. Ist dieses nun nicht der offenbare Idealismus?

Der Idealismus besteht in der Behauptung, daß es keine andere als denkende Wesen gebe, die übrige Dinge, die wir in der Anschauung wahrzunehmen glauben, wären nur Vorstellungen in den denkenden Wesen, denen in der Tat kein außerhalb diesen befindlicher Gegenstand korrespondierete. Ich dagegen sage: es sind uns Dinge als außer uns befindliche Gegenstände unserer Sinne gegeben, allein von dem, was sie an sich selbst sein mögen, wissen wir nichts, sondern kennen nur ihre Erscheinungen, d. i. die Vorstellungen, die sie in uns wirken, indem sie unsere Sinne affizieren *(reizen). Demnach gestehe ich allerdings, daß es außer uns Körper gebe, d. i. Dinge, die, obzwar nach dem, was sie an sich selbst sein mögen, uns gänzlich unbekannt, wir durch die Vorstellungen kennen, welche ihr Einfluß auf unsre Sinnlichkeit uns verschafft, und denen wir die Benennung eines Körpers geben, welches Wort also bloß die Erscheinung jenes uns unbekannten, aber nichts desto weniger wirklichen Gegenstandes bedeutet. Kann man dieses wohl Idealismus nennen? Es ist ja gerade das Gegenteil davon.»)

Die beiden Hauptrichtungen der Philosophie bilden indessen nur die gemeinsame Basis für eine Vielzahl unterschiedlicher Entwicklungslinien innerhalb des Idealismus ebenso wie des Materialismus. **F. Engels** diskutiert in ‹**Ludwig Feuerbach und der Ausgang der klassischen deutschen Philosophie**›, a. a. O., S. 278–279 (gekürzt), die Fehler und Grenzen des *mechanischen* Materialismus. Jener faßt die objektive Realität als unbewegte, nicht in Entwicklung begriffene Erscheinung:

«Aber wie der Idealismus eine Reihe von Entwicklungsstufen durchlief, so auch der Materialismus. Mit jeder epochemachenden Entdeckung schon auf naturwissenschaftlichem Gebiet muß er seine Form ändern; und seitdem auch die Geschichte der materialistischen Behandlung unterworfen, eröffnet sich auch hier eine neue Bahn der Entwicklung.

Der Materialismus des vorigen Jahrhunderts war vorwiegend mechanisch, weil von allen Naturwissenschaften damals nur die Mechanik, und zwar auch nur die der – himmlischen und irdischen – festen Körper, kurz, die Mechanik der Schwere, zu einem gewissen Abschluß gekommen war. Die Chemie existierte nur erst in ihrer kindlichen, phlogistischen *(Phlogistontheorie: Auf G. E. Stahl [1660–1734] zurückgehende Theorie der Verbrennung, wonach brennbare Körper Phlogiston enthielten, das sie während der Verbrennung an die Luft abgäben.) Gestalt. Die Biologie lag noch in den Windeln; der pflanzliche und tierische Organismus war nur im groben untersucht und wurde aus rein mechanischen Ursachen erklärt; wie dem Descartes das Tier, war den Materialisten des 18. Jahrhunderts der Mensch eine Maschine. Diese ausschließliche Anwendung des Maßstabs der Mechanik auf Vorgänge, die chemischer und organischer Natur sind und bei denen die mechanischen Gesetze zwar auch gelten, aber von andern, höhern Gesetzen in den Hintergrund gedrängt werden, bildet die eine spezifische, aber ihrer Zeit unvermeidliche Beschränktheit des klassischen französischen Materialismus.

Die zweite spezifische Beschränktheit dieses Materialismus bestand in seiner Unfähigkeit, die Welt als einen Prozeß, als einen in einer geschichtlichen Fortbildung begriffenen Stoff aufzufassen. Dies entsprach dem damaligen Stand der Naturwissenschaft und der damit zusammenhängenden metaphysischen, d. h. antidialektischen Weise des Philosophierens. Die Natur, das wußte man, war in ewiger Bewegung begriffen. Aber diese Bewegung drehte sich nach damaliger Vorstellung ebenso ewig im Kreise und kam daher nie vom Fleck; sie erzeugte immer wieder dieselben Ergebnisse. Diese Vorstellung war damals unvermeidlich. ...

Dieselbe unhistorische Auffassung galt auch auf dem Gebiet der Geschichte. Hier hielt der Kampf gegen die Reste des Mittelalters den Blick befangen. Das Mittelalter galt als einfache Unterbrechung der Geschichte durch tausendjährige allgemeine Barbarei; die großen Fortschritte des Mittelalters – die Erweiterung des europäischen Kulturgebiets, die lebensfähigen großen Nationen, die sich dort nebeneinander gebildet, endlich die enormen technischen Fortschritte des 14. und 15. Jahrhunderts –, alles das sah man nicht. Damit war aber eine rationelle Einsicht in den großen geschichtlichen Zusammenhang unmöglich gemacht, und die Geschichte diente höchstens als eine Sammlung von Beispielen und Illustrationen zum Gebrauch der Philosophen.»

1.1.2 Das allgemeine Bewegungsgesetz in Natur, Gesellschaft und Denken: die Dialektik

Im historisch-dialektischen Materialismus wird Dialektik als allgemeines Bewegungsgesetz von Natur, Gesellschaft und Denken aufgefaßt. Sie gilt also nicht nur als Methode des Denkens bei der bewußtseinsmäßigen Aneignung der objektiven Realität. Vielmehr sei die Entwicklung dieser Realität selbst von Dialektik geprägt. Dazu schreibt **F. Engels** in seiner Polemik gegen E. Dühring ‹**Herrn Eugen Dührings Umwälzung der Wissenschaft**› (In: MEW, Bd. 20, Berlin 1972, S. 20–22 [gekürzt]):

«Wenn wir die Natur oder die Menschengeschichte oder unsre eigne geistige Tätigkeit der denkenden Betrachtung unterwerfen, so bietet sich uns zunächst dar das Bild einer unendlichen Verschlingung von Zusammenhängen und Wechselwirkungen, in der nichts bleibt, was, wo und wie es war, sondern alles sich bewegt, sich verändert, wird und vergeht. Diese ursprüngliche, naive, aber der Sache nach richtige Anschauung von der Welt ist die der alten griechischen Philosophie und ist zuerst klar ausgesprochen von Heraklit: Alles ist und ist auch nicht, denn alles *fließt*, ist in steter Veränderung, in stetem Werden und Vergehn begriffen. Aber diese Anschauung, so richtig sie auch den allgemeinen Charakter des Gesamtbildes der Erscheinungen erfaßt, genügt doch nicht, die Einzelheiten zu erklären, aus denen sich dies Gesamtbild zusammensetzt; und solange wir dies nicht können, sind wir auch über das Gesamtbild nicht klar. Um diese Einzelheiten zu erkennen, müssen wir sie aus ihrem natürlichen oder geschichtlichen Zusammenhang herausnehmen und sie, jede für sich, nach ihrer Beschaffenheit, ihren besondern Ursachen und Wirkungen etc. untersuchen ... Die Zerlegung der Natur in ihre einzelnen Teile, die Sonderung der verschiednen Naturvorgänge und Naturgegenstände in bestimmte Klassen, die Untersuchung des Innern der organischen Körper nach ihren mannigfachen anatomischen Gestaltungen war die Grundbedingung der Riesenfortschritte, die die letzten 400 Jahre uns in der Erkenntnis der Natur gebracht. Aber sie hat uns ebenfalls die Gewohnheit hinterlassen, die Naturdinge und Naturvorgänge in ihrer Vereinzelung, außerhalb des großen Gesamtzusammenhangs aufzufassen; daher nicht in ihrer Bewegung, sondern in ihrem Stillstand, nicht als wesentlich veränderliche, sondern als feste Bestände, nicht in ihrem Leben, sondern in ihrem Tod. Und indem, wie dies durch Bacon und Locke geschah, diese Anschauungsweise aus der Naturwissenschaft sich in die Philosophie übertrug, schuf sie die spezifische Borniertheit der letzten Jahrhunderte, die metaphysische Denkweise.

Für den Metaphysiker sind die Dinge und ihre Gedankenabbilder, die Begriffe, vereinzelte, eins nach dem andern und ohne das andre zu betrachtende, feste, starre, ein für allemal gegebne Gegenstände der Untersuchung. Er denkt in lauter unvermittelten Gegensätzen: seine Rede ist ja, ja, nein, nein, was darüber ist, ist vom Übel. Für ihn existiert ein Ding entweder, oder es existiert nicht: ein Ding kann ebensowenig zugleich es selbst und ein andres sein. Positiv und negativ schließen einander absolut aus; Ursache und Wirkung stehn ebenso in starrem Gegensatz zueinander. Diese Denkweise erscheint uns auf den ersten Blick deswegen äußerst plausibel, weil sie diejenige des sogenannten gesunden Menschenverstandes ist. Allein der gesunde Menschenverstand, ein so respektabler Geselle er auch in dem hausbackenen Gebiet seiner vier Wände ist, erlebt ganz wunderbare Abenteuer, sobald er sich in die weite Welt der Forschung wagt; und die metaphysische Anschauungsweise, auf so weiten, je nach der Natur des Gegenstandes ausgedehnten Gebieten sie auch berechtigt und sogar notwendig ist, stößt doch jedesmal früher oder später auf eine Schranke, jenseits welcher sie einseitig, borniert, abstrakt wird und sich in unlösliche Widersprüche verirrt, weil sie über den einzelnen Dingen deren Zusammenhang, über ihrem Sein ihr Werden und Vergehn, über ihrer Ruhe ihre Bewegung vergißt, weil sie vor lauter Bäumen den Wald nicht sieht. Für alltägliche Fälle wissen wir z. B. und können mit Bestimmtheit sagen, ob ein Tier existiert oder nicht; bei genauerer Untersuchung finden wir aber, daß dies manchmal eine höchst verwickelte Sache ist, wie das die Juristen sehr gut wissen, die sich umsonst abgeplagt haben, eine rationelle Grenze zu entdecken, von der an die Tötung des Kindes im Mutterleibe Mord ist; und ebenso unmöglich ist es, den Moment des Todes festzustellen, indem die Physiologie nachweist, daß der Tod nicht ein einmaliges, augenblickliches Ereignis, sondern ein sehr langwieriger Vorgang ist. Ebenso ist jedes organische Wesen in jedem Augenblick dasselbe und nicht dasselbe; in jedem Augenblick verarbeitet es von außen zugeführte Stoffe und scheidet andre aus, in jedem Augenblick sterben Zellen seines Körpers ab und bilden sich neue; je nach einer längern oder kürzern Zeit ist der Stoff dieses Körpers vollständig erneuert, durch andre Stoffatome ersetzt worden, so daß jedes organisierte Wesen stets dasselbe und doch ein andres ist. Auch finden wir bei genauerer Betrachtung, daß die beiden Pole eines Gegensatzes, wie positiv und negativ, ebenso untrennbar voneinander wie entgegengesetzt sind, und daß sie trotz aller Gegensätzlichkeit sich gegenseitig durchdringen; ebenso, daß Ursache und Wirkung Vorstellungen sind, die nur in der Anwendung auf den einzelnen Fall als solche Gültigkeit haben, daß sie aber, sowie wir den einzelnen Fall in seinem allgemeinen Zusammenhang mit dem Weltganzen betrachten, zusammengehn, sich auflösen in der Anschauung der universellen Wechselwirkung, wo Ursachen und Wirkungen fortwährend ihre Stelle wechseln, das was jetzt oder hier Wirkung, dort oder dann Ursache wird und umgekehrt.

Alle diese Vorgänge und Denkmethoden passen nicht in den Rahmen des metaphysischen Denkens hinein. Für die Dialektik dagegen, die die Dinge und ihre begrifflichen Abbilder wesentlich in ihrem Zusammenhang, ihrer Verkettung, ihrer Bewegung, ihrem Entstehn und Vergehn auffaßt, sind Vorgänge wie die obigen, ebensoviel Bestätigungen ihrer eignen Verfahrungsweise. Die Natur ist die Probe auf die Dialektik, und wir müssen es der modernen Naturwissenschaft nachsagen, daß sie für diese Probe ein äußerst reichliches, sich täglich häufendes Material geliefert und damit bewiesen hat, daß es in der Natur, in letzter Instanz, dialektisch und nicht metaphysisch hergeht ...

Eine exakte Darstellung des Weltganzen, seiner Entwicklung und der Menschheit, sowie des Spiegelbildes dieser Entwicklung in den Köpfen der Menschen, kann also nur auf dialektischem Wege, mit steter Beachtung der allgemeinen Wechselwirkungen des Werdens und Vergehens, der fort- oder rückschreitenden Änderungen zustande kommen.»

(*Anmerkung*: F. Engels nimmt Bezug auf den griechischen vorsokratischen Philosophen Heraklit [etwa 540 v. u. Z. – etwa 480 v. u. Z.], der materialistische und dialektische Positionen vertrat und dem der Lehrsatz «panta rhei» [gr.: alles fließt] zugeschrieben wird; weiter auf den englischen Naturforscher, Staatsmann und Philosophen Francis Bacon [1561–1626], der als Begründer des modernen englischen Empirismus gilt; schließlich auf den englischen sensualistischen Philosophen John Locke [1632–1704], von dem der Lehrsatz stammt «nihil est in intellectu, quod non ante fuerit in sensu» [lat.: im Verstand ist nichts, was nicht vorher in der Sinneswahrnehmung war].)

1.1.3 Die Grundgesetze der Dialektik

An grundlegenden Gesetzen der Dialektik nennt **F. Engels** in seiner unvollendeten Arbeit **‹Dialektik der Natur›** (In: MEW, Bd. 20, Berlin 1972, S. 348) folgende:

«Es ist also die Geschichte der Natur wie der menschlichen Gesellschaft, aus der die Gesetze der Dialektik abstrahiert werden. Sie sind eben nichts andres als die allgemeinsten Gesetze dieser beiden Phasen der geschichtlichen Entwicklung sowie des Denkens selbst. Und zwar reduzieren sie sich der Hauptsache nach auf drei:
das Gesetz des Umschlagens von Quantität in Qualität und umgekehrt;
das Gesetz von der Durchdringung der Gegensätze;
das Gesetz von der Negation der Negation.»

(*Zusatz:* Die Bedeutung des von F. Engels erstgenannten Gesetzes der Dialektik wird von einem **Autorenkollektiv** in den **‹Grundlagen der marxistischen Philosophie›**, Berlin 1961, S. 249–256 (gekürzt), veranschaulicht:

«Um das Gesetz des Übergangs quantitativer Veränderungen in qualitative besser verstehen zu können, müssen wir zunächst Klarheit über die Begriffe *Qualität* und *Quantität* schaffen. Bei der Untersuchung eines Gegenstandes fällt vor allem seine Bestimmtheit auf, die ihn von anderen Gegenständen unterscheidet. Ebendiese Bestimmtheit macht seine *Qualität* aus. ...

Die Qualität ist nach einem Ausdruck von Hegel die Grenze, die die einen Gegenstände von den anderen scheidet. Diese Grenze ist keine äußere, räumliche, sondern eine innere, die die Spezifik, die Besonderheit der Gegenstände kennzeichnet. Diese Grenze wird den Gegenständen nicht vom menschlichen Bewußtsein gesetzt, sondern wohnt ihnen objektiv inne. Ohne diese Grenze wäre alles eine undifferenzierte Masse.

Der Begriff der Qualität widerspiegelt somit eine außerordentlich wichtige Seite aller Gegenstände, Erscheinungen und Prozesse der objektiven Welt. Zusammenfassend kann man die *Qualität* als die mit den Gegenständen selber unlösbar verbundene Bestimmtheit definieren, als die Gesamtheit aller wesentlichen Züge, die dem Gegenstand eine relative Stabilität verleihen und ihn von anderen Gegenständen unterscheiden.

Die Qualität der Gegenstände existiert nicht losgelöst von ihrer quantitativen Seite. Der Begriff der *Quantität* ist ebenfalls eine allgemeine Kategorie, die eine wichtige Seite eines jeden Gegenstandes, einer Erscheinung oder eines Prozesses widerspiegelt. Auch die Quantität ist Bestimmtheit des Gegenstandes, aber im Unterschied zur Qualität charakterisiert sie den Gegenstand hinsichtlich der Entwicklungsstufe seiner Eigenschaften, wie Größe, Umfang, Anzahl, Geschwindigkeit der Bewegung, Intensität der Färbung usw....

Die Quantität, die quantitative Bestimmtheit eines Gegenstandes besitzt gegenüber der Qualität eine Anzahl Besonderheiten, die man kennen muß, um das Wesen des Gesetzes vom Umschlagen quantitativer Veränderungen in qualitative verstehen zu können. Der Gegenstand hört auf, er selbst zu sein, wenn er seine Qualität einbüßt; folglich ist die Qualität mit dem Gegenstand selbst identisch. Das kann man von der quantitativen Seite des Gegenstandes nicht sagen. Die Quantität kann verringert oder vergrößert werden, ohne daß der Gegenstand seine qualitative Beschaffenheit verliert. So ändert sich der Aggregatzustand des Kupfers nicht, wenn sich die Temperatur des Kupfers auf 600° oder gar auf 1000° erhöht. Die Quantität ist eine mehr äußerliche, eine für die Qualität des Gegenstandes auf den ersten Blick gleichgültige Bestimmtheit, die nicht so eng wie die Qualität mit dem Gegenstand verbunden ist. Ein Gegenstand, der sich quantitativ verändert, bleibt bis zu einer gewissen Grenze derselbe.

Betrachten wir jedoch die quantitativen Veränderungen und ihre Bedeutung im Entwicklungsprozeß etwas näher. Wenn wir behaupten, daß etwas vergrößert oder verkleinert werden kann, ohne daß es seine Qualität verliert, so ziehen wir dabei nicht die Grenzen dieser quantitativen Veränderung in Betracht. Wenn wir nämlich im oben angeführten Beispiel die Temperatur des Kupfers auf 1083° erhöhen, beginnt es zu schmelzen. Das zeigt, daß die Indifferenz eines Gegenstandes gegenüber quantitativen Veränderungen nur bis zu einer gewissen Grenze geht; dann aber tritt ein Moment ein, wo die weitere Veränderung der Anzahl, der Größe, des Umfangs oder einer anderen Quantität für den Gegenstand durchaus nicht mehr gleichgültig ist....

Es zeigt sich also, daß die Quantität, daß quantitative Veränderungen in einem *inneren* Zusammenhang mit der Qualität, mit dem Gegenstand stehen, aber dieser Zusammenhang tritt nicht sofort in Erscheinung. Die Quantität ist, wie die Qualität, eine Grenze des Gegenstandes, aber der Charakter dieser Grenze ist ein anderer. Eine ‹Verletzung› der qualitativen Grenze des Gegenstandes zieht eine Veränderung des Gegenstandes selbst nach sich. Die quantitative Grenze des Gegenstandes dagegen ist elastischer, sie verschiebt sich nach dieser oder jener Seite; quantitative Veränderungen können schwanken, sie können größer oder geringer sein, ohne dabei sofort eine Veränderung der Qualität des Gegenstandes nach sich zu ziehen. Aber sowie die quantitativen Veränderungen anwachsen, sehen wir, daß auch die Quantität eine Grenze des Gegenstandes ist. Im

Prozeß der quantitativen Veränderungen tritt gesetzmäßig ein Moment ein, da die geringste Veränderung der Quantität zu einer grundlegenden, qualitativen Veränderung, zur Entstehung einer neuen Qualität führt. Anders ausgedrückt, die quantitativen Veränderungen haben eine Grenze, die nicht ohne Folgen für die Qualität des Gegenstandes überschritten wird. ...

Wir können nun das Wesen des zu betrachtenden Gesetzes formulieren. *Das Gesetz vom Umschlagen quantitativer Veränderungen in qualitative besagt, daß kleine, anfangs unmerkliche quantitative Veränderungen durch allmähliche Anhäufung auf einer bestimmten Stufe das Maß des Gegenstandes verletzen und grundlegende qualitative Veränderungen hervorrufen, in deren Folge sich die Gegenstände verändern, die alte Qualität verschwindet und eine neue Qualität entsteht.»*

Demnach kann die Bestimmtheit eines Dinges oder einer Erscheinung nicht losgelöst von ihrer quantitativen Seite existieren. Qualität und Quantität bilden somit eine untrennbare Einheit.

In engem Zusammenhang mit dem ersten steht das zweite Gesetz der Dialektik. Es gibt in dem Bestehen widersprüchlicher Beziehungen in der objektiven Realität die Ursache jeglicher Entwicklung an, damit auch der des Umschlagens von Quantität in Qualität und umgekehrt. In den ‹**Grundlagen der marxistischen Philosophie**›, a. a. O., S. 271–282 (gekürzt), ist dies verdeutlicht:

«Das Gesetz vom Umschlagen quantitativer Veränderungen in qualitative widerspiegelt, wie wir gesehen haben, eine der wichtigsten Seiten der Entwicklung. Es offenbart uns den ‹Mechanismus› des Prozesses der qualitativen Veränderungen der Gegenstände. Die These vom Umschlagen quantitativer Veränderungen in qualitative gibt jedoch keine Antwort auf die Frage nach der Quelle jeglicher Entwicklung und damit auch des Umschlagens quantitativer Veränderungen in qualitative. Diese Frage wird durch ein anderes Gesetz der Dialektik beantwortet – durch das Gesetz der Einheit und des Kampfes der Gegensätze, das Gesetz von den Widersprüchen als der Quelle der Entwicklung. ...

Man muß *innere* und *äußere* Widersprüche unterscheiden. Ein äußerer Widerspruch ist ein Widerspruch zwischen verschiedenen Gegenständen oder Prozessen, zwischen verschiedenen Wesen. Ein innerer Widerspruch ist ein Widerspruch im Wesen des Gegenstandes, des Prozesses selbst, er liegt vor, wenn derselbe Gegenstand gegensätzliche Seiten und Tendenzen aufweist. Es kommt aber nicht nur darauf an, zu wissen, daß es in den Dingen Gegensätze gibt, sondern auch darauf, die Art der Zusammenhänge und Wechselbeziehungen zwischen den Gegensätzen zu kennen. Unter einem inneren Widerspruch ist ein solches Wechselverhältnis zwischen den gegensätzlichen Seiten eines Gegenstandes zu verstehen, bei dem diese einander voraussetzen, bedingen und gleichzeitig negieren, einander ausschließen. ...

Die innerlich widersprüchlichen Seiten des Gegenstandes verhalten sich nicht gleichgültig zueinander. Jede der Seiten des Widerspruchs verkörpert eine bestimmte Tendenz: Positives oder Negatives, Wirkung oder Gegenwirkung, Revolutionäres oder Konservatives, Absterbendes oder Sich-Entwickelndes usw. Da aber diese gegensätzlichen Tendenzen eine Einheit bilden, da sie in ein und demselben Gegenstand, in seinem Wesen selbst vereinigt sind, bestehen sie nicht gleichgültig nebeneinander, sondern liegen im Kampf miteinander.

Der Widerspruch zwischen ihnen muß unter allen Umständen früher oder später gelöst werden. Auf welche Weise aber wird er gelöst? Die marxistische Dialektik antwortet: durch den Kampf der Gegensätze. ...

Jede Einheit der Gegensätze ist folglich zeitlich begrenzt, vorübergehend, wie jedes Moment der Ruhe, des Gleichgewichtes, zeitlich begrenzt, relativ, vorübergehend ist. Der Kampf der Gegensätze dagegen kann nicht zeitlich begrenzt sein. Er ist ein ständig wirkender Faktor. Sonst würde die Entwicklung aufhören. Der Kampf der Gegensätze ist jene schöpferische Kraft, die die ‹Unruhe› in die Erscheinungen hineinträgt, die sie nicht zur Ruhe kommen läßt, sondern sie zur Veränderung und Entwicklung treibt und ständig die Ablösung alter Formen durch neue bewirkt.

Wenn die Einheit der Gegensätze ein konstanter, unveränderlicher Faktor wäre, gäbe es keine Entwicklung, keine qualitative Veränderung der Gegenstände. Die Relativität der *Einheit* der Gegensätze ist Ausdruck der Tatsache, daß die Beständigkeit des Gegenstandes zeitlich begrenzt ist, daß der Gegenstand seinen Anfang und sein Ende hat. Der absolute Charakter des *Kampfes* der Gegensätze ist ein Ausdruck dafür, daß die Bewegung keine Minute lang aufhört, daß sie die Beständigkeit des Gegenstandes zerstört, indem sie seine gesetzmäßige qualitative Veränderung vorbereitet. So ist auch die bekannte dialektische Formel zu verstehen, daß die Widersprüche vorwärtstreiben.

Wir können nun das Wesen des Gesetzes der Einheit und des Kampfes der Gegensätze formulieren. *Das Gesetz der Einheit und des Kampfes der Gegensätze besagt, daß allen Dingen, Erscheinungen und Prozessen widersprüchliche Seiten und Tendenzen innewohnen, die miteinander im Kampf liegen; der Kampf der Gegensätze gibt der Entwicklung ihren inneren Impuls und führt zum Wachstum der Widersprüche, die auf einer bestimmten Etappe durch das Vergehen des Alten und das Entstehen des Neuen gelöst werden.»*

Über das dritte Gesetz der Dialektik, das der Negation der Negation, finden sich in den ‹**Grundlagen der marxistischen Philosophie**›, a. a. O., S. 305–320 (gekürzt), folgende Erläuterungen:

«Analysiert man das Gesetz des Umschlagens quantitativer Veränderungen in qualitative und das Gesetz der Einheit und des Kampfes der Gegensätze, so zeigt sich, daß sie einen unendlichen Prozeß bewirken, in welchem eine Erscheinung von der anderen, ein Ding vom anderen abgelöst wird und die Gegensätze ineinander übergehen. Gibt es nun irgendeine objektive Tendenz, eine bestimmte Richtung in diesem unendlichen Prozeß, in diesem unaufhörlichen Kampf des Neuen gegen das Alte, des Entstehenden gegen das Absterbende? Und wenn es objektive Entwicklungstendenzen gibt, welchen Charakter tragen sie? ...

Der dialektische Materialismus erklärt, daß sich durch die ganze komplizierte und häufig verworrene Bewegung, wie regellos und chaotisch sie uns auch erscheint, eine progressive Grundtendenz der Entwicklung vom Einfachen zum Komplizierten, vom Niederen zum Höheren Bahn bricht. Diese Seite der Entwicklung, die sich weitgehend aus den schon oben betrachteten Gesetzen der Dialektik ergibt, findet ihren stärksten Ausdruck im Gesetz der Negation der Negation. Platz und Bedeutung dieses Gesetzes im System der Gesetze und Kategorien der materialistischen Dialektik sind dadurch bestimmt, daß es den allgemeinsten Begriff vom Charakter der Entwicklung vermittelt und den inneren Zusammenhang, die Aufeinanderfolge der Hauptstufen in der Entwicklung enthüllt, jenen Zusammenhang, der den progressiven Gang, die komplizierte ‹spirale› Form der Entwicklung bedingt. Was besagt nun das Gesetz der Negation der Negation? ...

Man darf die dialektische Negation nicht als Bruch in der Entwicklung, als Negation des Zusammenhanges zwischen dem Alten und dem Neuen auffassen. Ein Zusammenhang zwischen ihnen besteht schon deshalb, weil das Neue nicht aus dem Nichts, sondern nur aus dem Alten entstehen kann. Der Zusammenhang besteht auch darin, daß das Neue alles Positive, was im Alten enthalten ist, bewahrt. Das Alte wird folglich im Laufe seiner Bewegung, die das Neue hervorbringt, nicht einfach über Bord geworfen, sondern vom Neuen ‹aufgehoben›. Der philosophische Begriff der *Aufhebung* bedeutet Negation und Bewahrung zugleich, bedeutet Negation des vorhergehenden Zustands und Bewahrung alles durch die bisherige Entwicklung erreichten Positiven im Neuen. ...

Die neue Stufe bietet der Entwicklung weit mehr Möglichkeiten als die vorangegangene. Der progressive Charakter der Entwicklung ergibt sich gesetzmäßig daraus, daß jede neue Negation das Erreichte in sich aufnimmt und zur Grundlage der weiteren Entwicklung macht. Darum wiederholt eine neue Stufe der Entwicklung nicht die alte, sondern stellt einen neuen Zyklus dar, der sich über dem alten erhebt und das früher, im Laufe der vorangegangenen Entwicklung Erworbene sozusagen als Sprungbrett für die weitere Entwicklung benutzt. ...

Die dialektische Natur der Negation und ihre wichtige Rolle in der Entwicklung machen uns also verständlich, warum die Entwicklung vom Niederen zum Höheren, vom Einfachen zum Komplizierten fortschreitet.

Nun könnte man fragen, warum das hier untersuchte Gesetz als Gesetz der Negation der Negation bezeichnet wird. Kann man sich nicht auf den Begriff der Negation beschränken? Komplizieren wir nicht künstlich das Bild der Entwicklung, wenn wir den Begriff der doppelten Negation, der Negation der Negation einführen? Die Antwort lautet: Die objektive Entwicklung selbst enthält diese doppelte Negation in sich, und der Begriff ‹Negation der Negation› spiegelt nur unabhängig von unserem Bewußtsein sich vollziehende Prozesse wider. ...

Das Alte, das durch das Neue negiert wird, und das Neue, das das Alte negiert, sind Gegensätze. Jeder dieser Gegensätze weist Elemente, Eigenschaften auf, die in der folgenden Entwicklung nicht verlorengehen können, und solche, die verschwinden, die vernichtet werden. Diese Gegensätze stellen sozusagen Beschränktheiten dar, die in der weiteren Entwicklung überwunden werden. Das geschieht auf der Stufe der Negation der Negation.

So durchläuft die Entwicklung eine Stufe der Bejahung (der Existenz) einer Erscheinung, sodann die Stufe ihrer Negation und schließlich die Stufe der Negation der Negation. Da auf dieser höchsten Stufe alles Wertvolle, was die ersten beiden Stufen aufzuweisen hatten, verarbeitet, angeeignet, zur Synthese gebracht wird und alle überlebten Elemente verschwinden, vernichtet werden, geht die Entwicklung insgesamt in aufsteigender Linie vor sich, vom Einfachen zum Komplizierten, vom Niederen zum Höheren. Darum ist das Gesetz der Negation der Negation so wichtig, um die Grundtendenz der Entwicklung zu erklären. ...

Nunmehr können wir das Wesen des Gesetzes der Negation der Negation formulieren und seine Bedeutung für die Erkenntnis bestimmen.

Das Gesetz der Negation der Negation bedingt also den Zusammenhang, die Aufeinanderfolge von Negierendem und Negiertem. Die dialektische Negation ist also keine nackte, leichtfertig-unbesonnene Negation, keine Absage an die gesamte vorherige Entwicklung, sondern die Bedingung für eine Entwicklung, die alles Positive der vorangegangenen Stadien in sich aufnimmt und bewahrt, auf höherer Ebene gewisse Züge der Ausgangsstufe wiederholt und insgesamt fortschreitenden, progressiven Charakter trägt.»)

1.2 Vergesellschaftung durch Arbeit

1.2.1 Die Arbeit als Stoffwechselprozeß zwischen Mensch und Natur

Der historisch-dialektische Materialismus erkennt in der Arbeit das Grundverhältnis des menschlichen Lebensprozesses. Als das Spezifische menschlicher Tätigkeit wird dabei die Fähigkeit zur gedanklichen, ideellen Vorwegnahme des Arbeitsprodukts bestimmt. Insofern ist das Denken selbst als Bestandteil der Arbeit ausgewiesen. In **‹Das Kapital›** (In: MEW, Bd. 23, Berlin 1971, S. 192–198 [gekürzt]) hat **K. Marx** die Merkmale und die drei Elemente des Arbeitsprozesses analysiert, wie er sich unabhängig von jeder gesellschaftlichen Form betrachtet darstellt:

«Die Arbeit ist zunächst ein Prozeß zwischen Mensch und Natur, ein Prozeß, worin der Mensch seinen Stoffwechsel mit der Natur durch seine eigne Tat vermittelt, regelt und kontrolliert. Er tritt dem Naturstoff selbst als eine Naturmacht gegenüber. Die seiner Leiblichkeit angehörigen Naturkräfte, Arme und Beine, Kopf und Hand, setzt er in Bewegung, um sich den Naturstoff in einer für sein eignes Leben brauchbaren Form anzueignen. Indem er durch diese Bewegung auf die Natur außer ihm wirkt und sie verändert, verändert er zugleich seine eigne Natur. Er entwickelt die in ihr schlummernden Potenzen und unterwirft das Spiel ihrer Kräfte seiner eignen Botmäßigkeit. Wir haben es hier nicht mit den ersten tierartig instinktmäßigen Formen der Arbeit zu tun. Dem Zustand, worin der Arbeiter als Verkäufer seiner eignen Arbeitskraft auf dem Warenmarkt auftritt, ist in urzeitlichen Hintergrund der Zustand entrückt, worin die menschliche Arbeit ihre erste instinktartige Form noch nicht abgestreift hatte. Wir unterstellen die Arbeit in einer Form, worin sie dem Menschen ausschließlich angehört. Eine Spinne verrichtet Operationen, die denen des Webers ähneln, und eine Biene beschämt durch den Bau ihrer Wachszellen manchen menschlichen Baumeister. Was aber von vornherein den schlechtesten Baumeister vor der besten Biene auszeichnet, ist, daß er die Zelle in seinem Kopf gebaut hat, bevor er sie in Wachs baut. Am Ende des Arbeitsprozesses kommt ein Resultat heraus, das beim Beginn desselben schon in der Vorstellung des Arbeiters, also schon ideell vorhanden war. Nicht daß er nur eine Formveränderung des Natürlichen bewirkt; er verwirklicht im Natürlichen zugleich seinen Zweck, den er weiß, der die Art und Weise seines Tuns als Gesetz bestimmt und dem er seinen Willen unterordnen muß. Und diese Unterordnung ist kein vereinzelter Akt. Außer der Anstrengung der Organe, die arbeiten, ist der zweckmäßige Wille, der sich als Aufmerksamkeit äußert, für die ganze Dauer der Arbeit erheischt, und um so mehr, je weniger sie durch den eignen Inhalt und die Art und Weise ihrer Ausführung den Arbeiter mit sich fortreißt, je weniger er sie daher als Spiel seiner eignen körperlichen und geistigen Kräfte genießt.

Die einfachen Momente des Arbeitsprozesses sind die zweckmäßige Tätigkeit oder die Arbeit selbst, ihr Gegenstand und ihr Mittel.

Die Erde (worunter ökonomisch auch das Wasser einbegriffen), wie sie den Menschen ursprünglich mit Proviant, fertigen Lebensmitteln ausrüstet, findet sich ohne sein Zutun als der allgemeine Gegenstand der menschlichen Arbeit vor. Alle Dinge, welche die Arbeit nur von ihrem unmittelbaren Zusammenhang mit dem Erdganzen loslöst, sind von Natur vorgefundne Arbeitsgegenstände. So der Fisch, der von seinem Lebenselement, dem Wasser, getrennt, gefangen wird, das Holz, das im Urwald gefällt, das Erz, das aus seiner Ader losgebrochen wird. Ist der Arbeitsgegenstand dagegen selbst schon sozusagen durch frühere Arbeit filtriert, so nennen wir ihn Rohmaterial. Z. B. das bereits losgebrochene Erz, das nun ausgewaschen wird. Alles Rohmaterial ist Arbeitsgegenstand, aber nicht jeder Arbeitsgegenstand ist Rohmaterial. Rohmaterial ist der Arbeitsgegenstand nur, sobald er bereits eine durch Arbeit vermittelte Veränderung erfahren hat.

Das Arbeitsmittel ist ein Ding oder ein Komplex von Dingen, die der Arbeiter zwischen sich und den Arbeitsgegenstand schiebt und die ihm als Leiter seiner Tätigkeit auf diesen Gegenstand dienen. Er benutzt die mechanischen, physikalischen, chemischen Eigenschaften der Dinge, um sie als Machtmittel auf andre Dinge, seinem Zweck gemäß, wirken zu lassen. ...

Der Gebrauch und die Schöpfung von Arbeitsmitteln, obgleich im Keim schon gewissen Tierarten eigen, charakterisieren den spezifisch menschlichen Arbeitsprozeß, und Franklin definiert daher den Menschen als ‹a toolmaking animal›, ein Werkzeuge fabrizierendes Tier. Dieselbe Wichtigkeit, welche der Bau von Knochenreliquien für die Erkenntnis der Organisation untergegangner Tiergeschlechter, haben Reliquien von Arbeitsmitteln für die Beurteilung untergegangner ökonomischer Gesellschaftsformationen. Nicht was gemacht wird, sondern wie, mit welchen Arbeitsmitteln gemacht wird, unterscheidet die ökonomischen Epochen. Die Arbeitsmittel sind nicht nur Gradmesser der Entwicklung der menschlichen Arbeitskraft, sondern auch Anzeiger der gesellschaftlichen Verhältnisse, worin gearbeitet wird. ...

Im Arbeitsprozeß bewirkt also die Tätigkeit des Menschen durch das Arbeitsmittel eine von vornherein bezweckte Veränderung des Arbeitsgegenstandes. Der Prozeß erlischt im Produkt. Sein Produkt ist ein Gebrauchswert, ein durch Formveränderung menschlichen Bedürfnissen angeeigneter Naturstoff. Die Arbeit hat sich mit ihrem Gegenstand verbunden. Sie ist vergegenständlicht, und der Gegenstand ist verarbeitet. Was auf seiten des Arbeiters in der Form der Unruhe erschien, erscheint nun als ruhende Eigenschaft, in der Form des Seins, auf seiten des Produkts. Er hat gesponnen und das Produkt ist ein Gespinst. ...

Der Arbeitsprozeß, wie wir ihn in seinen einfachen und abstrakten Momenten dargestellt haben, ist zweckmäßige Tätigkeit zur Herstellung von Gebrauchswerten, Aneignung des Natürlichen für menschliche Bedürfnisse, allgemeine Bedingung des Stoffwechsels zwischen Mensch und Natur, ewige Naturbedingung des menschlichen Lebens und daher unabhängig von jeder Form dieses Lebens, vielmehr allen seinen Gesellschaftsformen gleich gemeinsam.»

1.2.2 Der Doppelcharakter der Arbeit: stoffliche Charakteristika und ökonomische Formbestimmtheit

Gleichwohl ist die Arbeit in ihren einfachen und abstrakten Momenten nicht hinreichend begriffen. Denn die Aneignung der Natur geschieht stets, indem die Menschen sich aufeinander beziehen und so geschichtlich bestimmte gesellschaftliche Verhältnisse eingehen.

Diesen Zusammenhang stellt **K. Marx** in **‹Grundrisse der Kritik der politischen Ökonomie›**, Frankfurt/Main–Wien o. J., S. 5–9 (gekürzt), klar heraus:

«Der vorliegende Gegenstand zunächst die *materielle Produktion.*

In Gesellschaft produzierende Individuen – daher gesellschaftlich bestimmte Produktion der Individuen ist natürlich der Ausgangspunkt. Der einzelne und vereinzelte Jäger und Fischer, womit Smith und Ricardo beginnen, gehört zu den phantasielosen Einbildungen der 18.-Jahrhundert-Robinsonaden, die keineswegs, wie Kulturhistoriker sich einbilden, bloß einen Rückschlag gegen Überverfeinerung und Rückkehr zu einem mißverstandnen Naturleben ausdrücken. Sowenig wie Rousseaus *(1712–1778) contrat social *(Gesellschaftsvertrag), der die von Natur independenten *(unabhängigen) Subjekte durch Vertrag in Verhältnis und Verbindung bringt, auf solchem Naturalismus beruht. Dies Schein und nur der ästhetische Schein der kleinen und großen Robinsonaden. Es ist vielmehr die Vorwegnahme der ‹bürgerlichen Gesellschaft›, die seit dem 16. Jahrhundert sich vorbereitete und im 18. Riesenschritte zu ihrer Reife machte. In dieser Gesellschaft der freien Konkurrenz erscheint der Einzelne losgelöst von den Naturbanden usw., die ihn in frühren Geschichtsepochen zum Zubehör eines bestimmten, begrenzten menschlichen Konglomerats machen. Den Propheten des 18. Jahrhunderts, auf deren Schultern Smith und Ricardo noch ganz stehn, schwebt dieses Individuum des 18. Jahrhunderts – das Produkt einerseits der Auflösung der feudalen Gesellschaftsformen, andrerseits der seit dem 16. Jahrhundert neuentwickelten Produktivkräfte – als Ideal vor, dessen Existenz eine vergangne sei. Nicht als ein historisches Resultat, sondern als Ausgangspunkt der Geschichte. Weil als das Naturgemäße Individuum, angemessen ihrer Vorstellung von der menschlichen Natur, nicht als ein geschichtlich entstehendes, sondern von der Natur gesetztes. Diese Täuschung ist jeder neuen Epoche bisher eigen gewesen. ...

Je tiefer wir in der Geschichte zurückgehen, je mehr erscheint das Individuum, daher auch das produzierende Individuum, als unselbständig, einem größren Ganzen angehörig: erst noch in ganz natürlicher Weise in der Familie und der zum Stamm erweiterten Familie: später in dem aus dem Gegensatz und Verschmelzung der Stämme hervorgehenden Gemeinwesen in seinen verschiednen Formen. Erst in dem 18. Jahrhundert, in der ‹bürgerlichen Gesellschaft›, treten die verschiednen Formen des gesellschaftlichen Zusammenhangs dem Einzelnen als bloßes Mittel für seine Privatzwecke entgegen, als äußerliche Notwendigkeit. Aber die Epoche, die diesen Standpunkt erzeugt, den des vereinzelten Einzelnen, ist grade die der bisher entwickeltsten gesellschaftlichen (allgemeinen von diesem Standpunkt aus) Verhältnisse. Der Mensch ist im wörtlichsten Sinn ein ζῶον πολιτικόν *Czoon politikon), nicht nur ein geselliges Tier, sondern ein Tier, das nur in der Gesellschaft sich vereinzeln kann. Die Produktion des vereinzelten Einzelnen außerhalb der Gesellschaft – eine Rarität, die einem durch Zufall in die Wildnis verschlagnen Zivilisierten wohl vorkommen kann, der in sich dynamisch schon die Gesellschaftskräfte besitzt – ist ein ebensolches Unding als Sprachentwicklung ohne *zusammen* lebende und zusammen sprechende Individuen...

Wenn also von Produktion die Rede ist, ist immer die Rede von Produktion auf einer bestimmten gesellschaftlichen Entwicklungsstufe – von der Produktion gesellschaftlicher Individuen. ...

Alle Produktion ist Aneignung der Natur von seiten des Individuums innerhalb und vermittelst einer bestimmten Gesellschaftsform.»

(*Anmerkung*: K. Marx bezieht sich in seinen Ausführungen auf den schottischen Nationalökonom A. Smith [1723–1790] und den englischen Nationalökonom D. Ricardo [1772–1823]. Beide waren Vertreter der Arbeitswertlehre, begriffen Arbeit aber als vorgesellschaftliches Verhältnis, in dem die Menschen sich zunächst die Natur aneigneten, um sich erst im Anschluß daran beim Austausch der Produkte auf dem Markt zu vergesellschaften.)

1.2.3 Die Arbeit als Grundlage des Gesellschaftsprozesses

In welchem Maße die Arbeit für die Ausprägung menschlicher Gattungsfähigkeiten und -eigenschaften verantwortlich ist, führt **F. Engels** in seinem Aufsatz **‹Anteil der Arbeit an der Menschwerdung des Affen›** (In: MEW, Bd. 20, Berlin 1972, S. 444–450 [gekürzt]) vor Augen. Der Arbeit verdankt sich die Ausbildung der

Hand und die Entwicklung der Sprache, die selbst Resultat des gesellschaftlichen Zusammenschlusses der Menschen ist:

«Die Arbeit ist die Quelle alles Reichtums, sagen die politischen Ökonomen. Sie ist dies – neben der Natur, die ihr den Stoff liefert, den sie in Reichtum verwandelt. Aber sie ist noch unendlich mehr als dies. Sie ist die erste Grundbedingung alles menschlichen Lebens, und zwar in einem solchen Grade, daß wir in gewissem Sinn sagen müssen: sie hat den Menschen selbst geschaffen. ...

So ist die Hand nicht nur das Organ der Arbeit, *sie ist auch ihr Produkt*. Nur durch Arbeit, durch Anpassung an immer neue Verrichtungen, durch Vererbung der dadurch erworbenen besondern Ausbildung der Muskel, Bänder, und in längeren Zeiträumen auch der Knochen, und durch immer erneuerte Anwendung dieser vererbten Verfeinerung auf neue, stets verwickeltere Verrichtungen hat die Menschenhand jenen hohen Grad von Vollkommenheit erhalten, auf dem sie Raffaelsche Gemälde, Thorvaldsensche Statuen, Paganinische Musik hervorzaubern konnte.

Aber die Hand stand nicht allein. Sie war nur ein einzelnes Glied eines ganzen, höchst zusammengesetzten Organismus. ...

Die mit der Ausbildung der Hand, mit der Arbeit, beginnende Herrschaft über die Natur erweiterte bei jedem neuen Fortschritt den Gesichtskreis des Menschen. An den Naturgegenständen entdeckte er fortwährend neue, bisher unbekannte Eigenschaften. Andrerseits trug die Ausbildung der Arbeit notwendig dazu bei, die Gesellschaftsglieder näher aneinanderzuschließen, indem sie die Fälle gegenseitiger Unterstützung, gemeinsamen Zusammenwirkens vermehrte und das Bewußtsein von der Nützlichkeit dieses Zusammenwirkens für jeden einzelnen klärte. Kurz, die werdenden Menschen kamen dahin, daß sie einander *etwas zu sagen hatten*. Das Bedürfnis schuf sich ein Organ: Der unentwickelte Kehlkopf des Affen bildete sich langsam aber sicher um, durch Modulation für stets gesteigerte Modulation, und die Organe des Mundes lernten allmählich einen artikulierten Buchstaben nach dem andern aussprechen. ...

Arbeit zuerst, nach und dann mit ihr die Sprache – das sind die beiden wesentlichsten Antriebe, unter deren Einfluß das Gehirn eines Affen in das bei aller Ähnlichkeit weit größere und vollkommnere eines Menschen allmählich übergegangen ist. Mit der Fortbildung des Gehirns aber ging Hand in Hand die Fortbildung seiner nächsten Werkzeuge, der Sinnesorgane. Wie schon die Sprache in ihrer allmählichen Ausbildung notwendig begleitet wird von einer entsprechenden Verfeinerung des Gehörorgans, so die Ausbildung des Gehirns überhaupt von der der sämtlichen Sinne. ...

Die Rückwirkung der Entwicklung des Gehirns und seiner dienstbaren Sinne, des sich mehr und mehr klärenden Bewußtseins, Abstraktions- und Schlußvermögens auf Arbeit und Sprache gab beiden immer neuen Anstoß zur Weiterbildung, einer Weiterbildung, die nicht etwa einen Abschluß fand, sobald der Mensch endgültig vom Affen geschieden war, sondern die seitdem bei verschiednen Völkern und zu verschiednen Zeiten verschieden nach Grad und Richtung, stellenweise selbst unterbrochen durch örtlichen und zeitlichen Rückgang, im ganzen und großen gewaltig vorangegangen ist; einerseits mächtig vorangetrieben, andrerseits in bestimmtere Richtungen gelenkt durch ein mit dem Auftreten des fertigen Menschen neu hinzutretendes Element – *die Gesellschaft*.

Hunderttausende von Jahren ... sind sicher vergangen, ehe aus dem Rudel baumkletternder Affen eine Gesellschaft von Menschen hervorgegangen war. Aber schließlich war sie da. Und was finden wir wieder als den bezeichnenden Unterschied zwischen Affenrudel und Menschengesellschaft? *Die Arbeit*. ...

Durch das Zusammenwirken von Hand, Sprachorganen und Gehirn nicht allein bei jedem einzelnen, sondern auch in der Gesellschaft, wurden die Menschen befähigt, immer verwickeltere Verrichtungen auszuführen, immer höhere Ziele sich zu stellen und zu erreichen.»

1.3 Gesellschaft als ökonomische Formation

1.3.1 Die Produktion als Verhältnis von Produktivkräften und Produktionsverhältnissen

Die einfachen Momente des Arbeitsprozesses bilden die grundlegenden Elemente des sich geschichtlich entwickelnden Systems der Produktivkräfte. Nicht als vereinzelte Faktoren, sondern als Bestandteile der tätigen Naturaneignung sind die menschliche Arbeitskraft, das Arbeitsmittel und der Arbeitsgegenstand produktive Kräfte, deren jeweiliger Entwicklungsstand den Charakter der materiellen gesellschaftlichen Produktion bestimmt. Welchen Inhalt der Begriff der Produktivkräfte umfaßt, erklärt das **Autorenkollektiv**: **‹Dialektischer und historischer Materialismus›**, Berlin 1974, S. 350–351 (gekürzt):

«Die Produktivkräfte der Gesellschaft sind jene Kräfte, die die Menschen entwickeln und einsetzen, um ihren Stoffwechsel mit der Natur zu vollziehen, um ihr materielles Leben zu produzieren und zu reproduzieren. ...

Arbeitsmittel und Arbeitsgegenstände sind getrennt vom *arbeitenden Menschen* nur der Möglichkeit nach Produktivkräfte. Erst die lebendige Arbeit verwandelt sie in wirkliche und wirkende Produktivkräfte. Die Menschen verändern die Natur stets in einem konkret-historischen *gesellschaftlichen* Arbeitsprozeß, in dem sie auf bestimmte Weise zusammenwirken, und dieses Zusammenwirken ist selbst eine wesentliche Produktivkraft.

Die Produktivkräfte schließen auf allen ihren Entwicklungsstufen die von der Gesellschaft erworbenen und angewandten Produktionsmittel, in erster Linie die Arbeitsinstrumente, und die arbeitenden Menschen, die diese Produktionsmittel in Bewegung setzen und materielle Güter produzieren, als grundlegende Elemente ein. ...

Die Hauptproduktivkraft der Gesellschaft sind jedoch die arbeitenden Menschen.»

Im System der Produktivkräfte drückt sich die Art und Weise und die Entwicklungsstufe des Verhältnisses der Menschen zur Natur aus. Jenes existiert indessen nicht unabhängig vom Verhältnis der Menschen untereinander. Im Prozeß der materiellen Produktion ihres Lebens gehen sie jeweils bestimmte Produktionsverhältnisse ein.

Das **Autorenkollektiv**: **‹Dialektischer und historischer Materialismus›**, a. a. O., S. 356–360 (gekürzt), gibt zum Begriff der Produktionsverhältnisse folgende Erläuterung:

«Die Menschen produzieren zu allen Zeiten in Gesellschaft, indem sie auf die eine oder andere Weise zusammenwirken und ihre Tätigkeiten austauschen. Um zu produzieren, treten sie also ‹in bestimmte Beziehungen und Verhältnisse zueinander, und nur innerhalb dieser gesellschaftlichen Beziehungen und Verhältnisse findet ihre Einwirkung auf die Natur, findet die Produktion statt› *(K. Marx). Produktionsverhältnisse sind Verhältnisse zwischen den Menschen, die sie im Prozeß der gesellschaftlichen Produktion und Reproduktion des materiellen Lebens eingehen. Sie vermitteln den Prozeß der Aneignung der Natur durch die Gesellschaft. *Der Charakter jeder historisch-konkreten Gesamtheit von Produktionsverhältnissen wird durch den gegebenen Typ des Eigentums an den Produktionsmitteln bestimmt. ...*

Das Eigentum an den Produktionsmitteln bildet das Wesen des gegebenen Systems von Produktionsverhältnissen. Es prägt den Charakter aller ökonomischen Verhältnisse der Menschen in der Produktion, der Verteilung, dem Austausch und der Konsumtion der materiellen Güter und realisiert sich damit zugleich selbst in allen diesen Verhältnissen.

Ausgangspunkt der Produktion und damit auch der Produktionsverhältnisse ist die *Verbindung der unmittelbaren Produzenten mit den Produktionsmitteln*, ohne die die Produktion nicht stattfinden kann. Der jeweils herrschende Typ des Eigentums an den Produktionsmitteln stellt sich deshalb zunächst in einer bestimmten gesellschaftlichen Form der Verbindung dieser beiden notwendigen Momente jeder Produktion dar. ‹Die besondre Art und Weise, worin diese Verbindung bewerkstelligt wird, unterscheidet die verschiednen ökonomischen Epochen der Gesellschaftsstruktur.› *(K. Marx)

Sind die Produktionsmittel Privateigentum, so erfolgt diese Verbindung dadurch, daß die Privateigentümer die unmittelbaren Produzenten in Objekte der Ausbeutung verwandeln. In der *Sklaverei* geschieht das, indem die Produktionsmitteleigentümer die unmittelbaren Produzenten selbst zu ihrem Eigentum, also zu Sklaven machen. Im *Feudalismus* befinden sich die Bauern in Verhältnissen der persönlichen Abhängigkeit von den Feudalherren, die ausschließliche Eigentümer des Hauptproduktionsmittels, des Grund und Bodens, sind. Im *Kapitalismus* sind die Arbeiter, frei von persönlichen Abhängigkeitsverhältnissen und frei von jeglichem Eigentum an den Produktionsmitteln, gezwungen, ihre Arbeitskraft als Ware an die Kapitalisten zu verkaufen. Durch diesen Kauf wird die Arbeitskraft mit den Produktionsmitteln verbunden, die Eigentum des Kapitalisten sind.

Gesellschaftliches Eigentum an den Produktionsmitteln dagegen bedeutet, daß die Produktionsmittel den Werktätigen selbst gehören. Diese sind Produzenten und Eigentümer in einem. Im Sozialismus sind die wichtigsten Produktionsmittel gesamtgesellschaftliches Eigentum. Außer diesem existiert das sozialistische genossenschaftliche Eigentum.

Die Verbindung der unmittelbaren Produzenten mit den Produktionsmitteln leitet den *Aneignungsprozeß* innerhalb der materiellen *Produktion* ein. In diesem Aneignungsprozeß handelt es sich nicht nur darum, daß gearbeitet wird, sondern darum, für wen der unmittelbare Produzent arbeitet, in welcher gesellschaftlichen Form er dies tut, wer sich in welcher gesellschaftlichen Form die Arbeitsprodukte *aneignet*, das heißt eben um Produktionsverhältnisse zwischen den Menschen.

Unter den Bedingungen des Privateigentums an den Produktionsmitteln hat die Arbeit der unmittelbaren Produzenten antagonistisch-widersprüchlichen Charakter: Sie ist nicht nur *notwendige Arbeit* zur Herstellung von Existenzmitteln für die unmittelbaren Produzenten, sondern muß zugleich auch *Mehrarbeit für den Eigentümer der Produktionsmittel sein.* Ihrem Charakter nach – ganz gleich, ob Sklaven-, Fron- oder Lohnarbeit – ist sie stets Zwangsarbeit, vergegenständlicht sie sich im Mehrprodukt, das sich der *Eigentümer der Produktionsmittel unentgeltlich aneignet*. In dieser unentgeltlichen Aneignung fremder Mehrarbeit besteht das *Wesen der Ausbeutung* einer Klasse durch die andere. ‹Nur die Form, worin diese Mehrarbeit dem unmittelbaren Produzenten, dem Arbeiter, abgepreßt wird, unterscheidet die ökonomischen Gesellschaftsformationen, z. B. die Gesellschaft der Sklaverei von der der Lohnarbeit.› *(K. Marx) In diesem Antagonismus *(unversöhnlichen Gegensatz) bewegt sich die Produktion aller Ausbeutergesellschaften: der Zwangsherrschaft der Ausbeuter über die Ausgebeuteten auf dem einen Pol entspricht die Zwangsarbeit der Ausgebeuteten für die Ausbeuter auf dem anderen; der beständigen unentgeltlichen Aneignung fremder Mehrarbeit, das heißt der Monopolisierung der gesellschaftlichen Entwicklung, einschließlich ihrer materiellen und intellektuellen Vorteile, durch die Nichtarbeiter auf der einen

Seite entspricht der beständige Ausschluß der Arbeitenden aus der Welt des gesellschaftlichen Reichtums.

Unter den Bedingungen des sozialistischen gesellschaftlichen Eigentums an den Produktionsmitteln tritt an die Stelle der Zwangsarbeit für die Ausbeuter die *freie Arbeit der Werktätigen für sich, für ihre Gesellschaft,* die Werktätigen *eignen sich das gesamte Produkt ihrer gemeinsamen Arbeit selbst an*, und die Entwicklung der Produktion wird zur Basis der freien Entwicklung ihrer Individualität, der fortschreitenden Entfaltung ihrer schöpferischen Kräfte.

Aus den Verhältnissen zwischen den Menschen im unmittelbaren Produktionsprozeß ergibt sich der Charakter der *Verteilungsverhältnisse*, insbesondere die Form und die Höhe des Anteils der verschiedenen Klassen, sozialen Gruppen usw. am gesellschaftlichen Produkt, der Charakter der *Verhältnisse des Austauschs der Tätigkeiten und der Produkte*, dessen Notwendigkeit aus der gesellschaftlichen Arbeitsteilung resultiert, und schließlich auch der soziale Charakter der persönlichen *Konsumtion*. In der Gesamtheit dieser ökonomischen Verhältnisse, die sich von der unmittelbaren Produktion bis zur Konsumtion erstrecken, realisiert sich das Eigentum an den Produktionsmitteln nicht als Verhältnis der Menschen zu Dingen, sondern als materielle Verhältnisse zwischen Menschen, die an Dinge gebunden sind. *Die Produktionsverhältnisse bestimmen den sozialen Charakter der Produktionsweise, und die grundlegenden Entwicklungsstufen der gesellschaftlichen Produktion unterscheiden sich durch die jeweils herrschenden Produktionsverhältnisse, das heißt in erster Linie durch den herrschenden Typ des Eigentums an den Produktionsmitteln.*

Aus dem Prozeß der materiellen Produktion erwachsend, sind die Produktionsverhältnisse die ursprünglichen, grundlegenden gesellschaftlichen Verhältnisse der Menschen.»

Nur in jener zweifachen Beziehung der Menschen zur Natur und zueinander ist die jeweilige Produktionsweise einer Epoche zu erfassen. Diesen Zusammenhang hat das **Autorenkollektiv**: **‹Dialektischer und historischer Materialismus›**, a. a. O., S. 350, bündig formuliert:

«Produktivkräfte und Produktionsverhältnisse bilden in ihrer Einheit die *Produktionsweise materieller Güter*. Zwischen Produktivkräften und Produktionsverhältnissen, in den Produktivkräften und in den Produktionsverhältnissen selbst besteht eine Vielfalt dialektisch-widersprüchlicher Beziehungen, die in ihrer Gesamtheit die Quelle der Bewegung und Entwicklung der Produktionsweise bilden und deren historisch-veränderlichen Charakter bedingen. Die materielle Produktion existiert daher stets als *konkret-historische* Produktionsweise.»

1.3.2 Die Dialektik von Basis und Überbau

Wird der gesellschaftliche Lebensprozeß als ein Systemzusammenhang mit verschiedenen Elementen, Strukturen und Teilbereichen verstanden, so ist die Analyse der jeweils bestimmenden, determinierenden oder abgeleiteten, determinierten Prozesse und Faktoren für die Erklärung der Funktionsweise des Gesamtsystems unabdingbar.

Mit den Begriffen ‹Basis› und ‹Überbau› hat **K. Marx** in seinem Vorwort **‹Zur Kritik der politischen Ökonomie›** (In: MEW, Bd. 13, Berlin 1969, S. 8–9) das Verhältnis von materiellem und ideellem gesellschaftlichem Sein untersucht, um das gesellschaftliche Bewußtsein als abgeleitet aus der Produktionsweise des materiellen Lebens auszuweisen:

«In der gesellschaftlichen Produktion ihres Lebens gehen die Menschen bestimmte, notwendige, von ihrem Willen unabhängige Verhältnisse ein, Produktionsverhältnisse, die einer bestimmten Entwicklungsstufe ihrer materiellen Produktivkräfte entsprechen. Die Gesamtheit dieser Produktionsverhältnisse bildet die ökonomische Struktur der Gesellschaft, die reale Basis, worauf sich ein juristischer und politischer Überbau erhebt, und welcher bestimmte gesellschaftliche Bewußtseinsformen entsprechen. Die Produktionsweise des materiellen Lebens bedingt den sozialen, politischen und geistigen Lebensprozeß überhaupt. Es ist nicht das Bewußtsein der Menschen, das ihr Sein, sondern umgekehrt ihr gesellschaftliches Sein, das ihr Bewußtsein bestimmt. Auf einer gewissen Stufe ihrer Entwicklung geraten die materiellen Produktivkräfte der Gesellschaft in Widerspruch mit den vorhandenen Produktionsverhältnissen oder, was nur ein juristischer Ausdruck dafür ist, mit den Eigentumsverhältnissen, innerhalb deren sie sich bisher bewegt hatten. Aus Entwicklungsformen der Produktivkräfte schlagen diese Verhältnisse in Fesseln derselben um. Es tritt dann eine Epoche sozialer Revolution ein. Mit der Veränderung der ökonomischen Grundlage wälzt sich der ganze ungeheure Überbau langsamer oder rascher um. In der Betrachtung solcher Umwälzungen muß man stets unterscheiden zwischen der materiellen, naturwissenschaftlich treu zu konstatierenden Umwälzung in den ökonomischen Produktionsbedingungen und den juristischen, politischen, religiösen, künstlerischen oder philosophischen, kurz, ideologischen Formen, worin sich die Menschen dieses Konflikts bewußt werden und ihn ausfechten. Sowenig man das, was ein Individuum ist, nach dem beurteilt, was es sich selbst dünkt, ebensowenig kann man eine solche Umwälzungsepoche aus ihrem Bewußtsein beurteilen, sondern muß vielmehr dies Bewußtsein aus den Widersprüchen des materiellen Lebens, aus dem vorhandenen Konflikt zwischen gesellschaftlichen Produktivkräften und Produktionsverhältnissen erklären. Eine Gesellschaftsformation geht nie unter, bevor alle Produktivkräfte entwikkelt sind, für die sie weit genug ist, und neue höhere Produktionsverhältnisse treten nie an die Stelle, bevor die materiellen Existenzbedingungen derselben im Schoß der alten Gesellschaft selbst ausgebrütet worden sind. Daher stellt sich die Menschheit immer nur Aufgaben, die sie lösen kann, denn genauer betrachtet wird sich stets finden, daß die Aufgabe selbst nur entspringt, wo die materiellen Bedingungen ihrer Lösung schon vorhanden oder wenigstens im Prozeß ihres Werdens begriffen sind. In großen Umrissen können asiatische, antike, feudale und modern bürgerliche Produktionsweisen als progressive Epochen der ökonomischen Gesellschaftsformation bezeichnet werden. Die bürgerlichen Produktionsverhältnisse sind die letzte antagonistische Form des gesellschaftlichen Produktionsprozesses, antagonistisch nicht im Sinn von individuellem Antagonismus, sondern eines aus den gesellschaftlichen Lebensbedingungen der Individuen hervorwachsenden Antagonismus, aber die im Schoß der bürgerlichen Gesellschaft sich entwickelnden Produktivkräfte schaffen zugleich die materiellen Bedingungen zur Lösung dieses Antagonismus. Mit dieser Gesellschaftsformation schließt daher die Vorgeschichte der menschlichen Gesellschaft ab.»

(*Zusatz*: In seinem ‹**Brief an Joseph Bloch** vom 21./22. September 1890› [In: MEW, Bd. 37, Berlin 1967, S. 463] hebt **F. Engels** hervor, daß die Basis von Einflüssen und Rückwirkungen des Überbaus nicht unberührt bleibt:

«Nach materialistischer Geschichtsauffassung ist das *in letzter Instanz* bestimmende Moment in der Geschichte die Produktion und Reproduktion des wirklichen Lebens. ...

Wenn nun jemand das dahin verdreht, das ökonomische Moment sei das *einzig* bestimmende, so verwandelt er jenen Satz in eine nichtssagende, abstrakte, absurde Phrase. Die ökonomische Lage ist die Basis, aber die verschiedenen Momente des Überbaus ... üben auch ihre Einwirkung auf den Verlauf der geschichtlichen Kämpfe aus und bestimmen in vielen Fällen deren *Form*. Es ist eine Wechselwirkung aller dieser Momente, worin schließlich durch alle die unendliche Menge von Zufälligkeiten ... als Notwendiges die ökonomische Bewegung sich durchsetzt.»)

(*Anmerkung*: Die hier vorgeschlagene und im Leitfaden ausgebreitete Interpretation des Verhältnisses von Basis und Überbau, die die Produktionsweise als Basis begreift, wird in der materialistischen gesellschaftstheoretischen Diskussion von einer anderen Auffassung kritisiert, der gemäß allein die Produktionsverhältnisse als Basis zu bezeichnen seien; vgl. A. Bauer, H. Crüger, G. Koch, Ch. Zak: Basis und Überbau der Gesellschaft. Frankfurt 1974.)

1.3.3 Der Materialismus in der Soziologie und die Kategorie der ökonomischen Gesellschaftsformation

Nachdem bis hierher die Kategorien ‹Produktionsweise›, ‹Basis› und ‹Überbau› erläutert wurden, muß nun die Klärung des Begriffs der ökonomischen Gesellschaftsformation erfolgen. **W. I. Lenin** hat es in seiner Abhandlung ‹**Was sind die ‚Volksfreunde' und wie kämpfen sie gegen die Sozialdemokraten?**›, Berlin 1962,

S. 15–16, als den entscheidenden Schritt zur Herausbildung einer wissenschaftlichen Soziologie bezeichnet, daß K. Marx den Grundbegriff der Gesellschaftsformation entwickelte:

«Bisher fiel es den Soziologen schwer, in dem komplizierten Netz der sozialen Erscheinungen wichtige Erscheinungen von unwichtigen zu unterscheiden (hier liegt die Wurzel des Subjektivismus in der Soziologie), und sie konnten kein objektives Kriterium für eine solche Unterscheidung ausfindig machen. Der Materialismus gab ein völlig objektives Kriterium an die Hand, indem er die ‹Produktionsverhältnisse› als die Struktur der Gesellschaft heraushob und es möglich machte, auf diese Verhältnisse jenes allgemeinwissenschaftliche Kriterium der Wiederholbarkeit anzuwenden, dessen Anwendbarkeit auf die Soziologie die Subjektivisten bestritten. Solange sie sich auf die ideologischen gesellschaftlichen Verhältnisse beschränkten (d. h. auf Verhältnisse, die vor ihrer Ausgestaltung durch das Bewußtsein der Menschen hindurchgegangen sind), konnten sie die Wiederholung der Regelmäßigkeit in den gesellschaftlichen Erscheinungen der verschiedenen Länder nicht entdecken, und ihre Wissenschaft war bestenfalls eine bloße Beschreibung dieser Erscheinungen, eine Zusammenstellung von Rohmaterial. Die Analyse der materiellen gesellschaftlichen Verhältnisse (d. h. der Verhältnisse, die entstehen, ohne durch das Bewußtsein der Menschen hindurchgegangen zu sein: indem die Menschen ihre Produkte austauschen, gehen sie Produktionsverhältnisse ein, sogar ohne sich der Tatsache bewußt zu werden, daß es sich dabei um ein gesellschaftliches Produktionsverhältnis handelt) – die Analyse der materiellen gesellschaftlichen Verhältnisse bot sofort die Möglichkeit, die Wiederholung und Regelmäßigkeit festzustellen und die Zustände in den verschiedenen Ländern verallgemeinernd zu dem Grundbegriff der *Gesellschaftsformation* zusammenzufassen. Erst diese Verallgemeinerung bot dann die Möglichkeit, von der Beschreibung der gesellschaftlichen Erscheinungen (und ihrer Beurteilung vom Standpunkt des Ideals) zu ihrer streng wissenschaftlichen Analyse überzugehen, die beispielsweise das hervorhebt, was das eine kapitalistische Land von einem anderen unterscheidet, und das untersucht, was ihnen allen gemeinsam ist.

Drittens endlich ergab sich aus dieser Hypothese zum erstenmal die Möglichkeit einer *wissenschaftlichen* Soziologie auch noch darum, weil allein die Zurückführung der gesellschaftlichen Verhältnisse auf die Produktionsverhältnisse und dieser wiederum auf den jeweiligen Stand der Produktivkräfte eine feste Grundlage dafür bot, die Entwicklung der Gesellschaftsformationen als einen naturgeschichtlichen Prozeß darzustellen. Ohne eine solche Anschauung aber kann es selbstverständlich auch keine Gesellschaftswissenschaft geben. (Die Subjektivisten beispielsweise, die die Gesetzmäßigkeit der historischen Erscheinungen zugaben, waren dessenungeachtet außerstande, deren Evolution als naturgeschichtlichen Prozeß zu erfassen – und zwar gerade darum, weil sie bei den gesellschaftlichen Ideen und Zielen des Menschen haltmachten und es nicht verstanden, diese Ideen und Ziele auf die materiellen gesellschaftlichen Verhältnisse zurückzuführen.)»

W. Eichhorn I versucht in seinem Aufsatz ‹**Zur philosophischen Analyse gesellschaftlicher Systeme**› (In: Deutsche Zeitschrift für Philosophie, Heft 3, 1969, S. 279–299, hier: S. 287–288) die Reichweite des Begriffs der ökonomischen Gesellschaftsformation zu bestimmen. Er ist demnach im wesentlichen Ausdruck und Mittel einer materialistischen Analyse des gesellschaftlichen Systems. Die Kategorie der ökonomischen Gesellschaftsformation charakterisiert geschichtlich bestimmte Entwicklungsstufen des sozialen Lebensprozesses:

«Der Begriff der ökonomischen Gesellschaftsformation bringt die Tatsache zum Ausdruck, daß das gesellschaftliche Leben der Menschen auf jeder historischen Entwicklungsstufe ein System (eine Ganzheit) vielfältiger gesellschaftlicher Verhältnisse darstellt, das (die) primär durch die materiellen gesellschaftlichen Verhältnisse (im weiteren Sinne des Wortes) bestimmt wird. Eine ökonomische Gesellschaftsformation ist eine Gesamtheit (Totalität, System) gesellschaftlicher Verhältnisse, die die Menschen in ihrem praktischen Lebensprozeß untereinander eingehen und die determiniert ist durch ein jeweiliges System materieller Produktionsverhältnisse, das einem bestimmten Entwicklungsstand der materiellen Produktionskräfte entspricht, also durch eine bestimmte ökonomische Struktur der Gesellschaft, auf der sich ein ihr entsprechender Überbau von politischen, rechtlichen, kulturellen, weltanschaulichen Vorstellungen, Beziehungen und Institutionen erhebt; seit Auflösung der Urgemeinschaft vollziehen sich Entwicklung und Wechsel ökonomischer Gesellschaftsformationen im *Klassenkampf* und wird der Charakter einer jeweiligen ökonomischen Gesellschaftsformation durch eine bestimmte *Klasse* und durch bestimmte *Klassenverhältnisse* geprägt.

Zwischen den Teilsystemen des gesellschaftlichen Lebens besteht auf jeder historischen Entwicklungsstufe eine organische Wechselwirkung, und die Gesamtheit der Teilsysteme und der dialektischen Wechselbeziehungen zwischen ihnen bildet jeweils eine *Totalität*, eine *qualitativ bestimmte Gesamtheit,* ein ‹organisches System› (Marx). In einem solchen System setzt jedes Teilsystem das andere voraus. Die Entwicklung einer derartigen gesellschaftlichen Gesamtheit zu einem organischen System, zu einer Totalität, besteht nach Marx darin, ‹alle Elemente der Gesellschaft sich unterzuordnen, oder die ihm noch fehlenden Organe aus ihr heraus zu schaffen. Es wird so historisch zur Totalität.› *(K. Marx) Eine ökonomische Gesellschaftsformation bildet also einen geschichtlich, klassenmäßig bestimmten, durch ein gegebenes System von Produktionsverhältnissen determinierten ‹sozialen Organismus›, der alle gesellschaftlichen Elemente und Teilsysteme von den Produktivkräften bis zu den ‹höchsten Regionen› des ideologischen Überbaus erfaßt, sie seinen spezifischen Gesetzmäßigkeiten und seinem historischen und klassenmäßigen Charakter gemäß umgestaltet oder neu schafft. Das bedeutet, daß die Teilsysteme des gesellschaftlichen Lebens letztlich immer nur in ihrer komplexen Verflechtung innerhalb des Gesamtsystems einer jeweiligen Gesellschaftsformation verstanden werden können. Ihre theoretische Erfassung und insbesondere auch ihre praktische Beherrschung sind letztlich nur möglich, wenn ihre Analyse integriert wird in die Analyse umfassender Gesellschaftssysteme. Das gesellschaftliche System als *dynamisches Ganzes* bestimmt das soziale Wesen der einzelnen Elemente und Beziehungen.»

2. Naturgeschichte der Kommunikation

Kommunikation ist nicht immer schon gesellschaftliche. Wie der Mensch selbst, so hat auch sie sich im Rahmen der Naturgeschichte entwickelt. Unter «Naturgeschichte der Kommunikation» wird dabei ein Prozeß verstanden, in welchem sich Kommunikation im Bereich der organischen Natur zur gesellschaftlichen Kommunikation entfaltet hat. Dazu wird zunächst auf die allgemeinen Voraussetzungen der Kommunikation hingewiesen (vgl. 2.1). Die Überlegungen von A. N. Leontjew zur Entwicklung des Psychischen und die in diesem Zusammenhang bedeutsame Rolle der Arbeit für die Menschen (vgl. 2.2.3) leiten dann über zur Behandlung zunächst der stofflichen Elemente gesellschaftlicher Kommunikation, Denken und Sprechen. Die Diskussion des Mediums Sprache und des Verhältnisses von Sprache und Gesellschaft verweist inhaltlich bereits auf die «Sozialgeschichte der Kommunikation».

2.1 Grundlagen der Kommunikation

2.1.1 Kommunikation und Information

Eine abstrakte Bestimmung von Kommunikation kann diese als informativen Prozeß zwischen zwei Elementen, Sender und Empfänger, charakterisieren. Daraus ergibt sich sofort die Frage nach den spezifischen Eigenheiten von Information.

W. P. Tugarinow versucht in seiner Arbeit ‹**Philosophie des Bewußtseins**›, Berlin 1974, S. 172–177 (gekürzt), ihnen im Vergleich der Kategorien ‹Information› und ‹Widerspiegelung› nachzugehen:

«Der kybernetische Begriff der Information unterscheidet sich von der üblichen Auffassung dieses Terminus als einer einfachen Mitteilung oder Benachrichtigung von irgend etwas, obwohl diese letztere Bedeutung als Moment und spezieller Fall (in lebenden Systemen) auch in die kybernetische Auffassung der Information eingeht.

In der Kybernetik nimmt man den Begriff der Information im weitesten Sinn als bestimmte Form der Wechselwirkung zwischen zwei oder mehreren Objekten beliebiger physischer Natur. Von dem noch weiteren Begriff der Wechselwirkung unterscheidet sich der kybernetische Begriff der Information dadurch, daß in ihm jene Seite der Wechselwirkung hervorgehoben wird, die bestimmte Angaben von den in Wechselwirkung stehenden Objekten enthält.

Die Spezialisten der Informationstheorie unterstreichen in diesem Begriff auch das Merkmal der Ordnung, der Organisiertheit. ...

Das Geordnetsein ist zweifellos ein sehr wesentliches Merkmal oder eine Eigenschaft der Information. Die Eigenschaft des Geordnetseins ist charakteristisch für jeden Prozeß, der Informationen gibt, darunter auch für die Widerspiegelung.

Wenn der übliche, im Alltag gebrauchte Begriff der Information nur mit bewußten Handlungen des Menschen (mündliche, schriftliche u. a. Mitteilung) verbunden ist, dann hat der kybernetische Informationsbegriff eine universelle Bedeutung und schließt das Wirken beliebiger Systeme aufeinander ein, sowohl belebter als auch unbelebter, und hängt durchaus nicht mit dem Bewußtsein zusammen. Die bewußten Informationsprozesse gehen in diesen Begriff als spezieller Fall ein. Einen ebenso universellen Charakter hat auch das Merkmal der Ordnung. Durch seine Universalität steht der kybernetische Informationsbegriff dem philosophischen Begriff der Widerspiegelung nahe. ...

Der Begriff der Widerspiegelung ist nicht nur ein ontologischer *(seinslogischer), sondern auch ein erkenntnistheoretischer Begriff, er zeigt das Verhältnis zwischen dem Primären (dem Widergespiegelten) und dem Sekundären (dem Widerspiegelnden). Der Widerspiegelungsbegriff wurde nicht nur geschaffen, um eine bestimmte Form der Beziehungen zwischen Erscheinungen zu fixieren (ontologische Ebene der Widerspiegelung), sondern auch, um eine Grundlage für die Aufdekkung des erkenntnistheoretischen Verhältnisses zwischen dem Primären und Sekundären zu geben, was besonders wichtig ist für das Verständnis der höheren Formen der Widerspiegelung – der Widerspiegelung des Objektes durch das Subjekt. Der marxistischen Erkenntnistheorie liegt der Begriff der Widerspiegelung im allgemeinen zugrunde, aber die Erkenntnistheorie ist als Ganzes und ihrem Wesen nach die Lehre von der Widerspiegelung der Materie durch das Bewußtsein, das Subjekt. Für den Informationsbegriff ist das letztere unwesentlich. ... Dieser Begriff fixiert das Verhältnis zwischen einem Objekt, der Quelle der Information, und einem anderen Objekt, dem Empfänger der Information. Das sind die Objekte im allgemeinen, Objekte beliebiger Natur. Es ist durchaus nicht obligatorisch, daß das eine von ihnen Objekt und das andere Subjekt ist, ‹. . . die einen Erscheinungen beinhalten *objektiv*, unabhängig vom Bewußtsein der Menschen, Informationen über andere Erscheinungen der Wirklichkeit.› *(L. O. Resnikow)

Der Begriff der Information hat wie jeder andere naturwissenschaftliche Begriff keinen erkenntnistheoretischen Aspekt. Dieser Begriff ist nur ontologisch.

Dieser Umstand ruft auch den zweiten philosophischen Unterschied zwischen den zu analysierenden Begriffen hervor. W. I. Lenin sagte, daß die marxistische Erkenntnistheorie, die dialektische Logik, die Frage nach der Wahrheit löst. Die Lüge, der Irrtum ist keine Wahrheit. Ein völlig falsches, d. h. der Wirklichkeit nicht entsprechendes Abbild ist keine Widerspiegelung. Aber für den Informationsbegriff bleibt auch die falsche Information eine Information. Der Begriff der Information hat keinen logischen Aspekt. Kurz gesagt, der Unterschied der Begriffe der Widerspiegelung und der Information drückt den Unterschied von philosophischen und naturwissenschaftlichen Begriffen aus. Die Einzelwissenschaften besitzen nur den ontologischen Aspekt. Die Erkenntnistheorie und Logik sind ein Gebiet der Philosophie.

Das Gesagte setzt die Bedeutung des Informationsbegriffs und des ontologischen Herangehens im allgemeinen nicht herab. Erstens ist das ontologische Herangehen die Grundlage des erkenntnistheoretischen und logischen Herangehens, denn bei jeder Forschung muß man vor allem erklären, worin das Wesen der Erscheinung an sich besteht, unabhängig von unserem Bewußtsein und Verhältnis zu ihr.

Zweitens gestattet der Begriff der Information, angewandt auf Objekte beliebiger Natur, die Prozesse des Bewußtseins nicht nur im Zusammenhang mit einer solchen Eigenschaft der Natur wie der Widerspiegelung zu analysieren, sondern auch im Zusammenhang mit einer anderen Eigenschaft, der Information. Auch von diesem neuen Gesichtspunkt aus überwindet dieses Herangehen die anthropomorphe *(auf den Menschen bezogene) Vorstellung über die Einzigartigkeit und Voraussetzungslosigkeit der Psyche. ‹Unser Wissen über den Menschen›, schreibt M. I. Bobnewa, ‹erweitert sich. Wir beginnen zu verstehen, daß der Mensch nicht nur Mitglied einer großen Menge lebender Wesen ist. Es zeigen sich einige Verbindungslinien zwischen ihm und anderen Klassen von Systemen und Organisationen. Die Gattungsbegriffe für den Menschen sind nicht nur soziale und biologische. . . .›

Drittens fixiert der Begriff der Information eine wichtige allgemeine Eigenschaft der unbelebten und belebten Natur, die weder mit dem Begriff der Widerspiegelung noch mit dem Begriff der Psyche und des Bewußtseins zusammenfällt. Diese Eigenschaft ist die wichtigste Komponente des Inhalts der Widerspiegelung im allgemeinen und der Psyche und des Bewußtseins im besonderen: Jede Widerspiegelung trägt Information. Wenn wir auch im Begriff der Information von diesen letzteren

Erscheinungen abstrahieren, lehnen wir deshalb die Bedeutung des Begriffs und der Informationstheorie für die marxistische Lehre vom Bewußtsein nicht ab, sondern unterstreichen im Gegenteil diese Bedeutung. Die Informationstheorie gibt neues Material für die Bereicherung der Theorie der Widerspiegelung und des Bewußtseins. Der Zusammenhang der Philosophie und der Einzelwissenschaften nützt, wie bekannt, allen. Im vorliegenden Fall helfen die philosophische Theorie der Widerspiegelung und die naturwissenschaftliche Informationstheorie sich gegenseitig.

Wenn T. Pawlow feststellt, daß ausländische Vertreter der Kybernetik (N. Wiener, W. Ashby, F. George) und einige sowjetische Kybernetiker in ihren Forschungen die Begriffe des Bewußtseins und Selbstbewußtseins nicht berühren, sieht er darin eine Gefahr des Abgleitens in den Behaviorismus und mechanischen Materialismus. Wenn wir auch unrichtige Interpretationen der Informationstheorie nicht verteidigen, müssen wir dennoch sagen, daß eine solche Beurteilung der kybernetischen Forschungen auf Grund dessen, daß sie das Bewußtsein nicht berühren, kaum stichhaltig ist. Die Abstraktion der Kybernetik und der Informationstheorie nicht nur vom Bewußtsein und Selbstbewußtsein, sondern auch von der Theorie der Widerspiegelung ist durch das Wesen des Gegenstandes der Kybernetik und ihrer spezifischen Methode diktiert.

T. Pawlow *(bulgarischer Philosoph, 1890–1977) zeigt zu Recht, daß zwischen Information und Widerspiegelung keine Identität, sondern Verwandtschaft besteht. Sie besteht darin, daß in jeder Widerspiegelung Information enthalten ist und andererseits ein bedeutender Teil der Informationsprozesse Widerspiegelungscharakter hat. Aber dabei hat jeder dieser Begriffe, wie wir gesehen haben, seinen eigenen Inhalt.

Mit der Entstehung der Informationstheorie wurde die Frage nach der *Materialität oder Idealität der Information* gestellt. Wir werden hier nicht auf die Argumentationen der Anhänger dieser oder jener Antwort auf die Frage eingehen, denn nach unserer Auffassung ist die Frage selbst – ob die Information Materie oder Geist ist – unberechtigt. Die substantiellen Bestimmungen und Charakteristiken (Materie oder Geist) kann man nur auf die Substanz, auf die Materie anwenden, aber nicht auf ihre Eigenschaften und die Prozesse, die in ihr vorgehen.

Die Information ist ein Prozeß, der in materiellen und ideellen (psychischen) Systemen entsprechend den allgemeinen Eigenschaften dieser Systeme vor sich geht. Sie ist ein Bestandteil dieser Systeme und bringt die Natur jedes von ihnen zum Ausdruck: In materiellen Prozessen ist die Information materiell, und in ideellen, psychischen Systemen hat die Information materiell-ideellen Charakter, denn sie wird mit Hilfe eines materiellen Mediums übertragen. In materiellen (natürlichen, technischen und physiologischen) Systemen ist der Informationsprozeß rein objektiv, in psychischen Systemen aber gewinnt er auch ideelle, subjektive Charakteristika, wobei die materiellen und objektiven Momente erhalten bleiben; er wird eine Einheit von Objektivem und Subjektivem auf der Grundlage des Objektiven.»

(*Anmerkung*: In Tugarinows Ausführungen wird nicht zwischen statistischer Information, Varietät und Information unterschieden. Er kann daher Information nicht als Auswahl aus der Varietät [Vielfalt] der objektiven Realität begreifen. Aufgebaut wird zwar zunächst richtig auf einem allgemeinen Begriff der Widerspiegelung, die als Eigenschaft aller Materie gilt. Von hier her trage auch Information Widerspiegelungscharakter. Widerspiegelung sei aber weiter auch Verhältnis von Subjekt und Objekt. Dies könne von Information nicht gesagt werden.

Tugarinows Irrtum liegt darin, nicht erkannt zu haben, daß zwischen Varietät und Information zu unterscheiden ist. Was er mit dem Begriff der Information bezeichnet, macht in Wirklichkeit Varietät aus. Für Information hingegen ist gerade die Subjekt-Objekt-Relation ausschlaggebend.)

2.1.2 Voraussetzungen der Kommunikation

Um von der Bestimmung der Information als Auswahl aus der Varietät zum Begriff der Kommunikation zu gelangen, müssen zusätzliche Kriterien ermittelt werden. Dazu beschreibt **F. Klix** in ‹**Information und Verhalten**›, Berlin 1971, S. 31–36 (gekürzt), einen Prozeß, der von der Informationsauswahl durch einen Sender noch über die Informationsentschlüsselung durch einen Empfänger hinausreicht (– wobei allerdings, wie bei Tugarinow, auch nicht zwischen Varietät und Information differenziert wird):

«Informationsaustausch besteht im ständigen Wechsel zwischen Informationsaufnahme und Informationsabgabe. Information aufnehmen heißt im allgemeinen Sinne des Wortes: eine Nachricht empfangen bzw. eine Mitteilung erhalten. ...

Ohne Bezug auf spezielle Realisierungsformen – dies höchstens an Beispielen verdeutlicht – soll nun einleitend versucht werden, jene allgemeinen Charakteristika zu bestimmen, die stets nachweisbar sind, wenn sich Systeme im Informationsaustausch befinden. Davon ausgehend, werden danach weitere Differenzierungen schrittweise eingeführt.

Es muß ein System S_1 als Informationsgeber vorhanden sein. Seine allgemeinste Eigenschaft besteht darin, verschiedene Zustände haben oder einnehmen und äußern (d. h. nach ‹außen› abgeben) zu können. Welcherart diese verschiedenen Zustände sind, braucht im allgemeinen Fall nicht mitgedacht zu werden. Im einzelnen können das verschiedene Reflexionen einer Oberfläche sein, verschiedene Intensitäten einer Strahlung, geometrische Eigenschaften eines Körpers, die Lautbildung eines Rufenden oder die Buchstaben bzw. Symbole einer Sprache. Wenn eine Auswahl oder eine Menge solcher elementarer Zustände an die Umgebung abgegeben wird, dann bildet diese Zusammenstellung eine Mitteilung bzw. eine Nachricht. Die Auswahl kann aktiv getroffen werden. Dann ist die Mitteilung motiviert. Sie kann passiv erfolgen, wie z. B. der Wechsel der Strahlungsintensität von Gegenständen in der Dämmerung, dann ist die Bildung der Zustände auf Grund von Naturgesetzen eindeutig determiniert. In beiden Fällen enthält die Erzeugung bestimmter Zustände eine Mitteilung über reale Eigenschaften am Ursprungsort der Informationsbildung. Er ist im allgemeinsten Sinne eine Quelle von Information.

Zum Informationsaustausch gehört zweitens ein System, das in der Lage ist, die ‹geäußerten› Zustände aufzunehmen. Dies schließt ein, daß verschiedene gesendete Zustände auch als verschieden aufgefaßt werden. Das informationsaufnehmende System muß folglich auch seinerseits über verschiedene, intern unterscheidbare Zustände verfügen. Die Zuordnung der gesendeten Nachricht zu einem systemeigenen Zustand kann angeboren sein und passiv erfolgen, etwa wenn auf die Hitzeeinwirkung der Schmerz, auf die Strahlung die Wahrnehmung des Lichts folgt. Die Zuordnung kann zwischen den Systemen vereinbart sein, so, wenn etwa die Silbe ‹au› Schmerz bestimmen soll. Die Zuordnung muß nicht eindeutig sein. Das ist der Fall, wenn verschiedene Quellenzustände einem systemeigenen Zustand zugeordnet werden oder umgekehrt; wichtig ist allein, daß durch verschieden ausgewählte Zustände des Informationsgebers verschiedene Zustände des informationsaufnehmenden Systems angeregt werden *können*.

Informationsaustausch ist mithin dann *möglich*, wenn eine wechselseitige Abgabe und Aufnahme von Information stattfindet. Informationsaustausch wird aber erst dann real, wenn die Abgabe von der Aufnahme abhängt. *Wenigstens* ein System muß dabei aktiv sein, also motivierte Nachrichten bilden. Das zweite kann passiv oder aktiv sein. Der passive Fall liegt vor, wenn auf die Quelle Einwirkungen erfolgen, die zwangsläufig deren Zustand ändern. Das gilt speziell, wenn ‹Fragen› in Form von gezielten Eingriffen so gestellt werden, daß dort neue oder veränderte Zustände entstehen. Die Art der erwirkten Zustandsänderung enthält dann eine Nachricht über Eigenschaften dieser Umgebung. Der aktive Fall liegt vor, wenn zwei Lebewesen miteinander in Kommunikation stehen. Die Auswahl der Nachricht eines Partners bedingt eine Zustandsänderung des anderen. So zeigt es sich hier wie immer wieder: Selbst wo aus didaktischen Gründen Information und Verhalten getrennt werden müssen, ist die Trennung immer willkürlich. Wie immer die speziellen Realisierungen aussehen mögen: Die hier genannten drei Grundbedingungen müssen wenigstens erfüllt sein, wenn Informationsaustausch stattfinden soll. Abb. 1 gibt das Gemeinte in einem einfachen Schema wieder. Auf der Geberseite (System S_1) findet die motivierte oder passive Auswahl der zu übertragenden Elementarzustände statt

(Bildung eines Nachrichtengehalts durch Auswahl von x_1, x_2, x_3). Dann findet eine Umsetzung oder Kodierung in N_1, N_2 statt. Die inneren Zustände werden ‹aussendbar› gemacht. ... Ein die Nachricht N_1 N_2 tragender physikalischer Prozeß N^* (Luftschwingung, Lichtausbreitung usw.) trifft auf ein für diesen Prozeß empfindliches System S_2. Hier werden N_1 N_2 aufgenommen und in systemeigene Zustände umgesetzt: N_1 N_2 $\rightarrow y_1\, y_4$. Die Nachricht ist empfangen, wenn eine Beziehung zwischen der Ausgabe x_1, x_2, x_3 und den systemeigenen Zuständen $y_1\, y_4$ besteht. Erfolgt die Auswahl von y_1 und y_4 rein zufällig, dann werden zwar die gebildeten Zustände auch aufgenommen, eine Information über spezifische Zustände in S_1 kann dann aber nicht gewonnen werden. Die Übertragung von Information ist unter diesen Bedingungen aufgehoben.

Wenn Informations*austausch* stattfinden soll, ist – wie schon angedeutet – mehr zu fordern. Dann muß S_2 in der Lage sein, eine Nachricht y_i,

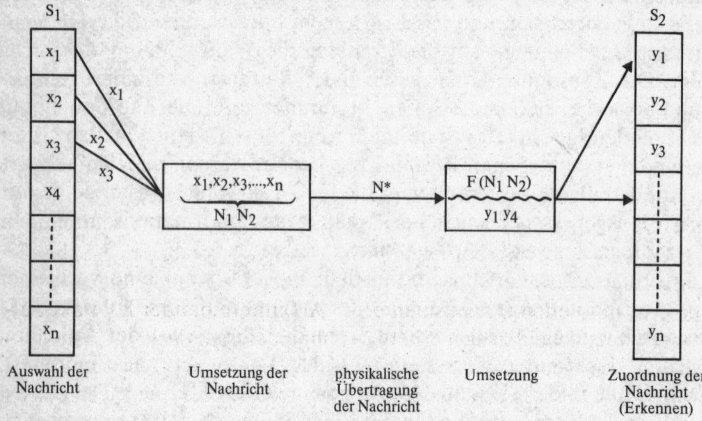

Abbildung 1: Strukturelemente und Prozeßstufen der Informationsübertragung zwischen zwei Systemen, einem Informationsgeber (S_1) und einem Informationsempfänger (S_2). $x_1, \ldots, x_n$ bezeichnen verschiedene Zustände der informationsabgebenden Quelle, die in verschiedene Signalzustände N_1, N_2 usw. umgesetzt und durch einen Trägerprozeß N^* einem informationsaufnehmenden System (S_2) zugeführt werden. Die Signalzustände N_1, N_2 usw. werden dort bestimmten inneren Zuständen $y_1, \ldots, y_n$ zugeordnet.

$y_j\, y_k$ in Abhängigkeit von der gesendeten Nachricht $x_e\, x_m\, x_n$ *auszuwählen* und zu äußern. In Abhängigkeit davon muß wieder eine rückwirkende Auswahl in S_1 stattfinden. Das ist die erste und grundlegende Gemeinsamkeit einer Systemverkoppelung im Informationsaustausch. Die höchste uns bekannte Form dieser Art ist der sprachliche Gedankenaustausch. Die gleiche Grundstruktur haben alle Formen organismischer

Kommunikation: der wechselseitige Lockruf von Vögeln wie schließlich auch die Kommunikation zwischen Insekten, wenn man an den Ruf und die Lautantwort bei Grashüpfern denkt, die zwei verschiedene Frequenzlagen unterscheiden und mithin zum Aussenden von Nachrichten ‹verwenden› können. Indem diese Beispiele genannt werden, zeigt sich, daß zwei völlig verschiedene, in Abb. 1 nur summarisch angedeutete Eigenschaften von Systemen mit Informationsaustausch auseinandergehalten werden müssen. Das sind einmal die inneren Zustände (x_i, x_j, x_k usw.), die die Nachricht bilden, und dann diejenigen Einheiten, in die die Nachricht umgesetzt werden muß, damit sie übertragen werden bzw. zum System S_2 gelangen kann. Dieser Umsetzungsprozeß heißt Kodierung oder Verschlüsselung. Nur wenn er bestimmten Regeln gehorcht, wenn also derselbe innere Zustand stets in dasselbe sendbare Zeichen überführt wird, kann eine aufgenommene Nachricht eine eindeutige Auskunft über die Zustände in S_1 überbringen. Auf welche Weise, nach welchen Regeln die Umsetzung erfolgt, ist ziemlich belanglos, nur fest muß sie bleiben.

Entscheidend für den Umfang des Mitteilbaren ist die Menge der auswahlfähigen inneren Zustände und nicht der Umfang der Kodierungsmittel (z. B. Zeichenvorrat), in die die Umsetzung erfolgt. Den Unterschied kann man sich in wenigen Beispielen vor Augen führen. Ein fünfjähriges Kind und ein Erwachsener beherrschen das Sprechen gleich gut. Beide haben dasselbe Repertoire von Lauten. Aber sie haben verschiedene oder unterschiedlich differenzierte Begriffsinhalte, die sie lautsprachlich ausdrücken. Auch die im Tierreich festgestellten Lautvariationen, mit denen Organismen einer Art untereinander Kontakt aufnehmen, unterscheiden sich erheblich, ohne daß sich darin die Entwicklungshöhe notwendig widerspiegeln muß. Die Biene (Apis mellifera) bildet über 10 bis 12 verschiedene Frequenzmuster ..., die als Bodenvibrationen wahrgenommen werden. Der Leopardfrosch (Rana pipiens) hat nur zwei unterschiedliche Lautbildungen verfügbar ... Gewisse Fledermausarten (Chiroptera) haben wahrscheinlich nicht mehr als vier Frequenzmuster ... Kohts ... gibt bei den Schimpansen 30 akustische Signalisierungsmöglichkeiten an. Was aber in diese Möglichkeiten zur Lautbildung eingeht, hängt davon ab, wie viele und welche inneren Zustände unterscheidbar sind. Im Prinzip könnte schon das Seepferdchen (Hippocampus) beliebig viele innere Zustände ausdrücken, wennschon es nur über eine einzige Alternative als Sendesystem verfügt: Lautbildung oder Schweigen ... Dies zeigt ganz deutlich, daß die Art der Kodierung für den Nachrichtengehalt relativ bedeutungslos ist. Nur die Übersetzungsregel muß fest bleiben, wenn Information übertragbar sein soll. Offensichtlich hat das Kodierungsalphabet (darunter verstehen wir eben die Variationsbreite der *gesendeten* Zustände) eine andere Funktion im wechselseitigen Kontakt. Sie dient der Übertragung und der Abstimmung mit dem informationsaufnehmenden System, das ja seinerseits für die gewählten Signale der Informationsquelle empfänglich sein muß. Aber auch diese Ansprechbarkeit des aufnehmenden Systems ist nur Voraussetzung für die Kommunikation. Die Erkennung oder das Identifizieren der gesendeten Nachricht fordert mehr. Wie schon angedeutet wurde, müssen die gesendeten Signale inneren Zuständen des aufnehmenden Systems zugeordnet werden. Wie kommt nun die Abhängigkeit zwischen dieser Zuordnung auf der Empfangsseite und der Verschlüsselung auf der Sendeseite bei Organismen zustande? Wie erfährt das aufnehmende System etwas darüber, nach welchen Regeln auf der Sendeseite innere Zustände kodiert wurden? Denn gerade dies muß erreicht werden, wenn Informationsaustausch stattfinden soll: Die Zuordnung der aufgenommenen Nachricht in S_2 muß den in S_1 vollzogenen Kodierungsprozeß *rückgängig* machen. Je genauer dies gelingt, um so exakter ist Informationsaustausch möglich. Wenn es nicht gelingt, ist der Austausch unmöglich. Jedes informationsaufnehmende System hat für die Entschlüsselung der aufgenommenen Nachricht immer nur seine eigenen Zustände zur Verfügung. Ihnen kann die aufgenommene Nachricht zugeordnet werden. Wie gelangt aber ein informationsaufnehmendes System dazu, innere Zustände so auszubilden, daß sie mit denen des informationsgebenden Systems vergleichbar werden? Diese Fragen lassen sich nicht in wenigen Sätzen beantworten. ...

Wir halten fest: Der Informationsaustausch zwischen Systemen geht in seiner allgemeinsten Form in folgenden Stufen vor sich:
1. Auswahl und Bildung der Nachricht;
2. Umsetzung (oder Verschlüsselung) und Informationsabgabe;
3. Übertragung der Information vermittels eines physikalischen Trägerprozesses;
4. Aufnahme der gesendeten Signalfolge;
5. Zuordnung der aufgenommenen Signale zu inneren Zuständen;
6. Auslösung oder Auswahl einer Verhaltenseinheit (als Antwort), die auf der Zuordnung (also der momentan erreichbaren Erkennungsleistung) beruht;
7. Erwartung der Rückmeldung über die Wirkung der eingesetzten Verhaltenseinheit.»

2.2 Formen der Kommunikation

2.2.1 Der genarrte Empfänger: Mimikry

W. Wickler behandelt in seinem Aufsatz ‹**Orchideen und Mimikry**› (In: Burckhardt, D., Schleidt, W., Altner, H. [Hg.]: Signale in der Tierwelt, München 1972, S. 103–108, hier: S. 103–107 [gekürzt]) den Sonderfall eines unvollständigen

Kommunikationsprozesses bei der Informationsübermittlung im Pflanzen-Tierbereich. Er zeigt, welcher Mittel sich z. B. einzelne Pflanzen bedienen, um Insekten in ihrer Eigenschaft als Pollenüberträger gezielt anzulocken oder abzuwehren. Die Täuschung des Empfängers durch Nachahmung von Eigenschaften, die einem andersartigen Sender zukommen, wird hier an verschiedenen Beispielen belegt:

«Orchideen gehören zu den teuersten und schönsten Blumen, sie zählen aber auch zu den ‹raffiniertesten› in bezug auf die Art und Weise, wie sie ihren Pollen übertragen lassen. Pflanzen sind zwar ältere Bewohner unserer Erde als Tiere; die vielfältig bunten Blüten haben sie aber erst entwickelt, als es auch Tiere gab, die als Pollenüberträger dienen konnten. Vorher waren die Pflanzen auf Wasser und Wind angewiesen; diese transportieren den ihnen anvertrauten Pollen zwar ohne Entgelt, aber auch ungezielt, irgendwohin. Wenn er einen bestimmten Empfänger erreichen soll, müssen sehr große Mengen abgeschickt werden. Tiere als Boten arbeiten demgegenüber viel genauer, ähnlich wie der Briefträger zuverlässiger ist als eine Flaschenpost. So können die Pflanzen Blütenstaub sparen, müssen aber nun den Boten für seinen Dienst entlohnen. Die Tiere geben sich durchaus nicht etwa mit einem schönen Anblick zufrieden. Sie sind an anderen Dingen interessiert, und die Blütenfarben sind nur eine sehr auffällige Werbung für den die Tiere interessierenden Inhalt.

Die weitaus meisten Pollenüberträger stellen die Insekten. Von dem eingesparten Pollen haben die Pflanzen zunächst einen Teil den Insekten zur Nahrung angeboten. ... Die Mehrzahl der bunten Blüten hält Nektar bereit. ...

Wenn die Pflanzen nun ihren Pollen gern zu einem Artgenossen transportiert haben möchten, können sie möglichst vielen Boten ein Nektar-Angebot machen. Störend ist dann nur, daß andere Pflanzen dasselbe tun und die Boten zwar mit dem Pollen von einer Blüte zur nächsten fliegen, aber nicht notwendig zur nächsten Blüte derselben Art. Jedoch nur dort erfüllt der Pollen seinen Zweck. Wenn die Boten wahllos alle erreichbaren Blüten besuchen, sind die Pflanzen nicht viel besser dran als bei Pollenübertragung durch den Wind. Sehr viele ihrer höheren Spezialisierungen zielen deshalb darauf ab, den Pollen gerichtet übertragen zu lassen. Dafür gibt es verschiedene Wege: Viele Blumen blühen nur zu bestimmten Jahres-, ja manche sogar nur zu ganz bestimmten Tageszeiten; abwechselnd blühende Arten machen sich dann keine Pollenkonkurrenz. Außerdem können durch den Blütenbau einige Blütenbesucher abgehalten werden: In Blüten mit langen Kronröhren kommen zum Beispiel nur Schmetterlinge mit ihrem langen Rüssel bis an den Nektar. Die meisten Blumen wenden sich überdies an die Lernfähigkeit der Besucher, die ein Farbmuster, von dem sie zuerst mit Nektar belohnt wurden, weiterhin bevorzugt aufsuchen. Es gilt dann, ein von der Konkurrenz möglichst prägnant unterschiedenes Blütenmuster zu entwickeln. Und was uns als Vielfalt der Farbenpracht begeistert, ist das Ergebnis einer Züchtung unterscheidender Merkmale, die für viele nebeneinander vorkommende Blumen so wichtig sind wie detaillierte Adressen für uns, wenn wir in einer Großstadt leben.

Viele Blüten nutzen aber nicht das aus, was Insekten lernen können, sondern das, was sie schon wissen. Bekannt sind ‹stinkende Blumen›, deren Aasgeruch Käfer und Fliegen anlockt, die auf der Suche nach faulendem Fleisch sind. Tatsächlich legen Fliegen auf solchen Blüten sogar ihre Eier ab, die dann natürlich zugrunde gehen. Manchmal findet der Besucher Nektar statt Fleisch – das, was er suchte, findet er nie. Aber wenn er geht, nimmt er Pollen mit, und er liefert ihn getreulich ab, wenn er auf die nächste Blüte, die Aas verspricht, prompt wieder hereinfällt. Diese Aasblumen benutzen ein ‹falsches Signal›, sie täuschen die Insekten, die den Unterschied zwischen Aas und Aas-Attrappe nicht lernen können, weil sie auch ein echtes Aas oft schon besetzt finden und unverrichteter Dinge weiterziehen müssen. ...

Die Insekten zu täuschen, ist für die Evolution am Ende nicht einfacher, sondern genauso ‹anstrengend› wie das Bewirten.

Die schönsten Beispiele dafür finden wir unter den Orchideen. Es gibt unter ihnen ganz normale Blüten, die Nektar enthalten; jedoch die Spezialisten, etwa die Ragwurz-Arten der Gattung *Ophrys* ... täuschen ‹ihre› Insekten, haben aber – zum Unterschied von den Aasblumen – einen sehr ausgewählten Besucherkreis. Die deutschen Namen (Hummel-, Bienen-, Fliegen-Orchis) ebenso wie die lateinischen Artbezeichnungen (zum Beispiel *insectifera* = Insektenträger) besagen, daß uns die bunten Teile der Blüte, und zwar das Labellum, an die genannten Insekten erinnern. Hier aber ist die Ähnlichkeit nicht, wie beim Eisenhut, Rittersporn oder Trompetenbaum, zufällig, sondern sozusagen ‹tatsächlich beabsichtigt›.

Lange Zeit hat man diese Blüten als Kuriosum betrachtet. Dann stellte sich heraus, daß Bienen und Hummeln sie ebenso meiden wie Blüten, die schon von einem Insekt besetzt sind; man kann sogar Bienen und Hummeln von normalen Blüten abschrecken, wenn man eine Blüte oder nur das Labellum der Fliegenorchis darauf befestigt. Es war nicht recht einzusehen, warum die *Ophrys*-Arten Besucher abschrecken sollten, statt sie anzulocken. Darwin, der sich auch mit diesen Pflanzen befaßt hat, zeigte, daß sie auf Insektenbestäubung angewiesen sind. Er schreibt: ‹Ein Mr. Price hat häufig Angriffe auf die Bienen-Orchis von einer Biene beobachtet. Was dieser Satz heißen soll, kann ich nicht erraten.› Heute wissen wir es, nachdem mehrere Forscher einfach zugeschaut haben, was an diesen Blüten geschieht: Die Fliegen-Ragwurz (Abbildung a) wird nur von der Wespe *Gorytes mystaceus* besucht, und

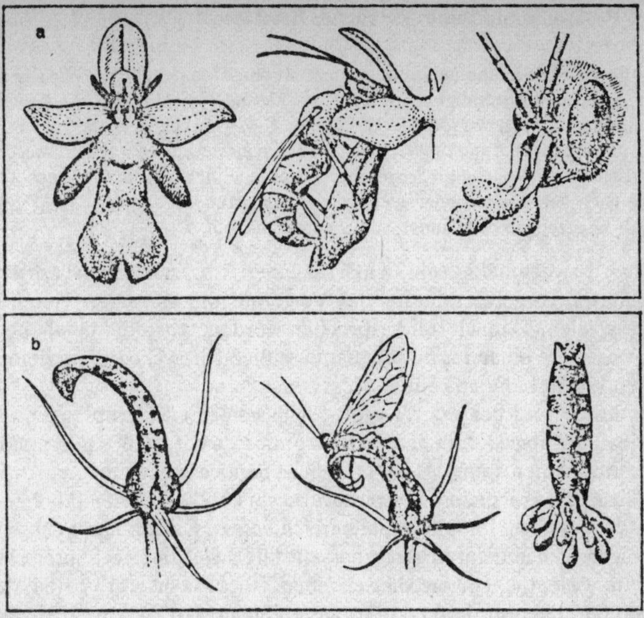

Abbildung:
a) Fliegentagwurz Ophrys insectifera mit der Wespe Gorytes mystaceus; links: Blüte, Mitte: Wespe beim Blütenbesuch, rechts: Kopf einer Wespe mit anhaftenden Staubkölbchen.
b) Die Schlupfwespe Lissopimpla semipunctata auf der Orchidee Cryptostelis leptochila; links: Blüte, Mitte: die Schlupfwespe beim Blütenbesuch, rechts: Hinterkörper der Schlupfwespe mit anhaftenden Staubkölbchen.

zwar ausschließlich von deren Männchen. Und diese versuchen gar nicht, Nektar zu finden (der ja auch fehlt), sondern halten das Labellum mit den Beinen fest, krümmen den Hinterleib leicht ein und machen Kopulationsversuche wie bei der Paarungseinleitung, als säßen sie auf einem Weibchen (Abbildung a). Ebenso verhalten sich die Männchen der Biene *Andrena* auf *Ophrys fusca*, *Eucera*-Männchen auf *Ophrys arachnites*, Männchen der Ichneumonide *Lissopimpla semipunctata* auf der australischen Orchidee *Cryptostelis leptochila* (Abbildung b) usw. ... Schon danach ist unverkennbar, daß diese Orchideenblüten als spezifische Weibchen-Attrappen wirken und jeweils von den Männchen einer Insektenart ‹irrtümlich› beflogen werden.»

2.2.2 Biokommunikation: «Sprache» der Tiere?

Den Bereich des Kommunikationsverhaltens von Tieren stellt **W. Wickler** in seinem Aufsatz ‹**Verständigungssysteme bei Tieren**› (In: Haseloff, O. W. [Hg.]: Kommunikation, Berlin 1969, S. 19–28, hier: S. 20–25 [gekürzt]) dar.

Er untersucht hier die unterschiedlichen Signalarten tierischer Lebewesen wie akustische, visuelle, chemische oder elektrische. Eingegangen wird auch auf die Frage nach der angeborenen oder aber zu erlernenden Fähigkeit, artspezifische Signale zu erzeugen beziehungsweise zu entschlüsseln:

«Es wird zweckmäßig sein, zunächst einen kurzen Überblick über die Signalarten zu geben, die bei der Verständigung zwischen Tieren eine Rolle spielen. Danach soll besprochen werden, was die Signale bedeuten, was Tiere einander mitteilen und schließlich, wie sie einander anreden und sogar belügen können. ...

Natürlich sind bei jeder Tierart Signalsender und -empfänger genau aufeinander abgestimmt. Dennoch kommt es vor, daß ein Empfänger mehr aufnehmen kann, als der artgleiche Sender produziert.

Mäuse und Spitzmäuse beispielsweise verständigen sich mit hohen Tönen, die zum Teil im Ultraschallbereich liegen. Katzen und Füchse verständigen sich mit ihren Artgenossen durch viel tiefere Laute. Da sie aber im wesentlichen von Mäusen leben, ist es für sie von Vorteil, deren Lautäußerungen mithören zu können. Das erklärt, warum die Mäusespezialisten unter den Raubtieren so sehr empfindlich für hohe Töne sind, viel empfindlicher als der Mensch. Umgekehrt gibt es Mäusefresser, die selbst Ultraschallgeräusche erzeugen und damit ihre Beute warnen. Die meisten großen Vögel zum Beispiel erzeugen beim Fliegen unbeabsichtigt mit den Schwingen Ultraschall. Die Eulen nun haben besondere Federstrukturen entwickelt, die die Ultraschallerzeugung verhindern. Hier wird also ein Signal unterdrückt, weil es für den Sender unvorteilhaft ist. Obwohl nur ein Nebenprodukt der Fortbewegung, wäre es doch ein guter ‹Kennreiz› für die Opfer. Mit Kennreiz bezeichnen wir in der Verhaltensforschung solche Reize oder auch Reizkombinationen, die Verhalten auslösen, aufrechterhalten oder hemmen.

Häufig werden zur Aussendung solcher Kennreize im Verlaufe der Stammesgeschichte besondere Bewegungen oder Organe entwickelt. Diese ‹Sendeapparate für Kennreize› nennen wir ‹Auslöser›. So entwickeln Fische und Reptilien, die drohend das Maul aufreißen, ehe sie einen Gegner wirklich beißen, auffällige Farben im Maulinneren, die die Drohung kräftig unterstreichen. Vogeljunge, die den Eltern, um Futter bettelnd, den offenen Schnabel entgegenhalten, haben oft ebenso bunte Rachenzeichnungen. Ähnliche Signalstrukturen gibt es in ungeheurer Formenfülle im ganzen Tierreich, denken wir nur an Formen und Farben von Vogelfedern.

Die bisherigen Beispiele galten immer sichtbaren oder hörbaren Signalen. Einfach deshalb, weil für uns Menschen Auge und Ohr die wichtigsten Sinnesorgane sind und wir die entsprechenden Signale der Tiere am leichtesten mitempfangen können.

Was außerhalb unseres Sinnesbereiches liegt, bezeichnen wir oft als ‹Ultra ...›. Ultraviolett ist vielen Insekten als Farbe sichtbar und kommt entsprechend bei Blüten vor, die auf Insektenbesuch angewiesen sind. Ultraschall ist zu hoch, als daß wir ihn hören könnten. Aber der Gesang mancher Vögel, etwa der des japanischen Möwchens, liegt zum großen Teil im Ultraschallbereich. Kleine Nagetiere benutzen Ultraschall zur Verständigung, Fledermäuse orten damit Hindernisse und fliegende Beute. Nachtschmetterlinge, die von Fledermäusen gefressen werden, haben ein eigenes Hörorgan entwickelt, das genau auf die Peilrufe der Fledermaus abgestimmt ist; hört der Falter eine Fledermaus kommen, so schlägt er Loopings oder macht einen Sturzflug und entgeht seinem Feind. Wie schon bei den Mäusefressern erwähnt, hören drohende und bedrohte Tierarten also nach Möglichkeit gegenseitig ihre Signale ab, so wie es bei den Menschen kriegführende Parteien tun.

Neben dem Luftschall gibt es auch noch den Substratschall, den die Tiere mit Vibrationssinnen wahrnehmen können. Manche Ameisen und Krebse klopfen ihre Signale mit dem Hinterkörper oder den Beinen auf den Boden, und der Partner nimmt die feinen Erschütterungen mit Hilfe der Beine auf. Die Nilhechte unter den Fischen nutzen die Leitfähigkeit des Wassers aus und senden einander elektrische Signale. Alle diese Signale – Ultraschall, Vibrationen, Stromstöße – können wir zwar nicht direkt wahrnehmen, aber doch mit geeigneten Apparaten in für uns wahrnehmbare Signale umformen, seien es nun Klickgeräusche oder Leuchtzacken auf einem Oszillographen. Leider ist das gerade bei denjenigen Signalen nicht möglich, die im Leben der Insekten und der Säugetiere eine besonders große Rolle spielen, nämlich bei den Geruchssignalen. Über die erstaunlichen Riechleistungen vieler Tiere ist in letzter Zeit oft berichtet worden. Der Aal kann beispielsweise einen bestimmten organischen Duftstoff noch wahrnehmen, wenn man ihn in einer Verdünnung von 1 : 3 mal 10 hoch minus 18 bietet; das entspricht einer Verdünnung von einem Kubikzentimeter des Duftstoffes mit der 58fachen Wassermenge des Bodensees. Was sich in der Duftsprache der Tiere abspielt, ist uns bislang verschlossen. In dieses Verständigungssystem können wir uns weder direkt noch indirekt einschalten, noch können wir systematisch vergleichende Untersuchungen anstellen. Wir kennen nämlich die für die Wahrnehmung wesentliche Energieform nicht und können Gerüche nicht konservieren. Geräusche, Melodien, Bilder und Bewegungsabläufe lassen sich auf Tonband und Film festhalten, aufheben, zerlegen und mit veränderter Geschwindigkeit oder gar rückwärts wiedergeben. Solange uns für chemische Signale nicht etwas Vergleichbares gelingt, werden unsere Kenntnisse auf diesem Gebiet weit hinter dem zurückbleiben, was wir über optische und akustische Signale schon wissen. Im optischen Bereich können Farbe, Form, Bewegung und Zeitmuster wirksam sein; die meisten Signale sind Kombinationen davon. Farbmerkmale haben fast immer auch eine bestimmte Form, dennoch gibt es ein Ansprechen auf das Farbmerkmal allein, wobei die Form keine Rolle spielt. Das kann man leicht zeigen, indem man die Farbe auf ganz verschieden geformten Attrappen bietet und die Reaktionen des Tieres vergleicht. Wie wichtig die Farbe sein kann, sieht man am besten an den Tieren, die ihre Farbe wechseln. Am bekanntesten dafür ist das Chamäleon. Mindestens ebensogut können es viele Fische, und von denen wissen wir, daß jedes der ganz verschiedenen Farbmuster einer ganz bestimmten Stimmung des Individuums entspricht, so daß man ihm – auch wenn es nichts weiter tut – an der jeweiligen Färbung ansehen kann, wie ihm zumute ist. Allerdings, ehe man das kann, muß man die einzelnen Farbmuster kennzeichnen und sie bestimmten Situationen zuordnen und darüber hinaus untersuchen, wie der vermutete Signalempfänger auf diese verschiedenen Signale reagiert. Denn nicht wir wollen uns mit dem Tier verständigen, sondern wir wollen beobachten, wie die Tiere es untereinander tun.

Allein die Form einer Bewegung ist bei vielen Eidechsen entscheidend, und zwar in ihren Nickmelodien. Sie heben und senken den Kopf in bestimmter Folge, etwa zweimal stark, einmal wenig und nach einer längeren Pause noch einmal stark; eine andere Art nickt rasch nacheinander einmal schwach, einmal schwach, einmal stark. Daran unterscheiden diese Tiere Artgenossen von Fremden und erkennen am Artgenossen, ob er auf Brautschau oder angriffslustig ist. Das Zeitmuster allein dient tropischen Leuchtkäfern als Signal. Sie morsen mit ihren Leuchtzeichen, die sie rasch ein- und ausschalten können; sie können außerdem ihr Licht schnell oder langsam aufleuchten und verlöschen lassen. So ergeben sich viele Blinkmuster, die nach Art und oft auch bei Männchen und Weibchen einer Art verschieden sind. Die im Grase wartenden Weibchen blinken den vorüberfliegenden Männchen zu, diese antworten, und so finden schließlich die Geschlechter zusammen. Käfersammler, die das wissen, gehen nachts mit der Taschenlampe hinaus, morsen das Signal der gewünschten Käferart und finden dann leicht – obwohl im Dunkeln – die eifrig antwortenden Tiere. Wer das unfair findet, mag sich damit trösten, daß diese Tiere es untereinander ebenso machen. Einige Arten haben nämlich räuberische Weibchen; und diese können nicht nur das arteigene, sondern auch ein fremdes männchenlockendes Blinksignal. Das eigene benutzen sie zur Paarung, das fremde, wenn sie hungrig sind – die darauf hereinfallenden Männchen der fremden Art werden, wenn sie neben dem Weibchen gelandet sind, verspeist.

Die Vielfalt akustischer tierischer Signale ist uns eher bekannt als die ihrer optischen Signale, weil der Schall auch um die Ecke geht, man die

Laute also auch vernimmt, wenn der Rufer verborgen sitzt. Eines der stimmbegabtesten Säugetiere, das ich kenne, ist die afrikanische Flekkenhyäne. Sehr viel weniger kompliziert als ihre Lautäußerungen sind die von Insekten, etwa von Heuschrecken, Grillen und Zikaden, bei denen es wieder sehr auf Länge und zeitlichen Abstand der Liedelemente ankommt.

Einige Arten von Vögeln erzeugen auch Instrumentalmusik. Spechte trommeln, und der Höckerschwan singt mit den Flügeln. Das ersetzt bei ihm einen Laut, den andere Schwäne beim Fliegen mit der Stimme erzeugen und der dem Zusammenhalt des Trupps, der ‹Stimmfühlung›, dient. Den Lerchen dient umgekehrt ihr Gesang zur Revierabgrenzung, zum Fernhalten von Rivalen. Auch hier hat eine, die afrikanische Klapperlerche, den stimmlichen Gesang verloren und singt statt dessen mit den Flügeln.

Wie verständigen sich die Tiere darüber, was die einzelnen Signale bedeuten? Müssen sie die Bedeutung einzelner Zeichen lernen? Müssen sie lernen, Rufe zu artikulieren oder Gesten auszuführen, oder können sie das angeborenermaßen? Nun, es gibt für alle Möglichkeiten Beispiele. Hühnerküken verstummen schon im Ei, wenn die Glucke den Warnlaut ausstößt, und fangen nach der Entwarnung wieder an, leise zu piepen. Soeben aus dem Ei geschlüpfte Strumpfbandnattern schnappen heftig nach Wattebäuschen, die man über den Körper eines Fisches, Frosches oder Molches gestreift hat, nicht aber nach Watte, die mit Grillen in Berührung war. Bei der Grasnatter ist es gerade umgekehrt. Diese Tiere brauchen die jeweiligen Beutesignale also nicht zu lernen. Tauben können die arteigenen Rufe angeborenermaßen. Ein vom Ei ab isoliert aufgezogener Buchfink dagegen entwickelt den Buchfinkengesang nicht. Bietet man ihm aber verschiedene Vogelgesänge an, so wählt er den Buchfinkengesang zum Lernen aus. Er weiß also angeborenermaßen mehr über den arteigenen Gesang, als er, allein auf sich gestellt, vorbringen kann. Der Gimpel schließlich lernt den Gesang vom Vater – oder von dem Tier, das er für den Vater hält. Schiebt man Gimpeleier Kanarienvögeln unter, so lernen die kleinen Gimpel Kanariengesänge – und bringen sie später ihren eigenen Kindern bei! Auf diese Weise entstehen Gesangstraditionen, die über Generationen hinweg erhalten bleiben können. Diese Tiere wissen angeborenermaßen, wann sie singen müssen, aber nicht, was. Eine Verständigung mit gelernten Gesängen klappt nur, wenn Sender und Empfänger die Fremdsprache kennenlernten; ein normal bei seinen Eltern aufgewachsener Gimpel hält einen Kanariengesang äußernden Gimpel natürlich für einen ihm uninteressanten Kanarienvogel; der mit Kanarienvogeleltern aufgewachsene hält alle Kanarienvögel für Gimpel. Dennoch können sich die beiden Arten nicht ohne weiteres verständigen, denn der Gimpel kann zwar die Kanarienlaute nachsingen, wendet sie aber falsch an, das heißt, er weiß nicht, was Lockton, was Warnruf und was Bettellaut ist. Was die Signale bedeuten, ist zwar dem Kanarienvogel angeboren, nicht aber dem Gimpel. Und erst sehr intelligente, lernbegabte Tiere, zum Beispiel Raben und Papageien, können auch die erlernten Signale sinngemäß anwenden.

Normalerweise sind Sender und Empfänger so aufeinander abgestimmt, daß der Sender das Signal in festgelegten Situationen sendet und der Empfänger, der es aufnimmt, entsprechend der zugehörigen Situation reagiert. Warnrufe werden bei Gefahr ausgestoßen, und wer sie hört, geht in Deckung; Lockrufe werden ausgestoßen, wenn einer Futter findet, und die anderen kommen herbei. Was das Signal bedeutet, ist hier zwischen Sender und Empfänger sozusagen vor-verabredet. Es kommt auch vor, daß es innerhalb der Art zwei verschiedene Empfängertypen gibt, die verschieden auf dasselbe Signal reagieren, für die das Signal etwas Verschiedenes heißt. Die Reviergesänge der Vögel, zum Beispiel auch der der vorhin erwähnten Klapperlerchen, wirken auf die Weibchen anziehend, artgleiche Männchen aber werden eingeschüchtert und bleiben diesem Revier fern.»

2.2.3 Die Bedeutung der Arbeit: Humankommunikation

In welcher Weise sich die Humankommunikation vom Kommunikationsverhalten der Tiere bedingt durch den grundlegend anderen Stoffwechsel der Menschen mit der Natur unterscheidet, wird in dem folgenden **‹Abriß der Entwicklung des Psychischen›** von **A. N. Leontjew** (In: Ders.: Probleme der Entwicklung des Psychischen, Berlin 1975, S. 128–215 [gekürzt]) deutlich gemacht.

Er schildert zunächst eine Stufenfolge von drei Entwicklungsschritten psychischer Widerspiegelungsprozesse, die kennzeichnend für tierische Lebewesen sind. Deren psychische Widerspiegelungsfähigkeit reicht demnach von dem elementaren sensorischen Stadium (in dem ausschließlich die Wahrnehmung von Einzelempfindungen gelingt) über das perzeptive (in dem gegenständliche Abbilder der Umwelt erzeugt werden können) bis zum Stadium des Intellekts (das eine strukturierte Aktivität zuläßt).

Demgegenüber ermögliche das spezifisch menschliche Verhalten zu den Gegenständen der äußeren Natur, die Arbeit, eine gänzlich andere Widerspiegelungsform: Es ist das menschliche Bewußtsein, das erst zu einem theoretischen Verhalten zur Umwelt und zur ideellen Vorwegnahme des Tätigkeitsziels und -produkts befähigt.

Die Entstehung des Bewußtseins markiert damit eine qualitativ von der psychischen Widerspiegelungsfähigkeit der Tiere unterschiedene Entwicklungsstufe. Allein der vom Menschen vollzogene Stoffwechselprozeß mit der Natur beinhaltet die Fähigkeit zur bewußten Widerspiegelung der objektiven Realität. Diese Fähigkeit kennzeichnet das menschliche Denkvermögen. Es vollziehe sich in der Form der Sprache. Denken und Sprechen können von hierher als stoffliche Elemente des gesellschaftlichen Kommunikationsprozesses gelten:

«I. Die Entwicklung des Psychischen beim Tier

1. Das Stadium der elementaren sensorischen Psyche

Die Sensibilität lebender Organismen bildete sich als Folge ihrer komplizierteren Lebenstätigkeit; dabei hoben sich innerhalb ihres Gesamtverhaltens diejenigen Prozesse heraus, die die Beziehungen zu Umwelteigenschaften von lebenswichtiger Bedeutung vermitteln. Der Organismus muß dazu reizbar gegenüber Einwirkungen werden, die Signalfunktion für ihn haben. Auf diese Weise erwirbt er die Fähigkeit, die Einwirkungen der Umwelt in ihren objektiven Zusammenhängen und Beziehungen widerzuspiegeln, es entsteht die *psychische* Widerspiegelung.

Die Formen der psychischen Widerspiegelung vervollkommnen sich in dem Maße, in dem die Struktur der Organismen komplizierter wird; sie sind abhängig von der Entwicklung der Tätigkeit, mit der sie zusammen entstehen. Will man sie wissenschaftlich analysieren, dann muß man das Verhalten der Tiere betrachten. ...

Die Tiere spiegeln ihre Umwelt innerhalb ihrer Tätigkeit wider. Obwohl zwischen dem Widerspiegelungs- und dem Tätigkeitsprozeß ein Unterschied besteht, sind sie zugleich untrennbar miteinander verbunden und bedingen einander wechselseitig: Auf der einen Seite bildet sich jede Widerspiegelung während der Tätigkeit; ob und wie die auf das Tier einwirkende Eigenschaft eines Gegenstandes widergespiegelt wird, hängt davon ab, ob und in welcher Weise das Tier in seiner Anpassung an die Umwelt, in seiner Tätigkeit mit diesem Gegenstand real verbunden ist. Auf der anderen Seite wird jegliche Tätigkeit durch die empfundenen Einwirkungen vermittelt und vervollkommnet sich je nach der Art und Weise, wie die gegebene Einwirkung in den Empfindungen des Tieres widergespiegelt wird. In dieser komplizierten Einheit zwischen Widerspiegelung und Tätigkeit ist die Tätigkeit, die das Lebewesen *praktisch* mit der objektiven Realität verbindet, selbstverständlich primär und vorherrschend; sekundär und abgeleitet ist die psychische Widerspiegelung der einwirkenden Eigenschaften dieser Realität.

Auf der allerersten Stufe der Entwicklung des Psychischen reagieren die Tiere mit ihrer Tätigkeit auf einzelne Umweltreize (oder Komplexe von ihnen), weil eine Verbindung zwischen diesen Eigenschaften und anderen Einwirkungen besteht, von denen der Vollzug biologischer Grundfunktionen abhängt. Die Widerspiegelung der Wirklichkeit, die mit einer auf diese Weise ausgelösten Tätigkeit verbunden ist, hat daher die Form einer Sensibilität gegenüber einzelnen einwirkenden Eigenschaften (oder deren Komplexen), die Form der elementaren Empfindung. Dieses Stadium in der Entwicklung des Psychischen wollen wir als Stadium der *elementaren* sensorischen *(sinnlichen) Psyche bezeichnen ...

2. Das Stadium der perzeptiven Psyche

Das zweite Stadium, das der Stufe der elementaren sensorischen Psyche folgt, könnte man als Stadium der perzeptiven *(wahrnehmenden) Psyche bezeichnen. Es ist durch die Fähigkeit gekennzeichnet, die objektive Realität nicht mehr in Form elementarer, durch isolierte Reize oder deren Komplexe ausgelöste Einzelempfindungen, sondern in Form *gegenständlicher Abbilder* widerzuspiegeln.

Der Übergang zu diesem Stadium hängt mit den Veränderungen in der Tätigkeitsstruktur der Tiere zusammen, die bereits in der vergangenen Etappe vorbereitet wurden.

Schon in dem vorangegangenen Stadium beginnt sich ein Tätigkeitsinhalt anzudeuten, der sich objektiv nicht ausschließlich auf den Gegenstand bezieht, auf den die Handlung gerichtet ist, sondern auf die Bedingungen, unter denen der betreffende Gegenstand objektiv in der Umwelt gegeben ist. Auf der zweiten Stufe – und darin besteht die eigentliche Veränderung der Tätigkeitsstruktur – wird dieser Inhalt deutlich hervorgehoben. Er wird nicht mehr mit dem verbunden, was die Tätigkeit insgesamt anregt, sondern entspricht den speziellen Einwirkungen, die ihn auslösen ...

Im Stadium der elementaren sensorischen Psyche waren die einwirkenden Eigenschaften insofern differenziert worden, als sie einfach um den dominierenden Reiz zusammengefaßt wurden. Jetzt begegnen wir erstmalig Prozessen, die die einwirkenden Eigenschaften zu einem gegenständlichen Bild zusammenfassen. Die Tiere spiegeln jetzt ihre Umwelt in Form mehr oder weniger gegliederter Abbilder einzelner Gegenstände wider. ...

3. Das Stadium des Intellekts

Die meisten Säugetiere befinden sich in ihrer psychischen Entwicklung im Stadium der perzeptiven Psyche. Eine höhere Stufe erreichen nur die am höchsten organisierten von ihnen.

Diese neue, höhere Stufe der psychischen Entwicklung wird gewöhnlich als Stadium des Intellekts (oder des Denkhandelns) bezeichnet.

Natürlich können wir den Intellekt eines Tieres nicht mit dem Denken des Menschen gleichsetzen; zwischen beiden gibt es – wie wir noch sehen werden – einen großen qualitativen Unterschied.

Das Stadium des Intellekts zeichnet sich durch eine außerordentlich komplizierte Tätigkeit und eine ebenso komplizierte Form, die Wirklichkeit widerzuspiegeln, aus. ...

Beim Übergang zum höchsten Entwicklungsstadium des Tieres wird die Tätigkeitsstruktur immer komplizierter. War die Tätigkeit auf den vorangegangenen Stufen zu einem ganzheitlich-ungegliederten Prozeß verschmolzen, wird sie jetzt in zwei Phasen – die Vorbereitungs- und die Vollzugsphase – gegliedert. Die Existenz einer Vorbereitungsphase ist typisch für das intellektuelle Verhalten. Der Intellekt bildet sich demnach in allen den Fällen, in denen der mögliche Vollzug einer Operation oder Fertigkeit vorbereitet wird.

Bei einer in zwei Phasen gegliederten Tätigkeit – das ist ihr wesentliches Kennzeichen – lösen die neuen Bedingungen beim Tier nicht einfach probierende Bewegungen aus, sondern veranlassen es, alle möglichen früher erworbenen Verfahren und Operationen anzuwenden. Betrachten wir zunächst ein Huhn, das durch einen Zaun gelangen ‹will›:

In dem Versuch, hindurch zu gelangen, rennt es blindlings hin und her. Es verstärkt einfach seine motorische Aktivität, bis eine zufällige Bewegung schließlich zum Erfolg führt. Höhere Tiere, die auf ein Hindernis stoßen, verhalten sich ganz anders. Auch sie unternehmen einige Versuche; sie vollziehen jedoch nicht einfach irgendwelche Bewegungen, sondern probieren vor allem verschiedene Verfahren und Operationen aus. Steht beispielsweise ein Affe vor der mit einem Holzriegel verschlossenen Tür eines Käfigs, dann versucht er zunächst, den Riegel nach unten zu drücken. Gelingt ihm das nicht, dann beginnt er eine Ecke des Käfigs anzunagen. Dann probiert er, durch den Türspalt in den Käfig zu gelangen. Danach versucht er, den Riegel zunächst mit den Zähnen und dann mit der Hand zu entfernen. Führen alle diese Versuche zu keinem Ergebnis, dann greift er zur letzten Methode: Er kippt den ganzen Käfig um. ...

Das Verhalten des Affen ließ die Fähigkeit erkennen, die gleiche Aufgabe mit vielen Verfahren zu lösen. Damit wird bewiesen: Bei Tieren dieser hohen Entwicklungsstufe ist die Operation nicht mehr starr mit der Tätigkeit verbunden, die einer bestimmten Aufgabe entspricht. Die neue Aufgabe braucht der früheren nicht unmittelbar zu ähneln, damit eine Operation übertragen werden kann.

Betrachten wir nun die intellektuelle Tätigkeit im Hinblick darauf, wie das Tier seine Umwelt widerspiegelt.

Wie wir sahen, ist die erste Phase in der intellektuellen Tätigkeit äußerlich darauf gerichtet, die zweite Phase vorzubereiten; sie wird demnach objektiv durch die nachfolgende Tätigkeit des Tieres bestimmt. Bedeutet das jedoch, das Tier habe schon die bevorstehende Operation im Auge und sei fähig, sie sich vorzustellen? Eine solche Annahme wäre völlig unbegründet. Diese erste Phase entspricht dem objektiven Verhältnis zwischen den Gegenständen. Dieses Verhältnis muß auch vom Tier widergespiegelt werden. Die Form der psychischen Widerspiegelung verändert sich beim Übergang zum intellektuellen Verhalten also nur insofern, als das Tier jetzt nicht nur einzelne Gegenstände, sondern auch die Beziehungen zwischen ihnen (Situationen) widerspiegelt. ...

Das intellektuelle Verhalten der höheren Säugetiere, das bei den Anthropoiden *(Menschenaffen) eine besonders hohe Entwicklungsstufe erreicht, stellt die obere Grenze in der psychischen Entwicklung des Tieres dar. Danach beginnt die Entwicklungsgeschichte einer völlig anderen und nur dem Menschen eigenen Psyche – die Entwicklungsgeschichte des menschlichen Bewußtseins. ...

Die psychische Entwicklung des Tieres wird durch die Gesetze der biologischen Evolution bestimmt. Die psychische Entwicklung des Menschen hingegen unterliegt den *gesellschaftlich-historischen Entwicklungsgesetzen*.

II. Die Entstehung des menschlichen Bewußtseins

1. Bedingungen für die Entstehung des Bewußtseins

Mit der Entstehung des Bewußtseins beginnt eine neue, höhere Etappe in der Entwicklung des Psychischen. Die bewußte Widerspiegelung ist im Gegensatz zur einfachen psychischen Widerspiegelung, der wir beim Tier begegnen, eine Widerspiegelung, in der die gegenständliche Wirklichkeit von ihren augenblicklichen Beziehungen zum Subjekt getrennt ist und in der die konstanten objektiven Eigenschaften der Umwelt hervorgehoben werden. ...

Die Ursache für die Menschwerdung unserer tierischen Vorfahren liegt im Aufkommen der Arbeit und der auf dieser Grundlage entstandenen menschlichen Gesellschaft. ‹Die Arbeit›, schreibt *Engels*, ‹... hat den Menschen geschaffen.› ... Die Arbeit hat auch das menschliche Bewußtsein geschaffen. ...

Was stellt nun diese spezifisch menschliche Tätigkeit dar, die wir als Arbeit bezeichnen?

Die Arbeit ist ein Prozeß, der den Menschen mit der Natur verbindet und in dem der Mensch auf die Natur einwirkt. ‹Die Arbeit›, schreibt *Karl Marx*, ‹ist zunächst ein Prozeß zwischen Mensch und Natur, ein Prozeß, worin der Mensch seinen Stoffwechsel mit der Natur durch seine eigne Tat vermittelt, regelt und kontrolliert. Er tritt dem Naturstoff selbst als eine Naturmacht gegenüber. Die seiner Leiblichkeit angehörigen Naturkräfte, Arme und Beine, Kopf und Hand, setzt er in Bewegung, um sich den Naturstoff in einer für sein eignes Leben brauchbaren Form anzueignen. Indem er durch diese Bewegung auf die Natur außer ihm wirkt und sie verändert, verändert er zugleich seine eigne Natur. Er entwickelt die in ihr schlummernden Potenzen und unterwirft das Spiel ihrer Kräfte seiner eignen Botmäßigkeit.›

Kennzeichnend für die Arbeit sind zwei Merkmale, die eng miteinander zusammenhängen: Das erste ist der Gebrauch und die Anfertigung von Werkzeugen. ‹Die Arbeit›, schreibt *Engels*, ‹fängt an mit der Verfertigung von Werkzeugen.› Das zweite Merkmal liegt in der Tatsache, daß der Arbeitsprozeß unter den Bedingungen einer gemeinsamen, kollektiven Tätigkeit vollzogen wird. Der Mensch tritt dabei nicht nur in

Beziehungen zur Natur, sondern auch zu anderen Menschen, den Mitgliedern der gegebenen Gesellschaft. Nur über die Beziehungen zu anderen Menschen tritt der Mensch in Beziehung zur Natur. Die Arbeit ist damit von Anfang an ein Prozeß, der durch das Werkzeug (im weiten Sinne des Wortes) und zugleich durch die Gesellschaft vermittelt wird. ...

Die komplizierte Tätigkeit der höheren Tiere, die den natürlichen gegenständlichen Zusammenhängen und Beziehungen unterworfen ist, wandelt sich beim Menschen in eine Tätigkeit um, der von Anfang an gesellschaftliche Beziehungen zugrunde liegen. Hier begegnen wir der unmittelbaren Ursache für das Entstehen der spezifisch menschlichen Form der Widerspiegelung – des menschlichen Bewußtseins. ...

Damit ist der wichtigste und entscheidendste Schritt getan. Im menschlichen Bewußtsein trennt sich die Tätigkeit von den Gegenständen, die vom Menschen jetzt nur innerhalb bestimmter Verhältnisse erfaßt werden. Die Natur, das heißt die Gegenstände seiner Umwelt, offenbart sich in ihrem konstanten Verhältnis zu den Bedürfnissen und der Tätigkeit des Kollektivs. Der Mensch nimmt zum Beispiel die Nahrung als Ziel bestimmter Tätigkeiten – er muß sie suchen, jagen oder zubereiten – und zugleich als Ziel der Befriedigung menschlicher Bedürfnisse wahr, und zwar unabhängig davon, ob er gerade Hunger hat oder ob er im Augenblick gerade eine der genannten Tätigkeiten vollzieht. Sie wird aus anderen Gegenständen nicht nur praktisch, das heißt während der Tätigkeit, und nicht nur abhängig von einem gerade vorhandenen Bedürfnis, sondern auch ‹theoretisch› hervorgehoben; sie kann damit im Bewußtsein festgehalten und zur ‹Idee› werden.

2. Die Entstehung des Denkens und der Sprache

Wir haben die Bedingungen aufzuspüren versucht, unter denen das Bewußtsein entsteht. Wir fanden sie in der gemeinsamen Arbeit. Nur auf diese Weise wird der Inhalt dessen, worauf sich die Handlung des Menschen richtet, aus der Verschmelzung mit biologischen Zusammenhängen hervorgehoben.

Wir wollen jetzt die Frage klären, wie sich die besonderen Prozesse bilden, mit denen die bewußte Widerspiegelung der Wirklichkeit zusammenhängt.

Um das Ziel einer Handlung bewußt zu erfassen, ist es, wie wir bereits festgestellt haben, erforderlich, die Gegenstände widerzuspiegeln, auf die sich diese Handlung richtet, und zwar unabhängig von den Beziehungen, in denen das Subjekt augenblicklich zu ihnen steht.

Wo finden wir die besonderen Bedingungen einer solchen Widerspiegelung? Wir finden sie im Arbeitsprozeß. Die Arbeit verändert nicht nur die allgemeine Tätigkeitsstruktur des Menschen und läßt nicht nur zielgerichtete Handlungen entstehen; während der Arbeit wird auch der Inhalt jener Komponenten der Tätigkeit, die wir als Operation bezeichnen, qualitativ verändert.

Die Operationen verändern sich in dem Maße, in dem Arbeitswerkzeuge entstehen und sich entwickeln. Die Arbeitsoperationen des Menschen werden – das ist ihr Kennzeichen – mit Hilfe von Werkzeugen vollzogen.

Was ist ein Werkzeug? ‹Das *Arbeitsmittel* ist ein Ding oder ein Komplex von Dingen, die der Arbeiter zwischen sich und den Arbeitsgegenstand schiebt und die ihm als *Leiter* seiner Tätigkeit auf diesen Gegenstand dienen›, schreibt *Karl Marx*. Das Werkzeug ist also ein Gegenstand, mit dem die Arbeitsoperationen vollzogen werden.

Um Werkzeuge herstellen und verwenden zu können, muß der Mensch die Ziele der Arbeitshandlung bewußt erfassen. Zugleich führt der Gebrauch eines Werkzeuges aber auch dazu, sich des Arbeitsgegenstandes in seinen objektiven Eigenschaften bewußt zu werden. Beim Benutzen einer Axt zum Beispiel wird nicht nur dem Ziel einer praktischen Handlung entsprochen, sondern es werden auch die Eigenschaften des Arbeitsgegenstandes widergespiegelt, auf den sich die Handlung richtet. Der Hieb einer Axt erprobt also untrüglich die Härte des Materials, aus dem der betreffende Arbeitsgegenstand besteht. Seine objektiven Eigenschaften werden nach Merkmalen, die im Werkzeug selbst objektiv gegeben sind, praktisch analysiert und verallgemeinert. Das Werkzeug wird damit gleichsam zum Träger der ersten, echten, bewußten und vernünftigen Abstraktion, der ersten, bewußten und vernünftigen Verallgemeinerung.

Es gilt noch einen zweiten Umstand in Betracht zu ziehen: Das Werkzeug ist nicht nur ein Gegenstand, der eine bestimmte Form hat und über bestimmte physikalische Eigenschaften verfügt, sondern ist zugleich ein auf bestimmte Art und Weise gebrauchter, gesellschaftlicher Gegenstand. Die Art und Weise seiner Verwendung ist während der kollektiven Arbeit gesellschaftlich erarbeitet und festgelegt worden. Betrachten wir beispielsweise die Axt als Werkzeug und nicht nur als physikalischen Körper, dann haben wir in ihr mehr zu sehen als die Vereinigung zweier Teile – des Stiels und der Schneide. In ihr sind gleichsam das gesellschaftlich erworbene Arbeitsverfahren und die gegenständlich geformten Arbeitsoperationen kristallisiert. Ein Werkzeug zu gebrauchen erfordert deshalb nicht nur, es einfach zu handhaben, sondern auch das entsprechende Arbeitsverfahren zu beherrschen. Das Werkzeug ist das materielle Mittel, mit dem dieses Verfahren realisiert wird. ...

Das Werkzeug ist, wie wir sahen, ein gesellschaftlicher Gegenstand, ist ein Produkt der gesellschaftlichen Praxis. Folglich ist auch die verallgemeinerte Widerspiegelung der objektiven Eigenschaften der Arbeitsgegenstände das Produkt der gesellschaftlichen und nicht der individuellen Praxis. Demzufolge ist selbst die primitivste menschliche Erkenntnis, die noch in einer unmittelbaren praktischen Arbeitshandlung mit Hilfe von Werkzeugen vollzogen wird, nicht auf die individuelle Erfahrung beschränkt, sondern den Erfahrungen der gesellschaftlichen Praxis entsprungen.

Eine solche Erkenntnis, zu der der Mensch auf ursprüngliche Weise während der Arbeit mit den Werkzeugen gelangt, kann im Gegensatz zur instinktiven intellektuellen Tätigkeit der Tiere in echtes Denken übergehen.

Als Denken im eigentlichen Sinne des Wortes bezeichnen wir die bewußte Widerspiegelung der Wirklichkeit in ihren objektiven Eigenschaften, Beziehungen und Zusammenhängen, in die auch Objekte einbezogen sind, die der sinnlichen Erkenntnis nicht unmittelbar zugänglich sind. ...

Die allgemeine Vorstellung und der Begriff haben eine sinnliche Grundlage. Die Wirklichkeit bewußt widerzuspiegeln bedeutet jedoch nicht nur, sie sinnlich zu erleben. Schon bei der einfachen Wahrnehmung eines Gegenstandes spiegeln wir nicht nur seine Form und seine Farbe wider, sondern zugleich auch die objektive und konstante Bedeutung, die dem Ding beispielsweise als Nahrung oder als Werkzeug zukommt. Es muß danach eine besondere Form der bewußten Widerspiegelung geben, die sich qualitativ von der unmittelbaren sinnlichen psychischen Widerspiegelung des Tieres unterscheidet.

Welches ist die konkrete Form, in der der Mensch die ihn umgebende objektive Wirklichkeit bewußt erfaßt? Diese Form ist die Sprache, die nach den Worten von *Karl Marx* das praktische Bewußtsein des Menschen darstellt. Deshalb ist das Bewußtsein mit der Sprache unlösbar verbunden. Ebenso wie das Bewußtsein entsteht auch die Sprache nur während und zusammen mit der Arbeit. Ebenso wie das Bewußtsein ist auch die Sprache das Produkt der menschlichen Tätigkeit, das Produkt eines Kollektivs und zugleich dessen ‹selbstsprechendes Sein› *(Karl Marx)*; nur deshalb existiert sie für den einzelnen Menschen.

‹Die Sprache ist so alt wie das Bewußtsein – die Sprache *ist* das praktische, auch für andere Menschen existierende, also auch für mich selbst erst existierende wirkliche Bewußtsein›, schreibt *Karl Marx*.

Das Entstehen der Sprache kann nur im Zusammenhang mit dem bei den Menschen aufkommenden Bedürfnis verstanden werden, ‹daß sie einander *etwas zu sagen* hatten.›

Wie haben sich Denken und Sprache gebildet? Bei der Arbeit treten die Menschen – wie wir sahen – in Beziehungen zueinander. Ursprünglich bildeten die Arbeitsoperationen und der allgemeine menschliche Kontakt einen einheitlichen Prozeß. Die Bewegungen, mit denen der Mensch während seiner Arbeit die Natur beeinflußte, wirkten zugleich auch auf die anderen Teilnehmer an der Produktion ein. Seine Handlungen erlangten unter diesen Bedingungen eine doppelte Funktion: Sie dienten unmittelbar der Produktion und wirkten zugleich auf die anderen Menschen. Sie dienten damit auch dem allgemeinen menschlichen Kontakt.

Allmählich wurden diese beiden Funktionen voneinander getrennt. Die Erfahrung lehrte die Menschen folgendes: Führt eine Arbeitsbewegung aus diesen oder jenen Gründen nicht zum praktischen Ergebnis, dann kann sie trotzdem auf die anderen Produktionsteilnehmer wirken und sie beispielsweise veranlassen, die mißglückte Handlung gemeinsam zu vollziehen. So entstehen Bewegungen, die die Form von Arbeitsoperationen beibehalten, denen aber der praktische Kontakt mit dem Gegenstand und damit auch die Anstrengung fehlt, durch die sie zu echten Arbeitsbewegungen würden. Diese Bewegungen und die sie begleitenden Sprechlaute lösen sich von der Aufgabe, auf den Gegenstand einzuwirken; sie behalten aber die Funktion bei, auf andere Menschen einzuwirken und sich mit ihnen sprachlich zu verständigen.

Mit anderen Worten: Diese Bewegungen werden zu Gesten. Eine Geste ist nichts anderes als eine Bewegung, die von ihrem Ergebnis getrennt ist, die also mit dem Gegenstand, auf den sie gerichtet ist, nicht mehr in Kontakt tritt.

Gleichzeitig geht die Rolle in der menschlichen Verständigung von den Gesten immer mehr auf die Sprechlaute über; es entsteht die menschliche, artikulierte Sprache.

Mit ihrer Hilfe wird irgendein Inhalt des allgemeinen menschlichen Kontaktes fixiert. Bevor er jedoch benannt und in der Sprache widergespiegelt wird, muß er hervorgehoben und bewußt erfaßt werden. Das geschieht, wie wir gesehen haben, ursprünglich während der praktischen Tätigkeit der Menschen, während der Produktion. Hierzu schreibt *Karl Marx*: ‹Also: die Menschen fingen tatsächlich damit an, gewisse Dinge der Außenwelt als Befriedigungsmittel ihrer eigenen Bedürfnisse sich anzueignen etc. etc.; später kommen sie dazu, sie *auch sprachlich* als das, was sie in praktischer Erfahrung für sie sind, nämlich als *Befriedigungsmittel ihrer Bedürfnisse* zu bezeichnen, als Dinge, die sie ‚befriedigen'.›

Die Produktion der Sprache ist ebenso wie die des Bewußtseins und die des Denkens zunächst unmittelbar mit der Produktionstätigkeit, mit dem materiellen Umgang zwischen den Menschen verflochten.

Dieser unmittelbare Zusammenhang des gesprochenen Wortes und des Denkens mit der menschlichen Arbeitstätigkeit ist die wichtigste und grundlegende Bedingung, unter deren Einfluß sich die Sprache als Träger der ‹objektivierten›, bewußten Widerspiegelung der Wirklichkeit entwickelt. Das Wort, das während des Arbeitsprozesses einen Gegenstand bezeichnet, hebt ihn hervor und verallgemeinert ihn in objektiv-gesellschaftlicher Hinsicht, das heißt als gesellschaftlichen Gegenstand.

Die Sprache ist folglich nicht nur ein Mittel des Umgangs zwischen den Menschen, sondern auch ein Mittel, eine Form des ebenfalls noch nicht von der materiellen Produktion getrennten menschlichen Bewußtseins und Denkens. Sie wird zu einem Träger der bewußten Verallgemeinerung der Wirklichkeit. Mit der sich allmählich vollziehenden Trennung der Sprache von der unmittelbaren praktischen Tätigkeit wird der Name vom Gegenstand abstrahiert; die sprachlich benannte Bedeutung braucht dann nur noch als Bewußtseinstatsache, das heißt nur als Gedanke, nur ideell, zu existieren.»

2.3 Gesellschaftliche Kommunikation

2.3.1 Denken und Sprechen

Der folgende Abschnitt stellt die Frage nach dem Inhalt und den Charakteristika des Denkens und seinem Zusammenhang mit der Sprache. In ‹**Sein und Bewußtsein**›, Berlin 1972, S. 98–158 (gekürzt), hat **S. L. Rubinstein** zunächst die materialistische Auffassung des Denkens dargelegt. Weder die sensualistische noch die rationalistische Lösung vermag demnach zu einer richtigen Einschätzung des Problems zu gelangen: Wird einerseits das Denken mit sinnlicher Wahrnehmung identifiziert, so erfährt es auf der anderen Seite eine Reduktion auf abstrakte Begriffsbildung.

Rubinstein dagegen macht deutlich, daß das Denken als Erkenntnistätigkeit des Subjekts zu begreifen ist, deren Ziel in der Aufdeckung der wesentlichen Eigenschaften, Zusammenhänge und Gesetze des Erkenntnisobjekts besteht. Erkenntnis beginnt mit der Wahrnehmung der objektiven Realität und führt über Analyse, Synthese, Abstraktions- und Verallgemeinerungsprozesse zu deren begrifflicher Widerspiegelung.

Jene bedarf der Sprache. Sie ist Bedingung des Denkens ebenso wie Mittel der gesellschaftlichen Kommunikation:

«Das Denken ist die Erkenntnistätigkeit des Subjekts. Man darf es aber nicht so auffassen, als ob es primär eine rein subjektive Tätigkeit sei und erst sekundär mit dem Sein in Beziehung stünde. Das Denken muß von Anfang an als Erkenntnis des Seins betrachtet werden. Auch die innere Struktur des Denkens, der Bestand der Operationen und ihre wechselseitigen Beziehungen sind nur zu verstehen, wenn man davon ausgeht, daß das Denken Erkenntnis, Wissen, Widerspiegelung des Seins ist. Von diesem Standpunkt aus geht auch der materialistische Monismus *(unter Monismus versteht man eine philosophische Richtung, die im Unterschied zum Dualismus die Wirklichkeit aus einem einzigen Grundprinzip – der Materie oder aber dem Bewußtsein [Geist] – erklärt) in der Erkenntnistheorie an das Denken heran: Das Denken ist eine *Tätigkeit des Subjekts* und zugleich *Widerspiegelung des Seins*.

Die Erkenntnis beginnt mit der Empfindung, der Wahrnehmung (als sinnlicher Erkenntnis) und setzt sich als abstraktes Denken fort, das vom Sinnlichen ausgeht und über seinen Rahmen hinausgeht, ohne sich jedoch je von ihm zu lösen. Der Wirklichkeit entspricht weder der Sensualismus, der alle Erkenntnis auf das Sinnliche reduziert, noch der Rationalismus, der die Bedeutung des Sinnlichen für die Erkenntnis überhaupt negiert, die Unzuverlässigkeit der sinnlichen Daten einseitig unterstreicht und die Aufgabe der Erkenntnis völlig dem abstrakten Denken zuweist. In Wirklichkeit existiert ein *einheitlicher* Erkenntnisprozeß, der notwendigerweise mit dem Sinnlichen beginnt und mit derselben Notwendigkeit das Sinnliche transzendiert. Denken ohne sinnliche Erkenntnis ist deshalb unmöglich; denn nur im Sinnlichen liegen die Daten, von denen das Denken ausgehen kann. Aber bei den sinnlichen Daten kann die Erkenntnis nicht stehenbleiben.

In der Wirklichkeit hängt alles wechselseitig zusammen und voneinander ab. ...

Die wesentlichen, eigentlichen, inneren Eigenschaften des Dinges aufzudecken, ist das natürliche Ziel der Erkenntnis. In der Wahrnehmung sind diese Eigenschaften nur unter spezifischen Bedingungen und in gewisser Annäherung gegeben. In der Regel aber sind sie in der Wahrnehmung verhüllt, verändert, von einer Vielzahl von Nebenumständen und einander überschneidenden Einwirkungen überdeckt. Die auf das Herausheben der wesentlichen Eigenschaften in ihren wesentlichen, gesetzmäßigen Beziehungen und Abhängigkeiten gerichtete Analyse setzt notwendigerweise das Abstrahieren von Nebenumständen und zufälligen Beziehungen voraus. Die eigentlichen Eigenschaften des Dinges in reiner Form können nur in abstrakten Begriffen bestimmt werden. Da die auf das Herausheben der wesentlichen Eigenschaften gerichtete Analyse zur Abstraktion führt, ist die wissenschaftliche Abstraktion ihrerseits an die Analyse gebunden. Indem sie aus den Erscheinungen das Wesentliche hervorhebt und vom Unwesentlichen absieht, führt sie notwendigerweise zur Verallgemeinerung.

Eigenschaften, die für Erscheinungen einer bestimmten Art wesentliche Bedeutung haben, sind somit auch allgemeine Eigenschaften. Darum geht das Denken, das auf die Erkenntnis der wesentlichen Eigenschaften der Dinge und Erscheinungen gerichtet ist, notwendigerweise von den Empfindungen und Wahrnehmungen zu den abstrakten Begriffen über.

Wenn durch die analytische Arbeit des Denkens die wesentlichen, inneren Eigenschaften des Dinges aufgedeckt werden, erscheint die Abhängigkeit zwischen ihnen als Gesetz. Gesetze sind innere Abhängigkeiten, das heißt Abhängigkeiten zwischen den inneren Eigenschaften von Dingen, Erscheinungen, Prozessen. ...

Mit der analytischen Tätigkeit unlösbar verbunden ist die synthetische

Tätigkeit ... Die Synthese, die denselben Weg beschreitet wie die Analyse, aber in umgekehrter Richtung, hat eine zweifache Funktion und tritt dementsprechend in zwei Grundformen auf: 1. Indem sie die Eigenschaften und Abhängigkeiten, die bei der Analyse durch Abstraktion von allen spezifischen Nebenumständen herausgefällt wurden, mit immer spezifischeren Bedingungen in Beziehung setzt, stellt sie, von den wesentlichen, inneren Eigenschaften der Dinge ausgehend, immer spezifischere Erscheinungsformen fest. 2. Die Synthese beschränkt sich nicht darauf, spezifischen Erscheinungsformen ein und derselben Eigenschaft nachzuspüren. Indem sie die verschiedenen Eigenschaften und Abhängigkeiten, die in der Analyse zerlegt wurden, folgerichtig aufnimmt und einbezieht, setzt sie diese miteinander in Beziehung.

Durch diese doppelte Denkarbeit – Analyse und Synthese – wird die ursprüngliche konkrete Form des Gegenstandes in immer besserer Annäherung, allmählich, Schritt für Schritt, Glied für Glied gedanklich wiederhergestellt, aber in ihrem Inhalt bereits durchanalysiert.

Die Bewegung des Denkens, im ganzen genommen, durchläuft also einen Weg von der noch unanalysierten konkreten Wirklichkeit, wie sie in der unmittelbaren sinnlichen Anschauung gegeben ist, zur Erkenntnis ihrer Gesetze in Begriffen des abstrakten Denkens und von diesen zur Erklärung der Wirklichkeit, in der wir leben und wirken. ...

Bei der Erforschung der Welt, wie sie uns unmittelbar in der sinnlichen Wahrnehmung entgegentritt, gliedert das Denken die Erscheinungen in reiner Form heraus, und zwar durch das Abstrahieren von Nebenumständen, die diese Erscheinungen komplizieren, und stellt deren wesentliche Eigenschaften und gesetzmäßige Wechselbeziehungen dar. Jedoch sind in der unmittelbaren sinnlichen Wahrnehmung der Wirklichkeit nicht nur die verschiedenen einander überschneidenden Wechselwirkungen der Dinge in ungegliederter Form gegeben: Im unmittelbar wahrgenommenen summarischen Effekt der verschiedenen Wechselwirkungen sind auch Subjekt und Objekt, das Subjektive und das Objektive miteinander verflochten. Indessen ist die Erkenntnis ihrem eigentlichen Wesen nach Erkenntnis der *objektiven* Realität. Ihre Hauptaufgabe besteht darin, aus der Verflechtung des Subjektiven mit dem Objektiven die objektive Realität herauszugliedern, unabhängig von der Art und Weise der Erkenntnis durch dieses oder jenes Subjekt. Dieser Aufgabe ist die gesamte Erkenntnistätigkeit untergeordnet, also die gesamte Analyse und Synthese beim Übergang von der unanalysierten Konkretheit des unmittelbar, sinnlich Wahrgenommenen zu den abstrakten Begriffen des wissenschaftlichen Denkens und von diesen zur gedanklichen Reproduktion und Erklärung der Wirklichkeit in ihrer Konkretheit. ...

Den Erkenntnisprozeß in seinen verschiedenen Stufen oder Formen verstehen heißt auch verstehen, was seine spezifische Objektivität auf jeder Stufe ausmacht. Im Gegensatz zum subjektiven Idealismus, der die Objektivität der Empfindung und Wahrnehmung vollständig negiert und so von vornherein jede Möglichkeit zur objektiven Erkenntnis ausschließt, behaupten wir nicht nur die *Subjektivität* der Empfindung und Wahrnehmung (d. h. deren Bedingtheit durch das wahrnehmende *Subjekt*), sondern auch deren *Objektivität* (d. h. die mehr oder weniger adäquate Übereinstimmung mit dem *Objekt*). Hinsichtlich der sinnlichen Erkenntnis, der Empfindung und Wahrnehmung, leitet sich die Objektivität bei konkreter Betrachtung vor allem davon ab, daß entgegen der Hauptthese des subjektiven Idealismus nicht die Empfindung und die Wahrnehmung empfunden und wahrgenommen werden, sondern die Gegenstände und Erscheinungen der objektiven Wirklichkeit. Empfindungen und Wahrnehmungen sind nicht nur subjektive Zustände, sie sind *Erkenntnis* der Wirklichkeit im eigentlichen Sinne des Wortes. Die objektive Wirklichkeit liegt nicht ‹jenseits› von Empfindung und Wahrnehmung, die Empfindungen und Wahrnehmungen sind von dieser nicht abgesondert; die Entstehung einer Empfindung, einer Wahrnehmung bedeutet, daß das ‹Ding an sich› zu einem ‹Ding für uns› wird. In der Empfindung, in der Wahrnehmung sind uns die Dinge *selbst* gegeben. Es unterliegt aber auch keinem Zweifel, daß darin die objektive Wirklichkeit nur so gegeben ist, wie sie an ihrer dem Subjekt zugewandten ‹Oberfläche› zutage tritt. Wir sehen, wie sich die Sonne um die Erde dreht – dies ist das unmittelbare Zeugnis der Wahrnehmung; tatsächlich aber, in der objektiven Wirklichkeit, dreht sich die Erde um die Sonne – dies ist eine Schlußfolgerung des wissenschaftlichen Denkens. Das bedeutet, daß im Denken die Wechselbeziehung zwischen dem Subjektiven und dem Objektiven anders ist als in der Wahrnehmung. Im Bild der Wirklichkeit, das uns die Wahrnehmung vermittelt, ist das Verhältnis des Wahrnehmenden zu den Erscheinungen unmittelbar berücksichtigt. Dieses Bild kann sich ändern, wenn sich der Standpunkt des Wahrnehmenden, seine Perspektive, sein Verhältnis zum wahrgenommenen Objekt ändert, und nicht nur, wenn sich dieses verändert. Das abstrakte wissenschaftliche Denken ist in einem anderen Maße und in einem anderen Sinne objektiv als die Wahrnehmung. Die objektive Notwendigkeit für den Übergang von der sinnlichen zur abstrakten Erkenntnis, von der Empfindung und Wahrnehmung zum Denken besteht ja gerade darin, daß für die Wahrnehmung die Objektivität nicht in dem Sinne zugänglich ist, in dem sie dem Denken zugänglich ist.

Das Denken überwindet die Subjektivität, welche die sinnliche Erkenntnis erschwert, und erreicht die Objektivität dadurch, daß es von der mehr oder weniger *unmittelbaren* Bestimmung der Objekteigenschaften durch das Subjekt in Empfindung und Wahrnehmung zur mittelbaren Bestimmung dieser Eigenschaften über die *Wechselbeziehungen* der Erkenntnisobjekte und ihrer Eigenschaften übergeht. ...

Unsere Analyse des Denkens, besonders des abstrakten Denkens, bleibt selbst abstrakt, solange das Denken von der Sprache losgelöst betrachtet wird, wie wir das bisher taten. *Denken* im eigentlichen Sinne des Wortes ist ohne *Sprache* unmöglich. Abstraktes Denken ist *sprachliches*, in Worte gefaßtes Denken. In die Analyse des Denkens muß also auch dieses Glied einbezogen werden. Nur dann erscheint das Denken in seiner wirklichen Natur, als *gesellschaftlich* bedingte Erkenntnistätigkeit des Menschen. Die menschliche Erkenntnis ist eine *historische* Kategorie. Sie kann nicht auf den augenblicklichen Akt reduziert werden, in dem Wissen entsteht, um wieder zu verlöschen. Die Erkenntnis im eigentlichen Sinn des Wortes setzt die Vermittlung der erworbenen Erkenntnisse voraus, das heißt die Möglichkeit, sie zu fixieren; dies wird erst durch die Sprache verwirklicht.

Die Sprache ist eine notwendige Bedingung für die Entstehung und Existenz des Denkens im eigentlichen, spezifischen Sinne. Erst mit dem Auftreten der Sprache, die es erlaubt, diese oder jene Eigenschaft von einem Ding zu abstrahieren und die Vorstellung oder den Begriff dieser Eigenschaft im Wort zu objektivieren und damit das Produkt der Analyse zu fixieren, erscheinen erstmalig die von den Dingen abstrahierten ideellen Objekte des Denkens als ‹theoretische› Tätigkeit, und damit auch diese selbst. Die Anwendung von Analyse, Synthese und Verallgemeinerung auf diese ‹Objekte›, die selbst Produkte der Analyse, Synthese und Verallgemeinerung sind, ermöglicht es, aus dem ursprünglichen sinnlichen Inhalt in die Sphäre des abstrakten Denkens zu treten und die Seiten und Eigenschaften des Seins aufzudecken, die der unmittelbaren sinnlichen Wahrnehmung nicht zugänglich sind. Da die Sprache die Vorbedingung für die Entstehung des Denkens ist, ist sie zugleich die notwendige materielle Hülle des Gedankens, seine unmittelbare Wirklichkeit für die anderen und für uns selbst. ...

Indem sich das Denken auf der Basis der Sprache vollzieht, erhält es in der *sprachlichen Tätigkeit* seine Form. Der Gedanke existiert nicht ohne sprachliche Hülle. Denken und sprachliche Tätigkeit fallen jedoch nicht zusammen. Sprechen ist noch nicht Denken. (Das ist eine banale Wahrheit, die viel zu oft im Leben bestätigt wird.) Denken bedeutet Erkennen; Sprechen bedeutet Kommunikation. Das Denken als Erkennen setzt die sprachliche Tätigkeit voraus, die ihm die sprachliche Hülle verleiht. Das Sprechen, das in der Kommunikation besteht, setzt das Denken voraus: Die sprachliche Kommunikation ist der Austausch der Gedanken zur gegenseitigen Verständigung. Wenn der Mensch denkt, benutzt er das sprachliche Material, sein Denken erhält in der sprachlichen Formulierung seine Form. Aber die Aufgabe, die er denkend löst, ist eine gnostische Aufgabe. Denken ist Arbeit am Erkenntnisgehalt der Gedanken, die in der sprachlichen Tätigkeit ihre sprachliche Hülle erhalten. Diese Arbeit unterscheidet sich von der Arbeit am sprachlichen Material, am Text, der die Gedanken ausdrückt. Die Arbeit am Text, am sprachlichen Material, ist Bearbeitung der sprachlichen Gedankenhülle, um die Gedanken in Objekte der mit sprachlichen Mitteln realisierten Kommunikation zu verwandeln, die der Gedankenaustausch mit dem Ziel der gegenseitigen Verständigung ist.»

2.3.2 Das Medium Sprache

Das **Autorenkollektiv**: **‹Sprachliche Kommunikation und Gesellschaft›**, Berlin 1974, S. 51–63 (gekürzt), beleuchtet die Sprache unter dem Gesichtspunkt ihrer instrumentellen Funktion. Ebenso wie gegenständliche Arbeitsmittel die Bedingung der materiellen, seien sprachliche Zeichen die Grundlage geistiger Produktion. Auf den unterschiedlichen geschichtlichen Entwicklungsstufen der gesellschaftlichen Naturaneignung finden die Menschen jeweils ein System von Produktionsmitteln als Resultate früherer und Voraussetzung ihrer gegenwärtigen materiellen Tätigkeit vor. Gleichermaßen bilde ein je bestimmtes System sprachlicher Zeichen das bereits erzeugte, je vorgegebene Mittel ihrer geistigen Produktion. Das Medium Sprache entsteht aus der Arbeit, hebt die gesellschaftlichen Erfahrungen früherer Epochen in sich auf und ist Instrument der individuellen wie gesamtgesellschaftlichen Umweltaneignung:

«Um verstehen zu können, welchen Platz die kommunikative Tätigkeit in der Gesamtheit menschlicher Tätigkeiten einnimmt, sind vor allem zwei Beziehungen näher zu betrachten: die zur Arbeit und die zur geistigen Tätigkeit im engeren Sinne. Die Arbeit ist entwicklungsgeschichtliche Grundlage auch der kommunikativen Tätigkeit. Wir können davon ausgehen, daß es ursprünglich keine Trennung zwischen Arbeit, kommunikativer und geistiger Tätigkeit gegeben hat. ‹Die Produktion der Ideen, Vorstellungen, des Bewußtseins ist zunächst unmittelbar verflochten in die materielle Tätigkeit und den materiellen Verkehr der Menschen, Sprache des wirklichen Lebens. Das Vorstellen, Denken, der geistige Verkehr der Menschen erscheinen hier noch als direkter Ausfluß ihres materiellen Verhaltens.› (Marx/Engels). Die Sprache entsteht ‹aus und mit der Arbeit› ... Das aber bedeutet, daß die werdenden Menschen von einer Kommunikation, die unmittelbarer Bestandteil ihrer Arbeitstätigkeit war und wie die Tierkommunikation nicht losgelöst von anderen Lebensäußerungen existieren konnte, zu einer Kommunikation übergingen, die immer mehr den Charakter einer relativ selbständigen Tätigkeit annahm ... Eine der entscheidenden Voraussetzungen für diesen Übergang lag darin, daß sich die sprachlichen Zeichen, die ursprünglich nur den Charakter von verhaltensstimulierenden Signalen hatten, zu Stützen der erkennenden Tätigkeit des Menschen entwickelten, indem sie die in dieser Tätigkeit gewonnenen begrifflichen Verallgemeinerungen fixierten. Erst auf dieser Grundlage konnte sich die kommunikative Tätigkeit von der jeweils gegebenen gegenständlichen Situation loslösen und eine relative Selbständigkeit erlangen. Damit wurde aber auch der Weg frei für eine immer engere Verbindung von kommunikativer und geistiger Tätigkeit...

Trotz ihrer entwicklungsgeschichtlichen Loslösung von der Arbeit bleibt die kommunikative Tätigkeit mit der Arbeit und der praktisch-gegenständlichen Tätigkeit überhaupt eng verbunden. Die Bedingungen und Erfordernisse der Arbeit bestimmen – teils direkt, teils vermittelt –, was sich die Menschen untereinander zu sagen haben, wem sie etwas mitzuteilen haben und welche Ziele und Interessen sie dabei verfolgen. Neben diesem allgemeinen Verbundensein, das nicht in jedem einzelnen Falle offensichtlich wird, gibt es jedoch auch eine spezifische Verbindung, über die die kommunikative Tätigkeit an der Durchführung und Optimierung der Arbeit und jeder konkreten praktisch-gegenständlichen Tätigkeit beteiligt ist. Grundlage für diese unmittelbare Beteiligung ist der enge Zusammenhang von geistiger und kommunikativer Tätigkeit und die sich aus dem Übergang von geistiger in kommunikativer Tätigkeit ergebende Möglichkeit des kollektiven Vollzugs. Sobald Planung, Verallgemeinerung und Kontrolle praktisch-gegenständliche Tätigkeiten – und dies sind in sie eingelagerte geistige Handlungen – anderen Individuen mitgeteilt werden sollen, mündet die geistige Tätigkeit in kommunikative, aber eingeordnet in den Gesamtrahmen einer konkreten praktisch-gegenständlichen Tätigkeit. ...

Für die materielle Produktion ist die Verwendung von Werkzeugen eines der charakteristischen Merkmale. In der geistigen Produktion aber, die mit der materiellen eng verflochten ist, aus ihr hervorgeht und sich aus ihr herauslöst, wenngleich sie stets in der materiellen Produktion ihre determinierende Grundlage behält, findet eine andere Art von ‹Werkzeugen› Verwendung, nämlich Zeichen und vor allem sprachliche Zeichen. ‹Weil das Leben der Gesellschaft auf der Arbeit beruht, und weil für die Arbeit die Anwendung von Werkzeugen charakteristisch ist, besteht der Unterschied zwischen der menschlichen Psyche und der Psyche des Tieres ebenfalls in der Anwendung spezifischer ‚Werkzeuge' der psychischen Tätigkeit. Als derlei ‹Werkzeuge› dienen Zeichen aller Art.› (P. J. Galperin ...)

Der Gedanke vom Werkzeuggebrauch führte zur These vom vermittelten Charakter jeder menschlichen Tätigkeit: die Produktionstätigkeit ist durch Werkzeuge (im eigentlichen Sinne) vermittelt, die geistige durch sprachliche Zeichen. Beide Arten von ‹Werkzeuggebrauch› bewirken eine Änderung der Tätigkeitsstruktur, die nicht als eine quantitative Erweiterung erscheint, sondern als Grundlage für qualitativ höhere Formen des Verhaltens. Planmäßiger Gebrauch von Werkzeugen und ihre Herstellung beginnen die menschliche Tätigkeit von der tierischen zu unterscheiden. Durch den Gebrauch sprachlicher Zeichen aber wird die Planung und Regulierung der individuellen wie der gemeinschaftlichen Tätigkeit möglich, weil auf der Grundlage des Zeichengebrauchs nicht nur unmittelbar gegebene natürliche Bedingungen verfügbar und signalisierbar sind (wie etwa in der Tierkommunikation), sondern auch die in der gesellschaftlichen Praxis gewonnenen und verallgemeinerten Erfahrungen, unabhängig vom Gegebensein bestimmter äußerer Bedingungen. ‹Nachdem die Sprache die Funktion der Verallgemeinerung übernommen hatte, konnte sie nicht mehr Mittel einer einfachen Verhaltensstimulation bleiben wie vorher bei den Tieren. Das Verhalten selbst ... veränderte wesentlich seinen Charakter: aus einem situativ gebundenen, unmittelbar reflektorischen, wurde es zu einem kontrollierten, ‚verdoppelten'.› (A. A. LEONTJEW ...).

WYGOTSKI *(sowjetischer Psychologe, 1896–1934) hatte mit seiner These vom vermittelten Charakter der menschlichen Tätigkeit, insbesondere von der Vermittlung der geistigen Tätigkeit durch den Zeichengebrauch, einen Weg gefunden, das Eingehen gesellschaftlicher Erfahrungen in die Tätigkeit zu zeigen. Sein Herangehen wurde deshalb auch als kulturhistorisch bezeichnet. Es gab die Möglichkeit, die Entwicklung der Persönlichkeit nicht als Anpassung, sondern als *Aneignung* zu erfassen und damit einen wichtigen Gedanken von MARX zu einer psychologischen Aufgabenstellung umzuformulieren. Der Charakter von Werkzeugen erschöpft sich niemals in ihrer materiellen Erscheinung. Sie sind Gegenstände, in denen gesellschaftliche Erfahrungen und historisch entstandene Handlungsmethoden verkörpert sind. Der Speer des Urmenschen ist nicht nur ein Gegenstand aus Holz mit einer Stein- oder Metallspitze, sondern zugleich eine Verkörperung der Erfahrungen unzähliger erfolgreicher, aber auch erfolgloser Jagden. Indem der Mensch Werkzeuge gebrauchen lernt, eignet er sich also bestimmte gesellschaftlich erarbeitete Handlungsmethoden an. In analoger Weise ist auch die Sprache nicht schlechthin ein Zeichensystem, sondern Resultat und Verkörperung unzähliger Akte der kollektiven Auseinandersetzung mit der Umwelt. ‹Nicht die sinnlichen Eindrücke, die durch die engen Grenzen der persönlichen Erfahrung beschränkt sind, bilden das menschliche Bewußtsein. Sie können nur als seine Quelle angesehen werden. Das Bewußtsein ist die Widerspiegelung der Wirklichkeit, gebrochen durch die allgemein menschliche Erfahrung, die sich in der Sprache darstellt. In der Bedeutung der Wörter, in den Gedanken spiegelt sich die Wirklichkeit differenzierter, umfassender als im unmittelbaren Eindruck, denn in ihnen kristallisiert sich nicht nur die verschwindend geringe Erfahrung eines einzelnen Menschen, sondern auch die unbegrenzte Erfahrung von Generationen, die Erfahrung der ganzen Menschheit.› (A. N. LEONTJEW/A. R. LURIJA ...). Indem der Mensch die Sprache gebrauchen lernt, eignet er sich also die in ihr und mit ihrer Hilfe fixierte gesellschaftliche Erfahrung an.»

2.3.3 Sprache und Gesellschaft

Die Untersuchung der Beziehung zwischen Sprache und Gesellschaft steht im Zentrum der folgenden Ausführungen des **Autorenkollektivs: ‹Sprachliche Kommunikation und Gesellschaft›**, a. a. O., S. 68–75 (gekürzt). Es macht deutlich, daß die realen Kommunikationsbeziehungen innerhalb eines Gesellschaftssystems determiniert werden von der je bestehenden Sozialstruktur. Das Vermögen, sich sprachlich zu artikulieren, bedeutet demnach nicht, daß ein allgemeiner, unterschiedsloser Kommunikationszusammenhang zwischen den gesellschaftlichen Individuen gestiftet würde. Vielmehr wird in einem gegebenen Sozialsystem in Abhängigkeit von der Stellung bestehender Klassen, Schichten und Gruppen zueinander die Informationsübermittlung gesteuert und selegiert. Die soziale Struktur bedingt die Kommunikationsstruktur.

Auf eine sich daraus ergebende Konsequenz deutet der folgende Text hin: Es bilden sich innerhalb eines Gesellschaftssystems, dessen Mitglieder die gleiche Sprache sprechen, differenzierte Sprachformen und Kommunikationsgemeinschaften heraus. Weil die Sprache in den gesellschaftlichen Lebensprozeß verflochten und Bestandteil einer jeweiligen Produktionsweise ist, spiegelt sie gesamtgesellschaftliche wie klassenspezifische Erfahrungen wider. Von der Zugehörigkeit zu Klassen und Schichten, von der gesellschaftlichen Stellung der Individuen, ist das konkrete Maß der Sprachverfügung abhängig:

«Die Fruchtbarkeit des Tätigkeitsherangehens an die sprachliche Kommunikation ist daran zu messen, in welchem Maße es gelingt, aus diesem Ansatz Hypothesen abzuleiten und neue Einsichten zu gewinnen. Insbesondere ermöglicht es dieser Ansatz, zentrale Grundbegriffe der sprachlichen Kommunikation in einen einheitlichen Determinationszusammenhang zu bringen.

Gesellschaftliche Verhältnisse finden ihren Ausdruck in den Positionen, die die Menschen im Prozeß der Produktion und Reproduktion des gesellschaftlichen Lebens einnehmen, in ihren Verhaltensweisen, in den Interessen und Zielen, die ihr Handeln bestimmen. Da die kommunikative Tätigkeit in die Gesamtheit menschlicher Tätigkeit eingeschlossen ist, finden die gesellschaftlichen Verhältnisse auch in dieser Komponente der Tätigkeit ihren Ausdruck. Entsprechend dem Tätigkeitscharakter der sprachlichen Kommunikation äußern sich die gesellschaftlichen Verhältnisse in der Form des Zustandekommens dieser Tätigkeit; d. h., die Menschen gehen, um miteinander kommunizieren zu können, bestimmte Beziehungen, *kommunikative Beziehungen*, ein. Kommunikative Beziehungen aber sind eine Form von gesellschaftlichen Beziehungen. Die jeweils möglichen kommunikativen Beziehungen werden durch den Charakter der betreffenden gesellschaftlichen Verhältnisse und die Stellung der kommunizierenden Menschen in einer gegebenen Gesellschaft bestimmt. ...

Daraus folgt, daß die Herstellung einer kommunikativen Beziehung nicht in erster Linie vom Willen der Menschen abhängig ist, sondern durch das System der gesellschaftlichen Verhältnisse im allgemeinen und durch die sich daraus ergebende Struktur der Gesellschaft und die Beziehungen zwischen den Klassen, Schichten und Gruppen im besonderen bestimmt ist. Dies bewirkt, vereinfacht ausgedrückt, daß nicht jeder mit jedem kommuniziert, sondern daß die Kommunikation innerhalb von gesellschaftlichen Gruppen verschiedenster Größe und Art verläuft, wobei diese Gruppen mehr oder weniger deutlich von der Klassenstruktur einer Gesellschaft geprägt und damit auch in ihrem Verhältnis zueinander bestimmt werden. Es gibt Gruppen, die durch eine regelmäßige und notwendige Kommunikation gekennzeichnet sind, aber auch solche, für deren Bestand die Kommunikation eine weniger wichtige Rolle spielt; es gibt kleine und große Gruppen, solche mit einer minimalen und solche mit einer differenzierten Struktur. All das beeinflußt die Kommunikation, gibt ein System möglicher Kommunikationsbeziehungen vor, legt Kommunikationsbahnen fest, und zwar sowohl für die Kommunikation innerhalb einer Gruppe als auch für die zwischen Gruppen. ...

Wenn Kommunikationsbeziehungen auf der Grundlage gesellschaftlicher Beziehungen eingegangen werden, dann gilt dies nicht nur allgemein, sondern auch im konkreten Fall. Es müssen Menschen zusammenkommen, die ‹etwas miteinander zu tun› haben und sich auf Grund dessen ‹etwas zu sagen› haben. ... Wenn also das Zustandekommen der Kommunikation das Gegebensein ganz bestimmter gesellschaftlicher Bedingungen voraussetzt, dann muß es bestimmte Komplexe von typischen, gesellschaftlich normierten situativen Bedingungen geben, die im Leben der Gesellschaft und damit auch des Individuums entweder immer wieder auftreten oder aber herstellbar sind, die Ausdruck der durchaus geordneten Mannigfaltigkeit des gesellschaftlichen Zusammenlebens sind und in dieser Totalität für die Realisierung der Kommunikation bestimmt sind oder sie zumindest zulassen oder einschließen. ...

Dieser Ansatz ermöglicht es uns, in der Vielfalt des kommunikativen Geschehens, in der unbegrenzten Menge von konkreten *Kommunikationsereignissen*, bestimmte *Klassen* von Kommunikationsereignissen zu unterscheiden, deren Spezifik auf ihrer Funktion und Bedeutsamkeit für das Leben der Gesellschaft und des Individuums beruht. Solche Klassen von Kommunikationsereignissen treten im Produktionsprozeß auf (z. B. Handlungskoordination bei der Arbeit, Produktionsberatung), bei der Erziehung und Bildung (z. B. Unterrichtsstunde, Vorlesung, Seminar, Belehrung), im politischen Kampf (z. B. Versammlung, mündliche oder schriftliche Agitation), im außerberuflichen Alltag (Familiengespräch, Plauderei), im geistig-kulturellen Leben (Produktion und Rezeption von Romanen, Theaterstücken usw.) und in vielen anderen Lebensbereichen. ...

Dieser Ansatz gibt aber auch die Grundlage für Begriffsbildungen in einer anderen Richtung. Die Abhängigkeit der Kommunikationsbeziehungen von der Gesellschaftsstruktur bedeutet, daß der jeweils miteinander kommunizierende Personenkreis bis zu einem gewissen Grade relativ konstant bleiben kann. Wenn dieser Personenkreis durch weitere wesentliche Merkmale charakterisiert ist, durch Gleichheit des Berufs, gemeinsame Ziele, Interessen, gesellschaftliche Aufgaben usw., dann können sich mehr oder weniger feste *Kommunikationsgemeinschaften* herausbilden. Zum Begriff der Kommunikationsgemeinschaft gelangen wir also, wenn wir die Sozialstruktur unter kommunikativem Aspekt betrachten, d. h. unter dem Aspekt, welche Rolle die sprachliche Kommunikation für eine soziale Gruppe spielt und welche Stellung diese Gruppe im System der Kommunikationsbeziehungen einer Gesellschaft hat. ...

Sprachwissenschaftlich sind die Kommunikationsgemeinschaften vor allem dann von Interesse, wenn sie die Ausbildung spezifischer Sprachformen zur Folge haben. Zu solchen spezifischen Sprachformen gehören etwa die territorialen Dialekte, verschiedene Gruppensprachen und die vor allem durch Besonderheiten des Wortschatzes charakterisierten Fachsprachen. Aber auch die Kommunikationsgemeinschaften auf der Grundlage eines Staates bringen notwendig sprachliche Differenzierungen hervor. Unter dem Einfluß von Kommunikationsgemeinschaften ergeben sich also verschiedene sprachliche Differenzierungsprozesse. Einigen dieser Prozesse wird dadurch teilweise entgegengewirkt, daß der Mensch stets mehreren Gruppen gleichzeitig angehört und damit unter Umständen auch mehreren Kommunikationsgemeinschaften. Hier aber besteht ein entscheidender Unterschied zwischen der Gesellschaft mit antagonistischen Klassen und der sozialistischen Gesellschaft: solange eine Gesellschaft durch das Vorhandensein antagonistischer Klassen geprägt ist, gibt es stets auch kommunikative Schranken, die in Form von exklusiven Kommunikationsbeziehungen und Besonderheiten des Sprachgebrauchs große Teile der ausgebeuteten Bevölkerung aus bestimmten Bereichen der Kommunikation ausschließen (was nicht bedeutet, daß es keine Kommunikationen zwischen den Klassen gibt). Erst mit der Beseitigung der Herrschaft der Ausbeuterklassen entsteht die Möglichkeit einer echten gesamtgesellschaftlichen Kommunikationsgemeinschaft. Zwar werden die Kommunikationsbeziehungen auch in der sozialistischen Gesellschaft von der Gesellschaftsstruktur bestimmt, es gibt aber keine in der Gesellschaft liegenden Schranken für die Herstellung von Kommunikationsbeziehungen.

Ebenso wichtig, wegen ihrer nicht so großen Offensichtlichkeit aber oft vernachlässigt, sind die sozial bedingten, d. h. auf unterschiedlichen Gebrauch in spezifischen Kommunikationsgemeinschaften zurückgehenden Bedeutungsunterschiede. Die Sprachwissenschaftler gehen gewöhnlich von der Annahme einer idealen und gesamtgesellschaftlichen Bedeutung aus. Zweifellos gibt es gesamtgesellschaftliche Bedeutungen oder Bedeutungselemente. Andernfalls wäre keine gesamtgesellschaftliche Kommunikation möglich, und wir könnten nicht sagen, daß in der Sprache historisch gewonnene Erfahrung von Generationen fixiert ist. Wenn wir aber die Tatsache, daß die Sprache Ausdruck des Bewußtseins ist, ernst nehmen, können wir das Bewußtsein nicht abstrakt betrachten. Das Bewußtsein als ideelle Widerspiegelung der objektiven Realität hat in der praktischen Tätigkeit der Menschen seine entscheidende Grundlage. Auf der Grundlage dieser Tätigkeit eignet sich das Individuum – direkt oder vermittelt – allgemeinmenschliche und gesamtgesellschaftliche Erfahrungen an. Anteil an der Entwicklung des individuellen Bewußtseins haben aber auch die – ebenfalls direkten oder vermittelten – spezifischen Erfahrungen, die das Individuum als Angehöriger einer Klasse oder klassenbestimmter Gruppen auf der Grundlage seiner praktischen Tätigkeit und unter den aus ihr erwachsenden Lebensbedingungen macht. In der Sprache muß beides seinen Ausdruck finden, die gesamtgesellschaftliche Bedeutung ebenso wie die klassen- oder gruppengebundene ... Auch das Problem der gesellschaftlichen Differenziertheit der Sprache ist letztlich nur über das Tätigkeitsherangehen faßbar.

Wir verstehen also die Kommunikationsbeziehungen und die auf ihrer Grundlage ablaufenden Kommunikationsereignisse als ein Vermittlungsglied zwischen Gesellschaft und Sprache. Die Gesellschaft wirkt nicht direkt auf die Sprache ein und die Sprache nicht direkt auf die Gesellschaft. Daß das Verhältnis von Gesellschaft und Sprache in der Sprachwissenschaft vielfach unvermittelt gesehen worden ist, geht vor allem auf F. DE SAUSSURES * (schweizer Linguist, 1857–1913) Sprachauffassung zurück ..., der die Sprache als eine soziale Tatsache im Sinne E. DURKHEIMS *(französischer Philosoph und Soziologe, 1858–1917) begriff und sie auf eine Stufe mit der Kultur und den verschiedenen sozialen Institutionen stellte. Das Hauptinteresse richtet sich dann auf die Besonderheiten der Sprache gegenüber anderen sozialen Tatsachen, auf ihren Zeichencharakter, auf ihren «quasi-idealen Status» (TH. LUCKMANN ...) und auf die Autonomie ihrer inneren Gliederung. In der Tat ist die Sprache bei dieser Betrachtungsweise ‹autonomer› als andere gesellschaftliche Erscheinungen. Die Besonderheiten der Sprache liegen jedoch nicht in ihrer Autonomie begründet, sondern in der Spezifik ihres Hervorgehens aus der menschlichen Tätigkeit und ihres Verflochtenseins in den gesellschaftlichen Lebensprozeß. Darin liegt das Problem ihrer Sonderstellung unter den gesellschaftlichen Erscheinungen, nicht in der strukturellen Typologie.

Weil dies in der Sprachwissenschaft weitgehend unbeachtet blieb, erschien die Gesellschaft als etwas von der Sprache Getrenntes, als etwas Äußeres gegenüber der Sprache. Wenn sich die Sprachwissenschaft mit dem Verhältnis von Sprache und Gesellschaft beschäftigte, interessierte sie oft weniger die Erklärung des Zusammenhangs von Sprache und Gesellschaft als vielmehr die Erklärung sprachlicher Veränderungen unter dem Einfluß der Gesellschaft, wobei letztere in eine Menge von beeinflussenden (außersprachlichen) Faktoren aufgelöst wurde. Solange wir Sprache und Gesellschaft unvermittelt aufeinander beziehen, erfassen wir Entsprechungen zwischen beiden nur auf eine äußerliche und oft zufällige Art, ohne Kausalzusammenhänge aufdecken zu können. ...

Sprachliche Veränderungen, die oft keine Neuerungen im eigentlichen Sinne, sondern Veränderungen im Gesamtsystem sprachlicher Normen sind, ergeben sich zu einem großen Teil aus Veränderungen der Bedingungen, die die kommunikative Tätigkeit innerhalb der gesamten Gesellschaft determinieren, die sich also ausdrücken u. a. in der Spezifik der Kommunikationsbeziehungen, im gegenseitigen Verhältnis der Kommunikationsgemeinschaften auf den verschiedenen Ebenen der Sozialstruktur, in spezifischen Klassen von Kommunikationsereignissen und den entsprechenden Normerwartungen. Wenn wir den Zusammenhang von Sprache und Gesellschaft über die Kommunikation vermittelt sehen und die Kommunikation eingeordnet in die gesamte Tätigkeit der Menschen und damit in die komplexe Sozialstruktur, in Klassenbeziehungen und den Klassenkampf, dann erhalten wir einen sehr viel fruchtbareren Ausgangspunkt für die Beantwortung zahlreicher theoretischer, aber auch praktischer Fragen.»

3. Sozialgeschichte der Kommunikation

Die reale Einheit von Arbeitsprozeß und Kommunikation erscheint in der bürgerlichen Gesellschaft zerrissen. Hier tritt den Individuen im industriellen Arbeitsvollzug ein entwickeltes Maschinensystem gegenüber, das ihrer sprachlichen Potenzen nicht mehr bedarf. Einmal, weil die Maschinerie als materielle Existenzweise des Kapitals dem einzelnen Lohnarbeiter die Art und Weise seiner Tätigkeit präzise vorschreibt und so eine Kommunikation der Individuen untereinander überflüssig erscheint. Darüber hinaus zwingen die gegenständlichen Bedingungen des Produktionsprozesses dem Arbeiter entweder die stumme Kontrolle und Überwachung ihrer Funktionen auf oder sie ersticken die menschliche Stimme im Produktionslärm.

In diesen Prozessen ist die Ursache angegeben für eine scheinbare Abtrennung der Arbeit von der Kommunikation, die nurmehr auf die Freizeit verwiesen wird. Die wirkliche Loslösung der kommunikativen Fähigkeiten der Individuen vom Arbeitsprozeß spiegelt die Theorie in der Gegenüberstellung von Arbeits- und Freizeitsphäre, Kommunikations- und Produktionsprozeß.

Es soll zunächst im Kapitel 3.1 geprüft werden, ob mit den scheinbar gegensätzlichen Sphären der Arbeit einerseits und der Freizeit andererseits tatsächlich zwei verschiedene Lebenszusammenhänge gekennzeichnet sind, wie diverse Freizeittheorien glauben machen. Damit in Zusammenhang steht dann unmittelbar die Frage, ob Kommunikation dann wirklich nur noch in der arbeitsfreien Zeit, außerhalb der Produktionstätigkeit stattfindet.

Im Abschnitt 3.2 zur Entwicklung der Kommunikationsmittel wird dann die vor allem von den Theoretikern der Massenkultur vertretene These zum Gegenstand, es seien die modernen Medien als allen zugängliche Mittel gesellschaftlicher Verständigung entstanden, die im Dienste der Teilhabe der Gesellschaftsmitglieder am gesellschaftlichen Kommunikationsprozeß stünden. Skizziert werden hier die realen Entwicklungsanstöße der Massenkommunikationsmittel.

Schließlich beleuchtet das Kapitel 3.3 den von der bürgerlichen Kommunikationstheorie angegebenen Ort der gesellschaftlichen Kommunikation: die Öffentlichkeit.

3.1 Arbeit und Freizeit

3.1.1 Entfremdung der Arbeit: die Verkehrung menschlicher Selbstverwirklichung im Produktionsprozeß

In den ‹ökonomisch-philosophischen Manuskripten› (1844) hat K. Marx den materialistischen Entfremdungsbegriff entwickelt. Er kennzeichnet ein geschichtlich hervorgebrachtes spezifisches Verhältnis der Menschen zur Natur und zueinander. Unter entfremdeten Lebensbedingungen ist der Arbeitsprozeß nicht länger Selbstverwirklichungsprozeß, und die Allseitigkeit menschlicher Umweltaneignung scheint aufgehoben. Die Reduktion des Lohnarbeiters auf Teilfunktionen und das gesamtgesellschaftliche Unvermögen zur bewußten Beherrschung der sozialen Verhältnisse ist Merkmal der geschichtlich fortgeschrittensten Stufe der Entfremdung in der kapitalistischen Gesellschaftsformation. Die Entfremdung ist die letztliche Ursache dafür, daß die Arbeit als notwendiges Übel und die freie Zeit als der Bereich eigentlich menschlicher und kommunikativer Beziehungen gelten kann.

A. Oppolzer hat in **‹Entfremdung und Industriearbeit›**, Köln 1974, S. 276–283, die Kategorie der Entfremdung untersucht und gibt eine zusammenfassende Darstellung ihres in historischem Prozeß ausgebildeten Inhalts:

«In den ökonomischen Hauptwerken von Marx zentriert sich die reife Entfremdungskonzeption ... um die Polarität der Begriffe *Warenfetischismus* und *entfremdete Arbeit*. Da seine Darstellungsweise, das Aufsteigen vom Abstrakten zum Konkreten, sich auch in der Entfaltung der Kategorie der Entfremdung erweist, entwickelt Marx das Entfremdungsverhältnis zunächst auf der allgemeinen Ebene der Gesellschaft der Warenproduktion. Die Entfremdung auf dieser allgemeinen Ebene nennen wir *prinzipielle Entfremdung*, jene Entfremdung, die der Gesellschaft der privaten Warenproduktion auf der Grundlage des Privateigentums prinzipiell inhärent *(innewohnend) ist. Auch auf der prinzipiellen Ebene können wir die allgemeine Entfremdung, den Warenfetischismus, und die besondere Entfremdung, die entfremdete Arbeit, voneinander unterscheiden – als unterschiedliche gesellschaftliche Konkretionen des Entfremdungsverhältnisses in den verschiedenen Sphären menschlichen Lebens.

Der Grundsachverhalt der privaten Warenproduktion impliziert, daß die einzelnen Produzenten Gegenstände zum Zwecke des Austauschs herstellen. Die Einheit von Produzenten und Konsumenten einer Sache wird aufgebrochen, so daß der Erzeuger einer Ware nicht unmittelbar ihr Konsumierender ist; daß vielmehr die Produzenten wechselseitig in den Besitz des Gegenstandes fremder Produktion nur kommen können, indem sie ihre eigenen Produkte als Waren entäußern, austauschen gegen den Gegenstand der Produktion eines anderen Produzenten. Dies bedeutet aber, daß die privaten Produzenten sich nur über ihre Waren miteinander vermitteln – über Gegenstände, die sie zum Zweck des Austauschs hergestellt haben; eines Austauschs, der durch die Entäußerung der Gegenstände der eigenen Produktion den Individuen die Gegenstände fremder Produktion zur exklusiven Bedürfnisbefriedigung beschaffen soll. Da innerhalb dieses einfachen Tauschverhältnisses die privaten Individuen, die durch ihr Privateigentum voneinander geschieden sind, sich nur über die Sache, die Ware miteinander vermitteln, gelangen die Waren zu einer scheinbar aparten, separaten Existenz neben den lebendigen Menschen selbst: Im Zeichen des *Warenfetischismus* gewinnt es den Anschein, als vermittelten die Waren, als die eigentlichen Akteure, gesellschaftlichen Subjekte, die Menschen als ihre bloßen Objekte, als Anhängsel der Waren miteinander. Die Waren offenbaren ihren Doppelcharakter als Gebrauchswert und als Tauschwert: Sie dienen sowohl menschlicher Konsumtion als auch dem Zweck des Austauschs einander fremder und gleichgültiger Produktionen. Die Ware offenbart damit einen Widerspruch in sich selbst: Als Gebrauchswert ist sie Gegenstand menschlicher Bedürfnisse des Konsums, als Tauschwert ist sie gleichgültig gegen die besonderen menschlichen Bedürfnisse, korrespondiert sie der Notwendigkeit des Austauschs verschiedener Gegenstände als Waren. Der Tauschwert wird zu einer bestimmenden Größe, welcher gleichgültig gegen die spezifischen Gebrauchseigenschaften einer Ware, sich bemißt nach der in ihr vergegenständlichten gesellschaftlich-notwendigen Arbeit und die verschiedenen Waren wie deren Besitzer miteinander vermittelt, aufeinander bezieht. Auf einer entwickelteren Stufe des Austauschs verselbständigt sich der Tauschwert der Waren auch in gegenständlicher Form vom Warenkörper, er gewinnt die Gestalt eines allgemeinen Äquivalents, das als allgemeine dritte Ware, deren primäre Eigenschaft es ist, unterschiedliche Waren in der Dimension ihres gemeinsamen abstrakten Tauschwerts miteinander zu vermitteln, vergegenständlicht. Der Warenfetischismus tritt damit in seiner besonderen Gestalt als *Geldfetischismus* hervor, indem das Geld – als die reinste Form des allgemeinen Äquivalents – in seiner Eigenschaft als Vergegenständlichung des Tauschwerts der Waren, eine von den Waren aparte Existenz der Vermittlung der voneinander unabhängigen privaten Individuen wird. Unter den allgemeinen Bedingungen des Warenfetischismus tritt im gesamtgesellschaftlichen Raum die Ware, die Sache, das Ding selbst als Mittler zwischen den Menschen auf; die Beziehungen der Menschen zueinander verdinglichen sich zu persönlichen Verhältnissen ihrer Waren zueinander, eine Versachlichung, die im Geld ihre konsequente Vergegenständlichung findet.

Diese allgemeine Entfremdung findet in der besonderen Sphäre der unmittelbaren Produktion ihre Konkretion im Sachverhalt der *entfremdeten Arbeit.* Warenproduzierende Arbeit ist zugleich Tauschwert setzende Tätigkeit – Produktion von Tauschwerten als Schaffung einer dem Menschen fremden Macht über sich und seinen Produktionen, sie ist Erzeugung der allgemeinen Entfremdung der Menschen unter dem Warenfetischismus. In diesem Sinne ist warenproduzierende Tätigkeit zugleich entfremdende und entfremdete Arbeit. Die eigene Tätigkeit als entfremdete Arbeit ist den Warenproduzenten nur ein Mittel zur Aneignung fremder Produkte, indem er selbst Tauschwerte produziert, die er gegen erwünschte Waren austauscht. Er ist deshalb gleichgültig gegen den und entfremdet von dem Inhalt, der Gebrauchswertseite seiner eigenen Produktion und zugleich entfremdet vom Gegenstand der fremden Arbeit, der ihm als Fremder gegenübersteht. Die entfremdete Arbeit schließt in sich ein die Entfremdung des Produzenten in verschiedener Hinsicht: a) die Entfremdung vom *Produkt*, weil er an seinem Gegenstand selbst inhaltlich, an dessen Gebrauchswert nicht interessiert ist, sondern nur an dessen Tauschwerteigenschaften, welche ihm die fremde Ware schaffen; b) die Entfremdung von seiner *Tätigkeit*, die unter den allgemeinen Bedingungen der Warenproduktion eine Arbeit für ihm fremde, ihm selbst gleichgültige Bedürfnisse wird und die ihn selbst über die Produktion von Tauschwerten in den Besitz der Resultate fremder entfremdeter Arbeit bringt; c) die Entfremdung von den anderen *Menschen*, die er nur als Mittel zur Realisation seiner eigenen privaten Interessen begreift und mit denen er nur in verdinglichter Form, über die Waren, in gesellschaftliche Beziehungen tritt, sowie d) die Entfremdung von *sich selbst* als einem Menschen, der menschliche Beziehungen zu seinesgleichen unterhält, der darin und in den Produkten der menschlichen Arbeit nicht seine Vergegenständlichung menschlicher Wesenskräfte sehen kann, sondern nur ein Mittel zum privaten Zweck der privaten Eigentumserweiterung.

Diese *prinzipielle Entfremdung*, wie sie der Gesellschaft der privaten Warenproduktion inhärent ist, konkretisiert Marx in der Analyse der kapitalistischen Gesellschaft als *spezifische Entfremdung*, wie sie unter den Bedingungen der kapitalistischen Produktionsweise im besonderen, der Gesellschaft der kapitalistischen Warenproduktion eigen ist. Die allgemeinen Grundprinzipien der kapitalistischen Produktionsweise –

Trennung der Arbeitenden von den Produktionsmitteln, Existenz doppelt freier Lohnarbeiter, Arbeitskraft als Ware, Akkumulation von Kapital, Klassenverhältnis von Lohnarbeit und Kapital u. a. m. – prägen den spezifischen Charakter der Entfremdung in dieser Gesellschaftsformation. Auch in bezug auf das Entfremdungsverhältnis in der kapitalistischen Gesellschaft können wir die beiden Ebenen von allgemeiner und besonderer Entfremdung, von Warenfetischismus mit seinen verschiedenen Erscheinungsformen und entfremdeter Arbeit in ihren unterschiedlichen Dimensionen voneinander differenzieren.

Wenden wir uns zunächst der allgemeinen Ebene des *Warenfetischismus* in der gesamtgesellschaftlichen Sphäre zu: Unter kapitalistischen Bedingungen ist der doppelt freie Lohnarbeiter realiter gezwungen, seine Arbeitskraft als Ware zu verkaufen – in Ermangelung eines anderen Eigentums, dessen Nutznießung oder Veräußerung ihm die Mittel zu seiner unmittelbaren Subsistenz sicherte. Die Arbeitskraft, und damit der Arbeiter selbst, denn sie ist nichts anderes als seine gegenständlich-praktische Lebensäußerung, wird vom Kapitalisten, dem Eigentümer der Produktionsmittel, für eine bestimmte Zeit gekauft und unterliegt eben auf Grund ihrer Qualität als Ware den gleichen Gesetzen und Prinzipien wie alle anderen sachlich-dinglichen Waren. Der Arbeiter wird reduziert auf seine ökonomische Eigenschaft als Arbeitskraft und kommt so herunter zum bloßen Zubehör der dem Kapitalisten gehörigen Elemente des Produktionsprozesses, er wird zur lebendigen Sache degradiert. Die Gleichgültigkeit des Kapitalisten gegen die menschlichen Qualitäten des Arbeiters, die nicht unmittelbar im Produktionsprozeß selbst verwertbar sind oder scheinen, ist hier ebenso ein Aufweis der zugrunde liegenden Entfremdung, wie die Gleichgültigkeit des Arbeiters gegen die Person des Kapitalisten, der ihm als bloßer Repräsentant seiner objektiven und subjektiven Lebensmittel gegenübersteht. Das Klassenverhältnis wird in seinem antagonistischen Charakter auch im Verhältnis der Entfremdung deutlich: Kapitalist und Arbeiter stehen sich als ökonomische Charaktermasken, auf ihre ökonomischen Funktionsbestimmungen reduziert, gegenüber als entfremdete Repräsentanten des Verhältnisses von Kapital und Arbeit. Beide, sowohl Kapitalist als auch Arbeiter sind bloße Charaktermasken, insofern als sie lediglich Anhängsel, Appendices der Waren einander vorstellen, die sie besitzen; der Kapitalist als Kapital, der Arbeiter als Arbeitskraft erscheinen. So vollzieht sich unter den Bedingungen der kapitalistischen Produktionsweise vollends die allgemeine Subsumtion *(Unterordnung) der Menschen und ihrer menschlichen Beziehungen und Verhältnisse unter den Sachverhalt der Kapitalverwertung – als Ausdruck des allgemeinen Warenfetischismus. Sowohl in formeller als auch in reeller Hinsicht sind die Arbeitenden unter das Kapital in seinem Verwertungsprozeß subsumiert, sie werden selbst zu lebendigen Bestandteilen des Kapitals. Die geistigen Potenzen des Prozesses der Produktion, wie ihr gesellschaftlicher Charakter überhaupt, stehen den Arbeitern im Kapital als entfremdeter, feindlicher und äußerlicher Instanz gegenüber – als einer fremden Macht, welche die Arbeiter unter sich und ihre Zwecke subsumiert. Der gesellschaftliche Zusammenhang der atomisierten, privaten und formal voneinander unabhängigen Individuen wird nur in entfremdeter Form auf eine gesellschaftliche Weise miteinander vermittelt hergestellt – im Geld. Das Verwertungsinteresse des Kapitals als dominierender gesamtgesellschaftlicher Grundsachverhalt läßt das Geld zum allgemeinen herrschenden Maßstab werden, in dem der Wert sozialer Beziehungen und Verhältnisse in verdinglichter und den Menschen entfremdeter, äußerlicher Gestalt sich mißt. Das Geld als der Mittler zwischen Individuum und Gesellschaft, wie der Menschen untereinander schwingt sich geradezu auf zum Maß aller Dinge; das Geld allein vermag den Bedürfnissen der Menschen die zur Befriedigung erforderlichen Gegenstände zu schaffen – es entfaltet seinen Fetischcharakter, den *Geldfetischismus*, als besondere Form des Warenfetischismus. Eine weitere gesellschaftliche Erscheinungsform des fundamentalen Warenfetischismus stellt der *Kapitalfetischismus* dar, jener Sachverhalt, daß, da die lebendige Arbeitskraft vom Kapital gekauft, mit den gegenständlichen Momenten des Produktionsprozesses kombiniert und dergestalt produktiv konsumiert, verwertet wird, weil also die Arbeitskraft im Produktionsprozeß selbst Eigentum des Kapitals ist, sein lebendiger Bestandteil, erscheint die produktive Kraft der menschlichen Arbeit wie die Produktivkraft ihrer gesellschaftlichen Kombination, da sie sich unter dem Kommando des Kapitals, zwischen dem Kapital gehörigen Waren vollzieht, als produktive Potenz des Kapitals, welches selbst wiederum in Wirklichkeit bloßes Resultat der lebendigen Arbeit ist. Der beirrende Schein des Kapitalverhältnisses erweckt und nährt den Eindruck, daß das Kapital, die Sache, das eigentliche Subjekt ist und die Menschen als ihre bloßen lebendigen Objekte erscheinen. Schließlich tritt der Warenfetischismus in der bürgerlichen Gesellschaft auch darin deutlich hervor, daß im Zeichen von Privateigentum und Konkurrenz die Menschen einander als Sachwalter ihrer materiellen Interessen, als Repräsentanten des Verwertungsinteresses ihres Kapitals gegenübertreten – sich entfremdet und feindlich als Anhängsel ihrer Waren entgegentreten und die menschlichen Inhalte ihrer Beziehungen und Verhältnisse stets zurücktreten hinter den dinglichen Erfordernissen ihrer Waren.

Gehen wir nun weiter zur besonderen Ebene der *entfremdeten Arbeit* innerhalb der unmittelbaren materiellen Produktion: In dem sozio-ökonomischen Grundverhältnis der Lohnarbeit ist bereits gesetzt, daß der Arbeiter realiter gezwungen ist, seine Arbeitskraft als Ware dem Kapitalisten gegen Lohn zu verkaufen. Die Arbeitskraft geht damit in das Eigentum des Kapitalisten über, sie gehört nicht mehr dem Arbeiter. In diesem Sinne ist entfremdete Arbeit stets Arbeit für Fremde, für dem Arbeiter selbst fremde Zwecke der Kapitalverwertung. Konstitutiv für das Verhältnis von Lohnarbeit und Kapital ist die Trennung der Arbeitenden von den Produktionsmitteln, die ihnen als fremdes Eigentum, als Kapital gegenüberstehen. Als fremdes Eigentum, über das sie keine Gewalt und Bestimmung besitzen, stehen die Produktionsmittel den Arbeitenden entfremdet gegenüber – als Instanzen einer fremden Macht, die sie unter sich subsumiert. Arbeitsteilung und Maschinerie sind den Arbeitern unter kapitalistischen Bedingungen Momente des fremden Eigentums des Kapitals, dessen Prinzipien sie subsumiert sind: Die Produktionsmittel in ihrer sachlichen Gegenständlichkeit repräsentieren und vertreten ihnen gegenüber das Interesse des Kapitals, so daß sie selbst zu lebendigen Anhängseln des Produktionsprozesses auch seiner konkreten Gestalt nach werden. Die verschiedenen Dimensionen der entfremdeten Arbeit bestimmen sich in ihren wesentlichen Merkmalen aus dem kapitalistischen Charakter des Produktionsprozesses als: a) Entfremdung vom *Produkt*; die Arbeiter erzeugen einen Gegenstand, der ihnen selbst nicht gehört, zu dem sie keine inhaltliche Beziehung haben, der vielmehr dem Kapitalisten gehört. b) Entfremdung von der *Tätigkeit*; weil ihre Arbeitskraft in der Zeit ihres Wirkens dem Kapital gehört, von ihm gekauft worden ist, ist sie nicht mehr das Eigentum des Arbeiters, sondern eine diesem selbst fremde Tätigkeit, die den fremden Reichtum ihm gegenüber im Kapital erzeugt. c) Entfremdung vom *Menschen*; da die Arbeitskraft Eigentum des Kapitals ist, erscheint ihre produktive Kraft als Potenz des Kapitals, nicht des Menschen. Die Arbeiter werden gekauft, zusammengefaßt und kombiniert vom Kapital, das erst den gesellschaftlichen Charakter der Arbeit in entfremdeter, verdinglichter Form setzt; sie werden reduziert auf Detailarbeit, sind dem gesellschaftlichen Charakter ihrer Arbeit, der ihnen im Kapital als ein fremder, von außen gesetzter Sachverhalt erscheint, entfremdet. In seiner Arbeit kann der Arbeiter sich deshalb nicht als Mensch zu den anderen Menschen verhalten, weil sein Zusammenhang mit den anderen Arbeitenden ein entfremdeter ist, vom Kapital gesetzt worden ist. d) Entfremdung von *sich selbst*; weil es den Arbeitern nicht möglich ist, im Produktionsprozeß nicht-fremdbestimmte Qualitäten zu entfalten, weil sie sich nicht als Menschen zu sich selbst und zu anderen Menschen verhalten können, ist ihre Arbeit nicht Bestätigung, sondern vielmehr beständige Verneinung ihrer allseitigen menschlichen Fähigkeiten; die Identifikation mit ihrer Arbeit ist ihnen ebenso unmöglich wie die Entwicklung ihrer eigenen menschlichen Identität innerhalb des kapitalistischen Produktionsprozesses.

Im Verhältnis der entfremdeten Arbeit wird der *Antagonismus* von Lohnarbeit und Kapital wieder deutlich: Durch und in ihrer entfremdeten Arbeit sind die Arbeitenden gezwungen, das soziale Verhältnis, das

Verhältnis von Lohnarbeit und Kapital, selbst beständig zu reproduzieren, indem sie den Reichtum auf Seiten des Kapitals, auf ihrer Seite jedoch Ohnmacht und Abhängigkeit erzeugen. Nicht nur seiner stofflichen, sondern auch seiner ökonomisch-formbestimmten Seite nach, perpetuieren die Arbeitenden ein Verhältnis, in dem sie entfremdet, ausgebeutet und unterdrückt sind. Der antagonistische Charakter tritt auch darin hervor, daß das, was die Arbeiter sich entfremden, was ihnen entfremdet wird, auf ihrer Seite als Entäußerung, Verlust erscheint, ihrem sozialen Gegenüber jedoch als Aneignung, Bereicherung gilt, welche die Macht und den Reichtum des Kapitals vergrößern. Was also der einen Klasse als Bereicherung, als Gewinn zuteil wird, erfährt die andere Klasse als Verlust, als Ausbeutung.»

3.1.2 Freizeit im Kapitalismus: die Kehrseite des Warencharakters der Arbeitskraft

Von den realen Entfremdungserscheinungen in der bürgerlichen Gesellschaft mag sich die bürgerliche Gesellschaftstheorie indessen nicht vorbehaltlos beeindrucken lassen. Sie wendet ein, es gäbe einen zunehmend sich ausdehnenden Bereich der Freizeit, der den Menschen in umfangreichem Maße die Möglichkeit zur Entfaltung ihrer individuellen Fähigkeiten und kommunikativen Bedürfnisse biete. Der Freizeitbereich wird in diesem Sinne als sozialhygienisches Angebot verstanden, das den vollkommenen Ausgleich für unbefriedigende Arbeitsbedingungen wie für kommunikative Entbehrungen darstelle. Eine Kritik der Argumentationsweise solcher Freizeittheorie liefert **D. Kramer** in **‹Freizeit und Reproduktion der Arbeitskraft›**, Köln 1975, S. 243–251 (gekürzt):

«Angesichts der technischen Möglichkeiten scheinbar unbegrenzter Steigerung der Produktion gesellschaftlichen Reichtums werden Zukunftsforscher nicht müde, die Zukunft der Freizeit in den rosigsten Farben auszumalen. Immer wieder gern zitiert werden die Überlegungen des Franzosen Jean Fourastié. Seinen (sehr groben) Berechnungen nach gibt es bald die 30-Stundenwoche sowie eine wesentliche Verlängerung der Ausbildungs- und der Urlaubszeit. Er berechnet bei einer 35–40jährigen Berufsausübung eine durchschnittliche effektive Berufsausübung von 40000 Stunden im Leben eines Menschen. ‹Da die Lebensdauer des Durchschnittsmenschen sich alsdann auf annähernd 80 Jahre x 365 Tage x 24 Stunden gleich *700000 Stunden* beläuft, werden unsere Nachkommen von 100 Stunden nur noch sechs der Arbeit an der Produktion widmen, die ja Jahrtausende hindurch fast die gesamte physische Kraft und geistige Aktivität von Millionen unserer Vorfahren verschlang.› *(Fourastié) Für Westeuropa rechnet er zwischen dem Jahr 2050 und 2100, für die USA 30 Jahre früher mit dem Eintreten dieses Zustandes.

Wenn auch von dieser Zeit viel für Schlaf und andere notwendige Tätigkeiten abgezogen werden muß, so ist der Gewinn an Freizeit, der sich aus dieser Rechnung ergibt, dennoch erheblich. Fourastié geht dabei davon aus, daß die bisherige Entwicklung der Menschheit im wesentlichen bruchlos fortgesetzt wird (d. h. keine atomaren Kriege oder ökologischen Katastrophen eintreten) und daß die einzelnen Gesellschaften diese rosige Zukunft zu verschiedenen Zeiten erreichen, je nach ihren Ausgangsbedingungen. Daß die kapitalistischen Industriestaaten ihren Reichtum auf Kosten der Staaten der Dritten Welt vergrößern und daß daher Wachstum nicht in allen Gesellschaften stattfinden kann, berücksichtigt er nicht. Und er berücksichtigt nicht, daß durch die Existenz sozialistischer Staaten neue Momente in die Dynamik der Entwicklung eingehen, die sich sowohl in der Systemkonkurrenz als auch auf die innere Entwicklung der kapitalistischen Staaten auswirken (sein ‹Sozialismus›-Begriff ist diffus und unwissenschaftlich). So sind seine Prognosen insgesamt nicht sehr ernst zu nehmen. Das bedeutet nicht, daß man leugnen dürfte, daß der Menschheit aufgrund der erwartbaren Entwicklung der Produktivkräfte umfangreiche neue Möglichkeiten entstehen.

Hermann Kahn und Anthony J. Wiener haben mit wesentlich mehr mathematischem und wissenschaftlichem Aufwand, aber von ähnlichen Prämissen ausgehend und daher nicht viel zuverlässiger, ähnliche Berechnungen aufgestellt und kommen auf eine ‹freizeitorientierte ‚nachindustrielle' Gesellschaft› etwa des Jahres 2000 mit 1100 Arbeitsstunden pro Jahr bzw. 147 Arbeitstagen zu 7,5 Stunden.

Ausgehend von solchen Berechnungen haben bürgerliche Theoretiker das Bild einer ‹Freizeitgesellschaft› entworfen (bei Fourastié selbst spielen Schlußfolgerungen wie die folgenden noch keine Rolle). Habermas ist 1958 zwar noch skeptisch bezüglich der Verwirklichung solcher Träume, hält den in ihr versprochenen Zustand aber für wünschenswert: ‹Dann würden die Bedürfnisse des Berufs nicht mehr der Freizeit die Regel vorschreiben, dann würde sich die Freiheit emanzipieren und nicht mehr in komplementären Funktionen aufgehen, sondern ihrerseits die Berufstätigkeit womöglich in den Dienst berufsfremder Ziele stellen können. Nicht mehr der Beruf würde Position und Prestige vermitteln; er würde vielmehr so gleichgültig, so neutral, so instrumentell, daß sich die Menschen von den Ansprüchen dieser Sphäre auch objektiv weitgehend entlasten könnten. Die Freizeit produzierte dann gleichsam ihre Ziele aus sich. So könnten sich die Ersatzberufe, die hobbies, die ‚Anliegen' und die Bildungspflege ebenso verselbständigen wie die Freizeitgewohnheiten, die einst berufliche Belastungen kompensierten.› Eine ähnliche Position wird auch von vielen anderen Freizeit-Theoretikern eingenommen.

Umwelt- und Energiekrise haben den Blick geschärft für die ‹Grenzen des Wachstums›. Dadurch werden die grundsätzlichen Perspektiven bei solchen Autoren aber nicht anders, sondern es wird nur in längeren Fristen gerechnet.

Die hohe Wertschätzung, die in diesen Interpretationen der Freizeit gegeben wird, scheint zunächst mit dem übereinzustimmen, was wir über den ‹wahren gesellschaftlichen Reichtum› und die ‹disponible Zeit› gesagt haben. Ist das nicht der ‹Raum der menschlichen Entwicklung› *(Marx), die Voraussetzung für die Entfaltung des Beziehungsreichtums und der Bedürfnisse der Menschen?

Aber kennzeichnendes Merkmal der Mehrzahl der verbreiteten Freizeit-Theorien dieser Art ist die strikte Trennung zwischen Arbeit und Freizeit. Auch wenn von ‹Transfer› (Übertragung) in der einen oder anderen Richtung gesprochen wird, ändert das nichts daran, daß der Bereich der Arbeit als notwendiges Übel interpretiert wird. Aus der technologischen Entwicklung der Produktion ergebe sich angeblich automatisch die ‹Entfremdung› von der Arbeit, die nur durch ‹Selbstverwirklichung› in der Freizeit aufgehoben werden könne. Freizeit wird zunehmend als eigentlicher, von der Arbeit isolierter Bereich menschlicher Entwicklung verstanden. ...

Wir wollen hier ... ausführlicher auf die mit der Theorie der ‹Freizeitgesellschaft› verbundene Trennung von Arbeit und Freizeit und die behauptete Selbstverwirklichung in der Freizeit eingehen. Kahn/Wiener waren darin wesentlich vorsichtiger als die Interpreten solcher Voraussagen, was die Einschätzung der Arbeit betrifft: ‹Wenn die Arbeit weniger Zeit im Leben des Durchschnittsmenschen erfordert, kann man mit Recht annehmen, daß sie aus diesem Grund an Bedeutung verliert. Anderseits ist es ebensogut möglich, daß die Arbeit eine ganz andere Rolle spielen und eine neue Bedeutung gewinnen wird. Die Werte, die der Arbeit anhaften und sich in den industrialisierten Ländern im Laufe der Jahrhunderte entwickelt haben, könnten sich aufs neue mächtig auszuwirken beginnen und damit wieder Anlaß für Probleme innerhalb einer Gesellschaft und für viele Menschen bilden. Die Ideologien rund um die Arbeit, die sie rechtfertigen und im Wert steigern – sowohl für den einzelnen als auch für die Gemeinschaft –, könnten sich vielleicht verstärken, um den ‚letzten Rest' an Arbeit zu schützen›.

Der ehemalige Bundesminister für Forschung und Technologie Horst Ehmke begründete die Forderung nach ‹Humanisierung der Arbeitswelt› im März 1974 mit Thesen, die ein deutliches Abrücken von der These der Selbstverwirklichung in der Freizeit darstellen: ‹Der Arbeitsbereich müsse als ein, wenn nicht gar der zentrale Bereich für die Selbstverwirklichung und Selbstbestimmung des Menschen betrachtet werden. Deshalb gelte es, ihn so zu organisieren, daß diese Ziele auch verwirklicht werden können.› Selbst reaktionäre Politiker wie F. J. Strauß fordern heute Möglichkeiten für jeden, ‹seine Lebenserfüllung an seinem Arbeitsplatz› zu finden. Die Unzufriedenheit mit den konkreten Arbeitsbedingungen muß durch eine ideologische Überhöhung der Arbeit aufgefangen werden.

Ist der Streit zwischen denen, die ... behaupten, der ‹Sinn› müsse von vielen in der Freizeit gesucht werden, und denen, die Arbeit als Sinnerfüllung sehen wollen, nur ein Streit der Worte, oder kann man durch systematisches Nachdenken eine eindeutigere Entscheidung fällen? Wir fragen uns, die kulturgeschichtlichen Informationen zu Rate ziehend, ob denn Menschen vorindustrieller Gesellschaften, die keine ausgrenzbare Freizeit im heutigen Sinne hatten, wie die Bauern und Handwerker, nicht wenigstens im Rahmen ihrer gesellschaftlichen Grenzen Selbstverwirklichungsmöglichkeiten hatten?

Wenn man die Sinnerfüllung des Menschen nur in der Freizeit sieht, die menschliche Arbeit dagegen als Mühe und Plage betrachtet, der sich der Mensch nur gezwungenermaßen unterzieht, dann steht dahinter entweder die Behauptung von der Sündhaftigkeit des Menschen (der zur Strafe für den Sündenfall arbeiten muß) oder die Behauptung, nur in der Muße oder Kontemplation *(Beschaulichkeit) liege der eigentliche Sinn des Lebens. ...

Weil Arbeit Naturnotwendigkeit ist, kann der Mensch sein Wesen nur mit Arbeit verwirklichen. Wenn man aber die Freizeit als eigentlichen Raum der Selbstverwirklichung betrachtet, behauptet man, irgend etwas jenseits der Arbeit, etwa Kontemplation, Muße, Gottesfurcht, Genußleben seien das Wesen des Menschen. Die Arbeit aber ist es in Wirklichkeit, die durch ihre Ergebnisse die Natur des Menschen verändert. Selbstverwirklichung findet also in der Arbeit statt.

Nun ist aber gleichzeitig klar, daß Arbeit in der Klassengesellschaft nicht so ohne weiteres Inhalt der Selbstverwirklichung sein kann. Der Arbeitende ist von seiner Arbeit entfremdet, er verfügt nicht (auch nicht gesellschaftlich) über das Produkt seiner Arbeit, er kann es nicht zu seiner Selbstverwirklichung verwenden (bzw. die Eigentumsverhältnisse verhindern, daß die Produkte der Arbeit Mittel der Entwicklung der Arbeitenden werden). Wer daher behauptet, Selbstverwirklichung sei nur in der Freizeit möglich, stellt zwar diese Tatsache der Entfremdung (meist jedoch nur als Folge der Technisierung verstanden) in Rechnung, entwickelt aber eine illusionäre Vorstellung, die verkennt, daß der Mensch der Arbeit zur Selbstverwirklichung bedarf.

Wer eine solche Theorie vertritt (und sei es ein angeblich Linker), setzt sich auch schnöde und arrogant darüber hinweg, daß auch im Kapitalismus, auch unter den Bedingungen der Entfremdung, viele Arbeiter sich mit Recht mindestens teilweise in ihrer Arbeit selbst verwirklicht sehen. Sie haben ein Recht darauf, stolz zu sein auf die Fähigkeit, durch ihre Hände und durch ihren Kopf die Natur dem Menschen dienstbar zu machen (und ihre Wut darüber, daß die Produkte ihrer Arbeit nicht nur zum Wohle der Menschen, sondern für Vernichtungsmittel, für sinnlosen Konsum oder für den Luxus der Reichen verwendet werden, ist ebenso berechtigt).

Der Stolz auf die Arbeit ist allerdings in der Praxis ein Vorrecht begünstigter Gruppen. Die Berufsidentifikation (die Neigung, die berufliche Tätigkeit als mindestens teilweise befriedigend und Freude verschaffend zu betrachten) ist bei ungelernten und angelernten Arbeitern (verständlicherweise) niedriger, bei Facharbeitern und Spezialisten höher und bei Führungs- und Spitzenkräften am höchsten. Es bleibt aber auch an Arbeitsplätzen mit einem hohen ‹Zufriedenheitspotential› die gesellschaftliche Entfremdung: Weder der Arbeitende als Einzelner noch die Gesellschaft als Ganzes verfügen über die Produkte der Arbeit, sondern das tun die privaten Unternehmen, die anonymen Kapitalgesellschaften und die multinationalen Konzerne, die wiederum die Verantwortung auf den anonymen ‹Markt› abwälzen, den weder sie noch die Gesellschaft beherrschen. Er tritt gleichsam als anonymes Schicksal auf, obwohl sein Wirken doch die Folge zahlloser nicht aufeinander abgestimmter Handlungen einzelner Wirtschaftssubjekte ist. Anarchie des Marktes, ständig zwischen Krise und Inflation schwankend, monopolisierte Macht der Konzerne, imperialistische Versklavung der Völker der Dritten Welt sind das ungewollte Ergebnis der privat angeeigneten Arbeit. Was aber hilft das Gefühl, einen wichtigen Platz in einem technisch interessanten Produktionsprozeß einzunehmen, wenn man weiß: Die Produkte der Arbeit vergrößern nur die Schwierigkeiten, mit denen die Menschen leben müssen? ...

Wir schließen aus unseren Überlegungen: Wer die Selbstverwirklichung des Menschen in die Freizeit verlegt, klammert den zentralen Bereich menschlicher Lebenstätigkeit, die Arbeit, aus. Berücksichtigt man aber den Zwangscharakter der Arbeit und die Entfremdung im Kapitalismus, so wird auch die Behauptung, im Kapitalismus sei Selbstverwirklichung des Menschen durch seine Arbeit möglich, nicht mehr haltbar. Denn wer an dieser These festhält, gibt sich entweder Illusionen über den Charakter dieses Systems hin oder will mit Tricks mehr Leistung aus zufriedenen Arbeitern herauspressen. Die einzig mögliche Perspektive ist Selbstverwirklichung in gesellschaftlicher Produktion und Konsumtion in einer Gesellschaft, in der die Ergebnisse der Arbeit aller in demokratischer Selbstbestimmung zum Wohl aller angewendet werden.»

3.1.3 Kommunikation und Freizeit: die Illusion der Massenkultur

Neben dem Verweis auf die Freizeitsphäre hält die bürgerliche Gesellschaftstheorie zudem das Konzept der Massenkultur bereit. In ihm wird vorgegeben, es existiere eine besonders durch die modernen Massenkommunikationsmittel ermöglichte Teilhabe aller Gesellschaftsmitglieder an kulturellen Prozessen und Resultaten. Soziale Unterschiede scheinen durch sie ausgelöscht und so die Demokratisierung der Gesellschaft vollzogen. Den Standpunkt der Massenkulturtheorie verdeutlicht **R. Meyersohn** in **‹Kommerzialisierung und Komplexität in der Massenkultur›** (In: Scheuch, E. K., Meyersohn, R.: Soziologie der Freizeit, Köln 1972, S. 112–131, hier: S. 115–117):

«Jene Freizeitbeschäftigungen, die den Charakter eines Berufsweges haben, standen in der Vergangenheit typischerweise vorwiegend den oberen Gesellschaftsschichten zur Verfügung. Die Ausbildung bestand in jenen Schichten zum großen Teil nicht nur darin, die Jungen und Mädchen auf einen Beruf vorzubereiten – sei es nun in der Rechtsprechung, im Auswärtigen Dienst, in der Medizin oder im Geschäftsleben –, sondern ebenso auf Freizeitbeschäftigungen wie Tennis, Reiten, Fremdsprachen, Musik und Kunst. Für die junge Generation mag es oft unklar gewesen sein, was Freizeitbeschäftigung und was Arbeit war, denn allem wurde mit dem gleichen Ernst nachgegangen.

So wurde zumindest einer kleinen Minorität die notwendige Ausbildung für die angemessene Ausübung der Freizeitbeschäftigungen schon zu einem frühen Zeitpunkt im Leben gewährt; dem Rest der Gesellschaft jedoch überhaupt nicht. Es wurde vielleicht allgemein angenommen, daß man diese Geschicklichkeiten nur im Jugendalter erwerben könne; diese Annahme war eine gute Möglichkeit, für eine nur langsame Mobilität nach oben zu sorgen; eine Art, die Neureichen zu charakterisieren, war immer, sie der Ungeschliffenheit zu zeihen, was gewöhnlich hieß, daß sie in der Ausübung der Geschicklichkeit erfordernden Freizeitbeschäftigungen nicht so geübt waren wie die Hochwohlgeborenen. .

Aber das änderte sich. Die ‹Erholungs-Bewegung›, die Verkürzung des Arbeitstages und die Herabsetzung des Rentenalters, die bezahlten Urlaubstage, die Verbreitung der Erholung auf dem Lande, die besonders bei den Städtern beliebt ist, das Automobil – all das hat zur Demokratisierung der Freizeit beigetragen. Mit Ausnahme einiger Sportarten wie Polo (und selbst hier ist schon ein Eindringen festzustellen!) sind Klassenbeschränkungen aufgehoben worden, und die Kinder der Armen können ebenso wie die der Reichen lernen, Golf zu spielen, Romane zu lesen, der Musik zuzuhören, selbst zu malen oder sich Bilder anzuschauen. Von größerer Bedeutung ist jedoch, daß auch Erwachsene auf Freizeit-‹Berufe› hin trainiert werden; auf diese Art und Weise wird das Element des ‹Bäurischen› wohl verborgen.

Dieser Prozeß resultiert sowohl aus der Kommerzialisierung aller Formen der Freizeitbeschäftigung als auch aus der Entwicklung der Technik, die die ‹Anfangsschwierigkeiten› einer Freizeitbeschäftigung teilweise aus dem Wege räumt. Das ‹Anfängerniveau› der Freizeitbeschäftigungen ist herabgesetzt worden, und im Laufe dieser Vereinfachung ist es den Produzenten möglich geworden, neue Verbraucher zu rekrutieren, die vorher durch die scheinbare Komplexität, Schwierigkeit und Exklusivität abgeschreckt sein mochten. Dieser Prozeß spielt sich in verschiedenen Gebieten ab; wir alle kennen Produkte und Dienstleistungen, die für den Massenmarkt bestimmt sind und in zehn leichten Lektionen von jedem Kind gemeistert werden können. Je größer der Markt, für den das Produkt bestimmt ist, desto leichter ist der Beginn einer solchen Tätigkeit und desto größer ist ihre Verbreitung.

Die Entwicklung der mehr standardisierten, kommerzialisierten, leicht zugänglichen Arten der Freizeitbeschäftigungen wird noch nicht richtig begriffen und ist noch nicht untersucht worden. Eine der Konsequenzen, die ich schon erwähnte, ist die größere Leichtigkeit des Zugangs, was Klassenvorurteile, die mit vielen Freizeitbeschäftigungen verbunden waren, beseitigen half. Wenn man nicht länger eine Kindheit in einer Familie der oberen Gesellschaftsschichten hinter sich haben muß, um Tennis spielen oder Literatur verstehen zu können, dann kann sich jedermann jederzeit den verschiedenen Freizeitbeschäftigungs-‹Laufbahnen› verschreiben. Verbesserte Technik des Sporttrainings, das vermehrte Verständnis für die Literatur, für die Malkunst oder das Klavierspiel, all das hat zu dieser Entwicklung beigetragen. Dafür mußte jedoch ein Preis gezahlt werden. Das Resultat ist, daß auf Malvorlagen in vorgezeichnete, numerierte Felder die jeweils dafür vorgeschriebene Farbe aufgetragen wird, das Platten existieren, die Auszüge aus berühmten Symphonien bringen, daß wir abgekürzte Versionen berühmter Bücher im Comic-Stil finden und so fort. Der Sachkenner sieht finsteren Blickes auf diese kommerziellen Errungenschaften – vielleicht nicht nur, weil er am ehesten das Sachfremde erkennt, sondern auch, weil ein Vergnügen der Freizeitbeschäftigungen darin besteht, daß sie das Gefühl der Exklusivität und Absonderung von der übrigen Welt gewähren, was sehr schnell verschwand, als diese verschiedenen Formen aufkamen.»

3.2 Entwicklung der Kommunikationsmittel

3.2.1 Die Phase relativer Stagnation: Sprache und Schrift

An der «Demokratisierung der Freizeit» sollen nach dem Willen der klassischen Medientheorie die modernen Massenkommunikationsmittel maßgeblichen Anteil haben. Die Entwicklung der Kommunikationsmittel zeigt hingegen, daß sie gerade nicht außerhalb der Erfordernisse des Produktionsprozesses, gerade nicht unabhängig von jeweiligen Interessen, die aus dem gesellschaftlichen Arbeitszusammenhang resultieren, verlief. Die Mittel der gesellschaftlichen Kommunikation lassen sich nicht einfach als Instrumente einer auf die freie Zeit der Individuen verwiesenen Kommunikationsteilhabe erklären, wie bereits der Text von **B. Bellinger ‹Geschichte der Betriebswirtschaftslehre›**, Stuttgart 1967, S. 11–13, zeigt. Als den Ursprung der Schrift belegt B. Bellinger die Herausbildung des Privateigentums und die damit verbundene Notwendigkeit zur Quantifizierung diverser Besitzgüter:

«Etwa in der Zeit 3000/2900 v. Chr. entstand in dem Gebiet zwischen

Euphrat und Tigris bei den Sumerern aus anfänglichen Punkten, Strichen und Marken betriebswirtschaftlicher Abrechnungen und Listen die wohl früheste Schrift. Sie umfaßte bis zu 2000 Bildzeichen, die nach kurzer Zeit auf 560 Bildzeichen reduziert wurden. Eine der ersten schriftlichen Lebensäußerungen des Menschen überhaupt, die wir kennen, ist ein Buchhaltungsbeleg: ein mit archaischer Schrift und Zahlen bedecktes Tontäfelchen von 4 × 11 cm Größe aus einer Tempelwirtschaft. Die damaligen Buchhaltungen entstanden aus wirtschaftlichen Alltagsbedürfnissen. Die älteste erhaltene Fabrikbuchhaltung ist die des Tempels Dublal-mach in Ur aus der Zeit 3000/2900 v. Chr., die aus einem fortlaufend geführten Inventar und einer monatlichen Gewinn- und Verlustrechnung bestand. Sie fußte auf einem Kontenplan, der sogar Kostenstellen für die tempeleigenen Spinnereien und Webereien enthielt. Die Lohnbuchhaltung umfaßte die Namen von 1197 Sklaven in Keilschrift, für die Leistung und Lohn festgehalten wurden.

Die wissenschaftliche Leistung der Erfinder dieser Buchhaltungen und des Schreibens lag erstens darin, daß sie es zuwege brachten, Nachrichten zu speichern. Der ursprüngliche Informationsaustausch zwischen Menschen war bis dahin allein auf das Sprechen und bestimmte Gesten und damit auf den unmittelbaren Kontakt zwischen den Menschen begrenzt. Die einzige Möglichkeit, Nachrichten über weite Räume zu befördern, lag in dem Boten, der die Nachricht mündlich überbrachte. Aber auch bei ihm war die Speicherung, nämlich das Gedächtnis des Boten, die Grundvoraussetzung.

Die weitere wissenschaftliche Leistung ist zweitens darin zu sehen, daß es gelang, bestimmte soziale Beziehungen eindeutig anzusprechen und zu messen. Mit ihrer Erfassung in der Buchhaltung wurde es möglich, sie zu unterscheiden, fortlaufend zu registrieren, zu vergleichen und im Hinblick auf ein rationales Verhalten in der Zukunft auszuwerten. Die Erfindungen des Schreibens, des Rechnens und der Buchhaltung dürften zu den hervorragendsten wissenschaftlichen Leistungen des Altertums zählen.

Ein weiteres Ergebnis betriebswirtschaftlicher Betätigung dieser Zeit lag in der Entwicklung organisatorischer Verfahrenstechniken. Sie treten uns nicht nur in den damaligen Karteien, den Siegelrollen, welche die Unterschriften zu ersetzen vermochten, den Wirtschaftsbüchern, Geschäftsurkunden, Aufträgen, Quittungen, jährlichen Inventuren und anderen unmittelbar gegenüber. Sie ergeben sich außerdem indirekt aus den damaligen Rechtsordnungen. Schon die älteste bekannte Rechtsordnung, die des Urnamus von Ur, enthielt eine Preisordnung für Grundwaren wie Getreide und Öl, Lohn- und Zinsbestimmungen, ein Sklavenrecht, Ersatzpflichten, eine Haftpflicht bei der Vermietung von Kindern, Protokollvorschriften und anderes.

Im Jahre 2000 v. Chr. läßt sich in Ägypten ein hoch entwickeltes Geschäftswesen feststellen, in dem Wirtschaftsbücher, Geschäftsurkunden und Mindestorganisationen vorgeschrieben waren. Schreibbüros und Handelsschulen entstehen. Das Verfahren der Dreiecksgeschäfte wurde damals zum ersten Male beschrieben. 1728 v. Chr. wurde in Babylonien die Buchführungspflicht für Kaufleute eingeführt. Bei den Babyloniern zur Zeit des Königs Hammurabi, den Assyrern in Ninive, der großen Handelsstadt, und den syrischen Aramäern, deren Sprache in der damaligen Zeit die allgemeine Kanzlei- und Handelssprache war, gab es bereits weibliche Sekretärinnen. Auf diese Zeit geht die erste Büroorganisation zurück.

Die kaufmännische Ausbildung erforderte damals etwa 10–14 Jahre. Der Kaufmann gehörte zu den gebildeten Ständen. Er mußte schreiben und rechnen können und über die bestehenden Gesetze in den verschiedenen Ländern orientiert sein. Von Berufs wegen unternahm er weite Reisen und besaß dadurch die Gelegenheit, aus den wiederholten Kontakten mit den gebildeten Schichten anderer Städte und Länder zusätzliche Fachkenntnisse und Bildung zu erwerben. Auf diese Weise bürgerten sich die wichtigsten kaufmännischen Verfahrenstechniken wie Schreiben, Rechnen, Buchhaltung, Organisation, Reiseplanung, Geschäftsabschluß, Währungsumrechnungen, Zahlungsverkehr und andere verhältnismäßig schnell in dem Mittelmeerraum ein.

Die damaligen Kenntnisse sind zum Teil in den verschiedenen Büchern der Lebensweisheit enthalten, so beispielsweise in der Priestergeheimlehre in Ägypten (etwa 2000 v. Chr.), in der Weisheitslehre des Königs Amanemhêt, in dem Weisheitsbuch des Amenope aus dem Jahre 1193 v. Chr. und im Buch der Lebensweisheit von Jesus Sirach aus der Ptolemäerzeit nach Alexander dem Großen, wo es unter anderem heißt: ‹Schäme dich, die Buchführung zu vernachlässigen!› oder: ‹Was du übergibst an Zahl oder Gewicht und die Ausgaben und Einnahmen, alles schriftlich!›.»

Ebenso eindeutig führt **J. D. Bernal** in ‹**Wissenschaft. Science in History**›, Bd. 1, Reinbek b. Hamburg 1970, S. 115–116, die Entstehung der Schrift auf ihre ökonomische Grundlage zurück:

«Die umfangreichen Amtsverrichtungen und die großen Materialmengen und Dienstleistungen, mit denen es der Tempel in der Stadt zu tun hatte, führten jene qualitative Veränderung herbei, die den Beginn der bewußt betriebenen Wissenschaft kennzeichnet. Als die Priester sich nämlich nicht mehr nur auf ihr Gedächtnis verlassen konnten, waren sie gezwungen, die erhaltenen und ausgegebenen *Mengen* von Gütern in irgendeiner Form aufzuzeichnen. Daraus ergab sich die Verwendung von *Maßen*; zunächst waren das bloß Körbe mit Getreide, Krüge Bier, Stükke Kleidung. Um aber dann Vergleichsmöglichkeiten zu haben, wurde eine gewisse Standardisierung notwendig. Ein Satz fester Tempelmaße oder königlicher Maße wurde eingeführt und allmählich für den Außenhandel zwischen verschiedenen Städten teilweise koordiniert. Das Messen durch *Gewicht* und der dadurch bedingte Gebrauch der *Waage* mit seinen unermeßlichen Folgen für die Wissenschaft sind wahrscheinlich jüngeren, aber ebenfalls recht frühen Datums. Die Waage muß ein Produkt der Stadt gewesen sein, da es in der dörflichen Wirtschaft nichts gab, das nicht gezählt oder gemessen werden konnte, sei es eine Hammelkeule oder eine Fuhre Holz. In erster Linie wurde sie für wertvolle Metalle benötigt, die nicht gemessen werden konnten und für die ‹Stück› eine zu unbestimmte Bezeichnung war, so daß Wägestücke benötigt wurden. Die Waage (engl. balance), die einzige Möglichkeit, Massen zu vergleichen, trägt alle Anzeichen einer *wissenschaftlichen* Erfindung. Ihr Vorbild ist wahrscheinlich die Trägerstange mit Lastkörben an beiden Seiten, die auf den Schultern getragen (balanciert) wurde. Sie mußte jedoch beträchtlich verkleinert werden, ehe sie zum Wägen kostbarer Metalle verwendet werden konnte. ...

Selbst vor der Standardisierung der Maße war es wichtig, die *Anzahl* der Gegenstände, die eingesammelt oder abgeliefert wurden, aufzuzeichnen, ob es nun Stück Vieh oder Körbe mit Getreide waren. Das erfolgte zunächst durch einfache Einkerbungen in einen Stab, dann mit Hilfe von Strichen auf einer Tafel oder einem Lehmklumpen und schließlich durch besondere Bezeichnungen für große Zahlen. In den Aufzeichnungen ließ man dem Zahlensymbol ein Bild oder eine Kurzbezeichnung des betreffenden Gegenstandes folgen, um anzudeuten, was eigentlich gezählt worden war, damit es nicht in Vergessenheit geraten konnte.

Schließlich wurden diese Symbole auf Gegenstände und Handlungen ausgedehnt und traten so an die Stelle von Wörtern, entweder auf Grund ihrer Bedeutung allein, wie im Chinesischen, oder in Laut- und Bedeutungskombinationen, wie in der mesopotamischen Keilschrift oder in den wahrscheinlich aus dieser hervorgegangenen Hieroglyphen *(ägyptische Bilderschrift). Die letzte Vereinfachung zum eigentlichen Alphabet, in dem die Symbole nur für Laute und nicht mehr für Wörter stehen, erfolgte erst in der Eisenzeit. Auf diesem Wege entwickelte sich die *Schrift*, die größte der menschlichen manuell-intellektuellen Erfindungen, allmählich aus der Buchführung. Darüber sagt Speiser: ‹Die Schrift war keine vorsätzliche Erfindung, sondern ein zufälliges Nebenprodukt eines stark entwickelten Sinnes für Privateigentum.› Zuerst wurden dann offizielle propagandistische Erklärungen, Lobreden auf Könige, Hymnen auf Götter und erst zuletzt Wissenschaft und Literatur niedergeschrieben.»

3.2.2 Handel und Information: die brieflichen Zeitungen

(*Anmerkung:* Einen allgemeinen Überblick über die relevanten Entwicklungslinien, die nach der Phase relativer Stagnation in der Geschichte der Medien zu benennen sind, gibt **K. Bücher** in seinem Aufsatz **‹Die Grundlagen des Zeitungswesens›** [In: Ders.: Gesammelte Aufsätze zur Zeitungskunde, Tübingen 1926, S. 1–64, hier: S. 3–7]. Das Kapitel, das einen ‹Überblick über die Geschichte des Zeitungswesens› gibt, enthält drei Abschnitte, wovon der erste ‹Die Vorläufer [Staatszeitungen]›, der zweite ‹Geschriebene Zeitungen und Einblattdrucke› und der dritte ‹Die periodisch gedruckten Zeitungen› behandelt. Bücher skizziert zunächst die Entstehung der Staatszeitungen in Rom und China, die den Beginn des Zeitungswesens markieren:

«Die Geschichte des Zeitungswesens in dem hier befürworteten Sinne beginnt mit der Entstehung von Staatszeitungen bei den Römern und den Chinesen. Beide Male handelte es sich um ausgedehnte Staatsgebiete, die aus verschiedenartigen Bestandteilen sich zusammensetzten, und die Zeitungen hatten den Zweck, eine regelmäßige Verbindung zwischen diesen und der Zentralregierung zu schaffen und zu unterhalten. In ihren Mitteln aber und ihrer inneren Ausgestaltung wiesen sie große Verschiedenheiten auf.

Die ACTA DIURNA *(Tagesberichte), welche gewöhnlich als die Zeitung der *Römer* angesehen werden, waren überhaupt keine Zeitung, sondern können nur etwa mit unseren Plakaten verglichen werden. Es handelte sich um eine mit Gips bestrichene Tafel, auf welcher seit Cäsars Konsulat im Jahre 59 v. Chr. Angaben über die Verhandlungen und Beschlüsse der Volksversammlung eingetragen wurden, die durch öffentliche Ausstellung zu jedermanns Kenntnis gebracht werden sollten. Ob diese Anordnung die früheren annalistischen *(den Verlauf des Jahres betreffenden) Aufzeichnungen [ANNALES MAXIMI] des Pontifex Maximus, welche im Jahre 120 v. Chr. eingegangen waren, zu ersetzen bestimmt waren, muß zweifelhaft erscheinen. Jedenfalls hatte sich ein Bedürfnis herausgestellt, die wichtigsten Vorgänge im Staatsleben weiteren Kreisen bekannt zu machen, und man suchte ihm in dieser zeitgemäßen Weise zu entsprechen. War es doch schon längst in Rom üblich geworden, Bekanntmachungen des Staates oder Privater auf solchen Tafeln oder durch Wandinschriften zu jedermanns Kenntnis zu bringen. Wie verbreitet diese Sitte in etwas späterer Zeit gewesen ist, lehren die vielen bei den Ausgrabungen in Pompeji zutage gekommenen aufgemalten und eingekratzten Maueranzeigen.

Diese Veröffentlichungen waren zunächst für die Bevölkerung Roms bestimmt. Aber sie erlangten sehr bald auch Bedeutung für die Provinzen, indem sie den dort für längere Zeit weilenden Beamten, Steuerpächtern und sonstigen Gliedern der herrschenden Klasse regelmäßig mitgeteilt wurden. Es geschah dies durch *geschriebene Zeitungen*, welche von Beauftragten der Abwesenden [Sklaven, Freigelassenen oder auch eigene Gewerbetreibenden] diesen zugesandt wurden. Es ist leicht erklärlich, daß diejenigen, welche durch ihre Geschäfte zeitweilig von Rom ferngehalten wurden, über die Vorgänge in der Hauptstadt sich auf dem Laufenden zu erhalten wünschten, und ebenso leicht wird man begreifen, daß sich in Rom nicht schwer Leute finden ließen, welche aus dem Erstatten von hauptstädtischen Berichten ihren Erwerb zogen. Wann diese Einrichtung aufgekommen ist, entzieht sich unserer Kenntnis. Das aber wissen wir, daß sie zur Zeit des Cäsar *(etwa 100–44 v. u. Z.) und des Cicero *(106–43 v. u. Z.) vollständig ausgebildet bestand und daß die Empfänger der Berichte mit der Auswahl von Tagesneuigkeiten, die ihnen so zugingen, nicht immer zufrieden gewesen sind. Natürlich beschränkten sie sich auf Tatsächliches. Wer darüber hinaus über die politische Lage unterrichtet sein wollte, mußte in Rom einen guten Freund besitzen, der ihm von Zeit zu Zeit brieflich einen Situationsbericht zuschickte. Aus Ciceros Briefen können wir ersehen, wie hoch eine solche Bemühung eingeschätzt wurde, wie aber auch die Briefschreiber durchweg voraussetzten, daß ihre abwesenden Freunde regelmäßig über die tatsächlichen Vorgänge, insbesondere über das, was in den ACTA DIURNA gestanden hatte, unterrichtet würden.

Wie oft die offiziellen Berichte über die Verhandlungen der Volksversammlung ausgestellt wurden, wissen wir nicht. Das aber wissen wir, daß von Cäsars erstem Konsulat bis auf Augustus daneben auch ein kurzes Protokoll über die Senatsverhandlungen [ACTA SENATUS] in der gleichen Weise zur allgemeinen Kenntnis gebracht wurde. Später scheint der Inhalt beider Publikationen verschmolzen zu sein.

In der Kaiserzeit wurden die ACTA DIURNA immer mehr zu einer Art Hofjournal. Neben den kaiserlichen Dekreten, Mandaten und Edikten wurden reichlich Nachrichten von Audienzen, Hoffestlichkeiten, Staatsprozessen, Hinrichtungen, aber auch über Zirkusspiele, Gladiatorenkämpfe, Bauten, allerlei Naturereignisse, Wunder und Prophezeiungen, Leichenbegängnisse vornehmer Personen und sonstige Familienereignisse, ja selbst gewöhnlicher Stadtklatsch aufgenommen. Ob eine amtliche Ausfertigung und Verbreitung von Abschriften in Italien und den Provinzen stattfand, wissen wir nicht; sicher ist, daß die ACTA vervielfältigt und an Abonnenten versandt wurden, wahrscheinlich durch Privatunternehmer. Selbst bei den Truppen auf entfernten Stationen wurden sie regelmäßig gelesen. Die Redaktion führte ein höherer Hofbeamter ... mit dem nötigen Kanzleipersonal. Die ganze Einrichtung, deren Anfangsjahr sich nicht sicher bestimmen läßt, hat ohne Unterbrechung bis zur Verlegung der Residenz nach Konstantinopel *(im Jahre 330) bestanden.

Merkwürdig ähnlich ist dieser altrömischen Einrichtung die Staatszeitung der *Chinesen* [King-pao], welche sich bis auf das 8. Jahrhundert unserer Zeitrechnung zurückverfolgen läßt und seit dieser Zeit ununterbrochen erschienen ist. Sie wird in zwei Ausgaben verbreitet, einer geschriebenen und einer gedruckten, und zwar jeden Tag mit Ausnahme der hohen Festtage. Die gedruckte Ausgabe erscheint wegen des umständlichen chinesischen Plattendruckverfahrens einige Wochen später als die geschriebene; auch ist sie ausführlicher als diese und vor allem viel billiger. Der Inhalt zerfällt in drei Abteilungen: Hofnachrichten, staatliche Edikte und schließlich Berichte und Denkschriften der verschiedenen Staatsbeamten an die Regierung, in der Regel mit den dazu getroffenen Entschließungen. Die letzte Abteilung ist die bei weitem umfangreichste und auch wichtigste; sie enthält nicht selten scharfe Urteile über einzelne Zweige der Verwaltung, Beschwerden über bestechliche oder nachlässige Beamte, ja Eingaben, in denen der Regierung selbst Rat erteilt wird. Bis auf die neueste Zeit ist der King-pao die einzige Zeitung Chinas geblieben; die heute daneben noch bestehenden Organe, welche in chinesischer Sprache nach europäischer Weise mit beweglichen Lettern gedruckt werden, sind Unternehmungen von Ausländern.

Der King-pao ist die älteste Zeitung der Welt. Soweit er Nachrichten enthält, erfreut er sich nicht gerade großer Zuverlässigkeit. Berüchtigt sind insbesondere seine Schlachtberichte, in denen die Regierungstruppen des himmlischen Reiches immer als siegreich hingestellt werden. Verschickt wird er in je einem Exemplar nach jeder Provinzialhauptstadt, wo er unter Aufsicht der Provinzialregierung ohne jeden Zusatz und jede Weglassung nachgedruckt wird. Außerdem erscheint hier noch ein gedrucktes Verzeichnis der vom obersten Beamten in Audienz empfangenen Personen, zugleich mit Angaben über die Geburtstage der höchsten Würdenträger des Staates. Darauf beschränkt sich das nationale Zeitungswesen der Chinesen. Über die zahlreichen von Ausländern in fremden Sprachen herausgegebenen Blätter kann hier nicht gesprochen werden. Doch soll auf den Verkauf geschriebener Neuigkeitsbriefe auf den Straßen und ein den pompejanischen Mauerinschriften ähnliches Plakatwesen wenigstens hingewiesen werden.

Trotz ihres langen Bestandes haben weder die ACTA DIURNA der Römer noch der King-pao der Chinesen eine Entwicklung durchgemacht; sie sind immer reine Regierungsinstrumente gewesen und geblieben; ihren Lesern wurde stets nur das zugänglich, was man sie wissen lassen wollte; als Träger einer unabhängigen öffentlichen Meinung können sie nicht gelten. Im Unterschiede dazu hat das Zeitungswesen der modernen Kulturstaaten einen in allen seinen Stufen noch deutlich erkennbaren Entwicklungsprozeß durchgemacht. Derselbe fällt einerseits zusammen mit dem staatlichen Zusammenschlusse größerer Territorien, andererseits mit der Organisation eines regelmäßigen Verkehrsdienstes, die sich zuerst in fürstlichen und städtischen Botenkursen, später in Reit- und Fahrposten vollzog.»)

Im folgenden Abschnitt des Aufsatzes ‹**Die Grundlagen des Zeitungswesens**›, a. a. O., S. 7–11, wendet sich **K. Bücher** der hier an erster Stelle interessierenden Betrachtung der Mediengestalt zur Zeit des Handelskapitalismus zu. Er stellt die Entstehung mittelalterlicher Kaufmannsbriefe, Avisen oder geschriebener Zeitungen als Vorläufer der modernen Zeitung dar. Wichtig erscheint in diesem Zusammenhang, daß Bücher gerade nicht die durch Gutenberg bereits 1445 geschaffenen technischen Voraussetzungen des Buchdruckens zum Ursprung des modernen Zeitungswesens erklärt, sondern soziale Bedingungen namhaft macht, die der behandelten Entwicklungsstufe der Medien zugrunde liegen:

«Man hat den Ursprung der modernen Zeitung im mittelalterlichen Kaufmannsbrief finden wollen. Sicher ist, daß für diesen seit dem 13. Jahrhundert sich Fälle nachweisen lassen, in denen Nachrichten über Kauf und Lauf, d. h. über die Preise der Waren und die politischen Zeitereignisse übermittelt werden. Wie es scheint, gehen schon früh ganze Nachrichtenströme beiderlei Art von den Messen der Champagne und von den großen Seeplätzen aus, zu denen sich bald auch die Mittelpunkte des geistlichen und weltlichen Regiments gesellen. Im 14. und 15. Jahrhundert nahmen auch andere Stände, namentlich Staatsmänner, städtische Ratspersonen, Gelehrte, die Sitte an, einander solche Nachrichten in Briefen und Briefbeilagen auf Gegenseitigkeit mitzuteilen. Diese Beilagen trugen dann wohl die Überschrift: ‹Zeitungen›. Sie konnten vom Empfänger an andere weitergegeben oder in Abschriften von ihm verbreitet werden. Fürsten bestellten an wichtigen Verkehrspunkten eigne bezahlte Berichterstatter, und diesen folgten bald selbständige Gewerbetreibende, die in handwerksmäßiger Form das Sammeln und Übermitteln schriftlicher Nachrichten für eine Mehrzahl von Kunden gegen in jedem Falle besonders vereinbarten Jahreslohn übernahmen. Wahrscheinlich sind sie zuerst in italienischen Städten aufgekommen, namentlich in Venedig und Rom, wo sie den Namen SCRITTORI D'AVISI (auch NOVELLANTI, GAZETTANTI) führen; in der zweiten Hälfte des 16. Jahrhunderts finden wir sie auch in verschiedenen Städten Deutschlands unter der Bezeichnung Avisenschreiber (Zeitungen, Novellanten); bald darnach treten sie in Paris als NOUVELLISTES oder GAZETIERS À LA MAIN und wenig später als NEWS WRITERS in London auf. In Paris bilden sie ganze Zirkel, deren Teilnehmer einander die Neuigkeiten zutrugen, sie sichteten und in die Provinzen versandten, in London schließen sie sich im 17. Jahrhundert an die damals aufgekommenen Kaffeehäuser an und bedienen den Landadel. In Deutschland, Italien und Frankreich sind es häufig die städtischen Botenmeister und die staatlichen Postmeister, welche dieses Geschäft übernehmen. Dies hat im Laufe der Zeit dazu geführt, daß die Post ein ausschließliches Recht für die Zusammenstellung und den Vertrieb der geschriebenen und später auch der gedruckten Zeitungen beanspruchte, wie denn auch ihr zweifellos die Begründung eines regelmäßigen Austausches neuer Nachrichten, nicht bloß zwischen verschiedenen Städten, sondern auch zwischen verschiedenen Ländern zu verdanken ist. Freilich ist sie mit ihrem Monopolanspruche nirgends auf die Dauer durchgedrungen.

Es sind verschiedene Sammlungen dieser geschriebenen Zeitungen (Avisen, NOUVELLES À LA MAIN, NEWS LETTERS) erhalten, die uns die Organisation und die Regelmäßigkeit des durch sie besorgten Nachrichtendienstes deutlich ersehen lassen. Sie wurden in der Regel wöchentlich einmal versandt, so daß diesem älteren Typus der modernen Zeitung bereits das charakteristische Merkmal der Periodizität beiwohnt. Jede Nummer läßt an den oft um eine Reihe von Tagen auseinanderliegenden Daten der Korrespondenzen aus den verschiedenen Sammelpunkten die Langsamkeit des Boten- und Postverkehrs, aber doch auch die Geschlossenheit der gesamten Organisation erkennen. Der Inhalt beschränkt sich auf tatsächliche Mitteilungen über die neuesten politischen und sozialen Ereignisse. Abonnenten waren die Fürsten und Staatsmänner, die städtischen Räte, die kirchlichen Würdenträger, die Großkaufleute, in Frankreich und England auch der Landadel, den sie mit Hof- und Regierungsnachrichten versorgten. Es ist also ein ziemlich beschränkter Leserkreis, auf den sie rechnen konnten, und damit erklärt es sich, weshalb man die Buchdruckerkunst, die zur Zeit der Entstehung der geschriebenen Zeitungen längst bekannt und verbreitet war, für ihre Herstellung nicht verwendete. In neu besiedelten Kolonialländern ist bis auf die jüngere Zeit Ähnliches beobachtet worden.

Für die große Masse hat man nur gelegentlich neue Nachrichten über einzelne dem allgemeinen Interesse und Verständnis naheliegende Ereignisse in den Druck gegeben. Es sind das jene *Einzeldrucke* in kleinem Quartformat, gewöhnlich nicht unter einem halben und selten über zwei Bogen stark, die auf Messen und Märkten verkauft wurden und von denen fast jede größere Bibliothek in Deutschland, Italien, Spanien, Frankreich, England Sammlungen besitzt. Die ältesten uns erhaltenen Beispiele dieser Gattung sind aus den achtziger Jahren des 15. Jahrhunderts, die jüngsten aus dem 18. Jahrhundert. Ein solches ‹fliegendes Blatt› oder Heftchen heißt ‹eine Newe Zeitung› (RELATIONE, DISCOURS, NEWES); enthält es mehrere Nachrichten über verschiedene Ereignisse ‹zwo (drey) usw. newe Zeitunge›. In sehr vereinzelten Fällen wurden über einen zeitlich fortlaufenden Vorgang, z. B. eine Belagerung, mehrere sich aneinander anschließende Zeitungen veröffentlicht; aber es fehlt in der Regel noch die Numerierung. Überhaupt entbehrt das ganze Geschäft, das von den Buchdruckern nur nebenbei betrieben wurde, noch der Kontinuität. Neue Zeitungen erschienen, wenn etwas Druckenswertes sich ereignet hatte: der Einzug eines Fürsten in eine Stadt, eine Krönung, eine fürstliche Hochzeit oder Leichenfeier, Schlacht oder Belagerung, Mordtat oder Hinrichtung, eine seltene Himmelserscheinung, Seuche, Feuersbrunst u. dgl.

Im allgemeinen beschränken sich auch diese Einzeldrucke auf tatsächliche Berichte; das Urteil des Berichterstatters hält sich im Bereiche hausbackener moralischer Nutzanwendungen. Meist sind sie mit langen marktschreierischen Überschriften versehen. Viele von ihnen bewegen sich ganz oder teilweise in gebundener Rede (in gesanges wise); im ersteren Falle wird der ‹Ton› (die Melodie) angegeben, in dem sie zu singen sind. So geht die gedruckte neue Zeitung in das *historische Volkslied* über, das insofern über die Prosadrucke dieser Gattung hinausgeht, als es im 16. Jahrhundert weithin zum Träger der öffentlichen Meinung wird. Was die Zeit stärker bewegt, kommt hier zum Worte: kirchliche und weltliche Parteiung, Liebe, Zorn und Haß gegen Personen und Institutionen, Freude und Leid, Hoffnung und Klage, Lob, Rüge und Spott. Auch das Lied beschränkt sich auf die Darstellung einer einzelnen Begebenheit. So dürr und unerfreulich die meisten Prosazeitungen sind mit ihrer Beschränktheit und ihrem Aberglauben, so frisch und lebendig muten uns diese gereimten Zeitungen an; nur aus ihnen läßt sich ersehen, wie Menschen und Handlungen sich in der Auffassung der Mitlebenden abspiegelten. Aber sie gaben nicht bloß öffentliche Meinung wieder, sie machten sie auch; denn sie wurden tatsächlich nach bekannten Melodien gesungen und pflanzten die Erinnerung an große Helden und Taten späterhin von Mund zu Munde fort. Es sei an die Lieder von Herzog Ulrich, von Franz von Sickingen, von Georg von Frunsperg, vom Pienzenauer erinnert. Zuweilen nennt sich in der Schlußstrophe der Dichter und vergißt dabei selten hervorzuheben, daß er selbst an dem

Ereignisse beteiligt gewesen. Der Titel lautet: ‹Ein Lied›, ‹Ein new Lied›, ‹Zwei schöne newe Lieder›, aber auch ‹Newe Zeitung›, ‹Wahrhaftige newe Zeitung› usw. Oft findet sich eine solche Zeitung in Liedform auf demselben Blatte mit einem Volksliede lyrischen Gehalts oder einer bekannten volkstümlichen Romanze.

Auch allerlei Betrachtungen über religiöse und weltliche Zeitfragen, Vermahnungen an das ganze Volk oder bestimmte Stände, Klagen über Zeiterscheinungen haben die beliebte Publikationsform der Neuen Zeitung benutzt, um den Weg ins Volk zu finden. Es ist bekannt, wie oft und mit welchem Erfolge die Reformation sich ihrer als Kampfmittel bedient hat; die Mächtigen der Erde und politische Fraktionen fanden sie geeignet, die öffentliche Meinung zu beeinflussen. Auch hier könnte man eine prosaische und eine poetische Spielart unterscheiden. ‹Leitartikel› in gereimter Form – so sonderbar es klingen mag – werden als fliegende Blätter hinausgesandt. Vertrieben werden dieselben durch wandernde Händler (Zeitungssinger). Ludwig XII. läßt so seine getreuen Untertanen über seine Händel mit dem Papste aufklären, und ein Lied, durch welches die Opposition den in Pavia gefangen genommenen König Franz I. lächerlich zu machen suchte, hat sich bis auf den heutigen Tag im Munde der französischen Kinder erhalten.

Was aber besonders auffällt, das ist die Tatsache, daß die gedruckte Einzelzeitung in der Form des Flugblattes fast zu gleicher Zeit in allen Kulturländern auftaucht; in Italien wie in Deutschland, in Holland, England, Frankreich, Spanien ist sie fast das ganze 16. Jahrhundert hindurch die herrschende Form der Publizistik und strebt sich auch zum Träger einer oft recht kräftig wirkenden öffentlichen Meinung zu machen. In England sind zur Zeit der Königin Elisabeth *(1533–1603) sehr zahlreiche Fliegende Blätter in Liedform (BROADSIDES), welche die jungfräuliche Königin priesen oder zum Kampfe gegen das Papsttum aufriefen, unter das Volk geworfen worden. Über manche Ereignisse wie über die Schlacht bei Pavia (1525), den Seesieg bei Lepanto (1571) haben sich gleichzeitige Lieder- und Prosazeitungen fast in allen Kultursprachen gefunden. Nicht wenige bezeichnen sich selbst als Übersetzungen; in anderen sind die Verfasser mit Namen genannt; wieder andere erklären, daß sie dem Herausgeber ‹zugeschrieben› seien von einem guten Freunde, der selbst dabei gewesen, oder daß sie auf der Post von Venedig, vom kaiserlichen Postmeister in Rom eingelangt seien.

Hier verrät sich ein gewisser Zusammenhang mit den geschriebenen Zeitungen, die man sich überhaupt als die stehende Einrichtung zu denken hat, auf deren Grundlage die Einblatt-Zeitung allein gedeihen konnte. Beide Einrichtungen ergänzen einander, und dies wird auch noch in der folgenden Periode der gedruckten Wochenzeitung nicht viel anders. Bei Einblattdrucken mit vielerlei Nachrichten gibt sich jener Zusammenhang auch darin zu erkennen, daß die letzteren von denselben

Orten datiert sind, die uns als Sammelpunkte von Korrespondenzen der Avisenschreiber bekannt sind. Beide Erscheinungen entspringen also derselben Wurzel, und der Unterschied zwischen ihnen besteht darin, daß durch die geschriebene Zeitung die *bevorzugten Klassen* der Gesellschaft periodisch über die neuesten Ereignisse unterrichtet wurden, während die fliegenden Blätter nur in besonderen Fällen sich an das *Volk* wandten.»

(*Zusatz:* Im dritten und letzten Teil seines Aufsatzes ‹**Die Grundlagen des Zeitungswesens**›, a. a. O., S. 11–21, schildert **K. Bücher** die Herausbildung von gedruckten Wochenzeitungen und schließlich die Etablierung der Anzeigen- und Intelligenzblätter. Sie bilden ein wichtiges Stadium in der Entwicklung der modernen Massenkommunikationsmittel:

«So einfach technisch der Übergang von der periodisch erscheinenden geschriebenen und der gedruckten Einblatt-Zeitung zur periodisch ausgegebenen gedruckten Zeitung erscheinen mag, so schwer war er wirtschaftlich zu vollziehen. Es liegt dies darin begründet, daß das Druckverfahren erst bei der Herstellung einer größeren Anzahl von Exemplaren billiger wird als die handschriftliche Herstellung. Das Risiko, das mit dieser Produktionsweise untrennbar verknüpft ist, hatte sich wohl in Zeiten der Erregung und bei Ereignissen, welche breite Bevölkerungsschichten in Mitleidenschaft zogen, überwinden lassen; es mußte sich aber ins Ungemessene steigern, sobald das Interesse der Käufer für die im täglichen Lauf der Dinge auftretenden Geschehnisse dauernd in Anspruch genommen werden sollte. So erklärt es sich, warum die periodische Presse zunächst mit in größeren Zeiträumen sich wiederholenden Veröffentlichungen einsetzt. In Deutschland begann man zuerst mit Jahresübersichten der politischen Begebenheiten [Postreutern, ANNUS CHRISTI]; ihnen folgten in den achtziger Jahren des 16. Jahrhunderts die mehrmonatlichen Zusammenstellungen M. von Aizings in Köln und seit 1591 in Frankfurt a. M. die Meßrelationen, Halbjahrsübersichten [RELATIONES SEMESTRALES], welche zwei Jahrhunderte hindurch zu den stehenden Erscheinungen der Frankfurter Frühjahrs- und Herbstmesse gehörten. Sie haben mancherlei Nachahmungen erfahren; keine von letzteren aber hat längeren Bestand gehabt. Die Frankfurter Meßrelationen dagegen erschienen ununterbrochen bis ins 19. Jahrhundert hinein, seit 1628 unter kaiserlichem Privilegio.

Ihre Quellen waren hauptsächlich die geschriebenen [später auch die gedruckten] Wochenzeitungen und die Einzeldrucke; ihre Herausgeber blieben aber auch um andere schriftliche und mündliche Nachrichten redlich bemüht; doch war es schwer für sie, sich dabei politischen Beeinflussungen zu entziehen. Schon im März 1599 wurden sie vom Frankfurter Rat konfisziert, und später lastete auf ihnen die Hand der kaiserlichen Bücherkommission. Sie erschienen in Quartheften, selten über 100 Blätter stark, eingeteilt in 20 [seit 1751:15] Haupttitul: unter jedem war ein Land oder eine Art von ‹seltsamen Fällen und denkwürdigen Begebenheiten› abgehandelt, trocken und nüchtern, Nachricht auf Nachricht zusammengestoppelt. Aber sie trugen doch das Interesse an den Welthändeln in weite Kreise; freilich sank im Laufe der Zeit ihr Niveau in dem Maße, als sie in tiefere Volksschichten herabstiegen.

Die ersten *gedruckten Wochenzeitungen* sind nicht erheblich jünger als die

Meßrelationen. Der Streit zwischen den Nationen um die Ehre ihrer ‹Erfindung› ist endgültig zugunsten der Deutschen entschieden. Man begreift freilich nicht recht, warum man ihn geführt hat. Denn der Druck hat damals an dem Zustande des Zeitungswesens nichts weiter geändert als das Vervielfältigungsverfahren. Es sind nach Form und Inhalt die alten geschriebenen ‹Ordinari-Avisen› der Postmeister und sonstigen ‹Zeitungskrämer›, die jetzt auf typographischem *(gedrucktem) statt auf chirographischem *(geschriebenem) Wege hergestellt werden. Die Nachrichtensammler sind die gleichen wie früher; die Korrespondenzorte bleiben dieselben [Rom, Venedig, Lyon, Wien, Prag, Köln, Antwerpen, Brüssel usw.]; von einer Redaktion der im wöchentlichen Posten- und Botenlauf empfangenen Nachrichten ist noch lange nicht die Rede.

Über ein Menschenalter galt als erste gedruckte Wochenzeitung die ‹Relation› des Straßburger Buchdruckers Johann Carolus, die um den Beginn des 17. Jahrhunderts begründet sein muß und von welcher der Jahrgang 1609 auf der Universitätsbibliothek zu Heidelberg erhalten ist. Neuerdings sind aber die beiden Jahrgänge 1609 und 1610 einer zweiten deutschen Wochenzeitung auf der Bibliothek in Hannover aufgefunden worden, welche die Überschrift ‹Avise, Relation oder Zeitung› führt und auf Augsburg als Ursprungsort zurückgeführt wird. Rasch folgten andere deutsche Städte: Basel 1610, Frankfurt a. M. 1615, Berlin 1617, Köln, Wien, Regensburg, Hildesheim um 1620. Aus den zwanziger Jahren lassen sich in Wien, Nürnberg, München, Hamburg je drei gedruckte Wochenblätter nachweisen, und das lebhafte Interesse für die Kriegsereignisse hat eine Reihe anderer deutscher Städte in die Zahl der Zeitungsdruckorte eintreten lassen. Freilich waren die meisten so entstandenen Preßerzeugnisse von ziemlich kurzer Lebensdauer; unter den Stürmen des großen Krieges vermindert sich ihre Zahl. England sah nichts Ähnliches vor dem Jahre 1622, Holland 1626, Frankreich 1631, Italien 1636, Portugal 1641, Schweden 1644 und Spanien 1661. In England brachte erst die Revolution von 1649 einen größeren Aufschwung. In Frankreich blieb seit 1631 Renaudots ‹Gazette› [später ‹Gazette de France›] anderthalb Jahrhunderte hindurch die einzige in kurzen Zwischenräumen erscheinende politische Zeitung. Dagegen erfuhr das holländische Zeitungswesen in der freien Luft der Generalstaaten seit dem zweiten Drittel des 17. Jahrhunderts eine reiche Entwicklung.

Nirgends aber vermochte die gedruckte Wochenzeitung die geschriebene Zeitung zu verdrängen. Diese dauerte vielmehr bis zum Ende des 18. Jahrhunderts fort, trotz aller Verbote und Verfolgungen, die ihre Verfasser trafen. Ja es kam in Deutschland wie in China vor, daß Zeitungen in einer gedruckten und einer ausführlicheren und teureren geschriebenen Ausgabe erschienen. In England gab es Blätter, von denen zwei Seiten bedruckt wurden und zwei leer blieben, damit sie zu handschriftlichen Mitteilungen benutzt werden könnten. Die Ursache lag darin, daß sich überall mit dem Druck auch das Verlagsprivileg für die periodische Presse ausbildete und daß sich zu diesem bald die obrigkeitliche Zensur und die Beeinflussung der Herausgeber durch die Regierungen gesellte. In allen Ländern berichteten die gedruckten Zeitungen gerade über das am wenigsten, was ihnen am nächsten hätte liegen sollen: die Vorgänge und Zustände des eigenen Landes und die innere Politik; dagegen ließ man ihnen in der Behandlung auswärtiger Angelegenheiten größere Freiheit. Dies führte dazu, daß das Publikum, wenn es sich über das eigene Land unterrichten wollte, fortgesetzt eine der geschriebenen Zeitungen aus der Hauptstadt beziehen oder fremde Zeitungen halten mußte. So gingen deutsche Zeitungen vielfach nach Frankreich; ja in verschiedenen Städten wurden Blätter in französischer oder lateinischer Sprache eigens für das Ausland gedruckt. Die weiteste Verbreitung aber und den größten Ruf erlangten die in französischer Sprache herausgegebenen holländischen Zeitungen, die in der zweiten Hälfte des 17. und das ganze 18. Jahrhundert hindurch die Diplomatie immer wieder in Bewegung setzten. Auch in England ging die freiere Entwicklung, welche die politische Wochenpresse unter Oliver Cromwell * (1599–1658) genommen hatte, bald wieder verloren, und es beginnt in der Restaurationszeit eine Periode der Unterdrückung, die völlig erst nach der Mitte des 18. Jahrhunderts überwunden wird.

So bieten die beiden ersten Jahrhunderte der periodischen Presse ein wenig erfreuliches Bild. Während in Frankreich und auch zeitweise in England die ganze Publizistik auf ein privilegiertes Organ beschränkt war, beobachten wir in Deutschland, entsprechend seiner politischen Zerrissenheit, eine Überfülle armseliger, auf schlechtes Papier gedruckter Blättlein, oft an einem Orte mehrere, und über diese noch endlose Streitigkeiten um das Privileg der Herausgabe zwischen Postmeistern und Druckern oder Buchhändlern. Die Organisation der Nachrichtensammlung und Übermittelung ist allmählich erstarrt; man berichtet kleinlich und leichtgläubig aus zweifelhaften Quellen, ‹wie hinten weit in der Türkei die Völker aufeinanderschlagen›, um sich am Nächstliegenden scheu vorüberzudrücken. Eine Tendenz kommt höchstens durch Verschweigen zum Ausdruck; öfter noch ist es eine konfessionelle als eine politische. Der Aberglaube macht sich in läppischen Wunder- und Spukberichten breit. Die Regierungen, welche ein Wochenblatt privilegierten, wandten auf dasselbe das Handwerksprinzip des ausschließenden Gewerberechts an: die bevorrechtete Zeitung erhielt ein dauerndes Monopol für die Versorgung der Stadt und Landschaft mit neuen Nachrichten; anderwärts gedruckte Blätter und geschriebene Zeitungen sollten von der Post nicht geliefert, von den Buchführern nicht vertrieben werden dürfen. So gelangte keine Zeitung zu einem größeren Leserkreis. Einflußreichere Blätter entstanden nur in den Reichsstädten, in denen die Zensur etwas milder gehandhabt wurde.

So sank die deutsche Zeitungspresse von dem relativ achtungswerten Stande, den sie in der ersten Hälfte des 17. Jahrhunderts rasch erklommen hatte, in der zweiten Hälfte dieses und im Verlauf des folgenden Jahrhunderts immer mehr herab. Allerdings gründete man in den zahlreichen kleinen Residenzen noch neue Blätter, damit der spärliche, oft noch durch Privilegientaxen geschmälerte Verdienst am ‹Zeitungshandel› doch einem Landeskinde zugute komme, und diese Blättlein versetzten den mageren Abhub der fremden Presse, den sie mit hohem Privilegio ihren Lesern servierten, noch mit der eigentümlichen Würze der heimischen Hofnachrichten. Aber gerade sie waren am gebundensten, und selbst Friedrich II. * (1712–1786) hat sein bekanntes Wort von den Gazetten, die nicht geniert sein dürfen, wenn sie interessant sein sollen, an den ‹Berlinischen Nachrichten› am wenigsten verwirklicht. Nicht besser stand es in Wien, der klassischen Stadt der Zensur, wo man 1722 das ‹Wienerische Diarium› zur offiziellen Zeitung gemacht hatte. Auch das freisinnige Zensurpatent Josefs II. vom 11. Juni 1781 vermochte darin keinen Wandel zu schaffen.

Immerhin sind kleine technische Fortschritte in dieser Periode eingetreten. Sie bestanden zunächst in einer fortschreitenden Verkürzung der zwischen den einzelnen Zeitungsnummern liegenden Zeitschriften. Schon im 17. Jahrhundert begannen einzelne deutsche Zeitungen zwei-, drei- oder viermal die Woche zu erscheinen, oder sie suchten doch durch Extraausgaben wichtigere Nachrichten rascher an ihre Leser zu befördern. Die erste deutsche Zeitung, welche zu täglichem Erscheinen überging, war die im Jahre 1660 gegründete ‹Leipziger Zeitung›. Das erste englische Tageblatt war der Londoner ‹DAILY COURANT› [von 1702 ab], das erste französische das ‹JOURNAL DE PARIS› [von 1777 ab]. Doch blieben diese Beispiele lange Zeit vereinzelt. Der ‹DAILY COURANT› war dazu ein kleines Blättchen von 1/2 Bogen, der bloß auf einer Seite bedruckt war, wie der Herausgeber sagte, ‹um dem Publikum die Hälfte der Impertinenzen zu ersparen, mit denen die gewöhnlichen Zeitungen gefüllt seien›. Es bedeutete also dieser Fortschritt, der nur der größeren Häufigkeit des Postenlaufs zu verdanken war, nicht eine innerliche Erstarkung.

Wichtiger war eine zweite Neuerung: die Aufnahme des Annoncenwesens in die gedruckte Zeitung. Öffentliche Anzeigen für staatliche, soziale und privatwirtschaftliche Zwecke hat es gegeben, solange es größere soziale Gemeinschaften gibt. Das älteste Mittel dafür ist die Stimme des Herolds oder Ausrufers, neben dem schon im Altertum in Stein gemeißelte oder an die Wände der Häuser gemalte oder eingekratzte Inschriften reichlich vorkommen. Im späteren Mittelalter nach der Erfindung des Leinenpapiers tritt dazu das geschriebene und im 15. Jahrhundert das gedruckte Plakat. Seit dem 16. Jahrhundert werden die obrigkeitlichen Bekanntmachungen [Mandate] in Einzeldrucken verbreitet, und es erhält sich diese Sitte auch noch die beiden folgenden Jahrhunderte. Gewissenhafte Leute haben Sammlungen dieser Mandate angelegt, die sich neben den Sammlungen anderer ‹Fliegender Blätter› noch in vielen Bibliotheken finden. Für die Vermittlung des Privatverkehrs entstanden im ersten Drittel des 17. Jahrhunderts in Paris und London, später auch in deutschen Städten eigene Vermittlungsstellen [BUREAUX D'ADRESSE ET DE RENCONTRE, OFFICES OF INTELLIGENCE, Adreßkomptoire, Berichthäuser, Frag- und Kundschafts- oder Nachrichtämter] als konzessionierte Privatunternehmungen, bei denen Anerbietungen und Nachfragen über Kauf und Verkauf, Pacht und Miete, verlorene und gefundene Gegenstände, Reisebegleitung, Abgang von Kutschen und Frachtwagen u. dgl. gegen Gebühr aufgegeben und erfahren werden konnten. Im Jahre 1633 begann das Pariser Bureau seine Einzeichnungsregister, die es vorher seinen Kunden bloß zur Einsicht vorgelegt hatte, in einem besonderen periodischen Druckblatt zu veröffentlichen; bald folgte man in London und später auch in einzelnen deutschen Städten diesem Beispiele.

Mit den so entstandenen *Anzeigeblättern* [FEUILLES D'AVIS, PETITES AFFICHES, INTELLIGENCERS, ADVERTISERS, Intelligenzblätter] war eine neue Gattung von Zeitungen geschaffen. In Deutschland läßt sich keines derselben vor dem Jahre 1680 nachweisen. Besonders zahlreich wurden sie in Preußen seit 1727 ins Leben gerufen. Das Intelligenzwesen war hier zum Staatsinstitute erklärt worden mit Insertionszwang; seine Verwaltung lag der Post ob, die Reineinnahme floß dem Militärwaisenhaus in Potsdam zu. Allmählich begannen die Intelligenzblätter ihren Stoffbereich zu erweitern, indem sie neben den Annoncen auch Nachrichten über Trauungen, Geburten und Sterbefälle, Ämterbesetzungen und Beförderungen, Fremdenlisten, Marktpreise, allerlei Stadtneuigkeiten brachten.

Inzwischen hatten auch die *politischen Zeitungen* sich des Annoncenwesens bemächtigt. Seit der Mitte des 17. Jahrhunderts finden sich in englischen Blättern einzelne Anzeigen, die sich bald vermehren. In Deutschland tritt Ähnliches kaum vor dem Jahre 1700 auf, und die Sitte gewinnt auch nur langsamen Fortgang. Anfangs sind diese Privatanzeigen wirkliche ‹Inserate›, d. h. sie stehen zwischen den politischen Nachrichten und unterscheiden sich von ihnen weder durch den Druck noch durch die sprachliche Form. Von den Anzeigenden ist immer nur in der dritten Person die Rede. Auch ist die Inanspruchnahme dieser Einrichtung nur auf wenige Fälle des praktischen Lebens beschränkt. Erst allmählich überwindet das geschäftslustige Publikum seine Scheu vor der Öffentlichkeit; die Inserenten beginnen in der ersten Person zu reden. Immerhin spielt die hier neueröffnete Einnahmequelle bis zum Ende des 18. Jahrhunderts für die politische Presse keine erhebliche Rolle; höchstens daß sie einer Anzahl kleiner Blätter das Leben verlängerte, ohne zur Hebung ihres sonstigen Inhalts beitragen zu können.

Die ganze Kläglichkeit dieser reinen Nachrichtenpresse wird hinreichend dadurch gekennzeichnet, daß sie schon früh den Ansprüchen politisch gebildeter Kreise nicht genügte. So kam es, daß bereits seit Mitte des 17. Jahrhunderts sich daneben politische *Monatsschriften* entwickelten, in welchen die zeitbewegenden Fragen unter höheren Gesichtspunkten im Zusammenhange, unter Mitteilung von Aktenstücken und mit selbständigem Urteil behandelt werden konnten. Mit dem Erscheinen des JOURNAL DES SAVANTS [1665] in Paris und der ACTA ERUDITORUM [1682] in Leipzig entstand daneben ein wissenschaftlich-literarisches Zeitschriftenwesen, das sich bald so ausbreitete, daß kaum mehr ein Fachgebiet der Wissenschaft, Kunst und des praktischen Lebens ohne Vertretung blieb. Seit dem Anfange des 18. Jahrhunderts bildet sich auch eine periodische Unterhaltungsliteratur aus, die freilich mit unseren belletristischen Zeitschriften nicht zu vergleichen ist, da sie ihr Absehen in erster Linie auf die Erziehung der Bevölkerung zum Gemeinsinn und überhaupt zu einem edleren Menschentum, auf die Bekämpfung von Vorurteil und Aberglauben gerichtet hat. Es sind die bekannten *Moralischen Wochenschriften*, die in Deutschland schon 1688 mit Chr. Thomasius' Monatsschrift, in England 1709 mit dem ‹TATLER› und ‹SPECTATOR› beginnen und von denen Hunderte in Großbritannien, Deutschland, der Schweiz, den Niederlanden, in Polen und selbst in Frankreich bis zum Ende des Jahrhunderts ins Leben traten. In diesem vielfach gegliederten Zeitschriftenwesen kommt der kritische Geist des Aufklärungszeitalters in den verschiedenen Formen zur Geltung; in ihnen tritt zuerst eine ‹öffentliche Meinung› zutage, und sie sind darum auch für die freiheitliche Gestaltung des staatlichen und sozialen Lebens weit wichtiger als die unter dem Druck der politischen und wirtschaftlichen Gebundenheit verkümmerte Tagespresse.

Die *moderne Gestaltung des Zeitungswesens* hat ihre Wurzel in England. Hier hatte in den bewegten Revolutionsepochen des 17. Jahrhunderts die üppig emporgewucherte Presse zuerst den Boden der Diskussion betreten; sie hatte sich mit den inneren Angelegenheiten des Landes beschäftigt und in dem Kampfe zwischen Parlament und Königtum Partei ergriffen. Milton *(englischer Dichter, 1608–1674) hatte 1644 seine berühmten AREOPAGITICA über die Freiheit der Presse geschrieben, und wenn auch gegen diese Forderung gerade das Parlament, dem sie am meisten zugute kam, zähen Widerstand leistete und mit der Regierung in der Repression wetteiferte, so kann sie doch im Anfang des 18. Jahrhunderts als tatsächlich gesichert gelten. Die Presse erlangt nun in England denjenigen Charakter, den sie später in allen Ländern angenommen hat: sie übernimmt neben der Aufgabe der Nachrichtenvermittlung diejenige einer ernsthaften Erörterung politischer Angelegenheiten, und sie wird damit zur Stütze und Ergänzung des parlamentarischen Regimes. Vergebens hat man sie seit 1712 durch das Bleigewicht der Stempeltaxe, der Papier- und Inseratensteuer, d. h. durch Verteuerung, niederzuhalten versucht. Man konnte so wohl durch ein Jahrhundert ihr Eindringen in die breite Masse der Bevölkerung hindern; aber der Geist der unabhängigen Kritik war nicht mehr zu bannen, und als 1769–1772 im ‹PUBLIC ADVERTISER› die Juniusbriefe * (im Kampf gegen willkürliche Zensur verfaßte Beiträge von Sir Philipp Francis) erschienen, da feierte er einen Triumph, dessen Glanz bis in die fernsten Zeiten leuchten wird.

Überall wird seitdem die Forderung der Preßfreiheit zu einem der wichtigsten Programmpunkte des bürgerlichen Liberalismus. Zwar wird sie 1789 nur für kurze Zeit in Frankreich verwirklicht; aber sie stirbt nicht mit ihrer gewaltsamen Unterdrückung durch das Direktorium und Napoleon; nach des letzteren Vertreibung erhebt sie sich von neuem, um in den Volksbewegungen von 1830 und 1848 allerwärts eine entscheidende Rolle zu spielen. Die polizeistaatliche Bureaukratie hat ein ganzes Arsenal von Waffen gegen die Presse geschmiedet: neben der Zensur und dem Zeitungsstempel, die ihren Durchzug fast durch ganz Europa hielten, die Konzessionspflicht der Zeitungsunternehmungen, den Kautionszwang, die Entziehung des Postdebits, das Verbot des Straßenhandels, die administrative Beschlagnahme. Jede Reaktionsperiode zeugte neue Preßplackereien. Schließlich aber ist doch die Erkenntnis durchgedrungen, daß die freie Presse die wirksamste Garantie der bürgerlichen Freiheit, das unentbehrliche Sicherheitsventil der staatlich geordneten Gesellschaft sei. Ihre Anerkennung in der Gesetzgebung hängt aufs engste zusammen mit der Ausbreitung des konstitutionellen Systems, und die meisten Verfassungsurkunden, welche im 19. Jahrhundert geschaffen wurden, haben sie in einem besonderen Artikel für alle Zeiten sicherstellen zu müssen geglaubt. ‹Die Preßfreiheit›, schrieb 1828 Chateaubriand * (französischer Politiker, 1768–1848), ‹bedeutet so viel wie eine ganze Verfassung; Verfassungsverletzungen wollen wenig besagen, solange wir sie haben. Wäre selbst die Verfassungsurkunde verloren, die Preßfreiheit würde sie uns wiedergeben.›

Wenn einmal die Geschichte der Presse im 19. Jahrhundert so geschrieben wird, wie sie geschrieben werden sollte, so wird der Kampf um die Preßfreiheit als eines der wichtigsten Vehikel der modernen Kulturentwicklung anerkannt werden, und man wird vielleicht die Epochen dieser Entwicklung für die einzelnen Völker nach dem jeweiligen Zustande der Preßgesetzgebung abteilen. Denn kaum steht etwas so fest als die Tatsache, daß diese Gesetzgebung den Zustand der Presse bestimmt und dieser wieder je länger je mehr das gesamte geistige Massenleben der Völker. Gewiß sind die bemerkenswerten Umbildungen, welche die Zeitungen im 19. Jahrhundert erfahren haben, in erster Linie auf allgemeine politische, soziale und wirtschaftliche Momente zurückzuführen. Die formalrechtliche Anerkennung des Prinzips der Freiheit und Gleichheit, die Umwandlung der Gesellschaft aus einer geburtsständischen in eine berufsklassige, der Übergang von der gebundenen zur freien Wirtschaft, von der familienhaften Bedarfs- und Kundenproduktion zur unternehmungsweisen Warenproduktion, die Vervollkommnung der Verkehrsmittel und die durch sie geförderte Verflechtung der Nationen in die Weltwirtschaft, nicht minder aber die Ausbreitung der allgemeinen Volksbildung bis in die untersten Schichten der Gesellschaft und ihre Einbeziehung in den politischen Interessenkreis durch den Sozialismus – alle diese Vorgänge haben die Daseinsbedingungen auch für die Presse völlig verändert. Neben ihnen darf man aber den Einfluß, der von den Schwankungen der Preßgesetzgebung und Preßpolizei ausgegangen ist, nicht übersehen.

In *Deutschland* ist die Presse während des 19. Jahrhunderts jahrzehntelang durch den Bundestag niedergehalten worden. Erst nach der Wiederbegründung des Deutschen Reiches ist es zu dem Preßgesetz vom 7. Mai 1874 gekommen, in dem die Preßfreiheit zur Anerkennung gelangt und die Presse dem gemeinen Rechte unterstellt worden ist. Gleichzeitig haben sich innere Umwandlungen vollzogen. Seit den dreißiger Jahren bildet sich an Stelle der reinen Nachrichtenpresse die Parteipresse aus; in der zweiten Hälfte des 19. Jahrhunderts entsteht die parteilose Geschäftspresse, und gegenwärtig stehen wir infolge der großen Zeitungsankäufe industrieller Konzerne vor der Interessentenpresse. Welchem dieser Typen die Zukunft gehören wird, wissen wir nicht, einstweilen stehen sie noch nebeneinander. Einheitlich sind sie nur darin, daß durch die ganze Presse hin die Zeitung jetzt den Charakter einer *Unternehmung* hat, welche *Anzeigenraum als Ware produziert, die nur durch einen redaktionellen Teil absetzbar wird.* Das ist eine fundamentale Umgestaltung des Wesens der Zeitung.»)

3.2.3 Industrie und Transport: Eisenbahn und Telegraf

Während periodisch erscheinende geschriebene Zeitungen vorwiegend über Handelsbedingungen, politische und gesellschaftliche Neuigkeiten informierten und so ihre begrenzte Funktion im Rahmen des Handelskapitalismus wahrnahmen, bringt der Konkurrenzkapitalismus eine seinen Erfordernissen entsprechende neue Phase in der Entwicklung der Kommunikationsmittel hervor. Sie ist charakterisiert durch die Umwälzung des überkommenen Warentransportsystems.

Die Eisenbahn als Instrument massenhaften Warentransports wurde erst auf der Basis konkurrenzkapitalistischer Wirtschaftsbedingungen sinnvoll einsetzbar. Ebenso die Telegrafie. Die rasche Übermittlung von Nachrichten betraf vor allem marktbestimmende Faktoren wie Angebote oder Preisentwicklungen.

J. D. Bernal betrachtet in **‹Wissenschaft. Science in History›**, Bd. 2, Reinbek b. Hamburg 1970, S. 508–513 (gekürzt), die Entdeckung und Nutzung der Telegrafie vor diesem ökonomischen Hintergrund. Er liefert zudem einen illustrativen Überblick über eine Reihe wichtiger technischer und sozialer Prozesse in der Mitte des vorigen Jahrhunderts:

«Waren sich im 18. Jahrhundert nur die Interessierten und Vorausschauenden des Anbruchs des Maschinenzeitalters bewußt, so konnten seine Auswirkungen um die Mitte des 19. Jahrhunderts auch von den Gleichgültigsten in irgendeinem Winkel der Erde nicht mehr übersehen werden. Durch einfache Vergrößerung der Ausmaße und des Anwendungsbereiches der früher erfundenen Maschinen war eine vollständige Umwandlung im Leben jener Millionen herbeigeführt worden, die in den jetzt industrialisierten Ländern lebten. Ausgedehnte neue Städte mit einer rasch anwachsenden Bevölkerung waren wie Pilze aus dem Erdboden geschossen. Neben dem Wachstum der Industrie waren grundsätzlich neue Verkehrsmittel entwickelt worden: Eisenbahnen, die die Industriezentren miteinander verbanden, und Dampfschiffe, die die Rohstoffe für die Industrie herbeischafften und ihre Produkte in weite Fernen brachten. Hatte das 18. Jahrhundert den Schlüssel zur *Produktion* gefunden, so fand das 19. Jahrhundert den Schlüssel zum *Verkehr*. In den menschlichen Beziehungen hatte sich niemals vorher eine Veränderung vollzogen, die mit einer derartigen Gründlichkeit und Schnelligkeit ablief. Wo immer sich die Industrialisierung durchsetzte, wurden die alten feudalen gesellschaftlichen Beziehungen zerschlagen. Die Masse der Bevölkerung verwandelte sich in Lohnarbeiter. Die gesamte ökonomische und politische Initiative ging von der neuen Klasse der kapitalistischen Unternehmer aus. Selbst im Staatsapparat waren die Überreste der feudalen Reaktion leicht beiseitegefegt worden: in Frankreich durch den Erfolg der Revolution von 1830 und in England durch die Reform Bill von 1832. Der Staat war, wie Marx feststellte, zur Exekutive der herrschenden Klasse geworden. Es war daher auch nicht mehr so unbedingt erforderlich, Vorrechte durch Gesetzgebung zu schützen; nachdem einmal das Eigentum gesichert war, sorgte schon das ökonomische System dafür, daß jeder genau das erhielt, was er wert war.

Niemals vorher hatte sich Reichtum so einfach zusammentragen lassen; aber auch das Elend war nie zuvor so verbreitet und so wenig durch soziale Maßnahmen gemildert worden. Mit den neuen Triumphen der Mechanisierung gingen Rauch und Schmutz, Trostlosigkeit und Häßlichkeit einher, wie sie keine der vorhergehenden Zivilisationsstufen hätte hervorbringen können. ...

Um die Mitte des 19. Jahrhunderts erfolgten keine grundsätzlichen technischen Umwandlungen, die mit denen des 18. Jahrhunderts vergleichbar wären. Es war vielmehr eine Epoche der steten Verbesserung bestehender Produktionsmethoden, die in immer größerem Ausmaß angewandt wurden. Zwar traten jetzt auch Konkurrenten auf den Plan, doch konnte England den während der industriellen Revolution errungenen Vorsprung halten und sogar noch vergrößern. Eine Zeitlang war England im wahrsten Sinne des Wortes die Werkstatt der ganzen Welt. Die billigen Waren, vor allem die mit Hilfe der neuen Maschinen hergestellten Textilien, eroberten sich Absatzmärkte, die für viele Jahrzehnte hinaus unbegrenzt schienen. Dieser Markt konnte durch einfache Vermehrung und stetige Verbesserung der vorhandenen Maschinentypen befriedigt werden. Es lag daher auch kein dringendes Bedürfnis für neue Produktionsverfahren vor. Jedoch bestand ein stets zunehmendes Bedürfnis, *Nachrichtenübermittlung* und *Transport* zu beschleunigen. Der *Telegraph* war die erste praktische und in großem Umfang erfolgende Anwendung der neuen Wissenschaft von der Elektrizität. Von größerem materiellen Nutzen war jedoch die Verwendung der Dampfkraft im *Eisenbahnwesen* und in der *Dampfschiffahrt*; hierbei spielte aber die Wissenschaft nur eine untergeordnete Rolle. ...

Schienen waren zuerst im Kohlenbergbau verwendet worden. Die bedeutende Neuerung, eine Maschine auf Räder zu stellen und sie so zu einer *Lokomotive* zu machen, war ebenfalls bereits mit großem Erfolg im Bergbau versucht worden. Das Zeitalter der Eisenbahn überzog England in den dreißiger und vierziger Jahren mit einem Schienennetz, das sich im späteren Verlauf dieses Jahrhunderts über die ganze Welt ausbreitete. Es brachte auch einen ungeheuren Aufschwung in dem schon älteren öffentlichen Bauwesen, das die Tradition der Kanal-, Straßen- und Brückenbauer des 18. Jahrhunderts, wie es Macadam und Rennie gewesen waren, weiterführte. Sie ist heute noch in den bedeutenden Werken von Robert Stephenson und I. K. Brunel erkennbar. Aus dem Bau von Kanälen und Eisenbahnen erwuchs ein neues Interesse an der Geologie, weil dabei die Struktur der Felsen bei Trassen und Tunnels bloßgelegt wurde; gleichzeitig entstand mit dem Beruf des Landvermessers eine neue Einkommensquelle für Geographen und Geologen. ...

Die Verbesserungen des Transportwesens durch Eisenbahn und Dampfschiff ließen eine schnelle Nachrichtenübermittlung lohnend erscheinen. Das Bedürfnis, Nachrichten schnell weiterzuleiten, ist so alt wie die Menschheit, wie die vielen Funde von Signalfeuerstellen beweisen; aber abgesehen von Magie und Telepathie gab es kaum eine Möglichkeit, es zu befriedigen, außer für Alarmsignale. Selbst die Bedürfnisse der Kriegführung hatten nichts besseres als die Semaphore – * (Signaleinrichtung, die Nachrichten durch verschiedene Stellungen beweglicher Arme vermittelt) – Telegraphie hervorbringen können. Und dennoch hatten schon seit einiger Zeit andere Möglichkeiten auf der Hand gelegen. Bereits im Jahre 1737 war Elektrizität verwendet worden, um Nachrichten über eine Entfernung von mehreren Meilen zu übermitteln; allerdings war die Verwendung von statischer Elektrizität für diese Zwecke sehr umständlich und unzuverlässig. Erst das zeitliche Zusammenfallen des Anbruchs des Eisenbahnzeitalters mit Oersteds Entdekkung der Wirkung des elektrischen Stromes auf eine Magnetnadel ermöglichte die Entwicklung einer billigen und zuverlässigen Methode gerade damals, als das Bedürfnis am dringendsten wurde, und führte zu der Erfindung des elektromagnetischen Telegraphen.

Der eigentliche Anstoß, der eine ganze Schar von Erfindern (Morse, Wheatstone u.a.) gleichzeitig veranlaßte, sich diesem Problem zu widmen, war nicht etwa ein allgemeines Bedürfnis nach gesellschaftlichem Gedankenaustausch, sondern die Tatsache, daß Nachrichten über Preise von Waren oder Aktien und über Ereignisse, die darauf Einfluß haben konnten, Geldeswert hatten. Nachrichten bedeuteten Geld, und der elektrische Telegraph bot die Möglichkeit, Nachrichten schnell zu übermitteln.

Telegraphie über kurze Entfernungen war eine direkte Anwendung der Elektrizität, die nur einen sehr einfachen alphabetischen Code erforderte; doch das Bedürfnis, sie auf größere Entfernungen zu erstrecken und schneller zu machen, sollte an den Scharfsinn der Physiker bis in unsere Tage die höchsten Anforderungen stellen und zu grundlegenden Erkenntnissen und der Herstellung empfindlichster Apparate führen. So wurde insbesondere der Betrieb des atlantischen Kabels, das die Wall Street mit der Londoner City verbindet, erst 1866 durch den Scharfsinn eines der bedeutendsten Physiker seiner Zeit, William Thomson, des späteren Lord Kelvin (1824–1907), ermöglicht. Für die allgemeine Stellung der Wissenschaft war jedoch die Tatsache noch bedeutsamer, daß der Telegraph das Bedürfnis nach ausgebildeten Elektrikern und damit nach technischen Lehranstalten und physikalischen Fakultäten an den Universitäten hervorrief, denen die meisten Fortschritte gegen Ende des 19. Jahrhunderts zu verdanken sind.»

(*Zusatz:* Die besonderen Bedingungen bei der Durchsetzung des Kommunikationsmittels Eisenbahn in Deutschland schildert **H. Mottek** in **‹Wirtschaftsgeschichte Deutschlands›**, Bd. 2, Berlin 1972, S. 156–167 (gekürzt):

«Eine ... Initiative im Eisenbahnbau zeigte sich zum ersten Male in ernstzunehmendem Maße in Elberfeld und Barmen, und zwar im Jahre 1826. Die aufstrebende Bourgeoisie des Wuppertales begann in den 20er Jahren zu erkennen, daß die damals besonders drückende englische Konkurrenz ihre Überlegenheit nicht zuletzt den günstigen Transportbedingungen – insbesondere für Kohlen – verdankte. Während in England die Frachten durch die Entstehung des Kanalsystems auf 1/3 gefallen waren, blieben die Frachten in Wuppertal fast unverändert. Diese Frachten verteuerten den Bezug der immer wichtiger werdenden nahegelegenen Kohlen außerordentlich. So kostete die beste Kohle des Hardensteinreviers auf der Grube 0,35 Mark und in dem 30 km davon entfernten Elberfeld 1,05 Mark, d. h., die Fracht betrug das Doppelte des ursprünglichen Preises. ...

Um die Herstellung der Eisenbahnverbindung zu bestimmten Städten und die Organisation der für diesen Zweck notwendigen Aktiengesellschaften vorzubereiten, bildeten sich Komitees. Den Anfang machten dabei bereits 1832 Bürger aus dem alten Zentrum des oberdeutschen Handelskapitals, der ehemaligen Reichsstadt Nürnberg, mit dem weitsichtigen Bürgermeister Scharrer an der Spitze, die sich zwecks Vorbereitung des Baus einer Eisenbahnlinie zwischen Nürnberg und Fürth zusammenschlossen. Auch die Projekte der anderen Komitees hatten den Bau von Verbindungen zwischen jeweils zwei wichtigen Städten, also zwischen Bonn und Köln, zwischen Leipzig und Dresden, Elberfeld und Düsseldorf, München und Augsburg sowie Berlin und Potsdam, im Auge. ...

Die Eisenbahnspekulationswelle, die 1836 ihren Höhepunkt erreichte, brach sich jedoch 1837/38. Dabei handelte es sich zum Teil um die Auswirkungen der englischen zyklischen Krise. Entscheidend aber war, daß für die meisten der projektierten Bahnen – insbesondere, nachdem sich der Bau der Leipzig-Dresdener Linie wesentlich kostspieliger als vorgesehen erwiesen hatte – mit glänzenden unmittelbaren Profiten keineswegs mit einer solchen Sicherheit zu rechnen war, wie sich das viele Kapitalisten im ersten Enthusiasmus der Jahre 1836/37 vorgestellt hatten. In dieser Situation mußte es für längere Zeit schwierig sein, Geldfonds in einem solchen Umfange, wie er für den Bau von Bahnen in großem Maßstab nötig war, zur Umwandlung in Eisenbahnkapital zu erhalten.

Auf der anderen Seite hatte in der Bourgeoisie in der zweiten Hälfte der 30er

Jahre der Gedanke immer mehr Anziehungskraft gewonnen, daß die Eisenbahnen ein Mittel seien, um den Vorsprung der beneideten Engländer aufzuholen und das Verhältnis des industriellen Entwicklungstempos beider Länder zugunsten Deutschlands zu verändern. Auch die Handelsbourgeoisie erwartete in nahezu allen Teilen Deutschlands von den Eisenbahnen Belebung ihrer Geschäfte, Erhöhung ihrer Profite. Man fürchtete jetzt auch mehr denn je, bei nicht genügendem Fortschreiten des Eisenbahnnetzes wichtige Handelsverbindungen zu verlieren und in der intereuropäischen Konkurrenz – vor allem mit England – noch weiter zurückzubleiben. Alle diese Erwägungen mußten sich in der Zeit nach der englischen Krise, der Zeit der verschärften englischen Konkurrenz und einer allgemein ungünstigen Geschäftslage, nur noch mehr aufzwingen.

Auch die Staatsbürokratie und die deutschen Fürsten gaben Ende der 30er Jahre ihren Widerstand gegen die Projektierung von Eisenbahnen mehr und mehr auf. Jetzt vermochten sich selbst die beschränktesten Vertreter dieser Kreise auch in Preußen nicht mehr der Tatsache zu verschließen, daß die ökonomische, politische und nicht zuletzt auch militärische Macht ihres Territoriums im Verhältnis nicht nur zu den ausländischen, sondern auch zu den anderen deutschen Territorien weitgehend vom raschen Aufbau eines Eisenbahnnetzes abhing. Sogar ihren Militärs mußte klar werden, daß die Eisenbahn insofern einer neuen Waffe vergleichbar war, als sie schnelle Truppenkonzentrationen ermöglichte und dadurch die Schlagkraft der Armee vervielfachte.

So kamen Ende der 30er Jahre und vor allem Anfang der 40er Jahre auch die herrschenden Kreise ebenso wie die Bourgeoisie zu der Erkenntnis, daß nicht nur der Bau von Eisenbahnen an sich, sondern vor allem auch der Bau eines dichten Netzes von Bahnen, eines Netzes, das mit dem anderer Länder vergleichbar war, zumindest unter militärischen, machtpolitischen Gesichtspunkten in ihrem Interesse lag. So bildete sich im Laufe dieser Jahre allmählich eine feste öffentliche Meinung in Deutschland, insbesondere aber in Preußen, heraus, hinter der sowohl die Bourgeoisie als auch die herrschenden Kreise des Staates standen, eine öffentliche Meinung, die im Interesse dieser Klassen und Schichten die rasche Schaffung eines umfassenden Eisenbahnnetzes für notwendig erklärte. ...

Insgesamt läßt sich feststellen, daß nach den 30er, insbesondere aber nach den 40er Jahren Deutschland im europäischen Eisenbahnbau an zweiter Stelle stand. Betrug doch 1840 die Länge der vorhandenen Linien in Deutschland 462,0 km, 1845 2151,5 km, 1850 jedoch schon 5874,9 km, in Frankreich 1845 aber erst 956 km und 1850 2127 km. In Großbritannien waren demgegenüber 1840 2308 km und 1850 10653 km Bahnlinien vorhanden. Das Wachstumstempo der Bahnlinien war in Deutschland während der 40er Jahre größer als in irgendeinem anderen Lande des europäischen Kontinents. ...

1846 waren durch die vorhandenen Linien nicht nur einzelne Städte miteinander verbunden, sondern die Bahnen stellten bereits zusammenhängende Gruppen dar, wozu als erste die norddeutschen Linien mit Berlin als Zentrum, als zweites die niederrheinischen mit Köln als Zentrum sowie ferner die südwestdeutschen und bayerischen Linien gehörten. Die Verbindung dieser Gruppen untereinander und mit dem Ausland begann schon 1847 durch die Herstellung der Köln-Mindener und der Hannover-Mindener Strecke und den dadurch ermöglichten durchgehenden Verkehr zwischen Berlin und Köln. Sie wurde in den 50er Jahren vollendet. Erst seit 1854 ist es jedoch gerechtfertigt, von einem deutschen

Eisenbahn*netz* zu sprechen. Die Herstellung eines solchen Netzes stellte eine neue Qualität gegenüber den 40er Jahren dar, das neben der Erhöhung der Kilometerlänge und der besseren Ausrüstung die umwälzende Wirkung der Eisenbahnen in Deutschland erst richtig zur Geltung brachte. Jetzt erst werden die Auswirkungen des Eisenbahnbetriebes und nicht nur des Eisenbahnbaus voll spürbar. Jetzt erst beginnt der Gütertransport die entscheidende Rolle zu spielen. In Preußen steigt der Gütertransport während der 50er Jahre auf nahezu das Siebenfache, wogegen sich die Anzahl der beförderten Personen nur etwas mehr als verdoppelte.»)

3.2.4 Monopol und Werbung: die modernen Massenkommunikationsmittel

Der Herausbildung des Monopolkapitalismus verdankt sich die Entstehung der modernen Massenkommunikationsmittel. Sie haben zunächst und in erster Linie *ökonomische*, darüber hinaus jedoch auch *politische* Wurzeln.

In der monopolistischen Phase des Kapitalismus erhält die Verkaufsförderung eine hervorragende Funktion. Die zu Beginn des 20. Jahrhunderts zu verzeichnende ungeheure Zunahme von Werbung indiziert den Übergang von der den Konkurrenzkapitalismus kennzeichnenden Preiskonkurrenz zur monopolistischen Markenkonkurrenz. Dies stellen **P. A. Baran** und **P. M. Sweezy** in **‹Monopolkapital›**, Frankfurt/Main 1967, S. 116–121, klar heraus. Erst die Durchsetzung der hier beschriebenen ökonomischen Prozesse verlangt nach neuen Mitteln der gesellschaftlichen Kommunikation: Zeitungen und Zeitschriften werden zu Trägern der Werbung:

«Die Verkaufsförderung trat schon lange vor der jetzigen, monopolistischen Phase des Kapitalismus auf. Kaum ein Phänomen der wirtschaftlichen und sozialen Welt ist wie ein *deus ex machina* plötzlich da, ohne sich vorher anzukündigen. Tendenzen treten meist erst tastend auf und bleiben kürzere oder längere Zeit schwach und bedeutungslos. Einige kommen nie über das Stadium winziger Sprößlinge hinaus und werden von Gegenströmungen gebändigt und erstickt. Andere wachsen zu mächtigen Bäumen heran, die schließlich im Gepräge der sozialen Landschaft hervorstechen. So ist die Verkaufsförderung viel älter als der Kapitalismus qua Wirtschafts- und Gesellschaftssystem. Sie tritt im Altertum in verschiedenen Formen auf, wird im Mittelalter deutlich ausgeprägt und wächst im Zeitalter des Kapitalismus an Ausmaß und Intensität. Ihr Wesen wird von Werner Sombart kurz beschrieben:

‹Interesse erregen, Vertrauen erwerben, die Kauflust wecken: in dieser Klimax stellt sich die Wirksamkeit des glücklichen Händlers dar. Womit das erreicht wird, bleibt sich gleich. Genug, daß es keine äußeren, sondern nur innere Zwangsmittel sind, daß der Gegenpart nicht wider Willen, sondern aus eigenem Entschlusse den Pakt eingeht. Suggestion muß die Wirkung des Händlers sein. Der inneren Zwangsmittel aber gibt es viele.›

So groß und abwechslungsreich das Arsenal dieser ‹inneren Zwangsmittel› jedoch in früherer Zeit gewesen sein mag, erst im entwickelten Stadium des Monopolkapitalismus ... nehmen sie gigantische Ausmaße an. Von dieser Ausdehnung ist die Rolle der Verkaufsförderung im kapitalistischen System als ganzem betroffen: Von einem relativ unbedeutenden Merkmal des Systems hat sie sich zu einem seiner entscheidenden Nervenzentren entwickelt. In der Auswirkung auf die Wirtschaft wird sie nur noch vom Militarismus übertroffen. In allen anderen Bereichen des gesellschaftlichen Lebens ist ihr alles durchdringender Einfluß unerreicht.

Die ungeheure Entwicklung der Verkaufsförderung und die ins Auge springende Verstärkung ihrer Macht beruhen darauf, daß sie einer starken qualitativen Änderung unterworfen gewesen ist. Die Preiskonkurrenz hat als Mittel zum Anreiz der Öffentlichkeit als Kundschaft ihren Wert verloren und neuen Arten der Absatzförderung Platz gemacht: Werbung, abwechslungsreiche Aufmachung und Verpackung der Waren, ‹geplante Obsoleszenz› *(Veralterung), Änderung des Modells, Kundenkreditsysteme und dergleichen mehr.

In einem Wirtschaftssystem mit heftiger und unbarmherziger Konkurrenz, in dem die kleine Zahl der Konkurrenten Preisunterbietungen nicht zuläßt, wird die Werbung in immer größerem Maße zur Hauptwaffe im Konkurrenzkampf. Die unmittelbare wirtschaftliche Bedeutung und die Auswirkungen der Werbung sind in der Wirtschaftsliteratur gründlich analysiert und schnell begriffen worden. Unter den Bedingungen einer atomistischen Konkurrenz, d. h. wenn ein Industriezweig eine große Zahl von Verkäufern umfaßt, von denen jeder nur einen Bruchteil einer gleichartigen Produktion anbietet, ist für die Werbung eines Einzelunternehmens wenig Raum. Es kann zum üblichen Marktpreis verkaufen, einerlei was es produziert; wenn es seine Produktion vergrößert, kann es das zusätzliche Warenquantum durch eine kleine Preissenkung absetzen, und selbst bei einer geringen Preiserhöhung würde es seine Kunden verlieren und in die Arme der Konkurrenz treiben, die das gleiche Produkt zum alten Preis anbietet. Freilich können Produzentenverbände auch unter solchen Umständen noch Werbung für ein gemeinsames Produkt treiben und die Konsumenten dazu auffordern, mehr davon zu kaufen. Doch haben Appelle dieser Art (‹Trink mehr Whisky!› oder ‹Rauch mehr Zigaretten!›) in der Geschichte der Werbung noch nie eine bedeutende Rolle gespielt.

Ganz anders ist die Lage, wenn die Zahl der Anbieter klein ist und jeder von ihnen an Produktion und Absatz einer Industrie einen großen Anteil hat. Solche relativ großen Unternehmen können den Markt mächtig in ihrem Sinne beeinflussen, indem sie zwischen ihren Produkten und denen der Konkurrenz einen deutlich ausgeprägten Unterschied herstellen und aufrechterhalten. Dieser Eindruck der Andersartigkeit wird hauptsächlich durch Werbung, Warenzeichen, Markennamen, besondere Verpackung und Produktabänderung zu erzielen versucht; glückt das, so bieten die voneinander abgehobenen Produkte in den Augen der Konsumenten immer weniger einen fast gleichwertigen Ersatz füreinander. Je größer der Erfolg dabei ist, desto mehr nähert sich der Anbieter des herausgehobenen Produkts einer Monopolstellung. Und je größer die Vorliebe des Publikums für sein besonderes Firmenzeichen wird, desto unelastischer wird die Nachfrage, mit der er zu rechnen hat, und desto besser ist er in der Lage, seinen Preis zu erhöhen, ohne eine entsprechende Ertragseinbuße hinnehmen zu müssen.

All das gilt in erster Linie für Verbrauchsgüter, ist aber für den Bereich der Produktionsgüter ebenfalls von beträchtlicher und wachsender Bedeutung. Man braucht sich bloß ein paar von den unzähligen allgemeinen und speziellen Zeitschriften anzusehen, die sich an Wirtschaftsleute richten, um sich davon zu überzeugen, daß selbst ausgezeichnet informierte, technisch verständige Käufer für die Reize der Werbung keineswegs unempfänglich zu sein scheinen.

Ebenso wie man die Käufer mittels Werbung und verwandter Praktiken dazu bringen kann, ein bestimmtes Produkt zu begünstigen, kann man die Nachfrage für ein neues oder scheinbar neues Produkt wecken. Mit den Worten E. H. Chamberlins in seinem bahnbrechenden Werk über dieses Thema:

‹Die Werbung beeinflußt die Nachfrage ..., indem sie die Bedürfnisse selbst verändert. Der Unterschied zwischen dieser Veränderung und der der Kanäle, durch die bestehende Bedürfnisse befriedigt werden, ist analytisch völlig klar, obwohl er in der Praxis durch Vermengung beider Tatbestände oft verwischt wird. Eine Werbung, die lediglich den Namen eines besonderen Warenzeichens oder Fabrikanten zur Schau stellt, mag keinerlei Information vermitteln; indem sie aber diesen Namen bei den Käufern bekannter macht, verleitet sie diese dazu, ihm beim Einkauf gegenüber unbekannten Marken, für die keine Reklame gemacht worden ist, den Vorzug zu geben. Auch Verkaufsmethoden, die beim Käufer die schwachen Punkte ansprechen, Gesetze der Psychologie, mit denen er nicht vertraut ist und gegen die er sich nicht wehren kann, gegen ihn ausspielen, ihn erschrecken, ihm schmeicheln oder ihn entwaffnen – alle solche Methoden haben nichts mit seinem Wissen zu tun. Sie teilen ihm nichts mit; sie manipulieren ihn. Indem sie seine Motive verändern, bewirken sie eine Neuordnung seiner Bedürfnisse.›

Und es liegt auf der Hand, daß der Preis der Produkte und die Profite des Unternehmens, das sich um diese Bedürfnisse bemüht, desto höher sein können, je intensiver die neugeschaffenen Bedürfnisse sind. Demgemäß ist, wie Scitovsky bemerkt, ‹das langanhaltende Ansteigen der Werbeausgaben ... ein Zeichen für ein langanhaltendes Ansteigen der Profitspannen und ein Abnehmen der Preiskonkurrenz›.

So unzuverlässig statistische Zeitreihen im Bereich ökonomischer und sozialer Entwicklungen sind, lassen sie trotzdem keinen Zweifel daran, daß die Werbekosten in der amerikanischen Wirtschaft tatsächlich andauernd beträchtlich gestiegen sind. Vor einem Jahrhundert, als die Konzentrations- und Vertrustungswelle noch nicht eingesetzt hatte, die die monopolistische Phase des Kapitalismus einleitete, spielte die Werbung im Prozeß des Warenvertriebs und der Beeinflussung von Konsumentenhaltung und -gewohnheit eine sehr geringe Rolle. Werbung, wie sie damals existierte, wurde hauptsächlich von kleinen Kaufleuten betrieben, und selbst diese versuchten nicht, besondere Marken oder gekennzeichnete Artikel zu fördern. Die Fabrikanten selbst hatten noch nicht begonnen, die Werbung als ein Mittel auszuwerten, mit dem sie sich die äußerste Konsumentennachfrage sichern konnten. Um 1890 änderten sich sowohl Umfang als auch Ton der Werbung. Die Werbungskosten betrugen 1890 360 Mill. Dollar, etwa siebenmal soviel wie 1867. Bis 1929 hatte sich diese Ziffer fast verzehnfacht und belief sich auf 3426 Mill. Dollar.

Sobald der Monopolkapitalismus in sein Reifestadium getreten war, nahm die Werbung den Charakter ‹der Verführung im Gegensatz zur Bekanntmachung oder Wiederholung› an. Diese neue Phase in der Arbeit der Werbeleute wurde bereits 1905 in *Printer's Ink* lückenlos beschrieben:

‹Dies ist das Goldene Zeitalter der Warenzeichen – eine Zeit, in der fast jeder, der ein wertvolles Erzeugnis herstellt, die Umrisse einer Nachfrage festlegen kann, die nicht nur mit den Jahren alles Dagewesene überschreitet, sondern auch in einem bestimmten Grade zum Monopol wird ... Überall ... gibt es Gelegenheiten, die Führung in der Werbung zu übernehmen – Dutzende von Allerweltserzeugnissen, unbekannten, nicht anerkannten Fabrikaten zu verdrängen durch betonte Aufmachung, durch Lebensmittel mit geschütztem Standard-Firmenzeichen, unterstützt von einer das ganze Land erfassenden Werbung, die selbst schon für die Öffentlichkeit zur Qualitätsgarantie geworden ist.›

Die Werbewirtschaft ist denn auch astronomisch gewachsen, wobei Ausdehnung und Erfolg beständig durch die wachsende Monopolisierung der Wirtschaft und die Wirksamkeit der Medien gefördert wurden, die man in ihren Dienst preßte – besonders das Radio und nun vor allem das Fernsehen. Die Gesamtausgaben für Werbemittel stiegen 1957 auf 10,3 Mrd. Dollar und betrugen 1962 über 12 Mrd. Dollar. Rechnet man die Ausgaben für Marktforschung, Public relations, Produktausstattung und ähnliche von Werbeagenturen und anderen spezialisierten Firmen übernommene Dienstleistungen hinzu, so hat der Betrag inzwischen vermutlich 20 Mrd. Dollar überschritten. Und darin sind die Kosten für Marktforschung, Werbetätigkeit, Musterentwürfe usw., die in den Produktionsbetrieben selbst durchgeführt werden, noch gar nicht enthalten.

In diesen wahrhaft phantastischen Geldströmen spiegelt sich nun nicht irgendeine leichtfertige Unvernunft der Unternehmensleitungen wider; auch sind sie nicht Ausdruck einer besonderen Vorliebe des amerikanischen Volkes für gesungene Reklame, grelle Plakatwände sowie Zeitschriften und Zeitungen, die von Werbebeilagen überquellen. Was tatsächlich geschah, ist, daß sich die Werbung für einen großen Sektor der Konzernwirtschaft in ein unentbehrliches Werkzeug verwandelt hat. Ihre Verwendung im Konkurrenzkampf hat sie zu einem wesentlichen Bestandteil der auf Profitmaximierung gerichteten Politik der Kapitalgesellschaften werden lassen, und gleichzeitig dient sie als abschreckender Schutzwall zur Verteidigung von Monopolstellungen. Obwohl die Werbung den Unternehmensleitungen zunächst als bedauerliche Ausgabe erschien, die man so niedrig wie möglich halten müsse, hat sie sich seit langem in etwas verwandelt, was eine Werbeagentur mit Recht ‹eine Bedingung des Überlebens› für manches Großunternehmen genannt hat.»

(*Zusatz:* **W. F. Haug** macht in seinen Ausführungen zur ‹**Kritik der Warenästhetik**›, Frankfurt/Main 1971, S. 16–17, deutlich, daß sich im Käufer und Verkäufer einer Ware Gebrauchswertanspruch und Tauschwertstandpunkt gegenübertreten. Diesem spezifischen Interessengegensatz verdanke sich die Entstehung von Werbung. Sie produziere ein Gebrauchswertversprechen, welches von seiten des Warenverkäufers zur Durchsetzung seiner Intention genutzt wird. Mit Hilfe vor allem ästhetischen Beiwerks, das der Ware als äußere Eigenschaft anhaftet, soll deren Händewechsel gelingen:

«Die Warenproduktion setzt sich zum Ziel nicht die Produktion bestimmter Gebrauchswerte als solcher, sondern das Produzieren für den Verkauf. Gebrauchswert spielt in der Berechnung des Warenproduzenten nur eine Rolle als vom Käufer erwarteter, worauf Rücksicht zu nehmen ist. Nicht nur sind Zweck und Mittel beim Käufer und Verkäufer entgegengesetzt. Darüber hinaus spielt sich derselbe Akt für sie in unterschiedlicher Zeit ab und hat für sie ganz unterschiedliche Bedeutung. Vom Tauschwertstandpunkt aus ist der Prozeß abgeschlossen und der Zweck realisiert mit dem Akt des Verkaufs. Vom Standpunkt des Gebrauchswertbedürfnisses aus ist derselbe Akt nur der Beginn und die Voraussetzung für die Realisierung seines Zwecks in Gebrauch und Genuß.

Aus dem so in Personen auseinandergelegten Widerspruch von Gebrauchswert und Tauschwert nimmt eine Tendenz ihren Ausgang, die den Warenkörper, seine Gebrauchsgestalt, in immer neue Veränderungen treibt. Hinfort wird bei aller Warenproduktion ein Doppeltes produziert: erstens der Gebrauchswert, zweitens und extra die Erscheinung des Gebrauchswertes. Denn bis zum Abschluß des Verkaufsaktes, womit der Tauschwertstandpunkt seinen Zweck erreicht hat, spielt der Gebrauchswert nur insofern eine Rolle, als der Käufer ihn sich von der Ware verspricht. Vom Tauschwertstandpunkt aus kommt es bis zum Schluß, nämlich dem Abschluß des Kaufvertrags, nur aufs Gebrauchswertversprechen seiner Ware an. Hier liegt von vornherein ein starker, weil ökonomisch funktioneller Akzent auf der Erscheinung des Gebrauchswerts, der, den einzelnen Kaufakt betrachtet, tendenziell als bloßer Schein eine Rolle spielt. Das Ästhetische der Ware im weitesten Sinne: sinnliche Erscheinung und Sinn ihres Gebrauchswerts, löst sich hier von der Sache ab. Schein wird für den Vollzug des Kaufakts so wichtig – und faktisch wichtiger – als Sein. Was nur etwas ist, aber nicht nach ‹Sein› aussieht, wird nicht gekauft. Was etwas zu sein scheint, wird wohl gekauft. Mit dem System von Verkauf und Kauf tritt auch der ästhetische Schein, das Gebrauchswertversprechen der Ware als eigenständige Verkaufsfunktion auf den Plan. Ökonomisch liegt es nahe und wird, in Auswirkung der Konkurrenz, schließlich zwingend, der technischen Beherrschung und sich verselbständigenden Produktion dieses Ästhetischen sich zuzuwenden. Das ästhetische Gebrauchswertversprechen der Ware wird zum Instrument für den Geldzweck. So entlockt sein entgegengesetztes Interesse dem Tauschwertstandpunkt Anstrengungen zum Gebrauchswertschein, die gerade deshalb so übertrieben auftreten, weil vom Standpunkt des Tauschwerts der Gebrauchswert das Unwesentliche ist. Sinnliches wird in diesem Zusammenhang zum Träger einer ökonomischen Funktion: zum Subjekt und Objekt ökonomisch funktionaler Faszination. Wer die Erscheinung beherrscht, beherrscht vermittels der Sinne die faszinierten Menschen.»)

Damit ist jedoch bisher allein die ökonomische Grundlage der modernen Massenkommunikationsmittel benannt. Ihre politisch-ideologische Wurzel liegt zur Zeit der Jahrhundertwende in dem starken Anwachsen der Angehörigen der Arbeiterklasse, bedingt durch die Ausdehnung monopolistischer Großbetriebe. In dieser Tatsache liegen die umfangreichen Bestrebungen der Bourgeoisie begründet, das Bewußtsein des Proletariats auf die politisch-sozialen Verhältnisse jener Zeit zu verpflichten: Die modernen Medien werden zum Träger der bürgerlichen Ideologie.

Diesen Aspekt hebt besonders **P. Schuppan** in **‹Die kulturelle Entwicklung Deutschlands 1897/98–1917›** (In: Klein, F.: Deutschland 1897/98–1917, Berlin 1972, S. 395–451, hier: S. 410–413 [gekürzt]) hervor, wie er sich zu Beginn des 20. Jahrhunderts darstellte:

«Die sich verschärfenden politischen Gegensätze zwangen die imperialistische Bourgeoisie, zur Eindämmung der wachsenden Bedrohung der herrschenden Ordnung alle sich bietenden Möglichkeiten aufzugreifen. So begannen jetzt allgemeingesellschaftliche Probleme und der Versuch ihrer Manipulierung immer stärker ins Blickfeld zu rücken. Teils spontan, teils mehr oder weniger bewußt, versuchte die imperialistische Bourgeoisie dabei bestimmte strukturerhaltende Elemente des monopolkapitalistischen Gesellschaftssystems auszunutzen. Ihr Ziel war, die imperialistische Ordnung zu ‹modernisieren›, sie funktionstüchtiger im Klasseninteresse des Monopolkapitals zu machen. Dieser Aufgabe verschrieb sich besonders jene Fraktion der Monopolbourgeoisie, die gegenüber der Arbeiterklasse raffiniertere Methoden der Unterdrückung bevorzugte und sich in der Politik den Anschein gab, liberalen Tendenzen zu folgen. Zwar konnte sich dieser Teil der Monopolbourgeoisie bis zum Zusammenbruch der preußisch-deutschen Monarchie nicht als die die offizielle Kulturpolitik beherrschende und bestimmende Fraktion durchsetzen, jedoch bahnte ihre ‹liberale› Manipulierungstaktik in verschiedenen Bereichen der Kultur wichtige Wandlungen an.

Vor allem suchte die Bourgeoisie die Differenzierung der Struktur der Arbeiterklasse im Monopolkapitalismus infolge der Herausbildung einer Arbeiteraristokratie und der Ausdehnung der Angestelltenschicht zu nutzen, um Teile des Proletariats und der werktätigen Massen materiell und ideologisch in die herrschende Ordnung zu integrieren. ...

In der geistigen Kultur vollzogen sich nicht nur mit der Herausbildung der imperialistischen Ideologie entscheidende inhaltliche Wandlungen, auch die Formen und Mechanismen der ideologisch-kulturellen Herrschaft der Bourgeoisie begannen sich mit dem monopolkapitalistischen System zu ändern. Waren die Geistesschaffenden im Vormonopolismus in der Regel kleine Warenproduzenten, so wurde im Imperialismus die geistig-ideologische Tätigkeit in zunehmendem Maße zu einem direkten speziellen Produktionszweig des kapitalistischen Profits. Dieser Prozeß wurde vorangetrieben sowohl durch die Fortschritte auf dem Gebiet der Informations- und Nachrichten-, der Druckerei- und Vervielfältigungstechnik einschließlich der Erfindung des Films und der Schallplatte wie auch durch die wachsende Kapitalkonzentration, die zur Herausbildung von Großunternehmen im Presse-, Verlags- und Filmwesen etc. führte. Mit dem Umfang der Produktion wuchs der Konsum und Bedarf an geistig-ideologischen Erzeugnissen, und die ideologische Herrschaftsapparatur der Bourgeoisie vergrößerte sich in dem Maße, wie im Imperialismus die inneren Gegensätze der kapitalistischen Ordnung sich zuspitzten. Intensivierung der ideologischen Massenbeeinflussung, steigender Konformitätszwang des Kapitals gegenüber der bürgerlichen Intelligenz und ihrer Tätigkeit sowie volle Entfaltung der tendenziellen Kunstfeindlichkeit des kapitalistischen Systems waren die entscheidenden Folgen.

Im Pressewesen erfolgte seit der Jahrhundertwende der Übergang zur modernen kapitalistischen Sensationsberichterstattung und zur Massenproduktion. Eine Handvoll hauptstädtischer, in großen Auflagen herausgegebener Zeitungen riß die Vorherrschaft im bürgerlichen Blätterwald an sich. Sie befanden sich im Besitz weniger großer Verlagskonzerne, die sich die kapitalaufwendigen technischen Neuerungen des modernen Zeitungswesens leisten konnten (Maschinenschnellsatz und -druck, ausgedehntes Korrespondenten- und Reporterwesen, telefonische Nachrichtenvermittlung, Massenvertriebsnetz, Massenreklame etc.). Zu den unbestrittenen Beherrschern des Berliner Zeitungsviertels wurden vor 1914 drei Konzerne: der Mosse-Verlag, der als erster die Sensationsberichterstattung einführte, der Scherl-Konzern, der 1911 sieben Unternehmungen mit einem Stammkapital von 24 Mill. Mark kontrollierte, und der Ullstein-Verlag, der 1904 mit der BZ am Mittag das erste Boulevardblatt in Deutschland herausbrachte und mit der Berliner Illustrierten-Zeitung das weitestverbreitete deutsche Presseorgan (1914: fast 1 Mill. Auflage) besaß.

Vor der Jahrhundertwende gingen alle großen Zeitungen dazu über, dem Romanfeuilleton einen festen Platz einzuräumen. Die Zeitungspresse rückte damit neben den Familienzeitschriften zum wichtigsten Verbreitungsmedium der bürgerlichen Trivialliteratur auf und hob die ideologische Breitenwirkung dieses Hauptgenres der weltanschaulichen Verdummung und Desorientierung der Massen auf eine neue Stufe. Hinzu kam ein enormer Aufschwung des Kolportagebuchhandels, der bereits 1894 ca. 20 Mill. Abnehmer mit Druckerzeugnissen belieferte, die zu 16% aus Hintertreppenromanen bestanden. Überhaupt setzten seit der Jahrhundertwende die Anfänge der Massenproduktion bei der Bucherzeugung ein. So eröffnete der Ullstein-Verlag 1909 eine Romanbibliotheksreihe, in der jeder Band, im Fließverfahren hergestellt, nur eine Mark kostete. Obwohl sich auch einige seriöse Verlage dem profitablen Geschäft der Massenerzeugung zuwandten, vertiefte sich jedoch, im ganzen gesehen, die für die kapitalistische Literaturproduktion und Literaturgesellschaft typische Kluft zwischen ernster Literatur und leichter, trivialer, für die Massen bestimmter Unterhaltungsware immer mehr.

An die Seite der Trivialliteratur trat in den Jahren von 1914 der Film als ein neues, zuerst fast ausschließlich für die Massen bestimmtes weltanschaulich-ideologisches Beeinflussungsmittel. Dem Kino haftete anfangs noch das Odium an, eine Form primitivster Unterhaltung zu sein – was vom Stofflichen auch weitgehend gerechtfertigt war. Nur sehr wenige wertvolle Filme entstanden vor dem Weltkrieg, meist dort, wo bedeutende Theaterregisseure und -schauspieler sich dem Film verschrieben. Nach 1914 erkannten die Bourgeoisie und der imperialistische Staat die massenwirksamen Möglichkeiten des Films im Dienst der Kriegspropaganda. Das Monopolkapital begann ins Filmgeschäft einzusteigen. Es entstanden, zumal der Weltkrieg die Vorherrschaft der ausländischen Filme beseitigte, die ersten größeren deutschen Kapitalgesellschaften in der Filmindustrie.»

Die Funktion der Massenkommunikationsmittel, in der bürgerlichen Gesellschaft zur ideologischen Konsolidierung der Arbeiterklassen beizutragen, diskutiert unter allgemein-theoretischem Gesichtspunkt **S. Müller-Doohm** in **‹Medienindustrie und Demokratie›**, Frankfurt/Main 1972, S. 124–125 (gekürzt). Er verdeutlicht hier den Begriff des Anpassungsjournalismus, der manipulativ breite Bevölkerungsschichten beeinflusse. Jener verpflichte in erster Linie auf Loyalität und Anpassung an die bestehenden Verhältnisse:

«Daß Presse und Rundfunk ihre Aufklärungsfunktionen nicht erfüllen, liegt freilich keineswegs an den Kommunikationsapparaten als solchen, sondern daran, daß sie im Auftrag individueller oder kollektiver Herrschaftsinteressen und unter deren partikularer Verfügungsgewalt sei es zu kommerziellen, sei es zu politisch-ideologischen Zwecken das betreiben, was Hans Dieter Müller ‹Anpassungsjournalismus› nennt. Mit diesem ist ein Zweifaches intendiert: ideologisch gesehen die politisch wirksame Integration der Massen in das bestehende gesellschaftliche System und ökonomisch gesehen die Maximierung von Absatz und Verbreitung fremder wie eigener Produkte. Diese eigenen Produkte der Medienindustrie, die zu Erwerbszwecken hergestellt und als Werbeträger fungieren, nehmen selbst Warencharakter an und unterliegen so den Gesetzen der Warenproduktion. ...

Beides – Integration sowie Absatzmaximierung – wird durch eine strikte Anpassung der Medieninhalte an die Entspannungs- und Unterhaltungsbedürfnisse des Publikums erreicht. Indem auf diese Weise die politische Ignoranz des Publikums verfestigt wird, läßt sich dessen kollektive Zustimmung sowohl zu politischen Programmen als auch zu Warenangeboten um so besser manipulativ handhaben. Manipulativ ist hier ‹vor allem die sozialpsychologische Kalkulation von Angeboten, die an unbewußte Neigungen adressiert sind und voraussehbare Reaktionen hervorrufen› *(Habermas). Eben dies ist die Zielsetzung jenes sich demokratisch gerierenden Anpassungsjournalismus. ...

Dieser Anpassungsjournalismus trat an die Stelle des bürgerlichen Aufklärungsjournalismus, der in jener Epoche praktiziert wurde, als sich die bürgerliche Klasse noch gegenüber einer feudalen Gesellschaftsverfassung sowie gegenüber einem absolutistischen Staat zu behaupten, Vernunft gegen Willkür durchzusetzen und sie als kritische Instanz geltend zu machen hatte.

Aufklärungsjournalismus war unentbehrliche Waffe im Kampf des Bürgertums gegen weltliche und klerikale Bevormundung. Diese Waffe wurde jedoch überflüssig, als sich die bürgerliche Klasse ökonomisch und politisch etabliert hatte und es fortan um Konsolidierung der erreichten Herrschaftsposition ging – in diesem Moment galt es als vordringlich, den erreichten Status ideologiehaft zu schützen, ihn überhaupt kritischer Diskussion zu entziehen, da diese auf Veränderung der gewordenen Zustände hätte abzielen können. Jetzt stand die ideologische Anpassung an den Status quo im Vordergrund. Das wurde auch für die Publizistik bestimmend, die seitdem als bürgerliche überwiegend im Dienste gesellschaftlicher Integration steht. Damit gibt die Presse zugleich ihre kritische Frontstellung auf und kann in Form eines kommerziellen Betriebes Profitmöglichkeiten wahrnehmen.»

3.3 Ökonomie, Politik und Ideologie

3.3.1 Entfaltung der Öffentlichkeit

Eine Theorie der gesellschaftlichen Kommunikation, welche die geschichtliche Entwicklung der Medien aus dem Bereich der materiellen gesellschaftlichen Produktion herauslöst, kann die Entstehung der Schrift ebensowenig auf ihre reale Basis zurückführen wie die Herausbildung des Zeitungswesens oder der elektronischen Massenkommunikationsmittel.

Zudem vermag eine solche Konzeption den Ort gesellschaftlicher Kommunikation nurmehr in die Sphäre der Öffentlichkeit zu verbannen, die außerhalb des Arbeitsprozesses angesiedelt sein soll. In ‹**Strukturwandel der Öffentlichkeit**›, Berlin/Neuwied 1968, S. 38–41 (gekürzt) und S. 141, hat **J. Habermas** diese Trennung von Arbeitszusammenhang und Öffentlichkeit anhand eines Schemas dargestellt und die Kategorie der Öffentlichkeit diskutiert:

«Bürgerliche Öffentlichkeit läßt sich vorerst als die Sphäre der zum Publikum versammelten Privatleute begreifen; diese beanspruchen die obrigkeitlich reglementierte Öffentlichkeit alsbald gegen die öffentliche Gewalt selbst, um sich mit dieser über die allgemeinen Regeln des Verkehrs in der grundsätzlich privatisierten, aber öffentlich relevanten Sphäre des Warenverkehrs und der gesellschaftlichen Arbeit auseinanderzusetzen. Eigentümlich und geschichtlich ohne Vorbild ist das Medium dieser politischen Auseinandersetzung: das öffentliche Räsonnement. In unserem Sprachgebrauch bewahrt dieses Wort unüberhörbar die polemische Nuance beider Seiten: die Berufung auf Vernunft und ihre verächtliche Herabsetzung zur nörgelnden Vernünftelei zugleich. Bislang hatten die Stände mit den Fürsten Verträge ausgehandelt, in denen von Fall zu Fall die konfligierenden Machtansprüche in Abgrenzung der ständischen Freiheiten von den fürstlichen Oberkeiten oder Herrlichkeiten ausbalanciert wurden. Diese Praxis führt seit dem 13. Jahrhundert zunächst zu einer Dualisierung der Herrschaftsstände und des Fürsten; bald repräsentieren nur mehr die Landstände das Land, dem der Landesherr gegenübertritt. Bekanntlich nimmt diese Entwicklung in England mit der Relativierung der fürstlichen Gewalt durch das Parlament einen anderen Verlauf als mit der Mediatisierung *(hoheitlichen Unterwerfung) der Stände durch den Monarchen auf dem Kontinent. Mit diesem Modus des Machtausgleichs bricht nun der dritte Stand, denn er kann sich nicht mehr als ein *Herrschafts*stand etablieren. Eine Teilung der Herrschaft durch Abgrenzung von Herrenrechten (Herrenrechte waren auch die ständischen ‹Freiheiten›) ist auf der Basis der Verkehrswirtschaft nicht mehr möglich – die privatrechtliche Verfügungsgewalt über das kapitalistisch fungierende Eigentum ist ja unpolitisch. Die Bürgerlichen sind Privatleute; als solche ‹herrschen› sie nicht. Ihre Machtansprüche gegen die öffentliche Gewalt richten sich darum nicht gegen die Zusammenballung von Herrschaft, die ‹geteilt› werden müßte; sie unterlaufen vielmehr das Prinzip der bestehenden Herrschaft. Das Prinzip der Kontrolle, das das bürgerliche Publikum diesem entgegensetzt, eben Publizität, will Herrschaft als solche verändern. Der im öffentlichen Räsonnement sich darstellende Machtanspruch, der eo ipso auf die Form eines Herrschaftsanspruchs verzichtet, müßte, wenn er sich durchsetzen würde, zu mehr als nur zu einer Auswechslung der Legitimationsbasis einer im Prinzip aufrechterhaltenen Herrschaft führen ...

Die Maßstäbe der ‹Vernunft› und die Formen des ‹Gesetzes›, denen das Publikum Herrschaft unterwerfen und dadurch substantiell verwandeln möchte, enthüllen ihren soziologischen Sinn erst in einer Analyse der bürgerlichen Öffentlichkeit selbst, zumal der Tatsache, daß es Privatleute sind, die in ihr als Publikum miteinander verkehren. Das Selbstverständnis des öffentlichen Räsonnements ist spezifisch von solchen privaten Erfahrungen geleitet, die aus der publikumsbezogenen Subjektivität der kleinfamilialen Intimsphäre stammen. Diese ist der geschichtliche Ursprungsort von Privatheit, im modernen Sinne gesättigter und freier Innerlichkeit. Der antike Sinn des ‹Privaten› – einer von Lebensnotdurft verhängten Zwangsläufigkeit – ist zugleich mit den Anstrengungen und den Abhängigkeitsverhältnissen der gesellschaftlichen Arbeit, so scheint es, aus dem inneren Bezirk der Privatsphäre, aus dem Hause verbannt. In dem Maße, in dem der Warenverkehr die Grenzen der Hauswirtschaft sprengt, grenzt sich die kleinfamiliale Sphäre gegenüber der Sphäre gesellschaftlicher Reproduktion ab: der Prozeß der Polarisierung von Staat und Gesellschaft wiederholt sich innerhalb der Gesellschaft noch einmal. Der Status eines Privatmannes kombiniert die Rolle des Warenbesitzers mit der des Familienvaters, die des Eigentümers mit der des ‹Menschen› schlechthin. Die Verdoppelung der Privatsphäre auf der höheren Ebene der Intimsphäre ... bietet die Grundlage für eine Identifikation jener beiden Rollen unter dem gemeinsamen Titel des ‹Privaten›; auf sie geht in letzter Instanz auch das politische Selbstverständnis der bürgerlichen Öffentlichkeit zurück.

Bevor Öffentlichkeit im Spannungsfeld zwischen Staat und Gesellschaft politische Funktionen ausdrücklich übernimmt, bildet allerdings die dem kleinfamilialen Intimbereich entspringende Subjektivität sozusagen ihr eigenes Publikum. Noch bevor die Öffentlichkeit der öffentlichen Gewalt durch das politische Räsonnement der Privatleute streitig gemacht und am Ende ganz entzogen wird, formiert sich unter ihrer Decke eine Öffentlichkeit in unpolitischer Gestalt – die literarische Vorform der politisch fungierenden Öffentlichkeit. Sie ist das Übungsfeld eines öffentlichen Räsonnements, das noch in sich selber kreist – ein Prozeß der Selbstaufklärung der Privatleute über die genuinen Erfahrungen ihrer neuen Privatheit. Neben der Politischen Ökonomie ist ja Psychologie die andere, spezifisch bürgerliche Wissenschaft, die im

18. Jahrhundert entsteht. Psychologische Interessen leiten auch das Räsonnement, das sich an den öffentlich zugängig gewordenen Gebilden der Kultur: im Lesesaal und im Theater, in Museen und Konzerten entzündet. Indem Kultur Warenform annimmt und sich damit zu ‹Kultur› (als etwas, das um seiner selbst willen dazusein vorgibt) recht eigentlich erst entfaltet, wird sie als der diskussionsreife Gegenstand beansprucht, über den sich die publikumsbezogene Subjektivität mit sich selbst verständigt.

Die literarische Öffentlichkeit ist freilich keine autochthon *(alteingesessen) bürgerliche; sie wahrt eine gewisse Kontinuität zu der repräsentativen Öffentlichkeit des fürstlichen Hofes. Die Kunst des öffentlichen Räsonnements erlernt die bürgerliche Avantgarde des gebildeten Mittelstandes in Kommunikation mit der ‹eleganten Welt›, einer höfisch-adeligen Gesellschaft, die gegenüber der persönlichen Sphäre des Monarchen, nun ihrerseits vom Hof sich immer mehr löste und in der Stadt ein Gegengewicht bildete. Die ‹Stadt› ist nicht nur ökonomisch Lebenszentrum der bürgerlichen Gesellschaft; im kulturpolitischen Gegensatz zum ‹Hof› bezeichnet sie vor allem eine frühe literarische Öffentlichkeit, die in den coffee-houses, den salons und den Tischgesellschaften ihre Institutionen findet. Die Erben jener humanistisch-aristokratischen Gesellschaft schlagen, in der Begegnung mit den bürgerlichen Intellektuellen, durch ihre alsbald zur öffentlichen Kritik entfalteten geselligen Konversationen die Brücke zwischen der Restform einer zerfallenden: der höfischen, und der Vorform einer neuen: der bürgerlichen Öffentlichkeit ...

Unter dem üblichen Vorbehalt der mit solchen Illustrationen verbundenen Vereinfachung läßt sich der Grundriß der bürgerlichen Öffentlichkeit im 18. Jahrhundert als ein Schema sozialer Bereiche graphisch wie folgt darstellen:

Privatbereich		Sphäre d. öffentl. Gewalt
Bürgerliche Gesellschaft (Bereich d. Warenverkehrs u. d. gesellsch. Arbeit)	politische Öffentlichkeit	Staat (Bereich d. ‹Polizei›)
	literar. Öffentlichkeit (Clubs, Presse)	
Kleinfam. Binnenraum (bürgerl. Intelligenz)	(Kulturgütermarkt)	Hof (adlig-höf. Gesellschaft)
	‹Stadt›	

Die für unseren Zusammenhang fundamentale Trennungslinie zwischen Staat und Gesellschaft scheidet die öffentliche Sphäre vom privaten Bereich. Der öffentliche Bereich beschränkt sich auf die öffentliche Gewalt. Ihr rechnen wir noch den Hof zu. Im privaten Bereich ist auch die eigentliche ‹Öffentlichkeit› einbegriffen; denn sie ist eine Öffentlichkeit von Privatleuten. Innerhalb des den Privatleuten vorbehaltenen Bereichs unterscheiden wir deshalb Privatsphäre und Öffentlichkeit. Die Privatsphäre umfaßt die bürgerliche Gesellschaft im engeren Sinne, also den Bereich des Warenverkehrs und der gesellschaftlichen Arbeit; die Familie mit ihrer Intimsphäre ist darin eingebettet. Die politische Öffentlichkeit geht aus der literarischen hervor; sie vermittelt durch öffentliche Meinung den Staat mit Bedürfnissen der Gesellschaft. ...

Die bürgerliche Öffentlichkeit ist geschichtlich im Zusammenhang mit einer vom Staat getrennten Gesellschaft entstanden: das ‹Soziale› konnte sich in dem Maße als eine eigene Sphäre konstituieren, in dem die Reproduktion des Lebens einerseits private Formen annahm, aber andererseits, als der private Bereich insgesamt, öffentliche Relevanz erhielt. Die allgemeinen Regeln des Verkehrs der Privatleute untereinander wurden nun eine öffentliche Angelegenheit. In der Auseinandersetzung, die die Privatleute alsbald mit der öffentlichen Gewalt um diese Angelegenheit führten, gelangte die bürgerliche Öffentlichkeit zu ihrer politischen Funktion: die zum Publikum versammelten Privatleute machten die politische Sanktionierung der Gesellschaft als einer privaten Sphäre öffentlich zum Thema. Nun war aber um die Mitte des 19. Jahrhunderts vorauszusehen, wie diese Öffentlichkeit, infolge ihrer eigenen Dialektik, von Gruppen besetzt werden würde, die, weil sie der Verfügung über Eigentum und damit einer Basis privater Autonomie entbehren, an der Erhaltung der Gesellschaft als privater Sphäre kein Interesse haben können. Wenn *sie*, als ein erweitertes Publikum, anstelle des bürgerlichen zum Subjekt der Öffentlichkeit avancieren, wird sich deren Struktur von Grund auf wandeln müssen. Sobald die Masse der Nichteigentümer die allgemeinen Regeln des gesellschaftlichen Verkehrs zum Thema *ihres* öffentlichen Räsonnements erhebt, wird die Reproduktion des gesellschaftlichen Lebens als solche zur allgemeinen Angelegenheit und nicht mehr bloß ihre Form privater Aneignung. Die demokratisch revolutionierte Öffentlichkeit, ‹die die wirkliche Gesellschaft der fiktiven bürgerlichen Gesellschaft der gesetzgebenden Gewalt substituieren will›, wird daher grundsätzlich zu einer Sphäre der öffentlichen Beratung und Beschließung über die Leitung und Verwaltung aller zur Reproduktion der Gesellschaft notwendigen Prozesse. Das Rätsel einer ‹politischen Gesellschaft›, das Marx mit seiner Kritik der Hegelschen Staatsphilosophie aufstellt, findet wenige Jahre später in der Parole einer Vergesellschaftung der Produktionsmittel sein lösendes Wort.»

3.3.2 Bürgerliche und proletarische Öffentlichkeit

Öffentlichkeit wird von J. Habermas als Sphäre mit gesamtgesellschaftlicher Geltung und Funktion begriffen. Sie ist geschildert als sozialer Bereich, der vernünftigen Privatleuten unterschiedslos zugänglich sein soll.

Gegen diese Konzeption von Öffentlichkeit wenden **O. Negt** und **A. Kluge** in **‹Öffentlichkeit und Erfahrung›**, Frankfurt/Main 1972, S. 102–115 (gekürzt), mit Hilfe einer geschichtlichen Entwicklungsskizze ein, Öffentlichkeit habe in der bürgerlichen Produktionsweise von vornherein Klassencharakter. Von der *Konstitutionsöffentlichkeit* entwickle sie sich zunächst zur *Verhinderungsöffentlichkeit* und habe schließlich als *Scheinöffentlichkeit* die Aufgabe, die Illusion einer klassenlosen Gemeinschaft zu erzeugen und zu erhalten. Neben der bürgerlichen existiere jedoch die proletarische Öffentlichkeit, die der Gefahr unterliege, von jener aufgesogen zu werden. Besonders die Organisation proletarischer Interessen in der Partei der Arbeiterklasse – so wird hier vorgebracht – verhindere eine von Formen und Elementen der bürgerlichen befreite proletarische Öffentlichkeit:

«Der in der Produktion und Reproduktion von bürgerlicher Öffentlichkeit wirksame Mechanismus läßt sich nur beschreiben, wenn man zunächst das Interesse des Bürgers an Öffentlichkeit untersucht, soweit es sein Interesse als Charaktermaske, als Personifikation des Kapitals ist. Dieses Interesse läßt sich in folgenden Grundzügen bezeichnen:

1. Die bürgerliche Produktionsweise muß sich als gesellschaftliche Ordnung öffentlich installieren. Dies ist eine Konstitutionsöffentlichkeit. Sie läßt sich bei der politischen Durchsetzung der bürgerlichen Ordnung durch keine Gewaltenteilung oder hemmenden Verfahrensregeln ernsthaft aufhalten. Ähnlich wie in der nicht-öffentlichen Herstellungsphase der bürgerlichen Produktionsweise außerökonomische Gewalt, zum Beispiel in der ursprünglichen Akkumulation *(ursprüngliche Ansammlung von Reichtum einerseits und freien Arbeiten andrerseits – bei K. Marx Ausdruck für den Entstehungsprozeß der bürgerlichen Gesellschaft), sich mit ökonomischen Gewaltverhältnissen verbindet, werden durch die Konstitutionsöffentlichkeit alle Hindernisse, die sich der öffentlichen Etablierung dieser Ordnung entgegenstellen, als bloß private (Privilegien, Sonderrechte, Atavismen, Besonderheiten) beiseitegefegt. ...

Die Konstitutionsöffentlichkeit setzt sich ab gegen den feudalen Absolutismus einerseits und die lebendige Arbeit andererseits – wenn auch in verschiedenen historischen Phasen. Es geht hier um einen materiellen Begriff von Öffentlichkeit, wirklicher Politik und Gewalt, für die dieser öffentliche Rahmen notwendig ist.

2. Die Öffentlichkeit als Organisationsform der ‹Diktatur der Bourgeoisie›. Sie ist dasjenige Geflecht von Normen, Legitimationen, Abgrenzungen, Verfahrensregeln, Gewaltenteilung, das die einmal errichtete politische Öffentlichkeit hindert, Entscheidungen zu treffen, die die

bürgerliche Produktionsordnung stören oder abschaffen. Es ist die organisierte Verhinderung von materieller Öffentlichkeit und Politik – das Gegenteil der Konstitutionsöffentlichkeit. ... Der Tendenz nach geht es darum, die Produzenten der Gebrauchswerte und der gesellschaftlichen Erfahrung, das heißt die Träger des Gemeinwillens, von ihren Produktionswerkzeugen, mit denen dieser Gemeinwille hergestellt werden kann, zu trennen. Es geht darum, daß politische Öffentlichkeit nicht sein soll.

3. Die Öffentlichkeit als Schein einer gesamtgesellschaftlichen Synthese. Sie muß das kompensieren, was in der Konstitutionsöffentlichkeit lediglich als Gewalt gesellschaftlicher Teilgruppen erscheint, und was in der ‹Diktatur der Bourgeoisie› Negierung jeder Öffentlichkeit und Gesellschaftlichkeit überhaupt ist. Dieser Aspekt von Öffentlichkeit muß die Existenz eines Gemeinwillens, eines die ganze Welt zusammenfassenden Sinnzusammenhangs und den Schein der Partizipation aller Gesellschaftsglieder herstellen. Sie ist *eine* der Grundlagen gesellschaftlicher Disziplin. Ohne sie könnte weder die installierte Ordnung noch der sie schützende Block hemmender Verfahren aufrechterhalten werden.

Zu diesen Interessen des Bürgers als Charaktermaske, die sowohl die klassische Öffentlichkeit wie die neuen Produktionsöffentlichkeiten (und die reale Kombination beider) bestimmen, kommt hinzu:

4. Öffentlichkeit als Ausdrucksform von bürgerlich bestimmten Gebrauchswerteigenschaften. Die in bürgerlicher und ‹nachbürgerlicher› Öffentlichkeit verfaßten konkreten Menschen haben in allen Phasen des Aufbaus und Zerfalls dieser Öffentlichkeit zugleich Gebrauchswertproduktion betrieben. Sie besitzen menschliche Bedürfnisse und haben an der Herstellung menschlicher Beziehungen, Verkehrsformen und Ideengebäude gearbeitet. In dieser Eigenschaft, die sich gegen die der Charaktermaske stellt, aber sich nicht als dominante durchsetzen kann, haben sie eine permanente idealistische Revolutionierung des öffentlichen Gesamtzusammenhangs verfolgt, die die Produktion der tatsächlichen Öffentlichkeit begleitet.

In den realen geschichtlichen Prozessen, so wie sie sich der geschichtsschreibenden Untersuchung darstellen, sind alle vier Synthesen der widersprüchlichen einzelnen Kräfte bürgerlicher Öffentlichkeit miteinander verbunden. Sie erscheinen als Einheit, bei aller Verworrenheit des Begriffs Öffentlichkeit. Dieser Gesamtprozeß ist in Analogie zur Warenproduktion zu begreifen. Im Ergebnis dieser Ware Öffentlichkeit verschwindet ihr Produktionsprozeß selber. Es ist deshalb nicht erstaunlich, daß die bürgerliche Öffentlichkeitstendenz, wenn sie das, was sie eigentlich leisten soll, erfüllt hat, wieder in eine Privatisierungstendenz zurückfällt. Markt, Eigentum, Subsumtion der Arbeitskraft unter das Kapital entstehen öffentlich. Die Tätigkeit des Bourgeois ist kein Geheimnis. Jeder kann sehen, was er tut. ‹Jeder hat die Chance, es ihm nachzutun.› Diese Chance wird sogar suggeriert. Ist diese bürgerliche Produktionsweise einmal errichtet, so fällt sie in den Bereich zurück, aus dem sie entspringt: ausgehend vom Produktionssektor der Gesellschaft, der materiellen Grundlage der Öffentlichkeit, bilden sich erneut Arkanbereiche *(Geheimbereiche), ausschließliche, besondere Gewaltverhältnisse. Diese haben die Tendenz, die Gesamtheit der Lebenszusammenhänge einzubeziehen.

Erst die Entfaltung dieser der Öffentlichkeit immanenten Dialektik erlaubt es, die konkreten Beziehungen zwischen privat und öffentlich näher zu bestimmen. Sie sind nicht äußerlich aufeinander bezogen, sondern sie produzieren aus sich heraus ihr jeweiliges Gegenteil.

Proletarische Öffentlichkeit als historischer Gegenbegriff der bürgerlichen Öffentlichkeit

Im Unterschied zur bürgerlichen Klasse, in der sich die Interessen der ihr zugehörigen Individuen abwechselnd privat und öffentlich organisieren und durchsetzen, sind die Interessen der Arbeiter als nicht realisierte nur zu organisieren, wenn sie in einen Lebenszusammenhang, das heißt in eine ihnen spezifische Öffentlichkeit, eingehen. Erst wenn sie sich in einer proletarischen Öffentlichkeit organisieren, entfalten sie sich überhaupt als Interessen und sind nicht bloß Möglichkeiten.

Die Tatsache, daß diese Interessen sich als gesellschaftliche nur durch das Nadelöhr der Verwertung der Ware Arbeitskraft realisieren können, macht sie zunächst zu bloßen Objekten anderer Interessen. Werden sie indes unmittelbar unterdrückt, das heißt, werden sie nicht gesellschaftlich verwertet, so erhalten sie sich als lebendige Arbeitskraft, als Rohstoff. In dieser Eigenschaft, als außerökonomische Interessen, sind sie gerade in den verbotenen Zonen der Phantasie, unterhalb der Tabus, als Stereotypen eines sich nur rudimentär *(bruchstückhaft) organisierenden proletarischen Lebenszusammenhangs nicht zusätzlich unterdrückbar. Sie sind damit auch nicht assimilierbar *(angleichbar). Sie haben in dieser Hinsicht zwei Eigenschaften: sie sind in ihrer defensiven Einstellung gegenüber der Gesellschaft, in ihrem Konservativismus und in ihrer subkulturellen Ausprägung wiederum bloße Objekte, gleichzeitig aber der Block wirklichen Lebens, das gegen das Verwertungsinteresse steht. Solange das Kapital auf die Wertquelle der lebendigen Arbeit angewiesen ist, ist dieser Teil des proletarischen Lebenszusammenhangs durch Repression nicht aus der Welt zu schaffen.

Dieser Zustand bezeichnet die Anfangsphase der Herausbildung von proletarischer Öffentlichkeit, und zwar auf jeder Stufe der geschichtlichen Entwicklung. Wo versucht wird, diesen Block in das Kapitalinteresse einzufügen, zum Beispiel durch Subsumtion von Lebenszusammenhang unter das Kapitalinteresse der Programm- und Bewußtseinsindustrie oder der neuen Produktionsöffentlichkeiten, produziert der damit verbundene Unterdrückungs- und Ausgrenzungsprozeß in gleichem Maße differenzierte Substanz eines neu sich herstellenden Blocks. Auf diesen Block proletarischer Lebensinteressen gründet sich Lenins Satz: Es gibt keine Situation, die auswegslos wäre. Es ist kein Widerspruch hierzu, daß sich auf der geschilderten Stufe der gesellschaftlichen Vermittlung zunächst keine konkreten Auswege zeigen. Das Kapital kann diesen Block nicht zerstören, und das Proletariat kann aus diesem Block heraus die Gesellschaft nicht ergreifen.

Diese Grundphase der proletarischen Öffentlichkeit ist in der Realität in dieser Reinform selten zu fassen. Sie wird verdeckt durch höher organisierte Stufen der proletarischen Öffentlichkeit. Für die Geschichte der Arbeiterbewegung sind vor allem zwei Aspekte dieser höheren Organisation von Bedeutung gewesen. Es ist notwendig, sie zu unterscheiden, da alle Formen proletarischer Öffentlichkeit qualitativer Ausdruck des proletarischen Lebenszusammenhangs sind und deshalb – im Gegensatz zum Kostümcharakter der rasch wechselnden bürgerlichen Öffentlichkeiten – die Tendenz haben, andere, entfaltetere Formen proletarischer Öffentlichkeit auszuschließen.

Assimilierung *(Angleichung) von Elementen des proletarischen Lebenszusammenhangs in den Integrationsmechanismus der bürgerlichen Öffentlichkeit

Hierzu zählt die Integration von Energien der Arbeiterbewegung in Organisationsformen, die bürgerlichen Öffentlichkeiten nachgebildet sind. In allen diesen Fällen werden die Arbeiter in der Regel von den innerpsychischen und institutionellen Produktionswerkzeugen getrennt, mit denen sie die bürgerliche Form der Öffentlichkeit ihren Interessen anpassen oder spezifische Formen eigener Öffentlichkeit herstellen könnten. In diesem Sinne erscheint die empirische Arbeiteröffentlichkeit oft als eine Variante der bürgerlichen.

Versuchen die Arbeiter, die Partikularität *(Vereinzeltheit) ihrer Interessen dadurch zu überwinden, daß sie das scheinbare Ganze des bürgerlichen Produktions- und Weltzusammenhangs zu erfassen suchen, so erliegen sie einer Täuschung.

Sie wollen ihren proletarischen Lebenszusammenhang aufheben durch etwas, das sein genaues Gegenteil ist. Sie übersehen, daß die proletarischen Lebensverhältnisse durch diesen Gegensatz überhaupt erst produziert werden. Man kann die proletarischen Lebensverhältnisse nicht aufheben, ohne die bürgerlichen aufzuheben, genausowenig wie man Lohnarbeit aufheben kann, ohne gleichzeitig das Kapital aufzuheben. ...

In jenen Bereichen der Gesellschaft, in denen sich diese Mischform aus proletarischem Interesse und universaler, ubiquitärer *(allgegenwärtiger) bürgerlicher Organisationsnorm bildet, kann man nicht mehr einfach von bürgerlicher Öffentlichkeit sprechen. Sie ist in diesen Bereichen untergegangen, aber noch als untergegangene präsent. Die unter Verwendung ihrer Organisationsformen entstandene proletarische Öffentlichkeit bindet nicht nur wirkliche proletarische Interessen und Erfahrungen, sondern konzentriert sie auch zu einer spezifischen Stufe von proletarischer Öffentlichkeit, die sich auch äußerlich von bürgerlicher Öffentlichkeit absetzt – Arbeiterverein, Arbeitersiedlung, Gewerkschaft.

Die proletarischen Interessen nehmen auf dieser Stufe an der gesellschaftlichen Bewegung teil. Insofern besteht hier nicht nur der Schein einer Partizipation, sondern wirkliche Teilhabe. Auf sie können nicht nur die Apologeten *(Verteidiger) des bestehenden Herrschaftssystems hinweisen, sondern die Arbeiter selber sehen mit Recht Teile ihrer Ansprüche hier eingelöst, andere Teile sehen sie als Zukunftsversprechen, dem Prinzip nach als zugestanden an. Diese Annahme der Arbeiter ist keine völlige Täuschung. Ihre Interessen sind wirklich in den Lebenszusammenhang der Gesellschaft einbezogen – so wie sie es auch in der künftigen Programm- und Bewußtseinsindustrie sein werden –, aber sie sind es als bloß objektive, als Gegenstände der Befriedigung verdinglichter Bedürfnisse. Die Integration beginnt damit, daß sie der bürgerlichen Familie nachgebildete Ehen führen; Sprache und Kultur der bürgerlichen Gesellschaft benutzen; Institutionen oder Organisationen – meist zentralistische – frequentieren *(besuchen) müssen, um diesen Status quo zu halten. Es ergibt sich eine Aporie *(ein unaufhebbarer Widerspruch): sie können den Zustand dieser sie auf einen passiven Standpunkt beschränkenden proletarischen Öffentlichkeit nicht aufgeben – sonst müßten sie sich von ihren Erfahrungen und Interessen, die in diesem Zustand organisiert sind und dessen Formen angenommen haben, trennen. Sie können diesen Zustand aber auch nicht beibehalten. Es ist Blindheit gegenüber den Bewegungsgesetzen des Kapitals und der gesamten geschichtlichen Entwicklung, wenn sie versuchen, den Status quo einfach defensiv zu erhalten – auch wenn Defensive als die Kampfform ihrer Stärke erscheint. Es zeigt sich, daß bei den geringsten Anzeichen einer Krise oder einer Veränderung des Status quo (etwa durch zusätzliche politische Repression) dieser als sicher hingenommene Zustand in der Regel zu ihren Ungunsten verändert wird. Sie werden Gegenstand der Umverteilung oder bloßer Rohstoff im gesellschaftlichen Verwertungszusammenhang.

Selbstorganisation der Arbeiterinteressen in einer proletarischen Öffentlichkeit, die sich als eigenes Lager der kapitalistischen Gesellschaft gegenüberstellt

Die Notwehrreaktion ist für die Arbeiterbewegung seit der historischen Niederlage der englischen Arbeiterbewegung in der Mitte des 19. Jahrhunderts charakteristisch. Auf dieser organisatorischen Stufe bestimmen die Arbeiter ihre eigene Identität durch Widerstand gegen ihren bürgerlichen Gegner. Damit halten sie sich als konkret Besondere fest. Der unaufgehobene proletarische Lebenszusammenhang ist der Kern ihrer Identitätsbildung. Die Fähigkeit der Ware Arbeitskraft, zu ‹sprechen› und Bewußtsein zu entwickeln, das heißt: sich zum Subjekt zu entfalten, verschwindet, weil der Druck, den die bestehende bürgerliche Gesamtgesellschaft auf das ihr gegenübergestellte proletarische Lager ausübt, die Arbeiter politisch ebenso zu Objekten macht, wie sie im ökonomischen Bereich Objekte der Produktionsverhältnisse sind.

Die bürgerliche Öffentlichkeit tritt dem einzelnen Arbeiter als Kapitalverhältnis, der gesamten Arbeiterklasse aber vor allem als staatliches Gewaltmonopol gegenüber, als außerökonomisches Gewaltverhältnis. Dementsprechend organisiert sich die Partei der Arbeiterklasse als politische Partei, das heißt als außerökonomisches Verhältnis der Gegengewalt. Diese Ebene der Auseinandersetzung und des Klassenkampfes ist jedoch die abgeleitete.

In diesem Zustand werden die eigentlichen Stärken der Arbeiter nicht wirksam. Der wirkliche Kampf verläuft auch im Proletarier selbst zwischen seinen abstrakt allgemeinen bürgerlichen Eigenschaften und seinen konkret besonderen proletarischen. Er muß sich jedoch in der proletarischen Partei nach Köpfen organisieren: es muß fingiert *(vorgetäuscht) werden, daß er als ganzes Individuum proletarisch ist, sonst gehört er ja ins Lager des Gegners. Seine Haupteigenschaft ist, daß er selbsttätig ein Bewußtsein seiner eigenen Wareneigenschaft entwickeln könnte. Als Repräsentant von Gegengewalt gegen die vorausgegangene Gewalt der bürgerlichen Gesellschaft muß er diesen Prozeß überspringen. Er muß sich als Verteidiger des Menschenrechts, als Resultat fingieren. In Wirklichkeit ist er in einem extrem begrenzten Horizont befangen – in der Einbildung aber verteidigt er dieses ‹menschliche Sein› wie eine Bastion. Er muß sich verdinglichen und zu einem Instrument machen, um den Gegner bekämpfen zu können. Er entwickelt nicht Lebensverhältnisse, sondern Kampftätigkeit, die sich am Gegner orientiert. Wenn der Gegner siegt, so verfügt er sofort auch über Normen und Verhaltensweisen, mit denen er den gewonnenen Spielraum ausfüllt. Wenn der Arbeiter oder seine Organisation siegen, so muß er erst eine neue Produktions- und Lebensweise entwickeln. Die Hauptarbeit beginnt erst. Zuvor muß er kämpfen für etwas, das er noch gar nicht genau kennen kann. Das wichtigste Hemmnis in diesem Zustand ist, daß die Beziehung der Emanzipationsbewegung des Proletariats zur Totalität der Gesellschaft, das heißt die wirkliche historische Mission, von der Position des eigenen Lagers aus versperrt erscheint. Der Arbeiter kann das Ganze der Gesellschaft nicht denken, ohne ins Lager der bürgerlichen Gesamtgesellschaft hineinzugeraten. Er muß wählen zwischen der eigenen, gegenwärtigen Identität und seiner historischen Eigenschaft als einer das Ganze der Gesellschaft in einer neuen Produktionsweise aufhebenden proletarischen und revolutionären Kraft.

Diese historische Stufe proletarischer Öffentlichkeit als Notwehrorganisation der Arbeiterklasse, in der die proletarischen Eigenschaften der Individuen als verdinglichte zu proletarischen Charakter zusammengefaßt werden, hat ihre Hauptfunktion darin, die Individuen vor einem direkten Einfluß bürgerlicher Interessen und Ideologien zu schützen. Sie ist jedoch nicht hinreichend im Produktionsprozeß selber verwurzelt, um dort eine Revolutionierung der Produktion zu bewirken. Sie besitzt keine Produktionsweisen, um den Blockierungszusammenhang von Familie, Bildung und Hemmung proletarischer Erfahrungsbildung aufzubrechen. Sie kann nur theoretisch, das heißt auf der Ebene der Vermittlungen, anderweitig zu diesem Thema produziertes Bewußtsein zu vereinheitlichen versuchen. Dabei sind die Bedingungen der Verarbeitung in der Organisation andere als die, unter denen dieses Bewußtsein von den Individuen in der Realität produziert wird. So stark diese Organisationen gegenüber der klassischen bürgerlichen Öffentlichkeit erscheinen, so wenig können sie ihre Verteidigungslinie halten gegenüber einer faschistischen Massenbewegung oder einer kapitalistischen Produktion, die breite Teile des proletarischen Lebenszusammenhangs, wenn auch nur in der Form des Massenbetrugs, selber zu organisieren imstande ist.

Immerhin sind aber einzelne wichtige Interessen und Erfahrungen der Arbeiter mit dieser falschen Organisationsweise verbunden. Die Arbeiter können sich nicht von ihrer Massenorganisation trennen, ohne diesen verankerten Teil ihrer Interessen und Erfahrungen auch noch zu verlieren. Deshalb ist es kein Ausweg, wenn einzelne, theoretisch bewußte Individuen oder Gruppen sich von der Massenpartei oder den Gewerkschaftsorganisationen organisatorisch absetzen. Die Massen könnten ihnen nur folgen, wenn sie Teile ihrer bisherigen Identifikation aufgeben. Die Partizipation *(Teilhabe) an einer nur theoretisch formulierten – möglicherweise richtigen – Erfahrung einer einzelnen Gruppe können sie dazu nicht bewegen.

Den Endpunkt dieses Prozesses bildet ein Zustand, in dem die Arbeiter sich eigene Erfahrung nicht mehr zutrauen; dabei wären gerade sie als Träger der Ware Arbeitskraft in der Lage, Bewußtsein zu entwikkeln. Statt dessen wird der Partei zugeschrieben, daß sie immer Recht haben. Sie aber kann doch nur so viel Bewußtsein entfalten, als vorher durch wirkliche Menschen in sie hineingetragen worden ist. Es entsteht hier die umgekehrte Illusion, die die bürgerliche Öffentlichkeit vermittelt: In ihr wird ein kollektives Sicherheitssystem, sedimentiertes *(abgelagertes) Bewußtsein des Bürgertums, wirksam – doch die Individuen bilden sich ein, sie seien die Persönlichkeiten, die die Bewegung der Gesellschaft bestimmen. In der Parteiorganisation des Lagers glaubt zuletzt kein Einzelner mehr, daß er imstande sei, selbsttätige Erfahrung zu produzieren – die Organisation aber, die keinesfalls das Ganze der proletarischen Erfahrung faßt, sowenig wie sie den Gesamtzusammenhang der gesellschaftlichen Produktion umgreift, wird für das Zentrum der Wahrheit, das Subjekt gehalten. Wirksam ist diese spezifische Konstruktion einer bestimmten Stufe proletarischer Öffentlichkeit vor allem gegenüber jeder besseren Form proletarischer Öffentlichkeit. Diese wird zuverlässig bekämpft und behindert.

Organisiert sich die Arbeiterklasse wirksam als separates Lager innerhalb der bürgerlichen Gesellschaft, so reduzieren sich damit die Tendenzen zu einer das Ganze umfassenden proletarischen Öffentlichkeit. Wird die Organisation des proletarischen Lebenszusammenhangs nicht in Richtung auf eine solche proletarische Öffentlichkeit freigesetzt, so unterliegt diese Organisation des Lagers einer eigentümlichen Dialektik: obwohl sie beabsichtigt, sich gegen alle Formen des bürgerlichen Lebenszusammenhangs abzudichten, die Individuen gegen sie zu immunisieren, reproduziert sie unbewußt die Mechanismen der bürgerlichen Öffentlichkeit: Ausgrenzung, Scheinöffentlichkeit, Diktatur der Verfahrensregeln. Sie ist von Wertabstraktionen durchzogen. Wenn irgendwo, dann wird an diesem Punkt sichtbar, wie weit sich die Lagermentalität zahlreicher kommunistischer Organisationen von der Leninschen Parteikonzeption entfernt hat.»

4. Kommunikation und Gesellschaftsformation

Im Anschluß an die naturgeschichtliche und sozialgeschichtliche Betrachtung der Entwicklung gesellschaftlicher Kommunikation soll dieser Abschnitt der Diskussion und Kritik unterschiedener Modellierungsversuche des Kommunikationsprozesses dienen. Dabei wird auf die Abweichungen zwischen gleich gerichteten Modellen nicht eingegangen. Vielmehr sollen an beispielhaften Konzeptionen die beiden Grundpositionen, auf die sich die verschiedensten Modelle gesellschaftlicher Kommunikation prinzipiell zurückführen lassen, geklärt werden. Der Auseinandersetzung mit diesen Konzeptionen folgt der Entwurf eines materialistischen Kommunikationsmodells, welches stoffliche und formbestimmte Elemente des Kommunikationsprozesses dialektisch vermittelt.

4.1 Eindimensionale Kommunikationsmodelle

4.1.1 Interaktionsmodelle: die Defizite der Verständigung

Das Beispiel eines Interaktionsmodells liefert die Arbeit von **F. Dröge** und **N. Göbbel ‹Kommunikationsforschung – Von der Ideologiekritik zur Einheit von Theorie und Praxis›** (In: Rundfunk und Fernsehen, Sonderheft 1972, S. 16–56, hier: S. 17–21 [gekürzt], S. 25–27 [gekürzt] und S. 48–51 [gekürzt]). Sie gehen von zwei unterschiedlichen Konzeptionen aus, die sie als Marktmodell und als Diskussionsmodell charakterisieren. Auf letzterem aufbauend entwickeln sie ihre Vorstellung von Kommunikation als gesellschaftlichem Vermittlungsprozeß von Wissen. Dabei wird folgender Zirkel beschritten: 1. Zunächst wird das Marktmodell angesprochen und kritisiert. Aus der Kritik folgt nun aber nicht der Schluß, man habe sich vom Austausch der Produktion zuzuwenden. Vielmehr wird 2. zum Diskussionsmodell übergegangen. Auch hier wird aber nun nicht untersucht, wie die Ideen, Vorstellungen, Meinungen der Menschen produziert werden. Hingegen entsteht 3. ein Modell, das sich wie das eingangs kritisierte ebenfalls mit Austauschprozessen befaßt. Allerdings hat sich der Markt materieller Güter nun in einen Wissensmarkt verwandelt:

«*Die Marktsituation*

Es gibt gegensätzliche Vorstellungen zum Verhältnis Funkanstalt – Empfänger. Die eine ist treffend im Beveridge-Report (1949) über die Arbeit der BBC *(British Broadcasting Corporation) enthalten. Diese Interpretation des angesprochenen Verhältnisses wollen wir als ‹Marktsituation› bezeichnen. Die Wissenschaft betrachtet sich in diesem Modell als die Instanz, welche das Publikum als Kommunikationskonsumenten nach seiner Zusammensetzung und nach seinen Bedürfnissen und Beurteilungen untersucht und die Ergebnisse als Planungsdaten an die Programmacher weiterleitet. Die kommunikationswissenschaftliche Konzeption dieser Kommunikation ist die einer Güterverteilung auf einem Markt, also das Modell der klassischen liberalen Ökonomie. Die kommunikationspolitische Funktion der Forschung besteht darin, die publizistische Bedarfsdeckung durch ‹Markt›-Forschung zu garantieren. Dieses Modell beherrscht die empirische Kommunikationswissenschaft, insbesondere in kommerziellen Bereichen und – wahrscheinlich davon ausgehend – die Anstalten weitgehend noch heute. …

Die Diskussionssituation

Die entgegengesetzte Auffassung spiegelt sich in folgender Aussage des Kommunikationswissenschaftlers Peter Glotz wider: ‹Die Rundfunkanstalten müssen mit ihrem Publikum zu einer *rationalen Diskussion* über das Programm kommen.› Hier wird nicht die Marktsituation mit der deutlichen Vorhand des Produzenten (= ‹herrschaftliche Qualifikation›) modelliert, sondern so etwas wie eine gesamtgesellschaftliche Metakommunikation über die Inhalte der medialen Kommunikation *(Metakommunikation heißt kritische Kommunikation über Kommunikation). Eine solche Metakommunikation kann nun aber nicht außerhalb der Medien geführt gedacht werden, sondern sie ist innerhalb und vermittelt durch die Medien durchzuführen. Diesen Prozeß hätte die Kommunikationswissenschaft durch Entwicklung theoretischer Modelle als Handlungsvorgaben und durch diese kontrollierende Zusammenarbeit mit den Redaktionen und den Empfängern – mindestens in der Anfangsphase – steuernd zu organisieren.

Während das erste Kommunikationsmodell trotz aller freundlichen Umschreibungen *eindeutig autoritär* ist, unterliegt diesem Ansatz ebenso zweifelsfrei ein demokratischer Grundgedanke. Setzt die Darstellung in der Metaebene doch ein Bewußtsein aller Beteiligten von den Inhalten und Funktionen in der empirischen Geschehensebene medialer Kommunikation voraus, also eine erhebliche Entscheidungskompetenz.

An diesen Alternativen wird deutlich, wie bestimmte politische Vorstellungen – autoritäre oder demokratische – bestimmte kommunikationswissenschaftliche Modellkonzeptionen, die hier nur im Rohentwurf angesprochen sind, nach sich ziehen. ...

Die Ablehnung der Marktsituation bedeutet, daß Kommunikation nicht als ein Vorgang zwischen Produzent (Anstalt) und Konsument (Publikum) aufgefaßt wird, sondern als ein gesamtgesellschaftlicher Prozeß der Vermittlung (= Generalisierung *und* Individualisierung) *(Verallgemeinerung *und* Hervorhebung des Besonderen bzw. Einzelnen) von Meinungen, Ansichten, Tatsachen, Wertungen, kurz: von Wissensgehalten, die sehr verschiedenen, im gesellschaftlichen Reproduktionsprozeß sehr verschieden begründeten, individuellen und gesellschaftlichen Erfahrungsbereichen entstammen. Dieses Wissen gibt dem Individuum den sozialen Bezugsrahmen an, nach welchem es seine sozialen Handlungsabläufe innerhalb seiner Tätigkeitsbereiche organisiert. Sie werden in der sozialen Kommunikation zum Allgemeinen der normativen Substanz *sozialen Wissens* generalisiert. Dies Allgemeine unterliegt prinzipiell allen Aussagegattungen und -arten des Fernsehens. Andererseits wird dieses Allgemeine in den einzelnen Aussagen individualisiert und damit auf individuelle Erfahrungsbereiche rückbeziehbar. In dem Allgemeinen des gesellschaftlichen Wissens ist zugleich die bewußtseinsmäßige Grundlage gesellschaftlicher Existenz zu sehen (die mithin nur durch soziale Kommunikation gestiftet werden kann) – gleichzeitig muß das Individuum hierin sein individuelles Erfahrungswissen wiederfinden bzw. einbringen können, wenn es nicht von dem Allgemeinen bewußtseinsmäßig unternommen (= verwaltet) werden soll; daher die Glotzsche Modellforderung der gemeinsamen rationalen ‹Diskussion› über diesen wichtigen Gegenstand, die wir als Forderung nach der Einbringung des Individuellen in das Allgemeine auffassen, im Gegensatz zur herrschenden Subsumtion des Individuellen unter das Allgemeine. ...

Daher gilt es zu überdenken, wie der skizzierte Diskussionsprozeß im kommunikationspolitischen Bereich zu erreichen ist und welche Funktionen die Kommunikationswissenschaft dabei spielen kann und muß. ...

Als erstes muß die Kommunikationswissenschaft aus einer sozio-ökonomischen Bedingungsanalyse heraus ein theoretisches Konzept für den sozialkommunikativen Prozeß entwickeln. Erst danach kann der zweite Schritt folgen: die methodische Umsetzbarkeit in unmittelbar praxisrelevante Handlungsstrategien, die gleichzeitig experimentell-hypothetischen Charakter für die Weiterentwicklung der Theorie selbst haben. ...

Zum Kommunikationsverständnis

Es ist üblich geworden, Konsum von Massenmedien, und besonders des Fernsehens, auf die durch die industrielle Produktionsweise bedingte Trennung von Arbeits- und Freizeitsphäre zu begründen. Mit dieser Trennung ist auch für das Individuum die sinnhafte Einheit von Produktion und Konsumtion auseinandergetreten. Dies spiegelt sich heute in der medial gesteuerten öffentlichen Kommunikation wider. Der konsumtive Charakter der Rezeption und die Bedarfsdeckungsstrategie der Anstalten wird so quasiwissenschaftlich durch Rekurs auf die sogenannte Empirie rationalisiert. Gleichzeitig wird dadurch die Funktionstrennung in den gesendeten Aussagen – Information, Kommentar, Unterhaltung –, die der Programmkonzeption beider Fernsehsysteme in der BRD zugrunde liegt, begründet.

Unsere Ansicht hierzu ist folgende:

a) Kommunikation bildet unabhängig von Faktenaussagen in normativer Hinsicht eine komplexe Einheit, nämlich die Einheit des sozialen Wissens, welche durch Sparten und funktionale Kategorien hindurch gewahrt bleibt. ...

b) Uns scheint die Begründung der Medienkonsumtion durch die Lebenssphärentrennung in der sogenannten Industriegesellschaft auf einem Denkfehler zu beruhen. Und dieser ist wiederum auf eine ungenügende und ideologisch verzerrte Interpretation der empirischen Wirklichkeit durch die empirischen Wissenschaftler selbst zurückzuführen. Inhaltlich – und zwar bezogen auf den konstitutiven Sinngehalt einer Gesellschaft bzw. ihrer Teile, d. h. des Zusammenhanges von Normen und Wertewissen – bildet Kommunikation unter der Perspektive der mit sich selbst kommunizierenden Gesellschaft (wird später mit dem Begriff ‹Vermittlung› konkretisiert) eine sinnhafte Einheit. In dieser Einheit sind sowohl das instrumentelle Wissen (vage = Information) als auch im instrumentellen Sinne ‹entlastetes› – doch gleichwohl organisiertes – Wissen (vage = Unterhaltung) Momente. Sie bilden die Einheit unter dem Gesichtspunkt sozialer Werthaftigkeit des Wissens. ...

Öffentliche, mediale Kommunikation vermittelt dementsprechend durch Generalisierung individueller Differenzen ein integrales, bezogen auf die strukturellen Bedingungen der Gesellschaft: ein werthaftes Wissen, das alle Sphären des individuellen und sozialen Lebens überspannt und sie dadurch überhaupt nur aufrechterhält; denn das konstitutive Wissen der Gesellschaft, zwar durch die Klassenteilung und deren schichtspezifische Differenzierung der Gesellschaft eine Vereinigung in sich teilweise gegensätzlicher Momente, ist unabhängig von den unterschiedlichen Rollenansprüchen in den verschiedenen Handlungssphären des Individuums ebenfalls einheitlich. ...

Kommunikation vermittelt zwischen individuellem (dabei durch die gesellschaftliche Funktions- und Arbeitsteilung gleichzeitig gesellschaftlich geregeltem) Wissen und Handeln und sozialem Wissen und Handeln, wobei dieses Wissen allerdings durch die Determinanten oder Sozialstruktur segmentiert ist. Aber genau über diese Segmente, die mit diastratischen *(auseinanderstrebenden, widersprüchlichen) Kollektivsubjekten – Schichten und Klassen – gleichzusetzen sind, ist das Individuum mit der Gesamtgesellschaft vermittelt. ...

Die bisherige Fernsehforschung, soweit sie den Rahmen der Reaktionsforschung überschreitet, erschöpft sich im allgemeinen in der Darstellung des Verhältnisses von Sender und Empfänger. Wissenschaftstheoretisch wird hier ein radikaler Empirismus vertreten, indem jede theoretische Objektbestimmung als soziale Institution im gesamtgesellschaftlichen Rahmen fehlt. Zwei implizite Annahmen werden allerdings gemacht, wie im Verlauf der bisherigen Analyse nachgewiesen wurde, nämlich medienspezifisches Verhalten wird rollentheoretisch als ein partieller Verhaltenssektor neben vielen, gleichrangigen im Leben eines Individuums begriffen, und die Wirkungsrelation wird auf einen hierdurch strukturierten Markt komsumtiv bezogen.

Da beide Interpretationen unter dem Vermittlungsgesichtspunkt zurückgewiesen wurden, erscheint es uns notwendig, in einem ersten Forschungskomplex das Verhalten von Sender und Empfänger in einen gesamtgesellschaftlichen Begründungszusammenhang zu stellen, d. h. eine Ortsbestimmung des Mediums Fernsehen als soziale Institution in unserer Gesellschaft vorzunehmen. Nur auf dieser Basis scheint uns ein kommunikationspolitisches Handlungsmodell wissenschaftlich begründet und dem Vermittlungscharakter adäquat umsetzbar. Auf dieser Basis ist das, was wir im ersten Teil dargelegt haben, handlungsrelevant zu konkretisieren. Eine solche Analyse wäre in drei Schritten zu realisieren:

1. Allgemeines, medienunspezifisches Kommunikationsverhalten ist als Moment des allgemeinen Sozialverhaltens in seiner Struktureinbettung und seiner ideologischen Sanktionierung empirisch zu erfassen und aus diesen letzten beiden Kategorien zu begründen.
2. Fernsehbezogenes Kommunikationsverhalten ist ins Verhältnis zu allgemeinem Kommunikationsverhalten zu setzen.
3. Thematisch und ‹zielgruppen›-spezifizierte Fernsehkommunikation

ist in Relation zum ebenso spezifizierten allgemeinen Kommunikationsverhalten zu bringen.

Diese drei Schritte kennzeichnen die zunehmende Konkretisierung des wissenschaftlichen Vorgehens. Um dieses Vorgehen zu verdeutlichen, seien beispielhaft einige intendierte Ergebnisse genannt: Kommunikative Handlungsdispositionen, Medienimages, Interessenstrukturen a) allgemein, b) medienspezifisch, kommunikative Kompetenzen, aktuelle soziale Rezeptionssituation, Normenwissen, Faktenwissen (nach Helle), sowie deren subjektive Handlungsumsetzung, Wahrnehmung. All diese in ihrer sozio-strukturellen und ideologischen Begründung. Individuell-psychische und physiologische Restkategorien können erst nachher von anderen Fachdisziplinen analysiert werden, um die Wahrscheinlichkeit, mit ungeprüften anthropologischen Konstanten in der Theorie operieren zu müssen, zu vermindern. ...

In folgendem Schema sind die hypothetischen Beziehungen zwischen den zu untersuchenden Variablenkomplexen graphisch dargestellt. Dabei ist zu berücksichtigen, daß es sich hier nicht um operationalisierbare *(als Operationalisierung bezeichnet man in der empirischen Sozialforschung die ‹Übersetzung› [theoretischer] Überlegungen und Begriffe in [empirische] Forschungsschritte bzw. -operationen) Variablen handelt, sondern die Felder bezeichnen alle in sich sehr komplexe Kombinationen von Einzelvariablen. Es wäre Aufgabe eines auf dieser Grundlage zu erarbeitenden Forschungsvorhabens, diese wie auch ihre Beziehungen untereinander in Teilmodellen darzustellen und zu operationalisieren.

Für die Konkretisierung einzelner Felder ist beispielhaft an folgende Möglichkeiten zu denken, wobei diese allerdings unter dem gegebenen Gesichtspunkt weiterentwickelt werden müssen, ehe sie operational darzustellen sind.

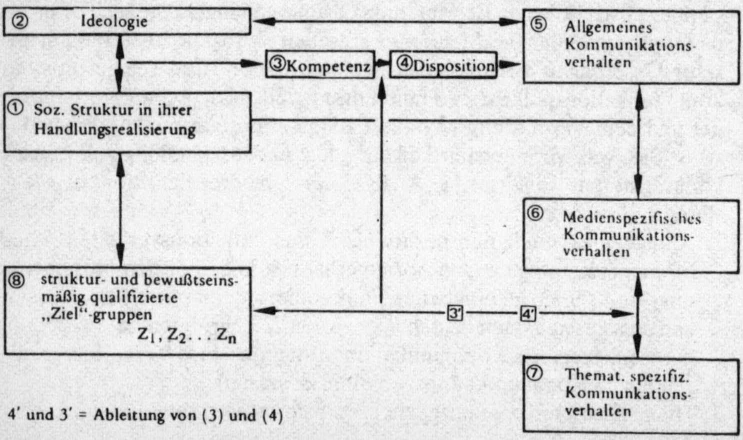

Feld 6: Hierbei handelt es sich begrifflich um eine Zusammenfassung des Teilproblems Sender – Empfänger. ...

Feld 3: Hier gibt es bereits theoretische Vorgaben aus der ... Soziolinguistik und Sozialisationsforschung. Daraus sind gleichzeitig bereits Hypothesen über motivationale Faktoren (Feld 4) und die inhaltliche wie formale Ausgestaltung des allgemeinen Kommunikationsverhaltens (Feld 5) und die medienspezifische Nutzungsweise (Feld 6) zu gewinnen.

Felder 1 und 2: Ideologie und Struktur sind in ihren Differenzierungen gegenseitig bedingt. Dabei ist die Ideologie, wie auch die soziale Struktur, ein sehr differenzierter Apparat handlungsbezogener, sozialer Wissenselemente, die sich jeweils auf Strukturelemente beziehen, wobei gleichzeitig struktur-übergreifende gesellschaftsgenerelle Orientierungsmuster dem konstatierten Beziehungsfeld zuzuordnen sind. Diese wie auch noch konkretere Zusammenhangshypothesen sind in einer Reihe von betriebs- und arbeitssoziologischen Untersuchungen nachgewiesen worden. In den genannten Untersuchungen werden struktur- und bewußtseinsmäßig qualifizierte Gruppen (Feld 8) als Zielgruppen bestimmt und auch in den von uns theoretisch ausgewiesenen Begründungszusammenhang (Bezieh. Feld 1/2) gestellt. Wie schon an früherer Stelle erwähnt, hat von diesen Gruppen methodisch jede Auswahlbildung bei der Datenerhebung auszugehen.

Weitere Implikationen des Modells:

a) Unter den das Orientierungs-Schema konstituierenden theoretischen Gesichtspunkten werden die «Kommunikatoren» nicht in ihrer Rollenbestimmung angenommen, sondern in ihrer Strukturbeziehung. Dabei werden dann in den Feldern 6 und 7 eher intentionale Handlungskategorien im Gegensatz zu rezeptiven auftreten, während in Feld 5, wie bei allen anderen auch, intentionale wie rezeptive Kategorien in spezifischer Verteilung zu beobachten sein werden. Das bedeutet, daß das Schema gleichermaßen auf die Empfänger, die Programmacher, Journalisten und das technische und Verwaltungspersonal der Funkanstalten angewendet werden muß.

b) Unter der Voraussetzung, daß das Programm eine inhaltlich äquivalente Beziehung zum sozialen Wissen hat, muß das Schema auch auf das proportional repräsentierte Universum der Fernsehaussagen angewendet werden. Die daraus gewonnenen Daten sind auf die Verhaltensdaten anzuwenden, wobei als methodisches Problem die Datenmetrisierung auftritt. Zu berücksichtigen wird hierbei sein, daß ein großer Teil der Daten in qualitativer Form vorliegt.»

4.1.2 Produktionsmodelle: die Defizite des Marktes

Im Unterschied zu den Interaktionsmodellen folgen die Produktionsmodelle im Rahmen der traditionellen Kommunikationswissenschaft unbesehen der Marktkonzeption. Produktion spielt zwar in ihnen eine bedeutsame Rolle. Sie wird aber nach dem Robinson-Muster der klassischen Nationalökonomie begriffen. So gehen Überlegungen zur Herstellung von Nachrichten zwar in die Produktionsmodelle ein. Dieser Herstellungsprozeß wird aber als je individueller (also ungesellschaftlicher) begriffen beziehungsweise so betrachtet, als hätte er nur eine stoffliche Seite. Das Element der Gesellschaftlichkeit tritt erst beim Austausch der Nachrichten auf den Plan. Deutlich wird dies in **G. Maletzkes** Arbeit **‹Psychologie der Massenkommunikation›**, Hamburg 1963, S. 37–41 (um die Fußnoten gekürzt):

«Das Beziehungsfeld der Massenkommunikation ist zu verstehen als ein kompliziertes dynamisches System von Dependenzen *(Abhängigkeiten) und Interdependenzen *(gegenseitigen Abhängigkeiten) der beteiligten Faktoren. Ein schematisches Modell soll nun die Grundstruktur dieses Feldes veranschaulichen, um danach unserer weiteren Untersuchung als systematische Grundlage zu dienen. Im Unterschied zu den meisten ähnlichen schematischen Modellen, legen wir einmal von vornherein unserem Schema die speziellen Gegebenheiten der *Massen*kommunikation zugrunde, zum anderen werden hier mehrere wichtige Momente mit einbezogen, die für das Verständnis der Massenkommunikation unentbehrlich sind, bisher aber kaum oder gar nicht von der Forschung berücksichtigt wurden.

Darüber hinaus soll dieses Schema in höherem Maße als seine Vorgänger der vielfältigen Verflochtenheit der Feldfaktoren gerecht werden. Wenn sich auch echte Interdependenzen kaum befriedigend graphisch darstellen lassen, sollen hier doch die Feldrelationen zum mindesten soweit angedeutet werden, daß sich unser Schema deutlich von der Auffassung der Massenkommunikation als einem geradlinigen Übertragungsprozeß abhebt.

Dem naiven Betrachter stellt sich die Massenkommunikation in der Form dar, daß eine Aussage (A) auf einen (isoliert gedachten) Rezipienten (R) trifft, der dabei etwas *‹erlebt›* und bei dem dadurch etwas *‹bewirkt›* wird.

Nun erreicht in der Massenkommunikation die Aussage den Rezipienten immer nur durch eines der Massenmedien (M), und jedes Medium bringt auf Grund seiner technischen Eigenarten für den Rezipienten bestimmte Modifikationen der Wahrnehmungs- und Erlebensprozesse und dadurch auch der Wirkungen mit sich.

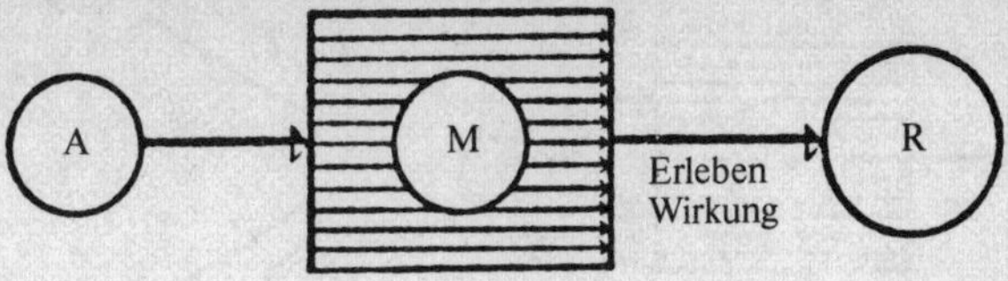

Die Medien kommen dem Rezipienten mit einem überaus großen Angebot von Aussagen entgegen, aus denen der Rezipient, sobald er in das Feld der Massenkommunikation eintritt, einige auswählt und auf sich einwirken läßt, andere zurückweist oder unbeachtet läßt. Mit diesem selektiven Akt greift der Rezipient aktiv in den Gesamtprozeß ein. Zu einem wesentlichen Teil bestimmt er selbst den Umfang und die Art der von ihm erlebten Aussagen.

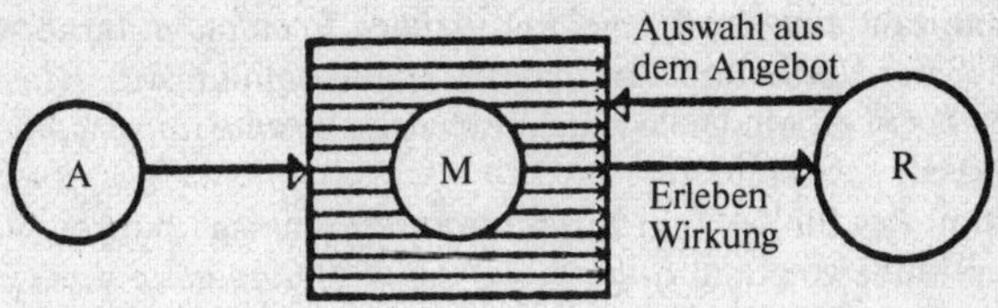

Welche Aussagen er auswählt, wie er sie erlebt und welche Wirkungen daraus resultieren, hängt in hohem Maße vom Rezipienten als Individuum mit einer bestimmten *Persönlichkeitsstruktur* ab, von seiner Entwicklung und Erfahrung, seiner Intelligenz und seinen Interessen, seinen Meinungen und Attitüden *(Einstellungen), jeweils überlagert und überformt von seiner Augenblickssituation und -befindlichkeit.

Ferner ist der Rezipient niemals isoliertes Individuum, sondern er ist zum einen stets in zahlreiche *allgemeine soziale Mitweltbeziehungen* verflochten, zum anderen wird er durch seine Zuwendung zu einer Aussage *Glied eines dispersen* *(zerstreuten) *Publikums*. Außerdem werden Selektion, Erleben und Wirkung beim Rezipienten auch durch das *Bild* mitgeformt, das er *von sich selbst*, seinem Standort sowie seinen Rollen und Funktionen im sozialen System hat. Weiterhin schreibt das jeweilige Medium auf Grund seiner technischen Eigenarten dem Rezipienten gewisse Verhaltens- und Erlebensweisen vor, so daß dieser unter einem ‹*Zwang des Mediums*› steht. Und schließlich prägt sich beim Rezipienten ein *Bild vom Medium* aus.

Die Entscheidung darüber, welche Aussagen produziert und angeboten werden und wie sie gestaltet sind, liegt beim *Kommunikator*, der also in den Akten der Selektion und Produktion mit seiner *Persönlichkeit*,

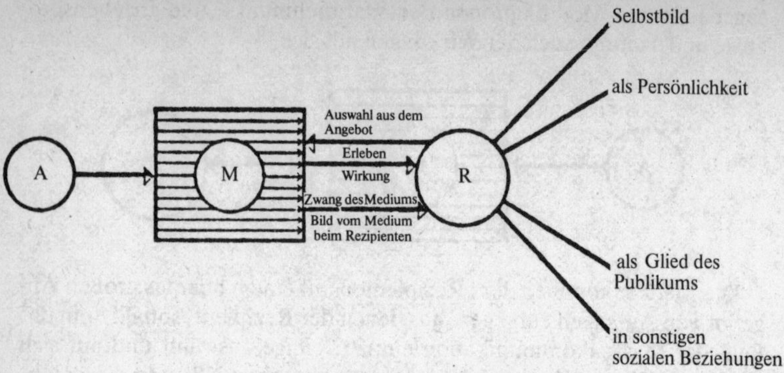

der jeweiligen Situation und seinen Intentionen entscheidend in den Prozeß der Massenkommunikation eingreift. Zu der Situation gehören auch seine zahlreichen allgemeinen *sozialen Relationen*, ferner die Tatsache, daß der Kommunikator in der Massenkommunikation fast immer in einem *Team* arbeitet, das wiederum einer *Produktionsinstitution* eingegliedert ist.

Selektion des Stoffes und Produktion der Aussage hängen weiterhin in hohem Maße von dem *Bild* ab, *das der Kommunikator von sich selbst* hat, von seinem Beruf und seinen Aufgaben, von seiner Rolle und Funktion innerhalb des Teams, der Institution und der Gesellschaft ganz allgemein.

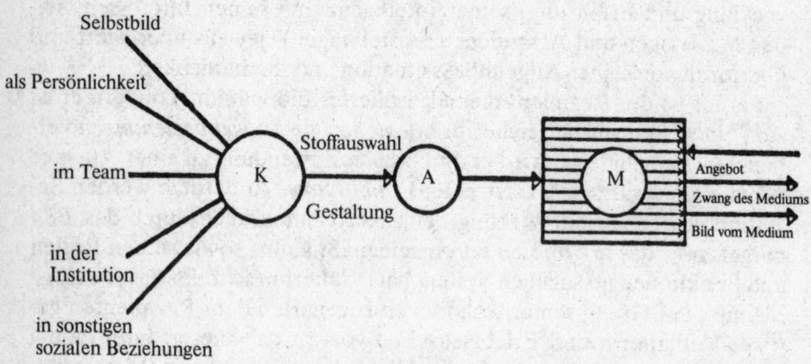

Auch die eigene Aussage wirkt – wie später zu zeigen sein wird – auf ihren Urheber zurück, und zwar sowohl die einzelne Aussage, als auch das, was wir als ‹Programm› bezeichnen, also die Gesamtheit aller Aussagen einer Zeitung, einer Rundfunkgesellschaft usw. in einer Ausgabe, an einem Tag, in einer Woche oder einem anderen abgegrenzten Zeitraum. Der Kommunikator steht somit unter dem *Zwang der Aussage bzw. des Programms*.

Darüber hinaus wirkt auf ihn der *Zwang des Mediums* ein, das auf Grund seiner technischen Gegebenheiten bestimmte Themen und Formen nahelegt oder gar vorschreibt, andere dagegen ausschließt.

Als ‹Publizist› produziert und verbreitet der Kommunikator *öffentliche* Aussagen, und daher muß er auf die zur Zeit geltenden Ansichten und Meinungen, Normen und Werte Rücksicht nehmen. Seine Arbeit wird also mitbestimmt durch die in der Öffentlichkeit zu erwartenden Reaktionen auf seine Aussage. Der Kommunikator unterliegt einem *Zwang der Öffentlichkeit*. Dabei ist ‹Öffentlichkeit› durchaus nicht immer identisch mit dem Publikum einer Aussage. Weite und wichtige Kreise reagieren – oft sogar besonders empfindlich – auch auf Aussagen, die sie nur aus zweiter Hand erfahren haben.

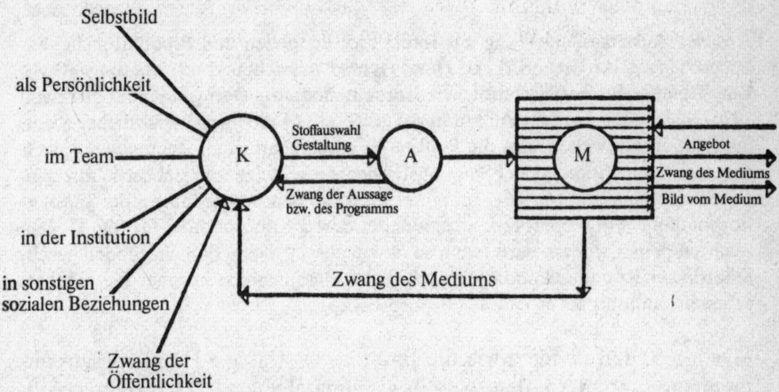

Recht oft versuchen Rezipienten, die Einseitigkeit der Massenkommunikation durch Antworten, Anfragen, Beschwerden, Vorschläge usw. zu überwinden. Auch diese *spontanen Kontakte* sind als Momente des Kommunikationsfeldes zu betrachten.

Schließlich wird der Prozeß der Massenkommunikation durch die Bilder modifiziert, die sich die Kommunikationspartner voneinander machen, also durch das *Bild vom Rezipienten beim Kommunikator* und durch das *Bild vom Kommunikator beim Rezipienten*.

Damit ergibt sich für die Prozesse der Massenkommunikation das folgende Schema:

Schema des Feldes der MK

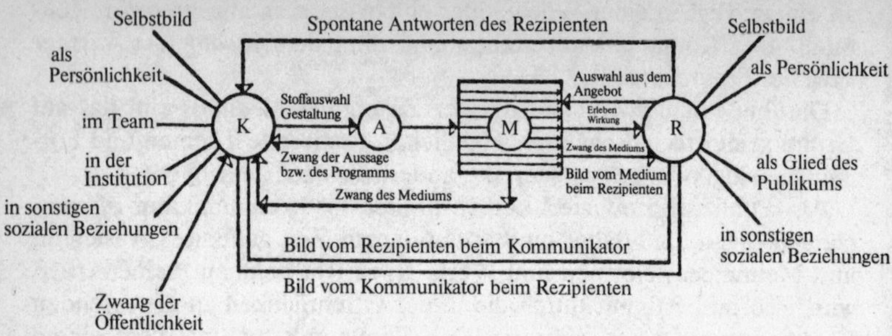

4.2 Modell massenhaft kommunizierter Nachrichten unter Bedingungen kapitalverwertend betriebener Warenproduktion

Aus der Auseinandersetzung mit Interaktionsmodellen und Produktionsmodellen wird in der Arbeit von **W. D. Hund ‹Ware Nachricht und Informationsfetisch. Zur Theorie der gesellschaftlichen Kommunikation›**, Darmstadt und Neuwied 1976, S. 161–166 (um die Fußnoten gekürzt), ein Modell gesellschaftlicher Kommunikation entwickelt, das die konkreten gesellschaftlichen Bedingungen, welche Kommunikation in der kapitalistischen Gesellschaftsformation kennzeichnen, bestimmend mit erfaßt. Im Unterschied zu den Vorstellungen der Interaktionsmodelle wie der Produktionsmodelle, deren Konzeptionen für alle Gesellschaften gelten wollen, wird hier also davon ausgegangen, daß ein Modell gesellschaftlicher Kommunikation lediglich deren Bedingungen in jener Gesellschaft erfassen kann, für die es Geltung beansprucht:

«Dadurch, daß sie nicht wie die Interaktionsstrategie Handlungszusammenhänge, sondern den Arbeitszusammenhang als Ursprung gesellschaftlicher Kommunikation begreift, hebt sich allerdings die Produktionsstrategie entscheidend von der Interaktionsstrategie ab. Für die Interaktionsstrategie nämlich gibt es ursprünglich gleichsam paradiesische Zustände. Arbeit ist unnötig, weil die Natur alles Notwendige bietet. Trotzdem existiert schon Gesellschaft – vermittelt durch bloße Interaktion. Für die Produktionsstrategie sind bereits die Ursprünge menschlicher Existenz durch Arbeit geprägt. Das Paradies weicht der Robinsonade. Der einzelne tritt der Natur gegenüber und eignet sich diese für seine Bedürfnisse an.

Insofern kommt Arbeit in der Produktionsstrategie zentrale Bedeutung zu. In ihr muß der Mensch sich zur Sicherung seiner Existenz auf die Natur als seinen unorganischen Leib beziehen. Mit Recht kann daher von ihr behauptet werden, sie habe den Menschen selbst geschaffen. Von dieser Einsicht des historisch-dialektischen Materialismus ist die Produktionsstrategie nicht deswegen entfernt, weil sie dem Arbeitsbegriff zuwenig Beachtung schenkt, sondern deswegen, weil sie ihn überstrapaziert. ‹Arbeit› soll nicht nur die Grundlage abgeben zur Erklärung menschlicher Existenz. Gleichzeitig soll dieser Begriff auch Basis sein für die Verklärung dieser Existenz in kapitalistischer Form.

Nichtsdestoweniger behauptet sich in der Produktionsstrategie noch jenes ehemals fortschrittliche Element bürgerlicher Ideologiebildung, das sich aus der Kritik des nurmehr schmarotzerhaften Daseins der feudalen Herrschaft ergab. Kaum einer hat dies deutlicher werden lassen als Saint-Simon *(französischer Philosoph, 1760–1825) in seiner ‹Parabel›. Gesellschaftliche Differenzierung wird von ihm nach der Nützlichkeit vorgenommen, die sich aus der Tätigkeit der gesellschaftlichen Individuen ergibt. Zu seiner ‹classe industrielle› gehören Fabrikanten wie Arbeiter, Händler und Bankiers, Bauern und Gelehrte: kurz, alle, die den produktiven Teil der Bevölkerung ausmachen. Im Begriff der ‹industrie› wird daher die zweifache Stoßrichtung deutlich, mit der das bürgerliche Bewußtsein den Arbeitsbegriff einsetzt. Er dient gleichermaßen zur ideologischen Kritik der Feudalherrschaft wie zur ideologischen Vereinnahmung der Arbeiterklasse.

Obwohl also verzerrt vom Druck ideologischer Legitimation, hat die Produktionsstrategie Elemente der vorwärtsweisenden Theoriebildung des aufstrebenden Bürgertums bewahrt. Im ideologischen Schatten des Kapitalverhältnisses ist sie freilich nicht in der Lage, das ‹Gesetz der ursprünglichen Appropriation› *(Marx) *(Gesetz der ursprünglichen Besitzergreifung) zu überwinden.

Jede Kritik der Kommunikationswissenschaft muß daher an dieser Stelle ansetzen. Allein durch die Entfaltung des Arbeitsbegriffes, welche ebenso zur Erkenntnis von Arbeit als allseitiger Umweltaneignung wie zur Erkenntnis vom Doppelcharakter der Arbeit führt, läßt sich die Grundlage eines materialistischen Verständnisses gesellschaftlicher Kommunikation schaffen.

Hingegen eröffnet die Interaktionsstrategie keine Perspektiven zu einer kritischen Überwindung. Von ihrem historischen Entstehungszusammenhang her betrachtet jüngeren Datums als die Produktionsstrategie und in ihrem logischen Begründungszusammenhang dem imperialistischen Stadium des Kapitalismus verpflichtet, muß sie als bloße Legitimationswissenschaft decouvriert werden.

Für eine materialistische Theorie der gesellschaftlichen Kommunikation stellt sich daher die Aufgabe, ihren Begriff in der kritischen Auseinandersetzung mit der Produktionsstrategie zu entwickeln. Auszugehen ist dabei von der Einsicht in den doppelt über Arbeit vermittelten Charakter der Kommunikation. Sowohl die Herstellung von Informationen wie die Herstellung von Zeichen geschehen im Rahmen der allseitigen Umweltaneignung der Menschen.

Diese vom Arbeitsbegriff ausgehende Analyse des Verhältnisses von Denken und Sprechen im Kommunikationsprozeß stellt allerdings nur die aller Kommunikation gemeinsamen Bedingungen vor. Da jedoch Kommunikation als Bestandteil des Arbeitsprozesses dessen Doppelcharakter teilt, muß weiter v. a. die je spezifisch gesellschaftliche Form der Nachrichtenherstellung untersucht werden. Wie jegliche Arbeit ereignet sich auch Kommunikation immer nur als Produktion. Von ihrer besonderen gesellschaftlichen Form her ist sie daher zu betrachten. Diskutiert werden muß die charakteristische Verfassung gesellschaftlicher Kommunikation unter den Bedingungen kapitalverwertend betriebener Warenproduktion.

Die sich daraus ergebenden Konsequenzen für die Überwindung produktionsstrategischer Modellierungsversuche des gesellschaftlichen Kommunikationsprozesses müssen sich notwendig auf alle Elemente der Kommunikationskette Kommunikator – Aussage – Medium – Rezipient erstrecken.

Dabei geht es nicht um die kybernetische ‹Verbesserung› eines unzulänglichen Modells. Auch mit seinem materialistischen ‹Aufpolieren› dadurch, daß Kommunikatorforschung plötzlich Politische Ökonomie heißt oder Aussagenanalyse zur Warenkunde ernannt wird, ist nichts gewonnen. Beides würde den eindimensionalen Charakter solchen Modells lediglich beschönigen.

Vielmehr hat eine materialistische Analyse des gesellschaftlichen Kommunikationsprozesses sowohl dessen stofflichen Charakteristika (Informationsherstellung, Zeichenherstellung) als auch seiner ökonomischen Formbestimmtheit (Warenproduktion, Kapitalverwertung) gerecht zu werden. Dabei kann die Form nicht als den stofflichen Elementen lediglich aufgesetzt betrachtet werden. Selbst entscheidender Prägefaktor, ist sie als bestimmendes Element des Kommunikationsprozesses zu behandeln.

Nicht länger kann davon ausgegangen werden, es sei der Kommunikator nichts weiter als eine Gruppe von Personen oder gar ein einzelnes Individuum. Er ist vielmehr als Nachrichtenproduktionsbetrieb zu begreifen. Als solcher unterliegt er den allgemeinen Bedingungen der Kapitalverwertung. Oberstes Gesetz seiner Produktion hat die Maximierung der Profite zu sein. Anders kann er im Rahmen konkurrierender Kapitale nicht bestehen.

Solche Art und Weise ihrer Herstellung hat Auswirkungen auf die Ware Nachricht. Werden diese als Manipulation bezeichnet, so kommt darin zum Ausdruck, daß es hier eben nicht um den guten oder bösen Willen individueller Kommunikatoren geht. Vielmehr werden die objektiven Zwänge des Produktionssystems angesprochen. Sie führen dazu, daß der Warenkörper nach Verwertungsgesichtspunkten ge- bzw. verformt wird.

Die Verwertungsbedingungen des Kapitals prägen auch die Entwicklung der medialen Produktivkräfte. Diese dürfen nicht als gleichsam neutrale Vermittlungsinstanz begriffen werden. Vielmehr ist ihre jeweilige Verfassung abzuleiten aus der Dialektik von Produktivkräften und Produktionsverhältnissen.

Die Nachrichtenempfänger schließlich sind in ihrer spezifischen sozialen Besonderung zu untersuchen. Dazu ist es unerläßlich, die sozialstrukturellen Gegebenheiten in ihrer Vermittlung über die allgemeinen Bedingungen der Sozialisation (bis hin zur tertiären am Arbeitsplatz) zu fassen. Von hier her wirken sie sich sowohl generell als schichtenspezifisches Kommunikationsverhalten aus, durch das die gesellschaftlichen Hauptklassen (Arbeiterklasse und Kapitalistenklasse) wie auch die Zwischenschichten (z. B. kleine Warenproduzenten) und die Schichten innerhalb einer Klasse (Arbeiteraristokratie, Monopolbourgeoisie) in ihrem Kommunikationsverhalten geprägt werden, wie sie sich auch aktuell auswirken durch die jeweilige gruppenspezifische Situation (z. B. gemeinschaftliche Filmrezeption im Kino oder isolierte Filmrezeption vor dem Fernsehgerät) des Nachrichtenempfangs.

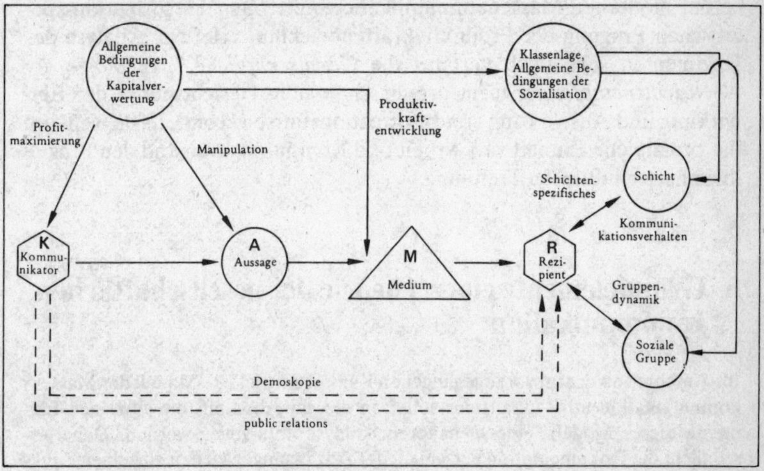

Modell massenhaft kommunizierter Nachrichten unter Bedingungen kapitalistischer Warenproduktion.

Unter diesen Bedingungen sind die wechselseitigen Bilder der Kommunikationspartner voneinander selbstverständlich nicht, wie Maletzke dies vorgibt, individueller Beliebigkeit überlassen. Sie sind vielmehr herrschaftlich gewichtet. Der Kommunikator schafft sich nicht allein mit Hilfe der Demoskopie ein Bild vom Rezipienten. Er schafft auch mit Hilfe der public relations sein Bild beim Rezipienten.

Worauf es ankommt ist also die qualitative Differenzierung der traditionellen produktionsstrategischen Modellierungsversuche gesellschaftlicher Kommunikation (vgl. Abbildung S. 251). Für die Analyse des Kommunikators ist daher die *Politische Ökonomie der gesellschaftlichen Kommunikation* als Bestandteil der Politischen Ökonomie des gegenwärtigen Kapitalismus zuständig. Sie untersucht eben nicht, wie die Kommunikationsforschung dies je isoliert vollzieht, Status, Selbstbild, Arbeitsbedingungen etc. von Journalisten usw. Sie geht vielmehr aus von der Subsumtion der Medienarbeit unter die Verwertungsgesetzmäßigkeiten des Kapitals. Zuständig für die Analyse der Aussage, betrachtet ferner die *Warenkunde der Nachricht* nicht isoliert Gehalt, Struktur etc. von Aussagen. Im Mittelpunkt ihrer Überlegungen hat vielmehr die spezifische gesellschaftliche Verfassung der Nachrichtenproduktion zu stehen. Sie setzt daher an beim Warencharakter der Medienprodukte. Nicht weniger auf ökonomische Form hat die *Produktivkrafttheorie der Kommunikationsmittel* zu achten. Sie faßt daher die Medien nicht auf als Resultate bloß technischer Logik, die sich allein dem Genie unberechenbaren Erfindergeistes verdankten. Vielmehr stellt sie dagegen die Genese der modernen Massenkommunikationsmittel aus der formationsspezifischen Prägung der Produktivkraftentwicklung. Bei der Analyse des Rezipienten schließlich verfährt die *Gesellschaftliche Psychologie der Nachrichtenempfänger* nicht primär unter dem Gesichtspunkt der Einwirkung und Auswirkung von Informationsflüssen. Sondern sie weiß um die prinzipielle Einheit von Arbeit und Kommunikation und den Prozeß ihrer herrschaftlichen Trennung.»

5. Grundelemente einer Theorie der gesellschaftlichen Kommunikation

Im Anschluß an das im vorangegangenen Kapitel entwickelte Modell der Massenkommunikation im Kapitalismus sollen in diesem Abschnitt die einzelnen Elemente dieses Modells einer genaueren Analyse unterzogen werden. Dabei ermöglicht die Dokumentation verschiedener Auffassungen zu den einzelnen Punkten eine vergleichende Betrachtung der traditionellen bürgerlichen Kommunikationsforschung und der materialistischen Kommunikationsforschung.

5.1 Politische Ökonomie der gesellschaftlichen Kommunikation

5.1.1 Die traditionelle Kommunikatorforschung

Im Rahmen der traditionellen Kommunikatorforschung wird der Kommunikator i. d. R. psychologisch oder sozialpsychologisch zu erfassen versucht. Ökonomische Bedingungen gehen in die Untersuchungen höchstens als Faktoren unter anderen, nicht aber als zentrale Bestimmungskriterien ein. Die Arbeit **‹Kommunikation der Gesellschaft›** von **H. Prakke, F. W. Dröge, W. B. Lerg** und **M. Schmolke**, Münster 1968, macht im Abschnitt über den Kommunikator S. 105–110 (gekürzt) die Grenzen der traditionellen Kommunikatorforschung deutlich. Insbesondere veranschaulicht sie, wie die unbestreitbare Tatsache, daß unter den Bedingungen kapitalistischer Warenproduktion eine «Kommunikatororganisation ... unter den gleichen Gesichtspunkten wie ein Industrieunternehmen» arbeitet, in Verbindung mit Kriterien wie «Inspiration» und «Zwiegespräch» zum Postulat einer «Gleichgewichtigkeit der Kommunikatorrolle mit der Rezipientenrolle» führt:

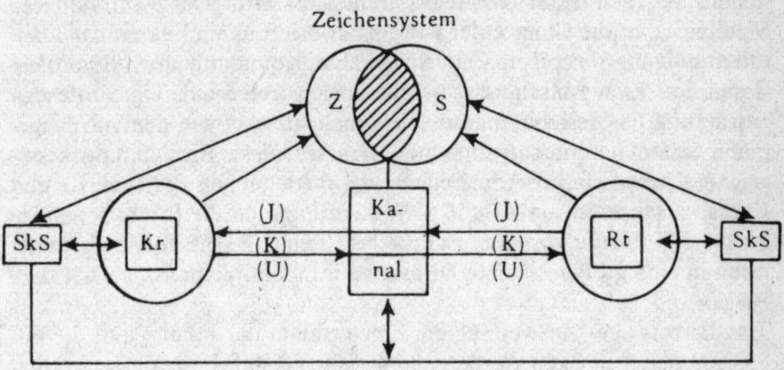

*(Zeichenerklärung: SkS = sozio-kulturelles System; Kr = Kommunikator; Rt = Rezipient; Z/S = Zeichensystem; I = Information; K = Kommentar; U = Unterhaltung)

«Mit *quis* *(lat.: wer) wird nach dem *Kommunikator* gefragt, nach dem Realisator der publizistischen Aussage. Kommunikatoren realisieren, d. h. formulieren Bewußtseinsinhalte der Rezipienten und der Umwelt. Noch die ältere Publizistikwissenschaft nahm einen Aussageträger, der autonom entschied, als Ausgangspunkt eines einsinnig verstandenen Kausalverhältnisses an. Hagemann versuchte beispielsweise, die verschiedenen Erscheinungsformen von Aussageträgern in einer Berufstypologie mit Leistungsbewertungen zu ordnen. Hier zeigt sich besonders deutlich das strukturelle Denken jener Auffassung. Immerhin kannte Hagemann auch schon eine ‹Beauftragung›. Dieses Mandat erhalte der Aussageträger vom Staat, von Parteien oder von anderen öffentlichen

Gruppierungen. Hier wird deutlich, daß die ältere Publizistik wie auch die Zeitungswissenschaft sich als eine Art «Verfassungsgeschichte» der kommunikativen Verhältnisse verstanden hat, in gewissem Sinne als kommunikationspolitische Disziplin...

Eine Beauftragung ist in einem viel umfassenderen Sinne auch das, was wir Inspiration genannt haben. Mit der Inspiration, die als Präsenz der Bedürfnisse beim Kommunikator bezeichnet wurde, verliert dieser seine Führerrolle; er wird Gesprächspartner des Rezipienten. In Fällen, in denen er doch eine solche Führerrolle einnimmt, muß er sie vor seinem Publikum rechtfertigen, und allein dessen Zustimmung und Erwartung trägt ihn. Hier sind die publizistischen Persönlichkeiten mit besonderen charismatischen Qualitäten, die Führerpersönlichkeiten öffentlicher Bewegungen, angesiedelt. Die Frage nach dem Kommunikator ist deshalb gar nicht zu lösen von der Frage nach dem Urheber der Kommunikation. Die Kommunikatorrolle als Komplementärrolle *(Ergänzungsrolle) zum kommunikativen Bedürfnis bedeutet, daß der Kommunikator aus dem Publikum selbst freigesetzt wird. Das Auftreten der Medien bietet die Chance der Institutionalisierung und damit der Dauerbefriedigung rezeptiver Bedürfnisse. Die Kommunikatorrolle professionalisiert zwangsläufig, Berufsjournalisten treten auf. Die Professionalisierung hat deshalb ebenso sehr einen sozialen wie den von Hagemann schon betonten technischen Grund. Diese Erscheinung kennzeichnet bereits in unserem Schema die Beziehungen zwischen Kr und Kanal, sowie zwischen Kr und SkS. Allerdings hat die Professionalisierung die Erwartungserkenntnis problematisch gemacht. Journalisten geraten in eine größere soziale Distanz zu ihrem Publikum. Dies hat zwei Folgen:

1. Es tritt eine Ausweitung der Universalität der Inhalte auf, die publizistischen Aussagen werden mannigfaltiger; auf diese Weise werden sie auch redundanter. Hans Joachim Lange hat dies ‹Inflation der Worte› genannt und damit gemeint, daß durch erhöhte Redundanz eine erhöhte Treffsicherheit der Aussagen gesucht wird. Die Kommunikatoren wenden damit unbewußt einen statistischen Kalkül an.

2. Die Kommunikatoren bemühen sich, die Distanz zu korrigieren, indem sie ihr Publikum auf dem Wege über die empirische Sozialforschung kennenzulernen suchen.

Beides, Redundanzerhöhung und Umfrage, laufen häufig parallel. Die Erwartungen an den Kommunikator sind in den Institutionen hintergrunderfüllt; sie treten nicht mehr aktuell in Erscheinung, weil ihre Befriedigung habitualisiert *(gewohnheitsmäßig) ist. Daß sie freilich nach wie vor vorhanden sind, zeigt sich in Krisensituationen, wo sie reaktualisiert werden. Hierhin gehören also die geschilderten Folgen von Zeitungsstreiks oder anderen Leistungsminderungen von Kommunikationssystemen durch Kräfte, die von außen einwirken....

Der professionalisierte Kommunikator in der modernen Gesellschaft ist meist sehr komplex organisiert. Eine Kommunikatororganisation arbeitet unter den gleichen Gesichtspunkten wie ein Industrieunternehmen. Sie ist horizontal durch die Funktionsteilung und vertikal durch die gestaffelten Anweisungsbefugnisse gegliedert. Ihr Ziel ist höchster und bester Produktionsausstoß. Ihr Produkt ist die publizistische Aussage. Die Produktionsnormen werden von den wirtschaftlichen und publizistischen Zielvorstellungen des Unternehmens geprägt, die sich ihrerseits wiederum nach den Wertvorstellungen der Gesellschaft auf der einen Seite und den publizistischen Ansprüchen der angezielten Empfängerschaft andererseits richten. Über Produktion und Produktionsnormen der publizistischen Aussage kann also nur etwas in Erfahrung gebracht werden mit publizistikwissenschaftlichen Analysen des Kommunikators, die zu einer publizistischen Betriebssoziologie des Kommunikators und seiner Organisationen führen, sowie durch rollentheoretische Deskription des Kommunikatorverhaltens.

Die Großorganisationen produzieren arbeitsteilig. Deshalb kann man, was die Verantwortlichkeit der einzelnen Mitarbeiter – der Redakteure und Journalisten also – angeht, von einer Teilung der Verantwortung für das Endprodukt, die publizistische Aussage, sprechen. Die publizistische Persönlichkeit tritt hinter eine kollektiv-formulierte Aussage zurück. Vielleicht hängt paradoxerweise damit zusammen, was in der Presse heute zu beobachten ist: daß nichtgezeichnete Beiträge abnehmen und die Zahl der Verfassernennungen zunimmt. Hiermit werden teilweise die sozialen und psychischen Konflikte kompensiert, die aus der Anonymität und der dem einzelnen Mitarbeiter nur mehr verbliebenen Erfüllung von bloßen Teilfunktionen entstehen.

Gewöhnlich wird die Aussage als das einzige wirkungsrelevante Stimulans betrachtet. Indes wissen wir heute, daß bestimmte Eigenschaften und Attribute des Kommunikators als intervenierende Variable in den Wirkungsprozeß einfließen. Verschiedene Kommunikatoren nehmen in einer öffentlichen Prestige-Skala ihres Publikums verschiedene Positionen ein. So gibt es beliebte, unbeliebte und wegen ihrer Anonymität affektuell neutrale Kommunikatoren. Wir sprechen von unterschiedlich glaubwürdigen Kommunikatoren, die erheblich voneinander abweichende Wirkungen mit den gleichen Aussagen erzielen können. Besonders eklatant werden die Wirkungsunterschiede, wenn man sie experimentell mit unglaubwürdigen Kommunikatoren vergleicht.

Die zunehmende und abnehmende Leistung eines Kommunikators unterliegt dem Grad der Ausschöpfung seines Zeichensystems. Die Ausschöpfung der sprachlichen und stilistischen Qualitäten eines Journalisten wird angeregt und gesteuert von seiner Vorstellung vom Publikum.

Alle hier geschilderten Faktoren bezeichnen das Kräftefeld des Kommunikators, seine objektive Gestalt sowie seine Beziehungen zu den anderen Elementen des Schemas. Daraus geht hervor, daß eine Fülle von Variablen und Merkmalen des Kommunikationsprozesses den Kommunikator mitbestimmen und dadurch die publizistischen Wirkungen auf den Rezipienten beträchtlich modifizieren können, weil sie dessen Selektionsmechanismen ansprechen. Sogar bevor Rezipienten die Aussage eines Kommunikators überhaupt aufgenommen haben, können Ablehnung oder intrapersonale Veränderungen auftreten. Hier sind Vorurteile und Stereotypen wirksam.

Der Kommunikator kann also offenbar nicht selbstherrlich schalten und walten. Nur sofern seine eigenen Vorstellungen, Ziele und Wünsche nicht mit den entsprechenden Vorstellungen oder Vorurteilen der Rezipienten kollidieren, hat er die Möglichkeit, sie öffentlich zu realisieren. In diesem Abhängigkeits- und Kontrollverhältnis wird die Gleichgewichtigkeit der Kommunikatorrolle mit der Rezipientenrolle deutlich, und das berechtigt zur Formel von der Niveaugleichheit der Partner, metaphorisch genannt: Dialog oder Zwiegespräch.

Kommunikatorforschung hat sich zwei Ziele zu setzen:

1. Die Darstellung von Kommunikatoren und Kommunikatororganisationen in Geschichte und Gegenwart. Diesem Zweck dienen etwa biographische Arbeiten über Journalisten, Redakteure und publizistische Persönlichkeiten. Dazu kann aber auch das Rekonstruieren von Redaktionsstäben und Korrespondentennetzen bestimmter Zeitungen oder Zeitschriften, das Entschlüsseln von Autorenzeichen und Pseudonymen sowie endlich das Erkennen von Gruppen und Kräften hinter bestimmten Organen gehören. Solche Arbeiten bieten dann die Voraussetzungen für empirische Untersuchungen über die Entscheidungspositionen publizistischer Binnenorganisationen, also innerhalb publizistischer Organisationen.

2. Funktional-publizistische Kommunikatorforschung fordert darüber hinaus die Erkenntnis der Funktionsweisen des Kommunikators und seiner Beziehungen zu den anderen im Schema aufgezeigten Elementen. Als Instrumente stehen uns hier zur Verfügung:

a) betriebssoziologische Analysen,
b) Umfragen über das Image des Kommunikators beim Rezipienten oder umgekehrt,
c) Experimente, etwa von der Art der Schleusenwärter-Untersuchungen über Kommunikatoren an bestimmten Entscheidungspositionen der Organisation.»

5.1.2 Probleme der Politischen Ökonomie

Die Politische Ökonomie der gesellschaftlichen Kommunikation faßt den Kommunikator grundsätzlich als Produktionsbetrieb von Nachrichten auf. Die sich hieraus ergebenden Einsichten werden von **H. Holzer** in ‹**Kommunikationssoziologie**›, Reinbek bei Hamburg 1973, S. 131–136 (gekürzt), zusammengefaßt. Besonderen Wert legt Holzer dabei auf die Charakterisierung der verschiedenen Funktionen von Massenkommunikation, wie sie durch die Bedingungen der Kapitalverwertung bestimmt werden:

«Gesellschaftliche Kommunikation, institutionalisiert als Massenkommunikation, macht im staatsmonopolistischen Kapitalismus (a) eine Sphäre direkter, weil privatorganisierter oder indirekter, weil durch öffentlich-rechtliche Einrichtungen vermittelter Verwertung kommunikationsindustriellen Kapitals und dementsprechend eine direkte oder indirekte Mehrwertquelle aus. Massenkommunikation ist (b) eine Institution, die – und zwar unter privatkapitalistischer wie unter staatlicher Regie – in die Prozesse der Warenzirkulation und Mehrwertrealisation unterstützend eingreift. Massenkommunikation bietet schließlich Kapazitäten, die – wiederum privatkapitalistisch wie staatlich eingerichtet – bestimmte allgemeine Bedingungen der Kapitalverwertung schaffen helfen, indem sie (c) zur Sicherung und Legitimation der Kapitalherrschaft und ihrer Konsequenzen für die gesamte Organisation gesellschaftlichen Lebens, (d) zur Herstellung, Erhaltung und Wiederherstellung der in den kapitalistischen Verwertungsprozeß eingehenden individuellen Arbeitsvermögen beitragen.

In seiner Schrift ‹Produktive Arbeit und technische Intelligenz› stellt BEHRENS fest:

‹Der Kapitalismus hat ... in ... Sphären Eingang gefunden in einem Maße, die MARX zu seiner Zeit noch nicht für möglich gehalten hat. Es sei hier auf die Entwicklung der Presse, des Rundfunks, des Films und auf die anderen Erscheinungen des Kulturlebens hochkapitalistischer Völker hingewiesen, die nichts sind als kapitalistisch betriebene Produktion von Dienstleistungen.›

Etwas genauer läßt sich der Bereich der Massenkommunikation einmal als Sphäre direkter Kapitalverwertung, der Verwertung von Verlegerkapital, kennzeichnen; zum anderen gibt dieser Bereich eine Sphäre indirekter Kapitalverwertung ab, und zwar insofern, als hier Einzelkapitale, insbesondere aus der Maschinen-, Elektronik- und Chemieindustrie, ihre Produkte verkaufen und ihre Profite realisieren können. Prinzipiell handelt es sich bei den Arbeitsprozessen in den Institutionen der Massenkommunikation um sogenannte immaterielle Produktion, Produktion von Dienstleistungen. Im ersten Fall geht es um ‹*produktive*› immaterielle Produktion, weil die in den Verlagen manuell und geistig tätige Arbeitskraft sich gegen (variables) Kapital austauscht und damit Mehrwert schaffende Arbeit leistet (das insofern, als – im Kapitalismus notwendigerweise – der für die Ware Arbeitskraft gezahlte Preis sich an den Herstellungskosten respektive Wiederherstellungskosten dieser Arbeitskraft, nicht aber an dem von dieser Arbeitskraft geschaffenen Warenwert orientiert, der – wenn Kapitalverwertung tatsächlich stattfinden soll – stets größer sein muß als der Preis der Ware Arbeitskraft).

Im zweiten Fall geht es um *‹unproduktive›* immaterielle Produktion, weil die in staatlich-rechtlich organisierten Rundfunkanstalten manuell und geistig tätige Arbeitskraft sich nicht gegen Kapital, sondern gegen Revenue (Teile des als Gebühren und Steuern verwendeten Arbeitslohns und Unternehmereinkommens) austauscht. Zwar leistet auch diese Arbeitskraft Mehrarbeit, aber diese Mehrarbeit vergegenständlicht sich nicht in Mehrwert, sondern verringert lediglich die notwendigen Kosten für unproduktive Arbeit (die MARXschen *faux frais* *[Kosten, die notwendig sind, aber nicht unmittelbar Profit bringen]). …

Der Bereich der Massenkommunikation ist jedoch nicht allein als Sphäre direkter oder indirekter Kapitalverwertung in den kapitalistischen Produktions- und Reproduktions-Prozeß integriert. Dieser Bereich macht einen Teil des Produktions- und Reproduktionsprozesses auch deshalb aus, weil – und damit kommt man zu den weiter reichenden Funktionen von Massenkommunikation – die massenkommunikativen Institutionen durch die in ihnen entfaltete Warenwerbung systematisch der Warenzirkulation und Mehrwertrealisation der werbungtreibenden Einzelkapitale eingefügt sind. …

Sollen also für die werbungtreibenden Einzelkapitale (respektive Fraktionen von Einzelkapitalen) die Institutionen der Massenkommunikation rentabel sein, muß der Druck, den die zur Finanzierung dieser Institutionen notwendigerweise aufzuwendenden Zirkulationskosten auf die Profitrate ausüben, nicht nur kompensiert, sondern – zumindest mittelfristig – in einen Auftrieb für die Profitrate umgekehrt werden. Ein wesentlicher Faktor zur Minimierung der Zirkulationskosten ist dabei der Konzentrations- und Zentralisationsgrad in der Kommunikationsindustrie: Je höher die Stufenleiter, auf der die Kommunikationsmedien organisiert sind, desto effektiver, das heißt: kostensparender können sie als Werbemittel genutzt werden.

An dieser Stelle wird die Abhängigkeit der massenkommunikativen Institutionen von den Gesetzmäßigkeiten des kapitalistischen Produktions- und Reproduktionsprozesses noch einmal dadurch gefestigt, daß die Kommunikationsorganisationen, die selber beträchtliche Zirkulations-, sprich: Vertriebskosten haben, an einem hohen Konzentrations- und Zentralisationsgrad ihrer Branche interessiert sein müssen – ein Interesse, dessen Verwirklichung im Bereich der öffentlich-rechtlichen Massenkommunikation sozusagen schon vorab staatlich gesichert ist. In dem zuletzt behandelten Problem deutet sich an, daß die Funktion von Massenkommunikation für Warenzirkulation und Mehrwertrealisation zunächst zwar im Interesse der Einzelkapitale als vereinzelter, jedoch durch die Konkurrenz zusammengehaltener Kapitale liegt, daß aber dieses Interesse auch eine gesamtkapitalistische Dimension hat. …

Wesentlich eindeutiger als die zirkulationsunterstützende, nachdrücklich von der Konkurrenz der Einzelkapitale und deren Interessen gebrochene Funktion von Massenkommunikation ist deren Stellenwert für das Gesamtkapital und das dadurch repräsentierte Kapitalverhältnis als gesellschaftliches Grundverhältnis bestimmbar, wenn die Aufgabe institutionalisierter Massenkommunikation im Rahmen dessen betrachtet wird, was MARX die *Gattungsgeschäfte des Kapitals* genannt hat. Die mit Hilfe der Institutionen der Massenkommunikationen geführten Gattungsgeschäfte des Kapitals lassen sich als allgemeine *Herrschaftssicherung* in Form ideologischer Festigung und Rechtfertigung des Kapitalverhältnisses fassen. So gesehen ist die in der privatkapitalistisch wie staatlich organisierten Massenkommunikation geleistete Arbeit – wie es BEHRENS formuliert hat – ‹‚produktiv‘ im politischen Sinne, insoweit sie Ideen (produziert), die der Aufrechterhaltung der herrschenden Gesellschaftsordnung dienen, der Massenerziehung und Massenbeeinflussung›. Ökonomisch betrachtet ist jene massenkommunikative Arbeit jedoch insofern unproduktiv, als sie einmal durch die Zirkulationsausgaben der an Massenkommunikation als Werbemedium interessierten Einzelkapitale, zum anderen – soweit es die staatlich organisierten Rundfunkanstalten betrifft – durch Steuer- und Gebührenausgaben des Gesamtkapitals (mit)finanziert wird. Dabei ist allerdings zu berücksichtigen, daß beispielsweise das Gebührenaufkommen für die Rundfunkanstalten in der BRD weitgehend von den Lohnabhängigen aufgebracht wird. ...

Während nun die Zirkulationskosten unmittelbar auf die Profitrate der betreffenden Einzelkapitale und auf die Durchschnittsprofitrate des Gesamtkapitals drücken, verringern die Steuer- und Gebührenausgaben, und zwar die der Kapitaleigner wie die der Lohnarbeiter, den Teil des Mehrwerts, der in produktives Kapital transformiert werden kann. ...

Während so die zirkulationsunterstützende wie die herrschaftsstabilisierende Funktion von Massenkommunikation dem kapitalistischen Produktions- und Reproduktionsprozeß über ihre sozusagen konstitutive Bedeutung für Profit- und Akkumulationsrate integriert ist, verweist der Beitrag massenmedialer Institutionen zu Produktion, Reproduktion und ‹*Reparatur*› des individuellen, gesellschaftlich zu kombinierenden Arbeitsvermögens auf eine weitere Verankerung dieser Institutionen im Kapitalverhältnis. Den hiermit angesprochenen Unterschied zwischen der Arbeit in der Zirkulationssphäre und dem Bereich der Gattungsgeschäfte des Kapitals einerseits, den Diensten, die das Arbeitsvermögen entwickeln und erhalten, andererseits hat MARX folgendermaßen umschrieben:

‹Die ganze Welt der ‚Waren‘ kann in zwei große Partien geteilt werden. Erstens das Arbeitsvermögen – zweitens die von dem Arbeitsvermögen selbst unterschiedlichen Waren. Der Ankauf solcher Dienste nun, die das Arbeitsvermögen bilden, erhalten, modifizieren etc. kurz, ihm eine Spezialität oder es auch nur erhalten, also z. B. der Dienst des Schulmeisters, soweit er ‚industriell nötig' oder nützlich, der Dienst des Arztes, soweit er die Gesundheit erhält, also die Quelle aller Werte, das Arbeitsvermögen selbst, konserviert usw., sind also Dienste, die an ihre Stelle setzen ‚*une marchandise qui puisse se vendre* etc.' (eine Ware, die man verkaufen kann etc.), nämlich das Arbeitsvermögen selbst, in dessen Produktions- und Reproduktionskosten diese Dienste eingehen.› *(K. Marx)

Beeinflussen so die Kosten für Zirkulations- und Gattungsgeschäfte als *faux frais* Profit- und Akkumulationsrate, gehen die Kosten für die Produktion, Reproduktion und ‹Reparatur› des Arbeitsvermögens in den Wert der Ware Arbeitskraft ein, selbst wenn sie für unproduktive Dienstleistungen ausgegeben werden. Für die Institutionen der Massenkommunikation bedeutet das, daß Kosten für ihre Produkte unter zwei Bedingungen in einem spezifischen Ausmaß als Aufwendungen zu betrachten sind, die in Form von Ausgaben zur Produktion, Reproduktion und ‹Reparatur› des Arbeitsvermögens den Wert der Ware Arbeitskraft mitbestimmen: *Erstens* muß Massenkommunikation eine Funktion hinsichtlich (a) der Vermittlung allgemeiner, der kapitalistisch genormten ökonomischen und politischen Organisation von Gesellschaft entsprechenden Disposition und Interpretationsschemata, (b) der Bereitstellung von Rekreationsmöglichkeiten *(Erholungsmöglichkeiten) und (c) der therapeutischen ‹Reparatur› psychischer Defizite auf seiten des Publikums, insbesondere der Arbeiterklasse, zugewiesen werden. *Zweitens*: Diese Funktion von Massenkommunikation muß eine notwendige allgemeine Voraussetzung und Ergänzung für Produktion, Reproduktion und ‹Reparatur› des Arbeitsvermögens sein. Daraus ergibt sich: Die für die Teilhabe an Massenkommunikation von der gesamtgesellschaftlich tätigen Arbeitskraft aufgebrachten Mittel sind Teil der Produktions-, Reproduktions- und ‹Reparatur›-Kosten des Arbeitsvermögens, gehen als solche bestimmend in den Wert der Ware Arbeitskraft ein und verringern so die Rate des den Einzelkapitalen zufallenden Mehrwerts.

Die bisher skizzierte Institutionalisierung von Massenkommunikation ist so eine gesellschaftsorganisatorische Antwort auf spezifische Probleme der System- und Sozialintegration, die die kapitalistische Produktionsweise unter staatsmonopolistischen Bedingungen kennzeichnen. Die Funktion von Massenkommunikation in der unmittelbaren Kapitalverwertung steht in Relation zur systemnotwendig expansiven ‹Kapitalisierung› möglichst aller Tätigkeiten und gesellschaftlichen Bereiche; die Funktion von Massenkommunikation in der Warenzirkulation entspricht der Notwendigkeit, ständig die Ware-Geld-Beziehungen zu aktivieren und Stockungen im Umschlag von Waren- in Geldkapital auszuschließen; die Funktion von Massenkommunikation hinsichtlich der Herstellung und Wiederherstellung von Arbeitskraft korrespondiert den Sozialisations- und Qualifikationsanforderungen, die die technisch-organisatorische Qualität der kapitalistischen Ökonomie wie die daraus resultierende psychische und intellektuelle Verfassung jener Arbeitskraft stellen; die Funktion von Massenkommunikation hinsichtlich Herrschaftssicherung und Legitimationsbeschaffung folgt dem Erfordernis, die infolge des Klassenantagonismus prinzipiell labile Sozialintegration zu stützen. Wichtig ist dabei, daß die hier noch einmal zusammengefaßten ‹Problemlösungen› mit Hilfe von Massenkommunikation aufgrund formeller wie reeller Subsumtion massenkommunikativer Prozesse unter das Kapitalinteresse erfolgt.»

5.2 Warenkunde der Nachricht

5.2.1 Die traditionelle Inhaltsforschung

Die Nachricht als Ware ist kein Gegenstand der bürgerlichen Kommunikationsforschung. Sie befaßt sich mit Nachrichten vielmehr schwerpunktmäßig unter aussagen- bzw. inhaltsanalytischen Gesichtspunkten. Einen Überblick über deren Perspektiven gibt **G. Maletzke** in seiner Arbeit **‹Psychologie der Massenkommunikation›**, Hamburg 1963, S. 53–67 (gekürzt):

«Als Aussage bezeichnen wir jene symbolhaften Objektivationen, die ein Mensch (als Kommunikator) aus sich herausgestellt hat, so daß sie bei einem anderen Menschen (als Rezipient) psychische Prozesse verursachen, anregen oder modifizieren können, und zwar Prozesse, die in einem sinnvollen Zusammenhang mit der Bedeutung des Ausgesagten stehen.

1. Aussagen als geistige Gegenstände
Aussagen sind geistige Gegenstände. Das Wesen geistigen Seins, seine eigene, kennzeichnende Kategorie, sein «kategoriales Novum» (*N. Hartmann*) besteht darin, daß es einen *Sinn* hat. Geistige Gegenstände sagen, meinen, bedeuten etwas. Durch die Sinnendimension hebt sich das Geistige von anderen Seinsbereichen ab und manifestiert sich ontologisch als eine eigene und selbständige Seinsschicht. Aussagen haben also ein Sein eigener Art. Sind sie einmal objektiviert, so existieren sie unabhängig vom Aussagenden und unabhängig auch vom Aufnehmenden. Sie haben ein Sein auch dann, wenn sie von niemandem aktuell erlebt werden. ...

Bei dem Versuch, geistige Objektivationen in ihrer komplexen Struktur theoretisch zu bewältigen, erweist sich das Denkmodell der *Schich-*

tung als ein nützlicher Ansatz. Sehen wir von feineren Differenzierungen ab, so lassen sich drei Hauptschichten unterscheiden:

Die erste, vordergründigste und äußerlichste Schicht ist die des *Materialen*. Jede Aussage bedarf zu ihrer Objektivation eines Materials, sie muß zu einem ‹Realgebilde› werden, damit sie tradiert werden kann. Dabei ist mit ‹Material› noch nicht der Inhalt oder Stoff der Aussage gemeint, sondern ihr materialer Träger, also Leinwand und Farbe, Papier und Tinte, Töne und Geräusch usw. Dieses Material ist nicht selbst Aussage, sondern Bedingung, Voraussetzung, Träger der eigentlich ‹aussagenden› Schichten, die ohne dieses Substrat nicht existieren können. Es liegt auf der Hand, daß jedes Material spezifische Gestaltungsmöglichkeiten und -grenzen in sich birgt; davon wird noch bei der Analyse der Medien zu sprechen sein.

Als zweite Schicht lassen sich *Inhalt* (Handlung, Stoff) und *Form* der Aussage betrachten. Zwischen beiden Komponenten bestehen enge funktionale Relationen, deren Erforschung den Geisteswissenschaften zufällt.

Die dritte Schicht schließlich ist die des überzeitlichen, überindividuellen, allgemeingültigen *Sinnes* oder *Gehaltes*. Sie ist die zentralste, wesentlichste und anspruchsvollste Schicht im Aufbau einer Aussage. Durch sie werden über den konkreten Inhalt und über die einmalige Formung des Materials hinaus überzeitliche, vom Augenblick unabhängige Werte oder Ideen transparent. Diese Schicht bewirkt beim Rezipienten psychische Vorgänge ganz eigener Art, die wir als religiöse, moralische und ästhetische Erlebnisse bezeichnen....

2. Aussagenanalyse

a) Aufgaben

Seit jeher haben sich Menschen mit der Deutung, Auslegung, Interpretation von Aussagen beschäftigt. Von zwei Seiten her empfing nun in den vergangenen Jahrzehnten die Hermeneutik *(Verfahren der Auslegung und Erklärung) wesentliche neue Impulse, die zu einer in den Sozialwissenschaften viel beachteten und in zahlreichen Studien verwendeten Methode führten. Einer dieser Impulse entspringt der allgemeinen Tendenz zu steigenden Ansprüchen an die nachweisbare Objektivität wissenschaftlicher Resultate, einer Tendenz, die sich insbesondere im Eindringen des quantifizierenden Denkens in die Psychologie, Soziologie, die politischen Wissenschaften und verwandte Disziplinen manifestierte und gleichzeitig zu einem wachsenden Mißtrauen gegenüber dem rein verstehenden und deutenden Interpretieren, gegenüber Subjektivität und Intuition führte. Der zweite Impuls resultierte aus den Forderungen der Zeitereignisse: Bereits im Ersten, dann aber weitaus umfangreicher im Zweiten Weltkrieg suchte man die Auswertung feindlichen Propagandamaterials in den Dienst der psychologischen Kriegführung zu stellen. So wurde im Zweiten Weltkrieg an der amerikanischen Kongreßbibliothek die Experimental Division for the Study of Wartime Communications gegründet, die sich vor allem dem Studium der gegnerischen Presse widmete. Die dabei gesammelten Erfahrungen führten zu einer Methode, die im angloamerikanischen Sprachbereich als ‹*Content analysis*› bezeichnet wird. ... Da sich die Methode der ‹Content analysis› auf alle Aspekte der Aussage richten kann, erscheint es am zweckmäßigsten und treffendsten, im Deutschen von ‹*Aussagenanalyse*› zu sprechen ...

Aufgabe der Aussagenanalyse ist es, Aussagen so systematisch und objektiv wie möglich beschreibend zu erfassen, indem bestimmte Aussagenmerkmale analytisch behandelt und ihre Bedeutung und ihr Gewicht im Rahmen des Ganzen bestimmt werden. Dem Ideal der Objektivität sucht man dadurch nahezukommen, daß man – im Unterschied zu der älteren, subjektiv-impressionistisch vorgehenden Hermeneutik – die Merkmale der Aussage quantitativ verarbeitet und auswertet.

Dieser ‹reinen› Analyse, die lediglich systematisch beschreiben will, was in den Aussagen vorliegt, wird weiter unten die ‹erweiterte› Analyse gegenüberzustellen sein, die durch das Studium der Aussagen Aufschlüsse über die anderen Faktoren des Feldes der Massenkommunikation gewinnen soll.

b) Anwendungsgebiete der ‹reinen› Analyse

Was vermag die ‹reine› Aussagenanalyse zu leisten und welche Anwendungsgebiete stehen ihr offen?

a) Mit der Aussagenanalyse kann ein *Werk in sich* untersucht werden. Dabei geht man von der Annahme aus, daß durch das Quantifizieren Aspekte aufgedeckt werden, die einem nur qualitativ interpretierenden Verfahren verborgen bleiben würden. ...

b) Analysiert man Zeitungen, Zeitschriften, Bücher, Filme, Rundfunksendungen usw. über bestimmte Zeitspannen hin, so ergeben sich aus den Daten *zeitliche Veränderungen, Entwicklungen, Trends*, die sich dann oft als eng verflochten erweisen mit dem politischen, sozialen oder kulturellen Zeitgeschehen. ...

c) Durch Gegenüberstellung und Vergleich von Daten der Aussagenanalyse lassen sich Merkmale und Tendenzen verschiedener *publizistischer Institutionen des gleichen Mediums* herausarbeiten, also etwa verschiedener Zeitungen oder mehrerer Rundfunkanstalten. ...

d) Entsprechend läßt sich untersuchen, wieweit und in welcher Richtung ein bestimmter Stoff variiert wird, wenn er *durch verschiedene Medien* verbreitet wird, wenn also zum Beispiel eine Nachricht oder ein Bericht durch Zeitung, Rundfunk, Fernsehen und Wochenschau vermittelt oder ein dramatischer Stoff für die Bühne, den Film, den Rundfunk oder das Fernsehen ‹bearbeitet› wird.

e) Auch publizistische *Aussagen verschiedener Länder* können mit Hilfe der Aussagenanalyse systematisch auf Übereinstimmungen oder Differenzen in Form und Inhalt geprüft werden. ...

f) Wichtige Einblicke in Wesen und Funktionen der Massenkommunikation können sich erschließen, wenn es gelingt zu untersuchen, ob die in den Aussagen enthaltenen Darstellungen von Ereignissen oder Sachverhalten – seien sie realer oder fiktiver Natur – *mit der Wirklichkeit übereinstimmen* oder ob und in welcher Richtung die Aussagen von der Realität abweichen. ...

g) Ein Problem von weitreichender praktischer Bedeutung erhebt sich mit der Frage, *ob die Aussagen der Massenkommunikation mit den geltenden Normen, Standards, Sitten und Anschauungen übereinstimmen* oder von ihnen abweichen. ...

c) Problematik und Anwendungsgebiete einer ‹erweiterten› Analyse

Die ‹reine› Aussagenanalyse, von der bisher die Rede war, begnügt sich mit der Beschreibung und Interpretation der Aussage ‹für sich› und fragt nicht nach ihrer Herkunft, ihrem Zweck und ihren Wirkungen. Während einige Forscher den Standpunkt vertreten, mit dieser Bestandsaufnahme und Deutung der Aussage selbst sei die Aufgabe der Aussagenanalyse erschöpft, betrachten andere Wissenschaftler diese Arbeit lediglich als Vorstufe für eine ‹erweiterte Aussagenanalyse›, deren Aufgabe darin besteht, aus der Aussage heraus möglichst viele und zuverlässige Aufschlüsse über den Kommunikator und den Rezipienten (bzw. das Publikum) zu gewinnen. Der Sozialforscher geht hier also von der Voraussetzung aus, daß die Aussage, primär und zentral ein geistiger Gegenstand, über sich hinausweist und damit – ohne ‹kategoriale Grenzüberschreitung›, ohne ‹Psychologismus› und ‹Soziologismus› – auch psychologisch und soziologisch relevant wird, sofern man sie einerseits als ‹Produkt› oder ‹Werk› eines Urhebers, andererseits als ‹Grund› oder ‹Veranlassung› für bestimmte Verhaltens- und Erlebensweisen des Rezipienten betrachtet.

Aufschlüsse über den Kommunikator. ... Die Analyse kann dazu dienen, den Kommunikator zu identifizieren, ihn als Persönlichkeit zu diagnostizieren, seine Intentionen festzustellen. ...

Aufschlüsse über den Rezipienten. ... Wenn in der Massenkommunikation die Aussagen *für ein Publikum* produziert werden und das Publikum diese Aussagen beachtet, aufgreift und erlebt, sagt dann das Aussagenmaterial etwas über die Seite der Rezipienten aus? Läßt sich den Aussagen etwas über die Rezipienten, einzeln oder als Publikum, entnehmen? ...

Die zu diesem Fragenkreis vorliegenden, nicht allzu zahlreichen Arbeiten konzentrieren sich fast ausschließlich auf die sogenannte ‹*Reflexions-Hypothese*›, die besagt: Da sich auf dem öffentlichen Forum nur solche Aussagen behaupten, die vom Publikum akzeptiert werden, da also die Aussagen der Massenkommunikation stark auf das breite Publikum zugeschnitten werden, lassen sich die Aussagen der Massenkommunikation als Spiegel, als Reflexion der Wünsche, Erwartungen und Attitüden oder auch – wie es öfter im Schrifttum heißt – der ‹Tagträume› des Publikums auffassen.»

5.2.2 Probleme der Warenkunde

Die Warenkunde der Nachricht ist ein bislang nur in Ansätzen aufgearbeiteter Bereich materialistischer Kommunikationswissenschaft. Ihre Probleme bestehen vor allem darin, eine Vermittlung zu schaffen zwischen den Produktionsbedingungen und Konsumtionsbedingungen sowie beider Auswirkungen auf die Nachrichtenware einerseits und der Analyse der Gebrauchswertigkeit der Nachrichtenware andererseits. Einen systematischen Versuch zur Warenkunde der Nachricht, der von den sich aus den sozialökonomischen Verhältnissen der kapitalistischen Gesellschaftsformation ergebenden Gebrauchswertansprüchen der Rezipienten von Massenkommunikation ausgeht, liefert **H. Holzer** in **‹Kommunikationssoziologie›**, Reinbek bei Hamburg 1973, S. 148–156 (gekürzt):

«Vom Standpunkt der Kapitalverwertung und der Zirkulationsproblematik aus betrachtet, ist es im Prinzip gleichgültig, welche kommunikative Gebrauchswertigkeit die Medien für das Publikum haben. Wichtig ist für diesen Standpunkt nur, daß die Medien überhaupt eine Gebrauchswertigkeit für das Publikum aufweisen und daß sie eine solche Gebrauchswertigkeit aufweisen, die eine optimale Verwertung kommunikationsindustriellen Kapitals und eine optimale Zirkulationsunterstützung garantiert. Das impliziert notwendigerweise, daß – abgesichert vor allem durch die technisch-ökonomische Basis und die organisatorische Qualität der Medien – die sozial- und systemintegrativen Medienfunktionen auf die *Befestigung der kapitalistischen Produktions- und Machtverhältnisse* unter staatsmonopolistischen Bedingungen gerichtet sind. Aus diesen Argumenten folgt dreierlei: (a) Die Medien müssen sich auf die Gebrauchswertansprüche, die das Publikum an sie richtet, einlassen; nur auf solcher Basis können die Medien ihre ökonomische und ideologische Funktion erfüllen. (b) Da unterstellt werden kann, daß die Gebrauchswertansprüche des Publikums aus dessen wie auch immer präzisem Verlangen nach ‹subjektiv wirklichen Lösungen wirklicher Lebensprobleme› *(F. Dröge) resultieren, müssen die Medien wirkliche Instrumente für solche Lösungen sein, wenn diese Lösungen auch objektiv Scheinlösungen sind. (c) Da weiter unterstellt werden kann, daß die Gebrauchswertansprüche des Publikums, vermittelt über das Verlangen nach spezifischen Problemlösungen, von dessen Klassen- und Schichtsituation abhängen, müssen die Institutionen der Massenkommunikationen eine klassen- und schichtspezifische Differenzierung ‹in der Oberflächenstruktur des publizistischen Produkts› praktizieren. Dabei ist die für die Verallgemeinerung der herrschenden Ideologie notwendige Differenzierung der Produkte von dem Zwang begrenzt, ein ökonomisch profitables Massenpublikum haben zu müssen.

Bezogen auf die eben referierten Punkte muß also die Analyse der kommunikativen Gebrauchswertigkeit der Medien für ihr (aktuelles wie potentielles) Publikum bei dessen Klassen- (und darin wieder Schicht-)bestimmtheit ansetzen. Nur so kann die *Dialektik des Zusammenhangs* herausgeholt werden, in dem die aus der Logik des Kapitalverhältnisses ableitbaren materiellen und ideologischen Medienfunktionen mit jenen objektiven und subjektiven Bedingungen stehen, über die sich das Wirklichkeitsbewußtsein des Publikums konstituiert. Nur so kann fundiert und präzisiert werden, was HAUG als zentrale Aussage über Massenkommunikation formulierte:

‹Weil es innerkapitalistisch für die Massen kein Ziel gibt, für das es sich lohnt, lohnt sich für's System als Ganzes wie für's einschlägig tätige Einzelkapital die Zerstreuungsindustrie. Dem Bedürfnis von unten, von der Ziellosigkeit abgelenkt zu werden, kommt der Bedarf von oben entgegen, von der Herrschaft des kapitalistischen Klassenziels abzulenken. Daraus resultiert ein eigentümlicher Sektor mit gleitendem Übergang vom privatkapitalistischen Betrieb zur staatlichen Veranstaltung.›

Da zur Untersuchung dieses dialektischen Zusammenhangs allerdings weder adäquate klassen- noch entsprechende medienanalytische Studien vorliegen, können die folgenden Überlegungen nur vorläufige sein. Um zumindest einige präzisere Anhaltspunkte für den postulierten Zusammenhang geben zu können, beschränken sich die kommenden Abschnitte im wesentlichen auf den Bereich ‹Massenpresse› und ‹Fernsehen› und dessen (aktuelles wie potentielles) Publikum. Für diesen Bereich liegen einige bruchstückhafte analytische Ansätze und empirische Belege vor, an denen die zuvor gebrachte allgemeine Argumentation exemplarisch verdeutlicht werden kann. ...

Geht man von diesen wenigen Daten aus, so sind die vor allem für Massenpresse und Fernsehen relevanten Publikumsgruppen die unteren und mittleren Schichten der Klasse der Lohn- und Gehaltsabhängigen. Deren objektive und subjektive Lebensbedingungen müssen nun etwas genauer betrachtet werden, um die kommunikativen Bedürfnisse dieser Publikumsgruppen umreißen und auf die zuvor entwickelten Medienfunktionen beziehen zu können. Die Beschreibung jener Lebensbedingungen setzt bei drei für den vorliegenden Zusammenhang zentralen Bereichen an: *bei der Arbeits-, der Reproduktions- und der Entscheidungssituation.* Unter kapitalistischen Produktionsverhältnissen, die dem Lohn- und Gehaltsabhängigen den Verkauf seiner Arbeitskraft zur Sicherung seiner und der Existenz seiner Familie aufnötigen, werden die Arbeitssituation eines Arbeiters, eines nichtleitenden Angestellten und damit deren gesamte Lebensmöglichkeiten, die ihrer Familien eingeschlossen, durch die permanente Abhängigkeit vom jeweiligen Einzelkapital bestimmt. ...

Diese Lohnabhängigkeit drückt sich dann vor allem aus (a) in der Subordination unter Arbeits- und Tätigkeitsanforderungen, die als Qualifikations-, Dequalifikations- und Requalifikationsprobleme auf den Arbeiter, den Angestellten zukommen und ihm jenseits der Beeinflussung einzelner Tätigkeitsmomente eine erhebliche Anpassungs- und Mobilitätsbereitschaft abverlangen; (b) in der bei Arbeitern eindeutigen, bei Angestellten oft nicht so engen Begrenztheit der Dispositionsspielräume und Kooperationschancen; (c) in der Rigidität der Arbeitszeitnormen, den psychischen und, vor allem immer noch bei Arbeitern, physischen Belastungen und der Bedrohung durch arbeitsbedingte Unfälle und Krankheiten. Doch die Lohnabhängigkeit weist notwendigerweise über die Arbeitssituation hinaus; denn der Lohn leistet ‹die Vermittlung zwischen Arbeitsverhältnissen und außerbetrieblichen Lebensbedingungen. Seine Stabilität und Höhe bilden die ausschließliche soziale und ökonomische Grundlage der Lebensführung des Lohnarbeiters.› *(K. H. Hörnig).

Welche Quantität und Qualität diese Lebensführung aufgrund des zur Zeit gegebenen Lohn- und Gehaltsniveaus annehmen kann, zeigt das Folgende: 1970 stand einem Arbeiterhaushalt von durchschnittlich vier bis fünf Personen ein reales Nettoeinkommen von 968 DM, einem Angestellten- (und Beamten-)Haushalt von durchschnittlich drei bis vier Personen ein reales Nettoeinkommen von 1173 DM zur Verfügung. Der außerbetriebliche Lebensbereich, die Reproduktionssituation der Arbeiter- und Angestelltenfamilien, hat also eine sehr schmale finanzielle Basis, aus der eine chronische Unterfinanzierung resultiert. Das hat zur Folge, daß die Arbeiter- und Angestelltenhaushalte das verfügbare Einkommen fast ausschließlich für die lebensnotwendigen Konsumtions- und sonstigen Reproduktionsmittel (Wohnungs-, Verkehrsmöglichkeiten etc.) ausgeben müssen und lediglich drei Prozent der monatlichen Mittel für das abfallen, was in der Statistik unter ‹persönlicher Ausstattung› auftaucht. Von einer Teilhabe an der die Oberfläche des Kapitalismus kennzeichnenden illustren Warenwelt kann keine Rede sein. Daran ändert auch die wachsende Ausstattung der Arbeiter- und Angestelltenhaushalte mit sogenannten langlebigen Konsumgütern nicht viel: denn Fernsehgeräte, Kühlschränke, Waschmaschinen und Autos sind existenznotwendige Mittel, wobei beispielsweise nur knapp 50 Prozent der Arbeiterfamilien ein Auto, gut 40 Prozent eine Waschmaschine besitzen. Ein weiteres, über die prekäre Konsumtionssituation hinausgehendes Problem der Arbeiter- und Angestelltenhaushalte, zu denen zumeist die Eltern und zwei Kinder gehören, sind die Versorgungs- und Ausbildungsmöglichkeiten für die Kinder. Diese Möglichkeiten, auf deren ganztägige Verfügbarkeit viele Arbeiter- und Angestelltenfamilien wegen der (notwendigen) Berufstätigkeit beider Elternteile angewiesen wären, reichen weder quantitativ noch qualitativ aus, um gerade Kindern aus diesen Familien die Bildungs- und Ausbildungschancen bieten zu können, die ihrer späteren, von Wissenschaft und Technik geprägten, schwerwiegende politische Entscheidungen fordernden Arbeitswelt entsprechen. Doch nicht nur die Versorgungs- und Bildungsmöglichkeiten für ihre Kinder, sondern auch die mittlerweile ausreichend bekannten Defizite ihrer eigenen Ausbildungs- und Weiterbildungssituation stellen entscheidende Faktoren für die Konstitution des Wirklichkeitsbewußtseins von Arbeitern und Angestellten, vor allem von deren Frauen, dar. Welche Konsequenzen die permanente Unterrepräsentanz insbesondere von Arbeiterkindern in weiterführenden Schulen und in Hochschulen, aber auch von Kindern nichtleitender Angestellten in Gymnasien und Universitäten hatte und hat, wie sehr die Ausbildung der Lehrlinge durch die (extreme Finanznot leidenden) berufsbildenden Schulen vernachlässigt wurde und wird, ist in zahlreichen Untersuchungen offengelegt worden.

Ein weiterer Tatbestand, der die außerbetrieblichen Lebensbedingungen bestimmt, aber noch nicht so eingehend analysiert wurde, ist die Wohnsituation der Arbeiter- und Angestelltenfamilien. Diese Situation ist zunächst dadurch geprägt, daß die überwiegende Mehrheit der Arbeiter und Angestellten in Mietwohnungen lebt, die räumlich begrenzt, der intra- wie interfamilialen Kommunikation wenig förderlich und für kinderreiche Familien extrem untauglich sind. Dazu kommt, daß lediglich 11 Prozent der Arbeiter und 36 Prozent der Angestellten Wohnungen haben, zu denen WC, Bad und Sammelheizung gehören, und daß für die meisten Arbeiter- und Angestelltenfamilien eine Verbesserung ihrer Wohnsituation angesichts der Mietpreisentwicklung kaum möglich ist. Das ist um so gravierender, als beispielsweise in den Sanierungsgebieten der Großstädte über 80 Prozent der Anwohner aus Arbeiter- und Angestelltenhaushalten kommen. Um die bisher gegebene Skizze der (objektiven) Arbeits- und Lebensbedingungen der Arbeiter und nichtleitenden Angestellten in der BRD abzurunden und einen unmittelbaren, wenn auch etwas vordergründigen Anschluß an das Problem ‹Massenkommunikation› herzustellen, soll noch ein Punkt erwähnt werden: das quantitative *Verhältnis von Arbeits- zu ‹Frei›-Zeit.* Nach einer neueren Berechnung sieht dieses Verhältnis pro Werktag durchschnittlich folgendermaßen aus: 10 Stunden ‹arbeitsbezogene Tätigkeiten›, 10½ Stunden ‹physiologische Notwendigkeiten› (Schlaf, Essen, persönliche Hygiene) und 3 bis 4 Stunden ‹Freizeit›. – ‹Damit entfallen durchschnittlich bei abhängig Erwerbstätigen an einem Werktag 42% der insgesamt zur Verfügung stehenden Zeit auf ‚Arbeit und arbeitbezogene Tätigkeiten', 44% auf ‚physiologische Notwendigkeiten' und 14% auf die sog.

‚Freizeit'.› *(M. Osterland u. a.). Und der weitaus größte Teil dieser 14 Prozent geht in die Beschäftigung mit den Massenmedien und vor allem mit dem Fernsehen ein, wobei die Beschäftigung mit den Medien auch den Schwerpunkt der Wochenendaktivitäten ausmacht.

Bevor auf das Problem ‹Massenkommunikation› wieder en détail zurückzukommen ist, stellt sich die Frage, welche Bedürfnisdispositionen und Situationsdeutungen die geschilderte Konstellation der Arbeits- und Lebensbedingungen auf seiten der betroffenen Sozialgruppen provoziert. Diese Frage wird allerdings im vorliegenden Zusammenhang auf den Punkt zugespitzt, ob und wie in das Wirklichkeitsbewußtsein der unteren und mittleren Schichten der lohnabhängigen Klasse eingeht, daß die Wirklichkeit erkennbar und veränderbar ist – daß Entwicklung und Qualität der Wirklichkeit durch individuelle und kollektive Entscheidungen, eben auch durch die eigenen, beeinflußt werden können. Dazu lassen sich vier Vermutungen formulieren.

Erstens: Im Betrieb, im Büro ist man einer unter vielen, über die autoritativ verfügt wird und die eine Beurteilung lediglich nach ihrer Verwertbarkeit und Verwendbarkeit in Produktions- und Verwaltungsabläufen erfahren, deren Art und Ziel faktisch vorgegeben und kaum beeinflußbar sind. Das ‹Einverständnis› mit dieser Abhängigkeit wird in dem Maße brüchig, in dem die Möglichkeit wächst, den Anspruch der abhängig Gehaltenen auf eine wenn auch noch so vage vorgestellte Selbstbestimmung des eigenen Tuns permanent mit der ständig merkbaren Fremdbestimmung durch in ihrer Gesamtheit als unantastbar erscheinende betriebliche und verwaltungstechnische Strukturen und Prozesse zu konfrontieren und in Solidaritätsaktionen durchzusetzen.

Zweitens: Die etablierten Parteien, die man laut Grundgesetz durch Wahl als Vertreterinnen seiner Interessen benutzen soll, bleiben weithin unkontrollierbar und vom einzelnen Wähler unbeeinflußbar, da die wichtigen Entscheidungen in nichtöffentlichen Gremien und Ausschüssen fallen; das gilt auch für die parlamentarischen Institutionen der Länder und des Bundes. Diese Situation wird in dem Maße brüchig, in dem die so von Politik Ausgeschlossenen aus dem fortwährend erlebten Zwiespalt die Konsequenzen ziehen, einerseits von Politikern, Parteien, Massenmedien und sonstigen Sozialisationsagenturen zu angeblich sie alle betreffenden Entscheidungen aufgerufen zu werden, andererseits in ihrem eigenen Engagement sich immer wieder von den verfestigten Machtzentren und ideologisierten Sachzwängen in Ökonomie und Politik abgeblockt zu sehen.

Drittens: Die Bildungsinstitutionen und kulturellen Einrichtungen, die einen eventuell instandsetzen könnten, die Gründe für das Fehlen von Selbstbestimmung auf seiten der Mehrheit der Bevölkerung zu erkennen und Möglichkeiten zur Lösung dieses Problems zu erlernen, sind entweder nicht vorhanden oder unzureichend ausgestattet und teilweise von finanziellen und ideologischen Barrieren umgeben, die der Masse der lohn- und gehaltsabhängig Arbeitenden den Zugang versperren. Dieser Tatbestand wird in dem Maße brüchig, in dem den solchermaßen zur ‹Bildungsabstinenz› Gezwungenen die Möglichkeiten, die sie aufgrund ihrer kaum fortführ- oder korrigierbaren Ausbildung haben, mit einem täglich zu hörenden bildungspolitischen Argument (und einer am Arbeitsplatz erfahrbaren Tatsache) vergleichen: mit dem Argument nämlich, nur eine qualifizierte, ständig ergänzte Aus- und Weiterbildung garantiere in der wissenschaftlich-technischen Welt von heute eine hohe berufliche Leistung und entsprechende Lebenschancen.

Viertens: Überlagert werden all diese Probleme schließlich von der ständig wachsenden Diskrepanz zwischen dem Potential an materiellen und immateriellen Lebenschancen, die eine entsprechend organisierte, Wissenschaft und Technik nutzende Industriegesellschaft für die arbeitende Bevölkerung zur Verfügung stellen könnte, und dem Anteil, den die Bevölkerung in den kapitalistischen Staaten am – von ihr geschaffenen – gesellschaftlichen Reichtum tatsächlich hat. Die ‹Resignation› vor dieser Diskrepanz wird in dem Maße brüchig, in dem sich der Widerspruch zwischen der (beispielsweise durch Werbung) penetrant offerierten Warenwelt und dem Alltag eines durchschnittlichen Arbeiter- und Angestelltenhaushalts im Bewußtsein festsetzt.

Nimmt man jetzt wieder auf, daß sich Arbeiter- und Angestelltenfamilien in der effektiv vorhandenen ‹Freizeit› vorwiegend mit den Massenmedien, insbesondere mit dem Fernsehen, beschäftigen, ist die Frage nach den Ursachen dieses Tatbestands aufgrund der referierten objektiven und subjektiven Existenzbedingungen dieser Familien plausibel zu beantworten. Denn jene Existenzbedingungen, genauer: Ausmaß und Intensität, mit denen sie bewußt werden oder als ins Unbewußte Abgedrängtes Kompensation verlangen, sind es, die spezifische Gebrauchswertansprüche des (aktuellen wie potentiellen) Publikums gegenüber den Medien und bestimmte Bindungen an diese entstehen lassen. Diese Gebrauchswertansprüche die aus den skizzierten Existenzbedingungen des (aktuellen wie potentiellen) Publikums abgeleitet werden können, sind zu benennen als Verlangen nach Wissensvermittlung, Sozialtherapie und Legitimationshilfe.

Das Verlangen nach *Wissensvermittlung* resultiert aus der Notwendigkeit, über die Weiterentwicklung der Produktivkräfte, die fortschreitende arbeitsteilige Differenzierung der Gesellschaftsprozesse und die entstehenden Möglichkeiten der Gestaltung des gesellschaftlichen Lebens entsprechend orientiert, das heißt: entscheidungskompetent und handlungsrelevant informiert zu sein. Das Verlangen nach *Sozialtherapie* resultiert aus der Notwendigkeit, für die Defizite, Zwänge und Anforderungen, die die eigene soziale Lage kennzeichnen, Entlastungs- und Kompensationsmöglichkeiten zu haben. Das Verlangen nach *Legitima-*

tionshilfe resultiert aus der Notwendigkeit, die eigene Situation deuten und bewerten sowie die einem begegnenden Zustände, Ereignisse und Verhaltensweisen rechtfertigen oder gerechtfertigt kritisieren zu können.»

5.3 Produktivkrafttheorie der Kommunikationsmittel

5.3.1 Die traditionelle Medienforschung

Die medialen Produktivkräfte werden von der traditionellen Kommunikationsforschung entweder lediglich als neutrale Zusatzbestimmungen des Kommunikationsprozesses erfaßt. Dies gipfelt dann in der Einsicht, daß z. B. Fernsehkommunikation durch Ton und bewegte Bilder von der Zeitungskommunikation zu unterscheiden sei. Oder aber die Massenkommunikationsmittel werden im Rahmen technikgeschichtlicher Überlegungen behandelt. Dabei wird gerade nicht der Zusammenhang je spezifischer gesellschaftlicher Verhältnisse mit besonderer Medientechnologie deutlich. Vielmehr wird, wie etwa von **K. Steinbuch** in **‹Falsch programmiert›**, München 1969, S. 100–117 (gekürzt), der Technik eine Eigengesetzlichkeit unterstellt, nach der letztlich auch die gesellschaftlichen Verhältnisse sich zu richten hätten:

«Verglichen mit den Urzeiten haben sich die menschlichen Lebensformen sehr stark verändert. Das Menschsein begann mit der Benutzung einfacher Werkzeuge, des Feuers und einer differenzierten Sprache. Mit der Technik des Ackerbaus entstanden seßhafte Kulturen, und der häusliche Herd, also ein technisches Gebilde, wurde der Inbegriff persönlichen Glücks.

Wenn wir uns von Kriegsereignissen nicht allzusehr beeindrucken lassen, dann war die Entwicklung der menschlichen Gesellschaft vorwiegend eine Geschichte ihrer Technik, mit der Umwelt fertig zu werden, also Nahrung, Wohnung, Kleidung und Energie zu schaffen, Kranke zu heilen, die Erde zu bereisen und Nachrichten auszutauschen. Erinnern wir uns beispielsweise an die tiefgreifenden Veränderungen, welche die Erfindung des Rades und des Wagens bewirkten, an den Pflug, den Webstuhl, die Uhr, den Buchdruck, die Dampfmaschine, den Elektromotor, das Flugzeug. Die gegenwärtige Entwicklung der menschlichen Umwelt steht vor allem unter der Wirkung der Atomtechnik, der Raumfahrt und der Informationstechnik. Es ist zu vermuten, daß die Informationstechnik, welche uns als Fernsehen, Rundfunk, Presse und Computer begegnet, die Ursache stärkster Veränderungen in unserer Zeit ist. Sie könnte vor allem dazu verhelfen, die Irrationalität politischer Entscheidungen zu verringern.

Einst war Information Mangelware: Ein Brief, eine Zeitung, ein gelegentliches Telegramm, ein Konzert der Straßenmusikanten, eine Völkerschau im Zirkus, das waren die dürftigen Informationen, welche die meisten Menschen noch vor wenigen Generationen erreichten. Vor hundert Jahren war mein Urgroßvater in seinem Dorfe der einzige, der sich eine Zeitung hielt. Zu ihm kamen am Abend interessierte Freunde und diskutierten über die ‹neuesten Nachrichten›, die einige Wochen alt gewesen sein mögen.

Heute dagegen leben wir in einem Überfluß an Informationen: Bücher, Tageszeitungen, Rundfunk und Fernsehen unterrichten uns momentan und ausgiebig über jedes Detail des Weltgeschehens, ja selbst Vorgänge im Weltraum können wir zu Hause beobachten. War früher Information Mangelware, so ist sie heute im Überfluß vorhanden, hungerte einst die Gesellschaft nach Informationen, so leidet sie heute an Informationsüberflutung, und zu den Stoffwechselkrankheiten gesellen sich die Informationswechselkrankheiten.

Auf eine kurze Formel gebracht: Die moderne Industriegesellschaft ist eine ‹informierte Gesellschaft›. Ihre Geschichte, Gegenwart und zukünftige Entwicklung sei etwas genauer betrachtet:

Wo immer Individuen gesellschaftlich zusammenleben, benutzen sie irgendwelche Techniken des Informationsaustausches. Erinnert sei an den Schwänzeltanz der Bienen (womit sie Artgenossen die Lage von Futterplätzen mitteilen), die Sprache der Delphine (die wir noch nicht verstehen) und die vielen tierischen Informationstechniken, welche Konrad Lorenz in seinem Büchlein ‹Er redete mit dem Vieh, den Vögeln und den Fischen› so anschaulich beschrieb.

Die Ausbildung einer differenzierten Sprache ist ein wesentliches Kennzeichen des biologischen Übergangs vom Tier zum Menschen, sie ist die diffizilste und wirkungsvollste Technik menschlichen Informationsaustausches, sei es nun in Form gesprochener Sprache, sei es in Form geschriebener Sprache, also Schrift. Der Geschichte vom Turmbau zu Babel liegt die Einsicht zugrunde, daß eine funktionierende Informationstechnik Voraussetzung einer funktionierenden Gesellschaft ist. Information ist Anfang und Grundlage der Gesellschaft. Ohne Information gibt es keine Gesellschaft und ohne Gesellschaft keine Information....

In unserer Gesellschaft ist die Verfügung über Information ein wesentlicher Machtfaktor geworden. Es hat seinen Grund, wenn häufig von ‹gut informierten Kreisen› gesprochen wird. War es in der traditionellen Gesellschaft vorwiegend der Besitz materieller Güter oder die Verfügung über Energiequellen, so ist es heute auch der Besitz von Information, der den gesellschaftlichen Rang wesentlich bestimmt. Die Konzentration der Informationsmittel ist ein Tatbestand, der politische Maßnahmen zur Folge hat....

Die Möglichkeiten der Informationstechnik sind in unserer Zeit nicht erschöpft, und wir müssen deshalb durch sie weitere gesellschaftliche

Veränderungen erwarten. Die theoretischen Grundlagen und die Realisierung der Informationstechnik sind gegenwärtig in einer geradezu revolutionären Phase, und es ist wahrscheinlich, daß in Zukunft gesellschaftsverändernde Wirkungen zu erwarten sind, gegen welche sogar die Erfindung des Buchdruckes oder des Fernsehens vergleichsweise nebensächlich sein werden....

Die zukünftige Entwicklung der Informationstechnik hat sicher viele soziale Konsequenzen. Diese vorauszusehen, ist nicht einfach, deshalb seien die folgenden Gedanken mehr im Sinne einer offenen Frage verstanden und keinesfalls im Sinne einer apodiktischen Behauptung.

Die Massenkommunikationsmittel, besonders das Fernsehen, bewirken, daß an die Stelle unmittelbarer sozialer Kontakte andere, technisch bewirkte soziale Kontakte treten, an die Stelle der direkten Information tritt die Information aus zweiter Hand mit den bedenklichen Folgen der geheimen Verführung....

Das Überangebot an Information erfordert eine kritische, selektive Einstellung. Wer alles ‹schlucken› will, wird kaum den schädlichen Folgen der Reizüberflutung entgehen. Der Mensch braucht die Muße, Informationen zu verarbeiten, er muß Ordnung herstellen und dem Ganzen einen Sinn geben.

Der gegenwärtige Fortschritt in der Automatisierung ist überwiegend *begrenzt* durch Qualität und Quantität der Wissenschaftler und Ingenieure, welche an der Automatisierung mitarbeiten. In der ersten Phase der Automatisierung ergibt sich ein Mangel an hochqualifizierten Fachleuten. In diesem Zusammenhang entsteht das Problem, unsere Schulen und Hochschulen so zu gestalten, daß sie der zukünftigen Entwicklung angemessen sind. Dasjenige Land, das die besten Naturwissenschaftler, Mathematiker, Soziologen und Ingenieure heranbildet, wird die internationale Konkurrenz erfolgreich bestehen.

Die Entwicklung der Informationstechnik ist ein Bestandteil der allgemeinen Automatisierung und bewirkt als solcher den Ersatz menschlicher Arbeitskraft durch technische Hilfsmittel. Ein Beispiel hierfür ist die Automatisierung der Fernsprechvermittlungstechnik, bei welcher das ‹Fräulein vom Amt› durch Automaten ersetzt wurde. Zukünftige Informationstechniken werden noch viele andere Freisetzungseffekte bewirken. In Zukunft werden Computer noch komplexere Funktionen übernehmen als in der Vergangenheit. Auch die Arbeit der Wissenschaftler und Ingenieure wird von der Freisetzung nicht verschont bleiben: Viele Probleme, die früher durch zeitraubende Experimente untersucht wurden, werden in Zukunft durch Simulation mit dem Computer geklärt.

Computer werden in Zukunft immer mehr dazu benutzt, Entscheidungen im gesellschaftlichen Bereich optimal zu gestalten. Schon seit Jahren wurden die Methoden der ‹Operations Research› *(Forschungen zur Optimierung – insb. wirtschaftlicher – Entscheidungen) dazu benutzt, Organisationsphänomene wissenschaftlich zu analysieren. Deren Komplexität verhinderte bisher oft die rationale Analyse. Die zunehmende Leistungsfähigkeit der Computer im Verein mit neuen mathematischen Methoden wird dazu führen, daß immer komplexere organisatorische Vorgänge einer exaktwissenschaftlichen Analyse unterworfen werden können. Wenn die Erfahrungen der Experimentalpsychologie in dieses Vorgehen einbezogen werden, dann können neue Bereiche gesellschaftlichen Verhaltens der Analyse durch Computer unterworfen werden.»

5.3.2 Probleme der Produktivkrafttheorie

Die materialistische Kommunikationswissenschaft untersucht die Massenkommunikationsmittel im Spannungsfeld der Dialektik von Produktivkräften und Produktionsverhältnissen. Ein Beispiel hierfür ist eine Skizze der Entwicklung des Pressewesens in **R. Sülzers** Aufsatz **‹Sozialgeschichte als Aspekt der Medientheorie›** (In: Aufermann, J., Bohrmann, H., Sülzer, R. [Hg.]: Gesellschaftliche Kommunikation und Information, Band 1, Frankfurt 1973, S. 219–225 [gekürzt]):

«Die Vorgeschichte des Kapitalismus zeichnet sich nicht durch bürgerliche Tugenden wie Sparsamkeit etc. aus, sondern im Gegenteil durch Wucher, Kaufmanns- und Handelskapitale und Profitraten von 250%. Diesem Handel dienen auch die Inhalte der ersten entwickelten Kommunikationssysteme, der Brief-Korrespondenzen und sog. Fugger-‹Zeitungen›. Fälschlicherweise werden diese Handelsnachrichten oft als Vorläufer der Zeitungen bezeichnet; jedoch hatten sie ganz im Gegenteil nicht die Aufgabe, selbst Ware zu sein, sondern dienten *unmittelbar* der Vermittlung des Warenumschlags und der Steigerung der Handelsbilanz auf einem ganz anderen Markt, zum Beispiel dem der Seidenstoffe. Die zu dieser Zeit beginnende Entwicklung der Drucktechnik hatte zunächst mit dieser Form der Nachrichtenblätter für bestimmte, definierte Auftraggeber nichts zu tun. Ihnen fehlte die entscheidende Voraussetzung: Sie wurden zum eigenen Bedarf erzeugt, hatten somit zwar Gebrauchswert, aber keinen Tauschwert, waren nicht zum Absatz auf dem Markt geeignet, denn die venezianischen Börsenkurse hatten für andere Konsumenten als die Wirtschaftshäuser eben keinen Gebrauchswert. In einer Untersuchung über die wirtschaftlichen Grundlagen des Zeitungswesens hebt Max Garr jedoch mit materialreichen Belegen hervor, daß der Buchdruck und die erweiterten, verfeinerten Formen der Drucktechnik nahezu von Beginn an mit der aufkommenden kapitalistischen Wirtschaftsform verbunden waren. ...

Dieser dialektische Prozeß brauchte fast zwei Jahrhunderte, bis er zur vollen Wirksamkeit entfaltet war. Bis ins 19. Jahrhundert bleibt die Beschränkung auf mehr oder weniger zufällig zusammengestellte Nachrichten aus verschiedenen Orten für die Zeitungen kennzeichnend. Eine redaktionelle Bearbeitung des anfallenden Nachrichtenmaterials findet im Grunde nicht statt. ...

Von Anfang an hatte die Presse die eigentümliche Aufgabe, einen doppelten Gebrauchswert zu besitzen, sich zweimal auf dem Markt zu verkaufen. Auf der einen Seite entsprach sie mit ihren Nachrichten und Berichten, später auch ihren Anzeigen und Meldungen z. B. über ankommende und abgehende Schiffe, dem erzeugten und daraus gewachsenen Bedürfnis der Menschen, sich zu informieren und zu unterhalten. Durch den Verkauf der Nachrichten auf dem Warenmarkt realisierte sie somit für den Zeitungsbetrieb als kapitalistischem Produktionsbetrieb und Einzelkapital Mehrwert, zugleich aber auch indirekt gesamtgesellschaftlichen Mehrwert in der Form der Steigerung des gesellschaftlichen Mehrprodukts, indem die Gesamtproduktionsmechanismen des gesellschaftlichen Systems stabil bleiben, die Warenverhältnisse des kapitalistischen Marktes im Verkauf der Ware ‹Arbeitskraft› etc. überdeckt werden. Zum anderen realisiert sich in der Gestalt der Anzeigen und Wirtschaftsnachrichten bereits sehr früh die Ware ‹Zeitung› als ein Faktor zur Stimulierung des Konsums. Der sogenannte Anpassungsjournalismus von heute ist dafür ein besonders gutes Beispiel: Er ist direkte Folge dieser allgemeinen kapitalistischen Verwertungsbedingungen, die sich das Verlagskapital für die Zirkulation seines Produktes schafft. So ist die Doppelung im Warencharakter der Presse in Anzeigenteil und in den redaktionellen Teil im eigentlichen Sinne keine zufällige oder erzwungene Beigabe, sondern zwangsläufig entwickelte Verkehrsform, die dem Bedürfnis eben zweier Tauschpartner entsprang. Die kapitalistische Wirtschaft benötigte von Anfang an den Kommunikationsmarkt zur Bekanntmachung ihrer Produkte, zur Absatzsteigerung und zur Stabilisierung des Marktes; und die Individuen verlangten bei fortschreitender Arbeitsteilung und Zwanghaftigkeit der Arbeit nach Unterhaltung, Ablenkung usf., der in mehr als individuellem Ausmaß entsprochen wurde, so daß sich beide Gebrauchswertstandpunkte in der Entwicklung der Presse wie selbstverständlich vereinigten. ...

Die wahrscheinlich höchste Auflage unter den Zeitungen Europas zur Wende des 19. Jahrhunderts besaß die ‹Staats- und Gelehrte Zeitung des Hamburgischen unpartheyischen Correspondenten›, die als gutes Beispiel für die zweckmäßige Mischung der beiden Nachrichtenformen, Anzeigen und redaktioneller Bericht, dienen kann. Die Ausgabe vom 1. Januar 1803 hatte zum Beispiel einen Umfang von acht Seiten mit einer vierseitigen Beilage. Der Satzspiegel dieser Zeitung betrug 14,2 × 18,9 cm ...

Die Zeitung beginnt mit einem Schreiben aus Gothenburg, in dem von einer Feuersbrunst berichtet wird, die am 22. 12. 1802 dort 168 Häuser vernichtete. In einem nachfolgenden Schreiben wird aus Livorno berichtet, daß dort die Batavische Flotte angekommen sei; darauf folgt ein Schreiben aus Wien und mehrere kleine Correspondenzen. Auf der vierten Seite ist vermerkt: ‹Beym Schlusse dieses fehlten zwey Englische, die Französische, Batavische und die neueste schwedische Post.› Die nachfolgenden Seiten, die ‹Gelehrten Sachen› und Anzeigen, enthalten eine ‹Concert-Anzeige›, neun Todesanzeigen, Berichte, über ‹Sachen, so gestohlen worden›, die Liquidation zweier Geschäfte, eine Anzeige, in der der Vater nicht mehr für die Schulden seines Sohnes aufkommt, Anzeigen für Gartenblumen, Verpachtungen, Hotel, Schule, Gedächtnismünze, musikalische Neuerscheinungen bei Breitkopf & Härtel usf.; es folgen Stellenanzeigen.

Die Auflagenhöhe dieses Correspondenzblattes aus Hamburg wird bei Baasch für 1798 aus Briefen an Cotta u. a. mit etwa 25000 Exemplaren angegeben ...

Diese Hamburger Zeitung hatte zu Beginn des 19. Jahrhunderts eine Produktionsgröße erreicht, die vor allem aus ihrem besonderen Erscheinungsort erklärt werden muß. Die allgemeinen Bedingungen für einen massenhaften Zeitungsabsatz waren zu diesem Zeitpunkt jedoch noch nicht vorhanden, so daß diese Auflagengrenze erst nach 1850 wieder von anderen Zeitungen erreicht werden sollte. ... Die Tatsache, daß von einer technisierten und industrialisierten Form des Wirtschaftens auf dem Zeitungssektor noch nicht gesprochen werden konnte, wird auch hier deutlich. Die Voraussetzungen für einen Massenabsatz von Zeitungen waren aus einer Reihe von Gründen zu Beginn des 19. Jahrhunderts nicht gegeben. Die drucktechnische Entwicklung war weit hinter der Entwicklung in anderen Industriezweigen zurückgeblieben. Selbst um 1850 war ihr Ansteigen an Produktion und Beschäftigten stark unterdurchschnittlich im Vergleich mit anderen Gewerbezweigen. Der Text des Hamburgischen Korrespondenten mußte um 1800 sechs- bis zehnmal gesetzt und auf 12 Pressen gedruckt werden. Erst die Entwicklung von Schnellpressen und schließlich 1876 der Koenig-Bauerschen Rotationsmaschine (Druck von 10000 bis 12000 Exemplaren mit acht Seiten Umfang pro Stunde) ermöglichten eine industrielle Fertigung der Ware Zeitung, da auch der Übergang vom teuren Papier aus Lumpen zu Papier aus Holz um 1840 nennenswerte Produktionsschranken abgebaut hatte.

Die technischen Bedingungen können keineswegs allein als bestimmend für die Entwicklung des Zeitungswesens angesehen werden. Sie sind in den dialektischen Prozeß der Geschichte mit einzubeziehen, in Bezug zu setzen zu Arbeitsteilung und zur Verdinglichung der Sozialbeziehungen (Entfremdung).»

5.4 Gesellschaftliche Psychologie der Rezipienten

5.4.1 Die traditionelle Rezipientenforschung

Im Abschnitt Rezipientenforschung ihrer Arbeit ‹**Soziologie der Massenkommunikation**›, Stuttgart 1973, S. 59–81 (gekürzt) geben **A. Silbermann** und **U. M. Krüger** einen Überblick über das Problembewußtsein und die Reichweite bürgerlicher Massenkommunikationsforschung hinsichtlich deren Beschäftigung mit den Empfängern massenhaft kommunizierter Nachrichten. Dabei wird deutlich, daß sich deren Bemühungen nicht auf die soziologische Untersuchung sozialstruktureller Faktoren bei der Bestimmung des gesellschaftlichen Bewußtseins der Rezipienten richten, sondern in weitgehend psychologisierender Weise darauf abzielen, die Rezipienten und ihr Verhalten in und nach kommunikativen Prozessen unter dem Aspekt der Wirkung zu untersuchen und dabei gesellschaftliche Determinanten bestenfalls als «Soziales Milieu» einbeziehen:

«Wenn von Anbeginn der Massenkommunikationsforschung der Rezipient im Mittelpunkt des Interesses stand, dann hatte dies seinen Grund einerseits in der Tatsache, daß die amerikanische Massenkommunikationsforschung infolge ihrer hauptsächlich privatwirtschaftlich organisierten Medienstruktur kommerziellen und politischen Zwecken diente, indem sie ökonomisch verwertbare Daten für eine effiziente Absatzstrategie der Konsumindustrie beschaffte sowie den Einfluß der Massenmedien auf die öffentliche Meinung und das Wahlverhalten untersuchte. Ein weiterer Grund, der den Blick fast ausschließlich auf den Rezipienten rechtfertigte, lag darin, daß – ungeachtet der komplizierten Verknüpfungen, die den Prozeß der Massenkommunikation ausmachen – anfangs von einer monokausalen Wirkungsweise der Massenmedien im Sinne eines direkten Stimulus- und Reaktions-Modells ausgegangen wurde. Erst vor dem Hintergrund empirischer Erkenntnisse erwiesen sich die vereinfachten Modellvorstellungen von der direkten Wirkung der Massenmedien als falsch und mußten revidiert werden: Eine zunehmende Differenzierung der Forschung war die Folge. Schließlich verlangte die Anonymität des Massenkommunikationsprozesses im Hinblick auf den Rezipienten nach einer ganzen Reihe von Antworten auf Fragen in alle Richtungen: Welche Vorstellungen hat der Rezipient vom Kommunikator? Wie gestaltet sich der Umgang des Rezipienten mit dem Medium? Mit welchen Erwartungen begegnet der Rezipient den Kommunikationsinhalten? Welchen Weg legt ein Kommunikationsinhalt zurück, bevor er vom Rezipienten wahrgenommen wird? Welche Kommunikationsinhalte wählt der Rezipient für sich aus? Und nicht zuletzt galt es die Frage zu beantworten, welche Wirkungen Massenkommunikationen im einzelnen auf den Rezipienten und die Gesellschaft haben.

Inzwischen sind zu allen diesen Fragen sehr viele empirische Studien vorgelegt worden. Aus Gründen der Übersichtlichkeit systematisiert, lassen sich im wesentlichen drei Forschungsbereiche voneinander abgrenzen:

1. Die Erforschung der sozio-demographischen *(Sozio-Demographie bezeichnet die Verbindung von soziologischer und demographischer, d. h. die Bevölkerung beschreibender Untersuchung) Struktur des Publikums sowie der Attitüden und Verhaltensweisen des Rezipienten im Zusammenhang mit der Nutzung von Massenmedien und der Selektion von Kommunikationsinhalten.

2. Die Erforschung des Diffusionsprozesses *(Mit Diffusion [Verschmelzung] bezeichnet die Kommunikationsforschung die Ausbreitung von Informationen, und zwar nicht nur durch die Massenmedien, sondern vor allem durch persönliche Gespräche etc.) von Kommunikationsinhalten.

3. Die Erforschung der Wirkungen von Massenkommunikationen. ...

Fragt man sich nun nach der soziologischen Bedeutung derjenigen Studien, die vorwiegend deskriptiv Struktur, Selektionsverhalten und Attitüden der Rezipienten analysiert haben und analysieren, so kann ihr Wert für die Entwicklung einer Theorie der Massenkommunikation nur begrenzt eingeschätzt werden. Zwar sind die empirischen Einzelergebnisse beachtenswert, jedoch behalten sie meist nur statistische Bedeutung angesichts ihrer Beziehung zur historischen Dimension des sozialen Wandels. In methodischer Hinsicht allerdings lassen sie sich zweifellos als einen Fortschritt im Rahmen der empirischen Sozialwissenschaft ansehen.

Wenden wir uns nunmehr der Diffusionsforschung von Kommunikationsinhalten zu. Sie erlangte im Rahmen der Rezipientenforschung ihre Berechtigung aus der Fragestellung, welchen Weg ein Kommunikationsinhalt zurücklegt, bzw. durch welchen Kanal eine Nachricht fließt, bevor sie den Empfänger erreicht. ...

Den entscheidenden Anstoß zu einer systematischen Diffusionsforschung erhielt die Kommunikationswissenschaft durch die Studie von Lazarsfeld, Berelson und Gaudet über den Einfluß der Massenmedien auf das Wählerverhalten während des amerikanischen Wahlkampfes im Jahre 1940. Die Autoren konnten nachweisen, daß entgegen ursprünglich gehegter Annahme die Massenmedien mit ihrer Wahlpropaganda keineswegs den erwarteten Beeinflussungseffekt hatten. Im Gegenteil: der Widerstand der Rezipienten erwies sich als unerwartet hoch. Eine Erklärung dieses Phänomens gründete auf der Annahme, daß der Kommunikationsfluß wohl nicht in direkter Weise von den Massenmedien zu den Rezipienten verlaufe, sondern daß zwischen Massenmedien und Empfängern zwischenmenschliche Kommunikationsnetze liegen, die sowohl eine übermittelnde als auch vermittelnde Funktion ausüben. Damit war die in der modernen Massenkommunikationsforschung so viel diskutierte Hypothese vom ‹two-step flow› (Zwei-Stufen-Fluß) der Kommunikation geboren, die dem sogenannten ‹opinion leader› (Meinungsführer), der zentralen Figur im interpersonalen Kommunikationsnetz, die Rolle des Vermittlers zwischen Massenmedien und Rezipienten zuwies. ...

Eine Reihe kritischer Analysen und neuerer empirischer Untersuchungen zum Fluß von Kommunikationsinhalten haben nun inzwischen die ‹two-step flow›-Hypothese und das Meinungsführerkonzept, die für eine Weile bereits als das Kernstück einer Theorie der Massenkommunikation angesehen wurden, in vielerlei Hinsichten in Frage gestellt. Nicht zuletzt darf dies als eine Folge des inzwischen eingetretenen sozio-kulturellen Wandels sowie des Hinzutretens neuer Medien, insbesondere des Fernsehens, gesehen werden. So wurde z. B. darauf hingewiesen, daß ein ‹two-step flow› der Massenkommunikation in der klassischen ‹People's Choice-Studie› nie exakt gemessen worden ist, sondern lediglich die Abwesenheit eines ‹one-step flow›. Erhebliche Mißverständnisse ergaben sich vor allem aus einer mangelnden Unterscheidung zweier wichtiger Funktionen des Meinungsführers: der ‹relay-function› (Übertragungsfunktion) und der ‹reinforcement-function› (Verstärkerfunktion). Während mit ‹relay-function› nur die Übermittlung von Informationen über den Meinungsführer als dazwischentretendes Glied im Kommunikationsfluß zwischen Massenmedien und Rezipienten gemeint ist, bezeichnet die ‹reinforcement-function› den Aspekt der Überzeugung. Jedoch, daß Übermittlung nicht mit Überzeugung einfach gleichzusetzen ist, wurde wohl von den Autoren der ‹two-step flow›-Hypothese nicht hinreichend berücksichtigt: Sie gingen von der Annahme aus, die Meinungsführer würden bereits durch die bloße Übermittlung von Information Einfluß ausüben.

Angesichts dieses grundlegenden Unterschieds zwischen Übermittlung und Überzeugung ist also die Idee der zweistufigen Transmission und damit die ‹two-step flow›-Hypothese zur Erklärung des Diffusionsprozesses wohl kaum haltbar. ...

Die Wirkungsforschung sieht sich nämlich im wesentlichen vor zwei grundlegende Probleme gestellt. Einmal mangelt es an geeigneten Techniken, die Dauer einer Wirkung zu bestimmen; zum anderen erscheint es angesichts der Vielzahl von gleichzeitigen Einflußfaktoren, denen der Rezipient in der sozialen Wirklichkeit ausgesetzt ist, fast unmöglich, eine bestimmte Wirkung auf bestimmte, genau meßbare Kausalfaktoren zurückzuführen. So hat denn auch die Multikausalität im Wirkungsprozeß dazu geführt, neben größeren Feldstudien potentielle Wirkungsdeterminanten mit Hilfe des Experiments unter Laboratoriumsbedingungen herauszuarbeiten und zu untersuchen. Dies erscheint um so notwendiger, je mehr solche Auffassungen in der Öffentlichkeit Verbreitung finden, die die Massenmedien apodiktisch für alle gesellschaftlichen

Übel verantwortlich machen, zumal Vorwürfe dieser Art oft nur von völlig anderen Ursachen bzw. Ursachenkomplexen ablenken. ...

Angesichts der ... Vielzahl empirischer Untersuchungen zur Wirkungsproblematik erscheint es uns sinnvoll, einzelne Wirkungsaspekte voneinander zu trennen, obwohl sie in der Wirklichkeit natürlich vielfach zusammenfallen. Mehr oder weniger systematisiert lassen sich dann Wirkungsaspekte des Mediums, des Kommunikators, des Inhalts sowie des Rezipienten und des sozialen Kontextes, in dem der Rezipient steht, unterscheiden ...

Einen entscheidenden Anteil an der empirischen Erforschung des Wirkungsprozesses hatte ohne Zweifel die von C. I. Hovland initiierte Serie sozialpsychologischer Experimente, die ihren Anstoß nicht werbewirtschaftlichen Interessen verdankte, sondern vor allem denjenigen Fragen, die sich zuerst während des Zweiten Weltkrieges und auch später im Rahmen der Propagandaforschung stellten.

Mit Bezug auf den Kommunikator zeigte sich in dieser Untersuchungsreihe, daß die Glaubwürdigkeit eines Kommunikators bzw. eines Mediums erheblichen Einfluß auf den Erfolg eines Überredungsprozesses hatte: besaß der Kommunikator einen hohen Grad an Glaubwürdigkeit, so war der nach Perzeption der Kommunikationsstimuli bei den Versuchspersonen eingetretene Attitüdenwandel stärker als bei geringer Glaubwürdigkeit. Dieses Ergebnis erwies sich jedoch als unhaltbar, wenn die Messung der Attitüden nicht nur unmittelbar vor und nach Aufnahme der Kommunikationsstimuli vorgenommen wurde (sogenannter ‹before-after test›), sondern nach einem längeren Zwischenzeitraum von 3 bis 4 Wochen noch einmal wiederholt wurde (sogenannter ‹after-after test›). Dann nämlich zeigte sich, daß der Grad des Attitüdenwandels bei denjenigen Versuchspersonen, die dem Kommunikator eine hohe Glaubwürdigkeit entgegengebracht hatten, abnahm, während er bei Versuchspersonen mit geringer Kommunikatorglaubwürdigkeit zunahm. Bereits bei Filmexperimenten mit amerikanischen Soldaten kurz nach dem Zweiten Weltkrieg wurde dieses Phänomen befristeten Attitüdenwandels und seines zeitlichen Verlaufs beobachtet. Es fand in der Literatur Eingang unter der populären Bezeichnung ‹sleeper effect›. Für sein Zustandekommen wurde die folgende Erklärung vorgetragen: Information und Kommunikatorglaubwürdigkeit wirken auf den Empfänger getrennt voneinander ein. Kurz nach Aufnahme der Information wird in dem einen Fall die infolge der Information bewirkte Bereitschaft zum Attitüdenwandel durch die hohe Kommunikatorglaubwürdigkeit verstärkt, während sie in dem anderen Fall durch intrapsychische Abwehrreaktionen des Empfängers infolge niedriger Kommunikatorglaubwürdigkeit verringert wird. Mit zunehmender Zeit in der postkommunikativen Phase vergißt nun der Rezipient die Quelle der Information schneller als die Information selbst, so daß die verzerrende Wirkung der

Kommunikatorglaubwürdigkeit dazu neigt, zurückzugehen und die Wirkung der Information voll zur Geltung kommen kann. ...

Auf einen umfangreichen Aspekt der Wirkungsproblematik, nämlich die psychologischen und sozialpsychologischen Bestimmungsfaktoren der Wahrnehmung, können wir im vorliegenden Rahmen nur hinweisen. Hier sind von der Gestalttheorie *(Richtung der Psychologie, die vom ganzheitlichen Charakter des Psychischen ausgeht) entscheidende Impulse ausgegangen. Und zwar steht bisher soviel fest, daß dem Individuum eine vollständige und ‹objektive› Perzeption alles potentiell Wahrnehmbaren nicht möglich ist. Vielmehr handelt es sich bei der Wahrnehmung um einen dynamischen Prozeß, der durch strukturelle Faktoren (physikalisch und biologisch bedingt) und funktionale Faktoren (Bedürfnisse, Wertvorstellungen, Einstellungen, Wünsche usw.) bestimmt wird. Von zentraler Bedeutung im Hinblick auf die Perzeption von Kommunikationsinhalten ist vor allem die Tatsache, daß Wahrnehmung immer funktional *selektiv* geschieht. Einen großen Anteil am Verständnis und an der Erklärung dieser selektiven Prozesse im Kommunikationsverhalten haben auf ihre Weise die sogenannten Konsistenztheorien. Insbesondere ist hier auf die von Leon Festinger entwickelte Theorie der kognitiven Dissonanz hinzuweisen, derzufolge in der Regel nur solche Kommunikationsinhalte selektioniert und perzipiert werden, die im präkommunikativen Wahrnehmungsfeld des Rezipienten keine Widersprüche (Dissonanzen) auslösen oder geeignet sind, bestehende Widersprüche zu reduzieren.

Diese Theorie ist von vielen Seiten geradezu wie ein unumstrittenes Gesetz aufgenommen worden und wird nun – wohl ob ihrer so einleuchtenden Simplizität – ohne viel Überlegung immer wieder dort zitiert, wo man versucht, die komplizierten Vorgänge, von denen hier die Rede ist, auf ein individuelles Minimum zu reduzieren. Aber solche von uns soeben erwähnte funktionale Faktoren wie Bedürfnisse, Wertvorstellungen, Einstellungen oder Wünsche sind für den Soziologen nun mal nicht rein individuelle Faktoren: zu unterscheiden gilt es zwischen kollektiven und individuellen Bedürfnissen, Wünschen usw. Denn soziologisch gesehen drücken die Bedürfnisse, Wertvorstellungen, Wünsche usw. zwar die Gesamtpersönlichkeit des einzelnen aus, aber, wohlgemerkt, insoweit diese durch die Gesellschaft gestaltet worden ist. Bei rein einseitigem Blick – wie beispielsweise dem in der Festingerschen Theorie zum Ausdruck kommenden – werden individuelle Bedürfnisse, Wünsche usw. nur als eine an die Persönlichkeitsstruktur gebundene physische Notwendigkeit gesehen und wird außer acht gelassen, daß besagte Bedürfnisse, Wünsche usw. überdies auch einer sozialen Verpflichtung entsprechen. Denn Wünsche und Bedürfnisse, Wertvorstellungen und Einstellungen, wenn sie auch intime Teile der Persönlichkeit sind, haben ihren Ursprung in den persönlichen Lebenserfahrungen des einzelnen, und diese Erfahrungen – wer möchte es bestreiten – werden durch das soziale Milieu gekennzeichnet, in dem der einzelne lebt. In ihrer Einseitigkeit übersehen daher jene Konsistenztheorien, insoweit sie einfach grosso modo *(in grober Weise) bei massenkommunikativen Phänomenen herangezogen werden, daß durch verbale oder visuelle Kommunikationen hervorgerufene Bedürfnisse, Wünsche, Einstellungen usw. nicht nur in einem sozialen Milieu, besser und soziologisch gesprochen in einer Kultur eingebettet sind, sondern ihrerseits auch wieder zu einem sozialen Handeln in engster Beziehung stehen und es befruchten. Mit aller Deutlichkeit muß unterstrichen werden, daß es nicht möglich ist (so wie es primitive Geister in ihrer abergläubigen Anhänglichkeit an die Festingerschen Ideen tun), die persönliche Geschichte des Individuums in seinem kommunikativen Verhalten zu verstehen, ohne dieses in engste Beziehung zur Struktur und Geschichte derjenigen Gesellschaft zu setzen, deren Teil es ist. ...

Für die Zukunft der Wirkungsforschung wäre es sicherlich wünschenswert, wenn es gelänge, aus den Bedingtheiten der Laboratoriumsexperimente herauszukommen, um den komplexen Wirkungsdeterminanten sowie Kumulativeffekten und vor allem der Fristigkeit von Wirkungen der Massenmedien innerhalb des sozialen Kontextes mit adäquaten Forschungstechniken begegnen zu können. Hierzu gehört angesichts der weiterhin zunehmenden Bedeutung audio-visueller Kommunikation und ihrer Wirkungen auch die Forderung nach spzeiellen Analysen der verschiedenen Möglichkeiten zur Manipulation audio-visuellen Informationsmaterials durch die Techniken des Schnitts, der Montage oder der Synchronisation. Gerade das überwiegende Kennenlernen der Welt mit Hilfe von Massenmedien, also gleichsam als Sekundärerfahrung, macht die Kenntnis über deren Wirkungsaspekte immer erforderlicher. Insgesamt gesehen würde nicht nur die praktische Sozialforschung hinsichtlich ihrer Fragen zum allgemeinen Attitüdenwandel oder zu spezifischen Aspekten wic z. B. Geschmacksbildung, Sozialisierung durch Massenmedien oder Auswirkungen von Gewalt in den Darstellungen der Massenmedien Nutzen daraus ziehen, sondern ebenfalls die bisher stark vernachlässigte Theoriebildung in der Massenkommunikation. Dazu wird es allerdings erst kommen, wenn die Notwendigkeit erkannt wird, die Phänomene der Massenkommunikation und ihre Wirkungen zu verbinden mit dem Studium der ökonomischen, sozialen, politischen und kulturellen Bedingungen der historischen Periode, in der sie beobachtet werden. Denn die Wirkungen von Kommunikationen sind stets engstens verbunden mit den Wertvorstellungen der Gesellschaft, in der sich die Kommunikationen abspielen: Wirkungen können nur im Rahmen des komplexen, aus Ideen und Erfahrungen bestehenden Gesamtsystems verstanden und erklärt werden.»

5.4.2 Probleme der gesellschaftlichen Psychologie

Daß «Wirkung» von Massenkommmunikation tatsächlich mehr ist, als die bloße Betrachtung individueller bzw. milieubedingter psychischer Dispositionen und Reaktionen bei den Empfängern im Prozeß massenhaft kommunizierter Nachrichten zutage fördert, verdeutlicht **L. Bisky** in **‹Zur Kritik der bürgerlichen Massenkommunikationsforschung›**, Berlin 1976, S. 62–69 (gekürzt). Er weist v. a. auf den Zusammenhang von Ökonomie, Sozialstruktur und gesellschaftlichem Bewußtsein hin; wobei damit kein lockeres Beziehungsgefüge, in dem sich die einzelnen Rezipienten befänden, gemeint ist, sondern vielmehr ein gesetzmäßiger Zusammenhang, der sich den gesellschaftlichen Individuen über ihre Klassenlage vermittelt:

«Ein grundsätzliches Problem jeder theoretischen Konzeption der Massenkommunikation ist die reale, objektive Stellung der Massen und Klassen im Prozeß der Massenkommunikation.

Damit kommen wir zum schwierigsten Punkt der Massenkommunikationsforschung; denn es läßt sich nicht widerlegen, daß die Masse der Rezipienten tatsächlich jener Nachrichtenproduktion folgt und ihr noch ‹applaudiert›: Tatsächlich werden einem der ‹schlimmsten› bundesdeutschen Presseorgane, der «Bild»-Zeitung, von seinem weiteren Leserkreis sehr positive Eigenschaften zuerkannt: 89% meinen, die ‹Bild›-Zeitung scheue sich nicht, auch heiße Eisen anzupacken, sie informiere den Leser kurz und bündig über alles, was passiert; 66% meinen, die ‹Bild›-Zeitung setze sich vor allem für die Belange der kleinen Leute ein, und 61% meinen, sie berichte sehr objektiv über das allgemeine Geschehen ... Was diese Prozentzahlen ausdrücken, wird erst bewußt, wenn man die Absolutzahlen für die täglichen Leser der ‹Bild›-Zeitung hinzuzieht: 1967/68 erreichte die ‹Bild›-Zeitung eine tägliche Leserzahl (nicht unbedingt Käufer der Zeitung) von 11720000 ... Man kann sich leicht errechnen, wieviel Millionen glauben, daß die ‹Bild›-Zeitung sie objektiv informiert und sich für ihre Belange einsetzt. ...

Wie ist es zu erklären, daß das Publikum seiner eignen Manipulation zu applaudieren scheint?

Diese Erscheinungen lassen sich nur erklären, wenn wir auf die ... Zusammenhänge von gesellschaftlicher Produktion und Kommunikation zurückgehen. ...

Die ‹mentale Verelendung› der Massen ... kann nur begriffen werden – darin stimmen wir *Dahlmüller, Hund* und *Kommer* ... zu – aus ‹dem Zusammenhang der Prozesse gesellschaftlicher Produktion, Sozialisation und Kommunikation›.

Um diese ‹mentale Verelendung› zu begreifen, muß man vor allem die sozial-ökonomische Lage der Arbeiterklasse, ihre Stellung im Prozeß gesellschaftlicher Produktion und Reproduktion, die spezifischen Bedingungen des Klassenkampfes, das bürgerliche Schulwesen wie die

Wirksamkeit der Massenmedien in ihren Zusammenhängen analysieren; denn ‹gesellschaftliche Organisation der Massenmedien, die formale kontextuale Vermittlung der kommunizierten Inhalte und die auf kommunikatives Verhalten wenig vorbereitende Sozialisation bilden in ihrem Zusammenspiel nachgerade ein Unterdrückungskartell› (*Hund* ...). Diese Zusammenhänge sollen im folgenden skizziert werden. Das reicht jedoch für die Analyse nicht aus; denn einerseits verschärfen sich Widersprüche in den Medien selbst, andererseits kann man die Masse nicht nur als durch die Medien beeinflußt, nur reagierend analysieren, sondern muß auch deren Aktion sowie Möglichkeiten der Aktion gegen das bezeichnete Unterdrückungskartell aufzeigen. ...

Dem ‹Manipulationsfatalismus› sollten wir nicht durch eine Form der Analyse Nahrung geben, die eben nur den Tatbestand der *Reaktion* der Massen, nicht aber deren Aktion sowohl als Produzenten des gesellschaftlichen Reichtums als auch in sozialen und politischen Aktionen berücksichtigt. Schließlich darf man nicht verkennen:

Die Massen sammeln Erfahrungen,
a) im praktischen Lebensprozeß,
b) was das Versprechen der Politiker und dessen Einlösung angeht,
c) schließlich was den Wert von Werbung anbelangt.

Trotz wachsender ‹relativer Perfektionierung› der Manipulation entwickelt sich der Klassenkampf der Arbeiterklasse im staatsmonopolistischen System erfolgreich weiter.

In diesem Zusammenhang ist die Charakteristik der antimonopolistischen Stimmung der Massen in den USA, wo die Manipulation durch Massenmedien in ihrer ‹perfektesten Form› ausgeprägt ist, von besonderem Interesse ... Wir müssen zunächst jedoch zu erklären versuchen, warum ideologische Manipulation im heute ausgeprägten Maße möglich ist.

Den Sachverhalt, daß das Bewußtsein der Massen entgegen deren objektiven Interessen beeinflußt wird, nennen wir ideologische Manipulation ... Dieser Begriff ist nicht immer klar bestimmt. Sein Gebrauch in der bürgerlichen Literatur, teilweise auch in der marxistischen, variiert stark. Deshalb müssen wir auf ihn eingehen.

Enzensberger ... beraubt diesen Begriff z. B. seines gesellschaftlichen Inhalts, wenn er Manipulation schlicht als ‹Hand- oder Kunstgriff› bestimmt. *Dann* natürlich ist jeder Gebrauch der Medien, überhaupt jede Tätigkeit, Manipulation. Folglich kommt es bei ihm auch zu der These, daß ‹ein revolutionärer Entwurf ... jeden zum Manipulateur zu machen› habe ... Teilweise wird Manipulation als das Werk einiger böswilliger Journalisten, Künstler usw. bestimmt. *Holzer* ... hat zu Recht darauf verwiesen, daß Manipulation nicht als das Werk böswilliger Manipulateure allein zu interpretieren sei. *Hund* ... bestimmt den Begriff in folgendem Sinne: ‹Der Journalist arbeitet im Zustand der allgemeinen Entfremdung von seinem Produkt, von seinen Mitarbeitern und schließlich auch von sich selbst. Der gesellschaftliche Charakter seines Produkts, nämlich Ware zu sein, wird ihm als Natureigenschaft der Ware zurückgespiegelt. Festgehalten werden muß darum, daß Manipulation kein Begriff intentionalen Handelns ist. Manipulation bezeichnet den Warencharakter der Nachricht unter den Bedingungen des Wirtschaftens in der kapitalistischen Gesellschaft.› Damit wird der Begriff von den objektiven Grundlagen dieser Erscheinung bestimmt.

Wenn wir Manipulation durch Kommunikationsprozesse untersuchen, so müssen wir analysieren, wie durch sie falsches Bewußtsein erzeugt wird. Das geht offensichtlich auf verschiedene Weise vor sich: Manipulation kann gezielt, bewußt erfolgen, indem bewußt falsche Nachrichten, Nachrichten, die nicht mit der Wirklichkeit übereinstimmen, oder solche, die gegen die objektiven Interessen der Rezipienten gerichtete Handlungsempfehlungen geben, verbreitet werden. Manipulation kann auch erfolgen, wenn sie den Kommunikationsteilnehmern nicht bewußt ist, indem falsches Bewußtsein kommuniziert wird. Manipulation kann erfolgen, wenn richtige Nachrichten verbreitet werden, die Empfänger jedoch nicht in der Lage sind, diese Nachrichten in den richtigen gesellschaftlichen Kontext einzuordnen. ...

Um Manipulation durch Massenmedien im heute ausgeprägten Maße zu begreifen, muß man die Klassenlage des Publikums der Medien berücksichtigen. Das Publikum der Medien entspricht in der BRD ungefähr der Zusammensetzung der Gesamtbevölkerung ... Damit ist zugleich eine wichtige Feststellung getroffen: Neben auf bestimmte Gruppen spezialisierte Medien (überregionale Tageszeitungen, einige Zeitschriften wie ‹Spiegel›, bestimmte Programmteile des Fernsehens) wenden sich die Medien primär an Arbeiter, nicht-leitende Beamte und Angestellte. Diese stellen den absolut größten zahlenmäßigen Anteil des Publikums der auf Massenabsatz der Ware Nachricht angewiesenen Medien.

Um die Reaktionen des Publikums auf die Medien begreifen zu können, darf man nicht von einer isolierten Kommunikator-Rezipient-Relation ausgehen.

Da es uns nicht möglich ist, in diesem Rahmen eine umfassende Darstellung der Klassenlage des Publikums zu geben, müssen wir die für sein Verhalten gegenüber den Medien besonders relevanten Faktoren knapp charakterisieren. Wir können dabei vor allem auf Arbeiten von *Holzer* ... und *Schuhler* ... aufbauen. *Holzer* kommt das Verdienst zu, durch eine Analyse der Klassenlage des massenmedialen Publikums zugleich Hypothesen über die ‹Synchronisation von Inhalten und Mechanismen der Massenkommunikation mit sozialer Lage und Bedürfnisdisposition des Publikums› entwickelt zu haben.

In Anlehnung an *Holzer* können wir vier Faktoren bestimmen, die Einfluß auf das Verhalten gegenüber den Medien haben:

1. Im Betrieb oder im Büro wird über die Arbeiter und Angestellten hauptsächlich nach ihrer Verwertbarkeit und Verwendbarkeit in der Produktion bzw. in der Verwaltung verfügt. Die Persönlichkeit des einzelnen spielt dabei eine Rolle nur unter dem Gesichtspunkt ihrer Verwertbarkeit fürs Kapital.

2. Die bürgerlichen Parteien bleiben für den einzelnen unkontrollierbar und vom einzelnen Wähler her kaum beeinflußbar. Die wichtigsten Entscheidungen fallen in nichtöffentlichen Gremien und Ausschüssen.

3. Die Bildungsinstitutionen statten die Masse der Arbeiter- und Angestelltenkinder unzureichend aus, so daß sie sich später ständig mit ihrer unzureichenden Ausbildung auf der einen Seite gegenüber den notwendigen Bildungsvoraussetzungen für ‹Aufstiegschancen› auf der anderen Seite konfrontiert sehen.

4. ‹Überlagert werden all diese Probleme schließlich von der immer weiter werdenden Diskrepanz zwischen dem Potential an materiellen Lebenschancen, die eine entsprechend organisierte, Wissenschaft und Technik nutzende Industriegesellschaft für die arbeitende Bevölkerung bereitstellen könnte, und dem Anteil, den diese Bevölkerung in den kapitalistischen Staaten am – von ihr geschaffenen – gesellschaftlichen Reichtum tatsächlich hat.› ...

Diese Faktoren, die durch *Holzer* auch empirisch untermauert werden, ergeben sich aus der realen Stellung der Massen im Prozeß gesellschaftlicher Produktion und Reproduktion unter kapitalistischen Produktionsverhältnissen.

Von besonderer Bedeutung in diesem Zusammenhang ist das, was *Marx* als Fetischcharakter der Warenwelt bezeichnet: ‹Das Geheimnisvolle der Warenform besteht also einfach darin, daß sie den Menschen die gesellschaftlichen Charaktere ihrer eignen Arbeit als gegenständliche Charaktere der Arbeitsprodukte selbst, als gesellschaftliche Natureigenschaften dieser Dinge zurückspiegelt, daher auch das gesellschaftliche Verhältnis der Produzenten zur Gesamtarbeit als ein außer ihnen existierendes gesellschaftliches Verhältnis von Gegenständen. Durch dies Quidproquo *(Mißverständnis) werden die Arbeitsprodukte Waren, sinnlich übersinnliche oder gesellschaftliche Dinge.› ... Den Sachverhalt also, daß gesellschaftliche Verhältnisse als Verhältnisse von Dingen erscheinen, nennt *Marx* den Fetischcharakter der Warenwelt. Wie (so erläutert *Marx*) in der Religion die Produkte des menschlichen Kopfes als mit Leben begabte Gestalten erscheinen, so ‹in der Warenwelt die Produkte der menschlichen Hand›. Dieses Verhältnis wird erst ein anderes, sobald die Gestalt des gesellschaftlichen Lebensprozesses ‹als Produkt frei vergesellschafteter Menschen unter deren bewußter planmäßiger Kontrolle steht› ... Der ‹mystische Nebelschleier›, der Fetischismus der Warenwelt, wird erst abgestreift, sobald eine Reihe materieller Existenzbedingungen gegeben sind, und letztere sind Produkt ‹einer langen und qualvollen Entwicklungsgeschichte›.

Hier bleibt festzuhalten: Die kapitalistische Produktionsweise produziert und reproduziert nicht nur die gesellschaftlichen Verhältnisse, Klassenverhältnisse usw., sondern zugleich deren verkehrte Reflexion. Die Möglichkeit ideologischer Manipulation der Volksmassen ist somit nicht allein eine Frage raffinierter Manipulationstechnik, sondern eine nach den materiellen Existenzbedingungen der Volksmassen, nach ihrer sozial-ökonomischen Lage (Klassenlage) und die durch sie prädisponierte Einstellung der Rezipienten zur massenmedialen Produktion. ...

Eine wichtige Komponente dafür, daß diese Manipulation funktionieren kann, ist das bürgerliche Schul- und Bildungswesen. Dadurch, daß keine Kenntnis der wirklichen gesellschaftlichen Zusammenhänge und Gesetzmäßigkeiten vermittelt wird, dadurch, daß die bürgerliche Ideologie verfestigt wird, entsteht überhaupt erst die Möglichkeit, daß die durch Werbung und Propaganda der Medien vermittelten Nachrichten einen Masseneinfluß gewinnen können.

Bürgerliche Soziolinguisten haben z. B. umfangreich die sprachliche Benachteiligung von Arbeiterkindern und deren dadurch bedingte schlechtere Ausgangssituation an den Schulen beschrieben. Dazu zählt die Theorie vom ‹restringierten› *(eingeschränkten) und ‹elaborierten› *(ausgearbeiteten, entwickelten) Code. Der ‹restringierte Code› der sogenannten ‹Unterschichten› ist Resultat der wirklichen sozial-ökonomischen Lage der Werktätigen. Die Forschungsergebnisse zum ‹restringierten› und ‹elaborierten› Code bestätigen im übrigen die These, daß das kommunikative Verhalten von Individuen durch deren sozial-ökonomische Lage (Klassenlage) entscheidend mitbestimmt wird. Auf gesellschaftstheoretischer Ebene stellt sich dieser Sachverhalt als Determination der Kommunikation durch die gesellschaftliche Praxis dar.

Aus den objektiven und subjektiven Existenzbedingungen des Publikums leitet *Holzer* ... hypothetisch die Gebrauchswertansprüche des Publikums gegenüber den Medien ab. Er benennt sie als Verlangen nach Wissensvermittlung, Sozialtherapie und Legitimationshilfe. Das Verlangen nach Wissensvermittlung resultiere aus der Notwendigkeit, entscheidungskompetent und handlungsrelevant informiert zu sein. Das Verlangen nach Sozialtherapie resultiere aus der Notwendigkeit, ‹für die Defizite, Zwänge und Anforderungen, die die eigne soziale Lage kennzeichnen, Entlastungs- und Kompensationsmöglichkeiten zu haben›. Legitimationshilfe beziehe sich auf die Notwendigkeit, die eigne Situation deuten und bewerten sowie Umweltereignisse rechtfertigen oder gerechtfertigt kritisieren zu können.

Auf diese Gebrauchswertansprüche müssen sich die Medien einlassen, weil sie anders den Tausch nicht realisieren können. Auf Grund ihrer ökonomischen Struktur sowie ihrer Bindung an die Politik der herrschenden Klasse sind sie jedoch gezwungen, diesen Gebrauchswertansprüchen des Publikums auf *bestimmte* Weise zu begegnen:

Die Frage, *wie* die Medien auf die Lage der Großteile des Publikums reagieren, muß beantwortet werden. ...

Auf die ökonomische und soziale Lage des Publikums sowie auf daraus resultierende bzw. durch sie mitbedingte psychische Dispositionen reagieren die Massenmedien in äußerst geschickter Weise. Die ‹Kunst der Manipulation› besteht gerade darin, Scheinlösungen für die vom Publikum (auf Grund seiner sozial-ökonomischen Lage) erlebten Widersprüche der Alltagswelt zu bieten. Dies geschieht durch eine Reihe verschiedener Techniken. Einige seien kurz bezeichnet: Personalisierung gesellschaftlicher Tatbestände, Intimisierung öffentlicher Angelegenheiten, Vorspiegelung einer Traumwelt, Provokation und gleichzeitige Betäubung von Angst. ...

Erst durch das Zusammenwirken von entfremdeter Arbeit, Warenfetischismus, bürgerlicher Schulbildung u. a. entstehen die Voraussetzungen für das gegenwärtige Ausmaß ideologischer Manipulation durch die Massenmedien. Deren Wirken ist nicht unabhängig von der wirklichen sozial-ökonomischen Lage des Massenpublikums, den daraus resultierenden bzw. mitbedingten psychischen Dispositionen auf der einen sowie den Inhalten und Techniken massenmedialer Vermittlung der Wirklichkeit auf der anderen Seite zu begreifen.»

6. Zur Verfassung der Massenkommunikation

Der nachfolgende Abschnitt beleuchtet den Charakter der gesellschaftlichen Kommunikation in der Bundesrepublik. Dabei steht die Herausarbeitung der beiden zentralen Prinzipien im Vordergrund, welche die parallel existierenden Organisationsformen der Massenkommunikation in dieser Gesellschaft bestimmen: Auf der einen Seite die unter privatwirtschaftlicher Leitung stehende Presseorganisation, auf der anderen Seite die öffentlich-rechtlichen Bedingungen unterliegende Rundfunkorganisation.

In beiden Bereichen findet die Produktion von Nachrichten statt. Sowohl hier als auch dort setzen sich die Interessen der Kapitalverwertung durch. Während jene jedoch in der privatwirtschaftlichen Pressestruktur unmittelbar zur Geltung kommen, erscheinen sie in der öffentlich-rechtlichen Anstalt gebrochen oder vermittelt. Die Texte der Kapitel 6.1 und 6.2 haben die Aufgabe, dies zu verdeutlichen.

Im Anschluß daran wird der Unterpunkt 6.3 in bezug auf diese beiden exemplarischen Felder der Massenkommunikation Programme und Perspektiven der demokratischen Kontrolle und Weitertreibung ihrer Organisation aufzeigen. Hierbei soll auf vorhandene medienpolitische Konzeptionen der Parteien und der Gewerkschaften eingegangen, aber auch auf Möglichkeiten für andersartige demokratische Kommunikationsformen hingewiesen werden.

6.1 Privatwirtschaftliche Presseorganisation und Meinungsmonopol

Das **Berliner Autorenkollektiv Presse** erläutert in ‹**Wie links können Journalisten sein?**›, Reinbek b. Hamburg 1972, S. 57–83 (gekürzt), die ökonomischen Existenzbedingungen privater Presseunternehmen. Sie unterliegen, so wird hier hervorgehoben, in erster Linie den Prinzipien der Gewinnmaximierung und damit den allgemeinen Gesetzen der Kapitalverwertung. Weil die Produktion der Ware Zeitung einem doppelten Markt, dem Leser und den Anzeigenkunden, verpflichtet ist, können sich die publizistischen Intentionen und Inhalte nicht unabhängig von den wirtschaftlichen Interessen des Unternehmens durchsetzen. Gezeigt wird der Zusammenhang zwischen Werbeeinnahmen und Auflagenhöhe, Rationalisierungsmaßnahmen und Gewinnentwicklung. Angesprochen sind die ökonomische Grundlage der Pressekonzentration sowie deren inhaltliche, den Gebrauchswert der Nachrichtenware betreffende Konsequenzen:

«Die für das Presseunternehmen entstehende Frage nach der Priorität wirtschaftlicher oder publizistischer Ziele ist – mit jeweils anderen konkreten Inhalten – auch bei den meisten anderen Unternehmen anzutreffen: die Einbeziehung von nicht-monetären Zielen in die Entscheidungen der unternehmerischen Praxis ist einer der Lieblingsgegenstände der Unternehmungstheorie. Die verschiedenen Deutungsversuche betriebswirtschaftlicher Autoren über diese unterschiedlichen Ziele, die ein Unternehmen verfolgen könnte, und über die Beziehungen zwischen diesen Zielen, können jedoch über eine wesentliche Tatsache nicht hinwegtäuschen: das Überleben jedes Unternehmens im Konkurrenzkampf hängt von der Höhe der von ihm erzielten Gewinne ab. ...

Die beiden Komponenten des wirtschaftlichen Erfolges: Kostenstruktur und Erlösstruktur

Da der Gewinn des Unternehmens aus dem Überschuß der Erlöse über die Kosten besteht, führt die Priorität des Maßstabes ‹wirtschaftlicher Erfolg› zwangsläufig dazu, daß alle Möglichkeiten zur Senkung der Kosten und zur Erhöhung der Erlöse ausgeschöpft werden müssen. Vorbedingung jeder auf Gewinnerhöhung ausgerichteten Maßnahme ist also die möglichst genaue Kenntnis der Quellen der Erlöse sowie der Bereiche, wo Kosten entstehen. Das Rechnungswesen der Verleger ist darauf ausgerichtet, diese Informationen aufzubereiten und so die Entscheidungssituation durchsichtig zu machen – aber eben nur für den Verleger und seine unmittelbaren Helfer. Die veröffentlichten Angaben sind lükkenhaft, nicht nachprüfbar und in der Regel von den Interessen derjenigen beeinflußt, die die Veröffentlichung veranlaßt haben; d. h. konkret, daß Zahlen aus dem Bereich der Zeitungsverlage der Öffentlichkeit nur insoweit zugänglich gemacht werden, als sie den jeweiligen Zwecken – z. B. Abwehr von Lohnforderungen, dem Wunsch nach Bezugspreiserhöhungen oder nach staatlichen Erleichterungen – dienlich sind. Für unsere Argumentation müssen wir zwar notgedrungen von solchen Angaben ausgehen; dabei sollten wir aber an keiner Stelle vergessen, daß im Zweifel die Realität ein wenig anders – nämlich besser für die Verleger – aussieht.

Beginnen wir mit den Erlösen. Der Verleger verkauft sein Produkt ‹Zeitung› nicht nur an den Leser; gleichzeitig verkauft er Anzeigenraum an die werbungtreibende Wirtschaft. Daraus wird häufig der Gedanke entwickelt, daß also die Zeitung auf zwei verschiedenen Märkten verkauft würde, aber das ist eine etwas kurzsichtige Interpretation: der Anzeigenkunde will ja nicht die bedruckten Anzeigenseiten für sich selbst erwerben, denn dann könnte er ebensogut gleich nur Prospekte drukken; worauf es ihm ankommt, ist der Zugang zu einer bestimmten Käuferschicht in einer besonders wirksamen Form. Was also der Anzeigenkunde mit seiner Werbung in der Zeitung kauft, ist weniger die bedruckte Anzeigenfläche als vielmehr das Interesse, die Kaufkraft und die Beeinflußbarkeit der Leser. Damit ergibt sich ein besonderes Verhältnis zwischen diesen beiden ‹Märkten›, das eindeutige Prioritäten erkennen läßt: Der Inserentenmarkt erschließt sich dem Verleger nur über die Leser seines Blattes. Das entscheidende Angebot der Presse an die Werbungtreibenden besteht also in dem jeweiligen Zielgruppen-Sortiment der Verlage, vor allem gekennzeichnet durch Zahl, Kaufkraft und Konsumbereitschaft der Zeitungs- und Zeitschriftenleser. Der Konkurrenzkampf zwischen den Zeitungen um die Leser wird demnach – motiviert durch das Gewinnstreben der Verleger – im Interesse der Werbungtreibenden geführt. Für den Leser hat dieser Konkurrenzkampf mit seinen Konzentrationsfolgen vor allem negative Auswirkungen. Die verlegerisch-publizistischen Zielsetzungen und Entscheidungen leiten sich primär von den Anforderungen des Anzeigenmarktes ab. Im Zeitungs- und Zeitschriftengewerbe rangiert daher die Werbung als Produktion *von* Bedürfnissen vor der Produktion *nach* Bedürfnissen der Leser.

Entsprechend ihrer Kundenstruktur haben die Zeitungsverlage somit zwei unterschiedliche Haupteinnahmequellen: erstens Vertriebseinnahmen aus Abonnement- und Straßenverkauf und zweitens Einnahmen aus dem Anzeigengeschäft. Das Verhältnis, in dem die beiden Einnahmequellen in ihrem jeweiligen Anteil am Gesamterlös zueinander stehen, ist bei der privatwirtschaftlichen Presse zugleich ein wesentlicher publizistischer Bestimmungsfaktor. Wie stark die Werbeabhängigkeit der Presse in der BRD zugenommen hat, zeigt die Entwicklung des durchschnittlichen Einnahmeverhältnisses regionaler Tageszeitungen: Während das Einnahmeverhältnis 1952 noch schwach vertriebsbetont war (57% Vertriebserlöse:43% Anzeigenerlöse), kehrte sich dieses Verhältnis gegen Ende der fünfziger Jahre um und verschob sich in den darauffolgenden Jahren zu einem anzeigenbetonten Einnahmeverhältnis. Für 1967 ergab sich das Verhältnis von 33,5% Vertriebserlöse zu 63,9% Anzeigenerlösen. Und im Jahre 1971 sagte Dr. Hermann Bing, der Vorsitzende der Vereinigung der Heimat- und Standortzeitungen, daß die Vertriebserlöse nur noch 25% bis 30% der Herstellungskosten decken; daraus ergäbe sich ein Anteil der Anzeigenerlöse von mindestens 70%.

Hieraus erklärt sich die Besonderheit, daß die Zeitungen, obwohl sie privatwirtschaftlich erstellte Produkte sind, unter ihren Herstellungskosten verkauft werden können. ...

(D)er Leser muß für diese, oberflächlich betrachtet, zunächst vorteilhaft scheinende Situation letztlich doch bezahlen. Und es handelt sich nicht lediglich um einen Zahlungsaufschub: denn den Leser kommt der kostenunterdeckende Kaufpreis seines Blattes – parodoxerweise – teuer zu stehen. Er zahlt mit barer Münze für die Werbeaufwendungen der Inserenten, die als Kostenelement in den Preis der umworbenen Waren eingehen.

Der scheinbare materielle Vorteil des geringen Bezugspreises hat für den Leser eine folgenschwere immaterielle Kehrseite: Informationen (publizistische Alternativen), die das kapitalistische Wirtschafts- und Gesellschaftssystem als generelle Voraussetzung des Konditionierungs- und Verkaufsjournalismus in Frage stellen, haben auf dem werbeorientierten kapitalistischen Medienmarkt keine Verbreitungschance.

Die zweite Komponente der Gewinne der Zeitungsverlage ist die Kostenstruktur. Je niedriger – bei gleichbleibenden Erlösen – die Kosten gehalten werden können, desto höher ist der Gewinn. Dabei tritt in der Regel in der Realität der Effekt auf, daß höhere Erlöse mit höheren Kosten verbunden sind; es kann also nicht auf die absolute Höhe der Kosten ankommen, sondern vielmehr auf ihr Verhältnis zu den Erlösen. Die gemeinsame Bezugsbasis für den Vergleich zwischen Kosten und Erlösen im Zeitungsverlag ist die ‹Monatsstück› genannte Produkteinheit; das sind diejenigen Exemplare, die ein Abonnent im Laufe eines Monats erhält.

Die von den Verlagen veröffentlichten Zahlen dienen meist dazu, den von ihnen als unzumutbar empfundenen Anstieg der Kosten allgemein und insbesondere der Personalkosten zu verdeutlichen. Daneben sind sie für uns insbesondere wegen der aus ihnen hervorgehenden Aufgliederung der Kosten nach den Bereichen wichtig, wo sie entstehen, weil daraus die Hauptzielrichtung von Kostensenkungsmaßnahmen seitens der Verlage erkennbar wird. Dabei ist zunächst die Aufschlüsselung der einzelnen Kostenarten von Interesse, aus der hervorgeht, für welche ‹Produktionsfaktoren› Kosten entstanden sind. Aus einem Betriebsvergleich, der für Abonnementzeitungen die angefallenen Redaktions-, Vertriebs-, Anzeigen- und Verwaltungskosten (also nicht die Papier-, Satz- und Druckkosten) erfaßt, gehen folgende Werte für das Jahr 1970 hervor:

Kostenarten der Abonnement-Tageszeitungen in der BRD 1970

Kostenart	DM	%
Löhne	247437100.–	15,3
Gehälter	532382800,–	33,0
Sozialaufwendungen	122595600,–	7,6
Kapitalkosten	91570800,–	5,7
Werbekosten	205881400,–	12,8
Post- und Bahngebühren	44671900,–	2,8
Nachrichtendienste	27444700,–	1,7
Mitarbeiterhonorare	73748200,–	4,6
Sonstige Redaktionskosten	17676200,–	1,1
Sonstige Vertriebs- und Anzeigenkosten	118549700,–	7,3
Sonstige Gemeinkosten	131561600,–	8,1
Gesamtkosten	1613520000,–	

Das bedeutet, daß die Personalkosten (Löhne, Gehälter, Sozialaufwendungen) und Mitarbeiterhonorare insgesamt mehr als 60% der Gesamtkosten im Bereich von Redaktion, Vertrieb, Anzeigen- und allgemeiner Verwaltung ausmachen – sie wären also die nächstliegende Kostenart, wenn Rationalisierungspläne anstehen.

Für den Bereich der technischen Herstellung werden Personalkostenanteile zwischen 35% (Rotationsdruck) und 81% (Anzeigensatz) angegeben.

Eine zweite Frage zielt auf die Funktions- und Verantwortungsbereiche (‹Kostenstellen›), in denen die einzelnen Kosten entstanden sind. Hier ergeben sich – jetzt unter Einbeziehung der Bereiche der technischen Herstellung – aus demselben Betriebsvergleich die folgenden Kostenstrukturen, die in Monatsstück und in Prozenten angegeben sowie den Erlösen gegenübergestellt sind.

Die in diesem Betriebsvergleich ermittelten Anzeigenerlöse entsprechen mit fast 70% den vorher zitierten Angaben von Bing; die durchschnittliche Umsatzrentabilität von 7,3% ist ein Indiz für die auch 1970 noch durchaus erfreuliche Höhe der Gewinne. Bei der durchschnittlichen Kostenstruktur fällt der mit 45,4% angegebene Block der technischen Herstellungskosten besonders ins Gewicht; in diesem Bereich scheinen Kostensenkungsmaßnahmen also besonders naheliegend. Der Anteil der Redaktionskosten liegt mit 15,1% deutlich unter den Vertriebskosten (Transport, Trägerlöhne, Porti, Vertriebsverwaltung und Vertriebswerbung) und nur geringfügig über den Anzeigenkosten (hier ohne die Kosten der technischen Herstellung der Anzeigen; als wichtige Elemente sind Anzeigenprovisionen, Anzeigenwerbung, Markt- und Leserschaftsforschung und Anzeigenverwaltung enthalten).

Kosten und Erlöse der Abonnement-Tageszeitungen in der BRD 1970

	Stückrechnung (M'Stck/DM)	Gliederungszahlen (%)
Redaktionskosten	2,75	15,1
Vertriebskosten	3,61	19,8
Anzeigenkosten	2,41	13,2
Verwaltungskosten	1,19	6,5
Satz- und Druckkosten	6,24	34,2
Papierkosten	2,06	11,2
Gesamtkosten	18,26	100,0
Vertriebserlöse	5,92	30,1
Anzeigenerlöse	13,78	69,9
Gesamterlöse	19,70	100,0
Erfolg	+ 1,44	+ 7,3

Die bisher dargestellte Struktur war die des Durchschnitts aller Abonnementszeitungen; sowohl Kosten- als auch Erlösstruktur sind aber von der jeweiligen Auflage der Zeitung abhängig. Die Tabelle auf der folgenden Seite läßt diese Abhängigkeiten eindrucksvoll sichtbar werden.

Die vielleicht überzeugendste Zeile in dieser Zusammenstellung ist die des Erfolges: mit der Auflage steigt der hier ausgewiesene Gewinn ganz gleichmäßig an; während die kleinsten Zeitungen nur eine Umsatzrentabilität von 1,2% im Durchschnitt erwirtschaften, erzielen die größten mit 14,0% mehr als das Zehnfache. Diese Tendenz gilt schon für die Relationsgrößen; wenn man die unterschiedlichen Gesamterlöse je Monatsstück (DM 22,62 für die größten, DM 17,00 für die kleinsten Zeitungen), die sich daraus ergebenden Erfolge je Monatsstück (DM 3,17 gegen DM 0,21) und die Auflagenhöhe (250000 und 5000) berücksichtigt, kommt man auf jährliche Gesamtgewinne von DM 9510000,– für die größten und DM 12600,– für die kleinsten Zeitungen. Als Grundlage für die weitere Ausdehnung ihrer Verlage haben also diejenigen Zeitungen, die ohnehin schon die größten sind, fast tausendmal mehr Mittel zur Verfügung als die kleinen.

Die Ursachen dieser Tatsache werden in der Erlös- und Kostenstruktur sichtbar: Der Anteil der Anzeigenerlöse liegt mit wachsender Auflage immer höher, und insbesondere die Satz- und Druckkosten zeigen mit wachsender Auflage eine stark fallende Tendenz. Dadurch können die größeren Verlage zur Sicherung ihrer Auflage erheblich höhere Vertriebskosten und zur Beschaffung der Anzeigenaufträge auch höhere Anzeigenkosten verkraften, ohne ihren Gewinn zu schmälern.

Aus dieser Situation heraus bestimmen sich die verschiedenen Mög-

Kosten und Erlöse der Abonnement-Tageszeitungen in der BRD 1970 nach Auflagengrößen (in %)

	über 250 000	200 000	150 000	100 000	75 000	50 000	25 000	15 000	10 000	5000
Redaktionskosten	13,6	14,5	15,0	15,4	16,4	16,9	15,7	14,6	14,3	14,2
Vertriebskosten	22,7	22,6	22,4	21,8	20,3	19,6	18,3	17,5	16,5	14,4
Anzeigenkosten	14,7	14,0	13,7	13,5	13,3	13,2	12,8	12,5	12,4	12,3
Verwaltungskosten	6,7	6,7	6,7	6,5	6,5	6,4	6,5	6,5	6,4	6,1
Satz- und Druckkosten	28,2	28,8	29,5	30,5	32,0	33,1	36,9	39,3	41,3	44,6
Papierkosten	14,1	13,4	12,7	12,1	11,5	10,8	9,8	9,6	9,1	8,4
Gesamtkosten	100,0	100,0	100,0	100,0	100,0	100,0	100,0	100,0	100,0	100,0
Vertriebserlöse	28,0	28,8	29,5	29,9	29,9	30,0	31,3	31,1	31,5	31,4
Anzeigenerlöse	72,0	71,2	70,5	70,1	70,1	70,0	68,7	68,9	68,5	68,6
Gesamterlöse	100,0	100,0	100,0	100,0	100,0	100,0	100,0	100,0	100,0	100,0
Erfolg	+ 14,0	+ 11,7	+ 10,0	+ 8,7	+ 7,4	+ 5,9	+ 4,4	+ 3,0	+ 2,5	+ 1,2
Textseiten	48,1	50,2	52,3	54,7	56,9	59,1	65,4	66,6	69,5	72,1
Anzeigenseiten	51,9	49,8	47,7	45,3	43,1	40,9	34,6	33,4	30,5	27,9
Gesamtseiten	100,0	100,0	100,0	100,0	100,0	100,0	100,0	100,0	100,0	100,0

lichkeiten des Presseunternehmens zur Verbesserung seiner Gewinne; welche Strategien zur Kostensenkung und zur Erlöserhöhung gangbar sind, und welche Auswirkungen sie auf die publizistische Leistung haben, ist Gegenstand der folgenden Abschnitte.

Gewinnmaximierung durch Kostensenkung: Reduzierung der ‹publizistischen Vielfalt›

Bei der Betrachtung der Kostensituation in den Unternehmen muß vorab klargestellt werden, daß keineswegs alles, was von seiten der Unternehmen selbst – mit der Unterstützung einer von ihnen abhängigen Wissenschaft – unter der unschuldigen Bezeichnung ‹Kosten› aufgeführt wird, Gegenstand von Kostensenkungsmaßnahmen wird: einige Kostenarten nämlich entstehen nicht etwa durch Zahlungen des Unternehmers an andere, sondern stellen nur den rechnerischen Ausgleich für Leistungen des Unternehmers selbst dar und führen so zu einer optischen (und gegebenenfalls steuerlichen) Verringerung seines Gewinns. Dazu gehören etwa die als ‹kalkulatorische Kosten› eingeführten fiktiven Zinsen auf das Eigenkapital, die fiktive Miete für eigene Räume und insbesondere der ‹Unternehmerlohn›; dieser hat nichts mit den tatsächlichen Einkünften der Unternehmer zu tun, sondern stellt ebenfalls nur einen kalkulatorischen Wert zur Reduzierung des ausgewiesenen Gewinns dar. Es ist unmittelbar einleuchtend, daß diese fiktiven Kosten, die eigentlich Gewinnbestandteile sind, aus der Sicht des Unternehmers nicht Gegenstand von Rationalisierungsbemühungen sein können.

Aber auch in anderen Kostenarten sind Elemente enthalten, die zwar tatsächlich mit Zahlungen an andere verbunden sind, aber nur sehr mittelbar mit dem Zweck des Presseunternehmens zusammenhängen: die Aufwendungen etwa für die Bewirtung von ‹Geschäftsfreunden›, für die großzügige Ausstattung der Direktionsräume, für Reisen und für repräsentative Fahrzeuge bewegen sich in einem Bereich, wo geschäftliche Notwendigkeit und private Lebenshaltung des Unternehmers ineinander übergehen. Soweit nun Teile der privaten Lebenshaltung des Unternehmers in diesen Kosten enthalten sind, wären sie ebenfalls seinem Gewinn hinzuzurechnen und können also aus seiner Sicht auch nicht von der allgemeinen Forderung nach Kostensenkungen betroffen sein. ...

Die mit Abstand gewichtigste Kostenart, die Personalkosten, kann zunächst dadurch reduziert werden, daß man die gezahlten Löhne und Gehälter so niedrig wie möglich zu halten versucht. Diesem Ziel dienen unter anderem die andauernden Bemühungen der Verlage, ihre eigene wirtschaftliche Situation in dunklen Farben zu schildern und dadurch die Gewerkschaften (insbesondere die IG Druck und Papier) von Lohnerhöhungsforderungen soweit wie irgend möglich abzubringen.

Ein zweiter allgemeiner Weg zur Senkung der Personalkosten besteht in der Ersetzung der menschlichen Arbeitskraft durch Maschinen, oder genauer: in der Ersetzung von lebendiger Arbeit durch die in Maschinen vergegenständlichte Arbeit früherer Perioden. Dieser meist als ‹Rationalisierung› bezeichnete Weg ist notwendigerweise mit einer Erhöhung der Arbeitsleistung verbunden. ...

Die Folgen dieser Entwicklung zum technischen Fortschritt sind offensichtlich: mit jedem neuen Verfahren, das niedrigere Kosten nur bei höheren Auflagen erlaubt, wächst der Vorsprung der großen Zeitungen vor den kleinen; wenn diese überleben wollen, müssen sie sich ihrerseits zusammenschließen und durch ‹Kooperation› auf den Gebieten der technischen Herstellung, der Nachrichtenbeschaffung, der Vertriebs- und Anzeigenverwaltung und in der Redaktion ihre Kosten gemeinsam zu reduzieren suchen. Redaktionsgemeinschaften und Materndienste sind der deutlichste Ausdruck dieser Bemühungen, der Einstellung der Zeitung oder der Fusion mit größeren Blättern als Folge deren finanzieller Überlegenheit zu entgehen. Für den Leser und für die ‹öffentliche Aufgabe› der Presse allerdings bleibt das Ergebnis gleich: die Zahl der selbständigen Redaktionen, die als Träger der vielbeschworenen ‹publizistischen Vielfalt› in Frage kommen, wird reduziert.

Durch die Erhöhung der Kapitalintensität wird der Konkurrenzkampf zwischen den Verlagen verschärft, da die geschaffenen Kapazitäten nur dann eine angemessene Verwertung des eingesetzten Kapitals ermöglichen, wenn sie auch beschäftigt werden können. Diese Verschärfung des Konkurrenzkampfes trägt ihrerseits zu einer Beschleunigung des Konzentrationsprozesses bei.

Gewinnmaximierung durch Erlössteigerung: die theoretischen Alternativen

Erlöse lassen sich auf zwei Wegen steigern: durch Preiserhöhungen oder durch höhere Absatzmengen. Für den Zeitungsverlag mit seinen beiden unterschiedlichen Erlösquellen ergeben sich dadurch insgesamt vier verschiedene Möglichkeiten, seine Gewinne zu erhöhen:

1. Bezugspreiserhöhung;
2. Auflagensteigerung;
3. Anzeigenpreiserhöhung;
4. Erhöhung der Zahl der Anzeigenseiten.

R. Eisenhardt hat an rechnerischen Beispielen, die die Realisierbarkeit jeder dieser Strategien unterstellen, untersucht, inwieweit sich unter Berücksichtigung der jeweils dabei entstehenden Kosten der Gewinn verändert. Sein Ergebnis besteht in der Erkenntnis, daß bei gleichzeitiger Anwendung aller vier Strategien die Gewinnverbesserung mit Abstand am erfreulichsten ist. Tatsächlich werden in der Realität auch alle Wege beschritten; dabei ist jedoch wesentlich, welcher dieser Wege der gangbarste und erfolgversprechendste ist.

Die Heraufsetzung der Bezugspreise ist offenbar mit erheblichen Schwierigkeiten verbunden. ...

Auch die Auflagensteigerung der Zeitungen insgesamt stößt offenbar auf Grenzen. ...

Erhöhungen der Anzeigenpreise stoßen auf den Widerstand der werbungtreibenden Wirtschaft. ...

So bleiben die ersten drei Wege zum höheren Gewinn schmal, schwierig und gefährlich. Es bleibt nur einer übrig.

Der praktische Weg: Erhöhung des Anzeigenanteils

Schon vor 50 Jahren, als der Anzeigenanteil an den Gesamterlösen erheblich unter dem jetzigen lag, formulierte Karl Bücher, ‹daß durch die ganze Presse hin die Zeitung den Charakter einer Unternehmung hat, welche Anzeigenraum als Ware produziert, die nur durch einen redaktionellen Teil absetzbar wird›.

Daraus läßt sich folgern, daß der Textteil der Zeitungen nach Möglichkeit so lange zugunsten des Anzeigenteils reduziert bzw. inhaltlich als Werbeumfeld abgestimmt wird, wie dadurch kein Leserschwund verursacht wird, der ins Gewicht fällt. Denn die Leser sind ja das schlagkräftigste Verkaufsargument der Verleger gegenüber den Inserenten, denen sie mit dem Anzeigenraum ein ganz bestimmtes ‹Anzeigenpublikum› und somit Kaufkraftpotential anbieten ...

Mit dem Aufkommen der kapitalistischen Massenpresse im letzten Drittel des vorigen Jahrhunderts änderte sich die Situation grundlegend. Die Einnahmen aus dem Verkauf von Anzeigenraum wurden zur ökonomischen Basis der Zeitungen, deren zunehmende Werbeabhängigkeit die Kommerzialisierung der Publizistik und profitorientierte Konzentrationsbewegung auf dem Medienmarkt nach sich zieht. ...

Der Werbewert der Zeitung: Maßstab der Konformität ...

Das ‹ökonomische Prinzip› der Werbung besteht darin, mit einem gegebenen Werbeetat die größtmögliche Menge an Kaufentscheidungen zu produzieren; bei der praktischen Anwendung dieser Maxime allerdings entsteht die Schwierigkeit, so genau wie möglich zu bestimmen, welche ‹Werbebotschaft› in welchem Werbeträger die höchste Werbewirkung hat. Obwohl noch eine Reihe von theoretischen und praktischen Problemen ungelöst ist, hat die damit ihren Lebensunterhalt verdienende Wissenschaft schon hinreichend viele Gedanken und empirische Analysen geliefert, um der werbungtreibenden Wirtschaft die Auswahl der Werbeträger und den Zeitungen die Anpassung an die Bedürfnisse der werbungtreibenden Wirtschaft zu erleichtern. Der Maßstab für diese Konformität mit den Interessen der Wirtschaft und damit die Grundlage für die ökonomische Existenz der Verlage ist der ‹Werbewert› der Zeitungen und Zeitschriften. ...

Da Werbung sich an ganz bestimmte Zielgruppen richten muß, um wirtschaftlich zu sein, nimmt die Leserschaftsforschung für die Verlage eine der wichtigsten Aufgaben wahr; sie erlaubt ihnen, ihre Leser gezielt an diejenigen Unternehmen der werbungtreibenden Wirtschaft zu verkaufen, deren Zielgruppen am weitesten mit der jeweiligen Leserschaft übereinstimmen. Und umgekehrt: sie erlaubt ihnen auch, für bestimmte Zielgruppen ein neues ‹Objekt› (z. B. eine neue Zeitschrift) zu konzipieren und von vornherein ‹Streuverluste› (Anteil der Leser, die nicht zur Zielgruppe gehören) zu vermeiden. ...

Der Werbewert des redaktionellen Teils

Bei gegebener Leserschaft kann es der werbungtreibenden Wirtschaft nicht gleichgültig sein, in welchem Zusammenhang ihre Insertion erscheint. ... Das hat zur Folge, daß die Interessen der Werbungtreibenden immer stärker auch redaktionell durchschlagen, d. h. immer stärker über den ohnehin ‹überbezahlten› Anzeigenraum hinaus auf den formal abgetrennten redaktionellen Teil übergreifen. Der redaktionelle Teil wird daher in zunehmendem Maße zum Werbeumfeld und teilweise sogar, beispielsweise in den Sonderbeilagen, zum produkt- und firmenbezogenen Umfeld umfunktioniert.

Die Werbungtreibenden sehen in der redaktionellen Aufmachung ihrer Anzeigen bzw. in der Unkenntlichmachung des Anzeigencharakters ihrer Werbung (durch die Vermengung des Anzeigenteils mit dem Redaktionsteil) eine Erhöhung der Werbewirksamkeit ihrer Insertion. ...

Offenbar nimmt die Wirksamkeit von Anzeigen mit zunehmender Entfernung vom redaktionellen Teil ab; zumindest ist die werbungtreibende Wirtschaft bereit, die räumliche Nähe ihrer Anzeigen zum Textteil mit beachtlichen Aufschlägen zu honorieren. Beispielsweise kostet der Anzeigenmillimeter in der Samstag-Ausgabe der ‹Welt› im Anzeigenteil DM 4,70 (bei einer Spaltenbreite von 45 mm), im Textteil dagegen volle DM 26,80 (bei einer Spaltenbreite von 58 mm).

Ein anderes Beispiel der offensichtlichen Bereitschaft der Wirtschaft, für den höheren Aufmerksamkeitswert auch mehr zu zahlen, sind die Anzeigenpreise der ‹Stadtillustrierten›, die als Beilagen von Publikumszeitschriften erscheinen. Ihr Tausenderpreis liegt etwa doppelt so hoch wie der der regionalen Tageszeitungen, mit denen sie konkurrieren. ...

Pressekonzentration: eine neue Dimension der Konformität

Das privatwirtschaftliche System beruht in seinen ideologischen Grundlagen auf zwei widersprüchlichen Prinzipien: einerseits setzt seine Funktionsfähigkeit im Sinne der Wettbewerbstheorie eine möglichst große Zahl von möglichst gleich starken Wettbewerbern voraus, andererseits aber wird es durch Leistungsanreize in Bewegung gehalten; diese Leistungsanreize bestehen in der Aussicht auf Gewinn für die Überlegenen und in Verlust für die Versager. Schon hier aber liegt der Widerspruch: denn wenn die Versager infolge ihrer Verluste aus dem Wettbewerb ausscheiden müssen, reduziert sich die Zahl der verbleibenden Konkurrenten; und zwischen diesen ergeben sich ungleiche Kräfteverhältnisse, wenn und soweit sie unterschiedlich hohe Gewinne erzielt haben. Diese beiden Erscheinungsformen der absoluten Konzentration einerseits und der relativen andererseits sind also notwendig mit dem Konkurrenzsystem verbunden.

Der konkrete Ablauf von Konzentrationsprozessen durch die Akkumulation und Zentralisation des Kapitals hängt von den jeweiligen historischen Bedingungen ab. Für die Presse in der BRD haben die ... Faktoren der Anfangsmonopolisierung in der Lizenzphase, der technischen Entwicklung und der ungleich verteilten Anzeigeneinnahmen den Verlauf bestimmt, wobei der Prozeß durch die mit der Kapitalintensität zunehmende Schärfe des Konkurrenzkampfs allmählich beschleunigt wurde. Der pressespezifische Ablauf des Konzentrationsprozesses läuft nach dem Schema: ‹Höhere Auflage zieht höhere Werbeeinnahmen nach sich. Hierdurch wird die Möglichkeit höherer Investitionen geschaffen. Die dadurch gesteigerte Wettbewerbsfähigkeit hat erneut Rückwirkungen auf Werbeeinnahmen und Auflage. Auf der anderen Seite zieht Auflagenverlust und Absinken der Werbeeinnahmen die Wirkungen in umgekehrter Reihenfolge nach sich.› *(Günther-Bericht)

Zwischen 1954 und 1972 sank die Zahl der ‹publizistischen Einheiten› bei den Zeitungen, d. h. der selbständigen Redaktionen, von 225 auf 136, und bei den Zeitschriften stieg der Anteil der Objekte mit mehr als 1 Million Auflage von 29,4 % (1963) auf 42,3 % (1967) der Gesamtauflage der Publikumszeitschriften.

Die Analyse der Konzentration im Pressewesen zeigt, daß die erwarteten Tendenzen tatsächlich wirksam geworden sind; für die weitere Entwicklung der Presse in der BRD ergibt sich daraus ein erhöhter Zwang, sich den Gesetzen der kapitalistischen ‹sozialen Marktwirtschaft› zu unterwerfen, den Profit zum alleinigen Maßstab allen Handelns zu machen und sich den Interessen der werbungtreibenden Wirtschaft noch bereitwilliger unterzuordnen. Die erzwungene Konformität mit den Interessen des Gesamtkapitals wird so mit jeder Drehung der Konzentrationsschraube auf eine höhere Stufe geschoben.

Die Diskussion um die Pressekonzentration und die Verringerung der Zahl der ‹publizistischen Einheiten› als potentiellen Trägern der Meinungsvielfalt darf allerdings von einer wesentlichen Tatsache nicht ablenken: der gemeinsame Druck, dem alle bestehenden Redaktionen proportional zu ihren Anzeigenerlösen ausgesetzt sind, wird durch den Konzentrationsprozeß nur graduell verschärft, nicht aber in seinem Wesen verändert. Auch bei einer theoretisch denkbaren Zusammenfassung aller Presseorgane der BRD in einem Konzern müßte das Erscheinungsbild der Vielfalt der publizistischen Einheiten zumindest teilweise bestehen bleiben, denn solange unterschiedliche Zielgruppen Gegenstand von Werbestrategien sind, werden Werbeträger mit passenden Leserschaften gebraucht. Zwar sinken die Kosten mit wachsender Auflage, aber die Streuverluste steigen; zwar läßt sich der Anzeigenanteil der einzelnen Zeitungen erweitern, aber der Aufmerksamkeitswert sinkt. Das werbewirtschaftliche Optimum verlangt deshalb nach neuen Werbeträgern, klaren Zielgruppenbestimmungen. Selbst wenn alle Zeitungen in einem Konzern vereinigt wären – die Zielgruppe der ‹Welt›-Leser braucht ein anderes redaktionelles Umfeld, hat andere klassenspezifische Bedürfnisse als die der ‹Bild›-Konsumenten; es entstünden beispielsweise unzumutbare Streuverluste, wenn bei ‹Bild›-Lesern für Beteiligungen an Abschreibungsgesellschaften geworben werden müßte. Solange unsere Klassengesellschaft weiterexistiert, und solange die Existenz unseres gegenwärtigen Systems von der weiteren Spezialisierung der Bedürfnisse und ihrer immer aufwendigeren Stimulierung als Vehikel der Profitmaximierung abhängt, brauchen auch die bürgerlichen Kritiker der Pressekonzentration nicht allzu besorgt zu sein. Die von ihnen als Vielfalt empfundene Vielzahl der redaktionellen Umfelder wird ihnen nie ganz genommen werden.»

6.2 Öffentlich-rechtliche Rundfunkorganisation und Proporz

Mit der öffentlich-rechtlichen Rundfunkorganisation wurde kein abgeschlossener Raum geschaffen, der von den Gesetzen der Kapitalverwertung unberührt bliebe. Sie beinhaltet zunächst, daß Rundfunk und Fernsehen weder in staatlicher noch in privatwirtschaftlicher Regie stehen und unabhängig von einzelnen gesellschaftlichen Interessengruppen oder Parteien sein sollen. Die Aufgabe der demokratischen Überwachung und Kontrolle sowie der Leitung der öffentlich-rechtlichen Medien kommt dabei gewählten Organen zu.

G. Dahlmüller, W. D. Hund und **H. Kommer** untersuchen in **‹Kritik des Fernsehens›**, Darmstadt und Neuwied 1973, S. 239–265 (gekürzt) die beiden in der Bundesrepublik gültigen Modelle von Aufsichtsgremien: die parlamentarisch-pluralistische und die ständisch-pluralistische Form. Sie arbeiten die relevanten Unterschiede zwischen ihnen heraus und kritisieren die Differenz von Anspruch und realer Funktion der Kontrollorgane. Deutlich wird, daß über die Konstitution des öffentlich-rechtlichen Rundfunksystems als bürokratischer Ausdrucksform des Parlamentarismus die mittelbare Durchsetzung von Kapitalinteressen möglich ist:

«Die Rundfunkregelung der westlichen Alliierten

Nach der Niederlage des deutschen Faschismus stehen die westlichen Alliierten (USA, Frankreich und England) vor dem Problem, eine Rundfunkorganisation zu finden, die einerseits dem Wiederaufbau des Kapitalismus im westlich besetzten Teil Deutschlands nicht zuwiderlau-

Mangel kennt viele Formen…

... und heutzutage ist Geldknappheit nicht immer die schlimmste Mangelerscheinung. Man kann unter Kontaktarmut so sehr leiden wie unter Finanznot.

Allerdings vermag Geldmangel den Kontaktmangel noch zu fördern. Denn Geld ist ein Mittel und Regulator der Kommunikation, nicht nur im Geschäftsleben. Geld kann unterbrochene Verbindungen wieder aneinanderknüpfen und bestehende Bindungen festigen. Geld spricht mitunter eine deutlichere Sprache als Worte.

fen soll, andererseits weder auf die Weimarer Konstruktion noch auf die faschistische Gleichschaltung des Rundfunks unmittelbar zurückgreifen kann. Der Weimarer Rundfunk hatte seine Untauglichkeit insofern bewiesen, als er, abgeschirmt von jeder demokratischen Kontrolle, schon 1932 unter der Regierung Papen vollständig verstaatlicht werden konnte. Die nationalsozialistischen Machthaber brauchten ihn deshalb in seiner Organisationsstruktur nicht wesentlich zu verändern, um ihn für ihre Ziele zu instrumentalisieren. Damit wurde allerdings die Ideologie der Neutralität und Überparteilichkeit der Sendeanstalten nachhaltig zerstört. Der Staatsrundfunk hatte sich unter der faschistischen Diktatur eindeutig als aggressives Instrument der Propaganda und imperialistischen Politik erwiesen. Aufgrund der in der Weimarer Republik und vor allem unter dem Nationalsozialismus gemachten Erfahrungen, die sich bei der Bevölkerung nach dem Kriege in der Einsicht niederschlagen, der Rundfunk sei nichts anderes als ein ‹Monopol des Staates›, sind die Militärregierungen der verschiedenen Besatzungszonen gezwungen, in jedem Fall die Einrichtung eines Staatsrundfunks zu verhindern. Infolgedessen kommt das französische Modell von vornherein nicht in Betracht. Die Absicht der Amerikaner, statt dessen den Rundfunk nach eigenem Vorbild privatwirtschaftlich zu organisieren, mußte aus mehreren Gründen aufgegeben werden. Da die Alliierten von der Übertragung ihrer Rundfunksysteme, die in ihrer formalen Organisation erheblich voneinander abweichen, ausgehen, sind ihre Vorstellungen zunächst widersprüchlich. Die englischen Vertreter (der Labourregierung) lehnen die Privatisierung des Rundfunks ab. In der Hoffnung, die gesellschaftlichen Widersprüche des kapitalistischen Systems sozialstaatlich ausgleichen zu können, plädieren sie für das englische Modell, das sich nach langen Verhandlungen gegenüber den Amerikanern durchsetzt. Hinzu kommt, daß die westlichen Alliierten auf die deutsche Bevölkerung Rücksicht nehmen mußten. Ihr war nach dem Kriege bewußt, daß nicht allein Nationalismus und Militarismus die Grundlagen der gesellschaftlichen Ordnung ruiniert hatten. Die Ursache der Niederlage des Faschismus wurde vielmehr im Zusammenhang der Vorherrschaft des Großkapitals, der privaten Monopole und Konzerne gesehen. Das Argument, ein privatwirtschaftlich organisierter Rundfunk sei unvereinbar mit den Interessen der Allgemeinheit, konnte damit nicht übergangen werden.

Den Ausweg aus diesem Dilemma finden die westlichen Alliierten in einem Kompromiß. ...

Er findet seinen Niederschlag in der juristischen Formel der ‹öffentlich-rechtlichen Anstalten›. Mit dieser Konstruktion haben die westlichen Alliierten eine formale Organisation gefunden, deren Besonderheiten darin bestehen:

1. Der Medienfunk wird als ein nicht privatwirtschaftliches Unterneh-

men etabliert. Er wird aus dem direkten Verwertungszusammenhang des Kapitals herausgenommen. Die Kostendeckung erfolgt teils durch Gebühren, teils durch Werbeeinnahmen.

2. Der Medienfunk scheint vom Staat und den ihn repräsentierenden bürgerlichen Parteien losgelöst zu sein. Die formale Trennung vom Staat kann im Gegensatz zum Staatsrundfunk als Autonomie der Sender ausgegeben werden, was von den bürgerlichen Ideologen reichlich ausgenutzt wird. Damit verbunden ist die formaljuristische Organisation der ‹öffentlich-rechtlichen Anstalten›, die die Voraussetzung für die Durchsetzung der alten Ideologie von der Neutralität und Überparteilichkeit der Funkmedien am besten gewährleistet.

3. Mit der Bildung von Rundfunkräten wird diese Konstruktion pseudodemokratisch abgesichert und legitimiert. Es entsteht der Schein, daß nicht mehr das Kapital oder der bürgerliche Staat den Rundfunk kontrolliert, sondern die Gesellschaft selbst die Kontrolle übernommen habe.

Aus dieser Grundkonzeption der westlichen Alliierten entstehen in den Jahren 1945 bis 1949 die Rundfunkanstalten, aus denen das 1. und 2. deutsche Fernsehen hervorgehen....

Nach dem Zweiten Weltkrieg werden die Rundfunkanstalten innerhalb des von den westlichen Alliierten eingerichteten Lizenzierungs- und Kontrollsystems aufgebaut. Zusätzlich zu ihrer öffentlich-rechtlichen Konstruktion werden sie dem Föderalismus unterworfen. Die Allierten geben die Anweisung, die Sender in den einzelnen Ländern ihrer Besatzungszone unabhängig und dezentral zu errichten. So entsteht in der französischen Besatzungszone, in Baden-Baden, der Südwestfunk (SWF). In den englisch besetzten Ländern kommt es zur Gründung einer großen Anstalt, die sich am Vorbild der «BBC» orientiert und ihren Sitz in Hamburg hat: der Nordwestdeutsche Rundfunk (NWDR). Er löst sich später in den Norddeutschen Rundfunk (NDR) und den Westdeutschen Rundfunk (WDR) auf. In der amerikanischen Besatzungszone wird in jedem einzelnen Land ein Sender in Gang gebracht: der Süddeutsche Rundfunk (SDR) in Württemberg (Stuttgart), der Bayerische Rundfunk (BR) in München, der Hessische Rundfunk (HR) in Frankfurt und im Norden Radio Bremen (RB). Die Alliierten sehen in dieser Aufteilung der sechs Rundfunkanstalten nach Ländern und Besatzungszonen und in der öffentlich-rechtlichen Konstruktion die beste Garantie dafür, daß dem deutschen Staat zukünftig kein Instrument aggressiver Propaganda mehr erwächst.

Nach der Konstituierung der Bundesrepublik werden die Rundfunkregelungen der Besatzungsmächte in ihrer formalen Struktur weitgehend übernommen. Es zeigt sich in der Entwicklung allerdings bald, daß das Verhätlnis von Rundfunk und Staat keineswegs auf Neutralität beruht. Von Anfang an ist die Unabhängigkeit der einzelnen Rundfunkanstalten eine Fiktion.

Der Aufbau des Fernsehfunks vollzieht sich in Hamburg beim NWDR. Die ersten Pilotsendungen werden Ende 1950 ausgestrahlt. Die Vorschriften der Alliierten wirken sich auch bei der Gründung eines deutschen Fernsehens aus. Wie beim Rundfunk wird auf eine zentral gelegene Fernsehanstalt verzichtet. So kommen überall da, wo in den einzelnen Ländern und Besatzungszonen Rundfunksender errichtet worden waren, komplette Fernsehsender hinzu. Um die damit verbundenen höheren Kosten nicht noch höher zu schrauben, einigt man sich auf die Ausstrahlung eines Gemeinschaftsprogramms, das von den einzelnen Anstalten anteilmäßig produziert wird.

Hierzu wird am 27. 3. 1953 in Hannover der ‹Fernsehvertrag der westdeutschen Rundfunkanstalten› abgeschlossen, der bis heute die organisatorische Grundlage des 1. Deutschen Fernsehens (ARD) bildet. Der Vertrag regelt die prozentualen Anteile der ARD-Anstalten am Gemeinschaftsprogramm und gesteht jedem Sender das Recht zu, sich aus dem Gemeinschaftsprogramm auszuschalten. Das 1. Deutsche Fernsehen eröffnet am 1. November 1954 offiziell sein Programm. Entscheidend sind nicht so sehr die technischen Vereinbarungen, die hierbei getroffen werden, obgleich ihnen politisch jeweils eine besondere Bedeutung zuzumessen ist. Ausschlaggebend ist vielmehr die Zusammensetzung der Aufsichtsgremien, der Rundfunk- bzw. der Fernsehräte.

Innerhalb der ARD haben sich im Laufe der Entwicklung der Rundfunkanstalten zwei Formen von Aufsichtsgremien herausgebildet, die beide der bürgerlichen Interessenvertretung dienen und über eine personelle Repräsentanz den herrschenden bürgerlichen Konsensus sicherstellen. In den einzelnen Landesgesetzen der Rundfunkanstalten sind die Grundlagen für diese Kontrollorgane juristisch festgelegt worden. Danach haben wir in Süddeutschland sogenannte ständisch-pluralistische Organe, die von verschiedenen Berufsgruppen, Verbänden und Parteienvertretern besetzt werden. Ihre Konzeption beruht auf den Regelungen der Besatzungsmächte. In Norddeutschland finden wir dagegen sogenannte parlamentarisch-pluralistische Organe vor, die von den ursprünglichen Intentionen der Alliierten erheblich abweichen und ausschließlich von der parteipolitischen Konstellation in den einzelnen Parlamenten abhängig sind.

Das parlamentarisch-pluralistische Modell

Im ständischen Modell der Rundfunkorganisation gibt es zumindest potentielle Divergenzen zwischen Vertretern von Interessenverbänden und Parteienvertretern. Im Fall des Bayerischen Rundfunks hat das zu der politische Farblosigkeit vorgebenden Benennung der sogenannten Grauen, der nicht erkennbar parteipolitisch Orientierten geführt. Die Organisationsformen des WDR und des NDR geben für derlei Zwischenschattierungen keinen Raum. Von den bürgerlichen Parteien unabhängige Gruppen sehen sie nicht vor. Was den Alliierten noch vorgeschwebt hat, als sie die Beteiligung verschiedenster Interessengruppen gefordert haben, um einen Staatsrundfunk zu vermeiden, ist in der parlamentarischen Konstruktion des WDR und NDR völlig verflüchtigt. ...

Bei der Gründung des WDR und des NDR wird eine Organisation gesucht und gefunden, die am besten dazu geeignet erscheint, bestehende parteipolitische Machtverhältnisse auch im Rundfunk zu garantieren. Dabei bedient man sich der Ideologie und der Organisationsstrukturen des Parlamentarismus: ‹Der Rundfunk würde ‚der Parteienherrschaft ausgeliefert‘, sagt man. In Wirklichkeit haben die Parteien nicht die geringsten Sonderrechte erhalten. Mit der Entsendung von Menschen ihres Vertrauens, die außerdem die gesetzlichen Bedingungen erfüllen müssen, ‚fachkundig auf dem Gebiet des Rundfunkwesens‘ zu sein, binden sie diese Männer und Frauen nicht an ihre parteipolitischen Auffassungen, sondern an die Verpflichtungen, die ihnen aus der Zugehörigkeit zu einem Rundfunkgremium erwachsen, dessen Rechte und Pflichten sich aus dem Gesetz und dem Statut der Rundfunkanstalten ergeben. Die Parteien und ihre Fraktionen in den Landtagen sind viel weniger Interessenvertretungen als die Gruppen, deren Vertreter beim ständischen Aufbau in ein Kontrollgremium entsandt wurden. Die Parteien fühlen sich nicht nur nicht als Interessenvertretungen, sondern sind es im wesentlichen auch nicht, da sie fast durchweg Mitglieder und Wähler verschiedener Bevölkerungsschichten und weltanschaulicher Gruppen haben. Eine politische Partei wählt man nicht nach einem eng begrenzten Interessengesichtspunkt, sondern nach Abwägung sehr vieler verschiedener Gesichtspunkte, wenn sich nach deren Vergleich ergibt, daß eine bestimmte Partei, alles in allem gesehen, dem einzelnen für die Gestaltung des öffentlichen und kulturellen Lebens am tauglichsten und am wertvollsten erscheint. Zudem sind die Vertreter der politischen Parteien in den Parlamenten diejenigen, die weitestgehend eine demokratische Legitimation zur Vertretung eines öffentlichen Interesses haben. Kein anderer Vertreter der Öffentlichkeit kann ein solches Maß an Legitimation und demokratischer Autorität für sich in Anspruch nehmen.› Klarer als in dieser Stellungnahme von Willi Eichler aus dem Jahre 1955 kann die Ideologie des Parlamentarismus kaum noch formuliert werden. Der damalige Leiter der Kulturabteilung im Parteivorstand der SPD läßt kein noch so fadenscheiniges Argument aus, um die Neuorganisation des Rundfunks schmackhaft zu machen.

Dabei ist die Fiktion der parlamentarischen Repräsentanz gesellschaftlich relevanter Kräfte inzwischen selbst von vielen bürgerlichen Kritikern in Frage gestellt worden. In der Formel von der ‹Krise des Parlamentarismus› schlägt sich das nieder. Mit dem Verweis auf die ‹klassische Phase› der parlamentarischen Demokratie werden gleichzeitig die heute überhand nehmende Macht der Exekutive und die Beherrschung politischer Entscheidungen durch die ökonomisch Mächtigen kritisiert. ...

Eben darin, im parlamentarisch-pluralistischen Modell der Rundfunkorganisation ein Instrument bürgerlicher Herrschaft gefunden zu haben, das den Anschein mitproduziert, die ganze Gesellschaft zu repräsentieren, liegen die letztendlichen Ursachen für die Neuorganisation des NWDR. Die einzelnen Länderparlamente, die die Gründung von WDR und NDR vornehmen, entscheiden sich für das parlamentarische Modell, da es der herrschenden Kräftekonstellation am meisten entgegen kommt. Es findet seinen gesetzlichen Ausdruck in den Staatsverträgen. Sie schaffen die rechtlichen Grundlagen dafür, daß beim WDR und NDR die Gremienvertreter ausschließlich nach dem Parteienproporz der einzelnen Parlamente bestimmt werden.

Das Gesetz für den NDR schreibt vor, daß der niedersächsische Landtag 12, der Landtag von Schleswig-Holstein und die Hamburger Bürgerschaft jeweils 6 Mitglieder für den Rundfunkrat wählen. ...

Allen Funkgremien gemeinsam ist der Umstand, daß sie keiner gesellschaftlichen Kontrolle unterworfen sind. Sie kontrollieren nur sich selbst. Sie fungieren als die Selbstkontrolle eines bürgerlichen Parteienblocks, dessen politische Praxis sich in nichtöffentlichen Sitzungen vollzieht. Protokolle über die Gremienpolitik werden nicht veröffentlicht. Die Amtsverschwiegenheit gilt als eines der obersten Gebote. Der Zugang zu den Anstalten ist ohne Beziehungen kaum möglich. Manche Hausregel geht soweit, daß selbst den Verwaltungsräten, die Verbänden angehören, nicht erlaubt ist, ihre eigenen Organisationen zu informieren.

Die Abkapselung von der Öffentlichkeit und die Verdunkelung interner Vorgänge im Haus und in den Gremiensitzungen wird durch besondere Vorsichtsmaßnahmen vervollständigt. Seifert hat beim Hessischen Rundfunk übliche Dienstverträge entdeckt, die dem Personal eine Schweigepflicht auferlegen über alle ‹Angelegenheiten und Vorgänge, die ihrer Natur nach oder aufgrund besonderer Anordnungen vertraulich zu behandeln sind›. Außerdem besteht das Verbot, ohne schriftliche Genehmigung ‹dienstliche Schriftstücke, Drucksachen, Zeichnungen, Ton- und Bildträger usw. zu außerdienstlichen Zwecken an sich (zu) nehmen, (zu) verwenden oder Dritten zugänglich (zu) machen›. Diese ganze Repression soll endlich ‹über die Zeit des Arbeitsverhältnisses hinaus› Gültigkeit behalten.

Der öffentlich-rechtliche Charakter der Funkmedien gehorcht hier der immanenten Tendenz aller bürgerlichen Anstalten, seien es Schulen, Krankenhäuser oder Gefängnisse, sich zusätzlich einzumauern. Von der Außenwelt schirmen sie sich ab, etablieren eine besondere Sphäre, die den Entfremdungscharakter der Institute verdoppelt und denen, die dort arbeiten müssen, politisches Engagement ungeheuer erschwert. Der Zweck der Restriktionen liegt darin, zu verhindern, daß politische Konflikte und Pressionen an die Öffentlichkeit gelangen.

Die Integration wird über die Institutionalisierung der pluralistischen Fernsehräte geleistet. Daß sie keinen Anspruch auf gesellschaftliche Repräsentanz erheben können, liegt nicht am ungenügenden Auswahlverfahren. Der Grund ist vielmehr im Wesen des kapitalistischen Systems zu suchen, das nicht pluralistisch, sondern antagonistisch strukturiert ist. Ebenso wie die Ideologie der pluralistischen Gesellschaft ein abstraktes Gesellschaftsmodell unterstellt, das nur Schichten kennt und den Antagonismus der Gesellschaft verhüllt, macht dies auch jede ‹pluralistische› Organisationsform. Sie kann, und das ist ihre entscheidende Funktion, immer nur die verschiedenen, durchaus pluralen und sich widersprechenden Interessen innerhalb der Bourgeoisie verkörpern. Die Leistung der Kontrollorgane zeigt sich gerade darin, daß in allen Funkmedien die Interessen der Arbeiterklasse nicht vertreten sind und die Arbeiterklasse die Kontrolle über die Arbeit der Funkmedien nicht einmal in Ansätzen ausüben kann. Zum Wesen bürgerlicher Herrschaft gehört es, daß sie nur eine Minderheit repräsentiert. Diese Minderheit übt ihre Macht auf verschiedene Weise aus, aber stets so, daß gesellschaftliche Massenorganisationen, wenn sie opponieren, an ihrer Entfaltung gehindert werden. Bei den Funkmedien ist die Machtausübung über den Weg der Oligarchisierung (Herrschaft einer kleinen Gruppe) in die Hand einer Elite gelegt worden. Haensel hat ausgerechnet: ‹Das Fernsehprogramm, das die ARD ausstrahlt, wird von den 285 Mitgliedern der Rundfunkräte, das des ZDF von den 66 Mitgliedern des Fernsehrates gesteuert, hierzu kommen 12 Intendanten der Anstalt und je etwa 5 ihrer Mitarbeiter, also 60 bei 12 Anstalten, so daß die Fernsehelite, die für das Programm zuständig ist, sich auf etwa 350 Köpfe beläuft. Sie bestreiten nicht das Programm, sie bestimmen es, niemand erscheint auf dem Bildschirm, den sie für unerwünscht bezeichnen. Kein Thema findet ein Podium, das für sie tabu ist.›

Diese Fernsehelite zeichnet sich dadurch aus, daß sie den Kontakt zur gesellschaftlichen Basis nicht benötigt. Sie läßt dem größten Teil der Zuschauer nur die Wahl, zu akklamieren. Scheinbar attraktive Programme, die um die Gunst des Publikums konkurrieren, lassen die Frage nach den Interessen der Masse der Zuschauer nicht aufkommen. An eine Beteiligung der Zuschauer wird nur in der suggestiven Form der Fesselung gedacht.

Das ständisch-pluralistische Modell ...

Die Konzeption des ständisch-pluralistischen Modells geht davon aus, daß eine möglichst adäquate Vertretung aller ‹gesellschaftlich relevanten Kräfte› in den Aufsichtsorganen der Anstalten ermöglicht werden soll. Um die Funkmedien nicht mehr wie unter dem Nationalsozialismus der Staatsmacht auszuliefern, sollten vor allem Trägergruppen der Gesellschaft an der Gestaltung, Kontrolle und Aufsicht des Funks beteiligt werden. An die Stelle der Parlamente und der staatlichen Exekutive treten, um jeden einseitigen propagandistischen Machtmißbrauch zu verhindern, eine Vielzahl von Gruppen, Parteien, Verbänden und Institutionen und übernehmen selbständig die Verantwortung und Kompetenz. Damit hofft man, eine nicht weiter bestimmte gesellschaftliche Gesamtheit zu verkörpern, die den Rundfunk nicht mehr staatlicher Verwaltung, sondern demokratischer Kontrolle unterstellt. Durch die Beteiligung möglichst vieler und unterschiedlicher gesellschaftlicher Gruppen sollte zugleich ein Interessenausgleich hergestellt werden, der endlich die diskreditierte Neutralität und Überparteilichkeit des Rundfunks wieder herbeiführe. Die Aufsichtsorgane werden nach diesem Konzept ‹pluralistisch› bzw. ‹ständisch› gebildet. Der Begriff des Standes ist dabei eine formale Bezeichnung für alle von der Verfassung zugelassenen Körperschaften, Berufsgruppen und im weitesten Sinne für jede traditionell organisierte Interessengruppe. Ebenso wie der Begriff ‹pluralistisch› verweist er auf ein bestimmtes Bild, das man sich von der Gesellschaft macht. Danach wird zwar eine Reihe von Gruppen-, Parteien- und Statusunterschieden in der Gesellschaft anerkannt. Aber die Spaltung der Gesellschaft in zwei sich unversöhnlich gegenüberstehende Klassen muß in dieser Pluralismuskonzeption vertuscht werden.

Die Pluralismuskonzeption ist eine der populärsten nach dem Zweiten Weltkrieg. Sie erteilt auf die wichtige Frage nach der sozialen Struktur der bürgerlichen Gesellschaft eine besondere Antwort und versucht, das Funktionieren westlich-demokratischer Gesellschaften zu erklären. Ihre Dominanz in der politischen und soziologischen Literatur verdankt sie der These, die sogenannte moderne Industriegesellschaft habe die alte Klassengesellschaft abgelöst. Zahlreiche Pluralismus-Theoretiker werden nicht müde, zu behaupten, die Realitäten der bürgerlich-kapitalistischen Gesellschaften hätten sich inzwischen soweit verändert, daß man nicht mehr von Proletariern und Kapitalisten reden könne. Zu dieser Auffassung gelangen sie jedoch nur, weil sie die Bestimmung der Klassen nach ihrer Stellung zum Produktionsprozeß aufgeben. An die Stelle der ökonomisch zu definierenden Klassen ... treten eine Vielzahl von Ständen, Gruppen, Institutionen, Organisationen, etc. Diese nicht mehr ökonomisch, sondern oberflächlich soziologisch zu begreifenden Gruppierungen konkurrieren gleichwertig und gleichgewichtig nach festgelegten demokratischen Spielregeln um die politische Macht. Ein ‹egalitäres Wertsystem›, dem sich alle Gruppen und Verbände zu unterwerfen haben, sorgt dafür, daß trotz unterschiedlicher Interessen und Ziele eine Einigung stets möglich ist. In der ‹pluralistischen› Gesellschaft seien mit der repräsentativen Demokratie, die allgemeines Wahlrecht, Koalitions- und Organisationsfreiheit beinhaltet, alle Voraussetzungen für einen gerechten Interessenkampf und -ausgleich gegeben. Meist wird dem Staat als über den Parteien und Klassen stehendem Schiedsrichter das Recht übertragen, die Interessenkonkurrenz zwischen den diversen sozialen Gruppen zu koordinieren. Politische Entscheidungen sind durch einen stets notwendigen Kompromißcharakter gekennzeichnet, was opportun sei, weil keine der zahlreichen Gruppen in der ‹pluralistischen› Gesellschaft sich uneingeschränkt durchsetzen dürfe. Ökonomische, gesellschaftliche und staatliche Macht befänden sich dergestalt in einem Verteilungsprozeß, daß der Zusammenstoß verschiedener Interessen zu einem Machtausgleich führe. Das Zusammenspiel der Gruppen und eine ständige Ausbalancierung der sich wechselseitig minimierenden Kräfteverhältnisse verhindere Konzentration und Zuwachs von Macht.

Auf die Organisation des Rundfunks übertragen ergibt die Pluralismuskonzeption einen Rahmen, in dem scheinbar ausgewogene Verhältnisse zwischen staatlichen, gesellschaftlichen und kulturellen Institutionen herrschen. Holzamer hat schematisch die Gesichtspunkte des ‹pluralistischen› Modells aufgezählt ...:

‹Das Rundfunkprogramm ist das umfassendste und damit auch vielfältig verschlungene Widerspiel des *gesamten kulturellen Lebens*. Von der leichtesten Unterhaltung bis zur religiösen Erbauung, von der Nachrichtenübermittlung verkehrstechnischer Art bis zum hochpolitischen Kommentar, von fachlicher Belehrung bis zur gelehrten Bildung, vom Volkslied bis zur höchsten Dichtungs- und Musikform kommt schlechthin alles vor, was sich in Wort, Ton und Bild ausdrücken und darstellen läßt. – Zu einem guten Teil umfaßt dieses Gesamtprogramm auch politische Inhalte und Wirkungsformen, die bei der Monopolstellung des Rundfunks deshalb besonders sorgfältig zu gestalten und im Sinne der Toleranz, der Überparteilichkeit und der Wahrung demokratischer Spielregeln zu überwachen und gesetzlich zu binden sind.

Daraus folgt:

1. In die allgemeine Gesetzgebungsbefugnis der Parlamente ... fällt daher verschärft das Recht des Staates, im Interesse der Ordnung und des Gemeinwohls diese politische Seite des Rundfunks gesetzlich zu regeln und zugleich zu schützen.

2. Da auch das übrige Kulturprogramm des Rundfunks mitfolgend politisch ‚getönt' und ‚gefärbt' sein und damit die Monopolstellung dieses Instruments mißbraucht werden *kann*, hat die Gesetzgebung das Recht und die Pflicht, auch im gesamten Wirkbereich des Rundfunks einen gesetzlichen Rahmen zu schaffen, der den oben genannten Grundforderungen entspricht ...

3. Von diesem *Gesetzgebungsrecht*, das bei den Parlamenten als den Willensträgern des demokratischen Staatsvolkes steht, ist klar und unmißverständlich die *Repräsentanz* in den Aufsichtsorganen der kulturel-

len Selbstverwaltungs-Institutionen zu scheiden. – Wenn Selbstverwaltung schon im rein staatlich-politischen Bereich die Trennung zwischen der Gesetzgebung *für* die Kommunalkörper (als ‚Objekten' dieser Gesetze) und die Durchführung *durch* diese Körperschaften selbst nötig macht, so gilt dies in *ungleich tieferer Weise* für die Kulturkörperschaften und damit auch für den Rundfunk.

Steht der Staat in der Gesetzgebung ‚über' den Kulturinstitutionen, so steht er in der Selbstverwaltung dieser gleichen Einrichtungen als *Partner neben ihnen.* – Das heißt praktisch für den Rundfunk: Alle echten, das Kulturleben tragenden und erst ermöglichenden Institutionen (im Unterschied von reinen Interessenverbänden) haben ein gleich ursprüngliches Anrecht, im Rundfunk – als einem wichtigen Teil unseres Kulturdaseins – *ebenso maßgeblich repräsentiert* zu sein wie der Staat selber (Parlament, Regierung) und nicht dieses Anrecht durch das Parlament oder durch die Regierung ausgeübt zu sehen, selbst wenn dann Frauen und Männer aus den Kulturinstitutionen gewählt werden.

4. Wie zwingend diese Folgerung aus einer klaren Sicht des Föderalismus ist, zeigt das Beispiel der Kirchen. Nicht nur aus einer rechtsphilosophischen Begründung heraus, sondern auch positiv-rechtlich sind die Kirchen Sozialgebilde souveräner Art, die mit dem Staat – auf gleicher Ebene – Verträge abschließen und in sonstige Rechtsbeziehungen treten.

Die Kirchen stehen außerdem – wie andere soziale und kulturelle Gruppen von einer volksweiten Bedeutung – auch als Gesellschaftskörper neben dem Staat. Sie müssen daher in einer Kulturinstitution wie dem Rundfunk *kraft eigener Kulturverantwortung und Mitträgerschaft* repräsentativ beteiligt sein. Föderalismus heißt ja nicht nur regionale Aufgliederung der staatlich-politischen Kompetenzen und Aufgaben, sondern vor allem auch *sachliche* Aufgliederung und Scheidung der rein politischen Einfluß- und Machtbereiche von den Kultur-, Erziehungs-, Gesellschaftsbereichen schlechthin. Der totalitäre Staat (als das Gegenbeispiel demokratisch-föderativer Ordnung) kennt ‚natürlich' auch diese sachliche Scheidung nicht; für ihn ist alles reine Politik.

5. Ganz konkret: In den Aufsichtsorganen des Rundfunks (besonders im Rundfunkrat) sollten daher – nach dem erprobten Verfahren der süddeutschen Rundfunkanstalten – Parlamente, Regierungen, Kirchen, Universitäten, Gewerkschaften, Erzieherverbände usw. – von bloßen Interessenvereinigungen zu trennen – als *ursprüngliche Berufsinstanzen nebeneinanderstehen*; die Parlamente sollten sich ebenso unverkürzt auf ihr Gesetzgebungsrecht in dieser Frage stützen und beschränken, damit dem Kulturetatismus *(staatliche Kulturlenkung) auch in seinen ersten Anfängen gewehrt wird.›

Die Kritik der Pluralismuskonzeption hat sich auf die unzureichende Beschreibung der Strukturen der bürgerlichen Gesellschaft zu richten.

Weder wird die Pluralität der Gesellschaft auf ihre sozio-ökonomische Funktion befragt, noch wird der jederzeit zu einer Schlichtung führende Konflikt-Kompromißmechanismus problematisiert. Welchen politischen Stellenwert die Interessenkonflikte zwischen den Gruppen haben, kann ebenso wenig geklärt werden wie der ökonomische Hintergrund, auf dem sie beruhen. Da dem Pluralismus die Lehre von der liberalen Konkurrenzwirtschaft zugrunde liegt, wobei analog zum ökonomischen Markt ein ‹politischer Markt› Angebot und Nachfrage bzw. Konflikt und Ausgleich regele, heißt die fiktive Proportionale im pluralistischen Kräfteparallelogramm stets ‹Gemeinnutz›. Diese Zauberformel muß herhalten, um das fehlende Gleichgewicht zwischen den um die politische Macht konkurrierenden Gruppen herzustellen. Zusammenfassend ist an der ‹pluralistischen› Gesellschaft mit Bergmann dreierlei zu kritisieren:

‹Weder ist zu unterstellen, (1) alle beteiligten Interessengruppen verfügen über die gleiche Macht und den gleichen Einfluß, noch ist (2) gesichert, daß alle sozialen Gruppen, die dem demokratischen Prinzip der Gleichheit zufolge berechtigte Interessen haben, in dem pluralistischen Interessenkampf überhaupt vertreten sind und schließlich (3) besteht keine Garantie, daß die ausgehandelten Kompromisse dem Interesse der Gesamtheit der Staatsbürger nahekommen oder es gar darstellen.›

Als Beispiel für das ständisch-pluralistische Modell stehe der Bayerische Rundfunk. Der Bayerische Rundfunkrat setzt sich aus 41 Mitgliedern zusammen. An erster Stelle stehen 1 Mitglied der Bayerischen Staatsregierung, 9 Vertreter des Bayerischen Landtages in der Weise, daß jede Fraktion für je angefangene 25 Angehörige ein Mitglied entsendet ... und drei Vertreter des Bayerischen Senats. Die übrigen 28 Mitglieder werden von den verschiedensten Verbänden delegiert. Was sofort auffällt, ist die wahllose und auf keinen definierbaren Auswahlkriterien beruhende Summierung kleinerer und größerer, bedeutender und unbedeutender Verbände wie Bayerische Staatsoper, Heimatvertriebenen-, Familien-Verband, Bayerische Schauspielbühne, Bayerischer Heimattag, katholische und evangelische Kirche, israelitische Kultusgemeinde, Schriftsteller-, Komponisten-, Musikorganisationen, Elternvereinigungen. Die Zufälligkeit unserer Auswahl spitzt nur die Willkür der vom Gesetzgeber bestimmten Auswahl zu. Sie demonstriert, daß die Repräsentanz der Gesamtgesellschaft einem formalen Pluralismus gehorcht, der personengebunden so unterschiedliche Verbände wie Gewerkschaften, Bauernverband, Inudstrie- und Handelskammer, Handwerkskammer in eine Reihe stellt, gleichwertet und je einen Vertreter nominieren läßt. Dieser Pluralismus ist jedoch nicht ‹sinnlos›. Er verdeckt die Tatsache, daß ein großer Teil der delegierten ‹freien Persönlichkeiten› Agenten des Kapitals sind. Sie haben sich entweder in der CSU zusammengeschlossen oder stehen dieser Partei sehr nahe. Fast alle Vertreter der kommunalen Organisationen (Städteverband, Landkreisverband) sind CSU-Mitglieder. Der Vertreter des Bauernverbandes ist ebenfalls Abgeordneter der CSU.»

6.3 Massenkommunikation und gesellschaftliche Kontrolle

6.3.1 Reform der Massenkommunikation

Es sollen nun anhand einzelner medienpolitischer Konzepte der Parteien und der Gewerkschaften in der Bundesrepublik die unterbreiteten Vorschläge zur Reform der Medien geprüft und wesentliche programmatische Forderungen miteinander verglichen werden.

Die von der **CDU/CSU**-Medienkommission erarbeiteten Grundsätze in ‹**Zum Thema: Freiheitliche Medienpolitik**›, herausgegeben von der CDU-Bundesgeschäftsstelle, Bonn 1976, S. 7–23, zeichnen sich dadurch aus, die öffentlich-rechtliche Organisationsform von Rundfunk und Fernsehen als prinzipiell veränderungsbedürftig zu erachten. Damit wird gleichwohl nicht auf die Beseitigung der jener Rundfunkverfassung eigenen Mängel abgestellt, sondern Rundfunk und Fernsehen sollen letztlich privater Verfügung zugänglich werden. Technische Neuentwicklungen wie das Kabelfernsehen bilden die Voraussetzung für solche Bestrebungen.

Als weiteren wichtigen Programmpunkt vertritt die CDU/CSU-Medienkommission die Auffassung, es sei die Stimmberechtigung der Personalvertretung in den Gremien von Rundfunk und Fernsehen mit dem öffentlich-rechtlichen Kontrollprinzip nicht vereinbar. Damit wird die Mitbestimmung gewählter Vertreter der im Mediensektor Beschäftigten bezüglich der Inhalte ihrer Tätigkeit abgelehnt.

Dieser Grundsatz zielt auf die Aufrechterhaltung des sogenannten Tendenzschutzparagraphen, der als § 118 in das neue Betriebsverfassungsgesetz Eingang fand. Er schränkt die Rechte von Betriebsräten und Mitarbeitern in den Institutionen und Betrieben ein, die «den Zwecken der Berichterstattung oder Meinungsäußerung» dienen. Während von seiten der Gewerkschaften die ersatzlose Streichung des Tendenzschutzparagraphen im Betriebsverfassungsgesetz gefordert wurde, unterstreicht die CDU/CSU in ihrem Konzept die Notwendigkeit des Festhaltens an dieser Regelung:

«Präambel

Die Christlich Demokratische Union und die Christlich Soziale Union bekennen sich zu der im Grundgesetz verbrieften Meinungs- und Informationsfreiheit und damit zu dem Grundrecht, sich aus allgemein zugänglichen Quellen ungehindert zu unterrichten. Dies gilt für den einzelnen Bürger wie für die Informations- und Meinungsmittler in Schrift, Bild und Ton.

Die CDU/CSU tritt entschieden für die Freiheit der Presse in der bewährten Form privatwirtschaftlicher Organisation, für die Freiheit von Hörfunk und Fernsehen sowie anderer Informations- und Meinungsmittler ein. Neue Informationsmittel, welche die technische Entwicklung bereitstellt, müssen frei von Zensur und Pressionen der Information des Bürgers dienen.

Für die Breite des Informationsangebots, für die Freiheit der Meinung von staatlichen und außerstaatlichen Zwängen sowie für die Wirtschaftlichkeit privater Unternehmen im Rahmen der Sozialen Marktwirtschaft haben zunächst die privaten und die öffentlich-rechtlichen Informations- und Meinungsmittler selbst zu sorgen. Gesetze und Verordnungen, wirtschaftliche Hilfen und andere Maßnahmen haben allein der Förderung der Informations- und Meinungsfreiheit zu dienen.

Die CDU/CSU wird jeden Versuch abwehren, die Informations- und Meinungsfreiheit durch staatliche Maßnahmen zu reglementieren oder die Meinungsvielfalt durch gesellschaftlichen Druck einzuengen. Die Freiheit der Berichterstattung in Schrift, Bild und Ton ist unverzichtbarer Bestandteil unseres demokratischen Rechtsstaates.

Presse

Journalist–Verleger

● Die Pressefreiheit wird gemeinsam von Verlegern und Journalisten wahrgenommen. Beide sind der freiheitlich-demokratischen Grundordnung verpflichtet.
Die durch Artikel 5 des Grundgesetzes geschützte Pressefreiheit wird gemeinsam von Journalisten und Verlegern wahrgenommen.

● Der Journalist muß politisch und sozial unabhängig sein.

Die vom Grundgesetz garantierte Pressefreiheit und die Freiheit der Berichterstattung finden ihre Entsprechung in der politischen und sozialen Unabhängigkeit des der freiheitlich-demokratischen Grundordnung verpflichteten Journalisten.

Der Zugang zum Beruf des Journalisten ist frei. Besondere Studiengänge, wie das berufsbezogene Journalistikstudium (Mainzer und Münchener Modell), sind fortzuentwickeln.

Unbedingte Voraussetzung für eine volle Entfaltung der journalistischen Tätigkeit sind der freie Zugang zur Information und die freie Verfügbarkeit darüber. Staatliche Interventionsmöglichkeiten, wie sie zur Zeit noch über den § 353 c StGB (Geheimnisverletzung) gegeben sind, sind hiermit unvereinbar. Information ist erste Journalistenpflicht.

Zum Schutz gegen Beeinflussungs- und Pressionsversuche bedarf der Journalist besonders der Sicherung seiner beruflichen Mobilität und sozialer Sicherheit. Die berufliche Aus- und Fortbildung muß verbessert werden.

● Eine gleichwertige Altersversorgung für alle Journalisten muß die Mobilität sichern.

Von größter Bedeutung ist die Alterssicherung des Berufsstandes. Sie ist eine wesentliche Voraussetzung für ihre berufliche Entfaltung und sichert die Unabhängigkeit. Für die Journalisten in der Presse und in den öffentlich-rechtlichen Rundfunkanstalten ist eine die Mobilität sichernde Altersversorgung dringend erforderlich und baldigst zu verwirklichen. Sie muß die wechselseitige Anerkennung und Unverfallbarkeit der Versorgungsanwartschaft sicherstellen. Die notwendigen gesetzlichen Voraussetzungen sind sobald wie möglich zu schaffen, eine Beteiligung der öffentlichen Hand zur Herstellung gleichwertiger Versorgungsansprüche ist anzustreben.

● Verleger sind selbständige, organisatorisch wirkende Publizisten. Sie bestimmen Charakter, Typ und grundsätzliche publizistische Haltung der Zeitung. Verleger und Journalisten sollen partnerschaftlich zusammenarbeiten.

Verleger von Zeitungen und Zeitschriften sind selbständige, organisatorisch wirkende Publizisten.

- Verleger und Journalisten sind im Interesse der demokratischen Willensbildung zur korrekten Information verpflichtet.
- Die Meinungsfreiheit des Journalisten ist unantastbar.

Verleger und Journalisten sollen ihre Aufgaben unabhängig von sachfremden Beweggründen und Interessen erfüllen. Gegenüber der Öffentlichkeit sind sie zur korrekten Information verpflichtet. Kein Journalist darf veranlaßt werden, eine seiner Überzeugung widersprechende Meinung als seine eigene zu vertreten. Besteht Anlaß zu der Annahme, daß eine Veröffentlichung erhebliche Nachteile für die Zeitung zur Folge haben kann, so ist der Verleger vorher zu informieren und sein Einverständnis einzuholen. Bei der Entscheidung ist die öffentliche Funktion der Presse besonders zu beachten. Das Grundrecht der Pressefreiheit verpflichtet Journalisten und Verleger, die sittlichen Empfindungen der Allgemeinheit zu respektieren; Verherrlichung von Gewalt und Brutalität ist zu unterlassen.

Der öffentlichen Funktion der Presse wie dem Interesse der Leser dient die faire, partnerschaftliche Zusammenarbeit zwischen Verlegern und Journalisten. Die Partnerschaft sollte durch Redaktionsordnungen gefördert werden, die im Einvernehmen zwischen Journalisten und Verlegern festgelegt werden. Einer tarifvertraglichen Rahmenvereinbarung ist der Vorzug zu geben.

Charakter, Typ und grundsätzliche publizistische Haltung der Zeitungen werden vom Verleger bzw. Herausgeber bestimmt. Diese Festlegung soll Bestandteil der Anstellungsverträge der Redakteure sein.

Will der Verleger bei neu auftretenden Fragen von erheblicher, über die Tagesaktualität hinausgehender Bedeutung die Haltung der Zeitung festlegen, so kann dies nur nach eingehender Aussprache mit dem Chefredakteur und den sachlich betroffenen Redaktionsmitgliedern geschehen. Bei der Erörterung haben sich Verleger und Redakteure ernsthaft um eine Einigung zu bemühen.

- Die Detailkompetenz der Redaktion sollte durch Tarifvertrag festgelegt werden.

In diesem Rahmen und entsprechend der Redaktionsordnung – in der die Zuständigkeiten und Weisungsbefugnisse innerhalb der Redaktion geregelt sind – gestalten die Redakteure den Textteil im einzelnen. Diese Detailkompetenz der Redaktion, die in der journalistischen Praxis bei weitem überwiegt, sollte von den Verleger- und Journalistenorganisationen durch Tarifvertrag festgeschrieben werden.

- Die Beteiligungsrechte der Arbeitnehmer müssen dem Charakter des Tendenzunternehmens angepaßt sein.

Bei Einstellung und Abberufung von Chefredakteuren soll die Redaktion oder eine etwaige gewählte Vertretung der Redaktion gehört werden. Die Beteiligungsrechte der Arbeitnehmer müssen der Größe und Eigenart des Betriebes sowie dem Charakter des Tendenzunternehmens im Sinne des Betriebsverfassungsgesetzes angepaßt sein.

Die grundsätzliche publizistische Haltung einer jeden Zeitung und deren wesentliche Eigentumsverhältnisse sind in regelmäßigen Abständen – über die Impressumspflicht hinaus – offenzulegen.

Die hier niedergelegten Grundsätze gelten entsprechend für Zeitschriften.

Fachpresse

- Fachzeitschriften sind eine unerläßliche Voraussetzung für den technologischen und wissenschaftlichen Fortschritt.

Ein unerläßlicher Bestandteil der Presse ist die Fachpresse. Anders als Zeitungen und Publikumszeitschriften ist sie ein Medium im Bereich der beruflichen Kommunikation. Kommunikation zwischen Fachleuten ist in der modernen Industriegesellschaft wichtige Voraussetzung für den technologischen und wissenschaftlichen Fortschritt.

Die Vielfalt der Fachpresse ergibt sich aus der Mannigfaltigkeit der Berufe in der modernen Industriegesellschaft und der Spezialisierung der Wissenschaft. Fachzeitschriften besitzen daher eine besonders hohe Leserbindung.

Eine bedeutende Rolle spielen die Fachzeitschriften als Informationsträger von Wissenschaft und Wirtschaft im internationalen Erfahrungsaustausch.

Die Fachpresse ist bei ihrem Vertrieb fast ausschließlich auf die Bundespost angewiesen. Bei der Gestaltung der Posttarife ist darauf Rücksicht zu nehmen.

Zeitungen und Zeitschriften

- Die privatwirtschaftliche Organisation ist die Voraussetzung jeder freien Presse.

Überall in der Welt, wo die Presse frei ist, ist sie privatwirtschaftlich organisiert. Die Zustimmung der Leserschaft und der darauf beruhende wirtschaftliche Erfolg garantieren ihre Unabhängigkeit.

Die Bundesrepublik Deutschland weist trotz der wachsenden Pressekonzentration eine weitaus größere publizistische Vielfalt als vergleichbare Länder auf.

Die wirtschaftliche Selbständigkeit der Presse beruht auf Vertriebs- und Anzeigenerlösen. Die Bedeutung der Anzeigenerlöse hat stetig zugenommen. Die Presse kann ohne Anzeigengeschäfte ihre Aufgaben nicht erfüllen.

Der Vertrieb von Zeitungen und Zeitschriften erfolgt gegenwärtig in der Bundesrepublik Deutschland durch direkte Zustellung und über den Einzelverkauf. Bei fortschreitender technischer Entwicklung können auch andere Vertriebswege, insbesondere elektronische, möglich werden.

- Für alle Verlagsobjekte ist der freie Zugang zum Markt zu gewährleisten.

Der Mittlerrolle von Groß- und Einzelhandel entspricht es, allen Verlagsobjekten den Zugang zum Markt und eine angemessene Verkaufsunterstützung zu gewährleisten.

- Postgebühren dürfen die Existenz der Verlage nicht gefährden.

Die übermäßigen Gebührenerhöhungen der Deutschen Bundespost in den letzten Jahren haben viele Verlage existenzgefährdend betroffen. Demgegenüber sind in anderen europäischen Ländern des EG-Bereichs spürbare Gebührenermäßigungen vorgenommen worden. Die Bundesregierung hat mit ihren Gebührenerhöhungen außerdem die Empfehlung der UNESCO zur Sicherung der Pressefreiheit und -vielfalt mißachtet.

Pressekonzentration

- Vielfältige, lebensfähige, publizistische Einheiten der Zeitungs- und Zeitschriftenpresse müssen durch Rationalisierung und Kooperation erhalten werden. Der Staat muß durch eine pressefreundliche Steuer- und Gebührenpolitik hierbei mitwirken.

Um die Vielfalt des Informations- und Meinungsangebots aufrechtzuerhalten und die Gefahren zu verhindern, die sich aus zu starken Konzentrationsvorgängen ergeben können, muß die Erhaltung vielfältiger, lebensfähiger publizistischer Einheiten der Zeitungs- und Zeitschriftenpresse zunächst durch wirtschaftliche Maßnahmen wie Rationalisierung und gemeinschaftliche Einrichtungen des Zeitungsbetriebs angestrebt werden; der Staat hat durch Steuererleichterungen und Gebührensenkungen hierzu beizutragen. Nur allgemeine Förderungsmaßnahmen können den Verdacht entkräften, daß der Staat durch gezielte Subventionen Einfluß nehmen will.

Verlage der Heimat- und Regionalpresse oder ihre Zusammenschlüsse können für ihre Aufgaben in Zusammenarbeit mit den Länderregierungen Maßnahmen der Wirtschaftsförderung in Anspruch nehmen. Gemeinsame Nutzung von Druckkapazitäten, der Zusammenschluß zu Anzeigenringen und die gemeinsame Organisation des Vertriebs können wesentlich zur wirtschaftlichen Stärkung und zur Sicherung der Vielfalt der Presse beitragen. Bei Zeitungsfusionen ist auf die Erhaltung der selbständigen Redaktionen Wert zu legen.

Allgemeine Regelungen des Wettbewerbsrechts finden auch auf die Presse Anwendung.

Die Meinungsvielfalt gebietet die Erhaltung der bisherigen Form des Groß- und Einzelhandels für Zeitungen und Zeitschriften.

- Der Pressevertrieb muß in Privathand bleiben. Freiwillige Zusammenschlüsse sind zu fördern.

Eine Verstaatlichung des Pressevertriebs ist abzulehnen. Neue Absatzwege mit modernen Angebotsträgern (z. B. elektronische) müssen erschlossen werden.

Öffentliche Mittel dürfen nicht dazu benutzt werden, den Qualitätswettbewerb einzuschränken oder zu verfälschen. Die sogenannte Alleinstellung von Tageszeitungen in einem bestimmten Bezirk hat ihre Ursachen in den meisten Fällen darin, daß ein Blatt sich gegenüber ursprünglich vorhandener Konkurrenz durchsetzt. Alleinstellung eines Blattes in einer bestimmten Region erfordert deshalb besonderes publizistisches Verantwortungsgefühl gegenüber allen politisch und gesellschaftlich belangvollen Kräften des Verbreitungsgebiets, vor allem in der Nachrichten- und Berichtstätigkeit.

- Die Selbstkontrolle der Presse soll durch Verstärkung der Kompetenzen des Deutschen Presserates wirksamer werden.

Die CDU/CSU lehnt regionale und überregionale öffentlich-rechtliche Presseausschüsse oder andere Institutionen, die Nachzensur üben sollen, mit Nachdruck ab. Der Deutsche Presserat soll seine Funktion der Selbstkontrolle mehr als bisher ausüben. Die Ausgestaltung sowie die Verstärkung seiner Kompetenzen sind zu prüfen. Öffentliche Rügen des Deutschen Presserats sollten in den betroffenen Publikationsorganen abgedruckt werden.

Agenturen

- Nachrichtenagenturen müssen von staatlichen Einflüssen frei bleiben.

Nachrichtenagenturen vermitteln Fakten, Ereignisse, Erklärungen, Meinungen und Hintergrund aus dem In- und Ausland. Umfassende Information der Bürger setzt den freien Zugang zu einer Vielzahl von Nachrichtenquellen in Wort, Bild und Ton voraus.

Presse, Hörfunk und Fernsehen in der Bundesrepublik Deutschland bedienen sich zahlreicher Agenturen und Fachkorrespondenzen als Informationsquellen. Neben deutschen Nachrichtenagenturen wie dpa und ddp treten konkurrierende deutsche Dienste ausländischer Gesellschaften wie ap, afp und Reuters als Informationsvermittler auf und sorgen dafür, daß Deutschland in das Netz der universellen Kommunikation einbezogen bleibt. Die Möglichkeiten der Elektronik werden zu einer Verbesserung des Informationsangebots führen.

Der freie Markt der auf privatwirtschaftlicher Grundlage arbeitenden Agenturen darf nicht eingeengt werden. Der offene Nachrichtenmarkt und die Konkurrenz der Agenturen, auch der Spezialdienste, sind wesentliche Voraussetzung für eine aktuelle, zuverlässige, seriöse und umfassende Informationsabgabe. Ein breit gefächertes Netz von Nachrichtenagenturen sowie der freie und gegenseitige Nachrichtenaustausch mit dem Ausland müssen gesichert sein.

Bei der Einrichtung von Informationsbanken ist darauf zu achten, daß kein staatliches Informationsmonopol entsteht.

Hörfunk, Fernsehen, Neue Medien

Für Hörfunk, Fernsehen und Neue Medien gilt ebenso wie für die Presse, daß Informationsfreiheit und Meinungsvielfalt im Rahmen der freiheitlich-demokratischen Grundordnung garantiert sein muß.

Gegenwärtige Rechtslage

● Die Monopolstellung der öffentlich-rechtlichen Rundfunkanstalten macht eine ständige Überprüfung der Vereinbarkeit mit Artikel 5 GG notwendig.

Die im Staatsvertrag über die Regelung des Rundfunkgebührenwesens vom 31. Oktober 1968 enthaltene Definition des Rundfunks als ‹eine für die Allgemeinheit bestimmte Veranstaltung und Verbreitung von Darbietungen aller Art in Wort, in Ton und im Bild unter Benutzung elektrischer Schwingungen ohne Verbindungsleitung oder längs oder mittels eines Leiters› wird den tatsächlichen Gegebenheiten und der technischen Entwicklung nicht mehr gerecht. Er ist deshalb fortzuentwickeln. Das öffentlich-rechtliche Rundfunksystem ist kein Dogma. Das bestehende Monopol zugunsten der öffentlich-rechtlichen Rundfunkanstalten behindert neue Formen der Informationsübermittlung. Zunächst sollte die Übertragung sachbezogener Informationen von berufsbedingtem Interesse, die sich ausschließlich an fest umrissene Personenkreise wenden, ermöglicht werden.

Freiheit und Verantwortung der Rundfunkredakteure

Der Rundfunk ist aufgrund des gesetzlichen Auftrages zur Ausgewogenheit in allen Sparten der Programme verpflichtet.

Der staatsunabhängige Rundfunk ist für die freiheitlich-demokratische Grundordnung und für das kulturelle Leben in der Bundesrepublik Deutschland von hervorragender Bedeutung. Ihr entspricht die besondere Verantwortung aller Mitarbeiter – dem Radikalenerlaß ist auch im Rundfunk analog zum öffentlichen Dienst Rechnung zu tragen – des Rundfunks, die der gesetzliche Auftrag bestimmt: Die Vielfalt der Meinungen und Standpunkte muß in allen Sparten der Programme angemessen zum Ausdruck kommen. Eine umfassende Information muß dem Staatsbürger ein eigenes Urteil ermöglichen. Die pluralistische Ordnung und alle Rundfunkgesetze gebieten Ausgewogenheit in der Programmgestaltung und im Programminhalt.

1. Rundfunk und Öffentlichkeit

Die staatsfreien öffentlich-rechtlichen Rundfunkanstalten unterstehen einer Kontrolle durch die gesellschaftlich relevanten Kräfte, die in den Gremien repräsentiert sind. Ihre Arbeit soll durch verstärkte Publizität verdeutlicht werden.

● Die gesellschaftlich relevanten Kräfte in den Aufsichtsgremien der Rundfunkanstalten sichern die Einhaltung von Gesetzen und Statuten. Dieser wichtigen Aufgabe muß die Auswahl ihrer Mitglieder entsprechen.

Die pluralistische Gesellschaft wird im Rundfunk durch Verwaltungsräte, Rundfunkräte und Programmbeiräte repräsentiert. Sie haben die Ausgewogenheit der Programme und die Vollständigkeit des Informationsangebots, die Einhaltung von Gesetzen und Statuten zu sichern. Der wichtigen Aufgabe und der hohen Verantwortung der Gremien muß die Auswahl ihrer Mitglieder entsprechen. Sie muß eine ständige Aufgabe sein.

Ebenso wie die Presse braucht der Rundfunk die Diskussion mit dem Publikum. Hörervereinigungen und Arbeitsgemeinschaften von Hörfunk- und Fernsehteilnehmern sind geeignet, der Arbeit der Gremien und der Anstalten Anregungen zu geben. Sie können darüber hinaus einen wesentlichen Beitrag zur Medienerziehung leisten, der sich auch das öffentliche Bildungswesen verstärkt annehmen sollte.

Die Aufsicht durch die Gremien und der Anspruch auf mediengerechte Berichtigung sind in den einzelnen Rundfunkgesetzen bzw. Statuten durch ein wirksames Beschwerderecht zu ergänzen.

2. Redaktionsordnungen und Personalvertretung

Die Meinungsfreiheit der Rundfunkredakteure wie die aller Bürger der Bundesrepublik Deutschland ist durch das Gesetz gewährleistet. Daraus ergibt sich, daß kein Journalist veranlaßt werden kann, Meinungen als seine eigenen zu publizieren, die seiner Überzeugung widersprechen.

Die innere Verfassung der Anstalten muß in allen Bereichen, insbesondere bei den Redaktionen, ein Höchstmaß an Information, Anhörung, Beratung und Erläuterung von Entscheidungen vorsehen.

● Die Redaktionsordnungen regeln die Rechte und Pflichten der Redakteure im Rahmen der geltenden Gesetze. Gesetzliche Programmverantwortlichkeit und das Personalvertretungsrecht dürfen nicht eingeschränkt werden.

In den Redaktionsordnungen sollen die Rechte und Pflichten niedergelegt werden, die den Redakteuren im Rahmen der geltenden Gesetze, Satzungen und ihrer Arbeitsverträge übertragen sind. Sie können auch die Errichtung von Redaktionsausschüssen vorsehen. Die Vielfalt der Meinungen in den Rundfunkanstalten darf nicht durch redaktionelle Mehrheitsentscheidungen behindert werden.

Weder die gesetzliche Programmverantwortlichkeit noch das Personalvertretungsrecht dürfen eingeschränkt werden. Die Redaktionsordnungen müssen der Autonomie und dem besonderen Status des Rundfunks angepaßt sein.

Die Personalvertretungen in den Rundfunkanstalten sollen Gelegenheit erhalten, in den Sitzungen der Aufsichtsgremien ihre Vorschläge und Standpunkte im Rahmen ihrer gesetzlichen Zuständigkeit vorzutragen; sie sind auf Wunsch zu hören. Die Aufsichtsgremien sollen verpflichtet werden, ihre Entscheidungen diesem Bereich gegenüber den Personalvertretungen zu begründen.

● Das Stimmrecht der Personalvertreter in den Rundfunk-, Fernseh- und Verwaltungsräten ist mit dem Prinzip der öffentlich-rechtlichen Kontrolle nicht vereinbar.

Personalvertretungen sind ihrem Wesen nach eine Vertretung der Belegschaft gegenüber der Leitung der Anstalten. Ihre stimmberechtigte Mitgliedschaft in den Gremien ist mit dem Prinzip der öffentlich-rechtlichen Kontrolle nicht zu vereinbaren. Ihre Hinzuziehung zu Sitzungen der Gremien dient der besseren Information als Grundlage der Beratung.

3. Personal- und Sozialwesen

Der Bedeutung des Personal- und Sozialwesens soll unter besonderer Berücksichtigung der Fortbildungsmaßnahmen innerhalb der jetzigen Struktur der Anstalten Rechnung getragen werden.

4. Das Intendantenprinzip

Das Intendantenprinzip soll die Kontrollfunktion der Gremien erleichtern. Es muß in Richtung der Erfordernisse eines modernen Managements entwickelt werden.

Meinungsvielfalt und Objektivität

Die klassische Trennung von Nachricht und Kommentar ist in den letzten Jahren insbesondere in Hörfunk und Fernsehen durch neue journalistische Formen verwischt worden. Im Interesse einer objektiven Unterrichtung sollte dieser Unterschied sichtbar bleiben. Auch im Magazinbericht oder im Feature dürfen Sachverhalte nicht verfälscht werden; Meinungen müssen offen ausgewiesen werden. Grundlage jeder Berichterstattung ist die sorgfältige Recherche. Es obliegt den Gremien, über die Beachtung dieser Grundsätze zu wachen.

- Politische Einseitigkeit widerspricht dem öffentlich-rechtlichen Auftrag.

Die öffentlich-rechtlichen Rundfunkanstalten sind wegen ihrer Monopolstellung, anders als die Presse, zur Ausgewogenheit ihrer Programmbestandteile verpflichtet. Politische Einseitigkeit widerspricht dem öffentlich-rechtlichen Auftrag. Im Programm müssen alle Meinungen von Belang zum Ausdruck kommen.

Insbesondere hat der Rundfunk die sittlichen Empfindungen der Allgemeinheit zu respektieren; die Verherrlichung von Gewalt und Brutalität ist zu vermeiden.

Öffentlich-rechtliche Kontrolle

- Die öffentlich-rechtliche Struktur soll Grundlage der Organisation von Hörfunk und Fernsehen bleiben. Wenn die technische Entwicklung eine Vielzahl lokaler und regionaler Programme ermöglicht, sind die Voraussetzungen für andere Organisationsformen zu prüfen.

Die öffentlich-rechtliche Struktur des Rundfunks soll Grundlage der Organisation von Hörfunk und Fernsehen bleiben. Soweit der technische Fortschritt neue Entwicklungsmöglichkeiten erschließt, sollten im Interesse eines verbesserten Informationsangebots Voraussetzungen für ihre Nutzung geschaffen werden.

Wenn die technische Entwicklung eine Vielzahl lokaler und regionaler Programme ermöglicht, sind die Voraussetzungen für andere Organisationsformen zu prüfen. Lokale Meinungsmonopole sind zu vermeiden. Diesem Gesichtspunkt haben Struktur und Organisation Rechnung zu tragen.

Die wünschenswerte und notwendige Zusammenarbeit der öffentlich-rechtlichen Rundfunkanstalten erfordert die Orientierung an gemeinsamen Programmgrundsätzen. Eine weitere unterschiedliche Entwicklung des Rundfunkrechts ist unerwünscht.

Innerhalb der ARD muß die Eigenverantwortung der Anstalten erhalten bleiben. Im Gemeinschaftsprogramm muß diese Verantwortung sich an gemeinsamen Programmgrundsätzen orientieren. Die Zusammenarbeit hebt die Eigenverantwortung der Anstalten für die in ihrem Sendegebiet ausgestrahlten Sendungen nicht auf. Dies gilt um so mehr, als die föderative Organisation des Rundfunks der Schaffung zentraler Aufsichts- und Entscheidungsgremien über die bisher bestehenden Institutionen hinaus entgegensteht.

Die weitgehende Zusammenarbeit aller bestehenden öffentlich-rechtlichen Rundfunkanstalten ist unbeschadet ihres regionalen Programmauftrags weiterzuführen. Hierzu können insbesondere dienen:

a) gemeinsame Nutzung von Produktionsstätten durch alle Rundfunkanstalten einschließlich des ‹Zweiten Deutschen Fernsehen›;
b) verstärkte Zusammenarbeit im Bereich der Technik, insbesondere gegenseitige Aushilfe mit Produktionsmitteln;
c) rationelle Abstimmung bei der Erfüllung gemeinsamer Aufgaben.

Die Kooperation darf nicht nur unter wirtschaftlichen Gesichtspunkten gesehen werden, sie ist auch geeignet, das internationale Gewicht des deutschen Rundfunks zu erhöhen.

Anstalten des Bundesrechts

● Deutschlandfunk und Deutsche Welle müssen unabhängig und ihrem gesetzlichen Programmauftrag verpflichtet bleiben.

Die Rundfunkanstalten des Bundesrechts müssen finanziell und technisch so gesichert werden, daß sie ihre gesetzliche Aufgabe erfüllen können, ihren Hörern ein umfassendes Bild Deutschlands zu vermitteln.

Die Bereitstellung von Mitteln aus dem Bundeshaushalt für die Deutsche Welle und den Deutschlandfunk darf nicht dazu führen, daß die Unabhängigkeit der Anstalten und die Ausgewogenheit ihrer Programme beeinträchtigt werden.

Bildungsprogramm, weitere Programme, Rundfunkneuordnung

● Den Bildungsprogrammen in Hörfunk und Fernsehen muß im Rahmen des Programmauftrages besonderer Wert eingeräumt werden.

Der Programmauftrag des öffentlich-rechtlichen Rundfunks umfaßt Information, Unterhaltung und Bildung. In den Fernsehprogrammen hat der Begriff Bildung eine spezifische Ausprägung erhalten und schließt auch die Mitwirkung an der Aus- und Fortbildung ein. Soweit spezielle Bildungsangebote im öffentlichen Interesse ausgestrahlt werden (Fernstudium im Medienverbund, Lehrerfortbildung), sollten auch öffentliche Mittel projektgebunden in Anspruch genommen werden können. Auf die Programmverantwortung des Rundfunks ist dabei zu achten.

Der Hörfunk hat neben dem Fernsehen seine eigenständige Bedeutung. Seine Chancen liegen in der Vielfalt des Angebots. In Zukunft wird er in verstärktem Maße neue Funktionen und insbesondere die Aufgabe der vertiefenden Information und Analyse übernehmen müssen.

Bei der Entwicklung neuer Programme und der Übernahme neuer Aufgaben ist auf die finanzielle Situation des Rundfunks und seine Verantwortung gegenüber der Gesellschaft Rücksicht zu nehmen.

Solange eine Rundfunkneuordnung nicht erreichbar ist, müßten Zwischenlösungen getroffen werden, die unter dem Gebot weitgehender rationeller Kooperation stehen.

Ziel der Kooperation ist eine Steigerung der Effektivität unter Einsparung von Personal- und Programmkosten. Dabei ist eine engere Zusammenarbeit mit der Presse, auch im Hinblick auf eine gemeinsame Datenbeschaffung, erforderlich.

Finanzierung

● Die Landtage können ihre Verantwortung für die Festsetzung der Gebühren nur wahrnehmen, wenn sie über die finanzielle Situation der Rundfunkanstalten besser als bisher informiert werden.

Stagnierende Teilnehmerzahlen und steigende Kosten zwingen zur regelmäßigen Prüfung der Wirtschaftlichkeit und der finanziellen Situation der öffentlich-rechtlichen Anstalten. An die Festsetzung der Gebühren durch die Landtage sind strengste Maßstäbe anzulegen. Die Publizität der Anstalten über Finanzen und Vermögen ist zu verbessern. Die von den Ministerpräsidenten eingesetzte zwölfköpfige Sachverständigenkommission dient der Versachlichung der Gebührendiskussion.

Unter den gegenwärtigen Umständen können die öffentlich-rechtlichen Anstalten auf Werbung nicht verzichten. Dabei müssen die Interessen der Presse beachtet werden.

Neue technische Kommunikationsmittel

a) Kabel-Hörfunk und -Fernsehen

● Die neuen technischen Kommunikationssysteme machen eine Neudefinition des Rundfunkbegriffes notwendig.

Die kabelgebundene Hörfunk- und Fernsehübertragung nimmt an Bedeutung zu. Die Kabelsysteme in der Bundesrepublik Deutschland dürfen gegenwärtig nur zum Empfang bestehender Fernsehprogramme benutzt werden. Die Einspeisung eigener Programme, die technisch ohne weiteres möglich ist, ist bis heute aus rechtlichen Gründen nicht möglich. Die kabelgebundene Übertragung beginnt sinnvollerweise in Ballungsgebieten mit dem Ziel einer Gesamtverkabelung der Bundesrepublik Deutschland.

Die Möglichkeiten, die sich durch die neuen technischen Kommunikationssysteme (z. B. Breitbandkommunikation, Großgemeinschafts-Antennenanlagen, Kabelfunk) ergeben, bedürfen praktischer Erprobung mit zeitlich begrenzten Lizenzen und eingehender wissenschaftlicher Begleituntersuchungen.

Das geltende Rundfunkmonopol der öffentlich-rechtlichen Rundfunkanstalten sollte nicht automatisch auf die neuen technischen Systeme ausgedehnt werden, weil diese die Voraussetzungen ändern, unter denen es entstanden ist. Es erweist sich z. Z. als Hemmnis für die Entwicklung und Nutzung. Eine Auflockerung soll es ermöglichen, den öffentlich-rechtlichen Rundfunk zu sichern, zugleich aber andere dafür qualifizierte Kräfte an der Nutzung der neuen Systeme teilhaben zu lassen.

b) Audiovision und privatrechtliche Tätigkeit der öffentlich-rechtlichen Anstalten

Zur Zeit kennt man drei Möglichkeiten der elektronischen Übertragung auf den Bildschirm (Audiovision):

- die Aufzeichnung und spätere Wiedergabe von Fernsehprogrammen z. B. über Videorecorder,

– eigene Aufnahmen von Bild und Ton auf Film (elektronische Abtastung des Films) oder Magnetband (Aufnahme mit elektronischer Kamera) und deren Wiedergabe auf dem Fernsehschirm,
– das Abspielen eigens dazu hergestellter Programme auf Magnetband, Kunststoff (Bildplatte, Electronic Video Recording-EVR) oder Film in Kassette auf Spule oder Platte.

Den Möglichkeiten der Audiovision für Bildung und Fortbildung wird wachsende Bedeutung zukommen. Diese neuen Medien wenden sich nicht an die Öffentlichkeit, sondern an interne Kreise oder Einzelpersonen.

● Der audiovisuelle Medienbereich soll privatwirtschaftlich organisiert sein. In diesem Zusammenhang ist der Rundfunkbegriff neu zu überdenken.

Der Bereich audiovisueller Kommunikation soll ebenso wie die Presse privatwirtschaftlich organisiert sein. Für Programme zur Aus- und Weiterbildung ist eine freiwillige Selbstkontrolle der Produzenten zu fördern. Für den Einsatz audiovisueller Lehrmittel an den Schulen können die Zulassungsbestimmungen der Kultusminister angewandt werden. Im Bereich der Programmherstellung und -verteilung müssen die Grundsätze der Privatwirtschaft bewahrt bleiben. Einschränkungen sind nur da erlaubt oder erforderlich, wo sie heute bereits für die privatwirtschaftlich organisierten Medien in Kraft sind.

Die Kooperation öffentlich-rechtlicher Anstalten mit privaten Unternehmen auf dem Gebiet audiovisueller Kommunikation darf nicht zu Wettbewerbsverzerrungen und Monopolbildungen führen.

● Die privatwirtschaftliche Tätigkeit der Anstalten kann nur im Zusammenhang mit dem gesetzlichen Auftrag stehen und muß der Publizität unterliegen.

Auch die Betätigung der Anstalten im privatwirtschaftlichen Bereich durch Beteiligung an Gesellschaften des privaten Rechts muß in vollem Umfange der Publizität unterliegen und der Aufsicht der Gremien unterstellt werden. Publizitätspflicht muß auch für die Beteiligungen der Tochtergesellschaften gelten. Die privatwirtschaftliche Betätigung muß im Zusammenhang mit dem gesetzlichen Auftrag stehen.

● Die Existenz freier Produzenten darf nicht durch die privatwirtschaftliche Betätigung der Anstalten gefährdet werden.

Die privatwirtschaftliche Betätigung der Anstalten und ihre Investitions- und Programmpolitik dürfen nicht zur Existenzgefährdung freier Produzenten führen.

Aufträge an freie Produzenten sollten in festen Relationen zur eigenen Produktion der öffentlich-rechtlichen Anstalten stehen. Sie sind geeignet, den qualitativen und wirtschaftlichen Wettbewerb zu fördern und neue Programmideen an die Anstalten heranzutragen.

Das gleiche gilt für die Tätigkeit der ständigen freien Mitarbeiter, auf die die Anstalten im Interesse des Programms nicht verzichten können. Für diese freien Mitarbeiter ist eine Teilnahme an der Einkommensentwicklung durch ständige Überprüfung der Honorarrahmen und ein Höchstmaß an sozialer Sicherung anzustreben.

Internationale Informationsfreiheit

● Der freie und gegenseitige Nachrichtenaustausch mit dem Ausland muß gesichert sein. Die Bundesrepublik Deutschland hat auch auf internationaler Ebene für die Rundfunkfreiheit einzutreten.

Unbehinderte und umfassende Information der Bürger gehört zu den Voraussetzungen einer freiheitlichen Gesellschaft, kann zum besseren Verstehen der Völker untereinander beitragen und dient damit dem Frieden.

Freier Austausch von Informationen, Publikationen sowie Hörfunk- und Fernsehsendungen auf der Grundlage der Wechselseitigkeit ist anzustreben.

Die freiheitliche Rundfunkverfassung in der Bundesrepublik Deutschland ist bestimmend auch für ihre Selbstdarstellung dem Ausland gegenüber. Vor allem Deutsche Welle und Deutschlandfunk haben über Vorgänge in Deutschland und der Welt objektiv zu unterrichten und das Spektrum der freien öffentlichen Meinung der Bundesrepublik Deutschland, wie im Grundgesetz garantiert, widerzuspiegeln. Die Bundesrepublik Deutschland bedarf dieser Selbstdarstellung der Politik der Regierung und der Opposition, der gesellschaftlichen und wissenschaftlichen Entwicklung sowie der kulturellen und wissenschaftlichen Leistung mehr als andere Länder.

Regierungen, die Meinungs- und Informationsfreiheit im eigenen Herrschaftsbereich unterdrücken, streben an, ihren Völkern auch den Zugang zu internationalen Informationsmedien zu verwehren. Die Bundesrepublik Deutschland muß derartigen Anschlägen auf die internationale Rundfunkfreiheit widerstehen, auch wenn diese als Beiträge zu Entspannung und Frieden oder als Bestätigung des Prinzips der Nichteinmischung deklariert werden; Intervention ist nämlich nicht die Verbreitung wahrheitsgemäßer Information in fremden Ländern, sondern der Versuch, andere Staaten von solcher Verbreitung abzuhalten.

Film

- Durch eine gezielte Filmförderung von Bund und Ländern muß die Qualität des deutschen Films gesteigert werden.

Der Film ist nach wie vor ein wichtiges Medium der Unterhaltung und der Unterrichtung. Auch heute noch zieht er als Kunstwerk oder als Unterhaltungsfilm weite Kreise der Bevölkerung an, insbesondere die junge Generation. Er erreicht internationale Wechselwirkungen, indem er Gedanken, kulturelle Werte und künstlerische Entwicklungen eines Landes anschaulich macht, in repräsentativer oder kritischer Form über die Grenzen trägt und so zum besseren Verständnis der Nationen untereinander beiträgt.

Der Film ist in vielen Teilen der Welt, insbesondere aber in der Bundesrepublik Deutschland, in den letzten Jahren in eine Krise geraten, nicht zuletzt durch die Verbreitung des Fernsehens. Da Voraussetzung für die Produktion guter Unterhaltungsfilme, erst recht aber künstlerisch anspruchsvoller Filme, eine gesunde Filmwirtschaft ist, haben viele Länder Maßnahmen zur Förderung der Filmwirtschaft ergriffen.

Die Bundesrepublik Deutschland kennt eine gesetzliche Filmförderung erst seit dem 1. 1. 1968. Die vorgesehenen Filmförderungsmaßnahmen haben jedoch zunächst Erwartungen nur zum Teil erfüllen können. Durch die zweimalige Novellierung des Gesetzes sind gewisse Verbesserungen eingetreten.

Um die Qualität des deutschen Films zu steigern und eine Gesundung der deutschen Filmwirtschaft zu ermöglichen, ist auch weiterhin Filmförderung notwendig. Bis zum Auslaufen des derzeitigen Filmförderungsgesetzes sind die notwendigen Untersuchungen durchzuführen und Maßnahmen vorzubereiten, um alle Zweige der Filmwirtschaft in optimaler Weise fördern zu können. Insbesondere zu überprüfen sind die Erfolge und Auswirkungen der neu eingeführten Projektförderung und des Co-Produktionsabkommens Film/Fernsehen.

Die CDU/CSU wird eine aus Politikern, Filmwirtschaftlern und Filmkünstlern bestehende Arbeitskommission ins Leben rufen, die die Aufgabe hat, die Entwicklung zu analysieren und neue, verbessernde Vorschläge zu erarbeiten.

Neue Förderungsmaßnahmen müssen zwischen Bund und Ländern so abgestimmt werden, daß sie sich gegenseitig nicht nur ergänzen, sondern eine neue Grundlage schaffen, auf der sich eine gesunde Filmwirtschaft entwickeln kann. Hierbei ist insbesondere die soziale Situation der freischaffenden Künstler zu berücksichtigen.

Die Länder bleiben weiterhin aufgefordert, von sich aus geeignete Maßnahmen zur Förderung des Mediums Film zu ergreifen.

Eine Harmonisierung der Filmförderungsmaßnahmen in den EG-Ländern ist anzustreben.

Es ist eine deutsche Kinemathek zu gründen, in der alle wichtigen deutschen Filmproduktionen gesammelt, archiviert und bereitgestellt werden können.

Um die Attraktivität der alljährlich in Berlin stattfindenden Filmfestspiele zu erhöhen und den internationalen Wert dieses Festivals zu steigern, ist das Veranstaltungsprinzip neu zu überdenken und in den Gesamtrahmen der auch für den deutschen Film nützlichen Überlegungen miteinzubeziehen.
Bonn, den 22. 3. 1976»

Die ‹**Vorschläge der DKP für die demokratische Entwicklung von Presse, Funk, Fernsehen, Film und Verlagswesen**›, herausgegeben vom Parteivorstand der **DKP**, Düsseldorf o. J., S. 3–11, haben weniger den Charakter eines ausgearbeiteten medienpolitischen Programms. Sie bilden eher einen knappen Katalog von Forderungen, in dem die Fragen der Mitbestimmung und gewerkschaftlichen Organisation der im Medienbereich Beschäftigten an erster Stelle stehen.

Die DKP besteht auf der Beibehaltung des öffentlich-rechtlichen Prinzips für Rundfunk und Fernsehen unter dem Hinweis auf die Notwendigkeit der Beseitigung bestehender Parteienprivilegien in den Aufsichtsgremien. Zudem fordert sie die angemessene Vertretung der Gewerkschaften in den Kontrollorganen.

Darüber hinaus wird im Sinne der bisherigen gewerkschaftlichen Bestrebungen die Streichung des § 118 Betriebsverfassungsgesetz gefordert, um die Voraussetzung für eine wirksame demokratische Mitbestimmung aller im Medienbereich Tätigen zu gewährleisten.

Im Gegensatz zu den medienpolitischen Vorstellungen der anderen Parteien findet sich hier zudem die Forderung nach der Organisation der in Pressebetrieben und öffentlich-rechtlichen Anstalten Beschäftigten in einer Mediengewerkschaft:

«I. Kampf um eine demokratische Veränderung von Presse, Funk, Fernsehen, Film und Verlagswesen

Mit ihren Vorschlägen für eine demokratische Veränderung von Presse, Funk, Fernsehen, Film und Verlagswesen wendet sich die DKP an die ganze Arbeiterklasse, an die demokratische Öffentlichkeit und an alle im Medienbereich Beschäftigten, insbesondere an die Arbeiter und Angestellten in den Druckereien und Verlagen, in Pressehäusern, Funk- und Fernsehanstalten, Filmateliers und Kopierwerken. An die festangestellten oder freien, auf den Verkauf ihrer geistigen Arbeit angewiesenen Autoren, Schriftsteller und Journalisten, Redakteure und Reporter, Schauspieler und Regisseure. Es sind weit über 300000 Arbeiter und Intellektuelle in unserem Land, die von der Arbeit im Bereich der Massenmedien leben. Für sie geht es um die Sicherheit der Arbeitsplätze, um bessere Arbeitsbedingungen, um ausreichende Löhne, Gehälter und Honorare, um ihre demokratischen und sozialen Rechte als produktiv tätige Menschen gegenüber ihren Unternehmern, den Konzernherren der Presse, Verlags- und Filmbranche sowie den öffentlich-rechtlichen Rundfunk- und Fernsehanstalten. Für sie geht es um die Wahrung ihrer Arbeitsmöglichkeiten, um die Abwehr von Zensurmaßnahmen, psychologischem Druck und Anpassungszwang.

Bei allem, was einen Schriftsteller von einem Drucker, einen Regisseur von einem Beleuchter unterscheidet, es sind unmittelbar soziale und demokratische, vor allem gewerkschaftliche Interessen, die sie verbinden. Auch in den Massenmedien wird wie in den Industriebetrieben, Lehr- und Forschungsstätten deutlich, daß die gesamten Arbeitsbedingungen der Intelligenz sich denen der Arbeiterklasse immer mehr annähern. Ein Zusammengehen von Intelligenz und Arbeiterklasse ist durch gemeinsame soziale und politische Interessen zur unumgänglichen Notwendigkeit geworden.

Die Bedeutung der Massenmedien ist unter den Bedingungen der wissenschaftlich-technischen Revolution so angewachsen, daß auch von ihrer demokratischen Entwicklung die demokratische Zukunft unseres Landes abhängt. Die Herrschaft der Monopole über die Massenmedien zurückzudrängen und zu brechen ist daher ein wichtiger Bestandteil des Kampfes der Arbeiterklasse und aller demokratischen Kräfte für eine sozial gerechte und auf gesellschaftlichen Fortschritt gerichtete Zukunft in unserem Land.

Die Produkte der Massenmedien – Zeitungen, Zeitschriften, Rundfunk- und Fernsehsendungen, Bücher, Filme, Schallplatten, Ton- und Bildkassetten – sind durch eine Besonderheit gekennzeichnet: Sie üben einen unmittelbaren Einfluß auf das gesamte geistige Leben, auf die politische Entwicklung aus. Sie prägen nicht nur bestimmte individuelle Denk- und Verhaltensweisen, sondern beeinflussen über sie nachhaltig die gesellschaftlichen Zustände.

Ob diese Zustände für gerecht oder ungerecht gehalten werden; ob die bestehende kapitalistische Ordnung akzeptiert oder als undemokratische Macht des Großkapitals über das werktätige Volk durchschaut wird;

ob diese Zustände als unabänderlich hingenommen oder bekämpft und verändert werden;

ob der werktätige Mensch sich dazu verleiten läßt, sein Glück als einzelner zu versuchen oder ob er sich zum solidarischen Kampf für seine Interessen und für eine neue Ordnung entschließt;

ob bürgerliche Ideologie die arbeitenden Menschen an die kapitalistische Ordnung fesselt oder sich Klassenbewußtsein entwickelt, das die Arbeiterklasse auf den Weg ihrer eigenen Befreiung führt – das alles entscheidet sich unter stärkstem Einfluß der Massenmedien.

Darum ist es eine Kernfrage für die Arbeiterbewegung und die gesamte demokratische Öffentlichkeit in unserem Lande, in wessen Händen die Massenmedien sind, welche politischen und gesellschaftlichen Kräfte über die Inhalte, Richtungen und Ziele dessen bestimmen, was in den Verlagen und Druckereien, Rundfunk- und Fernsehanstalten, Plattenstudios und Filmateliers produziert wird.

Der undemokratischen Macht monopolkapitalistischer Massenmedien muß die Arbeiterbewegung ihre eigenen Zeitungen und Zeitschriften, Filme, Bücher und

Schallplatten entgegensetzen. Gegen die undemokratische Macht der Monopolmedien wirkt die aufklärerische Tätigkeit der fortschrittlichen Kräfte und die eigene tägliche Erfahrung der arbeitenden Bevölkerung in einer sozialen Wirklichkeit, die sie immer wieder zum Kampf gegen die Auswirkungen der kapitalistischen Gesellschaftsordnung zwingt, welche ihr gerade durch die Monopolmedien schmackhaft gemacht werden soll.

Die in den Massenmedien Beschäftigten geraten immer offener in den Widerspruch zu ihren großkapitalistischen Auftraggebern. In den Widerspruch von behaupteter unabhängiger Meinungs- und Informationsfreiheit und der Praxis der konzernbeherrschten Presse und Massenmedien, die nicht die Informations- und Unterhaltungsbedürfnisse der arbeitenden Bevölkerung befriedigen, sondern sie durch systematische Desinformation von ihren wirklichen Interessen abzulenken suchen. Der Kampf der fortschrittlichen Kräfte unserer Zeit, die großen historischen Veränderungen in der Welt, das Erstarken des Sozialismus, die errungenen Ergebnisse im Kampf für Frieden und Entspannung, der Kampf der arbeitenden Menschen für ihre sozialen, wirtschaftlichen und politischen Rechte, der Kampf der Völker für nationale Unabhängigkeit und Souveränität, die breite Entwicklung der internationalen Solidarität bleiben nicht ohne Eindruck auf Journalisten, Autoren und Regisseure, wecken ein kritisches Verhältnis zur eigenen Arbeit und zu den gegenwärtigen Machtstrukturen in den Massenmedien. Sie sind im Besitz oder unter der Regie des Großkapitals und der politischen Parteien und Kräfte, die alles daransetzen, daß sie als zuverlässige und wirksame Stützen der großkapitalistischen Ordnung gegen alle fortschrittlichen Bestrebungen, gegen die Interessen der arbeitenden Bevölkerung funktionieren. Entgegen den Interessen unseres Volkes und im Widerspruch zur Schlußakte von Helsinki werden die Massenmedien als Kampfinstrumente gegen die sozialistischen Länder zur Unterminierung ihrer wirtschaftlichen und staatlichen Ordnung mißbraucht.

Die kategorische Ausübung der Herrschaft über die Medien durch das Großkapital ist Ausdruck der undemokratischen Machtverhältnisse in unserem Land. Der Besitz und die Verfügungsgewalt über die Massenmedien durch das Großkapital und die ihm verpflichteten Parteien ist eine immer wichtiger werdende Stütze zur Aufrechterhaltung ihrer wirtschaftlichen und politischen Macht. Mit Hilfe der Massenmedien werden Antikommunismus, Antisowjetismus, reaktionäre und aggressive Ideen, Nationalismus und abstumpfende Unterhaltung als Damm gegen die Entwicklung von Klassenbewußtsein verbreitet.

Darum wird der Kampf um eine demokratische Veränderung von Presse, Funk, Fernsehen, Film und Verlagswesen zu einer wichtigen Aufgabe der Arbeiterbewegung in unserem Land.

Der Kampf der Arbeiterklasse für eine demokratische Entwicklung der Massenmedien, gemeinsam geführt im Bündnis mit demokratischen und fortschrittlichen Redakteuren und Journalisten, Künstlern, Autoren und Filmschaffenden, ist eingebettet in den Kampf für die Zurückdrängung und Beseitigung der Macht der Monopole, für eine antimonopolistische Demokratie. Er hat seine Perspektive im Sozialismus, der allein eine endgültige und umfassende Demokratisierung der Massenmedien sichern kann.

II. Die Medien der Arbeiterklasse stärken

Die Geschichte der organisierten Arbeiterbewegung ist zugleich die Geschichte der Arbeiterpresse, die im Kampf gegen kapitalistische Unterdrückung und Ausbeutung geboren wurde. Die Arbeiterklasse schuf sich von Anbeginn Organe zur Vertretung ihrer Klasseninteressen. Sie waren stets Ausdruck des Strebens nach politischer und geistiger Selbständigkeit des arbeitenden Volkes. Die Medien der Arbeiterbewegung waren und sind wichtigstes Mittel zur Formierung der politischen und gewerkschaftlichen Arbeiterbewegung, zur Durchsetzung sozialer und demokratischer Tagesinteressen, zur Orientierung auf das politische Zukunftsinteresse: den Sozialismus.

Die Stärkung der Medien der Arbeiterklasse, die im Kampf um soziale, demokratische und politische Ziele an der Seite des Volkes stehen, und die nicht von den Monopolen kontrolliert werden – ist der erste und wichtigste Schritt auf dem Wege zu einer demokratischen Gegenmacht gegen die konzernbeherrschten Massenmedien.

Mit der Entwicklung der Medien der Arbeiterklasse werden zugleich auch die Positionen aller fortschrittlichen Redakteure, Journalisten, Autoren, Film- und Fernsehschaffenden für die Durchsetzung ihrer sozialen und politischen Interessen gestärkt.

Der Kampf der Arbeiterklasse für eine demokratische Entwicklung im Medienbereich beinhaltet auch das konsequente Eintreten für die Rechte der Autoren, die ein wichtiger Partner in diesem Kampf sind. Je bewußter sich Journalisten, Redakteure, Film- und Fernsehschaffende an die Seite der arbeitenden Bevölkerung stellen, um so erfolgreicher werden sie in der Lage sein, ihre Interessen durchzusetzen.

Die Arbeiterklasse hat in unserem Lande große Traditionen in der Auseinandersetzung um Demokratie in Presse und Verlagswesen. Diese Tradition wird heute in der Bundesrepublik von der Arbeiterpresse und konsequent demokratischen Zeitungen und Publikationen fortgesetzt, die nicht vom Klassenstandpunkt, vom demokratischen Grundinteresse des arbeitenden Volkes, abgerückt sind, sondern sich den sozialen und politischen Interessen des Volkes verschrieben haben, die im antimonopolistisch-demokratischen Kampf eine scharfe Waffe sind und für die antiimperalistische Solidarität Verpflichtung ist.

Das ist heute zu allererst die UZ, die Zeitung der DKP. Das sind von Arbeitern geschriebene und vertriebene DKP-Betriebszeitungen. Das sind Orts-, Wohngebiets- und Hochschulzeitungen der DKP. Das sind fortschrittliche Jugend- und Studentenzeitschriften. Das sind antifaschistische und demokratische Zeitungen. Das sind progressive Buch- und Plattenverlage. Das ist linkes Filmschaffen. Und das sind Gewerkschafts- und Gewerkschaftsjugendzeitungen.

Das ist ein großes Potential der demokratischen und Arbeiterbewegung, das zu stärken und entsprechend dem jeweiligen Charakter auf konsequent demokratische, antimonopolistische, auf Klassenpositionen zu führen, ein wichtiger Bestandteil des allgemeinen Kampfes gegen die Monopolmedien ist. Denn starke Medien der Arbeiterklasse stärken die Gesamtposition aller fortschrittlichen Kräfte im Ringen um Demokratie und gesellschaftlichen Fortschritt.

Wer aber auf Antikommunismus setzt, wer sich der bürgerlichen Ideologie anpaßt, wer den Monopolinteressen Raum gibt, der geht unter. Das beweist der Niedergang der sozialdemokratischen Presse. Alle Medien der Arbeiterbewegung und der demokratischen und Jugendbewegung haben eine große Perspektive in der Gegenwart und in der Zukunft, wenn sie sich in den Dienst der Arbeiterklasse stellen.

III. Mitbestimmung und demokratische Kontrolle – aktuelle Aufgaben im Kampf für eine demokratische Medienentwicklung

Der Anspruch der Arbeiterklasse auf demokratische Veränderung der Massenmedien ist identisch mit den sozialen und demokratischen Grundinteressen der im Medienbereich Beschäftigten. Heute sind die Massenmedien gegen die Massen.

Was kennzeichnet die undemokratische Lage im Medienbereich?

- Die Interessen und Probleme der arbeitenden Bevölkerung, der arbeitenden und lernenden Jugend, der weitaus größten Mehrheit der Bevölkerung unseres Landes, kommen in den Erzeugnissen von Presse, Rundfunk, Fernsehen, Film und Verlagswesen kaum zum Ausdruck. Die Diskussion über eine gesellschaftliche Alternative, in der die arbeitenden Menschen über ihre sozialen und politischen Belange selber bestimmen können, wird unterdrückt. Die Massenmedien unseres Landes werden von der Politik und Ideologie des herrschenden Großkapitals bestimmt.
- Fortschreitende Presse- und Verlagskonzentration zu riesigen Monopolen, die ihre Fortsetzung in der Konzentration des Vertriebs und in der Bildung lokaler Monopole sowie in der Errichtung monopolartiger Stellungen der Agenturen findet. Dies dient allein rücksichtsloser Profitmacherei und der Manipulation des Massenbewußtseins im Interesse des imperialistischen Systems.
- Undemokratische Strukturen in den öffentlich-rechtlichen Rundfunk- und Fernsehanstalten, die durch die skandalöse Unterpräsenz der Gewerkschaften und fortschrittlichen gesellschaftlichen Kräfte in den Aufsichtsgremien sowie durch rigorose Zensurmaßnahmen gekennzeichnet wird.
- Der Tendenzschutzparagraph im BVG, der Hunderttausende von Arbeitern, Journalisten und Autoren sogar von jeglichem Mitspracherecht ausschließt.
- Wachsende Tendenz der Einschränkung der Programme in den Verlagen und Anstalten, Verarmung des geistigen Lebens, Mißbrauch der Informationspflicht und der Abbau kritischer Programme.
- Verschärfte Gangart gegen demokratische Einflüsse in den Medien, systematische Schürung der Angst um den Arbeitsplatz durch willkürliche Rausschmisse, durch Maulkörbe und Prozesse gegen Autoren.
- Zunehmender Druck der Monopole auf die öffentlich-rechtlichen Anstalten durch Privatisierungspläne, durch Ausbau der Vormachtstellung reaktionärer Kräfte in den Medien, durch die rechte Inquisition gegen demokratische Tendenzen in Sendungen und Druckerzeugnissen.
- Niedergang der Filmkultur unseres Landes durch Monopolisierung in Produktion und Verleih, durch eine im wesentlichen am Profit orientierte staatliche Förderungspolitik, durch Konzentration im Kinotheaterbesitz und die Beherrschung der Programme durch amerikanische Firmen.

So wird das Grundgesetz, das im Artikel 5 die Presse-, Meinungs- und Informationsfreiheit fordert, systematisch durch monopolistische Macht ausgehöhlt und in Frage gestellt. Angesichts dieser Wirklichkeit entlarvt sich das Gerede von Pluralismus und Meinungsvielfalt: Pluralität soll nur für die Parteien und Verbände des Großkapitals gelten, Meinungsvielfalt nur für die vielfältig in den Massenmedien vorgetragenen Angriffe auf die sozialen und politischen Rechte des arbeitenden Volkes.

Die CDU/CSU unternimmt immer neue Vorstöße gegen die öffentlich-rechtliche Struktur der Sendeanstalten. Ihr Ziel ist es, in den Massenmedien den rechtesten, reaktionärsten, arbeiter- und entspannungsfeindlichsten Kurs des Großkapitals durchzusetzen. Deshalb startet sie Angriff auf Angriff gegen fortschrittliche Sendungen und Publikationen, Journalisten und Autoren. Die CDU/CSU ringt um die Umwandlung der öffentlich-rechtlichen Anstalten in parteieigene und -willige Werkzeuge der Massenbeeinflussung. Diesem Ziel dient auch der Kampf für die Errichtung von privaten Rundfunk- und Fernsehanstalten. Dabei bedient sie sich der Hilfe neu entwickelter elektronischer Medien wie Kabelfernsehen, Bildplatte und -kassette.

Dem setzt die SPD/FDP-Koalition keinen Widerstand, keine Alternative entgegen. Ihre Medienpolitik ist systemstabilisierend. Sie ist darauf gerichtet, mit Hilfe des Staates den ideologischen Herrschaftsanspruch des Großkapitals zu sichern. Die Medienpolitik der SPD-Führung ist darauf gerichtet, das Instrumentarium der Massenbeeinflussung zur Stabilisierung und Existenzsicherung des kapitalistischen Systems effektiver und moderner zu gestalten. In diesem Sinne wird auch die Diskussion innerhalb der SPD über Mitbestimmung der Arbeiter und Angestellten und ihrer Gewerkschaften in den Medien abgeblockt.

Die DKP geht in ihrer Medienpolitik davon aus, daß die im Grundgesetz formulierten Grundrechte aller arbeitenden Menschen auf objektive Information, auf Bildung und Weiterbildung, auf Unterhaltung sowie auf Meinungsfreiheit durchgesetzt werden müssen. Daher dürfen die Massenmedien nicht länger den Interessen und der Willkür der herrschenden großkapitalistischen Minderheit und ihren politischen Interessenvertretern überlassen und ausgeliefert sein. Sie müssen demokratisch genutzt werden, das heißt, ihre Inhalte müssen den Interessen der Arbeiterklasse, der gesamten arbeitenden Bevölkerung entsprechen. Dabei greift die DKP alle Vorschläge, die diesen Zielen entsprechen, wie zum Beispiel die gewerkschaftlichen Forderungen zur Medienpolitik, das Positionspapier des DGB auf.

Auf der Tagesordnung steht im Bereich der Massenmedien ebenso wie im Kampf gegen die Macht des Großkapitals in anderen gesellschaftlichen Bereichen der Kampf für Mitbestimmung und demokratische Kontrolle der Arbeiterklasse und ihrer Organisationen im Bündnis mit anderen demokratischen Kräften. Die Forderung nach Mitbestimmung und demokratischer Kontrolle gilt für alle Teile der Massenmedien, sowohl für die privaten Presse- und Verlagsmonopole und -betriebe wie für die öffentlich-rechtlichen Anstalten als auch für neu entwickelte elektronische Medien.

IV. Vier entscheidende Forderungen

Um zu erreichen, daß die Erzeugnisse von Verlagen und Druckereien, Rundfunk, Fernsehen und Film dem sozialen und demokratischen Fortschritt verpflichtet sind, daß sie eine aktive Rolle im Kampf für Entspannung, Frieden und internationale Solidarität spielen, daß sie befreit werden von rassistischer, nationalistischer und antikommunistischer Hetze, stehen vier entscheidende Forderungen an.

1. Mitbestimmung und demokratische Kontrolle

das heißt, Streichung des Tendenzschutzparagraphen. Ausbau der Rechte der Betriebsräte. Schaffung einheitlicher Vertretungen der Gesamtbelegschaften in den Medien.

Die Gewerkschaften, die politischen Organisationen der Arbeiterklasse, gewählte Arbeitervertreter und die demokratischen Jugendorganisationen müssen innerhalb der Massenmedien und in eigens zu schaffenden Kontrollgremien über die inhaltlichen, finanziellen und personellen Belange mitbestimmen. Diese Forderung muß auch mit Hilfe des Kampfes um demokratische Pressegesetzgebung in Bund und Ländern und mit Hilfe von tarifvertraglichen Vereinbarungen durchgesetzt werden.

2. Überführung der Presse- und Verlagsmonopole in öffentliches Eigentum

Die grundgesetzlich garantierte Pressefreiheit ist ein Rechtsgut für das ganze Volk und nicht allein die Freiheit einer Handvoll Konzerne, ihre Interessen zur öffentlichen Meinung zu machen. Wenn im Zeichen der wissenschaftlich-technischen Revolution der notwendige Aufwand an Kapital für die Herausgabe von Zeitungen und anderen Massenmedien nur noch wenigen Multimillionären möglich ist und diesen ein undemokratisches Meinungsmonopol sichert – dann ist die Zeit reif für die Überführung der Presse- und Verlagsmonopole, der Platten- und Kassettenkonzerne, der Filmproduktions- und Verleihkonzerne in öffentliches Eigentum bei demokratischer Kontrolle. Diese Forderung betrifft vor allem solche Konzerne wie Springer, Bertelsmann, Bauer, Gruner + Jahr, Burda und die Ganske-Gruppe. Die antikommunistischen Hetzsender des CIA-Radio Free Europe und Radio Liberty müssen verschwinden.

Das verbleibende private Eigentum im Presse- und Verlagsbereich muß unter demokratische Kontrolle gestellt werden. In den Aufsichtsorganen müssen die Belegschaften, die Gewerkschaften, die demokratischen Jugendverbände und andere demokratische Kräfte entsprechend ihrem Gewicht in der Gesellschaft entscheidenden Einfluß haben.

Kleine und mittlere Presse- und Verlagsunternehmen, Filmproduktionen und Verleihe sind staatlich zu fördern. Dabei ist vor allem der Gedanke genossenschaftlicher Zusammenschlüsse zu unterstützen.

3. Verteidigung und demokratischer Ausbau des öffentlichen Status der Sendeanstalten

Jede Privatisierungsbestrebung im Bereich Rundfunk, Fernsehen und Anwendung neuer elektronischer Sendeeinrichtungen ist abzulehnen. Die öffentlich-rechtliche Form muß durch demokratische Kontrolle und die Ausweitung der Mitbestimmung, bei maßgeblichem Einfluß der Gewerkschaften, der Arbeiterparteien, der demokratischen Jugendverbände und anderer demokratischer Kräfte in den Beiräten gestaltet werden. Insbesondere durch den Einfluß auf das Programm, auf die Personalpolitik, auf die Schaffung gesicherter Arbeitsbedingungen aller im Medienbereich Tätigen.

4. Soziale Sicherheit für alle Medienbeschäftigten

Verteidigung der Arbeitsplätze. Einheitliche Verträge für alle, für festangestellte und freie Mitarbeiter. Schaffung von gesicherten Arbeitsplätzen mit sicherem Einkommen und Altersversorgung für freie Mitarbeiter, Autoren, Film- und Fernsehschaffende. Ausbau des Kündigungsschutzes für Vertrauensleute und Jugendvertreter. Verbesserung der gesamten Ausbildung bei gesetzlicher Verpflichtung zur Weiterbeschäftigung nach Beendigung der Ausbildungszeit.

V. Auf welchem Wege zu demokratischen Massenmedien?

Der Kampf für eine demokratische Entwicklung der Massenmedien ist keine Vertretung von isolierten Belangen einer bestimmten Schicht, sondern Bestandteil des Kampfes der Arbeiterklasse und aller demokratischen Kräfte für eine antimonopolistische Demokratie in unserem Lande.

Die Grundrechte auf Information, Bildung und Unterhaltung können nur in dem Maße erkämpft werden, wie die Arbeiterklasse und ihre Verbündeten das politische Kräfteverhältnis zu ihren Gunsten verändern, wie sie die Macht des Großkapitals in allen gesellschaftlichen Bereichen zurückdrängen und schließlich überwinden. Ihre endgültige und vollständige Sicherung kann nur unter den Bedingungen der politischen Macht der Arbeiterklasse, also im Sozialismus erreicht werden. Der Kampf um sie muß hier und heute geführt werden. Der Kampf um demokratische Massenmedien ist daher ein fester Bestandteil des Kampfes um eine antimonopolistische Umgestaltung unserer Gesellschaft, Teil des Kampfes für den Sozialismus.

Der Kampf für demokratische Massenmedien liegt im Interesse der gesamten Gewerkschaftsbewegung. Darum ist die Mediengewerkschaft als Gegenkraft gegen die Monopole im Medienbereich erforderlich. Es gilt alles zu tun, was die einheitliche Mediengewerkschaft fördert und die Solidarität aller im Medienbereich Beschäftigten festigt.

Der Kampf für demokratische Veränderung der Massenmedien beginnt bei den sozialen und demokratischen Tagesforderungen, beim Kampf für die Sicherung von Arbeitsplätzen, für die tarifvertragliche Absicherung der sozialen Versorgung und führt zu dem großen demokratischen Ziel: dem Monopolkapital eine entscheidende Stütze seiner Macht zu entreißen. Diese Erkenntnis in der Arbeiterklasse zu vertiefen und die Einsicht bei den Intellektuellen zu festigen, daß es gerade ihre Rechte erfordern, daß die Arbeiterklasse den entscheidenden gesellschaftlichen Einfluß erringt, kennzeichnet die Aufgaben der gegenwärtigen Etappe des Kampfes um die große demokratische Reform im Medienbereich. Dieser Kampf vermittelt die weitergehende gesellschaftliche Einsicht, daß es richtig und konsequent ist, sich für den Weg zum Sozialismus zu entscheiden, dessen grundlegende Bedingungen und Errungenschaften: politische Macht der Arbeiterklasse, also der Mehrheit des Volkes, auf der Grundlage der Vergesellschaftung der entscheidenden Produktionsmittel erst reale Demokratie bringen. Im Sozialismus können sich die Medien als Einrichtungen des Volkes frei entfalten, finden die humanistischen und progressiven Ideen der Geistesschaffenden die besten Bedingungen für ihre Verwirklichung.»

In den ‹**Wiesbadener Leitlinien liberaler Medienpolitik**›, herausgegeben von der Bundesgeschäftsstelle der Freien Demokratischen Partei, Bonn o. J., S. 23–32, haben die Freien Demokraten ihre Vorstellungen über eine Reform der Medien niedergelegt.

Im Gegensatz zur CDU/CSU fordert die **FDP** die Aufrechterhaltung der öffentlich-rechtlichen Organisationsform für Rundfunk und Fernsehen. Auch angesichts neuer technischer Entwicklungen auf dem Mediensektor lehnt sie ein von privater oder staatlicher Kontrolle dirigiertes Rundfunksystem ab.

Die Mitbestimmung der in den öffentlich-rechtlichen Anstalten Tätigen mag die FDP darüber hinaus nicht in gleicher Weise wie die CDU/CSU ablehnen. Sie strebt sogenannte ‹Mindestmitwirkungsrechte› der Redakteure und die Wahl von Redaktionsvertretungen an, ohne jedoch präzise Angaben in bezug auf ihre Funktion und ihren Aufgabenbereich zu machen. Eine ausdrückliche Forderung nach erweiterten Mitbestimmungsrechten der Mitarbeiter in Pressebetrieben und

Rundfunkanstalten, damit eine eindeutige Stellungnahme zum Tendenzschutzparagraphen, legt die FDP in den Wiesbadener Leitlinien nicht vor:

«I. Präambel

Das Grundrecht der Meinungsfreiheit, der Informationsfreiheit und der Pressefreiheit ist nicht ein Grundrecht neben anderen. Für die Liberalen ist dieses Grundrecht von zentraler Bedeutung für die Bewahrung und Ausübung aller anderen Grundrechte. Dieses Grundrecht sichert Vielfalt und Wettbewerb der Meinungen in der freien und offenen Gesellschaft und stellt so die unabdingbare Voraussetzung für die verantwortliche Willensbildung des aufgeklärten und mündigen Bürgers in der parlamentarischen Demokratie dar.

Die Trennung in öffentlich-rechtliche Struktur des Rundfunks (Hörfunk und Fernsehen) und privatwirtschaftliche Organisation des Pressewesens in der Bundesrepublik hat sich im Grundsatz bewährt und soll beibehalten werden.

Das Pressewesen darf auch in Zukunft keine Kontrollelemente und Proporzpraktiken erhalten. Auf der anderen Seite müssen Funk und Fernsehen von privatwirtschaftlichen Interessen und staatlicher Kontrolle frei bleiben. Letzteres gilt auch für die Nutzung der technischen Übertragungsmöglichkeiten über Kabel des Postsystems. Es muß sichergestellt werden, daß jede im Verlauf der technischen Entwicklung zusätzlich erschlossene Informationsquelle und jede Verbesserung ihrer Übermittlungswege – wie z. B. die faksimilierte Zeitung – dazu beiträgt, die Vielfalt im Meinungsangebot zu verstärken.

Medien kennen keine Ländergrenzen. Die im Grundgesetz verbürgte Einheitlichkeit der Lebensverhältnisse verlangt nach einheitlichen Regelungen für Presse (einschließlich Presseagenturen und Redaktionsgemeinschaften), Hörfunk und Fernsehen. Deshalb setzen sich die Freien Demokraten dafür ein, daß die Regelung der Rechtsverhältnisse der Medien in die konkurrierende Gesetzgebung des Bundes aufgenommen wird. Sollte dieses Ziel politisch nicht oder nur zu nicht vertretbaren Bedingungen durchsetzbar sein, soll der Bund seine Rahmenkompetenz auf diesem Gebiet voll ausschöpfen.

II. Medienfreiheit

Die durch Artikel 5 des Grundgesetzes geschützten Grundrechte der Meinungsäußerungsfreiheit, der Pressefreiheit und der Informationsfreiheit werden von Verlegern und Journalisten beruflich wahrgenommen, um den Informationsanspruch der Leser bzw. Hörer zu erfüllen und dadurch die freie Meinungs- und Willensbildung in der demokratischen Gesellschaft zu ermöglichen.

Der Zugang zur journalistischen Berufsausübung darf nicht beschränkt werden. In der Presse hat die fortschreitende Konzentration zu einem ständigen Rückgang der Zahl der Meinungsträger und damit zu publizistischen Machtzusammenballungen geführt. Beim Rundfunk darf das Proporzdenken der Parteien im Verbund mit politisch scheinbar neutralen Vertretern anderer gesellschaftlicher Gruppen nicht dazu führen, daß die Äußerung vielfältiger und besonders profilierter Meinungen gefährdet oder behindert wird. Auch aus diesen Gründen sind für beide Medien besondere Maßnahmen zur Stärkung der inneren Pressefreiheit notwendig.

III. Innere Pressefreiheit

Die innere Pressefreiheit erfordert unabhängig von tarifvertraglichen Regelungen gesetzlich festgelegte Mindestmitwirkungsrechte für journalistische Mitarbeiter. Über die gesetzlichen Mindestbedingungen hinausgehende Abmachungen können durch Tarifvertrag oder innerbetriebliche Vereinbarung erfolgen.

Die dem Chefredakteur, den Ressortleitern, den Redakteuren oder der Redaktionsvertretung gewährten Mitwirkungsrechte bei personellen oder betrieblichen Maßnahmen des Verlegers können nur zu Zwecken, auf die Art. 5 Abs. 1 Satz 2 GG Anwendung findet, sowie zur Sicherung der Aufgaben der Presse wahrgenommen werden.

Zur Verankerung der Mindestmitwirkungsrechte oder weitergehender Regelungen sind innerhalb einer bestimmten Frist in allen Verlagen Redaktionsstatute abzuschließen, wenn mindestens drei Redakteure die Initiative dazu ergreifen. Redaktionsstatute sind Bestandteile der Arbeitsverträge. Rechte aus dem Redaktionsstatut sind einklagbare Rechte jedes Redaktionsmitgliedes.

Zur Wahrnehmung der sich aus den Redaktionsstatuten ergebenden Rechte der Redakteure und ihrer sonstigen Interessen im Hinblick auf die Wahrung der inneren Pressefreiheit wird bei den Redaktionen eine Redaktionsvertretung gewählt, deren zahlenmäßige Größe sich an der personellen Besetzung der Redaktion orientiert, jedoch mindestens drei Mitglieder zählen sollte. Bei Redaktionen, denen weniger als zehn Redaktionsmitglieder angehören, werden die Rechte und Interessen der Redakteure durch einen Redaktionssprecher wahrgenommen.

Die Redaktionsvertretung vertritt die Interessen der Redakteure gegenüber der Chefredaktion und dem Verlag. Sie vermittelt in Konflikten zwischen Redaktionsmitgliedern und der Chefredaktion.

Die Redaktionsvertretung wird jährlich in geheimer Wahl gewählt. Jedes Redaktionsmitglied hat das aktive und passive Wahlrecht. Mitglieder der Chefredaktion sind zur Redaktionsvertretung nicht wählbar. In der Redaktionsvertretung kann eine Mindestvertretung von Ressortleitern vorgesehen werden. Ständige und überwiegend für eine Zeitung tätige freie Mitarbeiter haben beratende Stimme.

Es bleibt unbenommen, weitere Beratungs- und Entscheidungsgremien einzurichten, sofern die gewählte Redaktionsvertretung dadurch in der Wahrnehmung der Rechte aus dem Redaktionsstatut nicht beeinträchtigt wird.

Den Mitgliedern der Redaktionsvertretung ist ein qualifizierter Kündigungsschutz zu gewähren. Die Redaktionsvertreter unterliegen der Schweigepflicht in Personalangelegenheiten.

Die grundsätzliche publizistische Haltung und der allgemeine publizistische Charakter der Zeitung werden vom Verleger nach Anhörung des Chefredakteurs, der Redaktionsvertretung und der Ressortleiter schriftlich festgelegt. Die grundsätzliche publizistische Haltung der Zeitung muß periodisch veröffentlicht werden und ist ebenso wie der allgemeine publizistische Charakter der Zeitung Bestandteil der Arbeitsverträge der Redakteure.

Änderungen oder Ergänzungen der grundsätzlichen publizistischen Haltung oder des allgemeinen publizistischen Charakters der Zeitung kann der Verleger nur nach Beratung mit dem Chefredakteur (Chefredaktion) und nach Anhörung der Redaktionsvertretung vornehmen. Der Gesetzgeber muß besondere Fristen und Formen für die Änderung vorschreiben. Die Redaktionsvertretung hat das Recht zum Widerspruch. Setzt sich der Verleger über den Widerspruch einer ⅔-Mehrheit der Redaktionsvertretung hinweg, haben alle Mitglieder der Redaktion das Recht, unter qualifizierten Bedingungen auszuscheiden (z. B. sechsmonatige

Gehaltszahlung). Dieses Recht wird durch einen Wechsel des Verlegers nicht berührt.

Bei neuauftretenden Fragen von grundlegender Bedeutung (Richtlinienkompetenz) entscheidet der Chefredakteur (Chefredaktion) im Benehmen mit dem Verleger und nach Anhörung der Redaktionsvertretung sowie der zuständigen Ressortleiter. Unberührt bleiben die Rechte des Verlegers, die sich aus der Einhaltung der grundsätzlichen publizistischen Haltung und des Charakters der Zeitung ergeben.

Einzelweisungen des Verlegers sind unzulässig. Ist zu besorgen, daß eine beabsichtigte Veröffentlichung unzumutbare Folgen für die Zeitung, den Verlag oder den Verleger haben könnte, so haben die Chefredaktion und der zuständige Ressortleiter mit dem Verleger Einvernehmen darüber herzustellen, ob die Veröffentlichung erfolgen soll. Der Verfasser ist unmittelbar zu informieren und – soweit räumlich möglich – hinzuzuziehen. Bei der Abwägung, ob das Risiko der Veröffentlichung einzugehen ist, muß die öffentliche Aufgabe der Presse besonders berücksichtigt werden.

Kein Redaktionsmitglied kann veranlaßt werden, eine Meinung zu äußern, die es nicht vertritt. Namentlich gezeichnete Beiträge dürfen in ihrem Wesensgehalt nicht verändert werden. Kein Redaktionsmitglied kann veranlaßt werden, etwas journalistisch zu verantworten, was nach den Regeln eines fairen Journalismus unzumutbar ist, oder Aufträge zu übernehmen, die diesen Regeln widersprechen. Aus der Weigerung darf ihm kein Nachteil entstehen. Die Pflicht zur umfassenden Information bleibt unberührt.

Vor einer Änderung der Eigentums- oder Besitzverhältnisse an der Zeitung durch Vertrag (mit Ausnahme Erbvertrag) oder einer Fusion muß die Redaktion bzw. die Redaktionsvertretung rechtzeitig informiert und gehört werden. Die Redaktion hat das Recht, sich bei den potentiellen Erwerbern über deren verlegerisches Konzept zu informieren. Einer Gesellschaft der Redakteure steht bei entgeltlicher Veräußerung des Verlages, der Zeitung oder von Anteilen am Verlag ein Vorkaufsrecht zu. Bei der gesetzlichen Regelung ist dafür Sorge zu tragen, daß dieses Vorkaufsrecht nicht durch andere Formen rechtsgeschäftlicher Übertragung unterlaufen wird.

Die Funktionen des Verlegers und des Chefredakteurs sollen grundsätzlich nicht von ein und derselben Person ausgeübt werden. Sollten sie in einer Person vereinigt sein, muß ein Stellvertreter die Funktion des Chefredakteurs in den Fällen wahrnehmen, in denen seine Mitwirkung im Sinne des Redaktionsstatuts notwendig ist. Der Verleger kann nur bei einer Zeitschrift oder einer Zeitung die Funktion eines Redaktionsmitgliedes ausüben.

Bei der Berufung des Chefredakteurs oder eines Mitgliedes der Chefredaktion (wie auch des Herausgebers) wirkt die Redaktionsvertretung vor Vertragsabschluß mit. Der Verleger kann einen Chefredakteur oder ein Mitglied der Chefredaktion (und/oder einen Herausgeber) nicht berufen, wenn die Redaktionsvertretung schriftlich begründet mit ⅔ ihrer Stimmen widerspricht. Die Ablehnung kann nur damit begründet werden, daß der Betreffende aufgrund seiner bisherigen Berufspraxis fachlich nicht geeignet erscheint oder begründete Zweifel daran bestehen, daß der Betreffende die publizistische Grundhaltung der Zeitung einhalten wird. Die Redaktionsvertretung hat das Recht, dem Verleger einen Chefredakteur oder ein Mitglied der Chefredaktion (und/oder einen Herausgeber) vorzuschlagen.

Vor Abberufung des Chefredakteurs oder eines Mitgliedes der Chefredaktion ist die Redaktionsvertretung zu hören.

Alle personellen Entscheidungen innerhalb der Redaktion (Einstellungen, Versetzungen, Kündigungen) trifft der Chefredakteur (Chefredaktion) im Einvernehmen mit dem Verleger nach Anhörung der Redaktionsvertretung und des zuständigen Ressortleiters. Der Betroffene ist zu hören.

Der Verleger unterrichtet die Redaktion jährlich und die Redaktionsvertretung vierteljährlich über die wirtschaftliche Entwicklung des Verlagsobjekts.

In Fragen des redaktionellen Etats entscheidet der Verleger im Einvernehmen mit dem Chefredakteur (Chefredaktion) und im Benehmen mit der Redaktionsvertretung.

IV. Innere Rundfunkfreiheit

Zur Sicherung der inneren Freiheit in den Rundfunkanstalten sind gesetzlich festgelegte Mindestmitwirkungsrechte der Redakteure und der ihnen in der Programmverantwortung gleichgestellten Mitarbeiter vorzusehen.

Analog zur Presse sind in den Rundfunkanstalten Redaktionsstatute abzuschließen und Redaktionsvertretungen zu wählen. Die Aufgabenstellung der Redaktionsvertretung muß die öffentlich-rechtliche Struktur der Rundfunkanstalten berücksichtigen.

Bei der Wahl der Redaktionsvertretung haben angestellte Redakteure einschließlich der im Programmbereich tätigen Hauptabteilungsleiter und ihrer Stellvertreter sowie sonstige Mitarbeiter, die eine vergleichbare Tätigkeit ausüben und überwiegend für die Anstalt arbeiten und ihren Lebensunterhalt wesentlich aus den Einkünften von Seiten der Anstalt bestreiten, Wahlrecht.

Schon vor einer möglichen gesetzlichen Regelung in den Ländern sollte der Bund in seinen Rundfunkanstalten mit gutem Beispiel vorangehen.

Freie Mitarbeiter haben das Recht, an Redaktionskonferenzen uneingeschränkt teilzunehmen. Ihnen ist der Informationsfluß innerhalb der Anstalten zu öffnen. Andererseits haben sie die Pflicht zur Geheimhaltung interner Vorgänge im Sinne der Bestimmungen für Festangestellte.

In den Redaktionsstatuten ist sicherzustellen, daß das Aufsichtsgremium, das die Programmverantwortlichen wählt, vor seiner Entscheidung die Redaktionsvertretung hört, die dem Vorschlag mit ⅔ ihrer Stimmen schriftlich begründet widersprechen kann. Dieser Widerspruch ist nur mit ⅔-Mehrheit des Aufsichtsgremiums überstimmbar.

Jeder Redakteur hat das Recht auf die Arbeitsbedingungen, die zur Erfüllung seiner journalistischen und künstlerischen Aufgaben notwendig sind. Dazu gehören volle, rechtzeitige und regelmäßige Informationen bei allen seinen Programmbereich betreffenden Entscheidungen. Die Betroffenen sowie die betroffenen Redaktionen oder Abteilungen sind anzuhören. Auf ihren Wunsch ist die Redaktionsvertretung zu beteiligen. Die Redaktionsvertretung kann von sich aus tätig werden.

Die Redaktionsvertretung hat unmittelbares Vortragsrecht vor den Aufsichtsgremien der Rundfunkanstalten.

V. Rundfunkstruktur

Anstelle des Intendanten tritt ein Kollegium von fünf Direktoren, von denen jeder einen eigenen Geschäftsbereich verantwortet (Programm I, Programm II, Finanzen/Verwaltung, Technik/Produktion und Außenvertretung/Koordination). Ein Mitglied des Kollegiums übernimmt den Vorsitz. Die Mitglieder werden vom Rundfunkrat gewählt. Bei der Wahl der Programmverantwortlichen wirkt die Redaktionsvertretung mit.

Der Rundfunkrat setzt sich zu einem Drittel aus Vertretern der in den jeweiligen Parlamenten vertretenen Parteien und zu zwei Dritteln aus Vertretern gesellschaftlich relevanter Gruppen zusammen. Er kann bis zu drei Sachverständige hinzuwählen. Regierungsmitglieder dürfen nicht in einen Rundfunkrat gewählt werden; Regierung und Verwaltung haben kein Entsendungsrecht. Im ersten Drittel ist jede Partei mit einem Grundmandat auszustatten. Im übrigen bemißt sich die Vertretung der Parteien nach dem letzten Wahlergebnis. Die Parteienvertreter sind von den Parteien auf den jeweils zuständigen Parteitagen zu wählen.

Für die anderen beiden Drittel entsenden die gesellschaftlich relevanten Gruppen ihre Vertreter. Der Gesetzgeber überprüft von Zeit zu Zeit, ob eine Gruppe auch weiterhin vertreten sein soll. Dic Vertreter der gesellschaftlich relevanten Gruppen müssen von Parteitagen vergleichbaren eigenen Versammlungen entsprechend dem im Parteiengesetz festgelegten demokratischen Verfahren gewählt werden.

Die Gesamtvertretung des Personals der Rundfunkanstalten soll in angemessener Weise mit Sitz und Stimme bei der Bildung der Verwaltungsräte beteiligt werden.

Die Wahlperiode für die Aufsichtsgremien dauert vier Jahre. Alle zwei Jahre wird die Hälfte der Vertreter neu gewählt. Die Sitzungen der Aufsichtsgremien sind grundsätzlich öffentlich.

Die Werbezeiten in den Programmen von Fernsehen und Hörfunk dürfen nicht erweitert werden. Analog zu der bereits bestehenden Zeitbegrenzung im Fernsehen soll eine Werbezeitbegrenzung im Hörfunk festgelegt werden.

Die Fernsehwerbung darf nur in geschlossenen Programmteilen innerhalb von zwei Stunden erfolgen. Eine Aufteilung zusammenhängender Programmteile durch Werbeeinblendungen muß auch im Hörfunk unterbleiben. Werbung im Hauptabendprogramm wird abgelehnt.

Einnahmen aus der Werbung im Rundfunk dürfen die Einnahmen aus Gebühren nicht übersteigen. Regionale und lokale Sender sollten keine regionale Werbung ausstrahlen.

Für den Inhalt der Werbesendungen und des Rahmenprogramms trägt der Programmverantwortliche der Rundfunkanstalt die Verantwortung. Die Beteiligung von Kindern bei Werbesendungen ist zu verbieten. Im Rahmenprogramm der Werbung ist der Verbraucheraufklärung (z. B. Stiftung Warentest) Sendezeit für vergleichende Produktinformationen einzuräumen.

Durch einen unabhängigen, sachkundigen Gutachterausschuß wird auf Antrag der Mehrheit der Rundfunkanstalten die Kostensituation des Rundfunks überprüft und ein Vorschlag zur Festsetzung der Gebührenhöhe ausgearbeitet. Dem Ausschuß sollen je ein Programmsachverständiger der ARD und des ZDF, ein Rationalisierungsexperte (evtl. vom Bundesrechnungshof), ein Experte für die wirtschaftliche Lage (evtl. Bundesbank oder ein Mitarbeiter des Sachverständigenrates für die wirtschaftliche Entwicklung) sowie ein neutraler Vorsitzender angehören. Das Finanzgebaren der Rundfunkanstalten ist offenzulegen.

Die Länderneugliederung darf nicht zwangsläufig zur Verringerung der Zahl der Rundfunkanstalten führen. Rationalisierung und notwendige technische Zusammenarbeit dürfen nicht zu einer Einschränkung der Vielfalt des Programmangebotes führen. Um die Vielfalt der Meinungen auch im Rundfunk zu erhalten, soll das Angebot politischer und informatorischer Sendungen nicht verringert werden.

VI. Probleme der Konzentration und Strukturfragen

Der Gesetzgeber hat durch kartellrechtliche Vorschriften dafür zu sorgen, daß auf dem Gebiet des Pressewesens ein wirtschaftlicher Wettbewerb erfolgt; denn wirtschaftlicher Wettbewerb ist das Fundament eines darauf aufbauenden publizistischen Wettbewerbs. Bei Gefährdung dieses Wettbewerbs muß das Bundeskartellamt in der Lage sein, wettbewerbssichernde Maßnahmen zu ergreifen.

Das Kartellamt hat weitere Konzentration zu verhindern. Dabei spielt keine Rolle, ob diese Konzentrationen durch Kartelle, Fusionen oder inneres Wachstum erfolgen.

Der Gesetzgeber hat dabei im Kartellgesetz Marktanteile (im bundesweiten und regionalen Bereich) festzulegen, bei deren Vorliegen eine Gefährdung oder eine Beeinträchtigung des freien Wettbewerbs vermutet wird. Diese Vermutung kann von den Betroffenen mit Rücksicht auf die jeweilige Situation widerlegt werden. Dies kann jedoch nicht mit dem pauschalen Hinweis auf die Konkurrenz von Hörfunk, Fernsehen und Film geschehen.

Eine Gefährdung des publizistischen Wettbewerbs wird vermutet, wenn ein Presseunternehmen mit allen von ihm herausgegebenen Objekten

a) auf dem Sektor der Tages- und Sonntagszeitungen, gemessen an der insgesamt verkauften Auflage auf dem Gesamtmarkt der Bundesrepublik Deutschland und Berlin (West), einen Marktanteil von 20% erreicht;
der Marktanteil der Sonntagszeitungen berechnet sich durch Sechstelung (Verteilung auf 6 Tage);

b) wenn ein Presseunternehmen auf dem Sektor der Publikumszeitschriften oder Wochenzeitungen gemessen an der insgesamt verkauften Auflage auf dem Gesamtmarkt der Bundesrepublik Deutschland und Berlin (West) einen Marktanteil von 20% erreicht.

Gibt ein Presseunternehmen gleichzeitig Objekte nach a) und b) heraus und erreicht dabei mit einem Objekt einen Marktanteil von 20%, dann wird bei einem anderen Objekt die Gefährdung des publizistischen Wettbewerbs schon bei 10% vermutet. Die Gefährdung des publizistischen Wettbewerbs wird ebenfalls vermutet, wenn ein Presseunternehmen auf einem lokalen Teilmarkt (Stadt- oder Landkreis, kreisfreie Stadt oder Stadtstaat) einen Anteil von 60% erreicht. Der Gefährdungstatbestand ist selbstverständlich widerlegt, wenn eine Zweitzeitung einen Anteil von 30 oder 40% erreicht.

Eine Beeinträchtigung des publizistischen Wettbewerbs wird vermutet, wenn auf dem Gesamtmarkt ein Marktanteil von 40% oder auf einem Lokalmarkt ein Marktanteil von 80% erreicht ist.

Liegt eine Gefährdung vor (und kann auch die Gefährdungsvermutung nicht widerlegt werden), so hat das Kartellamt dieselben Eingriffsrechte wie bei Kartellen und Fusionen (insbesondere Mißbrauchsaufsicht und vorbeugende Fusionskontrolle). Zusammenschlüsse von Presseunternehmen mit Rundfunkunternehmen im weitesten Sinne sind verboten. Presseunternehmen dürfen keinen Rundfunk betreiben; Rundfunkunternehmen keine Zeitungen, Publikumszeitschriften oder Teile davon herstellen oder vertreiben. Bei der Mißbrauchsaufsicht, beim Diskriminierungsverbot und beim Verbot von Liefer- und Bezugssperren sind pressespezifische Maßnahmen (z. B. Kündigungsverbot bei Druckverträgen, Öffnung der Vertriebswege für Mitwettbewerber) vorzusehen. Liegt eine Beeinträchtigung des publizistischen Wettbewerbs vor und kann auch die Beeinträchtigungsvermutung nicht widerlegt werden, so kann das Kartellamt neben den vorstehend genannten Maßnahmen bei Monopolen im überregionalen Bereich eine Entmonopolisierung sowie bei Monopolen im lokalen Bereich, wenn das wirtschaftlich möglich ist, ein Entmonopolisierungsverfahren einleiten, sonst muß ein Abbau des Gefährdungsrisikos durch Selbstkontrolle erfolgen.

Das Entmonopolisierungsverfahren liegt in der Hand des Kartellamtes. Die Selbstkontrolle sollte durch den Deutschen Presserat erfolgen.

Der Deutsche Presserat oder die von ihm beauftragten Gremien erhalten das Recht, eine ausgewogene Berichterstattung durchzusetzen:

a) Der Deutsche Presserat hat das Recht, den Abdruck seiner Rügen durchzusetzen.
b) In besonders schweren Fällen unausgewogener Berichterstattung hat der Deutsche Presserat das Recht, einen Darstellungsanspruch in angemessener Frist durchzusetzen.

Jeder Bürger hat das Recht, sich an den Deutschen Presserat zu wenden. Der Deutsche Presserat ist durch Förderung des Bundes in Stand zu setzen, seine Aufgaben in angemessener Weise zu erfüllen.

Anzeigenblätter sollten durch das Gesetz gegen unlauteren Wettbewerb zur Kenntlichmachung ihrer Eigenart gezwungen werden.

Zur Verhinderung von Konzentrationen ist die technisch-wirtschaftliche Kooperation von Presseunternehmen zu erleichtern und zu fördern. Mittel dazu sind Strukturhilfen und geeignete steuerliche Vergünstigungen. Direkte Subventionen sind abzulehnen.

VII. Vertriebssystem

Die Erweiterung des Wettbewerbs der Presseorgane untereinander scheitert häufig an den Vertriebsverhältnissen. Freie Konkurrenz ist nur möglich, wenn jede Zeitung an jedem Ort der Bundesrepublik etwa zur gleichen Zeit im Abonnement bezogen werden kann.

Folgende Maßnahmen sind vorzusehen:

Auf freiwilliger Basis und in genossenschaftlicher Form beteiligen sich Zeitungs- und Zeitschriftenverlage an einer eigenen Vertriebsorganisation für das Zeitungs- und Zeitschriftenabonnement. Die jedem offenstehende Vertriebsorganisation sollte so angelegt sein, daß überall der Bezug sichergestellt ist. Diese Vertriebsorganisation könnte bei nicht vorhandener Kostendeckung im Interesse der Sicherung des Informationsanspruches der Leser öffentlich gefördert werden. Der Gesetzgeber wird aufgefordert, die Voraussetzungen für ein wirksames Vertriebssystem zu schaffen, falls kein geeignetes Vertriebssystem auf freiwilliger Basis zustande kommt.

VIII. Besondere Probleme der Pressefreiheit

Das *Zeugnisverweigerungsrecht* für Journalisten ist in den Verfahrensordnungen nach dem Vorbild der Landespressegesetze von Hamburg und Hessen zu gestalten. Nach der Reform muß das Recht zur Verweigerung des Zeugnisses allen zustehen, die bei der Vorbereitung, Herstellung, Veröffentlichung oder Verbreitung eines Druckwerkes mitgewirkt haben. Sie können sich über die Person des Verfassers, Einsenders oder Gewährsmannes, der Beiträge und Unterlagen geliefert oder Mitteilungen gemacht hat, sowie über den Inhalt des Materials ausschweigen.

Für periodische Presseerzeugnisse ist eine *Offenlegungspflicht* für die Besitz- und Beteiligungsverhältnisse gesetzlich festzulegen. Die Offenlegung hat bei Tages- und Wochenzeitungen mindestens einmal im Kalendervierteljahr, bei den übrigen Presseerzeugnissen jährlich im Impressum zu erfolgen.

Die Bestimmungen im Zivilrecht über *Gegendarstellungsrecht* und Schadenersatzanspruch sind zu überprüfen. Beim einstweiligen Rechtsschutz muß sich die Glaubhaftmachung auch auf die Richtigkeit der Gegendarstellung erstrecken. Für Funk und Fernsehen ist eine mediengerechte Gegendarstellung einzuführen. Der sogenannte Redaktionsschwanz bei Gegendarstellungen darf nicht in der gleichen Ausgabe veröffentlicht werden.

Die Pflicht zum Abdruck einer Gegendarstellung besteht nicht bei Anzeigen, die ausschließlich dem geschäftlichen Verkehr dienen.

Die Verlage und Rundfunkanstalten sind verpflichtet, für ihre Redakteure eine *Haftpflichtversicherung* abzuschließen.

Um die Mobilität auf dem journalistischen Arbeitsmarkt zu fördern, ist die Einrichtung einer einheitlichen *Zusatzversorgungskasse* für Journalisten aller Medien vorzusehen. Bei dieser Zusatzversicherung sind alle schon erworbenen Anwartschaften zu berücksichtigen. Bis eine solche Einrichtung geschaffen werden kann, muß der Wegfall der Verfallsklausel bei den Versorgungseinrichtungen der Rundfunkanstalten gegenüber der Presse erreicht werden. Die Übertragbarkeit der Anwartschaft muß gesichert werden. Die unterschiedlichen Versorgungsleistungen sollen einander angeglichen werden.

Der *Informationsanspruch* der Presse und des Rundfunks gegenüber den Behörden muß gesetzlich gesichert werden. Auskünfte dürfen nur verweigert werden, soweit Vorschriften der Geheimhaltung entgegenstehen, die sachgemäße Durchführung eines schwebenden Gerichtsverfahrens oder Disziplinarverfahrens vereitelt oder erschwert oder ein schutzwürdiges privates Interesse verletzt würde. Der Informationsanspruch muß wie das Gegendarstellungsrecht im Wege eines summarischen Verfahrens vor Gericht durchgesetzt werden können.

Durch Gesetz ist die Möglichkeit zur *Streitwertbegrenzung* in bürgerlichen Rechtsstreitigkeiten über solche Ansprüche zu regeln, die eine Veröffentlichung im redaktionellen Teil eines Druckwerkes betreffen.

IX. Journalistenausbildung

Im Hinblick auf die gesellschaftlich-politisch bedeutsame Funktion des Journalisten ist die Qualität seiner Ausbildung von öffentlichem Interesse.

Die Hochschulen sollen neben den Fachstudiengängen zusätzliche Bildungsmöglichkeiten anbieten, die eine journalistische Ausbildung ermöglichen. Im Mittelpunkt dieser Ausbildung hat die Vorbereitung auf die praktische journalistische Tätigkeit zu stehen. Sie ist so anzulegen, daß dem künftigen Journalisten die Chance zu beruflicher Mobilität zwischen den Kommunikationsmedien eröffnet wird.

Die Verknüpfung zwischen theoretischer Ausbildung und praktischer Tätigkeit in den Redaktionen (Volontariat) ist unabdingbar. Die Einstellung eines Volontärs darf nicht dazu dienen, die Arbeitskraft eines Redakteurs zu ersetzen.

Die Tarifpartner werden aufgefordert, Einrichtungen zu schaffen, die in der Lage sind, zu prüfen und zu überwachen, wieweit die betrieblichen Voraussetzungen für eine den obigen Grundsätzen entsprechende Volontärausbildung gegeben ist.

Mitglieder der F.D.P.-Medienkommission:
Karl-Hermann Flach (Vorsitzender) †, Herman F. Arning (stellvertretender Vorsitzender), Gerhart Baum, Prof. Dr. Jürgen Baumann, Heiner Bremer, Hans-Dietrich Genscher, Josef Gerwald, Rötger Gross, Hildegard Hamm-Brücher, Dr. Burkhard Hirsch, Volker Hummel, Prof. Dr. Werner Maihofer, Hermann Marx, Karl Moersch, Dr. Frid Muth, Ursula Redepenning, Reinhard Schimkowsky, Jörg Schlegel, Konstanz Schmölder»

Die **SPD** legt in der **‹Entschließung zur Lage und Entwicklung der Massenmedien in der Bundesrepublik Deutschland›** (In: Die Massenmedien, herausgegeben vom Bundesvorstand der SPD, Bonn 1971, S. 14–24) auf die Behandlung von Konzentrations- und Monopolbildungsprozessen auf dem Pressesektor besonderes Gewicht. Sie sieht in diesen Entwicklungen die Gefahr eines Ungleichgewichts zwischen öffentlich-rechtlichem und privatwirtschaftlichem Bereich. Nur die publizistische Ausgewogenheit zwischen beiden garantiere die geforderte Meinungsvielfalt.

Vermittelt wird durch diesen Hinweis zugleich deutlich, daß sich die SPD für ein kompromißloses Festhalten an dem öffentlich-rechtlichen Organisationsprinzip der Rundfunkanstalten ausspricht. Sie fordert, deren demokratische Struktur zu verbessern, die Mitbestimmungsrechte der Mitarbeiter durchzusetzen und ein Kollegialprinzip an die Stelle der absoluten Weisungsbefugnis des Intendanten zu setzen:

«Entschließung zur Lage und Entwicklung der Massenmedien in der Bundesrepublik Deutschland

Das Grundgesetz für die Bundesrepublik Deutschland verbürgt die Meinungs- und Informationsfreiheit als Grundrecht (Art. 5 GG). Dieses Grundrecht wird seit Jahren durch eine fortschreitende Konzentration im Pressewesen, durch regionale oder lokale Monopolstellungen auf dem Zeitungsmarkt und durch Versuche, private Rundfunk- und Fernsehanstalten zu gründen und für kommerzielle und politische Zwecke zu nutzen, eingeschränkt. Die wirtschaftliche Abhängigkeit der Journalisten wird ausgenutzt. Private Kapitalinteressen versuchen aufgrund ihrer wirtschaftlichen Macht, neue elektronische Medien zu nutzen und sich auf diesem Sektor einen Marktvorsprung zu sichern. Diese Tendenzen verlangen schnelle und durchgreifende Gegenmaßnahmen.

Zwar wird anerkannt, daß einige Verleger das Verhältnis zwischen Verlag und Redaktion liberalisiert haben und Ansätze für eine Entwicklung und Festigung einer inneren Pressefreiheit erkennen lassen. Auch von den Tarifpartnern wurden in diesem Bereich wichtige Vorarbeiten eingeleitet. Diese Tendenzen reichen jedoch bei weitem nicht aus, die Meinungs- und Informationsfreiheit in der Bundesrepublik zu schützen. Die vorhandenen Anfänge sind weiterzuentwickeln und durch tarifvertragliche und gesetzliche Maßnahmen abzusichern.

Die wirtschaftliche Monopolbildung auf dem Pressesektor gefährdet die Meinungs- und Informationsfreiheit. Wirtschaftliche und politische Interessen einer immer kleiner werdenden Anzahl von Verlegern oder Herausgebern bestimmen die redaktionelle Tätigkeit. Der Konzentrationsprozeß verringert die Zahl der Informationsträger und beeinträchtigt die Meinungsvielfalt in den einzelnen Presseerzeugnissen.

Publizistisches Gleichgewicht

Eine Analyse der Massenmedien in der Bundesrepublik Deutschland zeigt, daß ihre gesellschaftliche Aufgabe allen Bürgern ein möglichst hohes Maß an Information über Tatsachen und Meinungen zu ermöglichen, zumindest in Teilbereichen nicht mehr gesichert ist.

Dies trifft auf die monopolähnliche Vormachtstellung einzelner Massenblätter bzw. einiger Pressekonzerne besonders zu. Daneben läßt sich eine zunehmende Monopolisierung auf dem regionalen und lokalen Pressemarkt feststellen, die deutliche Anzeichen der Konzentration in wenigen Multi-Media-Konzernen aufweist.

Angesichts dieser Entwicklung ist es notwendiger denn je, das publizistische Gleichgewicht zwischen Rundfunk (Fernsehen, Hörfunk) und Presse, wie sie das ‹Godesberger Programm› vorsieht, zu erhalten und unter Berücksichtigung neuer technischer Entwicklungen auszubauen. Im ‹Godesberger Programm› heißt es:

‹Presse, Rundfunk, Fernsehen und Film erfüllen öffentliche Aufgaben. Sie müssen in Freiheit und Unabhängigkeit überall und unbehindert Informationen sammeln, bearbeiten, verbreiten und unter eigener Verantwortung Meinungen bilden und aussprechen dürfen. Rundfunk und Fernsehen müssen freiheitlich-demokratisch geleitet und gegen Interessentendruck gesichert sein.›

Die unterschiedliche Organisations- und Finanzierungsform beider Medien muß erhalten bleiben: die privatrechtlich organisierte Presse einerseits und das öffentlich-rechtliche Rundfunkwesen andererseits.

Die Koexistenz dieser strukturell unterschiedlichen Kommunikationsträger hat entscheidend dazu beigetragen, die Verbreitung einer Vielfalt von Meinungen und ein umfassendes Informationsangebot zu gewährleisten. Wo dagegen diese Konkurrenz und damit die Erfüllung der öffentlichen Aufgabe der Massenmedien in Frage gestellt ist, sind die zur Erhaltung bzw. Wiederherstellung des publizistischen Gleichgewichts gesellschaftlich notwendigen und technisch bzw. ökonomisch geeigneten Maßnahmen zu ergreifen.

Journalistische Unabhängigkeit

Die publizistische Tätigkeit der Redaktion ist gegen Eingriffe, die aus den wirtschaftlichen und politischen Interessen des Verlegers resultieren, zu sichern.

Die Unabhängigkeit der journalistischen Arbeit muß institutionell gesichert werden; dabei sind die Kompetenzen von Verleger, Chefredaktion und Redakteuren voneinander abzugrenzen. Den Redakteuren sind spezifische Mitbestimmungsrechte einzuräumen, die den Grundsätzen einer einheitlichen Arbeitnehmervertretung nicht widersprechen dürfen. Sollte sich eine tarifvertragliche Regelung in angemessener Zeit nicht erreichen lassen, ist eine gesetzliche Regelung anzustreben.

Das bestehende Tarifvertragsgesetz soll so geändert werden, daß auch die freien Mitarbeiter von Zeitungen, Zeitschriften, Rundfunkanstalten und Nachrichtenagenturen tarifrechtlich gesichert sind, damit auch ihre Arbeitsbedingungen den Schutz des Tarifvertrages erfahren.

Die Mitbestimmung in Tendenzbetrieben ist auszuweiten.

Die Verleger von Zeitungen und Zeitschriften müssen verpflichtet werden, die allgemeine publizistische Haltung ihrer Presseerzeugnisse zum Bestandteil der Anstellungsverträge ihrer Mitarbeiter zu machen. Die tägliche Arbeit der Redaktion muß frei von Einzelanweisungen durch den Verleger bleiben, soweit die Haftung des Verlegers dies nicht anders erfordert.

Kein Redakteur darf gezwungen werden, etwas gegen seine Überzeugung schreiben oder presserechtlich verantworten zu müssen. Davon unberührt bleibt die journalistische Verpflichtung zur umfassenden Information.

Redaktionsmitglieder und ständige Mitarbeiter einer Zeitung wählen einen Redaktionsrat.

Gegen den Willen der Mehrheit des Redaktionsrates dürfen Versetzung oder Entlassung eines Redaktionsmitgliedes wegen journalistischer Äußerungen nicht erfolgen.

Der Redaktionsrat hat bei der Ernennung des Chefredakteurs ein Vorschlagsrecht. Er muß bei der Abberufung des Chefredakteurs zustimmen.

Redaktionsstatute müssen Bestandteil des Arbeitsvertrages werden.

Das Zeugnisverweigerungsrecht der Journalisten und Verleger muß nicht nur in Pressegesetzen, sondern auch in der Strafprozeßordnung abgesichert werden.

Zur Stärkung der freien Meinungsäußerung und Berichterstattung, aber auch zur Sicherung etwaiger Verletzter, ist für alle Redaktionsmitglieder eine Haftpflichtversicherung mit Selbstbeteiligung einzuführen.

Um bei der Informationsverbreitung einem Mißbrauch durch die Alleinstellung einer Zeitung oder eines Konzerns in einer Region entgegenzuwirken, ist eine Mißbrauchsaufsicht einzurichten. Dies kann in Form von Landespresseausschüssen geschehen. Sie müssen vom Staat unabhängig sein. In ihnen müssen die gesellschaftlich relevanten Kräfte angemessen repräsentiert werden. Die Gruppen benennen ihre Vertreter selbst. Eine so konstruierte Mißbrauchsaufsicht sollte folgende Aufgaben und Rechte haben:

- Beobachtung der Entwicklung und Veröffentlichung von Stellungnahmen zu festgestellten Mißständen;
- Beurteilung von Beschwerden und Veröffentlichung eigener Stellungnahmen dazu;
- Abdruck solcher Stellungnahmen in den betroffenen Zeitungen;
- Beobachtung und Veröffentlichung von Monopolbildungen auf dem Vertriebssektor.

Äußere Pressefreiheit und Konzentration

Wirtschaftliche und publizistische Macht ist zu kontrollieren und zu begrenzen, um Meinungsvielfalt im Pressewesen zu erhalten.

Die wirtschaftliche Macht der Verleger und der Verlage ist durch presserechtliche und kartellgesetzliche Maßnahmen zu kontrollieren.

Die allgemeine publizistische Haltung von Zeitungen und Zeitschriften und die

Eigentumsverhältnisse an Verlagen sind in regelmäßigen Zeitabständen offenzulegen. Die Finanzierung der Verlagsobjekte durch Verkauf oder Spenden und die Auflagenhöhe sind vierteljährlich offenzulegen.

Unternehmenszusammenschlüsse von Zeitungs- oder Zeitschriftenverlagen unterliegen der Meldepflicht. Diese Zusammenschlüsse können untersagt werden, wenn die Informations- und Meinungsfreiheit durch diese Fusion gefährdet oder beeinträchtigt, der Wettbewerb beschränkt oder die Entstehung marktbeherrschender Unternehmen begünstigt wird.

Allen Verlagen ist ein gleichmäßiger Zugang zu den Vertriebswegen zu sichern.

Die Unabhängigkeit der Nachrichtenagenturen ist zu sichern.

Wegen der großen Bedeutung, die die allgemeinen Nachrichtenagenturen für die tägliche Arbeit der Redaktionen haben, müssen sie so organisiert sein, daß eine möglichst ausgewogene Darstellung verfügbarer Nachrichten garantiert ist.

Die publizistische Vielfalt vor allem auf lokalem und regionalem Gebiet soll erhalten bzw. wiederhergestellt werden.

Um eine größere Mobilität der Journalisten zu gewährleisten, ist ein einheitliches Versorgungswerk für den gesamten Medienbereich zu schaffen. Eine einheitliche Altersversorgung für alle Journalisten, einschließlich der freiberuflich Tätigen, zählt zu den wesentlichen Bedingungen einer freien, unabhängigen Publizistik.

Die wachsenden Ansprüche an die Journalisten erfordern eine Verbesserung der Aus- und Vorbildung und eine systematische Förderung der Fort- und Weiterbildung.

Die Verpflichtung der staatlichen Organe zur Auskunft über Tätigkeiten und Entscheidungen muß umfassender und klarer als bisher gesetzlich geregelt werden. Darüber hinaus sollten auch nicht-staatliche Einrichtungen, soweit deren Tätigkeit von öffentlichem Interesse ist, diese Verpflichtung für sich anerkennen.

Hörfunk und Fernsehen

Die öffentlich-rechtliche und föderalistische Struktur, in der Hörfunk und Fernsehen in der Bundesrepublik Deutschland organisiert sind, entspricht der Forderung des Grundgesetzes nach Meinungsfreiheit und nach Freiheit der Information. Diese Struktur hat sich bewährt.

Die Privatisierung und Kommerzialisierung des Rundfunks müssen verhindert werden. Dazu notwendige Änderungen von Gesetzen, Staatsverträgen und gegebenenfalls des Grundgesetzes sind unter Berücksichtigung neuer Kommunikationssysteme anzustreben.

Presse, Hörfunk und Fernsehen können wegen ihrer weitreichenden Wirkungen und der Gefahr des Mißbrauchs zum Zwecke einseitiger Einflußnahme auf die öffentliche Meinung nicht dem freien Spiel der wirtschaftlichen Kräfte überlassen werden.

Gesellschaftliche Meinungsvielfalt und kultureller Standard der Programmgestaltung dürfen nicht den Profitinteressen kommerzieller Veranstalter geopfert werden. Aus diesem Grund ist die Überlassung von Hörfunk- und Fernsehsendern an private Wirtschaftsgruppen ausgeschlossen. Dies gilt auch für freiwerdende zusätzliche Frequenzen. Nach Erreichung der Vollversorgung der Bevölkerung mit den bestehenden Programmen sollen freie Frequenzen vorrangig Zwekken der Bildung zugeführt werden.

Angesichts zunehmender Pressekonzentration auch im lokalen und regionalen Bereich fällt den Medien Hörfunk und Fernsehen eine wichtige Aufgabe zu. Das publizistische Gleichgewicht in diesem Bereich kann durch zeitliche Ausweitung, regional und lokal gezielte Streuung von Hörfunk- und Fernsehsendungen bzw. durch Vorbereitung und Einführung neuer Regional- und Lokalprogramme erhalten bzw. wieder hergestellt werden. Die wirtschaftliche Lage der Zeitungen darf dabei nicht durch Inanspruchnahme lokaler und regionaler Werbekapazität für derartige Hörfunk- und Fernsehprogramme gefährdet werden. Daher sollten weitere lokale Kommunikationsträger nicht als selbständige Einrichtungen (als Lokalsender) neu geschaffen, sondern bestehenden Rundfunkanstalten als zusätzliche, ausschließlich aus Teilnehmergebühren zu finanzierende Leistung übertragen werden. Eine solche Entwicklung wird auch Minderheitengruppen in der Gemeinde neue Ausdrucksmöglichkeiten geben. In den kommenden Jahren wird der Ausbau des Kabelnetzes neue und wirtschaftlich realisierbare Möglichkeiten für lokale Kommunikation bringen.

Die Finanzausstattung der Rundfunkanstalten muß durch Gebühren und in begrenztem Maße durch Werbeeinnahmen ihrer Aufgabenstellung entsprechen.

Ebenso wichtig wie die Unabhängigkeit des Rundfunkwesens von Staat, Parteien und allen gesellschaftlichen Gruppen ist der innere demokratische Aufbau der Sendebetriebe.

Rundfunkgesetze und Staatsverträge sichern den Anspruch auf Unabhängigkeit nach außen. Sie vernachlässigen hingegen die Sicherung der unabhängigen Meinung der Journalisten im Inneren. Mit der alleinigen Verantwortung für die Programmgestaltung wurde dem Intendanten auch ein uneingeschränktes Weisungsrecht in redaktionellen Fragen übertragen. Zugunsten der Stärkung der Mitverantwortung der programmgestaltenden Journalisten muß dieses Weisungsrecht des Intendanten eingeschränkt werden.

Um Raum für die Entscheidungsbefugnis und die Eigenverantwortung des Journalisten im Rundfunkprogramm zu schaffen, muß der hierarchische Aufbau im Redaktionsbereich durch Formen des Kollegialprinzips ersetzt werden.

Der demokratische Aufbau eines Sendebetriebes ist durch eine Neuregelung der Entscheidungsbefugnisse und Verantwortlichkeit zwischen den Intendanten, den Mitarbeitern, dem Verwaltungs- und Rundfunkrat unter den Gesichtspunkten redaktioneller Unabhängigkeit und öffentlicher Verantwortlichkeit zu sichern. Das Weisungsrecht des Intendanten ist einzuschränken. Dazu ist es erforderlich, in den einzelnen Anstalten rechtlich gesicherte Redaktionsstatute durchzusetzen. Diese müssen folgenden Mindestbedingungen genügen:

1. Die festangestellten Redakteure und ständigen Mitarbeiter bilden eine Redaktionsversammlung, die einen Redaktionsausschuß zur Vertretung ihrer Interessen gegenüber den Organen und Instanzen der Anstalt wählt.
2. Der Redaktionsausschuß hat dafür Sorge zu tragen, daß keinem Redakteur Nachteile aus der von ihm geäußerten Meinung erwachsen können.
3. Der Redaktionsausschuß hat bei allen Entscheidungen, die die Grundlinie und Struktur des Programms und Änderungen in der Redaktion betreffen, ein Mitspracherecht.
4. Alle Sitzungen von Rundfunkräten sind öffentlich.
5. Jede Rundfunkanstalt berichtet jährlich über den Gesamtumfang ihrer Tätig-

keit sowie der ihrer Tochtergesellschaften (Produktionsfirmen, Werbegesellschaften usw.) und ihrer Beteiligungen, mindestens entsprechend den aktienrechtlichen Vorschriften.

Es sind die gesetzlichen Voraussetzungen dafür zu schaffen, daß in den Verwaltungsräten der Rundfunkanstalten mindestens zwei Vertreter der Arbeitnehmer der Rundfunkanstalten Sitz und Stimme haben.

Neue elektronische Medien

Für den Bereich der neu entstehenden Kassettenproduktion sind von Anfang an den privaten Interessen öffentliche und gemeinnützige Formen der Kassettenproduktion und der Kassettenverbreitung gegenüberzustellen. Der bisher öffentlich-rechtlich geschützte Bildungsbereich darf auf keinen Fall noch mehr privatwirtschaftlich ausgehöhlt werden. Weitere Möglichkeiten für gemeinnützige Auswertungsformen sind der Vertrieb von Kassetten z. B. über sogenannte kommunale Mediotheken.

Neue Kommunikationstechniken eröffnen Möglichkeiten privatwirtschaftlicher Nutzung, wie Konferenzsysteme, Datenfernverarbeitung, Übermittlung faksimilierter Zeitungen. Planung, Betrieb und Beaufsichtigung der dazu notwendigen Verteilernetze sind Angelegenheit der öffentlichen Hand.

Die audio-visuellen Aufzeichnungs- und Wiedergabesysteme (z. B. Video-Kassette und Bildplatte) werden weitreichende Bedeutung erlangen. Sie stehen privatwirtschaftlicher Initiative – insbesondere der Verlage – offen; Mißbrauch publizistischer und wirtschaftlicher Macht ist – entsprechend den für die Presse vorgesehenen Regelungen – auszuschließen.

Im Bereich der Bildung sollen neue Informations- und Unterrichtstechniken öffentlich gefördert werden (z. B. das Fernstudium im Medienverbund). Sofern die bestehenden öffentlich-rechtlichen Einrichtungen zusätzliche Aufgaben nicht übernehmen können, müssen neue Träger auf öffentlich-rechtlicher Grundlage organisiert werden. Für den Gebrauch privatwirtschaftlich produzierter Bildungsprogramme in öffentlich geförderten Bildungseinrichtungen sind Zulassungskriterien zu schaffen. Es muß sichergestellt werden, daß die Rundfunkanstalten in diesem Bereich auch als Produzenten auftreten können.

Eine Beteiligung der Bundesrepublik Deutschland an der Planung und am Betrieb zukünftiger Verteiler- und Sendesatelliten ist sicherzustellen. Durch internationale Verträge muß der begrenzte Bestand an nutzbaren Frequenzen optimal auf die verschiedenen Kommunikationsbedürfnisse (aktuelle Informationen, kultureller Austausch, Bildungsprogramme) und die beteiligten nationalen bzw. übernationalen Träger aufgeteilt werden.

Die Bundesrepublik Deutschland sollte international dafür eintreten, daß alle Staaten Ansprüche auf den Gebrauch solcher Frequenzen auch verwirklichen können.

Film

Die Filmindustrie in der Bundesrepublik steht in einer wirtschaftlichen und künstlerischen Krise.

Zur besonderen Unterstützung des gesellschaftskritischen und künstlerisch wertvollen Films ist das bestehende System der Filmförderung (einschließlich Wirtschaftsförderung) zu ändern und zu ergänzen. Diese Förderung darf nicht davon abhängig gemacht werden, welche Einspielergebnisse ein Film erzielt hat.

Förderungswürdigen Filmstoffen muß die Chance gegeben werden, das Publikum zu erreichen.

Entwicklung und Förderung kooperativer, gemeinwirtschaftlicher und gemeinnütziger Einrichtungen für Produktion, Vertrieb und Vorführung sind zu entwikkeln und zu fördern (kommunales Kino).

Filmzensur-Einrichtungen (FSK, Zensur des Bundesamtes für gewerbliche Wirtschaft) sind zu beseitigen. Jede staatliche Zensur wird abgelehnt.

Der Nachwuchs, die Filmforschung und die Filmerziehung sind mehr als bisher zu fördern. Im Interesse der Qualität und der internationalen Geltung des deutschen Films müssen auch Voraussetzungen für eine bessere Ausbildung des künstlerischen und technischen Nachwuchses für diesen Bereich geschaffen werden.

Filmexport und internationale Zusammenarbeit sind zu unterstützen. Die Bedingungen, unter denen die Filmwirtschaft tätig ist, müssen im Rahmen der EWG harmonisiert werden.

Alle Maßnahmen zur Filmförderung müssen von Bund, Ländern und Kommunen gemeinsam unternommen werden.

Bundeskommission für Kommunikationswesen

Rundfunk und Presse sind keine öffentliche Gewalt. Ihre Aufgabe besteht in erster Linie darin, dem Bürger ein Urteil über alle gesellschaftlich relevanten Fragen zu ermöglichen. In diesem Zusammenhang haben sie eine gesellschaftliche Aufgabe.

Zur Beratung staatlicher Organe bei der Entscheidung im Bereich des Kommunikationswesens und zur öffentlichen Verdeutlichung von kommunikationspolitischen Zusammenhängen wird entweder durch Staatsvertrag oder auf der Grundlage einer Erweiterung des Katalogs der Gemeinschaftsaufgaben (Art. 91 a GG) eine Bundeskommission für das Kommunikationswesen eingerichtet. Sie hat darüber zu wachen, daß der freie Fluß der Information, der zur Urteilsbildung aller Bürger notwendig ist, nicht durch Mißbrauch publizistischer und wirtschaftlicher Macht gehindert werden kann.

Die Kommission wird durch den Bundespräsidenten auf Vorschlag von Bundestag und Bundesrat berufen und ist unabhängig von der jeweiligen Regierung. Die Amtszeit ihrer Mitglieder soll deshalb mit den Legislaturperioden des Bundestages nicht zusammenfallen. Zu dem Aufgabengebiet der Bundeskommission für das Kommunikationswesen sollen im einzelnen u. a. gehören:

- Herausgabe eines jährlichen Berichtes über die Situation und die Entwicklung der Massenmedien in der Bundesrepublik Deutschland;
- Ausführung einer gesetzlich geregelten Statistik der Massenmedien;
- Förderung der Kommunikationsforschung;
- Gutachten zu Wirtschaftsförderungsmaßnahmen im Pressewesen;
- Festsetzung der Teilnehmergebühren des öffentlich-rechtlichen Rundfunks;
- Aufgaben der Kartellbehörde bei der vorbeugenden Fusionskontrolle im Pressewesen;
- Mißbrauchsaufsicht bei überregionalen Zeitungsmonopolen;
- Gutachten zur Abgrenzung zwischen öffentlich-rechtlichem Rundfunk und privater Nutzung neuer Kommunikationstechniken.

Bürgerrecht auf Information und Meinungsfreiheit

1. Jeder Bürger hat ein Recht auf Information über alle gesellschaftlich relevanten Vorgänge. Soll der Bürger politische Entscheidungen treffen, muß er umfassend informiert sein, aber auch die Meinungen kennen und gegeneinander abwägen können, die andere sich gebildet haben. Der Staat muß dieses Recht sichern.
2. Er darf aber in Freiheitsrechte wie Presse- oder Pressegewerbefreiheit nicht eingreifen, es sei denn, daß dies notwendig ist, um die Bürger gegen die Einschränkung ihrer Informations- und Meinungsfreiheit zu schützen. Bürokratische Gängelei und obrigkeitsstaatliche Patronage sind mit dem Geist des Grundgesetzes nicht zu vereinbaren. Keine staatliche Institution hat darüber zu befinden, was gute oder schlechte Presse ist und ob die jeweilige Zeitung eine ‹öffentliche Aufgabe› erfüllt oder nicht. Eingriffe staatlicher Exekutivorgane in Herstellung und Verbreitung (Beschlagnahme) von Presseerzeugnissen dürfen nur aufgrund einer richterlichen Ermächtigung möglich sein.
3. Leser, Hörer und Zuschauer dürfen nicht nur als passive Adressaten von Informationen und Meinungen verstanden werden. Sie müssen sich in einem gewissen Rahmen aktiv beteiligen, vor allem aber gegen Fehldarstellungen mit Erfolg zur Wehr setzen können.

Der Anspruch auf Gegendarstellung und seine sinnvolle Durchsetzbarkeit sind deshalb zur Sicherung des Bürgerrechts auf Informations- und Meinungsfreiheit außerordentlich bedeutsam. Beides muß in allen Landespressegesetzen, in den Rundfunkgesetzen und den entsprechenden Staatsverträgen garantiert werden. Dasselbe gilt für die Verpflichtung der Redaktionen in Presse und Rundfunk, ihre Leser, Hörer und Zuschauer in fairer Weise selbst zu Wort kommen zu lassen.

Beschluß

Diese Entschließung zur Lage und Entwicklung der Massenmedien in der Bundesrepublik Deutschland ist Grundlage der sozialdemokratischen Kommunikationspolitik und verpflichtet alle Sozialdemokraten, die Verantwortung im Bereich der Massenmedien tragen.

Die Bundesregierung wird aufgefordert, von den Gesetzgebungsbefugnissen im Pressewesen (u. a. Presserechtsrahmengesetz, Kartellgesetz, Medienstatistikgesetz) unverzüglich entsprechenden Gebrauch zu machen.

Der Parteitag erwartet von der Sozialdemokratischen Bundestagsfraktion, daß sie alles unternimmt, um den Gesetzgebungsgang nach Kräften zu beschleunigen.

Die sozialdemokratisch geführten Landesregierungen und Landtagsfraktionen werden aufgefordert, alle in Länderkompetenz fallenden gesetzgeberischen Maßnahmen (u. a. Pressegesetze, Rundfunkgesetze und Staatsverträge) im Sinne und nach Maßgabe dieser Entschließung einzuleiten und zu verwirklichen.

Entschließung: Neue Aktivitäten

Der Parteitag nimmt zur Kenntnis, daß der Parteivorstand Schritte eingeleitet hat, die zu einer wirtschaftlich erfolgreichen Zusammenfassung der der SPD nahestehenden Druckereien und Verlage führt.

Der Parteitag erwartet, daß im Rahmen dieser gemeinwirtschaftlichen Verlagsgruppe neue Aktivitäten im Massenmediengeschäft entwickelt werden.»

Die Rundfunk-Fernseh-Film-Union (**RFFU**) gehört als Mitglied der Gewerkschaft Kunst dem Deutschen Gewerkschaftsbund (DGB) an. In ihr sind Beschäftigte aus dem Bereich des Hörfunks, Fernsehens, Films und der audiovisuellen Medien organisiert.

Ein ‹**Medienpolitisches Konzept der RFFU**› wurde vom 10. ordentlichen Gewerkschaftstag am 5. November 1976 verabschiedet. (In: 25 Jahre RFFU, o. O., 1977, S. 39–43) Es umfaßt 21 Artikel, in denen die gewerkschaftlichen Forderungen knapp zusammengefaßt sind. Sie betreffen u. a. 1. die erweiterten Mitbestimmungsrechte der Medienbeschäftigten (Artikel 6, 7), 2. die Prüfung der Zusammensetzung der Aufsichtsgremien und die Erhöhung der Zahl von Gewerkschaftsvertretern in den Kontrollorganen von Rundfunk und Fernsehen (Artikel 4), 3. den Abbau hierarchischer Entscheidungsstrukturen in den Rundfunkanstalten zugunsten eines kollegial verfaßten Direktoriums (Artikel 6) und 4. die Notwendigkeit, Bestrebungen entgegenzuwirken, die öffentlich-rechtliche Organisation von Rundfunk und Fernsehen zu unterlaufen. Der zunehmende Kapitaleinfluß auf die öffentlich-rechtlichen Medien durch Werbung, Beteiligungen an Privatunternehmen und Gründungen von Tochtergesellschaften – von der RFFU als ‹schleichende Privatisierung› bezeichnet – wird ausdrücklich abgelehnt (Artikel 2, 11, 12):

«Medienpolitisches Konzept der RFFU

Die RFFU im DGB ist die gewerkschaftliche Organisation in den Medien Hörfunk, Fernsehen und Film. Sie strebt eine einheitliche Mediengewerkschaft an.

Die RFFU fordert die Verwirklichung der vom Grundgesetz garantierten Freiheit der Meinungsäußerung und des Anspruchs auf umfassende Informations- und gleiche Bildungschancen. Massenkommunikation soll unabhängige Meinungsbildung, Chancengleichheit und Selbstbestimmung ermöglichen. Die RFFU verlangt die Beseitigung undemokratischer Strukturen im Medienbereich, die diesen Zielen entgegenstehen.

Die RFFU tritt ein für die Vielfalt der Meinungen und Medien, für die Mitbestimmung, für die gesellschaftliche Kontrolle auch des Films und neuer Medien, für den Betrieb von Hörfunk und Fernsehen ausschließlich in öffentlich-rechtlicher Form und für die Unabhängigkeit des Hörfunks und des Fernsehens von kommerziellen Interessen, von einzelnen Gruppen der Gesellschaft und vom Staat. Die RFFU ist bereit, für diese Ziele alle gewerkschaftlichen Mittel einzusetzen.

1 Eigenverantwortung und Kontrolle

Die Vielfalt der Informationen und Meinungen muß durch innere demokratische Struktur der Medien und durch öffentliche Kontrolle gesichert sein.

Informationsaustausch und Kooperation zwischen Vertretern der Mitarbeiter in den Medien und Vertretern der Öffentlichkeit müssen institutionell gesichert werden. Nur so sind Eigenverantwortung und Kontrolle sinnvoll.

2 Programmauftrag des Rundfunks

Hörfunk und Fernsehen haben den Auftrag, Information, Bildung und Unterhaltung zu vermitteln. Dieser Auftrag verpflichtet dazu, kritisches Bewußtsein zu fördern. Hörer und Zuschauer sollen durch das Programm über die bloße Konsumentenhaltung hinaus zu freier Urteilsbildung und verantwortlicher Teilnahme an den gesellschaftlichen Prozessen angeregt werden.

Die Erfüllung des Programmauftrags verlangt die öffentlich-rechtliche Struktur der Rundfunk-/Fernsehanstalten und ihre Unabhängigkeit von kommerziellen, staatlichen und Gruppen-Interessen.

Der Programmauftrag der Rundfunk-/Fernsehanstalten darf nicht dadurch ausgehöhlt werden, daß die Meinungsvielfalt beeinträchtigt und der Umfang der Informations- und Kulturprogramme weiter verringert wird.

3 Aufgaben der Rundfunk-/Fernsehräte und Verwaltungsräte

Die Aufgaben der Rundfunk-/Fernsehräte und Verwaltungsräte müssen in den Rundfunkgesetzen präzise beschrieben und streng voneinander abgegrenzt werden. Dabei ist davon auszugehen, daß die Rundfunk-/Fernsehräte als Vertreter der Öffentlichkeit die Einhaltung der in den Rundfunkgesetzen und Staatsverträgen festgelegten Programmrichtlinien, die Verwaltungsräte die Geschäftsführung zu überwachen haben.

4 Besetzung der Rundfunk-/Fernsehräte

Um die Kontrolle des Programmauftrags der öffentlich-rechtlichen Rundfunkanstalten sicherzustellen, müssen für die Zusammensetzung der Rundfunk-/Fernsehräte folgende Prinzipien gelten:

a) Die Berechtigung gesellschaftlicher Gruppen, in diesen Gremien vertreten zu sein, muß vom Gesetzgeber anläßlich jeder Neuwahl des Rundfunk-/Fernsehrats überprüft werden.

b) Die vom Gesetzgeber als gesellschaftlich relevant anerkannten Gruppen wählen ihre Vertreter in eigener Verantwortung nach demokratischen Grundsätzen.

c) Wenn Vertreter der jeweiligen Legislative oder der Parteien diesen Gremien angehören, darf ihr Anteil 20 % nicht überschreiten.

d) Vertreter der Bundes- oder einer Länderexekutive dürfen nicht Mitglieder in diesen Gremien sein.

e) Die Zahl der Gewerkschaftsvertreter in den Gremien muß in Zukunft der Bedeutung ihrer Aufgaben entsprechen, für die gesellschaftspolitischen, kulturellen und sozialen Interessen aller Arbeitnehmer einzutreten.

Um die Information der Arbeitnehmer in den Rundfunkanstalten sicherzustellen und das sachverständige und kritische Potential im Rundfunkrat zu verstärken, müssen von den Beschäftigten gewählte Vertreter beratende Mitglieder in diesen Gremien sein.

5 Besetzung der Verwaltungsräte

Der Verwaltungsrat trifft als Aufsichtsorgan der Geschäftsführung innerbetriebliche Entscheidungen. Er ist deshalb paritätisch zu besetzen, und zwar zur einen Hälfte mit vom Rundfunkrat gewählten Vertretern – die nicht der Bundes- oder einer Länderexekutive angehören dürfen – und zur anderen Hälfte mit innerbetrieblichen und außerbetrieblichen Vertretern der Beschäftigten.

Die außerbetrieblichen Vertreter werden von den in den Betrieben vertretenen Gewerkschaften, die Tarifpartner sind, vorgeschlagen und von den Beschäftigten gewählt.

6 Innere Struktur der Rundfunkanstalten

Die hierarchisch gegliederten Rundfunkanstalten bedürfen des demokratischen Ausbaus. Die Intendantenverfassung und die aus ihr abgeleitete autoritäre Form der Geschäftsführung – auch auf allen anderen Ebenen der Hierarchie – entsprechen nicht dem gesellschaftspolitischen Konzept der öffentlich-rechtlichen Rundfunkanstalten und nicht den Zielsetzungen einer demokratischen Unternehmensverfassung. Deshalb fordert die RFFU ein kollegial verfaßtes Direktorium, das

seine Beschlüsse mit Mehrheit faßt und das gemeinsam verantwortlich ist.
Dieses Direktorium setzt sich aus dem Vorsitzenden (Intendanten) und den Direktoren, darunter einem Arbeitsdirektor, zusammen. Der Vorsitzende und die Direktoren werden vom Verwaltungsrat vorgeschlagen und vom Rundfunk-/Fernsehrat gewählt; der Arbeitsdirektor kann nicht gegen die Stimmen der Mehrheit der Arbeitnehmer-Vertreter im Verwaltungsrat gewählt werden. Der Vorsitzende koordiniert die Arbeit der Direktoren und vertritt die Anstalt nach außen.
Leitungsfunktionen sollen nicht gegen die Stimmen der Mehrheit aller betroffenen Mitarbeiter übertragen werden. Ihre Übernahme soll keinen dauerhaften Besitzstand begründen. Leitungsfunktionen sollen daher mit widerruflichen, an die Ausübung der Funktion gebundenen Zulagen vergütet werden. Diese Befristung ist nicht als Zeitvertrag zu verstehen. Über den Kreis der jeweils Betroffenen müssen Organisationspläne Auskunft geben.

7 Personalvertretung in den Rundfunkanstalten

Rundfunk-/Fernsehanstalten sind keine Verwaltung oder Behörde und benötigen deshalb eigene Personalvertretungsgesetze. Eine Einbeziehung in das Bundespersonalvertretungsgesetz beziehungsweise in Länderpersonalvertretungsgesetze kann nur als vorübergehende Lösung betrachtet werden, wobei Sonderregelungen für die Rundfunk-/Fernsehanstalten vorzusehen sind.

Strukturelle, wirtschaftliche, personelle und soziale Entscheidungen müssen der Mitbestimmung des Personal-/Betriebsrats unterliegen.

8 Fachgruppenvertretung und Redakteursausschuß

Unter Mitwirkung der Personal-/Betriebsräte und zur Unterstützung ihrer Arbeit können die Mitarbeiter in den einzelnen Bereichen der Rundfunkanstalten Fachgruppenvertretungen bilden. Dazu gehören auch Redakteursausschüsse. Ihre Einordnung in das System der Fachgruppen ermöglicht die Geschlossenheit der Arbeitnehmervertretung auch in publizistischen Fragen.

9 Nicht angestellte Mitarbeiter in Rundfunkanstalten

Die Vielfalt der Programmgestaltung, die sich aus dem Programmauftrag der Rundfunkanstalten ergibt, verlangt die Beschäftigung auch nicht angestellter Mitarbeiter. Sie sind in alle Mitbestimmungs- und Mitwirkungsregelungen einzubeziehen. Ihre wirtschaftliche und soziale Sicherung ist durch Tarifverträge zu gewährleisten.

10 Gebührenfestsetzung

Die finanzielle Sicherung der Rundfunk-/Fernsehanstalten ist die Voraussetzung für ihre Unabhängigkeit. Durch gesetzliche Regelung muß ausgeschlossen werden, daß die Gewährung oder Versagung von Gebührenerhöhungen als politisches Druckmittel gegen die Anstalten mißbraucht werden kann.
Das Recht zur Gebührenfestsetzung soll einer Kommission übertragen werden, die von allen Rundfunk- und Fernsehräten gemeinsam gewählt wird, deren Mitglieder aber diesen Räten nicht angehören müssen.

11 Werbung in Hörfunk und Fernsehen

Werbung in Hörfunk und Fernsehen widerspricht dem Programmauftrag der öffentlich-rechtlichen Massenmedien. Solange die Anstalten Werbung zulassen müssen – etwa weil anders eine ausreichende Finanzierung des Rundfunks nicht gewährleistet werden kann –, müssen auch Inhalt und Form der Werbung im Sinne des Programmauftrags kontrolliert werden.
Sendungen zur Verbraucheraufklärung sind auch im sogenannten Werbe-Rahmenprogramm anzubieten.

12 Tochtergesellschaften und Beteiligungen

Hörfunk und Fernsehen sollen ausschließlich öffentlich-rechtlich betrieben werden. Eine schleichende Privatisierung durch die Gründung von Werbetöchtern, durch Beteiligung an privaten Atelierbetriebsunternehmen und Produktionsstätten und durch die Neugründung weiterer Herstellungs- und Vertriebsstätten auf privatrechtlicher Basis ist zu unterbinden.

Die RFFU fordert die Übernahme der Tochtergesellschaften in die Rundfunkanstalten oder die Auflösung von Beteiligungen an Privatunternehmen. Solange diese Forderung noch nicht verwirklicht ist, müssen die Mitarbeiter bei den privaten Unternehmen den Beschäftigten bei den Rundfunk-/Fernsehanstalten sozial gleichgestellt werden.

Außerdem sind die Aufsichtsorgane der Tochtergesellschaften der Rundfunkanstalten paritätisch zu besetzen.

13 Gesellschaftliche Kontrolle des Films

Der Film hat, wie die anderen Medien, eine öffentliche Aufgabe, auch wenn er privatwirtschaftlich organisiert ist. Deshalb ist gesellschaftliche Kontrolle des Films durch ein Filmgesetz sicherzustellen.

Die Entwicklung kooperativer, gemeinwirtschaftlicher und gemeinnütziger Einrichtungen für Herstellung, Vertrieb und Abspielung ist zu fördern.

14 Film in der Europäischen Gemeinschaft (EG)

Der Integration des Films in der EG haben die Förderung der Qualität des deutschen Films und die Sicherung des technischen und handwerklichen Standards vorauszugehen. Die europäische Integration vollzieht sich im Bereich des Films besonders rasch. Wie in anderen Ländern sind dem deutschen Film angemessene Schutzfristen einzuräumen.

15 Nachwuchsförderung und Ausbildung

Die RFFU fordert eine für alle Medien geltende staatliche Förderung des Nachwuchses. Die Nachwuchsförderung muß im Bereich der Medien koordiniert und verstärkt werden, um eine medienübergreifende Ausbildung zu ermöglichen. Betriebsinterne Ausbildungsgänge können nur Ergänzung sein.

Für rundfunkspezifische Berufe müssen Ausbildungsgänge geschaffen werden mit staatlich anerkanntem Abschluß.

Die RFFU verlangt Mitspracherechte bei der Ausarbeitung der Förderungs- und Ausbildungsrichtlinien, einheitliche Tarifverträge für die Auszubildenden und Verankerung der Rechte dieser Mitarbeiter in den Personalvertretungsgesetzen beziehungsweise im Betriebsverfassungsgesetz.

16 Weiterbildung

Die Weiterbildung in den öffentlich-rechtlichen wie in den privaten Betrieben im Medienbereich muß einheitlich geregelt werden. Die RFFU fordert entsprechende Tarifverträge. Für Betriebe im Organisationsbereich der RFFU, für die aufgrund staatlicher Gesetze ein Bildungsurlaub noch nicht verpflichtend ist, soll kurzfristig über Tarifverträge ein gleichwertiger Bildungsurlaub festgesetzt werden.

Mitarbeiter in allen Rundfunkberufen sollen unter Wahrung ihrer erworbenen Rechte die Möglichkeit erhalten, über längere Zeiten gastweise auch in anderen Rundfunkanstalten zu arbeiten.

17 Rationalisierungsschutz und Umschulung

Alle technischen Veränderungen und Rationalisierungsmaßnahmen unterliegen der Mitbestimmung. Die Rechte der betroffenen Mitarbeiter sind durch Tarifvertrag abzusichern. Insbesondere ist ihr Anspruch auf Umschulung, die sie für eine mindestens gleichwertige Tätigkeit qualifiziert, tarifvertraglich sicherzustellen.

18 Urheberrecht

Urheber- und Leistungsschutzrechte sind wichtige Schutzrechte der Medienschaffenden.

Der Kreis der urheber- und leistungsschutzrechtlich geschützten angestellten Mitarbeiter ist nach fachlicher Beurteilung ihrer Beteiligung an den Produktionen zu erweitern. Alle anderen angestellten Arbeitnehmer sind an der Realisierung dieser Produktionen beteiligt und müssen durch tarifvertragliche Regelungen ebenfalls einen Anteil an den Erlösen der Rundfunkanstalten aus der Fremdnutzung ihrer Produktionen erhalten.

19 Archive – Kinemathek

Zu den im öffentlichen Auftrag hergestellten Sendungen muß die Öffentlichkeit über die Ausstrahlung hinaus einen Anspruch auf Zugang haben. Die rechtlichen Voraussetzungen dafür sind zu schaffen.

Ein Filmarchiv mit regelmäßigen öffentlichen Vorführungen (Kinemathek) ist zu gründen.

20 Medienunterricht

Medienerziehung gehört zu den Aufgaben der Schulen und Hochschulen und der Erwachsenenbildung. Erst die Kenntnis von Struktur, Arbeitsweise und Wirkung der Medien ermöglicht kritisches Bewußtsein, nicht zuletzt gegenüber den Medien selbst.

21 Medienforschung

Inhalt, Form und Wirkung der Produkte der Medien sind bisher nicht ausreichend erforscht. Daher ist wissenschaftlich zu untersuchen, ob die Medien ihrem gesellschaftlichen Auftrag und ihrer gesellschaftspolitischen Verantwortung gerecht werden. Die RFFU fordert ein öffentlich-rechtliches Institut, das regelmäßig entsprechende Forschungsaufträge vergibt und die Ergebnisse veröffentlicht.

Vom 10. Ordentlichen Gewerkschaftstag der RFFU verabschiedet am 5. November 1976.»

6.3.2 Massenkommunikation und Arbeiterbewegung

F. Knilli demonstriert in seinem Aufsatz **‹Die Arbeiterbewegung und die Medien›** (In: Gewerkschaftliche Monatshefte, Heft 6, 1974, S. 349–362) – (um die Fußnoten gekürzt), daß sich die Gewerkschaften und andere Arbeiterorganisationen nicht erst in jüngster Zeit mit der sozialpolitischen Bedeutung der Massenkommunikationsmittel beschäftigen. Seit der Herausbildung der modernen Massenkommunikationsmittel wurden jene innerhalb der Arbeiterbewegung nicht bloß als technische Errungenschaften der bürgerlichen Gesellschaft, sondern zugleich in ihrer Funktion bei der ideologischen Beeinflussung breiter Bevölkerungsschichten kritisch eingeschätzt.

In einem historischen Abriß belegt F. Knilli die Bemühungen, von seiten der Arbeiterparteien und Gewerkschaften ‹Gegenmedien› zu schaffen: Parteipresse, Gewerkschaftszeitungen, Arbeitertheater, Arbeiterkorrespondentenbewegung, Arbeiterfotobewegung, Film, Arbeiterradiobewegung, Straßentheater, Sprechchorbewegung:

«Ist von Massenmedien und Arbeitern die Rede, dann gibt es zwar neben der vor einigen Jahren noch sehr eindrucksvollen Parole für Medien der Massen heute immerhin schon so spezielle Forderungen wie die nach der Gründung einer Mediengewerkschaft, nach mehr Gewerkschaftern in die Aufsichtsräte der öffentlich-rechtlichen Anstalten, mehr Mitbestimmung der Macher in den Medien, nach mehr Kumpels auf dem Bildschirm – eine Forderung übrigens, welche das kleine und mittlere bayerische Filmkapital so zynisch ausbeutet, daß sie kaum noch über die Lippen zu kriegen ist. Aber selbst diese an der Macht der Medienmonopole rüttelnden Einzelforderungen sind heute noch so gestellt, als ob es die Medienfrage für Gewerkschafter, Sozialdemokraten und Kommunisten erst seit dem Bestehen des Fernsehens oder seit der zunehmenden Medienkonzentration in der BRD gäbe. Tatsächlich ist die Medienfrage so alt wie die Arbeiterbewegung in Deutschland. Sie ist ein Maßstab des Organisationsgrades und der Höhe des Klassenbewußtseins. Der Kampf um eigene von Schulbank, Beichtstuhl, Kaiserbild, Siegessäule und kapitalistischer Medienindustrie unabhängige Kommunikationsmittel ist verknüpft mit der Entstehung und Entwicklung der gewerkschaftlich und politisch organisierten Arbeiterbewegung in Deutschland.

1. Anfänge im 19. Jahrhundert

Für die ersten gewerkschaftlichen und politischen Arbeitervereinigungen in den 30er und 40er Jahren des 19. Jahrhunderts – wegen des Vereinsverbotes meist im Ausland gegründet – waren drucktechnische Medien wie Flugblatt, Plakat, Zeitschrift und Buch wichtige Propaganda- und Organisationsinstrumente in der Auseinandersetzung mit der Feudalklasse und der aufstrebenden jungen Bourgeoisie: Die erste Gewerkschaftszeitung in Deutschland und zugleich die erste Zeitung einer Mediengewerkschaft und darüber hinaus das ‹älteste deutsche Blatt, das *von* Arbeitern *für* Arbeiter geschrieben wurde› *(G. Beier) war die ‹Typographia›, 1846 von Bucharbeitern in Leipzig gegründet und als ‹Wöchentliches Organ für Buchdrucker, Schriftgießer, Lithographen, Xylographen, Stahl- und Kupferstecher, Stempelschneider, Pressenbauer, Papier- und Farbenfabrikanten und andere verwandte Kunst- und Geschäftszweige, sowie für Verlagsunternehmer› vertrieben. Daß sich die ‹Typographia› im Untertitel auch an Unternehmer richtete, diente der Tarnung dieses reinen Gehilfenblattes, das sich so bis in das Revolutionsjahr 1848 hinein halten konnte – trotz Zensur.

Unter den zahlreichen Vorläufern der Parteipresse war das heute noch beispielhafte Zeitungsexperiment, die von *Karl Marx* und *Friedrich Engels* herausgegebene ‹Neue Rheinische Zeitung›, welche vom 1. Juni 1848 bis 19. Mai 1849 zunächst täglich, danach sechsmal wöchentlich erschien. Hauptziel der ‹Neuen Rheinischen› war die Aufhebung der deutschen Kleinstaaterei durch die Revolution in einer großdeutschen Lösung und auf demokratischer Grundlage. Neben aktuellen und grundsätzlichen Beiträgen von Marx und Engels war vor allem das von *Georg Weerth* *(Dichter der frühen deutschen Arbeiterbewegung, 1822–1856) redigierte Feuilleton eine Waffe, welche mit Spott und Satire Klassengegner zur Strecke brachte.

Aber nicht nur die drucktechnischen Medien, sondern auch Geselligkeitsveranstaltungen und Feste waren wichtige Kommunikatoren. So gründeten Leipziger Bucharbeiter 1842 die Tanz- und Theatergesellschaft ‹Typographia› und richteten sich ein eigenes Theater ein. Oder: *Robert Blum*, 1848 in Wien hingerichteter Revolutionär, schrieb Dramen. Ja, sogar Friedrich Engels: ein Revolutionsstück im Jahre 1847. Das Stück wurde im Gründungsjahr des ‹Bundes der Kommunisten› auf einem Fest des Brüsseler deutschen Arbeitervereins von Mitgliedern und Angehörigen aufgeführt. Zu einem Straßentheater, und an barocke Umzüge erinnernd, wurde am 4. Oktober ein anderes Fest, die Fahnenweihe der Buchdrucker in Wien: Es gab fliegende Fahnen im offenen Fiaker, Kanonendonner vom Glacis, Kampflieder, Ansprachen und ein Gedicht mit Gutenberg als Erlöser: ‹Solange Wort und Schrift des Menschen Geist erheben, wird auch in jeder Brust Dein heilger Name leben!›

2. 1863 bis 1878

Obwohl die bürgerliche Revolution 1848 nicht vollendet wurde, und das rückständige Feudalregime seine Macht noch einmal festigen konnte, war die rationelle kapitalistische Produktionsweise nicht mehr zu stoppen. Die schnelle Industrialisierung deklassierte Handwerker und Gesellen in Massen zu Fabrikarbeitern, die ihre organisierten Kräfte in Lohnkämpfen zu erproben begannen. Die Aufhebung des Koalitionsverbotes (1861 in Sachsen, 1869 im Norddeutschen Bund) führte zur Gründung zahlreicher Arbeiter- und Arbeiterbildungsvereine, Gehilfenvereine und Gewerkschaften und zu einer deutlichen Trennung der Gewerkschaftsarbeit von der Parteiarbeit.

Die erste *Gewerkschaftszeitung* nach der Reaktionsperiode war die Zeitschrift einer Mediengewerkschaft, nämlich der ‹Correspondent›, ‹Wochenschrift für Deutschlands Buchdrucker und Schriftgießer›, herausgegeben unter Mitwirkung des Fortbildungs-Vereins für Buchdrukker in Leipzig von *Julius Hecht* und *David Greßner*. Die erste Nummer erschien am 1. 1. 1863, die letzte nach 1945. Das Blatt stellte sich zur Aufgabe, ‹in gediegenen Leitartikeln die Verhältnisse der Mitglieder erwähnter Fächer zu besprechen, ferner technische, historische etc. Artikel zu liefern sowie durch Korrespondenten aus allen Teilen des deutschen Vaterlandes eine Kommunikation unter den Kollegen herbeizuführen und aufrechtzuerhalten ...›

Entstehung und Entwicklung der *Parteipresse* in dieser Periode von der Gründung des ADAV *(Allgemeiner Deutscher Arbeiterverein) (1863) bis zum Erlaß des Sozialistengesetzes im Jahre 1878 wird einerseits von *Lassalle* und den Lassalleanern und andererseits von *Wilhelm Liebknecht, August Bebel* und den Eisenachern *(Bezeichnung für die Mitglieder der in Eisenach 1869 gegründeten Sozialdemokratischen Arbeiterpartei – SDAP) bestimmt: Das Zentralorgan des ADAV erschien ab 1. 1. 1865 und war persönliches Eigentum des Lassalle-Nachfolgers *Jean Baptiste von Schweitzer.* Aus seiner Sympathie für den preußischen Staat und Bismarck machte er kein Hehl, was ihm natürlich Absagen bei Marx, Engels und Liebknecht brachte. Im Gegensatz dazu unterstützten Bebel und Liebknecht die großdeutsche Lösung und als Führer des Verbandes Deutscher Arbeitervereine die Entwicklung parteieigener Blätter, was 1869 im Gründungsstatut zu einer so engen Verzahnung von Partei und Presse führte, daß mit dem Abonnement des Parteiorgans, des ‹Volksstaates›, die Parteimitgliedschaft erworben werden konnte.

Ein Jahr nach dem Vereinigungsparteitag in Gotha wurden der ‹Volksstaat› und der ‹Social-Demokrat› (ab 1871 ‹Neuer-Social-Demokrat› und in Parteibesitz) im ‹Vorwärts› mit Verlag in Leipzig verschmolzen. Als 1878 alle sozialdemokratischen Zeitungen verboten wurden, waren es immerhin 16 Gewerkschaftszeitungen mit insgesamt 38000 Abonnenten und 42 Parteizeitungen mit insgesamt 150000 Auflage.

Im Gegensatz zur Arbeiterpresse gab es für das *Arbeitertheater* in dieser Periode keine zentrale Organisation, weder bei der Gewerkschaft noch bei der Partei. Das Arbeitertheater hatte seine organisatorische Basis in den Dramatischen Abteilungen der Arbeiterbildungsvereine und in den Vergnügungs- und Festabteilungen, welchen Theateraufführungen und Festveranstaltungen oft eine der Haupteinnahmequellen waren. Auf ihrem Programm standen neben anspruchsloser Unterhaltung (*Benedix, Kotzebue* u. a.) Lassalle-Feiern mit lebenden Bildern vom Lebenslauf des ADAV-Gründers (Lassalle als Knabe – Lassalle als Jüngling – Lassalle als Volksredner – Lassalle auf dem Totenbette) und vor allem zahlreiche Humoresken, dramatische Gespräche, Charakter- oder Zeitbilder, Lustspiele, Schwänke und Schnurren von Arbeitern und deren Bündnispartnern aus der bürgerlichen Intelligenz, welche mit diesen Unterhaltungsstücken keine heile Welt auf die Bühne zauberten, sondern das Elend in den Fabriken, auf dem Lande und in den Familien beim Namen nannten, die Schuldigen auf den Kothurn stellten und verspotteten: den fetten Kommerzienrat und Fabrikanten (‹Ein Schlingel› und ‹Eine Gans› von Schweitzer, ‹Dr. Max Hirschkuh oder Das Amt des Heuchlers› von *Kapell*), den Landbesitzer und Pfarrer (‹Ein verunglückter Agitator oder Die Grund- und Bodenfrage› von *Otto-Walster*), den Polizeipräsidenten und Staatsanwalt (‹Die Tochter des Staatsanwaltes› von *Kegel*), bürgerliche Parlamentarier (‹Das vergessene Konzept oder Der sitzengebliebene Reichstagskandidat› von *Goldstein*). Diese Unterhaltungsstücke waren Lehrstücke zu Mehrwerttheorie, Gleichberechtigung der Frau, Baseler Beschlüssen der ersten Internationale zur Grund- und Bodenfrage usw. Sie belehrten auf vergnügliche Weise, was wohl erklärt, warum auch Vergnügungsvereine verboten wurden. 1878 traf das Verbot 64 Vergnügungsvereine, 82 politische Vereine, 20 Unterstützungsvereine und 79 Gewerkschaften. 1888 waren insgesamt 332 Vereine verboten.

3. 12 Jahre Sozialistengesetz

Durch die Vereinigung von ADAV und SDAP 1875 in Gotha und durch die Reichstagswahlen 1877 (13 Sitze und eine halbe Million Stimmen) wurde die neue Arbeiterpartei, die Sozialistische Arbeiterpartei Deutschlands, zu einer neuen politischen Kraft im Reich, was *Bismarck* gar nicht gefiel. So reichten zwei Attentate auf den Kaiser, ein ‹Gesetz gegen die gemeingefährlichen Bestrebungen der Sozialdemokratie› zu erlassen.

Durch dieses Ausnahmegesetz wurde auch die Gewerkschaftspresse verboten, mit zwei Ausnahmen: dem ‹Correspondenten› und dem ‹Senefelder-Bund›. Aber dabei blieb es nicht, einzelne Ortsorgane erschienen unter neuem Titel, wurden verboten, erschienen wieder: 1883 erfolgte in Nürnberg die für diese Jahre wichtigste Zeitungsgründung, die Herausgabe der ‹Deutschen Metallarbeiter-Zeitung›. Auch die Partei bekam bald wieder ein Zentralorgan, den in Zürich erscheinenden ‹Sozialdemokraten›, die einzige ideologische und politische Verbindung zu den Mitgliedern. Allwöchentlich wurden 10000 Exemplare illegal über die Grenze gebracht – mit der *Roten Feldpost* * (Bezeichnung für die illegale Vertriebsorganisation des ‹Sozialdemokrat› zur Zeit des Sozialistengesetzes). Wegen dieses Zeitungsschmuggels intervenierte die deutsche Reichsregierung in der Schweiz, 1888 mußte der ‹Sozialdemokrat› nach London übersiedeln. Zwischen dem Parteiorgan und der Reichstagsfraktion, einzige legale Vertretung der Sozialdemokratie in Deutschland, kam es nach 1884 zu heftigen Auseinandersetzungen, die Rechte der Reichstagsfraktion verbat sich Kritik durch den ‹Sozialdemokraten›.

Wenige Monate nach der Zerschlagung wurden neue Vereine mit neuen Namen von unverdächtigen Personen gegründet: *Tanzkränzchen, Geselligkeitsvereine, Gesangsvereine* und *Theatervereine*, in welchen die Parteiarbeit illegal fortgesetzt und wo mit Hilfe von Theateraufführungen die Parteikasse aufgefüllt werden konnte. Sozialdemokratische Lehrstücke konnten selbstverständlich nicht gespielt werden, eine Aufführung des Stückes ‹Die Tochter eines Fabrikanten – Zeitbild aus der Gegenwart› durch den Stuttgarter Buchbinder-Männerchor im Jahre 1882 wurde von einem Spitzel verraten. Viel unverfänglicher waren Allegorien, z. B. die Aufführung einer Gutenberg-Szene zum Stiftungsfest der Stuttgarter Buchdrucker-Gesellschaft im Jahre 1887. Auch der neugegründete ‹Fortbildungsverein für Arbeiter› in Leipzig spielte unverfängliche Festspiele mit verschlüsselten Forderungen der Partei: ‹Ulrich von Hutten› von *Wittich*, ‹Die Alten und die Neuen› und ‹1. Mai› von *Bosse*. Die heimliche Parteiarbeit führte 1889 zu einem Mitglieder-Aufschwung.

4. Aufstieg zur Massenorganisation, Burgfrieden und Weltkrieg

1890 wurde das Sozialistengesetz nicht mehr verlängert. Die Reichstagswahlen brachten den Sozialdemokraten doppelt soviel Stimmen wie 1887. Die schnelle Industrialisierung und Proletarisierung führte der Sozialdemokratie neue Wähler und Mitglieder zu. Für sie begann der Aufstieg zur Massenorganisation in Gewerkschaft und Partei. Dabei entstand eine breite Sozialschicht hauptberuflicher Arbeiterparlamentarier und bezahlter Funktionäre in Partei, Gewerkschaften und Genossenschaften. Ihre Zahl und ihr Einfluß nahmen von Jahr zu Jahr zu. Sie waren an der Erhaltung ihrer Institutionen interessiert und lehnten es ab, deren Existenz in revolutionären Aktionen aufs Spiel zu setzen. Sie desavouierten den bis dahin in Arbeiterführern wie Liebknecht und Bebel und in einer breiten Schicht ehrenamtlicher Funktionäre lebendigen Willen zur Aktion in einer künftigen revolutionären Situation und propagierten vielmehr eine passive Entwicklungserwartung. Diese Arbeiteraristokratie *(durch soziale Besserstellung gekennzeichnete Schicht innerhalb der Arbeiterklasse) war die Trägerin der Integrationsideologie, der Burgfriedenspolitik *(Bezeichnung für das Vorgehen sozialdemokratischer Parteiführer und Gewerkschaftsfunktionäre, die die Kriegspolitik der Regierung unterstützten) zu Beginn des Ersten Weltkrieges. Am 18. 8. 1914 prahlte die ‹Frankfurter Volksstimme›: ‹Wenn es also anno 1866 hieß, der Vormarsch der preußischen Truppen sei ein Sieg des Schulmeisters gewesen, so wird man diesmal von einem Sieg der Gewerkschaftsbeamten reden können.›

Nach dem Fall des Sozialistengesetzes wurden zahlreiche Zeitungen und Zeitschriften gegründet. Die Gewerkschaftskommission machte 1891 mit dem ‹Correspondenzblatt› den Anfang. 1898 erschienen 51 Gewerkschaftszeitungen mit einer Gesamtauflage von 500000 Exemplaren, 1913 bereits 65 mit einer Auflage von insgesamt 2,8 Millionen. Davon gingen 1911 eine halbe Million auf die ‹Metallarbeiter-Zeitung›, herausgegeben vom Deutschen Metallarbeiter-Verband, welcher auch der Herausgeber des ‹Zeitgeistes› war, einem Bildungs- und Funktionärsorgan mit hohem theoretischem Niveau. Das Gesicht der Gewerkschaftspresse war in diesen Jahren gezeichnet von der Härte des Arbeitskampfes. Es hat sich langsamer verändert als das Gesicht der Parteipresse, obwohl sie nicht schneller wuchs: 1890 erschienen 60 Zeitungen mit insgesamt 250000 Abonnenten und ab 1891 das neue Zentralorgan: der ‹Vorwärts›. 1914 waren es 90 Tageszeitungen mit einer Gesamtauflage von rund 3 Millionen. Sie wurden von einer Pressekommission kontrolliert, was einen Dauerkonflikt zwischen Revisionisten und Marxisten auslöste: Die Revisionisten verlangten eine *Anpassung an die bürgerliche Massenpresse* – die Marxisten eine Beibehaltung des theoretischen Niveaus. Streit gab es auch wegen des Abdruckes naturalistischer Romane in der ‹Neuen Welt›, einer Unterhaltungsbeilage. Die Marxisten lehnten die perspektivelosen Elendsschilderungen der Naturalisten ab. Aber der Einfluß der Rechtssozialisten war letztlich größer und hat nicht unwesentlich zur publizistischen Absicherung des Burgfriedens im ersten imperialistischen Krieg beigetragen.

In den neunziger Jahren steigt auch die Zahl der Vereine und Aufführungen, die Stücke werden länger und kunstvoller. Die wichtigsten Autoren dieses Zeitraums bis in den Weltkrieg hinein sind: Friedrich Bosse: Organisator, Regisseur, Autor und Schauspieler des Leipziger Fortbildungsvereins. Er schrieb Allegorien und Festspiele (‹Die Alten und die Neuen›, 1890), ein vieraktiges Streikdrama (‹Im Kampf›, 1892), Problemstücke (‹Die Arbeiter und die Kunst›, 1897) und Schwänke (‹Die Sozialdemokraten kommen›, ‹Eine Frau mit Vorurteilen›). *Paul Baader*: Er war sozialdemokratischer Journalist (u. a. ‹Vorwärts›-Redakteur), seine bekanntesten Stücke: das 1893 von der ‹Freien Volksbühne› aufgeführte Schauspiel ‹Andere Zeiten› und das Schauspiel ‹Das Gesetz› (1914), welches den Terror des Sozialistengesetzes zum Gegenstand hat. *G. M. Scävola* ist das Pseudonym für einen sozialdemokratischen Intellektuellen mit bürgerlicher Herkunft, der mit Couplets, lebenden Bildern (‹12 Jahre der Verbannung›, 1892), Liedern und Komödien (‹Die erste Reichstagssitzung im Zukunftsstaat nach Richter›, 1893) Bürgertum und Adel verspottet. *Ernst Preczang*: Er war der erste Berufsschriftsteller. Er schrieb für Arbeitertheatervereine, Gewerkschaften und für das Berufstheater der Volksbildungsvereine, z. B. das Agitationsstück für das Streikrecht und die Frauenbefreiung (‹Töchter der Arbeit›, 1898), das Gewerkschaftsfestspiel ‹Die neue Macht› (1908) und die am Naturalismus orientierte Elendstragödie ‹Im Hinterhaus› (1903). Ebenfalls am Naturalismus, insbesondere am ‹Bibelpelz› orientierte sich *Emil Rosenow* mit seinem Lustspiel ‹Kater Lampe› (1902), das zu den meistgespielten Stücken zählt, ja sogar als Sendespiel kam. Obwohl früh verstorben (mit 33 Jahren), hing sein Bild lange noch in den Wohnungen der erzgebirgischen Arbeiter und Häusler: Er war einer der beliebtesten Landagitatoren und sozialdemokratischen Reichstagsabgeordneten. Diese Autoren markieren auch eine *Änderung der Struktur des Arbeitertheaters*:

1. Bis zur Aufhebung des Sozialistengesetzes wurden die Stücke in Zeitungen, Zeitschriften, Kalendern oder im Selbstverlag publiziert, mit wenigen Ausnahmen. Nach der Aufhebung gaben die Parteibuchhand-

lung ‹Vorwärts› und kleinkapitalistische Verlage von Sozialdemokraten Arbeiterstücke heraus.

2. Vor der Aufhebung des Sozialistengesetzes wurden die Stücke von Laien gespielt. Danach und seit der Gründung der ‹Freien Volksbühne› standen auch Berufsschauspieler zur Verfügung.

3. In den Anfangsjahren waren die Stückeschreiber meist führende Partei- oder Gewerkschaftsfunktionäre, Journalisten. Um die Jahrhundertwende gab es den sozialdemokratischen Berufsschriftsteller.

4. Proletarische Laienspieltheater ließ die Partei der Jahrhundertwende nur dort gelten, wo es keine Berufstheater gab. Der 1908 in Nowawes als Bündnisorganisation gegründete Bund der Arbeitertheatervereine Deutschlands wurde von der Partei nicht zur Kenntnis genommen.

5. Die Weimarer Republik

Schon während der Kriegsjahre kam es wegen der Burgfriedenspolitik zu einer Spaltung der Sozialdemokratie, welche 1919 mit der Gründung der KPD ihren organisatorischen Abschluß fand. Die Gegensätze zwischen KPD und SPD waren die alten Gegensätze zwischen Lassalleanern und Marxisten, welche 1875 vielleicht noch übertüncht werden konnten, nicht aber in einem Deutschland, dessen Kapitalistenklasse sich anschickte, die Welt zu erobern, und dessen Arbeiterklasse stark genug war, etwas zu tun. Vor allem seit der Gründung des ersten sozialistischen Landes, der Sowjetunion. Die revolutionäre Nachkriegszeit bis zum Ende des Jahres 1923, die Phase der relativen Stabilisierung des Kapitalismus in Deutschland bis 1929 und die anschließende Wirtschaftskrise bis zur Errichtung der faschistischen Diktatur sind Höhepunkte und Tiefpunkte dieser Klassenkämpfe und Kämpfe innerhalb der Arbeiterklasse. Es versteht sich, daß in diesen Auseinandersetzungen Medien wichtige Kampfmittel waren.

Die Auseinandersetzung innerhalb der Gewerkschaften führte zur *Gründung von Organen und Gegenorganen.* So gründete die Ortsverwaltung Berlin des Holzarbeiterverbandes, der gegen die Verbandsleitung opponierte, 1919 ein eigenes Informationsblatt; auch die Organisation Berlin des Schneiderverbandes gab ein solches Lokalblatt heraus, und da sie mit der ‹Frauenzeitung› des Allgemeinen Deutschen Gewerkschaftsbundes (ADGB) nicht einverstanden war, belieferte sie ihre weiblichen Mitglieder mit Frauenzeitungen der Unabhängigen Sozialdemokratischen Partei. Aber nicht nur interne Auseinandersetzungen führten zu Zeitungsgründungen, viel mehr Zeitungen dienten der Auseinandersetzung mit dem Klassengegner. 1929 hatte der ADGB über 30 Verbandsorgane mit einer Gesamtauflage von fünf Millionen im Einsatz, nicht mitgezählt die Frauen-, Jugend- und Funktionärszeitungen. Aber selbst zusammen mit den Zeitungen und Zeitschriften der Arbeitsgemeinschaft freier Angestelltenverbände waren das nur zwei Prozent aller in einem Jahr erscheinenden Zeitschriften und Zeitungen. Verglichen damit war der Klassengegner ein publizistischer Riese. Denn auch der Anteil der SPD an der Gesamtpresse war verhältnismäßig klein. 1929 erreichte sie mit 203 Zeitungen ihren Höchststand in der Weimarer Republik.

Er ist das Ergebnis eines Kampfes um Redaktionen, welcher bereits während des Krieges einsetzte und zwischen den beiden Flügeln geführt wurde. Dabei bekämpfte die Chemnitzer ‹Volksstimme› unter *Heilmann* und *Noske*, das ‹Hamburger Echo› und die ‹Schwäbische Tagwacht› die ‹Linken›, und die ‹Rechten› hatten zunächst mit Angriffen vom ‹Vorwärts›, von der ‹Leipziger Volkszeitung› oder vom Braunschweiger ‹Volksfreund› zu rechnen. Aber Zug um Zug gelang es dem rechten Parteivorstand, die ‹linken› Redaktionen zu räumen. Nach der Spaltung im Jahre 1917 baute sich die USPD *(Unabhängige Sozialdemokratische Partei Deutschlands) eine eigene Presse auf und konnte bei der Wiedervereinigung im Jahre 1920 immerhin 43 Blätter mit 26 Druckereien einbringen. Von da an veränderte die SPD systematisch die Struktur ihrer Presse weiter in Richtung Massenpresse, was in der Aufhebung der bisher ideologisch begründeten Beschränkung des Anzeigenteils am deutlichsten zum Ausdruck kommt.

Ganz anders entwickelte sich die kommunistische Presse, die mit einer Besetzung der Redaktion und der Druckerei des ‹Berliner Lokal-Anzeigers› durch die Spartakusgruppe *(marxistische Gruppe der Arbeiterbewegung, Vorläufer der Kommunistischen Partei Deutschlands – KPD) ihren Anfang nahm. Am Abend des 9. November 1918 erschien noch die erste Nummer des Zentralorgans der späteren KPD: ‹Die Rote Fahne›. Damit war eines der reaktionärsten Blätter des Scherl-Konzerns umgewandelt in ein Medium der Kommunisten. Aber weil die Novemberrevolution die Eigentumsverhältnisse nicht geändert hatte, erwirkte Scherl die sofortige Freigabe aller besetzten Zeitungsbetriebe, was blutige Kämpfe mit den Regierungstruppen auslöste. Die KPD mußte für die ‹Rote Fahne› eine Verlagsgesellschaft gründen. Aber sie war nur der wirtschaftliche Rahmen und hatte keinen Einfluß auf die Gestaltung der ‹Roten Fahne›. Denn im Gegensatz zum Dezentralismus der SPD-Presse war die KPD-Presse dem Parteivorstand unterstellt und verstand sich als kollektiver Agitator, Propagandist und kollektiver Organisator. Und das versuchte sie durch die Arbeiterkorrespondenten zu werden, welche ab 1924 regelmäßig aus den Betrieben und Wohnkasernen berichteten. Die ‹Rote Fahne› bekam 1929 aus 400 Berliner Betrieben Berichte, registrierte 1200 organisierte Arbeiterkorrespondenten und veröffentlichte 2700 Arbeiterbriefe. Die Arbeiterkorrespondentenbewegung hat auch zur Herausbildung einer proletarisch-revolutionären Literatur beigetragen: *Karl Grünberg, Hans Marchwitza, Albert Hotopp, Ludwig Turek,*

Willi Bredel, Otto Gotsche gingen durch die Schule der Arbeiterkorrespondentenbewegung.

Arbeiter sind schon im 19. Jahrhundert auf Fotos zu sehen, z. B. 1855 in *Roger Fentons* Fotoreportage über den Krimkrieg; und mit Porträtfotos sozialdemokratischer Arbeiterführer wurde ebenfalls schon sehr früh geworben. Sogar die erste Maifeier 1890 in Dresden wurde aufgenommen. Seitdem gibt es zahlreiche Aufnahmen von Streiks, Demonstrationen, Versammlungen, Kongressen und vom revolutionären Kampf; auch das Elend der Arbeiterklasse ist seit der Jahrhundertwende immer wieder fotografiert worden, freilich nicht von Arbeitern, welche sich keinen Apparat leisten konnten, sondern von Berufsfotografen. Um Fotos von Arbeitern für Arbeiter ging es erstmals bei einem Fotowettbewerb der Arbeiter-Illustrierten-Zeitung (AIZ) im Jahre 1926. Sie regte auch die Gründung der ‹Vereinigung der Arbeiterfotografen Deutschlands› (1927) an. Die AIZ war die auflagenstärkste Zeitung im sogenannten Münzenberg-Konzern, wobei mit Konzernen fälschlich die zahlreichen Unternehmungen bezeichnet werden, welche *Karl Münzenberg* für die Internationale Arbeiter-Hilfe (IAH) gründet. Daß die Auflage der AIZ von 220000 Exemplaren im Jahre 1927 auf 500000 im Jahre 1931 anstieg, verdankte sie nicht zuletzt der aktuellen Berichterstattung durch die *Arbeiterfotografen*. Denn sie zeigte, was bürgerliche Bildagenturen ‹übersahen›: Elendsquartiere aus der Sicht der Bewohner (‹Mieterstreik in der Wanzenburg›), Streikdemonstrationen aus der Perspektive der Streikenden. Sie machten den Klassengegensatz in Bild und Gegenbild sichtbar und vor allem in Fotomontagen von *John Heartfield*. Die Arbeiterfotografen belieferten auch lokale Fotoausstellungen, die ‹Rote Fahne›, Bezirksorganisationen der KPD und SPD, Gewerkschaftszeitungen, Naturfreunde und Wand- und Betriebszeitungen. Im Verbandsorgan ‹Der Arbeiter-Fotograf› gab es fototechnische Anleitungen und kritische Fotobesprechungen. Die Wirksamkeit der Arbeiterfotografen ist auch an der Reaktion der Unternehmer abzulesen; an den Entlassungen, schwarzen Listen, Fotografierverboten, Anzeigenboykotten und dem Vorwurf der Betriebsspionage, ein Vorwurf, der den ‹Arbeiter-Lichtbild-Bund Deutschlands› der SPD kaum traf. Er entwickelte keine Anziehungskraft.

Auch in den ersten *Stummfilmen* marschierten schon Arbeiter über die Leinwand, z. B. 1895 in *Lumières* Film ‹Die Arbeiter verlassen die Lumière-Werke›. Und auch von den sozialdemokratischen Führern muß es ‹lebende Photographien› gegeben haben, jedenfalls existieren Phasenbilder von August Bebel als Redner. Und auch die kämpfenden Massen der Novemberrevolution erscheinen in Filmen wie ‹Söhne des Volkes›, ‹Die Waffen nieder›, ‹Pax Aeterna›, ‹Freiheit, Gleichheit, Brüderlichkeit›, ‹August Bebel›, freilich nur als Objekte des Antikommunismus und als Ausbeutungsobjekte des Filmkapitals, das 1917 seine Macht in der Ufa konzentrierte. Auf diese ‹republikanischen› Filme reagierten die Arbeiter mit Boykott, Filmverbrennung, der Zerstörung von Vorführgeräten und der Forderung nach der Vergesellschaftung der Filmgesellschaften.

Der ADGB und die SPD reagierten auf diese Vorstellungen 1922 mit der Gründung der ‹Volks-Lichtbühne›, welche Kurzfilme von Arbeitersportfesten, vom 8. Internationalen Jugendtag, vom proletarischen Gesundheitsdienst und dem IAH-Film ‹Die Rote Armee› vorführte und die Spielfilme ‹Schmiede› (1924) und ‹Freies Volk› (1925) von *Martin Berger* produzierte. Diese ‹Großfilme des Proletariats› zielten letztlich auf Klassenaussöhnung, ein Ziel, welches auch die späteren Filme verfolgen, z. B. der nach dem ‹Vorwärts›-Roman gedrehte Spielfilm ‹Gigli, eine von uns› (Stenotypistin heiratet Fabrikantensohn). Unvergleichlich wirklichkeitsgetreuer, wenn auch ohne realistische Perspektive, sind die Spielfilme ‹Brüder› (1929) von *Werner Hochbaum* und ‹Lohnbuchhalter Kremke› (1930) von *Marie Harder*. Diese Produktionen und die spätere Verleih- und Vorführtätigkeit sind bereits Aktivitäten des ‹Film- und Lichtbilddienstes›, welcher die ‹Volks-Lichtbühne› ablöste. Ende der zwanziger Jahre gab es innerhalb der SPD und des ADGB auch eine lebhafte filmtheoretische Diskussion, so z. B. auf den vom Sozialistischen Kulturbund 1929 veranstalteten Kulturtagen in Frankfurt.

Stärker als die SPD hat die KPD den Film als Kampfmittel eingesetzt, vor allem die IAH *(Internationale Arbeiterhilfe), welche durch Filme zur Selbstdarstellung und ‹durch allgemeinproletarische Filme für die Ideen der revolutionären internationalen Arbeiterbewegung und besonders für Sowjetrußland› warb. Die ersten Filme, welche die IAH 1922 nach Deutschland holte, waren Dokumentarfilme: ‹Die Wolga hinunter› und ‹Hunger in Sowjet-Rußland›. Es folgten Spielfilme, z. B. der Leninfilm ‹Sein Mahnruf› (1925). 1926 wurde die Produktions- und Verleihfirma ‹Prometheus› gegründet. Wichtigstes Verleihangebot war 1926 *Eisensteins* ‹Panzerkreuzer Potemkin› und erste Spielfilmproduktion war: ‹Überflüssige Menschen› (1926) nach *Tschechow*. Die Entwicklung der ‹Prometheus›-Produktion markieren ‹Mutter Krausens Fahrt ins Glück› (1929 von *Piel Jutz*), ‹Salamander› (eine Koproduktion mit der sowjetischen Firma ‹Meschrabpom›), ‹Jenseits der Straße› von *Leo Mittler*, ‹Hunger in Waldenburg› von *Piel Jutz* und 1932 der erste und letzte deutsche Film, der kommunistische Anschauungen offen zum Ausdruck brachte, ‹Kuhle Wampe oder wem gehört die Welt› von *Dudow* und *Brecht*. Neben Spielfilmen hatte die ‹Prometheus› auch Dokumentar- und Agitationsfilme produziert (‹Mitteldeutsches Treffen des RFB *(Roter Frontkämpferbund) in Magdeburg›, ‹Die Rote Front marschiert›). Ab 1927 übernahm die Versorgung der Massenorganisationen und Agitproptruppen *(Agitations- und Propaganda-Gruppen) mit Filmen und Material die ‹Weltfilm›-GmbH. Sie produzierte und verlieh die

Agitationsfilme ‹Roter Sport marschiert› (1930), ‹100000 unter roten Fahnen› (1930), ‹Todeszeche› (1930), ‹Sprengt die Ketten› und ‹Blutmai 1929› und schuf 1930 mit der Zeitchronik ‹Welt der Arbeit› ein Gegenstück zu Hugenbergs Ufa-Wochenschau.

Der erste Versuch in der deutschen Arbeiterbewegung, sich des Mediums Radio zu bedienen, wurde am 9. 12. 1918 unternommen. Funker des Berliner Arbeiter- und Soldatenrates verbreiteten in einem Aufruf ‹An alle!› den Sieg der Revolution und die Besetzung des Wolffschen Telegraphenbureaus. Aber im Herbst 1919 war der Funk wieder in den Händen der Postbürokraten, Sieger war *Hans Bredow*, der ‹Vater› des Funks. Der zweite Versuch, das Medium zum Nutzen der Arbeiterklasse zu gebrauchen, wurde gleich nach der Eröffnung des allgemeinen Unterhaltungsrundfunks, im November 1923, in Angriff genommen: Gewerkschafter, Sozialdemokraten und Kommunisten gründeten im Februar 1924 den Arbeiter-Radio-Klub in Berlin, im Herbst erfolgten Gründungen in anderen Städten. Acht Jahre später, 1932, waren es 267 Ortsvereine. Sie erreichten über die kooperativen Mitglieder (ADGB, AfA und Freidenkerbund) sieben Millionen Menschen. Die *Arbeiter-Radiobewegung* verfolgte zwei Nahziele und ein Fernziel: Selbstbau von Empfangsgeräten, Einflußnahme auf die Programmgestaltung und Errichtung eigener Arbeiter-Sender. Das Fernziel wurde in der Weimarer Republik nicht erreicht, die beiden Nahziele jedoch ganz bis teilweise. Der Selbstbau von Empfangsgeräten funktionierte so gut, daß sogar die Radioindustrie davon profitierte (Erfindungen von Arbeiter-Radiobastlern wurden stillschweigend verwertet). Und für den Einfluß auf die Programmgestaltung war das wichtigste Instrument die Arbeiter-Radio-Presse (‹Arbeiter-Funk›, ‹Der neue Rundfunk›, ‹Arbeiter-Sender›) mit Programmkritiken, nichtgesendeten Reportagen und medienpolitischen und radiotheoretischen Beiträgen. Der ‹Arbeitersender› sprach aus, was die Sender des Kapitals verschwiegen. Kollektive Abhörabende, Zahlstreiks und Hörerbriefe und die Agitproptruppe ‹Rote Welle› des Arbeiterschriftstellers *Pijet* waren ebenfalls ein Instrument bei der Einflußnahme auf die Programmgestaltung. Die Erfolge waren u. a. Lesungen von Arbeiterschriftstellern (z. B. in der Berliner Sendereihe ‹Erzählung der Woche›), Freidenkersendungen, Übertragung von Maifeiern und Hörspiele proletarisch-revolutionärer Schriftsteller: ‹S. O. S.› von *Friedrich Wolf* (in diesem Hörspiel erklang zum erstenmal die ‹Internationale› aus einem deutschen Lautsprecher), ‹Treibjagd› von Pijet (Arbeitslosenhörspiel), ‹Die Tragödie des William Fox› von *J. R. Becher.* Und ein Erfolg war auch die Gründung der Arbeiter-Radio-Internationale. Im Herbst 1928 kam es aber zu einer Spaltung des ARB. Die linken Sozialdemokraten und Kommunisten wurden ausgeschlossen und gründeten den Freien Radio-Bund. Er beteiligte sich mit seinem ‹Arbeitersender› am Kampf der KPD, organisierte Entführungen von Radiorednern, illegale Programmeinschaltungen und einen illegalen ‹Roten Sender›, der den antifaschistischen Kampf aufnahm.

Die institutionelle Basis des sozialdemokratischen Arbeitertheaters in der Weimarer Republik waren das Berufstheater der Freien Volksbühne und die im Arbeitertheaterbund zusammengeschlossenen Arbeitertheatervereine. Außerdem gab es Laiengruppen, die von den Ortsorganisationen für bestimmte Anlässe zusammengestellt wurden. Die Entwicklung der Freien Volksbühne vollzog sich im Widerspruch und in der Einheit von bildungsbürgerlichem Anspruch und klassenkämpferischer Phrase. Ebenso die Entwicklung des 1908 in Nowawes gegründeten Bundes der Arbeitertheatervereine Deutschlands. Erst als der Bund 1928 in die Hände der KPD übergegangen war, änderten sich die Spielpläne radikal. Eine institutionelle Basis hatte das sozialdemokratische Arbeitertheater auch in den Ortsorganisationen und in den Gewerkschaften (Bildungsausschüsse, Jugendorganisationen). Aber ihre Funktionäre lehnten das alte Vereinstheater ab und förderten das gerade in Mode kommende *Laienspiel* der Jugendbewegung. Anlässe waren Jugendweihen, Märzfeiern, Feiern des 1. Mai, Sonnwendfeiern, Antikriegsfeiern, Revolutionsfeiern. Die Programme enthielten Gesangs- und Musikdarbietungen, Rezitationen, Prosavorträge, Sprechchöre von *Franz Rothenfelder, Bruno Schönlank, Hermann Claudius, Max Barthel, Karl Bröger, Karl Hahn*, Jugendspiele von *Emil Reinhard Müller,* Hermann Claudius, Max Barthel und *Franz Osterroth* und Festspiele von Karl Bröger, *Franz Dietrich* und Bruno Schönlank. Berühmt und bekannt wurden die Massenfestspiele in den Jahren 1920 bis 1924 anläßlich des traditionellen Gewerkschaftsfestes in Leipzig: ‹Spartacus› (1920), ‹Der arme Konrad› (1921) und ‹Bilder aus der Französischen Revolution› (1922), ‹Krieg und Frieden› (1923), ‹Erwachen› (1924). Seit 1926 gab es in Dresden die sozialdemokratische Kabarettgruppe ‹Rote Ratten›, hervorgegangen aus den Sprech- und Bewegungschören der sozialdemokratischen Arbeiterjugend. Sie, der Reichsbildungsausschuß und das Kulturkartell waren die wichtigsten Organisatoren und Veranstalter von Arbeitertheateraufführungen. So wurde am 1. Mai 1932 in Frankfurt im Rahmen und auf Veranlassung des Kulturkartells und vor 18000 Zuhörern das sozialistische Festspiel ‹Wir› von *Hendrik de Man* aufgeführt.

Das Arbeitertheater der KPD war weitgehend Straßentheater, auch wenn die ersten Aufführungen in festen Häusern stattfanden. Die wichtigste Bühne, das ‹Proletarische Theater› von *Erwin Piscator*, war der Versuch, mit einem Privattheater in den politischen Tageskampf einzugreifen.

Den Anfang der kommunistischen *Sprechchorbewegung* machte der ‹Zentrale Sprechchor der KPD Groß-Berlin› mit der Aufführung des ‹Chors der Arbeit› von *Gustav von Wangenheim.* Im Gegensatz zum Sozialdemokratensprechchordichter Schönlank, der den Sozialismus als eine heilige und weihevolle Sache feierte, die menschheitsbefreiende Mission der Arbeiterklasse, brachte Gustav von Wangenheim in seinem Sprechchor konkrete Argumente für die Klassenauseinandersetzung und gab Anleitungen zum Handeln. Eine wichtige Spiel- und Sprechchorgruppe wurde auch die ‹Proletarische Sprech- und Spielgemeinschaft Steglitz›. Auf dem Programm standen u. a. ‹Die Toten rufen› von *Berta Lask* und das große Chorwerk ‹Siebentausend› von Gustav von Wangenheim. Nach dessen Aufführung entwickelte sich die Gruppenarbeit immer mehr in Richtung Theater, was 1926 in einer Umbenennung der Gruppe in ‹Proletarische Bühne› seinen Ausdruck fand. Sie spielte ‹Horthys Lager›, ‹Putsch in Krähwinkel›, eine selbstverfaßte Satire für die Landagitation und beteiligte sich an Revueaufführungen der KPD und des Kommunistischen Jugendverbandes. Diese Revuearbeit verstärkte sich innerhalb der Gruppe und führte im Herbst des Jahres 1927 zu einer neuerlichen Umbenennung: Die Gruppe gab sich den Namen ‹Die Roten Blusen› in Anlehnung an die sowjetischen ‹Blauen Blusen›. Ihre wichtigste und beste Arbeit war die ‹Freidenkerrevue›, die Ende 1930 entstand und für den ‹Verband Proletarischer Freidenker Deutschlands› warb. Der Weg dieser Gruppe ist ein Weg, den viele kommunistische Spielgruppen gegangen sind. In ihren Programmen überwogen zunächst das allgemeine Revolutionspathos und die expressionistische Stillage. Das änderte sich.

In den Jahren der Weltwirtschaftskrise erreichte die Kommunistische Agitproptruppenbewegung ihren Höhepunkt mit der Gründung der Zeitschrift ‹Das Rote Sprachrohr›, der Gründung des Internationalen Arbeitertheaterbundes, der Einführung einer ersten ‹8-Tage-Schule› zur Qualifizierung der Leiter von Agitproptruppen. Für die neue Qualität des Arbeitertheaters in diesen Jahren bestimmend war auch die Zusammenarbeit mit sozialistischen Schauspielerkollektiven und sozialistischen Berufsschriftstellern (*Friedrich Wolf, Brecht*). Auf der Seite der KPD standen über 400 Arbeiterspielgruppen, mit denen sie für die proletarische Einheitsfront und gegen die faschistische Gefahr agitierte.

6. Nach 1945

Was die Banken nicht verschlungen hatten, die ‹Prometheus› mußte in der Weltwirtschaftskrise Konkurs anmelden, wurde von der SA verbrannt, zerschlagen und beschlagnahmt, seien es Redaktionsräume gewesen, Druckereien oder Vereinslokale, Bibliotheken oder Archive, Film-, Foto-, Radio- oder Theaterorganisationen. Aber noch schlimmer als die materielle Ausplünderung waren die leergeschlagenen Köpfe, wie sich nach 1945 herausstellte. Denn die ältesten Arbeiterlieder klangen verlogen, weil die faschistischen Mordkolonnen nach deren Takt marschiert waren. Und der Tag der Arbeit, der 1. Mai, erinnert nicht mehr an heitere Tanz- und Festtagsfreuden, sondern nur noch an die KZ-Aufschrift: ‹Arbeit macht frei›. Und selbst das Wort Solidarität, das Kraftwort der Arbeiterbewegung, erregte nur noch Spott, weil Solidarität und Gemeinsinn zu einem Synonym für Betrug und Ausplünderung geworden waren. An der Aufrechterhaltung dieser katastrophalen Bewußtseinslage trug und trägt der Antikommunismus in der BRD bei. Trotz alledem kommt die Erinnerung allmählich zurück. In den Arbeitskämpfen werden Erfahrungen gemacht, entsteht neu Klassenbewußtsein, das sich in parteilichen Stücken der Straßentheater manifestiert, in realistischen Lehrlingsfilmen vom Arbeitsplatz, in Hörstücken aus dem Arbeiteralltag. Wieder entstehen kulturelle Bündnisorganisationen. Wieder schreiben Arbeiter Betriebsberichte für Arbeiter. Wieder schreiben Arbeiter Gedichte, Erzählungen und Romane für Arbeiter. Es entsteht neben Schund, Kitsch und heiler Welt, neben der Massenkultur kapitalistischer Medienindustrie eine Kultur, deren Existenzbedingungen die Lebensbedingungen der werktätigen Bevölkerung sind, und deren Entwicklung untrennbar verbunden ist mit der Entwicklung der gewerkschaftlich und politisch organisierten Arbeiterbewegung.»

V. Materialverzeichnis

1. Grundlagen einer materialistischen Analyse gesellschaftlicher Kommunikation

1.1 Dialektik als Bewegungsgesetz

1.1.1 Die Grundfrage der Philosophie: Idealismus oder Materialismus
Engels, F.: Ludwig Feuerbach und der Ausgang der klassischen deutschen Philosophie. In: MEW, Bd. 21, Berlin 1962, S. 274–275 (gekürzt) (Dietz Verlag)
Platon: Sophistes. In: Ders., Sämtliche Werke, Bd. 4, o. O., o. J., S. 218 (Rowohlt Verlag)
Engels, F.: Ludwig Feuerbach und der Ausgang der klassischen deutschen Philosophie, a. a. O., S. 275–277 (gekürzt)
Kant, I.: Prolegomena zu einer jeden künftigen Metaphysik, die als Wissenschaft wird auftreten können. In: Ders., Werke, Bd. 5, Darmstadt 1968, S. 151–152 (Wissenschaftliche Buchgesellschaft)
Engels, F.: Ludwig Feuerbach und der Ausgang der klassischen deutschen Philosophie, a. a. O., S. 278–279 (Dietz Verlag)

1.1.2 Das allgemeine Bewegungsgesetz in Natur, Gesellschaft und Denken: die Dialektik
Engels, F.: Herrn Eugen Dührings Umwälzung der Wissenschaft. In: MEW, Bd. 20, Berlin 1972, S. 20–22 (gekürzt) (Dietz Verlag)

1.1.3 Die Grundgesetze der Dialektik
Engels, F.: Dialektik der Natur. In: MEW, Bd. 20, Berlin 1972, S. 348 (Dietz Verlag)
Autorenkollektiv: Grundlagen der marxistischen Philosophie. Berlin 1961, S. 249–256 (gekürzt) (Dietz Verlag)
Autorenkollektiv: Grundlagen der marxistischen Philosophie. A. a. O., S. 271–282 (gekürzt)
Autorenkollektiv: Grundlagen der marxistischen Philosophie. A. a. O., S. 305–320 (gekürzt)

1.2 Vergesellschaftung durch Arbeit

1.2.1 Die Arbeit als Stoffwechselprozeß zwischen Mensch und Natur
Marx, K.: Das Kapital. In: MEW, Bd. 23, Berlin 1971, S. 192–198 (gekürzt) (Dietz Verlag)

1.2.2 Der Doppelcharakter der Arbeit: stoffliche Charakteristika und ökonomische Formbestimmtheit
Marx, K.: Grundrisse der Kritik der politischen Ökonomie. Frankfurt/Main – Wien o. J., S. 5–9 (gekürzt) (Europäische Verlagsanstalt/Europa Verlag)
1.2.3 Die Arbeit als Grundlage des Gesellschaftsprozesses
Engels, F.: Anteil der Arbeit an der Menschwerdung des Affen. In: MEW, Bd. 20, Berlin 1972, S. 444–450 (gekürzt) (Dietz Verlag)

1.3 Gesellschaft als ökonomische Formation

1.3.1 Die Produktionsweise als Verhältnis von Produktivkräften und Produktionsverhältnissen
Autorenkollektiv: Dialektischer und historischer Materialismus. Berlin 1974, S. 350–351 (Dietz Verlag)
Autorenkollektiv: Dialektischer und historischer Materialismus. A. a. O., S. 356–360 (gekürzt)
Autorenkollektiv: Dialektischer und historischer Materialismus. A. a. O., S. 350
1.3.2 Die Dialektik von Basis und Überbau
Marx, K.: Vorwort. Zur Kritik der politischen Ökonomie. In: MEW, Bd. 13, Berlin 1969, S. 8–9 (Dietz Verlag)
Engels, F.: Brief an Joseph Bloch vom 21./22. September 1890. In: MEW, Bd. 37, Berlin 1967, S. 463 (Dietz Verlag)
1.3.3 Der Materialismus in der Soziologie und die Kategorie der ökonomischen Gesellschaftsformation
Lenin, W. I.: Was sind die «Volksfreunde» und wie kämpfen sie gegen die Sozialdemokraten? Berlin 1962, S. 15–16 (Dietz Verlag)
Eichhorn I, W.: Zur philosophischen Analyse gesellschaftlicher Systeme. In: Deutsche Zeitschrift für Philosophie, Heft 3, 1969, S. 279–299, hier: 287–288 (Deutscher Verlag der Wissenschaften)

2. Naturgeschichte der Kommunikation

2.1 Grundlagen der Kommunikation

2.1.1 Kommunikation und Information
Tugarinow, W. P.: Philosophie des Bewußtseins. Berlin 1974, S. 172–177 (gekürzt) (Deutscher Verlag der Wissenschaften)

2.1.2 Voraussetzungen der Kommunikation
Klix, F.: Information und Verhalten. Berlin 1971, S. 31–36 (gekürzt) (Deutscher Verlag der Wissenschaften)

2.2 Formen der Kommunikation

2.2.1 Der genarrte Empfänger: Mimikry
Wickler, W.: Orchideen und Mimikry. In: Burkhardt, D., Schleidt, W., Altner, H. (Hg.): Signale in der Tierwelt. München 1972, S. 103–108, hier: S. 103–107 (gekürzt) (© Wolfgang Wickler, Seewiesen)

2.2.2 Biokommunikation: «Sprache» der Tiere?
Wickler, W.: Verständigungssysteme bei Tieren. In: Haseloff, O. W. (Hg.): Kommunikation. Berlin 1969, S. 19–28, hier: S. 20–25 (gekürzt) (Colloquium Verlag)

2.2.3 Die Bedeutung der Arbeit: Humankommunikation
Leontjew, A. N.: Abriß der Entwicklung des Psychischen. In: Ders.: Probleme der Entwicklung des Psychischen. Berlin 1975, S. 128–215 (gekürzt) (Verlag Volk und Wissen)

2.3 Gesellschaftliche Kommunikation

2.3.1 Denken und Sprechen
Rubinstein, S. L.: Sein und Bewußtsein. Berlin 1972, S. 98–158 (gekürzt) (Akademie-Verlag)

2.3.2 Das Medium Sprache
Autorenkollektiv: Sprachliche Kommunikation und Gesellschaft. Berlin 1974, S. 51–63 (gekürzt) (Akademie-Verlag)

2.3.3 Sprache und Gesellschaft
Autorenkollektiv: Sprachliche Kommunikation und Gesellschaft. A. a. O., S. 68–75 (gekürzt) (Akademie-Verlag)

3. Sozialgeschichte der Kommunikation

3.1 Arbeit und Freizeit

3.1.1 Entfremdung der Arbeit: die Verkehrung menschlicher Selbstverwirklichung im Produktionsprozeß
Oppolzer, A.: Entfremdung und Industriearbeit. Köln 1974, S. 276–283 (gekürzt) (Pahl-Rugenstein Verlag)

3.1.2 Freizeit im Kapitalismus: die Kehrseite des Warencharakters der Arbeitskraft
Kramer, D.: Freizeit und Reproduktion der Arbeitskraft. Köln 1975, S. 243–251 (gekürzt) (Pahl-Rugenstein Verlag)

3.1.3 Kommunikation und Freizeit: die Illusion der Massenkultur
Meyersohn, R.: Kommerzialisierung und Komplexität in der Massenkultur. In: Scheuch, E. K., Meyersohn, R.: Soziologie der Freizeit. Köln 1972, S. 112–131, hier: S. 115–117 (Verlag Kiepenheuer & Witsch, © Äthenäum Verlag, Königstein)

3.2 Entwicklung der Kommunikationsmittel

3.2.1 Die Phase relativer Stagnation: Sprache und Schrift
Bellinger, B.: Geschichte der Betriebswirtschaftslehre. Stuttgart 1967, S. 11–13 (Sammlung Poeschel. Poeschel Verlag)
Bernal, J. D.: Wissenschaft. Science in History. Bd. 1, Reinbek b. Hamburg 1970, S. 115–116 (Rowohlt Taschenbuch Verlag)

3.2.2 Handel und Information: die brieflichen Zeitungen
Bücher, K.: Die Grundlagen des Zeitungswesens. In: Ders.: Gesammelte Aufsätze zur Zeitungskunde. Tübingen 1926, S. 1–64, hier: S. 3–7, S. 7–11, S. 11–21 (Verlag der H. Laupp'schen Buchhandlung)

3.2.3 Industrie und Transport: Eisenbahn und Telegraf
Bernal, J. D.: Wissenschaft, Science in History. Bd. 2, Reinbek b. Hamburg 1970, S. 508–513 (gekürzt) (Rowohlt Taschenbuch Verlag)
Mottek, H.: Wirtschaftsgeschichte Deutschlands. Bd. 2, Berlin 1972, S. 156–167 (gekürzt) (Deutscher Verlag der Wissenschaften)

3.2.4 Monopol und Werbung: die modernen Massenkommunikationsmittel
Baran, P. A.; Sweezy, P. M.: Monopolkapital. Frankfurt/Main 1967, S. 116–121 (es 636, Suhrkamp Verlag)
Haug, W. F.: Kritik der Warenästhetik. Frankfurt/Main 1971, S. 16–17 (es 513, Suhrkamp Verlag)
Schuppan, P.: Die kulturelle Entwicklung Deutschlands 1897/98–1917. In: Klein, F.: Deutschland 1897/98–1917. Berlin 1972, S. 395–451, hier: S. 410–413 (gekürzt) (Deutscher Verlag der Wissenschaften)
Müller-Doohm, S.: Medienindustrie und Demokratie. Frankfurt/Main 1972, S. 124–125 (gekürzt) (Athenäum Verlag)

3.3 Ökonomie, Politik und Ideologie

3.3.1 Entfaltung der Öffentlichkeit
Habermas, J.: Strukturwandel der Öffentlichkeit. Neuwied/Berlin 1968, S. 38–41 (gekürzt) und 141 (Luchterhand Verlag)

3.3.2 Bürgerliche und proletarische Öffentlichkeit
Negt, O.; Kluge, A.: Öffentlichkeit und Erfahrung. Frankfurt/Main 1972, S. 102–115 (gekürzt) (es 639, Suhrkamp Verlag)

4. Kommunikation und Gesellschaftsformation

4.1 Eindimensionale Kommunikationsmodelle

4.1.1 Interaktionsmodelle: die Defizite der Verständigung
Dröge, F., Göbbel, N.: Kommunikationsforschung. Von der Ideologiekritik zur Einheit von Theorie und Praxis. In: Rundfunk und Fernsehen, Sonderheft 1972, S. 16–56, hier: S. 17–21 (gekürzt), S. 25–27 (gekürzt) und S. 48–51 (gekürzt) (Verlag Hans Bredow-Institut, Hamburg)

4.1.2 Produktionsmodelle: die Defizite des Marktes
Maletzke, G.: Psychologie der Massenkommunikation. Hamburg 1963, S. 37–41 (um die Fußnoten gekürzt) (Verlag Hans Bredow-Institut, Hamburg, © G. Maletzke, Stuttgart)

4.2 Modell massenhaft kommunizierter Nachrichten unter Bedingungen kapitalverwertend betriebener Warenproduktion

Hund, W. D.: Ware Nachricht und Informationsfetisch. Zur Theorie der gesellschaftlichen Kommunikation. Darmstadt und Neuwied 1976, S. 161–166 (um die Fußnoten gekürzt) (Luchterhand Verlag)

5. Grundelemente einer Theorie der gesellschaftlichen Kommunikation

5.1 Politische Ökonomie der gesellschaftlichen Kommunikation

5.1.1 Die traditionelle Kommunikatorforschung
Prakke, H., Dröge, F. W., Lerg, W. B., Schmolke, M.: Kommunikation der Gesellschaft. Münster 1968, S. 105–110 (gekürzt) (Verlag Regensberg, Münster)

5.1.2 Probleme der Politischen Ökonomie
Holzer, H.: Kommunikationssoziologie. Reinbek bei Hamburg 1973, S. 131–136 (gekürzt) (Rowohlt Taschenbuch Verlag)

5.2 Warenkunde der Nachricht

5.2.1 Die traditionelle Inhaltsforschung
Maletzke, G.: Psychologie der Massenkommunikation. Hamburg 1963, S. 53–67 (gekürzt) (Verlag Hans Bredow-Institut, Hamburg, © G. Maletzke, Stuttgart)

5.2.2 Probleme der Warenkunde
Holzer, H.: Kommunikationssoziologie. Reinbek bei Hamburg 1973, S. 148–156 (gekürzt) (Rowohlt Taschenbuch Verlag)

5.3 Produktivkrafttheorie der Kommunikationsmittel

5.3.1 Die traditionelle Medienforschung
Steinbuch, K.: Falsch programmiert. München 1969, S. 100–103 (gekürzt), S. 107, 116–117 (gekürzt) (Deutscher Taschenbuch Verlag, © Deutsche Verlags-Anstalt, Stuttgart)
5.3.2 Probleme der Produktivkrafttheorie
Sülzer, R.: Sozialgeschichte als Aspekt der Medientheorie. In: Aufermann, J., Bohrmann, H., Sülzer, R. (Hg.): Gesellschaftliche Kommunikation und Information, Bd. 1, Frankfurt 1973, S. 219–225 (gekürzt) (Athenäum Fischer Taschenbuchverlag)

5.4 Gesellschaftliche Psychologie der Rezipienten

5.4.1 Die traditionelle Rezipientenforschung
Silbermann, A., Krüger, U. M.: Soziologie der Massenkommunikation. Stuttgart, Berlin, Köln, Mainz 1973, S. 59–81 (gekürzt) (Verlag W. Kohlhammer)

5.4.2 Probleme der gesellschaftlichen Psychologie
Bisky, L.: Zur Kritik der bürgerlichen Massenkommunikationsforschung. Berlin 1976, S. 62–69 (gekürzt) (Deutscher Verlag der Wissenschaften)

6. Zur Verfassung der Massenkommunikation

6.1 Privatwirtschaftliche Presseorganisation und Meinungsmonopol

Berliner Autorenkollektiv Presse: Wie links können Journalisten sein? Reinbek b. Hamburg 1972, S. 57–83 (gekürzt) (Rowohlt Taschenbuch Verlag)

6.2 Öffentlich-rechtliche Rundfunkorganisation und Proporz

Dahlmüller, G., Hund, W. D., Kommer, H.: Kritik des Fernsehens. Darmstadt und Neuwied 1973, S. 239–265 (gekürzt) (Luchterhand Verlag)

6.3 Massenkommunikation und gesellschaftliche Kontrolle

6.3.1 Reform der Massenkommunikation

CDU-Bundesgeschäftsstelle (Hg.): Zum Thema: Freiheitliche Medienpolitik. Bonn 1976, S. 7–23

DKP Parteivorstand (Hg.): Vorschläge der DKP für die demokratische Entwicklung von Presse, Funk, Fernsehen, Film und Verlagswesen. Düsseldorf o. J., S. 3–11

FDP-Bundesgeschäftsstelle (Hg.): Wiesbadener Leitlinien liberaler Medienpolitik. Bonn o. J., S. 23–32

SPD Bundesvorstand (Hg.): Entschließung zur Lage und Entwicklung der Massenmedien. In: Die Massenmedien. Bonn 1971, S. 14–24

Medienpolitisches Konzept der RFFU. In: 25 Jahre RFFU. O. O. 1977, S. 39–43

6.3.2 Massenkommunikation und Arbeiterbewegung

Knilli, F.: Die Arbeiterbewegung und die Medien. In: Gewerkschaftliche Monatshefte, Heft 6, 1974, S. 349–362 (um die Fußnoten gekürzt) (© F. Knilli, Berlin)

Die Autoren

Wulf D. Hund, geb. 1946, Dr. phil., Wissenschaftlicher Rat an der Hochschule für Wirtschaft und Politik Hamburg. Arbeitsschwerpunkte: Politische Soziologie, Kommunikationssoziologie, Kultursoziologie. Veröffentlichungen u. a.: Ware Nachricht und Informationsfetisch. Zur Theorie der gesellschaftlichen Kommunikation. Darmstadt und Neuwied 1976.

Bärbel Kirchhoff-Hund, geb. 1948, Dr. phil., Wissenschaftliche Assistentin an der Pädagogischen Hochschule Flensburg. Arbeitsschwerpunkte: Wissenschaftssoziologie, Erkenntnistheorie. Veröffentlichungen u. a.: Rollenbegriff und Interaktionsanalyse. Soziale Grundlagen und ideologischer Gehalt der Rollentheorie. Köln 1978.

Quellennachweis der Abbildungen

S. 31: Thenius: Grundzüge der Verbreitungsgeschichte der Säugetiere, Stuttgart 1972, G. B. Fischer Verlag; S. 31, S. 32: Volker Schurig: Die Entstehung des Bewußtseins, Frankfurt a. M./New York 1976, S. 276, S. 278, Campus Verlag; S. 33f.: Irmgard Sellnow: Grundprinzipien einer Periodisierung der Urgeschichte, Berlin 1961, zwischen S. 112 und S. 113, Akademie-Verlag; S. 41, 73: Jan Enns, Reinbek; S. 51: Kommunikation, Frankfurt a. M. 1973, S. 46, Umschau Verlag Breidenstein KG; S. 73: André Leisewitz: Klassen in der Bundesrepublik Deutschland heute, Frankfurt a. M. 1977, S. 47, Verlag Marxistische Blätter; S. 157: Wolfgang Wickler: Orchideen und Mimikry, in H. Altner u. a.: Signale in der Tierwelt, München 1972, S. 103–108, H. Moos Verlagsgesellschaft, © Wolfgang Wickler, Seewiesen.

Sozialwissenschaft

rororo studium · Herausgegeben von Ernesto Grassi

785/17

rororo studium

Sozialwissenschaft

rororo studium · Herausgegeben von Ernesto Grassi

Klaus Hurrelmann (Hg.)
Sozialisation und Lebenslauf
Empirie und Methodik sozialwissenschaftlicher Persönlichkeitsforschung **[90]**

Friedrich Jonas
Geschichte der Soziologie 1+2
Bd. 1: Aufklärung, Liberalismus, Idealismus, Sozialismus, Übergang zur Industriellen Gesellschaft. Mit Quellentexten **[92]**
Bd. 2: Von der Jahrhundertwende bis zur Gegenwart. Mit Quellentexten **[93]**

Jürgen Kriz (Univ. Osnabrück)
Statistik in den Sozialwissenschaften. Einführung und kritische Diskussion **[29]**
Datenverarbeitung für Sozialwissenschaftler. Einführung in Grundlagen, Programmierung und Anwendung **[45]**

Ralf Lisch / Jürgen Kriz
Grundlagen und Modelle der Inhaltsanalyse [117]

Joachim Matthes (Univ. Bielefeld)
Einführung in das Studium der Soziologie [15]

Werner Meinefeld
(Univ. Bielefeld)
Einstellung und soziales Handeln [103]

Karl-Dieter Opp (Univ. Hamburg)
Verhaltenstheoretische Soziologie [19]
Soziologie im Recht [52]
Methodologie der Sozialwissenschaften [91]
Einführung in Probleme ihrer Theoriebildung

Karl-Dieter Opp / Peter Schmidt
(Univ. Hamburg)
Einführung in die Mehrvariablenanalyse. Grundlagen der Formulierung und Prüfung komplexer sozialwissenschaftlicher Aussagen **[87]**

Rainer Prewo / Jürgen Ritsert / Elmar Stracke (Univ. Frankfurt/M.)
Systemtheoretische Ansätze in der Soziologie
Eine kritische Analyse **[38]**

Otto Schlosser (FU Berlin)
Einführung in die sozialwissenschaftliche Zusammenhangsanalyse [89]
Mit einem Vorwort von Helmut Klages

Josef Schmid (Univ. München)
Einführung in die Bevölkerungssoziologie [98]

Rudolf Werner (Bundesinstitut für Berufsbildungsforschung, Berlin)
Soziale Indikatoren und politische Planung
Einführung und Anwendung der Makrosoziologie **[77]**

785/17a

Praktisches Wissen

884/5

Das Konzentrationsprogramm. Konzentrationsschwäche überwinden – Denkvermögen steigern [7099]
Intelligenz macht Schule. Denkspiele zur Intelligenzförderung für 8- bis 14jährige [7155]

GERT VON PACZENSKY
Feinschmeckers Beschwerdebuch. Brevier wider die Sünden der Gastronomie [6991]

SUSANNE VON PACZENSKY
Der Testknacker. Wie man Karriere-Tests erfolgreich besteht [6949]

Dr. L. & L. PEARSON
Psycho-Diät. Abnehmen durch Lust am Essen [7068]

LAURENCE J. PETER
Das Peter-Programm. Der 66-Punkte-Plan, mit dem man Problemen, Pannen und Pleiten Paroli bieten kann [6947]

FRIEDRICH H. QUISKE / STEFAN J. SKIRI / GERALD SPIESS
Arbeit im Team. Kreative Lösungen durch humane Arbeitsform [6926]

ALEKSANDR ROŠAL / ANATOLIJ KARPOV
Schach mit Karpov. Leben und Spiele des Weltmeisters [7149]

GÜNTHER H. RUDDIES
Psychotraining. Lebenstechnik im Alltag [6901]
Psychostudio. Von der Beobachtung zur Beurteilung des Verhaltens [6971]
Testhilfe. Testangst überwinden. Testerfolge erzielen in Schule, Hochschule, Beruf [7082]

LORE SCHULTZ-WILD
Berufe. Ratgeber zur Ausbildungs- und Berufswahl für Hauptschüler, Mittelschüler, Abiturienten, Hochschulabsolventen. Mit Begabungstest [7062]

HANS HERBERT SCHULZE
Lexikon zur Datenverarbeitung. Schwierige Begriffe einfach erklärt [6220]

RUDOLF SCHWARZ
Heilmethoden der Außenseiter. Theorie und Praxis / Erfolge und Kritik / Adressen und Kosten [7061]

HANS SELYE
Stress. Lebensregeln vom Entdecker des Stress-Syndroms [7072]

JACQUES SOUSSAN
Pouvez-vous Français? Programmierte Übung zum Verlernen typisch deutscher Französischfehler [6940]

SIEGFRIED STERNER
Die Kunst zu wandern. Wann, wie und womit Wandern zum Erlebnis wird [7089]

SIEGBERT TARRASCH
Das Schachspiel. Systematisches Lehrbuch für Anfänger und Geübte [6816]

J. N. WALKER
Juniorschach 1. Die ersten Züge. Eröffnungsspiele spielend gelernt [7144]
Juniorschach 2. Angriff auf den König. Mittelspiele spielend gelernt [7145]

W. ALLEN WALLIS / HARRY V. ROBERTS
Methoden der Statistik. Anwendungsbereiche. 400 Beispiele, Verfahrenstechniken [6091]

Dr. HEINRICH WALLNÖFER
Besser als tausend Pillen. Ratgeber der Gesundheitspflege. Mittel und Methoden zur gefahrlosen Selbstbehandlung im Krankheitsfall. Mit 100 Abb. im Text und 10 Tabellen [6152]

BERND WEIDENMANN
Diskussionstraining. Überzeugen statt überreden, Argumentieren statt attakkieren [6922]

MARTIN F. WOLTERS
Der Schlüssel zum Computer. Einführung in die elektronische Datenverarbeitung. Eine programmierte Unterweisung.
Band 1: Leitprogramm [6839]
Band 2: Textbuch [6840]

Kaufmännisches Grundwissen strukturiert.
Der Schlüssel zum Industriebetrieb
Band 1: Struktur des Unternehmens und Stellung [7110]
Band 2: Entscheidungen im Beschaffungs-, Produktions- und Absatzbereich [7111]
Band 3: Entscheidungen im Finanzbereich und großer Schlußtest mit Planungsbeispiel [7112]

Kaufmännisches Grundwissen strukturiert.
Der Schlüssel zur Bilanz [7113]

Kaufmännisches Grundwissen strukturiert.
Der Schlüssel zur Betriebswirtschaft [7135]

rowohlts deutsche enzyklopädie

Soziologie

Raymond Aron, Hauptströmungen des klassischen soziologischen Denkens. Montesquieu – Comte – Marx – Tocqueville [386] – Hauptströmungen des modernen soziologischen Denkens. Durkheim – Pareto – Weber [387]

Christian und Liselotte von Ferber, Der kranke Mensch in der Gesellschaft [380]

Jürgen Friedrichs (Hg.), Stadtentwicklungen in kapitalistischen und sozialistischen Ländern [378]

Arnold Gehlen, Die Seele im technischen Zeitalter / Sozialpsychologische Probleme in der industriellen Gesellschaft [53]
– Anthropologische Forschung / Zur Selbstbegegnung und Selbstentdeckung des Menschen [138]

Joachim Israel, Der Begriff Entfremdung / Makrosoziologische Untersuchung von Marx bis zur Soziologie der Gegenwart [359]

Igor S. Kon, Freundschaft. Geschichte und Sozialpsychologie der Freundschaft als soziale Institution und individuelle Beziehung [390]

H. J. Krysmanski, Soziologie des Konflikts / Materialien und Modelle [362]

Renate Mayntz, Soziologie der Organisation [166]

Elisabeth Noelle, Umfragen in der Massengesellschaft / Einführung in die Methoden der Demoskopie [177]

John O'Neill, Revolution oder Subversion? [382]

José Ortega y Gasset, Der Aufstand der Massen [10]

David Riesman / Reuel Denney / Nathan Glazer, Die einsame Masse [72]

Wilfried Röhrich, Sozialgeschichte politischer Ideen [392]

Leopold und Hilde Rosenmayr, Der alte Mensch in der Gesellschaft / Einführung in die Gerosoziologie [377]

Helmut Schelsky, Soziologie der Sexualität [2]

Peter R. Straumann, Neue Konzepte der Bildungsplanung / Mit einem Materialanhang [369]

133/17

rororo studium

Psychoanalyse

rororo studium · Herausgegeben von Ernesto Grassi

August Aichhorn
Erziehungsberatung und Erziehungshilfe [13]

Hermann Argelander (Sigmund-Freud-Institut, Frankfurt/Main)
Gruppenprozesse
Wege zur Anwendung der Psychoanalyse in Behandlung, Lehre und Forschung **[5]**

Jacob A. Arlow / Charles Brenner
Grundbegriffe der Psychoanalyse
Die Entwicklung von der topographischen zur strukturellen Theorie der psychischen Systeme **[84]**

Michael Balint
Angstlust und Regression
Beitrag zur psychologischen Typenlehre **[21]**

Therapeutische Aspekte der Regression
Die Theorie der Grundstörung **[42]**

Igor A. Caruso (Univ. Salzburg)
Soziale Aspekte der Psychoanalyse [10]

Familientherapie
Theorie und Praxis **1 + 2**
Hg. von Ivan Boszormenyi-Nagy und James L. Framo **[80 + 81]**
Mit Beiträgen von Nathan W. Ackerman, Ivan Boszormenyi-Nagy, Murray Bowen, Richard E. Felder, Raymond D. Fogelson, James L. Framo, Paul F. Franklin, Ronald D. Laing, David Rubinstein, Harold F. Searles, Anthony F. C. Wallace, John Warkentin, Carl A. Whitaker, Lyman C. Wynne, Gerald H. Zuk

Sebastian Goeppert (Universität Freiburg/Br.)
Grundkurs Psychoanalyse [101]

Sebastian und Herma C. Goeppert (Univ. Freiburg/Br.)
Redeverhalten und Neurose [65]

Heinz Henseler (Univ. Ulm / Psychosoziales Zentrum)
Narzißtische Krisen
Zur Psychodynamik des Selbstmords **[58]**

Melanie Klein
Das Seelenleben des Kleinkindes
und andere Beiträge zur Psychoanalyse **[6]**

David H. Malan (Tavistock-Klinik, London)
Psychoanalytische Kurztherapie
Eine kritische Untersuchung **[23]**

Hans G. Preuss (Hg.)
Analytische Gruppenpsychotherapie
Grundlagen und Praxis **[20]**

Hans Strotzka (Univ. Wien)
Einführung in die Sozialpsychiatrie [14]

782/6